रज़ा पुस्तक माला

भावन

साहित्य और अन्य कलाओं का अनुशीलन

रज़ा फ़ाउण्डेशन | THE RAZA FOUNDATION

भावन

साहित्य और अन्य कलाओं का अनुशीलन

मुकुन्द लाठ

राजकमल प्रकाशन

रज़ा पुस्तक माला : **साहित्य | कला | विमर्श**
प्रधान सम्पादक : अशोक वाजपेयी | सम्पादक : पीयूष दईया
राजकमल प्रकाशन प्रा.लि. और रज़ा फ़ाउण्डेशन का सह-प्रकाशन

ISBN : 978-93-88933-81-0

मूल्य : ₹ 1500

पहला संस्करण : 2019

प्रकाशक : राजकमल प्रकाशन प्रा. लि.
1-बी, नेताजी सुभाष मार्ग, दरियागंज
नयी दिल्ली-110 002

शाखाएँ : अशोक राजपथ, साइंस कॉलेज के सामने, पटना-800 006
पहली मंजिल, दरबारी बिल्डिंग, महात्मा गांधी मार्ग, इलाहाबाद-211 001
36 ए, शेक्सपियर सरणी, कोलकाता-700 017

वेबसाइट : www.rajkamalprakashan.com
ई-मेल : info@rajkamalprakashan.com

मुद्रक : यश प्रिंटोग्राफिक्स
नोएडा-201 301 (उत्तर प्रदेश)

BHAVAN
Sahitya Aur Any Kalaon ka Anusheelan
by Mukund Lath

नीरजा को

आमुख

कलाओं में भारतीय आधुनिकता के एक मूर्धन्य सैयद हैदर रज़ा एक अथक और अनोखे चित्रकार तो थे ही उनकी अन्य कलाओं में भी गहरी दिलचस्पी थी। विशेषतः कविता और विचार में। वे हिन्दी को अपनी मातृभाषा मानते थे और हालाँकि उनका फ्रेंच और अँग्रेज़ी का ज्ञान और उन पर अधिकार गहरा था, वे, फ्रांस में साठ वर्ष बिताने के बाद भी, हिन्दी में रमे रहे। यह आकस्मिक नहीं है कि अपने कला-जीवन के उत्तरार्द्ध में उनके सभी चित्रों के शीर्षक हिन्दी में होते थे। वे संसार के श्रेष्ठ चित्रकारों में, २०-२१वीं सदियों में, शायद अकेले हैं जिन्होंने अपने सौ से अधिक चित्रों में देवनागरी में संस्कृत, हिन्दी और उर्दू कविता में पंक्तियाँ अंकित कीं। बरसों तक मैं जब उनके साथ कुछ समय पेरिस में बिताने जाता था तो उनके इसरार पर अपने साथ नवप्रकाशित हिन्दी कविता की पुस्तकें ले जाता था : उनके पुस्तक-संग्रह में, जो अब दिल्ली स्थित रज़ा अभिलेखागार का एक हिस्सा है, हिन्दी कविता का एक बड़ा संग्रह शामिल था।

रज़ा की एक चिन्ता यह भी थी कि हिन्दी में कई विषयों में अच्छी पुस्तकों की कमी है। विशेषतः कलाओं और विचार आदि को लेकर। वे चाहते थे कि हमें कुछ पहल करनी चाहिये। २०१६ में साढ़े चौरानवे वर्ष की आयु में उनकी मृत्यु के बाद रज़ा फ़ाउण्डेशन ने उनकी इच्छा का सम्मान करते हुए हिन्दी में कुछ नयी क़िस्म की पुस्तकें प्रकाशित करने की पहल *रज़ा पुस्तक माला* के रूप में की है, जिनमें कुछ अप्राप्य पूर्व प्रकाशित पुस्तकों का पुनर्प्रकाशन भी शामिल है। उनमें गाँधी, संस्कृति-

चिन्तन, संवाद, भारतीय भाषाओं से विशेषतः कला-चिन्तन के हिन्दी अनुवाद, कविता आदि की पुस्तकें शामिल की जा रही हैं।

मुकुन्द लाठ भारत के उन बहुत थोड़े लेखकों में से एक हैं जिनके यहाँ साहित्य और कलाओं को लेकर ऐसी गहरी और सूक्ष्म दृष्टि है जो प्राचीन साहित्य और शास्त्र, दर्शन और चिन्तन, संगीत और नाट्य, कविता, परम्परा और आधुनिकता आदि सबको एक संग्रथित समावेश में शामिल कर रूपायित होती रही है। वह परम्परा से जैसे कि आधुनिकता से भी अनाक्रान्त रहकर एक प्रश्नवाचक दूरी रखती है। साहित्य और कलाओं के स्वरूप पर ऐसा मौलिक चिन्तन, कुछ कृतियों की सूक्ष्म समीक्षा हिन्दी में बहुत कम देखने को मिलता है। हिन्दी में पहले ऐसे लोग थे, जैसे कि वासुदेव शरण अग्रवाल, मोतीचन्द्र, हजारीप्रसाद द्विवेदी आदि, जो ऐसी समावेशी और आधुनिकता के लिए भेदक दृष्टि रखते थे। मुकुन्द लाठ उस परम्परा में ही दशकों से सक्रिय रहे हैं और उनकी यह संचयिता हम बहुत उत्साह और उम्मीद के साथ प्रस्तुत कर रहे हैं कि अपने समय, समाज, साहित्य और कलाओं को समझने की यह दृष्टि हिन्दी के विचार-जगत् में हस्तक्षेप की तरह पहचानी-गुनी जायेगी। यह निश्चय ही हिन्दी की विचार-सम्पदा का अपेक्षाकृत अब तक का जाना विस्तार है।

अशोक वाजपेयी

जून २०१९, नयी दिल्ली

लेखक के दो शब्द

धार के प्रतापी और प्रसिद्ध राजा भोज की प्रसिद्धि विचारक–लेखक के रूप में अधिक है, जहाँ उनकी प्रतिभा का नवोन्मेष भी प्रकाशित है। उनकी जिज्ञासा का क्षेत्र व्यापक है। स्थापत्य, काव्य, व्याकरण के सिवा पतंजलि–योग तक में उनकी गहरी रुचि थी। इन विषयों पर उनके ग्रन्थ गहरी पैठ के हैं।

अवधेय है कि वे स्वयं कवि और उपन्यासकार भी थे। उनका एक उपन्यास है, *अवन्तिसुन्दरी–कथा*। कथा की नायिका गणिका है। चौंका देनेवाली बात यह है कि गणिका को स्वतन्त्रा कहा गया है। इसका निष्कर्ष क्या, अर्थ क्या, आशय क्या ? स्पष्ट ही बात सन्धान की है...हमारी स्त्री की परिभाषा ही 'अस्वतन्त्रा' रही है, जैसी कि दूसरी सभ्यताओं में भी रहा है। (अरस्तू स्त्री को घर के काम लायक ही मानते थे, राज्य चलाना पुरुष का काम और धर्म था।) कारण यह कि स्त्री में विवेक का अभाव माना जाता था जो स्वायत्तता की नींव है।

जो संस्कृत साहित्य से थोड़ा भी परिचय रखते हैं, जानते हैं कि गणिकाओं का अलग संसार था। समृद्ध संस्कृति थी। समाज की अनेक स्त्रियों के विपरीत वे पढ़ी–लिखी ही नहीं, कवि, विचारक होती थीं। उनका यह पक्ष भी साहित्य में उभरकर आगे आता है। कोई नगर उनसे रीता नहीं होता था। उलटे उनसे ही जगर–मगर होता था। उन्हीं के सम्पर्क से नागर नागर होते थे। घनिष्ठ था दोनों का साथ। राज्य भी गणिका की रक्षा–सुरक्षा का पूरा ध्यान रखता था...उनके लिए सुदृढ़ कवच का काम करता था। राज्य–सभा की उनसे शोभा होती थी...सभा में उनका सदा आना–जाना था। उनसे निखरती थी राज्य–सभा।

धर्म-शास्त्रियों ने भी उनकी स्वतंत्रता...या कहिये स्वायतत्ता के अधिकार को स्वीकृति दी है। इस बात से आपादित यह भी होता है कि उनमें स्वतन्त्र आचरण, व्यवहार करम का समुचित विवेक माना है।

स्पष्ट ही गणिकाओं का संसार अलग था, संस्कृति अलग थी। धर्म-शास्त्रियों के लिए माजरा विचित्र था, वे जिन वर्ण-धर्मों की कोटियों में समाज की योजना को समझते थे, आचरण-व्यवहार के विधान तय करते थे, गणिका उसमें नहीं समाती थी...पहेली सी थी गणिका। उन्होंने चतुवर्ण के बाहर एक पंचम वर्ण की कल्पना की, जिसमें गणिका को रखा...न इधर, न उधर : कुछ त्रिशंकु की स्थिति-सा।

गणिकाओं ने अपने लिए वर्गीकरण किया था। 'अवन्तिसुन्दरी-कथा' में इसका पूरा विस्तार है। कौन सा पुरुष किस रंग का है, उसका स्वभाव-चरित कैसा है, आचरण-व्यवहार कैसा है ? इसे ध्यान में रखकर उसके साथ व्यवहार करना चाहिए, ताकि आय बनी रहे। कहना न होगा कि गणिका-लोक को कुछ भीतर से जानने की जिज्ञासा सहज जागती है। 'स्वतन्त्रा स्त्री' लेख में इस लोक की रहनी, करनी की छवि आँकने का प्रयास है।

'यात्रा और द्वारका का संघराज्य' अज्ञेय जी के लिए लिखा गया था। उनकी आयोजित की गयी भागवत भूमि यात्रा के प्रसंग में। द्वारका में कृष्ण और उनके वंश ने जो राज्य-प्रणाली चलायी थी, वह उनकी पुरानी परम्परा से चली आ रही थी। कंस ने जरासन्ध के प्रभाव से और उसके साथ एकविराट् साम्राज्य की स्थापना की थी। कंस-वध का यह एक प्रधान कारण था। पर जरासन्ध के आगे टिकने में कृष्ण समर्थ नहीं थे। उन्होंने द्वारका में संघ की स्थापना की।

मेरी समझ में भागवत-भूमि के मर्म में उतरना हो तो द्वारका के संघराज्य के स्वभाव-स्वरूप की ओर ध्यान देना चाहिए। संयोग से महाभारत में प्रसंग अच्छे उभार के साथ आया है। महाभारत के 'खिल हरिवंश' में भी कथा का विस्तार है। स्पष्ट उभरता है कि कृष्ण संघराज्य के रक्षण-संरक्षण के लिए पूरे जागरूक थे। उनके कुल की परम्परा थी संघराज्य; और उनका राजनैतिक आदर्श। कंस-वध का एक प्रधान कारण संघ को बचाना ही था। कंस ने जरासन्ध के प्रभाव और मोह में संघ-क्षेत्र को अपना एकछत्र साम्राज्य बना लिया था। पर उसकी मृत्यु के बाद भी अधिकार साम्राज्यप्रेमी जरासन्ध का ही बना रहा। कृष्ण उससे युद्ध करने के लिए समर्थ नहीं थे। वे वंश के साथ

द्वारका जा बसे और एक शक्तिशाली संघराज्य की नींव डाली। पर संघ को बनाये रखना मुश्किल और परेशानी का काम था। कई स्वतन्त्र कुल मिलकर राज्य करते थे। आपस की भिड़न्त आम बात थी। परस्पर-भाव कृष्ण बनाये रखते थे...जितना भी बन पाता था। दिक हो जाते थे। एक दिन नारद से बोले, मैं उस माँ की तरह हूँ जिसके दो बेटे जुआ खेल रहे हैं। माँ न एक की हार चाहती है न दूसरे की जीत। पर कर क्या सकती है?

पर बात क्षणिक ही थी। कृष्ण संघ चलाते रहे।

इसी के साथ समयन्तक मणि की कथा जुड़ी है जिसका आगे की घटनाओं से घनिष्ठ सम्बन्ध है। लेख में कथा का कुछ विस्तार है। कृष्ण के कर्म-जीवन का एक अवधेय पक्ष उभरता है जिस पर हमारा ध्यान अन्यथा नहीं जाता।

'स्वीकरण का अनुवचन' के मर्म में स्वीकरण का प्रत्यय है। शब्द प्रसिद्ध कवि और काव्य-विचारक राजशेखर (१२वीं सदी) का है। उनके *काव्य-मीमांसा* ग्रन्थ के मूल में स्वीकरण ही है। कविता के लिए नयी सृष्टि की अपेक्षा ही नहीं आवश्यकता होती है। पर साथ ही यह भी है कि कविता सृष्ट कविताओं की परम्परा में बनती है। स्वीकरण सृष्ट परम्परा के भीतर से ही बनता काव्य-मार्ग है। सृजन का ही एक मार्ग कह सकते हैं उसे। 'स्वीकरण' शब्द के पीछे एक दिलचस्प कहानी भी है। राजशेखर के समय की शिष्ट संस्कृति शिष्ट से यह माँग करती थी कि वह कविता भी करे। १९वीं सदी में उर्दू संस्कृति में भी यह रूप उभरा था। शिष्ट से अपेक्षा रहती थी कि वह शायरी करेगा। उसके शिष्ट होने की पहचान थी यह। पर नयी कविता भी पुरानी की अपेक्षा रखती है, उसी के भीतर से उभरती है। राजशेखर ऐसे ही 'स्वीकरण' के उपाय-कौशल की बात करते हैं...उपायों के विस्तार में जाते हैं, उनका ब्यौरा देते हैं। उनका नामकरण भी किया है राजशेखर ने। आप देखेंगे कि नाम बड़े दिलचस्प हैं। पर उपाय में एक अनिवार्य यान्त्रिकता होती है। सृजन...कोई भी सृजन यान्त्रिक नहीं हो सकता। राजशेखर इस बात को ख़ूब जानते थे। नवोन्मेष की बात करते हैं...प्रतिभा की। प्रतिभा का होना परम आवश्यक मानते हैं। काव्य-विचार की परम्परा में राजशेखर का *काव्य-मीमांसा* एक विलक्षण ग्रन्थ है।

गौडवहो का *अनुवचन* इस काव्य को ही मर्म में रखता है। काव्य के लेखक वाक्पतिराज प्रसिद्ध सम्राट राजा यशोवर्मन के सभाकवि थे। भवभूति उनसे बड़े थे, उसी सभा में थे। वाक्पति पर भवभूति का अत्यन्त प्रभाव था। कहते

हैं कि ''मेरी कविता भवभूति के काव्य–समुद्र से उछली हुई एक बूँद है।'' पर बात सही नहीं है। वाक्पतिराज ने प्रकृति पर जो लिखा है, अनन्य है। संस्कृत–प्राकृत साहित्य में ही नहीं, अन्यत्र भी दुर्लभ है। उनके चित्रों में एक साक्षात् जीवन्त बोध है जिसकी उजास चित्र को सामने उजागर कर देती है। उनका प्रकृति–बोध किसी व्यापक दार्शनिक या आध्यात्मिक दृष्टि में नहीं बसा है। प्रकृति में सदा घटती रहती छोटी बिलकुल मामूली घटनाओं के खुले, खिले चित्र हैं : झील पर हवा का मीठी गन्ध लिये प्यार से बहना; पेड़ की फुनगी का अचानक नाच उठना; समुद्र किनारे चुगती चिड़िया का किसी के आने पर भी निर्विकार रहना...। चित्रों में एक नाटकीयता भी है, जो बिलकुल सहज स्वाभाविक निराडम्बर है। कविता 'करने' की कोई चेष्टा नहीं है। अन्यथा *गौडवहो* युद्ध–काव्य है...जैसा नाम से ही प्रकट है। यशोवर्मा के गौडविजय का तत्कालीनजटिल घनीभूत आडम्बरों–से...बोझिल शैली में विवरण वर्णन है। शृँगार की पूरी घटा है...जैसी ऐसे काव्यों में होती थी।

भारत जंगलों का देश था। वाक्पति जब किसी जंगल में आते हैं तो मानो उनकी दृष्टि ही बदल जाती है...जंगल के हो जाते हैं। राजा को, अपनी जतन से साधी–जाती कविता को भुलाकर प्रकृतिलीन हो जाते हैं। यहाँ उन्हीं कविताओं का प्रकाश है।

वाक्पतिराज में बड़ा पक्ष घोर विनाश का है। आरम्भ में ही एक स्तुति महाकाली की है। काली सम्पूर्ण विनाश की ओर उन्मुख हैं। काव्य में आगे एक देवी को बलि चढ़ाये गये मृत शबर का विस्तार से वर्णन है। एक वर्णन खण्डहर–हो गये किसी समृद्ध नगर का है...बड़ा सजीव विस्तृत–सा चित्र है...तिल तिल उभारता खुलता है। अवधेय है।

अवन्ति सुन्दरी हर लेख के पीछे, नेपथ्य में, खड़ी दिखती है। हर नख पर स्पष्ट अंकित है। जिस सृजन–धर्मी प्रेरणा का नवोन्मेष पहले लेख, 'यात्रा और द्वारका का संघराज्य', में जगता है, वही गहरी, उन्मीषिता मनीषा अन्तिम लेख तक एक–तार बढ़ती चली जाती दिखती है।

मुकुन्द लाठ

क्रम

कृति-विचार

प्राचीन साहित्य से प्रेरित लेखन

स्वतन्त्रा स्त्री

अभी पिछले दिनों, इसी यूनिवर्सिटी में (राजस्थान यूनिवर्सिटी, जयपुर) पुरुषार्थ पर एक गोष्ठी हुई थी। व्यक्ति और समाज के स्वरूप और साध्य को समग्र और व्यवस्थित रूप से समझने के लिए हमारे यहाँ पुरुषार्थ की धारणा पुरानी है। गोष्ठी की चर्चा में इस पुरानी धारणा की सार्थकता को आधुनिक प्रसंग में, मनुष्य और समाज से सम्बन्ध रखने वाले नये विचारों की दृष्टि से देखने-परखने की चेष्टा थी।

कई प्रश्न उठाये गये। पर एक प्रश्न नहीं उठा जिससे अपनी बात शुरू करना चाहता हूँ। पुरुषार्थ क्या पुरुष के लिए ही है या स्त्री के लिए भी?

संस्कृत वैयाकरणों का कहना है कि कई शब्द ऐसे होते हैं जिनमें लिंग तो होता है पर उसकी विवक्षा नहीं होती। लिंग केवल भाषा-व्यवहार के आग्रह से ही रहता है। केवल शब्द में ही रहता है, अर्थ में, तात्पर्य में नहीं। 'स्त्री' के लिए 'कलत्र' शब्द भी होता है, जो नपुंसक लिंग है—कहना नहीं होगा कि 'कलत्र' में लिंग अविवक्षित है : शब्द में है, अर्थ में नहीं है।

पुरुषार्थ पर हुई गोष्ठी में सब विद्वानों ने यह मान-सा लिया था कि 'पुरुषार्थ' शब्द में 'पुरुष' का लिंग अविवक्षित है। ऐसा मानकर बात को आगे बढ़ाना आज की चर्चाओं में सहज है, उचित भी।

पर क्या प्राचीनकाल में यह सम्भव था? जिस बात को मान लेना आज हमारे लिए सहज हो चला है, क्या पुराने लोग भी उसे स्वीकार कर लेते? या इसी सवाल को यों रख सकते हैं : क्या हमारी परम्परा में 'पुरुषार्थ' का लिंग अविवक्षित रहा है? उत्तर निषेध में ही देना पड़ेगा। लिंग की पूरी

विवक्षा रही है। पुरुष को ही पुरुषार्थ का साधक माना गया है, स्त्री को नहीं। प्रमाण स्पष्ट है। पुरुषार्थ का साधक वही हो सकता है जो स्वतन्त्र हो। पर स्त्री की तो परिभाषा ही रही है : अस्वतन्त्रा स्त्री। बल्कि 'पुरुषतन्त्रा स्त्री'। बचपन में पिता, फिर पति और उसके न रहने पर पुत्र, स्त्री इनके तन्त्र में रहती है। जहाँ स्मृतियों का ऐसा विधान हो, 'पुरुषार्थ' में 'पुरुष' के लिंग को अविवक्षित कैसे कहा जा सकता है?

स्मृति के विधान समाज की रूढ़ियों पर ही अक्सर औचित्य की मुहर लगाते हैं। हमारी संस्कृति में ही नहीं कई प्राचीन संस्कृतियों में स्त्री को पुरुषतन्त्रा माना गया है। सभ्यता का पुराना संस्कार है। इसका कारण क्या है, इतिहास में इसके कुछ कुछ बीज ढूँढ़े जा सकते हैं। पर बात के मूल तक पहुँचने के लिए उत्प्रेक्षा और अटकल की दाँव-पेच का ही सहारा देना पड़ता है। इतिहास के साक्ष्य स्रोत के उस उत्स तक हमें नहीं पहुँचा सकते जहाँ संस्कार का जन्म हुआ।

पर संस्कार के औचित्य को सिद्ध करने के लिए समाज के विधि-विधान करने वालों ने और इन बातों पर चिन्तन-मनन करने वालों ने कुछ 'प्रमाण' भी दिये हैं। 'स्वतन्त्र' का अर्थ होता है—"वह जो अपने बस में हो, अपनी ही व्यवस्था में स्थित हो"—अर्थात् जिसके संकल्प में बुद्धि और विवेक जागृत रहें। ये ही पुरुष को पुरुष बनाते हैं, तभी वह 'स्वतन्त्र' कहलाता है। स्त्री में बुद्धि और विवेक का अभाव है। उसे 'कामोपहता' कहा गया है : काम का जंजाल—या इन्द्रजाल—उसकी बुद्धि पर छाया रहता है। इसलिए वह अस्वतन्त्रा है। यही धारणा पश्चिम में अरस्तू जैसे 'स्वतन्त्र', विवेकशील चिन्तकों में भी मिल जायेगी।

कहना नहीं होगा कि धारणा भ्रान्त है, मिथ्या है। सचमुच अगर यह धारणा अनुभव और परीक्षा के आधार पर बनायी गयी होती तो भ्रान्ति साफ़ दिख जाती। इसमें वह दोष है जिसे न्याय में चक्रक दोष कहते हैं : यह पहले ही मानकर चलती है कि स्त्री में बुद्धि-विवेक का अभाव है, फिर वहाँ बुद्धि-विवेक के लक्षण देखने से इनकार कर देती है। रूढ़ि बनकर धारणा में केवल चक्रक-दोष ही नहीं रहता, बात एक दुश्चक्र में बदल जाती है, चक्रक दोष में बदल जाती है। चक्रक दोष तो केवल युक्ति का, बात के कहने का, उक्ति मात्र का दोष है। पर इसको जब हमारे चिन्तन और जीवन की रूढ़ियों में उतार लिया जाता है तब यह एक ऐसा चक्रव्यूह बन

जाता है जिसमें से हमारे लिए—और स्त्री के लिए भी—निकलना मुश्किल हो जाता है। स्त्री को अस्वतन्त्रा मानकर समाज उसको ऐसे बन्धनों में डाल देता है कि उसमें वे ही लक्षण दिखने भी लगते हैं जिनके कारण उसे अस्वतन्त्रा ठहराया गया था।

ये सारी पुरानी बातें हैं। पर इनको दुहराने के पीछे मेरा एक तात्पर्य है। जो धारणा भ्रान्त हो, मिथ्या हो, उसका झूठ झलक ही जाता है। भारत के साहित्य और इतिहास में, और भारत में ही क्या, किसी भी संस्कृति के साहित्य और इतिहास में, कई स्वतन्त्रा स्त्रियाँ मिल जायेंगी और स्त्री में बुद्धि-विवेक के अनेक प्रमाण भी मिल जायेंगे। इनके अब कई संग्रह भी तैयार हो चुके हैं, यहाँ दोहराने की ज़रूरत नहीं।

पर मैं यहाँ इस भ्रान्त बोध का एक विशेष दृष्टान्त देना चाहता हूँ। विधि-विधान के उसी गढ़ में स्त्री के स्वतन्त्र होने का एक मार्मिक अभिलेख आपके सामने लाना चाहता हूँ जिस गढ़ के हर परकोटे पर 'अस्वतन्त्रा स्त्री' ही खुदा है।

बात का आरम्भ राजा भोज से करता हूँ। स्त्री के अस्वतन्त्रा होने की बात हमारे विधि-विधान के शास्त्रों में इतनी बार दुहराई गयी है कि भोज के एक वाक्य ने उस दिन चौंका दिया। भोज ने कई ग्रन्थ लिखे हैं। साहित्य-शास्त्र में उनके ग्रन्थ जाने-माने हैं। रस के विषय में उनका यह मत भी प्रसिद्ध है कि रस नौ नहीं हैं, एक ही है, श्रृंगार। पर यह लोग कम जानते हैं कि उन्होंने इसी रस में एक कथा भी लिखी है : श्रृंगारमंजरी-कथा। कथा कुछ खण्डित रूप में ही हम तक आ पायी है। पर इतनी भी खण्डित नहीं है कि उसके रूप, रस की भंगिमा से, उसमें कही गयी कहानी के कथानक से हम वंचित रह जायें। उसमें एक विनोद का पुट है, एक खेल का सा भाव है जो आरम्भ से ही कौतुक जगा देता है।

पर 'श्रृंगारमंजरी' की समालोचना करना यहाँ हमारा उद्देश्य नहीं है। उस बात पर आता हूँ जिसने मुझे चौंका दिया था। भोज ने ऐसी स्त्रियों की बात की है जिन्हें वे स्वतन्त्रा कहते हैं। कौन थीं ये स्वतन्त्रा स्त्रियाँ? ये गणिकायें थीं। और भोज ने दूसरी स्त्रियों से, कुलवधुओं से अलग वर्ग में रखने के लिए ही इन्हें स्वतन्त्रा कहा है। श्रृंगारमंजरी कथा में गणिकाओं के बारे में ही कुछ कहानियाँ हैं, गणिकाओं को उपदेश देने के आशय से ही लिखी

गयी जान पड़ती हैं। 'जान पड़ती हैं' इसलिए कह रहा हूँ कि भोज ने लिखने का बहाना तो यही रखा है, फिर चाहे कहानी केवल कहने के लिए ही क्यों न कही हो। अन्तिम कहानी के बाद उपसंहार-सा करने बैठते हुए भोज गणिकाओं के लिए 'स्वतन्त्र' विशेषण का प्रयोग करते हैं। स्पष्ट इंगित करते हैं कि यही एक बात है जो गणिका को कुलवधू से अलग करती है। मूल का उद्धरण देकर भोज के वाक्य पर टीका यहाँ नहीं करूँगा—इससे चर्चा कुछ फुटनोट का रूप ले सकती है और गौण बातों में उलझ जा सकती है। पर मूल के प्रति जिज्ञासु पाठक शृंगारमंजरी-कथा का सिन्धी जैन ग्रन्थमाला वाला संस्करण देख सकते हैं : पृष्ठ-८८। भोज का वाक्य पढ़कर मुझे जो जिज्ञासा हुई वह यह थी कि गणिकाओं को यों स्वतन्त्रा कहने का तात्पर्य और आधार क्या था? भोज ने पुरुष के समान ही गणिका को स्वतन्त्र होने का अधिकार कैसे दे दिया? एक प्रश्न प्रसंगवश और भी उठता है : संस्कृत में अपनी मनमानी करने वाली स्त्रियों के लिए 'स्वैरिणी' शब्द अक्सर आता है। यह लांछना का शब्द है, प्रशंसा का नहीं। स्वैरिणी कुलटा होती है—बेलगाम। उसके आचरण की स्वच्छन्दता उस विवेक से नहीं पनपती जिस विवेक में संकल्प धर्म के पथ पर ले जाता है। स्वैरिणी की स्वच्छन्दता कामना और वासना द्वारा प्रेरित होती है। स्वैरिणी को उस अर्थ में स्वतन्त्र नहीं कह सकते जिस अर्थ में पुरुष स्वतन्त्र होता है, क्योंकि स्वैरिणी का आचरण वासना की विवशता का आचरण है, वह किसी के भी बस में, किसी के भी तन्त्र में नहीं रहता, स्वैरिणी के अपने तन्त्र में तो बिलकुल भी नहीं। स्त्री के स्वैरिणी होने में पुरुष-तन्त्र समाज को स्त्री की स्वतन्त्रता का कोई लक्षण नहीं दिखता था। बल्कि स्त्री के स्वैरिणी होने में उस समाज को इस बात का एक और प्रमाण दिखता था कि स्त्री को स्वतन्त्र नहीं माना जा सकता। भोज को क्या यह नहीं चाहिये था कि गणिका को 'स्वैरिणी' कहे? तब फिर उसने उसे 'स्वतन्त्र' क्यों कहा? किसी भ्रान्तिवश तो नहीं?

इस जिज्ञासा के बाद एक प्रश्न सहज था : भोज ने जो बात कही है उसका धर्मशास्त्र में भी कोई समर्थन है या नहीं? इन बातों के विधि-विधान में प्रमाण तो वे ही हैं। भोज के एक उड़ते हुए वाक्य को, और वह भी ऐसा वाक्य जो कथा-कहानी में आया है, प्रमाण की कोटि में कैसे रखा जा सकता है? धर्म की गम्भीर बातों में क़िस्से-कहानियों की क्या औकात?

फिर भोज की कथा है ही गणिकाओं के बारे में। वहाँ उनकी महिमा को बढ़ाने-चढ़ाने के लिए उन्हें 'स्वतन्त्रा' कह भी दिया हो तो इसमें क्या बड़ी बात है ? यह भी हो सकता है कि स्वैरिणी लिखते-लिखते क़लम थोड़ी रस के आवेश में बहक गयी हो। और सभी जानते हैं कि रस जगाने के लिए सच से बड़ा अक्सर झूठ होता है। एक बात और भी है : अर्थवाद की परम्परा भी हमारे यहाँ पुरानी है। अर्थवाद कहते ही ऐसी बात को हैं जो महिमा-गान करने के लिए सच और झूठ में विवेक न करे।

गणिकाओं पर संस्कृत में बहुत कुछ लिखा गया है। गणिकाओं ने स्वयं भी साहित्य की रचना की है—मनोविज्ञान का एक विशेष सिद्धान्त, राग सिद्धान्त, उन्हीं के चिन्तन का फल है। इनकी बानगी हम आगे देखेंगे। वे अक्सर पढ़ी-लिखी होती थीं, संस्कृत भी जानती थीं, जबकि कुलवधुओं के लिए ऐसे ज्ञान का अभाव ही अधिक शालीन माना जाता था।

पर धर्मशास्त्र में गणिकाओं पर कम ही लिखा गया है। और वहाँ उनके स्वतन्त्र होने की बात का कोई स्पष्ट उल्लेख मुझे नहीं मिला। लेकिन एक जगह चर्चा मिल ही गयी और अच्छे विस्तार से मिली। इस चर्चा में कई संकेत मिले जो हमारी जिज्ञासा पर प्रकाश डालते हैं। चर्चा किसी स्मृति में तो नहीं पर उतनी ही प्रामाणिक एक टीका में है : याज्ञवल्क्य स्मृति पर लिखी गयी विज्ञानेश्वर की जानी-मानी मिताक्षरा टीका। परम्परा में मिताक्षरा का स्थान ऊँचा रहा है। यह टीका १०वीं सदी में लिखी गयी थी।

मिताक्षरा में युक्ति और शास्त्र-प्रमाण के आधार पर गणिकाओं की स्वतन्त्रता का एक प्रसंग-विशेष में स्पष्ट संकेत है। यहाँ विज्ञानेश्वर के कथन को हम कुछ फैलाकर देखेंगे। बात इन स्वतन्त्रा स्त्रियों को समझने में उपयोगी होगी। विज्ञानेश्वर ने कण्ठतः गणिकाओं को स्वतन्त्रा नहीं कहा है, पर अभिप्राय वही है। यह भी हम देखेंगे।

याज्ञवल्क्य स्मृति का एक विधान है :

कोई पुरुष अगर अवरुद्धा, दासी या भुजिष्या जैसी स्त्रियों से (सहवास करे) तो उसे पचास पण दण्ड दिया जाये, बावजूद इसके कि ये स्त्रियाँ गम्या हैं (जिनसे कोई भी सहवास कर सकता है)।१

आगे बढ़ने से पहले यहाँ यह समझ लेना चाहिये कि 'गम्या' यहाँ उन स्त्रियों को कहा गया है जिनसे विवाह के बिना भी कोई गमन कर सकता

है। पर अवरुद्धा, दासी और भुजिष्या ऐसी स्त्रियाँ हैं जो गम्या होते हुए भी किसी पुरुष की रक्खी हुई हैं, उनकी चाकरी में हैं या पालिता हैं, इसलिए गम्या होते हुए भी औरों के लिए अगम्या हैं, तभी उनसे गमन पर दण्ड का विधान है।

ऐसे विधान और जगह भी मिल जायेंगे। ये कई स्मृतियों में दुहराये गये हैं। ऊपर गम्या की कोटि में तीन प्रकार की स्त्रियाँ ही गिनायी गयी हैं। विज्ञानेश्वर नारद स्मृति का भी उद्धरण देते हैं। वहाँ गम्या की कोटि में स्वैरिणी भी आती हैं। स्वैरिणी का मनुसंहिता ने लक्षण भी दिया है : स्वैरिणी उस स्त्री को कहते हैं जो पति को छोड़कर कामतः—अपनी इच्छा से या वासना से—किसी और अपने ही वर्ण के पुरुष का आश्रय ले ले। स्वैरिणी का यह अर्थ संकुचित-सा लगता है। अन्यत्र उसमें ध्वनि व्यापक होती है : ऐसी स्त्री जो कामतः पर-पुरुष की हो जाये। नारद ने स्वैरिणी के साथ वेश्या (गणिका) को भी 'गम्या' की कोटि में रखा है।

गम्या कौन है ?—इस प्रश्न पर विज्ञानेश्वर की टीका बरबस ध्यान खींच लेती है। विज्ञानेश्वर एक मूलभूत प्रश्न उठाते हैं : क्या कोई स्त्री सचमुच गम्या हो भी सकती है ? क्या वर्ण-व्यवस्था और उसके आधारभूत शास्त्र के विधान में ऐसी स्त्री की कल्पना की जा सकती है जो गम्या कहला सके ? उस अर्थ में गम्या जिस अर्थ में याज्ञवल्क्य उसे गम्या कह रहे हैं।

गम्या का अर्थ हमने ऊपर देखा : "ऐसी स्त्री जिससे बिना विवाह के गमन का पुरुष को अधिकार हो।" पर बात केवल पुरुष के अधिकार से पूरी नहीं बनती। शास्त्रतः बात तभी बन सकती है जब स्त्री भी ऐसी हो जिसे किसी भी पुरुष से गमन का अधिकार दिया गया हो, ऐसा करने पर उसका धर्म भंग न हो। ऐसी स्त्री को विज्ञानेश्वर 'साधारण स्त्री' कहते हैं और तर्क देते हुए सिद्ध करते हैं कि वर्ण-व्यवस्था के अन्दर ऐसी स्त्री का होना सम्भव ही नहीं जो सचमुच साधारण स्त्री हो। युक्ति देते हुए कहते हैं : पति के जीते जी, और उसके मर जाने पर भी, किसी भी अवस्था में कोई सवर्ण स्त्री अन्य पुरुष-गमन नहीं कर सकती, ऐसा मनु का विधान है। न कन्या-अवस्था में कोई स्त्री 'साधारण' हो सकती है, क्योंकि पिता द्वारा कौमार्य की रक्षा करते हुए ही कन्यादान का विधान है। अगर दान न किया जाये तो स्वयंवर का विधान भी कुमारी कन्या पर ही लागू होता है। यही शास्त्र का आदेश है। किसी स्त्री को अगर किसी की दासी होना पड़े

तो इसका अर्थ यह नहीं कि वह स्वधर्म से, वर्ण-धर्म से, च्युत हो जाती है। शास्त्र में ऐसी कोई सम्भावना नहीं है। दासी होने का अर्थ है एक विशेष रूप से परतन्त्र होना, अपने स्वधर्म का परित्याग नहीं—शिष्य भी तो गुरु के परतन्त्र होते हैं, पर इससे वे स्वधर्म से अलग नहीं हो जाते।

विज्ञानेश्वर आगे कहते हैं कि किसी भी स्त्री को, यहाँ तक कि गणिका को भी, हम 'साधारण' नहीं कह सकते। (आगे वे अपनी इसी बात को काटते हैं और गणिका को ही 'साधारण स्त्री' ठहराते हैं, पर यहाँ उनकी युक्ति देखिये)। वे कहते हैं—"किसी पुरुष के लिए किसी स्त्री के गम्या होने की पहली शर्त यह है कि स्त्री ऐसे वर्ण की हो जो अनुलोम वर्णों में आता है। प्रतिलोम वर्ण की स्त्री तो गम्या की कोटि में आ ही नहीं सकती। पर अनुलोम वर्ण की स्त्री भी गम्या इसी अर्थ में हो सकती है कि पुरुष उसके साथ विवाह कर सकता है, इस अर्थ में नहीं कि वह 'साधारण' हो, बिना विवाह के गम्या हो। बिना विवाह के गम्या तो वर्णव्यवस्था में कोई भी स्त्री नहीं हो सकती—जैसा हम ऊपर देख आये हैं।"

वर्णव्यवस्था में चार वर्णों के सिवा दूसरे वर्ण—जिन्हें संकर-वर्ण कहा जाता है—और इन वर्णों की जातियाँ केवल अनुलोम और प्रतिलोम सम्बन्ध से ही बन सकती हैं। पर दोनों ही प्रकार के सम्बन्धों में ऐसी स्त्री का होना सम्भव नहीं जो गम्या भी हो और साधारण भी। प्रश्न उठ सकता है कि फिर याज्ञवल्क्य ने—और अन्य स्मृतिकारों ने भी—भुजिष्या, दासी, स्वैरिणी आदि स्त्री विशेष को बिना विवाह के भी गम्या क्यों कहा है?

उत्तर में विज्ञानेश्वर कहते हैं कि ऐसी स्त्रियों को गम्या कहना एक वाचोयुक्ति मात्र है—बस, एक कहने की बात है। एक अपेक्षा मात्र की दृष्टि से उन्हें गम्या कह दिया गया है, इसलिए कि इन स्त्रियों से गमन करने में स्त्री और पुरुष को राज-दण्ड आड़े नहीं आता। व्यवहार में—समाज में और क़ानून में—इन्हें गम्या मान लिया गया है क्योंकि इनसे गमन का चलन है। पर शास्त्र की दृष्टि से इन्हें सचमुच गम्या नहीं माना जा सकता। इस बात का प्रमाण यही है कि जिन्हें गम्या कहा गया है उनसे गमन करने पर गमन करने वाले और गम्या दोनों के लिए ही प्रायश्चित्त का विधान है।

वास्तव में बिना विधिवत् विवाह के गम्या तो वही स्त्री हो सकती है जो साधारण स्त्री हो। और स्पष्ट है कि चतुर्वर्णव्यवस्था में किसी स्त्री के सही अर्थ में

साधारण होने की कोई सम्भावना नहीं है। सच पूछिये तो स्त्री या पुरुष किसी के भी इस व्यवस्था में साधारण होने का कोई रास्ता नहीं निकलता।

यह सब कहते हुए भी विज्ञानेश्वर कहते हैं कि इन बातों का यह अर्थ नहीं लेना चाहिये कि साधारण स्त्री होती ही नहीं। साधारण स्त्री होती है और वह है गणिका। गणिका को साधारण होने का अधिकार है—साधारण होना उसका स्वधर्म है। वह किसी भी पुरुष के साथ गमन कर सकती है, इसमें उसे दोष नहीं लगता। कोई भी पुरुष उसके लिए गम्य है और उससे गमन में उसे न इहलोक के दण्ड का भय है न परलोक के लिए प्रायश्चित्त की आवश्यकता।

प्रश्न उठना सहज है कि जब शास्त्र की व्यवस्था में साधारण स्त्री सम्भव ही नहीं तब गणिका के लिए कहाँ से द्वार बन गया? विज्ञानेश्वर का उत्तर है कि शास्त्र के प्रसिद्ध चार वर्णों में और उनके सम्बन्ध-विधान में तो साधारण स्त्री सचमुच सम्भव नहीं, पर वे कहते हैं कि, एक पाँचवाँ वर्ण भी है और वही वर्ण गणिका का वर्ण है। दूसरे वर्णों की तरह यह भी अनादि है। यह स्त्रीप्रधान है और इसमें स्त्री का स्वधर्म है कि वह साधारण हो।

प्रमाण क्या? प्रमाण के लिए वे कहते हैं कि इसमें लोक प्रमाण है, लोक में ऐसी ही मान्यता है। पर लोक-प्रमाण से शास्त्री का जी नहीं मानता, पूरी बात उसके लिए नहीं बनती। इसलिए उन्होंने एक शास्त्र-प्रमाण भी ढूँढ़ निकाला था, स्कन्द पुराण का एक आप्तवचन है कि गणिकायें पंचचूड़ा नाम की अप्सराओं की सन्तति हैं और वे दूसरे वर्णों में नहीं आतीं, उनकी जाति पाँचवीं है (यहाँ जाति शब्द वर्ण के ही अर्थ में आया है वरना पाँचवीं कहने का कोई तात्पर्य ही नहीं रहता)।[२]

स्कन्द पुराण के सिवा भी अन्यत्र ऐसा कोई विधान है या नहीं, कह नहीं सकता। कहा जाता है कि महाभारत में है। पर मूल में तो क्या संशोधित संस्करण के प्रक्षेपों में भी वह मुझे नहीं मिला। यों भी ऐसी विधियों का सचमुच विधान होना संदिग्ध और विचार्य ही माना जायेगा। काम-सूत्र में भी गणिका के बारे में ऐसी ही बात कही गयी है। गणिका-प्रकरण का पहला ही सूत्र है : ''वेश्याओं की पुरुष को स्वीकार करने की इच्छा और वृत्ति सर्ग से होती है।'' यहाँ ''वृत्ति सर्ग से होती है'' का एक अर्थ हो सकता है : ''प्रवृत्ति स्वाभाविक निसर्ग से होती है।'' पर अर्थ यह भी हो

सकता है कि—"जीविका सृष्टि के आरम्भ से है।" दूसरे अर्थ में अभिप्राय वही है जो विज्ञानेश्वर का है। पर स्कन्दपुराण के वचन को तो शायद विधान में रखने की सोच भी सकते हैं। कामसूत्र का वचन इस कोटि में नहीं आ सकता।

विज्ञानेश्वर की चर्चा की तरह के प्रश्न और कौतूहल जगाती है : एक प्रश्न तो यही उठता है कि माना वर्णव्यवस्था ने वर्ण चार ही माने हैं पर अगर पाँचवाँ भी मान लिया जाये तो यह कैसे सिद्ध होगा कि उस पाँचवें वर्ण की व्यवस्था ही भिन्न होगी, दूसरे वर्णों को बाँधता हुआ जो विधानों का व्यूह है उससे वह पाँचवाँ वर्ण कैसे मुक्त होगा, उसका अपना अलग ही विधान कैसे होगा? पाँचवें वर्ण की बात अन्यत्र भी मिल जाती है। प्राचीन समय में निषाद और रथकार को चार वर्णों से अलग वर्ण कहा जाता था, यों भी चार वर्णों की व्यवस्था समाज के विविध विभाजनों को समेटने में सक्षम नहीं थी। तभी वर्णों के सिवा कई संकर वर्ण भी माने गये थे। रथकार और निषाद जैसे पंचम वर्ण इन्हीं संकरों के उदर में समा गये। पते की बात तो यह है कि शुद्ध वर्ण हो या संकर वर्ण धर्मशास्त्र सबको एक विशेष सूत्र में बाँधता है। उसके विधानों में एक दृष्टि है जो सारे समाज पर पूरी उतरती है, कोई वर्ण हो, कितने ही वर्ण हों। उस दृष्टि का एक मूल सूत्र है कि स्त्री साधारण नहीं होती, किसी भी वर्ण की—या वर्ण-संकर की—क्यों न हो। फिर यह गणिका कहाँ से निकल आयी? यह केवल चार वर्णों और उनके संकर उपवर्णों से ही अलग नहीं उस पूरी व्यवस्था में ही बेमेल है जो वर्ण-व्यवस्था के रूप में विहित की गयी है। बेमेल इसलिए कह रहा हूँ क्योंकि थोड़ा-सा भी हम विचार करें तो पायेंगे कि गणिका की स्वीकृति इस बात की भी स्वीकृति है कि वह स्वतन्त्रा है।

यहाँ दो बातों पर ध्यान दीजिये। एक तो यह कि गणिका का साधारण होना उसका स्वधर्म कहा गया है—अर्थात् किसी भी पुरुष से स्वेच्छया गमन करने पर वह अन्य सवर्ण स्त्रियों के समान स्वैरिणी नहीं हो जाती। यह तो उसका धर्म ही है। धर्म का आचरण स्वैराचार नहीं होता। उसमें विवेक ऊह्य रहता है, वासना की बेबसी या मनमानापन नहीं। गणिका के सहवास से स्वैराचार अगर किसी का होता है तो पुरुष का होता है, स्त्री का नहीं। इसीलिए विज्ञानेश्वर कहते हैं कि जो पुरुष गणिका से सम्बन्ध रखता है उसका इहलोक में तो कोई अपराध नहीं होता—राजदण्ड का कोई डर

नहीं रहता—पर उसका परलोक बिगड़ता ही है, क्योंकि पुरुष के लिए शास्त्र का विधान है—'स्वदारनिरत: सदा'—वह अपनी ही दारा में निरत रहे। गणिका किसी की दारा नहीं होती : दूसरी बात यह है कि गणिका वर्ण में पुरुष नहीं स्त्री प्रधान होती थी। स्त्रियों की ही सन्तति चलती थी, तन्त्र भी स्त्रियों के ही हाथ रहता था। दूसरे शब्दों में, गणिका वर्ण स्त्रीतन्त्र समाज था।

इन दो बातों से प्रकट है कि अन्य वर्ण के पुरुष की तरह ही गणिका स्वतन्त्र थी। भोज ने उसे स्वतन्त्रा कहा तो ठीक ही कहा। उनकी कथा में शब्द केवल साहित्य की अतिरंजना में अलंकार बनकर नहीं आया है। वस्तुस्थिति का भी द्योतक है।

ऊपर के विमर्श से स्पष्ट है कि समाज में यह बोध स्पष्ट था कि स्त्री को पुरुष की तरह ही स्वतन्त्रा नहीं मानना एक भ्रान्ति ही है। स्त्रियों के पूरे एक वर्ग का स्वतन्त्रा मान लेना इस भ्रान्ति-बोध का ही प्रमाण है। यह बोध लोक में ही नहीं विज्ञानेश्वर जैसे समाजशास्त्रियों में भी था (हालाँकि उन दिनों इनको समाजशास्त्री नहीं धर्मशास्त्री कहा जाता था।) पर लोक इस बोध के प्रति सचेतन होते हुए भी इसकी ओर से आँख मूँद लेना चाहता था, जानते हुए भी नहीं जानना चाहता था। यह प्रवृत्ति कुछ विचित्र नहीं है। आज भी इसका बोलबाला है ही। विज्ञानेश्वर इस बोध के प्रति अधिक जागरूक थे। पर वे भी इससे स्पष्ट निकलने वाले विस्फोटक क्रान्तिकारी सिद्धान्त को मान्यता नहीं देना चाहते थे कि गणिका को स्वतन्त्र मानने पर स्त्री-मात्र को स्वतन्त्र मानना आवश्यक हो जाता है, नहीं मानने में असंगति ही है। एक पूरे समुदाय की स्त्री स्वतन्त्र हो सकती है तो स्त्री-मात्र क्यों नहीं? पर ऐसी मान्यता को वे प्रश्रय नहीं दे सकते थे, कोई धर्मशास्त्री नहीं दे सकता था। उस युग में सम्भव नहीं था।

विज्ञानेश्वर की सारी चर्चा भारत की समाज-व्यवस्था, धर्मशास्त्र, इनके सम्बन्ध और इनकी समझ के बारे में कई तरह के नये प्रश्न जगाती है। पाठक के मन में भी प्रश्न सिर उठाने ही लगे होंगे। मैं ऐसे प्रश्नों में यहाँ नहीं जाऊँगा। इससे मुझे बात के बिखरने का डर है। अपने आपको मर्यादा में रखूँगा क्योंकि आगे बात गणिकाओं की ही करना चाहता हूँ। पर एक प्रश्न प्रसंगवश ही उठता है : माना कि विज्ञानेश्वर ने गणिका को धर्मशास्त्र-व्यवस्था के भीतर स्वीकृति दी, पर यह कैसी स्वीकृति है?

सचमुच स्वीकृति है भी क्या?

मैं समझता हूँ कि विज्ञानेश्वर का अभिप्राय—जिसे आज के समाजशास्त्री कहेंगे उसकी अभिसन्धि—क्या थी इस पर विचार करना यहाँ प्रासंगिक हो सकता है। इससे गणिका की पहचान क्या थी और उस समाज में क्या स्थान था, इन बातों पर प्रकाश पड़ सकता है। जिस समाज में विज्ञानेश्वर थे उसमें गणिका की स्वीकृति स्पष्ट थी। वे स्वयं ही कहते हैं कि जैसे ब्राह्मण एक अलग वर्ण है जिसका गुणकर्म ब्राह्मण्य है, वैसे ही लोक में यह भी प्रतिष्ठित है कि गणिका भी एक अलग वर्ण है जिसमें स्त्रियों का गुणकर्म पुरुष-सम्भोग से जीविका चलाना है। इसी प्रसिद्धि को शास्त्र का आधार देने के लिए वे स्कन्द पुराण से एक उद्धरण उठाकर लाये थे। लोक ही नहीं राजतन्त्र भी गणिका को मान्यता देता था। और गणिका की स्वतन्त्रता का यह एक बड़ा आधार था। यह स्थिति काव्य, कथा, नाटक आदि साहित्य से साफ़ उभरकर सामने आती है।

तो गणिका के होने से इनकार नहीं किया जा सकता था और न उसके स्वतन्त्र होने से इनकार किया जा सकता था। पर धर्मशास्त्री के लिए यहाँ समस्या हो सकती थी कि गणिका को शास्त्र की परिधि में कैसे लाये? इस स्वतन्त्रता को स्वीकृति कैसे दें और कैसी स्वीकृति दें जिससे गणिका को स्वतन्त्र मानते हुए भी स्त्री-मात्र को स्वतन्त्र न मानना पड़ जाये। अक्सर धर्मशास्त्रियों ने तो समस्या की ओर ध्यान ही नहीं दिया। वे चुप रहकर लोक की बात लोक पर ही छोड़ देते हैं। शास्त्र में इस सिद्धान्त और मनोभाव की पुष्टि भी है कि लोक कई बातों में अपनी व्यवस्था आप कर सकता है। पर एक बड़ी शर्त है : व्यवस्था शास्त्र के विरुद्ध नहीं होनी चाहिये। पर बात कब शास्त्र के विरुद्ध हो जाती है, यह भी एक समस्या है। क्या गणिका जैसी स्वतन्त्रा स्त्री की लोक में स्वीकृति शास्त्र-विरुद्ध नहीं थी?

विज्ञानेश्वर ही एक ऐसे धर्मशास्त्री थे जिन्होंने इस समस्या को देखा, और देखा ही नहीं उसकी गहरायी को भी समझा। पर विज्ञानेश्वर जब समस्या के प्रति जागरूक हुए तो इसका समाधान करना भी उनका कर्तव्य बन गया। ऐसा समाधान जो गणिका को स्वतन्त्रता दे पर स्त्री-मात्र को स्वतन्त्र न बना दे और जो शास्त्र-सम्मत होने का दावा भी कर सके। आपके-हमारे जैसे आज के चिन्तकों की तरह धर्मशास्त्री केवल प्रश्न उठाकर

त्रिशंकु की तरह आकाश में लटकता तो नहीं छोड़ सकता। (वैसे यहाँ एक और बात जोड़ दूँ : गुप्त युग के एक कवि ने भी इस समस्या को अपनी तरह से देखा था और एक मूलभूत प्रश्न उठाकर बात वहीं छोड़ दी थी—लेकिन उसकी बात और कभी)।

विज्ञानेश्वर का समाधान शास्त्र-सम्मत है भी या नहीं यह दूसरी बात है, पर उनका प्रयास इसी दिशा में है। उसमें एक दुहरेपन का पैंतरा है। पर इसके सिवा चारा नहीं था। विरोध को रखते हुए विरोध को और कैसे मिटाते? उन्होंने गणिका को स्वतन्त्र ठहराने के लिए उसे अलग वर्ण में रख दिया पर उनका स्वतन्त्र गणिका वर्ण ऐसा है कि धर्मशास्त्र की योजना में ठीक समा ही नहीं सकता। विज्ञानेश्वर भी इस बात को जानते थे। हम लोग आज अक्सर भूल जाते हैं कि धर्मशास्त्र की दृष्टि में चतुर्वर्ण-व्यवस्था केवल भारतीय समाज की व्यवस्था नहीं, मानव मात्र की व्यवस्था है। विज्ञानेश्वर इससे अवगत थे। इस व्यवस्था में नया वर्ण, वर्णसंकर की अनुलोम-प्रतिलोम प्रक्रिया से ही सम्भव था। फिर इस प्रक्रिया से बाहर गणिका जैसा स्वतन्त्र वर्ण कहाँ से आ गया? विज्ञानेश्वर जानते थे कि शास्त्र में इसकी सम्भावना बन नहीं सकती। समस्या को वे पूर्वपक्ष के रूप में रखते हैं। पूर्वपक्ष का तर्क यों प्रस्तुत करते हैं—

"वेश्याः वर्णानुलोमाद्यन्तः पातिन्यः मनुष्यजात्याश्रयत्वात् ब्राह्मणादिवत्"—गणिका (चार) वर्णों के अनुलोम-प्रतिलोम के भीतर ही हैं क्योंकि वे भी मनुष्य-जाति की ही हैं जैसे ब्राह्मण आदि। इस (दूसरे मनुष्य) इस तर्क का आशय यह है कि शास्त्र के अनुसार मनुष्य मात्र चतुर्वर्ण और उसकी अनुलोम-प्रतिलोम व्यवस्था के अन्तर्गत आते हैं, फिर यह गणिका जैसा पाँचवाँ वर्ण कहाँ से आया?

इसके उत्तर में विज्ञानेश्वर पहली युक्ति यह देते हैं कि गणिका का भिन्न स्वतन्त्र वर्ण लोक में ही स्वीकृत है। पर वे जानते थे कि यह स्वीकृति शास्त्र के लिए पर्याप्त नहीं हो सकती। इसलिए बात को शास्त्र का आधार देने के लिए ही स्कन्द पुराण का श्लोक ढूँढ़कर लाते हैं। यही उनका समाधान है। पर यह समाधान कोई संगत समाधान नहीं है। इसमें पूर्वपक्ष की उठायी गयी मूलभूत आपत्ति का कोई समीचीन उत्तर नहीं है। धर्मशास्त्र की चतुर्वर्ण-व्यवस्था, समाज में कितने वर्ण हैं, कैसे उत्पन्न होते हैं, इसका विवरण देने की ही व्यवस्था थी, साथ ही समाज-व्यवस्था के

औचित्य की भी योजना थी। विज्ञानेश्वर जानते थे कि इस व्यवस्था में और इस औचित्य-योजना में गणिका का स्थान नहीं हो सकता। इसके लिए व्यवस्था का ही आधार बदलना पड़ता। पर धर्मशास्त्री क्रान्तिकारी स्मृतिकार नहीं हो सकता था और नये स्मृतिकार तो सम्भव ही नहीं थे। विज्ञानेश्वर ने वही किया जो उनके बस में था। इसके लिए वे हमारी प्रशंसा के पात्र हैं। वे गणिका को शास्त्रीय व्यवस्था के भीतर तो नहीं ला सकते थे पर उसकी चौखट पर तो किसी तरह ले ही आये।

मैं समझता हूँ कि उनका अभिप्राय भी इससे अधिक नहीं था। लोक-मानस में गणिका की स्थिति उचित-अनुचित के बीच की ही सँकरी गलियों में थी। उसकी इज़्ज़त थी, आबरू नहीं। विज्ञानेश्वर ने जो प्रयास किया है वह यही है कि ऐसी स्थिति उसे शास्त्र में भी मिल जाये। इससे ज़्यादा शायद वे भी नहीं चाहते थे। वे चाहते थे कि गणिका को उसकी स्वतन्त्रता का शास्त्र में आधार भी मिल जाये पर स्त्री-मात्र की स्वतन्त्रता का प्रश्न न उठे। विधान में आन्तरिक विरोध जगाने से वे बच नहीं सकते थे पर वे चाहते थे कि विरोध इस तरह से उठे कि सामने न आये। इसलिए उन्होंने गणिका को एक सर्वथा भिन्न वर्ण माना, ऐसा वर्ण जो कि दूसरे वर्णों से अनादिकाल से भिन्न था। विज्ञानेश्वर जानते थे कि ऐसा मान लेने पर शास्त्र की रीति से बात बन सकती है। शास्त्र में यह स्वीकृत था कि सब वर्ण अनादि हैं। और उनके गुण-कर्म भी अनादि हैं। एक वर्ण के गुण-कर्म से दूसरे वर्ण के गुण-कर्म के बारे में कोई निष्कर्ष नहीं निकाला जा सकता : गणिका अगर स्वतन्त्रा है तो इससे यह नहीं निकलता कि अन्य वर्ण की स्त्रियाँ भी स्वतन्त्र हो सकती हैं। इस मान्यता पर हम आज आपत्ति उठा सकते हैं पर तत्कालीन समाज में इस मान्यता की जड़ें इतनी गहरी थीं कि इसे अटल सत्य माना जाता था। गणिका को अलग वर्ण देकर समाज और समाजशास्त्री एक और गहरी विडम्बना की बात छिपाना चाहते थे। स्त्री को कामोपहता कहा गया था। तभी वह स्वतन्त्रा नहीं हो सकती थी। पर हम पाते क्या हैं ? हम पाते हैं कि गणिका की स्वतन्त्रता का आधार ही यह था कि वह काम से स्वयं उपहत हुए बिना पुरुष को काम से उपहत कर सके। यही उसकी जीविका की कुंजी थी, उसके स्वतन्त्र बने रहने का आधार था : काल को साधन बनाकर अर्थ का आहरण करना और उसके बल पर समाज में अपना स्थान बनाये रखना।

गणिका-समाज में इस बात का गहरा बोध भी था कि काम उसके लिए एक उपाय-स्वरूप है, अपनी स्वतन्त्रता बनाये रखने का साधन। गणिका-समाज से सम्बद्ध संस्कृत में जो साहित्य मिलता है उस साहित्य का एक बड़ा लक्ष्य यही है कि वह गणिका को यह उपदेश दे कि वह कैसे काम को उपाय बनाकर जीविका अर्जन करे और अपनी स्थिति बनाये रख सके। जो साहित्य आज मिलता है वह पुरुषों का ही लिखा हुआ है—इसलिए उसमें इस उद्देश्य की भी छाया है कि पुरुष जान लें कि गणिका कैसे उनका आखेट किया करती है और यह जानकर उसके फन्दे में न पड़ें। पर यह एक मुलम्मा ही है। इस साहित्य के लेखक गणिका-मित्र भी थे। उसके जीवन को और उसके बोध-जगत को भीतर से समझते थे।

गणिका के बोध-जगत में एक बात मूलमन्त्र की तरह घुट्टी में ही डाल दी जाती थी। गणिका का शत्रु 'काम' नहीं होता है, प्रेम होता है। 'काम' तो उसका मित्र है, उसका सहायक। गणिका प्रेम में पड़ जाये तो पुरुष के बस में हो जायेगी, पर 'काम' को तो उपाय बनाकर वह पुरुष को ही बस में करती थी। यही उसके लिए अर्थ की प्राप्ति का और स्वतन्त्र बने रहने का एकमात्र साधन था। धर्मशास्त्र की दृष्टि से दूसरे वर्णों के लिए भी जीविका-अर्जन के विशेष विहित उपाय और आदर्श थे। पर ये आदर्श व्यवहार में आदर्श के धरातल पर ही रहते थे। धर्मशास्त्र भी इस बात से अवगत थे और आदर्श का गुणगान करते हुए भी यथार्थ की परिस्थितियों को देखते हुए उन्होंने काफ़ी विकल्प दे रखे थे, काफ़ी छूट दे रखी थी। एक वर्ण के लोग दूसरे वर्ण की जीविका अपना सकते थे। आपद्-धर्म के बहाने, आदर्श के बहुत आदर्शवत् होने के बहाने। पर गणिका धर्मशास्त्र की मर्यादा के बाहर ही थी। दूसरे वर्णों की तरह उसके लिए समाज के अन्य अर्जन के साधनों का रास्ता नहीं खुला था। उसकी स्वतन्त्रता की भित्ति वर्ण-पुरुषों को 'काम' के बस करके ही बनी रह सकती थी। उसके लिए और कोई गति नहीं थी। इसलिए 'काम' को जीविका का उपाय बनाना गणिका के लिए एक बड़ा विकल्प और साधना थी। साथ ही प्रेम के मोहपाश से बचना उसका एक चरम लक्ष्य था। वह एक तरह से खाँडे की धार पर चलना था। इससे गणिका के हृदय में अन्तर्संघर्ष का जन्म लेना स्वाभाविक था। संस्कृत-साहित्य हमें गणिका-जीवन में निरन्तर होने वाले प्रेम और काम के अन्तर्घात के कई चित्र देता है। कइयों से हम

परिचित हैं। पर दो-एक दृष्टान्त मैं भी देता हूँ। एक दृष्टान्त दण्डित के *दशकुमारचरितम्* से लीजिये। यह सातवीं सदी का ग्रन्थ है।

दशकुमारचरितम् कहानियों का संग्रह है। कहानियों को एक-सूत्र में बाँधा तो गया है पर जिस धागे से बाँधा गया है वह बहुत ही कमज़ोर है। कहानियाँ हिम्मत, धोखाधड़ी और चतुराई से अपना उल्लू गाँठने की, और साथ ही बदमाश को सबक सिखाने विषयक हैं। इनमें साहस को भाग्य का सहाय भी यथासमय मिल ही जाता है, जैसे हिन्दी फ़िल्मों में, और हिन्दी फ़िल्मों की तरह ही इन कहानियों में भी थोथी भावना की चाशनी में लिपटे आदर्शवाद के साथ "सब साले चोर हैं, शेख़ अपनी-अपनी देख" वाले घोर स्वार्थवाद का अजीब मेल भी है। भाषा का वैभव और प्रवाह ही कहानियों का प्राण है। फिर भी जगह-जगह तत्कालीन जीवन के, विशेषकर नगर-जीवन के निचले स्तरों के चित्र कहानियों को सजीव बनाते चलते हैं।

एक कहानी में दो गणिकाओं का चित्र है, दोनों बहनें हैं : काममंजरी और रागमंजरी। ये नाम उनके चरित्र का संकेत भी देते हैं। काममंजरी 'काम-से-अर्थ' वाले मन्त्र में विश्वास करती है। उसे कई गुणों की शिक्षा दी गयी है। उन गुणों का प्रयोग वह धनाढ्य युवकों का हृदय जीतकर उन्हें निर्धन बना देने में ही करती है। उसको अपने पर इतना भरोसा है कि एक शर्त जीतने के लिए वैराग्य का बड़ा कुशल नाटक करती है, बस इस इरादे से कि एक प्रसिद्ध संन्यासी को 'काम' के बस करके भरे बाज़ार ला खड़ा कर दे। रागमंजरी का प्रण बिलकुल उलटा है। उसने प्रण किया है कि जो युवा अपने रूप-गुण से उसका मन जीत लेगा उस एक से ही विवाह करके उसकी हो रहेगी : "गुणशुल्काहं न धनशुल्का"। वह कहती है : मुझे कोई गुण से ही मोल ले सकता है, धन से नहीं। ऐसी अनहोनी बुद्धिहीनता का हठ उसकी बहन काममंजरी और उसकी माँ की समझ में नहीं आता। वे राजा से भी शिकायत करती हैं : "देव, हमारी बड़ी आशा थी कि रागमंजरी अपने रूप से और रूप जैसे ही मोहक कला-कौशल से हमारे सब मनोरथ पूरे करेगी, पर उसने तो हमारी आशा जड़ से ही उखाड़ फेंकी है। उसने अपना कुल-धर्म छोड़ दिया है और धन की जगह गुण के हाथ बिकना चाहती है, कुल-स्त्रियों की तरह रहना चाहती है।"[३] कहानी में तो दण्डित का कुशल नायक, हमारा रंगीला राजकुमार बड़ी

चतुराई से उसको अपना बना लेता है : उसे अपने गुणों से जीत लेता है और उसकी माँ, बहन को पैसे से। रागमंजरी को मनचाही मिल जाती है। पर वह स्वतन्त्रा नहीं रहती, और सच पूछिये तो न कुल-स्त्री ही बन पाती है। गणिका किसी की स्त्री होकर भी समाज में कुल-स्त्री का स्थान नहीं पा सकती थी। रागमंजरी के साथ भी यही हुआ होगा।

संस्कृत में गणिका के प्रेम की और प्रेम-विवाह की और भी कहानियाँ हैं। पर इनमें एक बात की ओर हमारा ध्यान कम जाता है : ये कहानियाँ गणिका के स्वतन्त्रा से अस्वतन्त्रा हो जाने की हैं। अपनी स्वतन्त्रता रखते हुए गणिका पुरुष को काम के मार्ग से ही अपना सकती थी, प्रेम के मार्ग से नहीं। इस विषम स्थिति का मार्ग कुट्टनीमतम् की एक कहानी के पीछे झलकता है। संस्कृत-साहित्य की यह अपनी तरह की एक अनूठी प्रेम-कहानी है जो हीर-रांझा, लैला-मजनूँ जैसी कहानियों की याद दिलाती है। कहानी की ट्रेजिक नायिका एक गणिका है। और शायद संस्कृत में ऐसी कहानी एक गणिका की ही कहानी हो सकती थी।

कुट्टनीमतम् के लेखक दामोदर गुप्त थे। वे काश्मीर के राजा जयापीड के प्रधान-मन्त्री भी थे और सभा-कवि भी। जयापीड ने ईस्वी ७९९ से ८१३ तक काश्मीर पर राज्य किया। कुट्टनीमतम् उसी समय की रचना है। कुट्टनीमतम् में दुनिया देखी हुई, एक अनुभवी वृद्ध गणिका—कुट्टनी एक तरुण गणिका को सफल कैसे बना जाये, यह उपदेश देती है। वे सारे गुर बताती है जिनसे प्रेम नहीं पर प्रेम का नाटक करते हुए पुरुष को मोह कर उसका अर्थ-ग्रहण किया जा सकता है। दामोदर की भाषा में उनके अपने समय के कवि-कर्म की भंगी और अलंकारों की छटा है। बीच-बीच में रोचक कहानियों का पुट भी है। पर उनके उपदेश का तात्पर्य कोई बहुत नया नहीं है, कामशास्त्र में भी मिल जाता है। कामशास्त्र में वात्स्यायन इसी विषय पर लिखने वाले एक बड़े आचार्य का नाम लेते हैं : आचार्य दत्तक, और यह स्वीकार भी करते हैं कि इस विषय की कामशास्त्र की बहुत-सी उक्तियाँ उन्हीं की उक्तियों का संक्षेप हैं। दत्तक ने पुरुषों को मोहने के क्या-क्या उपाय बताये हैं यहाँ उनमें जाने की ज़रूरत नहीं। पर उसके मूल सिद्धान्त के दो सूत्र ये थे : एक, गणिका को सच्चा प्रेम कभी नहीं करना चाहिये—सद्भावजानुरक्तिर्नहि रम्या पण्यनारीणाम्। और दूसरा : उसे अपने रूप को (और अपने कला-कौशल को) धन-सिद्धि का साधन ही समझना

चाहिये—अस्मादृशां हि मुग्धे धनसिद्धौ रूपनिर्माणम् (कुट्टनीमतम्, २७६-२७७)।

गणिका-शास्त्र के ये दो सूत्र एक गणिका अपनी प्रिय सखी दूसरी गणिका, हारलता, को उसका मोहभंग करने के लिए सुनाती है। हारलता प्रेम के आवेश में संयम खो देने वाली थी। पर सखी का मोह-भंग का प्रयास निष्फल ही रहता है। प्रेम का जादू चला ही है। हारलता के प्रेम का पात्र एक विदेशी ब्राह्मण युवक था, सुन्दरसेन। हारलता को देखकर वह भी मोह-विवश हो जाता है। उसका अन्तरंग सखा गुणपालित उसे बहुत समझाता है और कहता है कि गणिकायें सदा प्रेम नहीं कर सकतीं। वे छल-छद्म के ही पाठ पढ़ती हैं। पर सुन्दरसेन पर कोई असर नहीं होता। बात कहने-सुनने के बाहर निकल गयी थी।

हारलता सुन्दरसेन को अपने घर ले जाती है। पहली रात के सहज विह्वल मिलन का दामोदर गुप्त ने बड़ा विदग्ध वर्णन किया है। ज्यों-ज्यों दिन बीतते हैं दोनों का प्रेम गहरा होता जाता है। पर सुन्दरसेन को हारलता के साथ रहते हुए जब एक साल बीत चुकता है तब एक दिन अचानक सुन्दरसेन के पिता का एक पुराना नौकर पिता की चिट्ठी लेकर उसके पास आता है। पिता ने अपने इकलौते पुत्र को तीख़ी उलाहना दी थी : मैंने तुम्हें वेद पढ़ाया, स्मृति के आचरण में दीक्षा दी और तुम हो कि गणिका-लोक में अपने आपको खो बैठे हो। मैंने सोचा था कि तुम मेरी जगह लोगे, घर सम्भालोगे और मैं परलोक साधूँगा, पर सब उलटा हो गया, मेरा बुढ़ापा सँवरने की जगह बिगड़ गया। मुझे दुष्ट पुत्र का पिता होने का कलंक सहना पड़ रहा है। इन बातों से सुन्दरसेन का मन उचाट हो गया। गुणपालित ने भी अपनी पुरानी सीख दोहरायी। उसके आगे गणिका की निन्दा की, कुलस्त्री के स्वच्छ, सरल प्रेम का गुणगान किया।

सुन्दरसेन कुछ समय धर्मसंकट में रहा, एक ओर पिता का बुलावा और दूसरी ओर सच्चे मन से चाहने वाली—"अनपेक्षित-धनलाभा, स्नेहबद्ध—मानसा प्रिया"—जिसे कोई अभागा या वज्र-हृदय ही छोड़ सकता है। पर पिता की ही जीत हुई। और सच पूछिये तो गणिका-लोक में सुन्दरसेन का क्या स्थान हो सकता था? केवल प्रेम ही तो जीवन का सर्वस्व नहीं हो सकता! पर हारलता के लिए वह जीवन का सर्वस्व हो चुका था। फिर भी उसने सुन्दरसेन को रोकने की चेष्टा नहीं की। यही कहा कि मैं

गणिका हूँ, आपके योग्य नहीं हूँ, आप इतने दिन रहे, मेरे पुण्यों का फल था, मैं आपकी पत्नी का स्थान नहीं ले सकती, मुझे भूल जाइयेगा। हारलता जानती थी कि अपने छोटे से निर्बन्ध संसार के बाहर वह सुन्दरसेन को वैसे मुक्त, घनिष्ट भाव से नहीं पा सकेगी : जैसी उसके प्रेम की एषणा थी।

सुन्दरसेन जाने लगा तो हारलता काफ़ी दूर तक पीछे गयी। फिर एक बरगद के नीचे : ''आस्व सुखं दचितिके, व्रजामि'' (सुख से रहना प्रिये, मैं चला) कहकर सुन्दरसेन आगे बढ़ गया। हारलता उसकी तरफ़ देर तक देखती रही। फिर अपने प्राणों से बोली : ''अभी दिख रहा है, ओझल नहीं हुआ है, अभी उसे और देख लेने दो, मुझे छोड़कर मत जाओ।'' पर प्राण रुके नहीं, चले ही गये। उसकी निर्जीव काया बरगद के नीचे निश्चेष्ट हो गयी। सुन्दरसेन कुछ आगे बढ़ा तो पीछे आता एक बटोही मिला। उससे पूछा : ''तुमने नगर की ओर लौटती हुई किसी दुखियारी स्त्री को देखा था क्या?'' बटोही ने बताया कि और तो नहीं पर उसने बरगद के नीचे निश्चल-सी पड़ी एक लड़की को ज़रूर देखा था। सुन्दरसेन तड़पकर लौटा। पर हारलता परलोक जा चुकी थी। सुन्दरसेन ने उसे चिता पर जलाया। पर फिर घर की ओर मुँह नहीं किया। संन्यासी होकर वन की ओर निकल गया।

दामोदर गुप्त ने यह मार्मिक कथा बहुत संक्षेप में कही। इसमें उनका काव्य-वैभव तो उभरकर आता है पर ट्रेजेडी की गहरायी में वे नहीं जा पाते। ऐसा शायद उनका उद्देश्य भी नहीं था। पर जो भी हो, कहानी को वैसा भाव-चित्रण, कथानक को जैसा फैलाव और निखार चाहिये था, उनकी लेखनी से मिल नहीं पाता। पर एक बात, मैं समझता हूँ, हमारे बोध में कौंध ही जाती है : ऐसी ट्रेजेडी एक गणिका की हो सकती थी। उसे प्रेम करने का अधिकार तो था पर प्रेम की परिणति का अधिकार नहीं था। वह अपने प्रेमी की सच्ची विवाहिता नहीं बन सकती थी। अपने सीमित गणिका-जगत के बाहर उसकी गति भी सीमित थी। हारलता को इसी प्रतीति ने अपने प्रेमी का साथ लेने से रोक दिया।

गणिकायें पुरुषों को बस में करने के लिए कई कौशल और शिल्प, कई नाटक सीखती थीं। इन कला-कलापों का सबसे प्राचीन वर्णन दत्तकाचार्य का है। पर इनकी सफलता के लिए पुरुष के चित्त को समझना गणिका के लिए आवश्यक था। दत्तकाचार्य ने इसीलिए पुरुष के स्वभाव का भी

वर्णन किया है। काफ़ी पैठ दिखलायी है। पर बात उनमें नहीं के बराबर है, जिसका विकास बाद की परम्परा में हुआ लगता है। यह है राग-सिद्धान्त, जिसकी हम ऊपर चर्चा कर आये हैं। पुरुषों के किये गये त्रिया-चरित्र के अध्ययनों से तो हम सबका थोड़ा-बहुत परिचय है। कामशास्त्र के आधार पर स्त्रियों के कई वर्गीकरण भी किये गये हैं। पर यह कम लोगों को मालूम है कि गणिकाओं ने पुरुष-चित्त और स्वभाव का भी अध्ययन किया था। इसी का एक फल था राग-सिद्धान्त। राग से यहाँ तात्पर्य 'अनुरक्ति' से है। यह सिद्धान्त कहता है कि सब पुरुषों में अनुरक्ति एक-सी नहीं होती। अनुरक्ति के कई भेद हैं, जिनके आधार पर विभिन्न पुरुषों को विभिन्न वर्गों में रखा जा सकता है। गणिका को इसका ज्ञान होना चाहिये। राग का एक अर्थ रंग भी होता है। इस श्लेष का उपयोग करते हुए अनुरक्ति के विभिन्न प्रकारों को अलग-अलग रंगों के नाम दिये गये थे। राग का एक प्रकार हमें दत्तक में ही मिल जाता है। हरिद्रा राग (हल्दी रंग)। यह रंग जितनी जल्दी चढ़ता है उतनी ही जल्दी उतरता है—पक्का नहीं होता। जिस पुरुष की अनुरक्ति में हरिद्रा राग का स्वभाव हो उसके साथ तदनुकूल बर्ताव करना चाहिये। उसे अपनाते समय, उसे छोड़ते समय और दुबारा अपनाते समय उसके स्वभाव के इस राग का ध्यान रखना चाहिये, नहीं तो काम बिगड़ सकता है। बाद के ग्रन्थों में हरिद्रा-राग के साथ और कई राग जुड़ जाते हैं और पुरुष के मनोविज्ञान का एक पूरा सिद्धान्त खड़ा हो जाता है। भोज की शृंगारमंजरी-कथा की तो हर कहानी राग के एक विशेष प्रकार का दृष्टान्त देने के लिए ही लिखी गयी है। कुट्टनी शृंगारमंजरी को उपदेश देते हुए कहती है : "पुरुष कई तरह के होते हैं। पहले उनके चित्त को समझ लेना चाहिये, फिर किसी को उत्साह देकर, किसी के मन में प्रवेश कर, किसी का निराकरण करते हुए, किसी को भय के रास्ते, और किसी को अनुराग दिखाते हुए, पर स्वयं विरक्त रहकर उनका सर्वस्व ले लेना चाहिये और फिर उन्हें अलग कर देना चाहिये। इसके लिए आवश्यक है कि पहले राग का ज्ञान हो। इस ज्ञान के बिना गणिका-रहस्य के सारे प्रयोग विफल हो जा सकते हैं।" फिर वे राग के बारह प्रकार गिनाते हैं और उन्हें चार वर्गों में बाँटते हैं (शृंगारमंजरी-कथा, पृ. १८-१९) इनके विस्तार में यहाँ नहीं जाना चाहता। वह अपनेआप में अलग प्रसंग हो जायेगा। पर मैंने पाठक का ध्यान इस ओर केवल इसलिए आकृष्ट किया कि ऐसा न समझ लिया

जाये कि हमारी संस्कृति में केवल पुरुषों ने ही स्त्रियों के चरित्र को आँकने की चेष्टा की है। स्त्रियों ने भी सदृश प्रयास किया है जो शायद अधिक सूक्ष्म है।

मुझे अपनी क़लम यहीं रोक देनी चाहिये। पर ख़त्म करने से पहले दो-एक बातें कहे बिना नहीं रुक पा रहा हूँ।

हमारी सारी चर्चा के बाद भी प्रश्न उठ सकता है कि भारतीय समाज और संस्कृति में वह क्या विशेषता थी जो गणिका को अपनी एक अलग-सी, छोटी-सी, दुनिया ही सही, पर स्वतन्त्र रहने की छूट देती थी? विज्ञानेश्वर ने छूट दी नहीं है, जो छूट थी उसको ही समर्थन दिया है। इससे अधिक कुछ नहीं। छूट का वास्तविक आधार था : संस्कृति और समाज में वैविध्य की सहज स्वीकृति। पर वैविध्य को विस्तार कोरी स्वीकृति से नहीं मिलता है, उसे समाज-व्यवस्था में भी आधार चाहिये। भारत में वैविध्य की स्वीकृति को शक्ति तन्त्र की बहु-केन्द्रकता की नींव दी गयी थी। इसीलिए वैविध्य पनपा और बना रहा। हम आज भारतीय संस्कृति के वैविध्य की अक्सर गौरव के साथ चर्चा करते हैं पर समाज-व्यवस्था में, राजतन्त्र में, व्यवहार-तन्त्र में, क़ानून में, उसके क्या आधार रहे होंगे, इन बातों में कम जाते हैं। वैविध्य की प्रवृत्ति सभी बड़े समाजों में होती है। प्रश्न यही होता है कि वैविध्य कितना हो? उसका रूप क्या हो? और सबसे टेढ़ी बात : इस बहुरूपता के साथ एकरूपता की मर्यादा का सम्बन्ध कैसा हो? एकरूपता और वैविध्य के बीच सभी बड़े समाज सदा सन्धि और समझौता बनाये रखने की चेष्टा करते रहते हैं। संघर्ष कभी मिटता नहीं। उसका स्वर कभी मन्द हो भी जाता है तो फिर तार की ओर बढ़ने लगता है।

भारत में वैविध्य का एक बड़ा आधार था वर्ण, और उससे भी अधिक जाति-व्यवस्था। वैविध्य का आधार भी हर समाज में भिन्न होता है। हम अक्सर भूल जाते हैं कि एक ही वर्ण में भिन्न जातियाँ अपनी स्वतन्त्र सत्ता बनाये रखती हैं। समाज हर जाति को एक बड़ी सीमा तक अपना तन्त्र आप ही चलाने की स्वतन्त्रता देता था। जाति के सिवा और भी समुदाय थे, व्यापारियों के, धार्मिकों के, शिल्पियों के एवं अन्य वर्गों के, जिन्हें ऐसी ही छूट मिली हुई थी। ये जातियाँ और समुदाय, जिनमें से कई बाद में शायद जातियाँ ही बन गये—छोटे-मोटे राज्यतन्त्र जैसी ही व्यवस्था से

बँधे होते थे। राज्य के भीतर इनका अपना अलग स्वराज्य चलता था। व्यवस्था के ऐसे वैविध्य की राज्यतन्त्र में ही नहीं धर्मशास्त्र में भी स्वीकृति थी। इस स्वीकृति से शास्त्र के भीतर स्पष्ट विरोध उभरकर आता था, पर उसकी ओर अनदेखा कर दिया जाता था। गणिका में हम इस विरोध का एक उत्कट दृष्टान्त पाते हैं, पर दूसरे दृष्टान्तों की भी कमी नहीं।

जातियों को और समुदायों को स्वातन्त्र्य देने की प्रथा ने ही गणिका को अपना एक अलग गणिका-लोक बनाने का आधार दिया। गणिका में 'गण' शब्द के प्रयोग से लगता है कि यह भी एक अलग समुदाय ही था जो बाद में वर्ण या जाति के रूप में बदल गया।

इस गणिका-लोक का स्थान हमारी संस्कृति की एक विशिष्ट धारा में बहुत गहरा रहा है जिसको हम नागर-संस्कृति, विदग्ध-संस्कृति या रसिक-संस्कृति का नाम दे सकते हैं। यह नगरों की विदग्ध संस्कृति थी जिसका अपना एक अलग स्वर था, ऐसा स्वर जिसका संस्कृति के अन्य स्वरों से पूरा संवाद नहीं बैठता था। गणिका इस नागर संस्कृति का सर्वस्व तो नहीं पर केन्द्र अवश्य थी।

इस संस्कृति का चित्र यहाँ नहीं आँकूँगा। जिज्ञासु पाठक वासुदेव शरण अग्रवाल की 'चतुर्भाणी' देख सकते हैं। यह रचना गुप्त युग की है जबकि नागर संस्कृति अपने शिखर पर थी। इस संस्कृति में धर्मशास्त्र और अध्यात्मशास्त्र अक्सर कटाक्ष के पात्र होते थे क्योंकि उनके आदर्शों से नागरों का रसवादी आदर्श अलग ही था। विधान से जो विरुद्ध हो अक्सर वही नागरों का आदर्श होता था। एक विकट आदर्श था परकीया प्रेम का आदर्श, अपनी पत्नी से, और गणिका से भी, प्रेम विहित प्रेम है। इसमें वह कसक नहीं, बोध का वह उद्वेग, वह कठिन पर उत्तुंग शिखर नहीं जो पर-स्त्री के प्रेम में है। इसलिए परकीया प्रेम को ही रसिक-लोक सबसे बड़ा प्रेम मानता था। पर एक बात कम लोग जानते हैं। परकीया-प्रेम के इस आदर्श का प्रभाव रसिक-समाज तक ही सीमित नहीं रहा था। कुल-स्त्री पर भी इसका प्रभाव पड़ा था, चाहे वह कितना ही विरल क्यों न रहा हो। हमारे यहाँ हर देवता का एक स्त्री-रूप होता है। वैसे ही परकीया भाव ने स्त्री-समाज में एक अनुरूप भावना और आदर्श को जन्म दिया था। इसे हम परकीया-भाव कह सकते हैं। इस आदर्श में पर-पुरुष का प्रेम ही सच्चा प्रेम माना गया।

ऐसा कहा जाता है कि बाद के युगों में भक्तों ने परकीया-भाव को ईश्वर-उन्मुख कर दिया और इसी भाव ने राधा को जन्म दिया जिसमें प्रेम अपने चरम उत्कर्ष को पहुँचता है। पर यहाँ थोड़ा-सा सोचकर देखिये। राधा के प्रेम को क्या परकीया-भाव कहना ठीक है? उसे तो परकीय-भाव ही कहना चाहिये क्योंकि परकीया-भाव तो पुरुष का भाव होता है स्त्री का नहीं, इस परकीया-भाव में डूबकर ही चैतन्य मम्मट द्वारा उद्धृत उस प्रसिद्ध श्लोक से विभोर हो जाया करते थे जिसमें नायिका कहती है : वही चाँदनी रात है, वही रेवा का किनारा है, वही प्रेमी भी है, पर आज वह पहले वाली बात नहीं, क्योंकि वह प्रेमी अब मेरा पति बन चुका है। (यह श्लोक *काव्यप्रकाश* का पहला ही उदाहरण है) स्पष्ट है कि श्लोक में परकीय-भाव ही प्रकट हुआ है। यह उदाहरण इस भाव का बड़ा सशक्त उदाहरण है, हालाँकि इसे परकीय-भाव के नाम से पुकारा नहीं जाता है। पर मैं इससे भी स्पष्ट कुछ और उदाहरण आपके सामने रखता हूँ जिससे विदित हो कि यह कोई अकेला, भूला-भटका-सा उदाहरण नहीं है। मेरे उदाहरणों में आप देखेंगे कि परकीय-भाव का स्वर और भी असंदिग्ध, स्वतन्त्र रूप लेकर आता है। उदाहरण बारहवीं सदी के सदुक्तिकर्णामृतम् से हैं। लिखे तो और भी पहले गये होंगे, पर कितने पहले यह नहीं कहा जा सकता। इन उदाहरणों में परकीय-भाव की बड़ी प्रगल्भ और तीखी अभिव्यक्ति है, व्यंग्य की करारी चोट है। पर हमारे लिए जो सबसे बड़ी विस्मय की बात है वह है इनमें जागता हुआ खुले विद्रोह का अनहोना स्वर। पुरुषों के परकीया-भाव में यह स्वर नहीं है, और भक्तों की राधा के परकीय भाव में भी नहीं है।

पहला उदाहरण शरण नामक कविता की है। परिहास का पैनापन देखिये :

> सुनो सखी, अचानक
> किसी की आँख में
> आँख डालकर कभी न देखना
> बड़े अटपटे हैं
> इस नगरी के लड़के
> और तुम्हारे अंग
> अब निखरने लगे हैं
> जब तक चाँद सूरज हैं

तुम्हें एक ही पति की
सेवा करनी है
अपने रूप की रक्षा करो
और सुनो
हम जैसों की बात पर
कभी कान न देना।

उन्मीलद्यौवनासि प्रियसखि
विषमाः श्रेणयो नागराणां।
तस्मात्कोपि त्वयाद्य प्रभृति न सहसा
संमुखं वीक्षणीयः।
यावच्चन्द्रार्कमेकः पतिरतिशयितश्रद्धया सेवितव्यः
कर्तव्या रूपरक्षा वचसि न हृदयं
देयमस्मद्विधानाम्॥

(सदुक्तिकर्णामृतम् छन्द : ५३७)

दूसरी भी शरण की ही है। यहाँ व्यंग्य के साथ विद्रोह भी प्रकट है :

"अपने पति की पूजा करो
उनके जहाँ चरण पड़ें,
वहीं धीरे पाँव धरो।"
यह उलटा पाठ
कहाँ पढ़ आयी है तू?
किस बीहड़ में पाँव बढ़ाती है!
ऐसे रूप का क्या
बता
जिस पर नित कोई
नया
निछावर न हो
ऐसा पाठ
किस काम का है
भला,
जो प्रेम की धार को
नया रंग

नया बाँक
न देता रहे।

आराध्यः पतिरेव तस्य च पदद्वन्द्वानुवृत्तिर्व्रतं
केनैताः सखि शिक्षितासि विपथप्रस्थानदुर्वासनाः।
किं रूपेण न यत्र मज्जति मनो यूनां किमाचार्यकै—
र्गूढ़ानङ्गरहस्ययुक्तिषु फलं येषां न दीर्घं यशः॥

(सदुक्तिकर्णामृतम् छन्द : ५३८)

अब इस अन्तिम छन्द को देखिये। यहाँ विद्रोह का स्वर तार सप्तक पर चढ़ गया है। छन्द चूड़ामणि का है :

छाती के उभार पर
नयी अँगिया के बाँध
और कस लो
खुले पाँव चला
आ गया कुंज
पति संग के सब पाप
यहीं
धुल जायेंगे।

निविडय कुचयोर्निचोलबन्धं
रचय लघूनि कियन्तिचित्पदानि।
निजपतिचिरभोगपातकाना—
मुपशमतीर्थमयं स ते निकुञ्जः।

(सदुक्तिकर्णामृतम् छन्द : ७८१)

विज्ञानेश्वर की एक विशेष चर्चा को लेकर यह लेख आगे बढ़ता है। जो पाठक मूल को देखना-परखना चाहें उनके लिए उद्धरण प्रस्तुत है। जैसा ऊपर कहा जा चुका है, विज्ञानेश्वर की यह चर्चा याज्ञवल्क्य स्मृति, व्यवहाराध्याय, श्लोक २९० पर है। निर्णय सागर संस्करण।

साधारणस्त्रीगमने दण्डमाह—
अवरुद्धासु दासीपु भुजिष्यासु तथैव च।
गम्यास्वपि पुमान्दाप्यः पञ्चाशत्पणिकं दमम्॥२९०॥

‘गच्छन्’ इत्यनुवर्तते। उक्तलक्षणा वर्णस्त्रियो दास्यः ता एव स्वमिना शुश्रूषाहानि–र्व्युदासार्थ गृह एव स्थातव्यमित्येवं पुरुषान्तरोपभोगतो निरुद्धा अवरुद्धाः, पुरुषनियतपरिग्रहा भुजिष्याः, यदा दास्योऽवरुद्धा भुजिष्या का पुरुषादुत्पन्ना पुरुषसम्भोगवृत्तिवैश्येति ब्राह्मण्यादि-वल्लोकप्रसिद्धिबलादभ्युपगमनीयम्। न च निर्मूलयं प्रसिद्धिः। स्मर्यते हि स्कन्दपुराणे—‘पञ्चचूड़ा नाम काश्चनाप्सरसः, तत्सन्ततिवैश्याख्या पञ्चमी जातिः’ इति। अतस्तासां नियतपुरुषपरिणयनविधिविधुरतया समानोत्कृष्टजातिपुरुषाभिगमने नादृष्टदोषो नापि दण्डः। तासु चानवरुद्धासु गच्छतां पुरुषाणां यद्यपि न दण्डस्तथाऽप्यदृष्टदोषोऽस्त्येव। ‘स्वदारनिरसः सदा’ (३१४५) इति नियमात्। —‘पशुवेश्याभिगमने प्राजापत्यं विधीयते’ इति प्रायश्चित्तस्मरणाच्वेति निरवद्यम्॥२९०॥

सन्दर्भ

१. अवरुद्धासु दासीषु भुजिष्यासु तथैव च।
गम्यास्वपि पुमान्दण्ड्यः पंचाशत्पणिंकं दयम्॥

याज्ञवल्क्य स्मृति, व्यवहाराध्याय, २९० (निर्णय सागर संस्करण)

२. स्मर्यते हि स्कन्दपुराणे—पंचचूड़ा नाम काश्चनाप्सरसः, तत्सन्ततिर्वेश्या पंचमी जातिः, इति। याज्ञवल्क्य, व्यवहाराध्याय, २९० पर विज्ञानेश्वर।

३. दशकुमारचरितम्, उल्लास २ (निर्णयसागर संस्करण, पृ. १११)

उन्मीलन, जुलाई १९८९ | सम्पादक : यशदेव शल्य, मुकुन्द लाठ

यात्रा और द्वारका का संघराज्य

पुराने लोगों ने बस्तियों के कई प्रकार गिनाये हैं—नगर, उपनगर, ग्राम, आश्रम, खेटक (आज जिसे खेड़ा कहते हैं : किसानों का गाँव), घोष (अहीरों का गाँव), द्रोण-मुख (नगर, जो जल और थल दोनों मार्गों पर हो), पत्तन (नगर, जो जल या थल एक मार्ग पर हो)—और भी न जाने कितने। गिनती लम्बी है। उसमें मैं जाना नहीं चाहता। पर बस्ती का एक ऐसा प्रकार है जिसका नाम पुराने लोगों ने तो नहीं लिया है पर आज जिससे कोई यात्री नहीं बच सकता—गंज। आप अगर कार से हमारी पुण्यभूमि, हमारी कर्मभूमि की यात्रा कर रहे हों तो गंज बार-बार आयेगा। इसके पंजे ऐसे फैले हुए हैं कि आप उनसे बच नहीं सकते। एक गंज से छूट निकलेंगे तो दूसरे में समा जायेंगे। जहाँ तक जायेंगे, गंज साथ जायेगा।

गंज नाम स्थापित-सा है, इसलिए कुछ-कुछ पारिभाषिक-सा भी लगता है; और सुनने में भला ही लगता है। आज हम बाज़ार कह देते हैं। पर बाज़ार शब्द बाज़ारू है। गंज कुछ विदग्ध है। बाज़ार कई तरह के होते हैं, हरेक बाज़ार गंज नहीं होता। गंज बाज़ार ख़ासकर वह बाज़ार है जो रास्ते पर आने-जाने वालों की सुविधा के लिए बन खड़ा हो।

आज सड़कें बढ़ गयी हैं, आना-जाना भी बढ़ गया है। माल और आदमी दोनों में अपार संचार आ गया है। हमारे हरियाले वृक्षमय मार्ग गंजमय होने लगे हैं। पहले पेड़ ज़्यादा, गंज कम होते थे। अब पेड़ कम और गंज ज़्यादा। दूर-दूर तक हरियाली की आँखों में धूल झोंकता, रास्ते के दोनों ओर एक धूसर दलिद्दर-सा बाज़ार। हवा में, आँखों में, तन में, मन में कालिख, धुआँ। यहाँ आदमी को आदमी से बस एक ही काम है : छोटी-

मोटी ख़रीदारी। इस दमघोंटू वैश्यलोक में मनुष्य का सारा व्यापार सिमटकर दो टके का व्यापार रह जाता है।

गंज कोई बनाता नहीं। बनाया जाता तो शायद उसमें ऐसा गंजापन नहीं होता। गंज आप बन जाता है। प्रकृति, आज कहेंगे 'संस्कृति', की गोद से गंज सहज ही उभर आता है। जैसे माता कद्रू की कोख से साँप। कद्रू की सन्तति की तरह ही गंज सर्वतोव्यापी भी है। फिर भी साँप की उपमा ठीक नहीं है। साँप सुन्दर होता है। उसका विष साँसत में नहीं डालता, पल में उस पार लगा देता है। पर गंज की आत्मा ही है घोट। और आज सड़क की आत्मा है गंज। जिस सड़क पर जितने पास-पास गंज हों, माल और आदमी के आने-जाने के आँकड़े उतने ही बढ़े-चढ़े, प्रगति के लिए 'उत्साहप्रद' होंगे। जितनी ही गतिमय-प्रगतिमय सड़क होगी, गंज का उतना ही बोलबाला होगा। पर अब हम गुजरात की यात्रा कर रहे हैं तो यहाँ की प्रगति को नज़र लगाने वाले हम कौन!

नरेश जी (श्री नरेश मेहता) और मैं केसोद के हवाई अड्डे से चले तो यात्रा की दीक्षा एक गंज से हुई। नाम जानकर क्या कीजियेगा? गंज भारत की एकता का भी प्रतीक है, हर जगह एक-सा होता है। पीक के रेडकार्पेट से स्वागत करती पान की दुकान। धूल, कालिख और कुत्ते। आँखों को सालते, प्लास्टिक रंगों में रंगे, हरे, नीले, पीले, गुलाबी साइनबोर्ड। चमचमाते, तमतमाते विज्ञापन—ज़्यादातर फ़िल्मों के। मटियाली, धूसर छतों के नीचे चाय, गाँठिया, पपड़ी, परचून, सेव, मिठाई। ऐसा नहीं कि शोभा, साज-सज्जा-रस का ध्यान ही नहीं। एक बड़ी-सी हलवाई की दुकान है। तिरंगी चटख चमकीली बर्फियाँ बेचता है। वैसा ही झमकीला उस मालदार के मकान का भी रंग है। वैसी ही रंगभरी उसकी दुकान से गाने की तरंग आ रही है : लता मंगेशकर, आशा भोंसले। साथ की दुकान से कोई और गाना कानों पर हमला करता है। गुजराती लोकगीत है, कोई गोपी कृष्ण को मना रही है। बोल नरसी मेहता के भी हो सकते हैं। स्वर पुराने हैं, पर गाने का अन्दाज़, लटका, नया : फ़िल्मी। उस अन्दाज़ के बिना पुराना अब बासी लगता है।

यों प्रगति की गोद में नरसी के सनातन कृष्ण की कौंध का अनुभव करते हुए हम चोरवाड़ पहुँचे। समुद्र के किनारे। 'समुद्र का किनारा'—इन तीन शब्दों में दूर से निमन्त्रण देते एकान्त की ध्वनि है, भीड़-भाड़, धूल-

धक्कड़ से दूर। पश्चिम के देशों में यह एकान्त टूट चुका है, समुद्र पर बस्ती हावी हो चुकी है। हमारे यहाँ नहीं। यहाँ बस्ती ने अभी समुद्र पर धावा नहीं किया है। चोरवाड़ में हमारे शान्त, एकान्त, सुथरे से होटल के सिवा समुद्र के किनारे कुछ न था। दूर-दूर तक रेत, जिसके सुनहरे रंग पर यहाँ सीपियों के कण-कण-हुए ढेर ने रजत की आभा फैला दी थी। समुद्र के और पास, लहरों में सिर उठाये, लहरों से जर्जर, ऊबड़-खाबड़, चट्टानों की छोटी-छोटी वेदियाँ-सी बनी हुई थीं। होटल की दाहिनी ओर ठिंगनी-ठिंगनी गुमटीनुमा, गाँव के बीर या भैरोजी की देवकुलिकाओं का घेरा था। पास से देखा तो ये समाधियाँ निकलीं, पुरखों की याद में बनीं। जिनकी समाधियाँ थीं उनके नाम संगमरमर की सफ़ेदी पर काले अक्षरों से खुदे थे। समुद्र का किनारा भीतर को घूमता हुआ अर्धचन्द्र के आकार का था। किनारे की बाँक के साथ कुछ आगे बढ़ने पर लहरों की गोद में ऊँचे चबूतरे पर एक निर्जन देवालय था।

गंज अब पीछे छूट गया था। समुद्र ने आँखों की कीच धो दी थी।

दूसरे यात्रियों की तरह नरेश जी को और मुझे भी इला जी (सुश्री इला डालमिया) ने एक सुन्दर-सा कन्धे पर लटकाने वाला थैला दिया—इस बात की मुहर कि हम भागवतभूमि के 'यात्री' हैं। थैले में गुजरात की दस्तकारी का एक बटुआ था और बटुए में एक क़लम, एक नोटबुक : अनुभव को तत्काल बारहखड़ी में बाँध रखने की प्रेरणा थी।

नरेश जी और मैं एक ही कमरे में साथ थे। मैं अपने बिस्तर पर बैठा तो नयी-नयी नोटबुक पर कुछ लिखने का लालच हुआ। नरेश जी को नींद आ गयी थी। समुद्र के गरजते-गूँजते सन्नाटे में जो थोड़ा बहुत लिखा यहाँ उतार देता हूँ। यों तो कुछ भी नहीं है, पर तत्काल लेखन का यही एक नमूना है मेरे पास।

चोरवाड़, १५ फ़रवरी

अब क़लम और नोटबुक मिली है तो कुछ लिख ही लें। पर लिखना होता क्या है? कुछ कहने का ही एक और नाम होता है। अब कुछ कहें तो

किससे ? नरेश जी तो सो रहे हैं। सामने बस समुद्र है। और समुद्र को तो सुना ही जा सकता है। उससे कहें क्या ? उसकी बात पूरी हो तब तो अपनी शुरू करें। और शुरू भी करें तो क्या ? समुद्र को सुनने की क्या पड़ी ?

हम आप हों, या हम आपकी बनायी कोई चीज़ : चित्र, कविता, गीत, घर, मन्दिर : जिसमें हम-आप एक-दूसरे से कुछ कहना चाहते हों तो बात हो सकती है। आप नहीं, आपकी बनायी चीज़ ही सामने हो तो भी बात हो सकती है; वो कुछ कहती है तो उसमें सुनने वाला भी छुपा है—चाहे सदा के लिए पर्दे के पीछे हो।

पर समुद्र से क्या कहें ? उसको चुपचाप सुनना ही अच्छा है।

इतना लिखा तो आगे नहीं लिखने का अच्छा बहाना मिल गया। बड़े औचित्य के भाव से मैंने क़लम और नोटबुक उठाकर अलग रख दी। सारी यात्रा में नोटबुक बन्द ही पड़ी रही। हम कृष्ण की खोज में आये थे। चैतन्य महाप्रभु को समुद्र के अथाह नील में कृष्ण दिखायी देते थे। मुझे तो कुछ बेमानी-सी लाइनें ही हाथ आयीं !

अगले दिन शिवरात्रि थी। हम सोमनाथ के मन्दिर होते हुए प्राची गये जहाँ कृष्ण का अन्त्येष्टि संस्कार हुआ था। बनारस में जैसे गंगा उत्तरमुखी हो जाती है, प्राची में सरस्वती पूर्वाभिमुख हो जाती है। सरस्वती का वहाँ कोई साक्ष्य है तो एक नाला है, छोटा, सूखा, सँकरा-सा। उसी पर एक कुण्ड बना है जिसके साथ लगा एक मन्दिर है। यहाँ श्राद्ध का माहात्म्य है। कुण्ड की सीढ़ियों के ऊपर चबूतरे पर—जहाँ अब टूट-फूट का जीर्णोद्धार करवाने वालों की श्रद्धा का अभाव स्पष्ट है—वहाँ श्राद्ध अब भी होता है। दो-एक लोग मुण्डन करवा रहे थे। माहात्म्य का यहाँ भग्नावशेष सा ही है, न माहात्म्य की भीड़-भाड़, धक्का-मुक्की है, न माहात्म्य का वैभव। अब सचमुच जाग्रत कुछ है तो गंज है : आज का प्राची तीर्थ कम और गंज अधिक हो गया है। सारी चहल-पहल, सारा ध्यान, तीर्थ से हटकर उस गँदले से बाज़ार में आ घिरा है जो आज प्राची से लगे हुए हाइवे पर बन गया है। कृष्ण गौण हो गये हैं।

पूर्वाभिमुख सरस्वती की तरह हम भी उलटी गंगा बहाते हुए पहले कृष्ण के अन्त्येष्टि स्थल पर होकर फिर भालका पहुँचे जहाँ भगवान को जरा व्याध का तीर लगा था। भालका में यह पुराण, शाश्वत दृश्य आज धुँधियाते

प्लास्टिक रंगों में रंगी कैलेण्डर–छाप प्रतिमा के रूप में खड़ा है जो आधुनिक पश्चिमी यथार्थवाद और हमारे बिलकुल अपने चटख–बर्फी–रंग–वाद का बड़ा ही 'भारतीय' संगम है। कृष्ण यहाँ डिजनीलैण्ड के वासी बना दिये गये हैं, या देसी उपमा दें तो, जन्माष्टमी की सजावट के खिलौने—बस आम खिलौने से आकार में कुछ बड़े।

अगले दिन जूनागढ़ गये। नरसी मेहता यहीं के थे। अब भी यहाँ हैं। और यहीं क्यों, सारे गुजरात में छाये हैं। हम नरसी मेहता के चौरे पर गये। यह चौरा कभी सचमुच चौरा—चबूतरा या चौबारा—रहा होगा। आज तो कई इमारतों का घेरा है। बीच में एक चौक है जहाँ अखण्ड कीर्तन चलता रहता है। यहाँ कृष्ण सचमुच जाग्रत हैं।

पर कौन से कृष्ण ? गुजरात के नहीं, व्रज के कृष्ण। भक्तिकाल के भागवत के कृष्ण—रसमय लीलापुरुष। महाभारत के धर्ममय, कर्मयोगी नहीं। महाभारत के कृष्ण द्वारका के कृष्ण हैं। उनके प्रति भक्त के मन में भाव कम उमड़ता है। रुक्मिणी, सत्यभामा, जाम्बवती की कहानियाँ या भगवान के पुत्र पौत्रों की प्रेमगाथायें कुछ रस जगाती हैं पर व्रजलीला की तरह भक्त को रस के सागर में डुबा नहीं पातीं। और महाभारत में कृष्ण जिस कर्मपुरुष के रूप में हमारे सामने आते हैं, उस रूप के प्रति तो भक्त उदासीन–सा ही रहता है। कुछ स्पष्टवादी भक्तों ने तो कह भी दिया है कि कृष्ण जब व्रज छोड़कर चले गये तो 'वही कृष्ण' नहीं रहे—भक्त के लिए पराये हो गये। रूप गोस्वामी जिन्होंने भक्ति पर पूरा समर्थ शास्त्र रचा है, वे अपने भक्तिरसामृतसिन्धु में कहते हैं कि यों तो अवतारों में कृष्ण पूर्णावतार है पर उनकी भी पूर्णतमता गोकुल में ही दिखायी देती है, मथुरा में वे पूर्णतर ही रह गये और द्वारका में बस केवल 'पूर्ण'।

दूसरे और भी मुँहफट—या मुँहलगे—भक्तों ने तो गोकुल से बाहर कृष्ण की इतनी भी मर्यादा नहीं रखी। साफ़–साफ़ कह दिया कि गोकुल से विदा होने के बाद कृष्ण हमारे लिए कृष्ण नहीं। किस भक्त ने ऐसा कहा मुझे ध्यान नहीं आ रहा है। बहुत दिन हुए कहीं पढ़ा था। मैंने किताबें टटोलीं भी पर उद्धरण ढूँढ़ नहीं पाया। पर सच तो यह है कि यह बात भक्ति के सारे साहित्य में, सारी परम्परा में इतनी उजागर है कि उसको किसी के कहे जाने का सहारा नहीं चाहिये। भक्त के कृष्ण वृन्दावन के ही कृष्ण हैं। भक्तिकाल का ज्वार आज भी हमारे अन्तर से पूरा उतरा नहीं है। अपने

आप से ही हम पूछकर देखें कि द्वारका के, गुजरात के कृष्ण को हम कितना मानते हैं?

गुजरात के कृष्ण की जब मैं बात करता हूँ तो कृष्ण का जो अभीष्ट रूप मेरे मन में है वे हैं महाभारत के कृष्ण। भक्ति के कृष्ण भागवत के कृष्ण हैं और भागवत का आरम्भ ही महाभारत के निराकरण से होता है। व्यास जब महाभारत लिख चुके तो नारद आकर उनसे मिले। व्यास कुछ उदास, असन्तुष्ट से थे। नारद ने पूछा : "आपने इतना महद् इतना अद्‌भुत ग्रन्थ लिखा है, ऐसा भारत जिसमें सब अर्थों का विस्तार है, फिर भी आप दुखी से, अकृतार्थ से, क्यों लग रहे हैं?" व्यास बोले "आप जो कह रहे हैं मैंने किया तो है पर मेरी आत्मा को तुष्टि नहीं मिली। इसका कारण मुझ पर व्यक्त नहीं है, जिस अथाह में डूबा है, वहाँ मेरी पहुँच नहीं। आप ही बताइये कारण क्या है?"

नारद ने व्यास के दुख का निदान करते हुए उत्तर दिया—"भगवन्, आपने भगवान का यश तो नहीं के बराबर गाया है (भवतानुदितप्रायम्) पर दर्शन वही सच्चा है, जिससे भगवान वासुदेव तुष्ट होते हों। आपने धर्म और दूसरे विषयों की जैसी चर्चा की है कृष्ण की महिमा का वैसा वर्णन नहीं किया...उससे भिन्न कोई कुछ भी कहना चाहे उसकी बुद्धि कहीं भी कभी भी सुस्थित नहीं हो सकती, हवा की चपेट में पड़ी नाव की तरह डगमग ही रहेगी। आपने धर्म के नाम पर जुगुप्सित का अनुशासन किया है। आपकी बात से राग-द्वेष में सहज ही फँसे लोग जो धर्म नहीं है उसको धर्म समझ बैठे हैं और इस भ्रम से छूट नहीं पा रहे हैं...।" नारद की बात सुनकर व्यास अपनी न्यूनता पहचान गये और उन्होंने भागवत कही।

भक्ति में भागवत से बड़ा आप्तग्रन्थ दूसरा नहीं है। इस व्यास-नारद संवाद से भागवत का महाभारत के प्रति निरादर स्पष्ट है। पिछली सदी में जब पश्चिम ने हमें कर्म, ज्ञान, संकल्प, भावना इन सभी क्षेत्रों में झकझोरा तब गीता के कर्मयोगी कृष्ण भी हमारे ध्यान का विषय बनने लगे। कर्मयोगी कृष्ण को समझने के लिए महाभारत को आधार बनाना ज़रूरी है। पर महाभारत के कृष्ण की ओर हमारा ध्यान अभी उतना नहीं गया है जितना जाना चाहिये। बंकिम ने पिछली सदी में कृष्ण चरित्र लिखते हुए महाभारत के कृष्ण को ही अपने सामने रखा था—उन्होंने बार-बार भक्ति के कृष्ण का निराकरण किया है।

पर कृष्ण का महाभारत वाला रूप लोकमानस में कम उतर पाया है। महाभारत के कृष्ण के हाथ में वह मुरली नहीं जो एक ही फूँक से जादू डाल दे, आपा भुला दे। उलटे महाभारत के, द्वारका के कृष्ण तो अपने आपे को और सँभालने का, आत्मवान् होने का सन्देश देते हैं। मैं इन्हीं द्वारका कृष्ण की एक छवि आपके सामने रखना चाहता हूँ। महाभारत को ही भरसक छवि का आधार बनाऊँगा। द्वारका कृष्ण की जो छवि मैं आपके सामने रखना चाहता हूँ, वह लोकमानस से कुछ ओझल सी है। पर जिस ग्रन्थ में है उसके बारे में कहा जाता है : यन्न भारते तन्न भारते—जो (महा) भारत में नहीं वह भारत में नहीं। या इसी बात को निषेध की भंगी में नहीं कहकर विधिवाद में कहें तो कह सकते हैं : ''जो महाभारत में है सो भारत में भी है ही।'' और चलिये नहीं भी है तो कभी था और अपने आदर्श में सदा जाग्रत हो सकता है।

पर मैं युक्तिजाल बिछाने नहीं बैठा हूँ, अपना चित्रण शुरू करता हूँ। शान्तिपर्व में एक अनोखा अनूठा ही नहीं, चौंकाने वाला प्रसंग है जहाँ कृष्ण—धीर-गम्भीर, शान्त, स्थितप्रज्ञ कृष्ण—नारद के सामने एक शिकायत भरी समस्या लेकर आते हैं और कहते हैं : ''नारद मैं तुमसे कुछ राय करना चाहता हूँ।'' अब आगे महाभारत के ही शब्दों का अनुवाद लीजिये—

कृष्ण उवाच

''नारद, ऐसा आदमी जो सुहृद् न हो वह मन की परम मन्त्रणा का पात्र भी नहीं हो सकता। और जो सुहृद हो पर नासमझ हो, और समझदार हो भी तो जिसमें आपा न हो (जो अनात्मवान् हो) ऐसे आदमी के आगे भी बात नहीं खोलनी चाहिये। मैं चाहता हूँ, सौहार्द का सहारा लेकर तुमसे कुछ कहूँ। तुम्हारी बुद्धि कृत्स्न है (पूर्ण को देखती है, बात को सर्वांग में समझती है), इसलिए तुम्हीं से कुछ पूछना चाहता हूँ।

आज मैं ऐश्वर्य के नाम पर अपने ज्ञाति-भाइयों की चाकरी करता हूँ। कोई भोग हो मैं आधा-आधा ही भोग पाता हूँ। ऊपर से कड़वी बातें अलग सहनी पड़ती हैं। ये कड़वी बातें सदा मेरे मन को सुलगाती रहती हैं : मेरा मन मानो आग में जलने के लिए अरणि मंथन करता रहता है।

बलराम में (केवल) बल है। गद सुकुमार है। प्रद्युम्न अपने रूप पर ही मतवाला रहता है—मेरा कोई साथी नहीं। दूसरे जो अन्धक और वृष्णि वंश के प्रधान हैं, सभी बलवान हैं, सभी दुरासद हैं (किसी को मैं 'पा' नहीं सकता)। ये अन्धक और वृष्णि वीर सदा उमंग के साथ कुछ करने-मरने पर तुले रहते हैं (नित्योत्थानेन सम्पन्नाः) ये जिसके न हों वह हो नहीं सकता। ये जिसके हो जायें उसके बुरे दिन आये समझो। इन दोनों पक्षों का धक्का झेलता हुआ मैं किसी एक को नहीं अपना पाता। आहुक और अक्रूर साथ हों तो इससे बड़ा दुख क्या हो सकता है। और साथ न हों तो इससे भी बड़ा दुख नहीं। मैं दो जुवारी भाइयों की माँ की तरह हूँ—एक की जीत चाहता हूँ और चाहता हूँ दूसरे की हार न हो। यों दोनों ओर से क्लेश में पड़ा हूँ। बताओ क्या करूँ जिससे मेरा भी श्रेय हो और ज्ञाति-भाइयों का भी।''

उत्तर में नारद ने जो कुछ उसको आपके सामने रखने से पहले कृष्ण ने किस सन्दर्भ में यह बात कही इसको आँकने की चेष्टा करें।

कृष्ण द्वारका में राजा नहीं थे, संघमुख्य थे। अपने उत्तर में नारद उनको यही कहते हैं : ''संघमुख्योऽसि केशव—कृष्ण तुम संघ-मुख्य हो।'' कृष्ण की द्वारका का राज्य संघ की प्रणाली पर चलता था। उस संघ तन्त्र के स्वरूप का यथावत् ब्योरा महाभारत में कहीं सुसम्बद्ध रूप में नहीं मिलता। फिर भी इतना स्पष्ट है कि यह संघतन्त्र, कुलतन्त्र था। कई क्षत्रियों के कुल मिलकर राज्य चलाते थे। इन कुलों के प्रधान स्वाधीन रहते हुए भी एकजुट थे। इनको एकजुट रखने में कृष्ण का बड़ा हाथ था। कृष्ण ने ही इस संघ को खड़ा किया था। उन्होंने ही इसे पाला, वैभव दिया और उनके साथ ही, उनके देखते-देखते इसने अपने आपको मिटा डाला। कृष्ण ने नारद से जो शिकायत की उससे साफ़ झलकता है कि द्वारका के कुल प्रधान स्वतन्त्र, स्वाधीन प्रकृति के थे, उनके स्वभाव में उत्तेजना थी और आपस की कलह मामूली बात थी। ऐसे वीरों को स्वेच्छा से साथ रखना, संघबद्ध रखना कुशल से कुशल संघ मुख्य के लिए भी सिरदर्द हो सकता था। कृष्ण को कभी खीज आ गयी हो तो बड़ी बात नहीं। बड़ी बात तो यह है कि समर्थ होते हुए भी पूरी शक्ति रखते हुए भी उन्होंने संघ के आदर्श पर उसके 'सम्भूय' स्वरूप पर कभी आघात नहीं किया। राजा नहीं बनना चाहा। ऐसे समय जबकि भारत के अनेक राज्यों में कोई भी संघराज्य

नहीं था—महाभारत में बस एक द्वारका को ही संघराज्य कहा है—ऐसी परिस्थिति में भी, संघ पर अकेले राज्य करने की स्थिति में होते हुए भी कृष्ण ने आजीवन संघ की ही वृद्धि की। युधिष्ठिर एक जगह उनके बारे में कहते हैं :

कृष्ण धर्मेश्वर हैं, कुशल हैं, नीतिमान हैं, ब्राह्मणों के उपासक, मनीषी हैं। वे नानाविध महाबल राजन्य भोजों का अनुशासन करते हैं...शैनेय, चैत्रक, अन्धक, वार्ष्णेय, भोज, कौकुर और सृञ्जय (कुल के क्षत्रिय) इन वासुदेव की बुद्धि का सहारा लेकर अपने शत्रुओं का दमन करते हैं, अपने मित्रों को हर्ष देते हैं। उग्रसेन आदि वृष्णि और अन्धक (कुल प्रधान) जो सारे इन्द्र के समान हैं, कृष्ण के ही बनाये बने हैं। ये यादव मनस्वी हैं, सत्पराक्रम हैं (जो कभी हारते नहीं ऐसे अमोघवीर हैं)—ये महाबल यादव भोगशाली हैं। काशी की राजकुमारी के पुत्र बभ्रु (अक्रूर) भी कृष्ण जैसे भाई को पाकर उत्तम लक्ष्मी का भोग करते हैं : गरमी के बीत जाने पर जैसे मेघ लोगों को मनचाही बरसात देते हैं, वैसे ही (अक्रूर पर) कृष्ण कामवर्षी हैं। ऐसे हैं ये कृष्ण। और मैं यह भी जानता हूँ कि इनको कर्म के स्वरूप का निश्चय ज्ञान है (विद्मो ह्येनं कर्मणां निश्चयज्ञम्)

इस उद्धरण में फिर अक्रूर का नाम आता है। उन्हें अक्रूर नहीं कहकर यहाँ बभ्रु कहा गया है। महाभारत में हर चरित्र के कई नाम हैं। अक्रूर का एक नाम बभ्रु भी था। बभ्रु के साथ उग्रसेन का यहाँ नाम आया है। पिछले उद्धरण में उग्रसेन को ही आहुक कहा गया था। अक्रूर और उग्रसेन के बीच किसी संघर्ष का भी वहाँ इंगित था। सम्भव है रहा हो। अचम्भे की बात नहीं होगी। उग्रसेन द्वारका के 'राजा' थे—पद की दृष्टि से द्वारका के कुलप्रधानों में सबसे बड़े। और अक्रूर वहाँ के एक बड़े और बड़े बलबूते वाले, सम्पन्न प्रधान। संघर्ष स्वाभाविक ही लगता है।

इस उद्धरण में कई क्षत्रिय कुलों के नाम भी आये हैं जो द्वारका में संघ बनाकर रहते थे। ये सारे कुल भोजवंश के थे। इन्हें यादव भी कहा गया है। पहले ये कुल मथुरा और मथुरा के आसपास मध्यदेश में ही रहते थे। सभापर्व में कृष्ण युधिष्ठिर से कहते हैं कि जरासन्ध के भय से भोज क्षत्रियों के अठारह कुल मध्यदेश छोड़कर प्रतीची की ओर चले गये। इनमें से कितने कृष्ण के साथ द्वारकावासी हुए कहना कठिन है। ऊपर कुछ नाम युधिष्ठिर ने लिये हैं। पर महाभारत में कृष्ण के अपने वृष्णि कुल के सिवा

अन्धकों का नाम ही अधिक आता है।

इन कुलों को यहाँ राजन्य भोज कहा गया है। यहीं नहीं, और भी कई स्थानों पर द्वारका के भोजों के साथ 'राजन्य' विशेषण आया है। कृष्ण के लिए 'भोजराजन्यवर्धन', यह पद एकाधिक बार आया है। इसी पद का प्रयोग कृष्ण एक स्थान पर उग्रसेन के लिए भी करते हैं। कहते हैं (हमने मिलकर) 'भोजरान्यवर्धन' उग्रसेन को 'राजा' बनाया—'उग्रसेनः कृतो राजा भोजराजन्यवर्धनः'। 'राजन्य' शब्द बड़ा सटीक है। संघ के स्वतन्त्र प्रधानों के लिए इतिहास के जाने-माने शाक्य और लिच्छवि संघों में भी यही संज्ञा थी। उग्रसेन इन राजन्यों द्वारा मिलकर चुने गये 'राजा' थे—पदेन संघमुख्य।

द्वारका में राजा कोई न था। उग्रसेन पदेन संघपुरुष के अर्थ में ही राजा थे। पर गुणकर्म और प्रभाव के बल पर वास्तव में कृष्ण ही संघमुख्य थे। ऊपर युधिष्ठिर का यही आशय है। बाद का जो भक्ति साहित्य हमारी घुट्टी में पड़ा है वहाँ कृष्ण को राजा कह दिया जाता है। गोपी उलाहने के साथ कहती है, 'अब तुम राजा भये श्याम'। पर इस तरह की बात यही जताती है कि महाभारत के कृष्ण लोगों के मन से उतर गये थे। यह उस युग के मानस का संकेत है जब हमारे यहाँ संघ तो क्या संघ के आदर्श का बोध भी कल्पना से धुल चुका था।

तो कृष्ण केवल राजन्य थे, राजा नहीं। महाभारत के राजा-प्रधान क्षत्रिय समाज में यह बात निरादर का भी कारण बन सकती थी। युधिष्ठिर के राजसूय यज्ञ में शिशुपाल ने कृष्ण का 'अराजा' कहकर अपमान किया था। यज्ञसभा में देश भर के राजा आये बैठे थे। विद्वान, यज्ञविद् ब्राह्मण इकट्ठा थे। भीष्म ने युधिष्ठिर से कहा : "यज्ञ के लिए आये हुए राजाओं का यथार्ह सम्मान करो। कहा गया है कि आचार्य, ऋत्विक, ऋत्विक के साथी (संयुक्त), स्नातक, प्रियजन और राजा ये छह अर्घ्य के पात्र होते हैं...इनमें से हरेक का या इनमें समर्थ, वरिष्ठ एक व्यक्ति का तुम अर्घ्यदान से समादर करो।" युधिष्ठिर ने एक का ही सम्मान करना चाहा और पूछा, "एक को ही अर्घ्य देना हो तो किसको देना उचित होगा?" भीष्म ने सोच-समझकर कृष्ण का नाम लिया। युधिष्ठिर ने कृष्ण की यथायोग्य पूजा की। शिशुपाल उबल खड़ा हुआ। डपटकर बोला, "इतने राजाओं के रहते कृष्ण राजाओं के समान सम्मान योग्य नहीं...वृष्णि कुल में जन्म

लेकर इसने तो (उलटे) राजा (कंस) की हत्या की है...इस अराजा की राजाओं जैसी पूजा वैसी ही है जैसा नपुंसक का ब्याह या अन्धे का रूपदर्शन।'' (महाभारत, भण्डारकर मूलमात्र, सभापर्व, अध्याय ३३-३४)

युधिष्ठिर ने ऊपर कृष्ण के कर्मज्ञान की प्रशंसा की है। कहा है इनको कर्म के स्वरूप का निश्चय ज्ञान है (कर्मणां निश्चयज्ञः)। उनकी इस बात पर मैं कुछ कहना चाहता हूँ। पर पहले उनकी और उनकी द्वारका की कहानी को थोड़ा और आगे बढ़ा लूँ। हो सकता है आपको एकाएक भरोसा न हो कि कृष्ण का राज्य सचमुच कुलप्रधानों का संघ था और कृष्ण वहाँ राज नहीं करते थे केवल कर्मेण संघमुख्य थे। मुझे भी भरोसा नहीं हुआ था, इसलिए कुछ खोजबीन की थी। आगे कुछ घटनाक्रमों का ब्योरा देता हूँ जिससे बात कुछ और उभरकर आगे आये। क्लिष्ट कल्पना का सहारा नहीं लूँगा। आपको कुछ जानी-मानी घटनाओं का ही पुनरावलोकन करवाऊँगा। शायद मेरी बात का तथ्य और निखरकर झलक आये।

द्वारका के कुलप्रधान स्वाधीन थे—संघ में साथ थे यों अलग-अलग। इस बात को देखने के लिए कौरव-पाण्डव युद्ध को लीजिये। तत्कालीन भारत में कोई ऐसा राज्य न था जो उस युद्ध में कौरवों या पाण्डवों की ओर से लड़ने न आया हो। पर एक द्वारका का ही राज्य ऐसा था जो दोनों ओर से लड़ रहा था। कृष्ण को ही लीजिये। उनकी गोपवीरों की नारायणी सेना जो कृष्ण ने अपनी जगह दुर्योधन को दी थी, वह कौरवों की ओर से लड़ी थी। दुर्योधन और अर्जुन दोनों ही जब एक साथ कृष्ण को अपनी ओर से युद्ध का निमन्त्रण देने आये तो कृष्ण ने दुर्योधन से कहा, एक ओर निहत्था मैं अकेला रहूँगा और एक ओर मेरी नारायणी सेना जिसका हर वीर मेरे समान ही शूर है। जिसको चाहे चुन लो। दुर्योधन ने नारायणी सेना को चुना। ध्यान देने की बात है कि कृष्ण ने अपने आपको या अपनी निजी सेना को ही सौंपने का वचन दिया, द्वारका की समूची सेना या सारे वीरों के बारे में कुछ नहीं कहा—इस विषय में उनकी अपनी स्वाधीन सत्ता थी, स्वाधीन सेना थी। द्वारका के ही एक और राजन्य, कृतवर्मा, पूरी तरह दुर्योधन के साथ थे—अपनी सेना के साथ वे स्वयं भी दुर्योधन की ओर से लड़े।

कृष्ण से मिलकर दुर्योधन कृतवर्मा के घर गये थे और कृतवर्मा अपनी एक लाख सेना के साथ दुर्योधन के पक्ष में हो लिये, पर वे संघ से अलग

नहीं हुए। कृष्ण जब सन्धि और शान्ति का अन्तिम प्रस्ताव लेकर कौरवों की सभा में गये तो सारी चेष्टा विफल हो गयी। दुर्योधन क्रुद्ध होकर कर्ण और दुःशासन के साथ सभा से बाहर आ गया। उसके मन में पहले ही से इरादा था कि कृष्ण को बन्दी बना लूँ तो पाण्डव अनायास ही हथियार डाल देंगे। अब उनको बन्दी बनाने का षड्यन्त्र करने लगा। कृतवर्मा दुर्योधन की ओर थे। पर कौरव नगरी में कृष्ण के रक्षक भी थे। इस षड्यन्त्र को नहीं सह सके। उन्होंने कृष्ण की रक्षा का मोर्चा सँभाला, अपनी सेना को सभा के बाहर तैनात किया, फिर उनके साथ रहते हुए हस्तिनापुर के बाहर तक उन्हें पहुँचाया ताकि कोई कुचक्र न किया जा सके। युद्ध के अन्त में जब अश्वत्थामा ने धृष्टद्युम्न और द्रौपदी के पुत्रों का रात के अँधेरे में नृशंस संहार किया तब कृतवर्मा उसके साथ थे। युद्ध के बाद वे द्वारका लौट आये। उनका संघ में जो स्थान था उसको कोई आँच नहीं आयी। यह बात और है कि वैमनस्य का बीज तो रह ही गया और इसी ने बाद में द्वारका ढायी।

दुर्योधन कृतवर्मा के पास ही नहीं बलराम के पास भी गये थे, जो कृष्ण के ही कुल के थे, कृष्ण के भाई थे। दुर्योधन ने उन्हें अलग से न्योता दिया कि उन्हीं की ओर से लड़ें। बात किसी को अटपटी नहीं लगी। लगता है बलराम इन बातों में स्वाधीन थे, कृष्ण के अनुचर नहीं। बलराम का मन दुर्योधन के साथ ही था। उन्होंने दुर्योधन से कहा कि मैं कृष्ण से बार-बार कहता हूँ कि युधिष्ठिर का पक्षपात ठीक नहीं, हमारा सम्बन्ध युधिष्ठिर और दुर्योधन दोनों के साथ बराबर का है, पर कृष्ण सुनते ही नहीं और मैं कृष्ण के बिना पल भर भी नहीं रह सकता—न चाहमुत्सहे कृष्णं विना स्थातुमपि क्षणम्। इसलिए मैंने निश्चय किया है कि मैं लड़ूँगा ही नहीं। इस कथन में कहीं कृष्ण के प्रति अधीन भाव का इंगित नहीं। अधीन भाव है तो सख्य का, सत्ता का नहीं। कौरव-पाण्डवों को लेकर जब विवाद हुआ बलराम ने कृष्ण को युधिष्ठिर का अकारण पक्षधर कहा। कृष्ण उनसे तर्क नहीं करते थे; उनकी बात को टाल ही देते थे, या चुप हो जाते थे। बलराम की बुद्धि और दृष्टि के वे कम ही कायल लगते हैं—शायद इसीलिए नारद से उन्होंने कहा कि बलराम में केवल बल है। पर ध्यान देने की बात है कि उन्होंने बलराम पर कभी यह बल नहीं डाला कि तुमको वही करना होगा जो मुझे ठीक लगे, जिधर से मैं लड़ूँ उधर से ही लड़ना होगा।

बल्कि बलराम ही एक बार कृष्ण से लड़ने पर तुल गये थे, और बरसों रूठे रहे। यह स्थिति स्यमन्तक वाली घटना के बीच आ खड़ी हुई थी। स्यमन्तक मणि के साथ जुड़ी हुई घटना ने कृष्ण समेत सारी द्वारका को बड़ा चंचल कर दिया था। घटना लम्बी चली और द्वारका के प्रधानों में घोर संघर्ष रहा। द्वारका की कहानी से स्यमन्तक मणि की कहानी को अलग नहीं किया जा सकता।

पर महाभारत में इसकी कहानी नहीं आयी है। बस, एक बार उसका उल्लेख आया है। बड़ी मार्मिक स्थिति में उल्लेख आया है, मौसलपर्व में उस समय जब द्वारका के सारे वीर विनाश की चौखट पर खड़े थे, एक-दूसरे का संहार करने पर तुल चुके थे। मदिरा के चषक पर चषक चल रहे थे। संघ के सारे प्रधान बैठे थे। अचानक सात्यकि, जो पाण्डवों की ओर से लड़े थे, उठ खड़े हुए। पुराने दिनों का बैर उनके मन में घुमड़ आया था। मदिरा ने संयम का ताला खोल दिया, और यों भी सात्यकि का झट क्रोध से कौंध जाने का स्वभाव था। बेसँभाल होकर कृतवर्मा से बोले : "ऐसा कौन है जो सोते हुओं को मारकर भी अपने आपको क्षत्रिय कहे।" यों उन्होंने कृतवर्मा को सौप्तिकपर्व की उस घटना की याद दिलायी जब कृतवर्मा ने अश्वत्थामा का साथ दिया था। प्रद्युम्न ने सात्यकि की हाँ में हाँ मिलायी। कृतवर्मा जल-भुन गये, सात्यकि पर उलटा दोष मढ़ा—महाभारत के युद्ध में कौन ऐसा था जिसने कुछ न कुछ धर्मयुद्ध के नियम न तोड़े हों। उन्होंने बायें हाथ से सात्यकि की ओर उँगली उठाकर घोर अवमानना के साथ कहा, "भूरिश्रवा का जब युद्ध में हाथ कट गया था, जब वे मरने का निश्चय कर, हथियार छोड़, आमरण समाधि में (प्रायोपवेशन के लिए) बैठ गये थे, तब किसने उनका नृशंस वध किया था?" चोट सात्यकि पर ही नहीं कृष्ण पर भी थी—युद्ध के कई स्वीकृत विधान उन्हीं की प्रेरणा से तोड़े गये थे। कृष्ण की भृकुटी तन गयी, क्रोध से आँखें तिरछी हो गयीं। तभी सात्यकि ने स्यमन्तक मणि की बात छेड़ दी, सत्यभामा के पिता सत्राजित् की याद दिलायी, जिनका स्यमन्तक मणि के कारण वध किया गया था। सत्यभामा रोती हुईं तमतमाकर उठीं और कृष्ण की गोद में आ बैठीं। उन्हें और उकसाने लगीं। अब बात संयम की परिधि से छिटककर दूर जा चुकी थी। सात्यकि उठे और बोले : "आज मैं धृष्टद्युम्न और द्रौपदी के बेटों की जगह खड़ा हूँ, आज इस पापी को मारकर ही

रहूँगा।'' इतना कहकर उन्होंने अपना खड्ग उठाया और कृतवर्मा का सिर काट गिराया। कृष्ण ने रोकने की चेष्टा की पर बात हाथ से निकल चुकी थी। यादवों का परस्पर संहार शुरू हुआ तो रुक नहीं पाया। देखते-देखते उनके पुत्र, पौत्र, साथी, सम्बन्धी कट-कटकर गिर पड़े। जो पुराने झगड़े भूले जा चुके थे, मदिरा के, काल के मोह ने उनको फिर से हरा कर दिया था। समुद्र किनारे के सरकण्डे उठाकर यादव एक-दूसरे पर टूट पड़े। पुत्र, पौत्र, सगों, साथियों का वध देखकर कृष्ण भी सरकण्डे लेकर जूझ गये। वे सरकंडे घातक हथियार बन गये। तिनका मूसल हो चुका था—'तृणं च मूसलीभूतम्।' (महाभारत, मौसलपर्व, अध्याय ४)

इस घटना से स्यमन्तक मणि की महिमा स्पष्ट है। पर व्यास ने महाभारत में स्यमन्तक मणि की कहानी को रखना आवश्यक नहीं समझा। लेकिन कृष्ण के जीवन में इस घटना का मार्मिक महत्त्व महाभारतकार से छुपा भी नहीं था। पर व्यास द्वारका की कहानी अलग से नहीं कह रहे थे, इसलिए इस विस्तार में नहीं पड़े। द्वारका की कहानी कहने के लिए उन्होंने महाभारत के बाद हरिवंश लिखा। फिर कहानी और भी कई पुराणों में आयी है। पर महाभारत वाली बात, महाभारत की सी 'रीढ़' कहीं नहीं है।

फिर भी द्वारका के संघ-रूप को समझने के लिए कहानी महत्त्व की है। द्वारका के एक प्रधान थे सत्राजित्। सत्यभामा के पिता थे। सूर्य के उपासक भी थे। स्यमन्तक मणि सत्राजित् को भगवान सूर्य ने दी थी। सत्राजित् मणि को धारण कर द्वारका आये तो मणि की सूर्य-ज्योति से सूर्य की तरह उद्दीप्त थे। लोगों की उन पर आँखें नहीं टिक पाती थीं। मणि में कान्ति के सिवा और भी गुण थे। वह धन और कल्याण की वर्षा भी करती थी। उसकी शक्ति से द्वारका में समय से वर्षा होती थी, राष्ट्र नीरोग हो गया था। सत्राजित् ने मणि अपने भाई प्रसेनजित् को दे दी। कृष्ण का भी मणि पर मन आया पर उन्होंने न मणि माँगी न सशक्त होते हुए भी उसे लेने की चेष्टा की। प्रसेनजित् मणि पहनकर शिकार को गये। एक सिंह ने उन्हें मणि के लिए मार दिया। जाम्बवन्त नाम के रीछ ने उस सिंह को मारा और मणि लेकर अपनी गुफा में चला गया। प्रसेनजित् जब नहीं लौटे तो द्वारका में कानाफूसी होने लगी कि कृष्ण ने ही उन्हें मणि के लिए मार दिया होगा। अपने ऊपर से लांछन को दूर करने के लिए कृष्ण बलराम और दूसरे यादवों को लेकर प्रसेनजित् को ढूँढ़ते हुए कृष्ण जंगल गये। वहाँ प्रसेनजित्

को मरा हुआ पाया। आसपास सिंह के पंजे के निशान थे जो पास ही मरा हुआ मिल भी गया। सिंह के पास किसी रीछ के पाँव के निशान थे, जिनके सहारे कृष्ण उसकी गुफा में पहुँचे। बलराम और दूसरे नगरवासियों को गुफा के बाहर रुकने के लिए कहकर वे गुफा में घुस गये। वहाँ रीछ जाम्बवन्त से इक्कीस दिन तक युद्ध हुआ। जाम्बवन्त हार गया। कृष्ण को मणि दी और अपनी कन्या जाम्बवती भी दी। कृष्ण ने सब यादवों की संसद में मणि सत्राजित् को लौटायी और अपना कलंक धोया। सत्राजित् ने अपनी बेटी सत्यभामा कृष्ण को दी।

यहाँ तक कथा में पुराकल्प (मिथ), लोककथा और परियों की कहानी का सा ही भाव अधिक है। पर आगे कहानी एक नया मोड़ लेती है : लोभ, द्वेष, धोखाधड़ी, हिंसा की कहानी बन जाती है। पर बड़ी मानवीय—मिथ या परिकथा नहीं। मणि को हम यहाँ शक्ति या सत्ता के प्रतीक के रूप में भी देख सकते हैं।

अक्रूर भी उस मणि की चाह रखते थे और सत्यभामा के भी वे प्रार्थी थे। सत्यभामा कृष्ण को मिल गयी तो उन्होंने एक अन्य प्रधान शतधन्वा को अपने साथ मिलाया, जिसने रातों-रात सत्राजित् को मारकर मणि अक्रूर को दे दी। अक्रूर ने शतधन्वा को वचनबद्ध कर लिया कि बात छुपाकर रखेंगे। बदले में वचन दिया कि शतधन्वा से अगर कृष्ण की लड़ाई होगी तो वे उसका साथ देंगे।

घटना कृष्ण के पीछे से घटी थी। कृष्ण वारणावत गये हुए थे जहाँ 'पाण्डवों' के लाक्षागृह में जल मरने की ख़बर थी। अक्रूर अब इस भरोसे में थे कि स्यमन्तक के प्रभाव से द्वारका के प्रभु हो जायेंगे—ममाद्य द्वारका सर्वा वशे तिष्ठत्यसंशयम्।

कृष्ण ने नारद से जो शिकायत की थी उसमें अक्रूर और उग्रसेन के संघर्ष का इंगित है। यहाँ संघर्ष का एक कारण सामने आता है। उग्रसेन द्वारका के राजा थे। अक्रूर उनका स्थान हड़पना चाहते थे। या सम्भव है उनका इरादा और भी गहरा हो—वे द्वारका को वश में कर द्वारका के एकच्छत्र राजा बन बैठना चाहते हों—कृष्ण के नहीं होने का लाभ उठाकर।

पर पिता की मृत्यु से आर्त सत्यभामा तत्काल रथ पर बैठकर वारणावत पहुँची और अपने पिता की क्रूर हत्या की बात कही। कृष्ण ने सात्यकि को

वारणावत में छोड़ा और तुरन्त द्वारका लौटे। उन्होंने बलराम को साथ लेकर शतधन्वा पर हमला किया। बलराम से कहा कि सत्राजित् और प्रसेनजित् दोनों ही अब नहीं रहे इसलिए मणि अब अपनी है। बलराम और कृष्ण शतधन्वा से लड़ने आये तो शतधन्वा अक्रूर की बाट देखने लगे कि अक्रूर आकर सहायता करेंगे। पर अक्रूर ने धोखा दिया, शठतावश अलग ही रहे। तब शतधन्वा भाग निकले। उनके पास हृदया नाम की एक तेज़ घोड़ी थी। कृष्ण और बलराम ने उनका पीछा किया, पर मिथिला तक उनके पास नहीं फटक सके। मिथिला के पास आकर शतधन्वा की घोड़ी मर गयी। वे पैदल ही भागे। कृष्ण और बलराम के घोड़े भी थक चुके थे। कृष्ण ने बलराम से कहा तुम यहीं घोड़ों का ध्यान रखो मैं पैदल ही शतधन्वा का पीछा करता हूँ। कुछ दूर जाकर कृष्ण ने शतधन्वा को पकड़ लिया। दोनों की मुठभेड़ हुई और शतधन्वा मारे गये। कृष्ण और बलराम ने सोचा था कि मणि शतधन्वा के पास ही होगी, पर मणि उसके पास नहीं थी, वह तो अक्रूर पहले ही हथिया चुके थे।

कृष्ण लौटे तो बलराम ने कहा, 'मणि लाओ'। कृष्ण को कहना पड़ा, 'मणि तो है नहीं'। बलराम आगबबूला हो गये। उन्हें लगा, कृष्ण लोभ में आ गये हैं। उन्होंने कृष्ण से कहा, 'तुम मेरे भाई हो इसलिए मारूँगा नहीं। पर तुम यहाँ से जाओ। तुम्हारा भला हो। मैं अब तुम सबसे, द्वारका से और वृष्णियों से भर पाया—अब वहाँ नहीं लौटूँगा।' बलराम मिथिला चले गये और तीन वर्ष वहीं रहे। वहीं दुर्योधन ने उनसे गदायुद्ध की शिक्षा ली। तीन वर्ष बाद कृष्ण और दूसरे यादव उन्हें मनाकर वापस द्वारका ले गये।

सत्राजित् के वध के बाद अक्रूर भी अपने अन्य कई अन्धकवंशी साथियों को लेकर द्वारका छोड़ गये। मणि के प्रताप से अपार धनवान हो वे यज्ञ पर यज्ञ करते रहे। कृष्ण ने उनकी उपेक्षा ही की, उन्हें दण्ड देने की चेष्टा नहीं की, इस डर से कि कहीं ज्ञाति-भाइयों में आपस की फूट न बढ़ जाये। पर अक्रूर के चले जाने पर (और अन्यत्र यज्ञ करने के कारण) द्वारका पर अनावृष्टि का प्रकोप पड़ा। यादवों ने मिलकर अक्रूर को प्रसन्न किया और द्वारका लौटा लाये। तब जाकर द्वारका के समुद्रकच्छ में बरसात हुई। अक्रूर ने कृष्ण से समझौता करने के लिए अपनी बहन का उनसे विवाह कर दिया।

अक्रूर की आश्चर्यमयी धनसम्पत्ति को देखकर कृष्ण भाँप गये थे कि

मणि उन्हीं के पास है। एक दिन यादवों की भरी सभा में उन्होंने अक्रूर से कहा, "मेरी मणि है, मुझे दे दीजिये, अनार्य कर्म न कीजिये।" सर्व-यादवों की संसद में अक्रूर ने बिना लागलपेट मणि कृष्ण को दे दी। उनके इस सरल-ऋजु व्यवहार से कृष्ण बहुत प्रसन्न हुए। मणि फिर उन्हीं को वापस दे दी। (हरिवंश, चित्रशाला प्रेस संस्करण, हरिवंश पर्व, अध्याय ३८-३९)

स्यमन्तक को लेकर जो कलह, जो घात-प्रतिघात हुआ, उसमें राजनीतिक संघर्ष का संकेत मिलता है। संकेत स्पष्ट है चाहे किंवदन्तियों में लिपटा हुआ हो। कुलप्रधानों की आपसी स्पर्धा और शक्ति और ऐश्वर्य की भूख से द्वारका के संघ को चोट आयी, इसका भी कहानी में इंगित है। कृष्ण इस स्पर्धा के संघर्ष से अछूते नहीं थे, पर संघ को उन्होंने सँभाला। उग्रसेन राजा रहे और जो मणि अक्रूर ने धोखे से ली थी, सहजभाव से उनकी हो गयी। संघ संघ ही बना रहा। कहानी में एक जगह आया है कि मणि के बूते पर अक्रूर अकेले संघ पर हावी हो जाना चाहते थे। पर अक्रूर में वह क्रूर निष्ठा नहीं थी जिससे ऐसा कर पाते। कुछ हाथ-पाँव मारने के बाद उनकी गृध्नुता ने घुटने टेक दिये। वे संघ में लौट आये।

पर इससे बहुत पहले घटी, कंस की घटना पर आइये। कंस संघ पर हावी हो गया था। वह संघ पर एक-राजा बन बैठा था। कृष्ण ने उसे मारकर संघ को बचाया था।

युधिष्ठिर के राजसूय की बात हम कर चुके हैं। युधिष्ठिर ने जब राजसूय यज्ञ करने की ठानी, तब निर्णय करने से पहले मन्त्रणा के लिए कृष्ण को बुलाया था। राजसूय करने वाला सब राजाओं के ऊपर चक्रवर्ती राजा होता है। कृष्ण ने कहा कि जरासन्ध के रहते राजसूय नहीं हो सकता। कृष्ण के अपने ज्ञाति-भाई भी जरासन्ध के त्रास से ही मथुरा से द्वारका भाग गये थे। कृष्ण की दृष्टि में जरासन्ध कंस की तरह ही आततायी था। जरासन्ध के नृशंस कर्म की कहानी बताने के पहले कृष्ण ने युधिष्ठिर को अपने संघ का कुछ इतिहास बताया। उन्होंने कहा कि उनका संघ जिस आदर्श पर बना था वह क्षत्रियों में पुराना आदर्श था :

"आज के क्षत्रिय अवर (बाद के) क्षत्रियों की सन्तान हैं। वे उनसे निकले हैं जो परशुराम के संहार से बच-खुच गये थे। इन (आज के) क्षत्रियों ने आज्ञा-वचन (निदेशवाक्) का प्रचार कर एक कुलसंकल्प लिया था—

जो तुमसे छुपा नहीं है। (इसी कारण) ऐल और इक्ष्वाकु वंश का यह स्वभाव है कि इन वंशों के राजा श्रेणिबद्ध होते हैं—और इन्हीं वंशों से दूसरे क्षत्रिय वंश निकले हैं। ये वंश गिनती में पूरे सौ हैं। भोज क्षत्रियों का जो विस्तार (आज) चारों ओर फैला हुआ है वह भी (दूसरे क्षत्रियों की तरह) ययाति से ही निकला है।''

यहाँ 'श्रेणिबद्ध' शब्द को 'संघबद्ध' का ही पर्याय मानना चाहिये। 'श्रेणी' शब्द 'गण' के लिए प्रयुक्त होता था—अर्थ था, कई व्यक्तियों का अपनी स्वतन्त्र सत्ता रखते हुए किसी प्रयोजन विशेष के लिए कुछ समय (=नियम) मानते हुए एकजुट होना। कृष्ण कहते हैं कि एक समय था जब सभी क्षत्रियों ने संघ के आदर्श को अपनाया था। बात कहाँ तक ठीक है, कहा नहीं जा सकता। महाभारत में ययाति से चले हुए विभिन्न वंशों का जो इतिहास मिलता है उससे इस बात की पुष्टि नहीं होती। कृष्ण का अपना वंश भोज-वंशों में गिना जाता था, उसने श्रेणीबद्ध रहने का कुलसंकल्प नहीं भुलाया था, हालाँकि युग की धारा विपरीत थी। इसी कुलसंकल्प को कृष्ण ने अपना आत्मसंकल्प बनाया।

संकल्प को बनाये रखने के लिए उन्हें बार-बार संघर्ष करना पड़ा। पहला संघर्ष कंस से हुआ था। कृष्ण युधिष्ठिर से कहते हैं :

''कंस ने जरासन्ध की दो बेटियों से, आस्त और प्राप्ति से, विवाह किया। इस बल पर वह वृथामति अपने ज्ञाति-भाइयों पर हावी हो गया। उसने महान नीतिभ्रंश (अपनय) किया, वह सबके ऊपर चढ़ बैठा (राजा बन गया—श्रैष्ठ्यं प्राप्तः)। उस दुरात्मा से पीड़ित होकर भोज राजन्य वृद्धों ने ज्ञाति की रक्षा के लिए मेरा सहारा लिया (अस्मत्सम्भावना कृता)। और इसीलिए उग्रसेन की बेटी भी अक्रूर को ब्याह दी। मैंने बलराम को साथ लेकर ज्ञाति-भाइयों का कार्य साधा—कंस और उसके भाई सुनामा का वध किया।''

यही बात कृष्ण ने कौरवों की सभा में कौरव वृद्धों से भी कही थी। जब उनको पता लगा कि दुर्योधन उनको बन्दी बनाने का षड्यन्त्र कर रहा है, तब उन्होंने सभा से कहा था कि बन्दी बनाने का उपाय बुरा नहीं है, अगर कौरव गण दुर्योधन को बन्दी बना लें तो झगड़ा तभी चुक जाये। उन्होंने अपने जीवन से उदाहरण दिया :

भोजराज वृद्ध उग्रसेन के बेटे दुराचारी अनात्मवान् कंस ने पिता के जीते जी पिता का ऐश्वर्य छीन लिया और रौद्रस्वभाव का हो गया (मन्युवंशगतः)। उस उग्रसेन के बेटे को उसके ज्ञाति-बान्धवों ने त्याग दिया। ज्ञाति का हित चाहते हुए मैंने उसे महासंघर्ष में पराजित किया (शस्तो महामृधे)। आहुक (जो इस काम के लिए मुझे मथुरा ले गया था) उसका हमने और समूची ज्ञाति ने सत्कार किया और उग्रसेन को भोज राजन्यों का 'राजा' (राजप्रमुख) बना दिया गया ताकि राजन्यों की वृद्धि हो। यों कुल के लिए उस एक कंस का त्याग कर वृष्णि और सारे यादवगण साथ मिलकर (सम्भूय) सुख से हैं।...दुर्योधन, कर्ण, शकुनि और दुःशासन को पकड़ कर पाण्डवों के हाथ दे दीजिये। अगर आप दुर्योधन को बन्दी बना लें फिर पाण्डवों से शान्ति कर लें तो, हे क्षत्रियश्रेष्ठ, आपके कारण जो क्षत्रियों का संहार होने वाला है, रुक जायेगा। (हम देख आये हैं कि आहुक उग्रसेन का ही एक नाम था। ये एक वृष्णिवृद्ध थे, कंस के पिता)

धृतराष्ट्र ने कृष्ण की बात नहीं मानी। वे दुर्योधन के आगे अपने आपको विवश, लाचार पाते थे, उसका विरोध कर सकने में असमर्थ थे। उन्होंने दुर्योधन को समझाया। पर दुर्योधन इस बात पर अड़ा रहा कि क्षत्रिय पृथ्वी किसी को नहीं देता। कौरवों ने जो पाण्डवों को धरती लौटाने का वादा किया था, दुर्योधन उसे मान्य नहीं समझता था। उसने कहा : मेरे पिता ने जो पहले राज्यांश देने का वचन दिया था, वह मेरे जीते जी पाण्डव नहीं पा सकते। जो राज्य दिया नहीं जाना चाहिये था वह अगर पाण्डवों को दिया गया था तो इसलिए कि मैं बच्चा था, पराधीन था। राज्य अज्ञान या भय के कारण दिया गया था। वह अब पाण्डवों को फिर से नहीं मिल सकता। राज्य अभी मेरे वश में है, राज्य की धरती का सूई-बराबर हिस्सा भी मेरे रहते पाण्डवों को नहीं मिल सकता।

ऐसे लोभ और दम्भ से सन्धि जैसा मेल नहीं हो सकता था। कृष्ण इस मनोभाव को जानते हुए भी कौरव-सभा इसलिए आये थे कि वे युद्ध टालने की एक अन्तिम चेष्टा करना चाहते थे, चाहे बात न भी बने। इस चेष्टा को वे अपना अवश्य कर्तव्य समझते थे। विदुर ने जब उनके शत्रु सभा में आने को वृथा, निरर्थक, नीतिविरुद्ध कहा तो कृष्ण ने इसे अपना धर्म बतलाया—वे अपने औचित्य-बोध की प्रेरणा से कौरवों की सभा में आये थे—कौरवों के गढ़ में सीधे, निःसंकोच चले आये थे। उनको लग

रहा था सारी पृथ्वी (सारा देश) ही मृत्यु के मुँह में समाना चाहती है, इससे कोई उसे उबार ले तो बड़ा धर्म का काम करेगा—पर्यस्तां पृथिवीं सर्वां साश्वां सरथकुञ्जराम् यो मोचयेन्मृत्युपाशात्प्राप्नुयाद्धर्ममुत्तमम् (५,९१,५)। दुर्योधन से उनके निकट के सम्बन्ध भी थे। उन्होंने कहा : कोई केश पकड़कर भी मित्र को बुरे काम से हटाये तो उसे भरसक ऐसा करना चाहिये, यह अनिन्दनीय है। ज्ञातिजनों के बीच भेदभाव खड़ा हो जाये और मित्र मध्यस्थ न बने तो उसे मित्र नहीं कहना चाहिये। मैं कौरवों और पाण्डवों के साथ पृथ्वी के सारे क्षत्रियों के हित के लिए निश्छल प्रयास करूँगा। अगर दुर्योधन मुझ पर शंका करे और यह न समझे कि मैं हित साधना चाहता हूँ तो मुझे दुख नहीं होगा, मैं अपने आपको अनृण समझूँगा, मेरा हृदय प्रीत ही होगा।''

हमने ऊपर देखा था कि युधिष्ठिर ने कृष्ण को 'कर्मणां निश्चयज्ञः' कहा है : कर्म क्या होना चाहिये इसके स्वरूप का वे सही निर्णय कर सकते थे। संकेत यहाँ कृष्ण की निष्काम संकल्प में स्थित की कर्म-प्रज्ञा की ओर है—वह प्रज्ञा जो विचार, संकल्प और कर्म के सहज कौशल को एक साथ अनुप्राणित करती है। इसे ही वेद में 'क्रतु' कहा गया है। यह ऐसा औचित्य-बोध है जो कर्म-प्रवृत्ति को अन्तरंग, बहिरंग, सर्वांग-भाव से रूप देता है। देश काल पात्र को देखते हुए कर्म की सही दिशा तय कर सकता है। इसका अर्थ यह नहीं कि कर्म की दूसरी उचित दिशा नहीं हो सकती थी, या कर्म की निश्चय-दृष्टि सर्वथा निर्भ्रान्त होती हो। तात्पर्य यहाँ कर्म-बोध के हितार्थनिष्ठ और इस इस निष्ठा में एकाग्र होने का है।

दुर्योधन जब अपनी लोलुपता और अहंकार पर अटल रहा, तब कृष्ण ने कौरव सभा को सलाह दी कि दुर्योधन को बन्दी बना लिया जाये। कृष्ण के दुर्योधन-विरोध का एक बृहत्तर कारण भी था। इसे कृष्ण की राजनीति या राजधर्म विषयक व्यापक दृष्टि भी कह सकते हैं। राज्य स्वभाव से विस्तार-कामी होते हैं। हर राज्य अपनी शक्ति दूसरे राज्यों पर फैलाना चाहता है। भारतीय राजनीतिक चिन्तन में इस आधारगत तथ्य की सदा स्वीकृति रही है। अभी पीछे आये एक शब्द का प्रयोग करते हुए कहा जा सकता है कि राज्य उत्थान-काम होते हैं। कौटिल्य ने यहाँ उत्साह की बात की है। प्राणवान शक्तिशाली राजा केवल राजा न रहकर सम्राट हो जाना चाहता है। राज्यों का यह स्वभाव आज भी दिखता ही है। पर फिर हमारे

औचित्य-बोध के लिए यह प्रश्न महत् हो जाता है कि राज्यों में एक और अनेक में सम्बन्ध क्या हो ?—आज भी यह बड़ा प्रश्न है ही। हमारे यहाँ प्राचीन-काल से इसके दो विकल्पों की कल्पना की गयी है : 'अनेक को रखते हुए एक' और 'अनेक को मिटाकर एक'। इन्हें 'चाक्रवर्त्य' और 'साम्राज्य', इन शब्दों द्वारा भी अभिहित किया जाता था। पर हम देखेंगे कि बात यहाँ नामकरण की नहीं, आदर्शभेद की है—साधारण शब्द-प्रयोग में तो 'साम्राज्य' (या यों राज्य करने वाला 'सम्राट') और चाक्रवर्त्य (या यों व्यवहार करने वाला 'चक्रवर्ती'), इन शब्दों में व्यत्यय भी पाया जाता है; दोनों पर्याय की तरह भी आ जाते हैं।

कहना न होगा कि कृष्ण अनेकत्व के पोषी थे। संघ का आदर्श बहुल के अंगीकार का आदर्श है। बहुवचन को निमन्त्रण है। पर 'बहु' का अर्थ एकः एकः एक, यह नहीं हो सकता। यह तो विशुद्ध अलगाव है। भेद है, जबकि अभेद के आधार के बिना 'बहु' सार्थक नहीं हो सकता। ऐसे बहु को समेटता पर उसके एक एक को स्वतन्त्र रखता एकत्व शक्ति के साथ उदार-उदात्त प्रज्ञा की माँग करता है। कठिन काम है। कृष्ण जैसे प्राज्ञ भी डोल जाते थे, जैसा कृष्ण-नारद संवाद से प्रकट है।

हमने पीछे देखा कि कृष्ण ने कंस का वध इसीलिए किया था क्योंकि वह सत्ता-लोलुप होकर भोजवंशी राजन्यों के संघ पर एक-राजा बन जाना चाहता था। उसकी प्रवृत्ति साम्राज्य बनाने की थी। इसमें वह जरासन्ध से प्रभावित था, जिसकी दो बेटियों आस्त और प्राप्ति से उसने विवाह किया था (दोनों के नामों में भी साम्राज्य-भाव की व्यंजना है)। कंस से भी कहीं बढ़कर मगधराज जरासन्ध सचमुच साम्राज्य बनाने की ओर उन्मुख था। वह बहुलता का कर्मेण, चेष्ट्या शत्रु था। उसने कई राजाओं को अपनी राजधानी राजगिरि में बन्दी बना रखा था।

हम देख आये हैं कि युधिष्ठिर जब अपने स्वतन्त्र राष्ट्र में प्रतिष्ठित हुए तब उनमें राजसूय यज्ञ करने की—और यों चक्रवर्ती बनने की—अभीप्सा जागी। उन्होंने कृष्ण से राय की तो कृष्ण ने क्षत्रियों के उस आदर्श की बात की जिसे राजाओं का स्वतन्त्र रहते हुए परस्पर-भाव कहा जा सकता है। चक्रवर्ती या सम्राट ऐसे राज-संघ का राज-मुख्य होता है, एक छत्राधिकारी नहीं। उसमें उदारता और उदात्तता के और भी गुण अपेक्षित होते हैं जो उसे इस पद का उचित अधिकारी बनाते हैं। परम्परा ऐसे उदार 'सम्राटों' के

नाम–गुण गिनाती थी। कृष्ण ने इस गिनती को यों रखा है : यौवनाश्व कर नहीं लेते थे, भगीरथ पालन करते थे, कार्तवीर्य में तपस् था, भरत में बल था और मरुत्त में ऋद्धि थी—यों ये पाँच सम्राट सुने गये हैं, पर धर्म, अर्थ और राजनय की दृष्टि से जरासन्ध के लक्षण इनके विपरीत हैं, उसे अक्षम कर देना चाहिये।

जरासन्ध ने चाक्रवर्त्य के बहुधर्मी आदर्श का बलात् अतिक्रमण किया था। वह एकच्छत्र, अपसपत्न सम्राट बनना चाहता था। इसीलिए आततायी समझकर उसके वध का उपाय किया गया।

स्पष्ट ही राजसूय मामूली कर्म नहीं है। उसका आदर्श, उसका परिणाम, पूरी समष्टि को घेरता है। तभी युधिष्ठिर ने राजसूय करने का निर्णय करने से पहले विशेष दूत भेजकर, विशेष अनुनय के साथ कृष्ण को बुलाया था। कृष्ण से राय करने का कारण कृष्ण का 'कर्म में निश्चयज्ञ' होना कह सकते हैं। कर्म का प्रामाणिक निर्णय वही कर सकता है जो निष्काम तो हो ही, पर साथ ही जिसकी कर्म में एक व्यापक अन्तर्दृष्टि हो, जो तत्काल के औचित्य के साथ कर्म के विराटतर परिप्रेक्ष्य का भी भावन कर सके। युधिष्ठिर ने कृष्ण से कहा : मैं राजसूय करना चाहता हूँ, पर यह बात केवल चाहने से नहीं बनती, क्या होने से बनती है, यह आप पूरी तरह जानते हैं। जिसके होने से और सब कुछ और होता है, जिसकी सब पूजा करते हैं, जो सबका ईश होता है, ऐसा राजा ही राजसूय कर सकता है। मेरे सारे सुहृद् मिलकर मुझे कह रहे हैं कि राजसूय करना चाहिये। पर मैं इस बारे में आपकी बात को ही निश्चिततम समझता हूँ। कुछ लोग सौहार्द के कारण दोष नहीं बताते–देखते हैं, दूसरे स्वार्थ से ऐसा नहीं करते, उलटे ठकुरसुहाती ही कहते रहते हैं—कुछ लोग ठीक ही उसे समझते हैं जो उन्हें अच्छा लगे। कोई काम की बात आ खड़ी हो तो लोगों की ऐसी ही रायें सुनने को मिलती हैं। पर आप इन हेतुओं से ऊपर उठे हुए हैं, काम–क्रोध से परे हैं आप, आप मुझे बताइये हमारे लिए क्या योग्य और उचित (क्षम) है।"

द्वारका के कृष्ण की कथा यहीं पूरी करता हूँ। पर महाभारत से यह भी उभरता है कि उनका संघधर्मी आदर्श महाभारतकालीन राजनीति को प्रिय था। राज्य के एकराज होने को ही निर्विवाद ठीक माना जाता था। यह बात नारद–कृष्ण संवाद में नारद ने कृष्ण को जो उत्तर दिया उससे भी प्रकट है—

''कृष्ण आपदायें दो तरह की होती हैं : एक, जो बाहर से आती हैं, और दूसरी जो अपने ही भीतर पैदा होती हैं—या यों कहो कि आपद या तो किसी और की की हुई होती है या अपनी ही की हुई। तुम्हारी यह टेढ़ी आफ़त तुम्हारी अपनी उपजायी हुई है—यह अक्रूर और आहुक से पनपी है और जो भी कुछ हुआ है, वह इसी का फल है। किसी प्रयोजन से या कामना से या कड़वी बातों से बचने के लिए तुमने अपनी शक्ति से जीता हुए ऐश्वर्य दूसरों में बाँट दिया। अब वह दे दिया गया है, दूसरों में जड़ पकड़ चुका है, दूसरों का कहलाने लगा है, उसके अपने सहाय बन गये हैं। उगले हुए अन्न की तरह उसे अब फिर से निगला नहीं जा सकता। अक्रूर और उग्रसेन के हाथ लगे हुए राज्य को वापस नहीं लिया जा सकता, विशेषकर तुम तो ऐसा कर ही नहीं सकते, इससे आपस में फूट हो जायेगी। राज्य फिर अपने बस करना हो तो बड़ा भारी प्रयत्न करना होगा, यह दुष्कर कर्म है जिसमें महान व्यय और क्षय ही नहीं, पूरा विनाश तक हो सकता है। अब तो आप यही करें कि सहज सद्‌भाव से कही गयी कोमल हृदयवेधी बातों के प्रयोग से, क्षमा, ऋजुता, सत्कार द्वारा सबको चुप रखें।''

कहना न होगा कि नारद कृष्ण के राजनीति के आदर्श को न समझे थे, न उसमें कोई आस्था रखते थे। उनके लिए कंस को हटाकर मुट्ठी में आये हुए राज्य को संघ-राज्य बना देना बेवकूफी थी। उनके शब्दों में ऐसी राजनीति बोल रही है जिसका कृष्ण ने आजीवन विरोध किया, चाहे उनके साथ, उनके देखते-देखते, उनका संघ विनाश में लीन हो गया। पर इसका कारण संघ के आदर्श का ही दोष नहीं था। दूसरे दोष थे जो मनुष्य-व्यापक हैं।

संघ में परस्पर-भाव और स्वातन्त्र्य का सन्तुलन विवेक संयम और खुलेपन में काम करते आत्मचेतन सदुपायकौशल से बनाये रखना पड़ता है। इसके लिए एक सम्भूय समष्टि-व्यापक निष्ठा-चेष्टा चाहिये जिसे जगाये रखना पीढ़ी-दर-पीढ़ी की जागरूकता चाहता है। नारद की तरह कृष्णकालीन अन्य चिन्तक भी राजनय के इस मार्ग को अग्राह्य ही मानते थे। पर वे इससे अपरिचित नहीं थे और इसकी आधार निष्ठा को समझते थे। शान्तिपर्व में एक प्रसंग है जहाँ युधिष्ठिर गणों (संघ राज्यों) के बारे में जानना चाहते हैं (१२, १०८)। वे भीष्म से पूछते हैं कि गणराज्य मित्रलाभ और शत्रुविजय

में सफलता कैसे पा सकते हैं ? गणराज्यों में मन्त्रणा को गोपन रखना और आपसी भेद से बचना कठिन होता है—यह कैसे साध्य है ?

उत्तर में भीष्म कहते हैं कि लोभ और एक दूसरे को न सह पाना (अमर्ष), ये गणराज्यों में वैर और विनाश की जड़ है। गणों के राजन्य सम्भूय राज्य करते हैं, इसलिए उनमें फूट पड़ जाना उनके लिए सबसे बड़ा घातक होता है। उन्हें परस्पर व्यवहार में, अपनी रहनी में, संयम और औचित्य का पालन करना चाहिये, उद्दण्ड भाई-बेटों को नियन्त्रित रखना चाहिये। प्रज्ञाशीलों का आदर करना चाहिये...। (महाभारत, १२, १०८)

बुद्ध भी गणराज्य में जन्मे-पले थे। उनके समय साम्राज्यकांक्षी मगध की सीमा पर कई गणराज्य थे। लिच्छवियों का हम उल्लेख कर आये हैं। पर वज्जियों का गणराज्य सबसे अधिक समृद्ध, स्थिर एवं दीप्त था। अजातशत्रु इसको मिटाना चाहता था। अजातशत्रु ने बुद्ध से पुछवाया कि वज्जियों को कैसे जीता जाये ? बुद्ध गणराज्यों की व्यवस्था और व्यवस्था का मर्म समझते थे। वे गणराज्य के थे, गणराज्यों का समादर करते थे। उन्होंने जो कुछ कहा भीष्म की बात से मिलता है।

सिकन्दर ने जब भारत पर चढ़ाई की तो उसका सामना अधिकतर गणराज्यों से ही हुआ था। इन्हीं से उसकी थकी हुई सेना घबरा गयी थी, आगे नहीं बढ़ी। कौटिल्य में इन राज्यों का कुछ उल्लेख-विवरण मिलता है।

पर मैं गणराज्यों के वर्णन या इतिहास में नहीं जाना चाहता। कह चुका हूँ कि हमारा राजनीतिक चिन्तन गणराज्यों से विमुख ही रहा है। पर कृष्ण से नहीं। इसीलिए मैंने कृष्ण के संघ आदर्श को उभारने की चेष्टा की है। उनके इस पक्ष को हम भूले-से ही बैठे हैं। पर मेरे लिए द्वारका का यही तात्पर्य है।

द्वारका की मैंने इतनी चर्चा की पर यात्रा में वहाँ नहीं जा पाया। साथ के यात्री पहले ही वहाँ हो आये थे। मैंने प्रभास ही देखा जहाँ कृष्ण ने प्राण त्यागे थे, जबकि संघ नष्ट हो चुका था। द्वारका नहीं देखी जहाँ कृष्ण ने संघ चलाया था।

बीस साल हुए वहाँ पहले भी गया था। बड़ी सुघड़, सुथरी, बुहारी हुई सी, सादी पर सुन्दर, निखरी हुई नगरी थी। मेरी याद में तो ऐसी ही है। इस बार फिर वहाँ जाने का मन हुआ : द्वारका के बिना भागवतभूमि यात्रा कैसी ?

नरेश जी को और मुझे वहाँ भेजने की योजना भी कई बार बनी। पर जाना नहीं हुआ। नरेश जी भी पीछे हट गये और मैं भी। मैं तो इसलिए भी पीछे हटा कि कहीं स्मृति पर धब्बा न पड़ जाये। इला जी ने बताया कि द्वारका अब उद्योग का केन्द्र है। मेरा उत्साह ठण्डा पड़ गया। अपनी स्मृति के सौम्य तीर्थ को मैं इस नये भेस में नहीं देखना चाहता था।

पर एक द्वारका फिर भी देखी। अब तक की यात्रा हमने चोरवाड़ रहते हुए वहीं से की थी। अब हम अहमदपुर माण्डवी की ओर चले। वहाँ समुद्र किनारे एक नया सुन्दर सा होटल हाल ही में खुला था। रास्ते में कोडनार पड़ा और रास्ते से कुछ हटकर मूल द्वारका।

भरी दुपहरी में हम मूल द्वारका पहुँचे। समुद्र के किनारे एक टीला था समुद्र की ओर बढ़ा हुआ; आसपास के मैदान से अलग-थलग अपना ख़ासा घेर जमाये। लगा जैसे एक विशालकाय कछुवा लहरों में सिर छुपाये किनारे की धूप सेंक रहा है। यही थी मूल द्वारका। अब वहाँ कुछ भी नहीं—दो-चार-दस घरों की एक उजड़ी हुई सी बस्ती है। देखने को कुछ है तो एक मन्दिर है। प्राचीन नहीं पर सुडौल सा। नागर शैली में बना हुआ। छोटे से, सूने से इस मन्दिर के भीतर गर्भगृह को घेरे एक गलियारा बना हुआ है—प्रदक्षिणा पथ। गलियारे में झरोखे हैं जिनसे तीन ओर के समुद्र की ठण्डी सजल हवा सन्नाती हुई मन्दिर के अन्दर आती है। हम देर तक उस हवा में बैठे समुद्र को देखते रहे।

मन में सवाल आया : क्या सचमुच यही थी द्वारका? कुछ बरस हुए डॉ. हीरालाल शास्त्री ने कहा था कि यह मूल द्वारका ही मूल द्वारका है। पर अभी जो बेट द्वारका के पास समुद्र के भीतर खुदाई हुई, उससे तो यही लगता है कि मूल द्वारका वहीं थी। तो क्या हम जिस मूल द्वारका में आये थे उसको मूल कहना भूल होगी?

एक बार तो एकदम से मन कहता है, भूल ही होगी। पर यहाँ एक सवाल और है, जिसको हम अक्सर भूल जाते हैं : सवाल है, यहाँ भूल को जाँचने की कसौटी क्या हो?

हम जिस लोकमानस की झलक पाने निकले थे उसके लिए द्वारका इतिहास की, पुरातत्त्व की नगरी नहीं है, ऐतिह्य की, परम्परा की नगरी है। ऐतिह्य और इतिहास—प्राचीन अर्थ में इतिहास नहीं, आज के अर्थ में

हिस्ट्री—इन दोनों की कसौटी एक नहीं है। ऐतिह्य या लोकपरम्परा के लिए मूल द्वारका सर्वथा दो भिन्न स्थानों पर हो सकती है। आप पूछेंगे : प्रमाण? तो उत्तर होगा लोग सदा से ऐसा कहते-मानते चले आये हैं। हमारे पुराणकार परम्परा से चले आये ऐसे विश्वास को सचमुच ही प्रमाण मानते थे—इसी को ऐतिह्य प्रमाण कहते थे। तर्क की रूखी सान पर चढ़े वाचस्पति मिश्र जैसी दार्शनिक ऐतिह्य को हँसकर उड़ा देते थे : अगर पुराने समय से लोग कहते चले आये हों कि पीपल पर यक्ष है तो क्या सचमुच पीपल पर यक्ष है?

आज की इतिहास-जिज्ञासा भी ऐतिह्य को प्रमाण मानने में हिचकिचाती है : परम्परा इतिहास में तभी प्रमाण हो सकती है जब दूसरे 'ठोस' प्रमाणों के बल पर खड़ी हो। ठीक भी लगता है : सुनी-सुनाई को, किंवदन्ती को हम सत्य के उद्‌घाटन में कैसे प्रमाण मान सकते हैं?

पर फिर एक सवाल और उठता है : हमें खोज किस द्वारका की है? वह जो लोकमानस में है या वह जो इतिहास में कभी थी? जो लोकमानस में है उसके लिए तो ऐतिह्य ही प्रमाण होना चाहिये। और इस प्रमाण से द्वारका एक नहीं दो ठहरे या दो से भी अधिक, तो क्या आपत्ति है? ऐतिह्य की कई नगरियाँ एक से अधिक हैं—द्वारका क्यों न हो?

और ऐतिह्य की दृष्टि से ही नहीं आदर्श की दृष्टि से भी देखें तो भी क्या द्वारका एक ही होगी? ऊपर द्वारका के जिस रूप की हमने चर्चा की, उसकी प्रेरणा जहाँ हो वहीं 'द्वारका' होगी। यों भी द्वारका बहुवचन में पली थी।

तब मन्दिर में बैठे-बैठे तो नहीं सोचा था, पर अब सोचता हूँ कि मैंने भी यात्रा में द्वारका देख ही ली थी—कितनी ही उजड़ी हुई सी क्यों न हो।

स्वीकरण

यहाँ संस्कृत की जिन कविताओं का अनुवाद है, उन्हें संस्कृत में सूक्ति या सुभाषित कहा जाता है। दोनों शब्द पर्याय हैं। अर्थ है, 'भली बात', 'अच्छे कहे गये बोल'। इस अर्थ में सूक्ति के विषय की ओर कोई इंगित नहीं है। सूक्ति का क्षेत्र व्यापक हो सकता है—और है भी। केवल भाव-निष्पत्ति के लिए, कविता करने के लिए, सूक्ति नहीं लिखी-कही जाती थी। नीति, राजनीति, कृषि, वाणिज्य, व्यापार, चिकित्सा, ऋतु-विज्ञान-व्यवहार के किसी भी क्षेत्र की उपयोगी बात को लेकर सूक्ति कही जा सकती है, कही जाती भी थी। धर्म, अर्थ, काम, मोक्ष—सूक्ति का कुछ भी विषय हो सकता था। कई पुराने संग्रहों में सूक्तियों को इन्हीं चार वर्गों में बाँटा भी गया है।

पर एक अर्थ में सूक्ति मात्र से कविता जैसा गुण अपेक्षित था। व्युत्पत्ति के आधार पर सूक्ति का अर्थ है—सुष्ठु उक्ति। सौष्ठव के लिए शिल्प की अपेक्षा होती है। सूक्ति से यह अपेक्षा थी। सही अर्थ में सूक्ति तभी सूक्ति कहला सकती थी जब उसके कहने में एक ऐसी भंगिमा हो जो चमत्कार जगाये, ऐसा अन्दाज़ जो भा जाये। इस काव्य-सुलभ, 'मोहक' गुण के कारण सूक्तियों का बहुत चलन था। ये लोगों की जिह्वा पर बसती थीं और विभिन्न विषयों पर सूक्तियों का एक लगभग अक्षय भण्डार प्रचार में था—संस्कृत में ही नहीं, सभी प्राचीन और अर्वाचीन भाषाओं में।

जहाँ इतने बड़े भण्डार की बात हो वहाँ यह दावा करना ठीक नहीं होगा कि प्रत्येक सूक्ति में कोई-न-कोई बाँकपन है, उक्ति की मोहक भंगिमा है। नीरस, सपाट सूक्तियों की कोई कमी नहीं। फिर भी बाँकपन लाने की

प्रवृत्ति तो थी ही—और किसी बात में न भी हो तो इस बात में कि सूक्ति पद्य में होती है, छन्द और लय से मण्डित। फिर उसमें यह शिल्पोचित प्रयास भी होता है कि बड़ी-से-बड़ी बात को कम-से-कम शब्दों में कह दिया जाये। अधिकतर सूक्तियाँ एक ही छन्द में पूरी हो जाती हैं। गागर में सागर भर देना सूक्ति का एक आदर्श है, यह बात और है कि आदर्श अक्सर आदर्श ही रह जाता है।

मेरे अनुवाद जिन सूक्तियों के हैं उनमें शिल्प के गुण स्पष्ट ही नहीं, प्रखर हैं; इनमें चमत्कार जगाने की बड़ी सजग, प्रगल्भ चेष्टा है। ये सूक्तियाँ कलाकृतियाँ हैं, काव्य की सूक्तियाँ हैं, भाव-निष्पत्ति के ध्येय से रची गयी हैं।

कुछेक को छोड़कर सारी-की-सारी सूक्तियाँ मैंने संस्कृत के ऐसे पुराने सूक्तिसंग्रहों से ली हैं जहाँ संग्रहकार का ध्यान प्रधानतः काव्य-संग्रह ही था। ये संग्रह हैं : विद्याकर का 'सुभाषितरत्नकोष', श्रीधरदास का 'सदुक्तिकर्णामृत', वल्लभदेव की 'सुभाषितावलि' और जल्हण की 'सूक्तिमुक्तावलि'।

विद्याकर बंगाल के रहने वाले थे। बौद्ध थे। अपने 'सुभाषितरत्नकोष' का संग्रह इन्होंने ११३० ईस्वी में पूरा किया। संग्रह में १७०० से ऊपर छन्द हैं, अधिकतर ऐसे जिन्हें कविता, अच्छी कविता कहा जायेगा। यों कुछ छन्द केवल नीतिज्ञान देने के लिए भी हैं।

विद्याकर अच्छे सहृदय थे। आधुनिक मर्मज्ञों ने भी उनकी रुचि को सराहा है। प्रख्यात भारतविद् इंगॉल्स का किया हुआ उनके पूरे संग्रह का एक अँग्रेज़ी काव्यानुवाद निकल चुका है, जिसकी विद्वानों में चर्चा रही है।

स्वयं विद्याकर ने अपने संग्रह का—ग्रन्थ के पहले ही श्लोक में—यों गुण गाया है :

सच्चे समझदारों के
कण्ठहार हैं
अच्छे कवियों के
ये मीठे बोल।
बड़े-बड़े कवि
इनको सुनकर

सिर धुनते हैं।
ऐसे बोलों का मैं
अनमोल संग्रह कर रहा हूँ।

यह उक्ति हमें उस रसिक समाज का भी संकेत देती है, जिसमें रहते हुए, जिसके लिए विद्याकर ने अपना संग्रह तैयार किया था। ऐसे समाज से आज भी हमारा परिचय है। शेर-शायरी के शौक़ीन जिस तरह अच्छे शेर याद कर लेते हैं, उसी तरह ये सूक्तियाँ रसिकों के कण्ठ का हार होती थीं। तेरहवीं सदी के भगदत्त जल्हण ने अपनी 'सूक्तिमुक्तावलि' में इसी बात को तीन-चार श्लोकों में उतारा है। उन्होंने अपनी काव्य-रुचि की प्रशंसा स्वयं नहीं की है, अपने मित्र या आश्रित-कवि वैद्यभानु से करवायी है। कुछ इंगितों से लगता है कि संग्रह के कर्ता भी वैद्यभानु ही थे। एक श्लोक में वे कहते हैं :

न अँगूठी न कड़ा
न बाजूबन्द न हार
रसिक की शोभा इनसे नहीं है
शोभा तो तब हो
जब यह सूक्तियों की लड़ी
उसके कण्ठ में लहराये।

('सूक्तिमुक्तावलि', अनुक्रमणिका, ४१)

जिस रसिक समाज की ओर यहाँ इशारा है, श्रीधरदास भी ऐसे ही रसिक समाज में से थे। उनकी परिस्थितियों के बारे में विद्याकर की अपेक्षा हमें अधिक ज्ञान है। विद्याकर की तरह ये भी बंगाल के थे। बंगाल के अन्तिम सेनवंशी राजा लक्ष्मण सेन के दरबार में रहते हुए इन्होंने १२०५ ईस्वी में अपना संग्रह पूरा किया था। श्रीधरदास को अच्छे कवियों का संग चला था। 'गीतगोविन्द'-कार जयदेव भी लक्ष्मण सेन के सभाकवि थे। दूसरे कवियों में उमापतिधर और गोवर्धन प्रसिद्ध हैं। गोवर्धन ने 'गाथासप्तशती' की प्रेरणा से संस्कृत में 'आर्यासप्तशती' की रचना की थी। उमापतिधर की कुछ सूक्तियाँ आपने प्रस्तुत संग्रह में भी देखी होंगी।

श्रीधरदास के संग्रह में २३०० से ऊपर छन्द हैं, जिनको उन्होंने विषय के अनुसार पाँच 'प्रवाहों' में बाँटा है। ग्रन्थ के आरम्भ में इन पाँच प्रवाहों की वे रस की पाँच नदियों से तुलना करते हैं और अपने रसिक पाठकों से

कहते हैं कि वे इन प्रवाहों को :

> कान की कलसियों में
> भर लें
> और देर तक इनका रस लें
> इनमें डूब जाये
> और मन में इनको
> तैरने दें।

वल्लभदेव ने ३५०० छन्दों की अपनी विशालकाय 'सुभाषितावलि' का संग्रह पन्द्रहवीं सदी में किया था। उनमें रुचि का निखार तो अच्छा है पर उनके संग्रह में उनकी उपदेश-प्रवण मनोवृत्ति का उतना ही परिचय मिलता है जितना कविता की परख का। उन्होंने नीतिवाक्य, शीलवाक्य, धर्मवाक्य भी अच्छी मात्रा में सजाये हैं। और यह तब जबकि संग्रह के आरम्भ में ही, 'कविकाव्य-प्रशंसा' नाम के खण्ड में उन्होंने एक ऐसा श्लोक सजाया है, जिसमें कविता के नाम पर उपदेश और युक्तितर्क का बीड़ा उठाने वालों पर करारी चोट है। श्लोक अर्चितदेव नाम के किन्हीं काव्यमीमांसक का है, जिनके चिन्तन और शब्दचयन पर कश्मीर की रसचर्चा का प्रभाव स्पष्ट है, हालाँकि इनका नाम अन्यत्र अनजाना ही है। अर्चितदेव कहते हैं :

> सहृदयों के उक्ति-काव्य का मर्म हम अपनी संवेदना द्वारा अनुभूत करते हुए ही जान सकते हैं—उनमें न तर्क की कुम्हलाहट होती है, न उपदेश का रोग।

वल्लभदेव को अपने कविता की परख पर भरोसा था। वे दावा करते हैं कि उन्होंने अपने विमर्श, अपनी ही समझ को चयन का आधार बनाया है। अपने संग्रह के आरम्भ में, दूसरे ही श्लोक में, दृढ़ता के साथ कहते हैं :

> मेरी अपनी विमर्श—
> शक्ति की जय हो
> जो दूसरों के
> रहस्य की गाँठ
> आप खोल देती है
> किसी गुरु की बात का
> मुँह नहीं तकती।

यहाँ एक बात उठाना चाहता हूँ जो विमर्श का ऐसा दावा करने वाले

वल्लभदेव को उठानी चाहिये थी, पर उन्होंने उठायी नहीं। उन्होंने विमर्श की बात तो की है; अपने विमर्श पर भरोसा जताया है, पर विमर्श की व्याख्या करने में कोताही की है। उनके विमर्श की कसौटी क्या थी? अर्चितदेव का जो श्लोक उन्होंने अपने संग्रह में रखा है उसमें कविता की जो परिभाषा निहित है, उससे क्या वल्लभदेव सहमत थे? नहीं ही रहे होंगे, क्योंकि अगर सहमत होते तो उन्हें अपने संग्रह की बहुत सारी सूक्तियाँ निकाल बाहर करनी पड़तीं। फिर इन सूक्तियों को क्यों रखा गया है? काव्य की किस दृष्टि के तहत? विमर्श करने वाले का यह भी धर्म बनता है कि अपने विमर्श का कुछ तो खुलासा दे। विमर्शशील व्यक्ति किसी विमत विमर्श को अपने ग्रन्थ में स्थान दे, यह सराहने की बात है। पर साथ ही अगर अपनी भिन्न दृष्टि का उद्घाटन न करे तो कहना पड़ता है कि विमत की ओर ध्यान नहीं दिया, उसका उपेक्षा भरा निरादर किया। विमर्श के जगत में विमत का यही समादर है कि अपना भिन्न मत उसके सामने रखा जाये। जो ऐसा न करे उसके विमर्शशील होने पर सन्देह हो सकता है।

वल्लभदेव ने जो काम नहीं किया उसे मैं यहाँ करना चाहता हूँ, क्योंकि अर्चितदेव की कसौटी पर वल्लभदेव की ही नहीं, मेरे भी संग्रह की सूक्तियाँ कविता की कोटि से बाहर पड़ेंगी। अपनी ही रक्षा के लिए एक ऐसी दृष्टि को सामने रखना चाहूँगा, जिससे वल्लभदेव और दूसरे सूक्ति संग्रहकार अनुप्राणित थे।

अर्चितदेव जो कहते हैं, उसमें दो बातें हैं। उनका पहला और प्रधान आशय यह है कि कविता ऐसी बात होती है जो केवल संवेदना का विषय हो सकती है। दूसरी बात वे कहते हैं कि उपदेश कविता नहीं होता, न युक्तितर्क की चेष्टा कविता होती है। सुनने में बात बड़ी खरी लगती है। पर इसके तात्पर्य की थोड़ी थाह लें। उपदेश हमारे संकल्प से उन्मुख होता है और युक्तितर्क बुद्धि से। कविता अगर न उपदेश है और न युक्तितर्क तो अर्थ यही हुआ कि उसका सम्बन्ध केवल भावना से ही है। अर्चितदेव कहते हैं कि जो बात हमें संवेदना द्वारा संविदित होती है, वही कविता है—जिसे हम भावना द्वारा ही समझ सकते हैं, बल्कि कहना चाहिये कि भावना द्वारा ही पा सकते हैं, अनुभूत कर सकते हैं, छू सकते हैं, वही कविता है—क्योंकि समझना तो बुद्धि का काम है। प्रश्न उठता है कि क्या

कविता का विषय भी भावना ही होती है या किसी भी बात की ऐसी अभिव्यक्ति कविता होती है जो हमारी भावना को छू जाये? अर्चितदेव को पहला ही पक्ष अभिप्रेत जान पड़ता है, नहीं तो उपदेश और तर्क—उनके शब्दों में 'उपपत्ति'—को वे कविता के दायरे से बिलकुल बाहर नहीं रखते। उनकी कसौटी कविता के क्षेत्र को बहुत संकुचित कर देती है, एक छोटे-से वलय में बाँध देती है। बहुत-सी ऐसी सूक्तियाँ हैं जो अपनी भंगिमा से हमें भा जाती हैं, उनकी कसौटी पर खरी नहीं उतरेंगी, क्योंकि उनका विषय भावना नहीं होता, उनमें तर्क की भी प्रवृत्ति होती है, उपदेश की भी।

यहाँ कुछ उदारभाव दिखाते हुए अगर हम अर्चितदेव का तात्पर्य यह लें कि किसी भी बात की—चाहे उपदेश और तर्क ही क्यों न हो—ऐसी अभिव्यक्ति कविता है, जो भावना को छू ले, तो फिर कविता का दायरा बढ़ जाता है। सूक्तिकार सूक्तियों को इस दूसरे उदार अर्थ में ही कविता समझते थे। उन्होंने भावना को ही अपनी उक्तियों का विषय नहीं बनाया; वे हमारे संकल्प से भी उन्मुख होती हैं, बुद्धि से भी। और सूक्तिकारों में बड़े-बड़े महाकवियों की भी गिनती है। पर जो उक्ति हमारी भावना को छू ही नहीं सके, उसे कविता कहना कविकर्म का निरादर होगा। अभी ऊपर वल्लभदेव को उपदेश प्रवण कहकर जो मैंने उनकी आलोचना की थी, वह इसलिए कि इनकी कई सूक्तियाँ कोरा उपदेश या कोरी युक्ति की बातें हैं, हमारी भावना की ओर उन्मुख ही नहीं होतीं।[१]

राजशेखर ने अपनी 'काव्यमीमांसा' में कविकर्म के ध्येय और विषय पर किसी अज्ञात कवि-आलोचक का एक छन्द दिया है जो मेरे संग्रह में भी आ चुका है :

कुछ देखा
अनदेखा भी कुछ
कुछ यों ही बातों की बात
कानों सुना पुराना-सा कुछ
पढ़ने में कुछ आया हाथ।
कुछ भी लो जो रस में तोलो
कहो चुटीले मीठे बोल।
कविता हुई : नहीं कविता

पर्वत पर सीधे जा चढ़ना
या मूँगा सागर तले कहीं।

कविकर्म की जैसी धारणा, जो आदर्श इस सूक्ति में निहित है, उसी आदर्श से हम सूक्ति-संग्रहों को अनुप्राणित पाते हैं। इस सूक्ति को हम सूक्तिकारों का मैनिफ़ेस्टो कह सकते हैं। यहाँ अर्चितदेव की परिभाषा का संकोच नहीं है। अर्चितदेव की उदार व्याख्या करके हमने कविता के क्षेत्र में जिस विस्तार की परिकल्पना की है, वही विस्तार यहाँ है—बल्कि उससे बढ़कर ही है।

कविता का यह आदर्श किसी बहुत गहरी या बड़ी बात का—भूमा का—संकेत वहन करने का आदर्श नहीं है। बस अच्छी, सुघड़, सुथरी-सी कविता का आदर्श है। कल्पना, भावना की गगनचुम्बी उड़ान भरना या सिन्धुतलस्पर्शी गाम्भीर्य पा लेना यहाँ कवि का ध्येय नहीं है। उसे बड़ी अठपहरी-सी कविता की चाह है। कोई भी बात लो, उसे सजाकर कह सको, एक चमत्कार की भंगिमा दे सको तो कविता हुई; कविता का कोई अपना दुर्गम दूर—कहीं—गोपन भावलोक नहीं है, जहाँ कविता चुपके-से किसी दुर्लभ 'रत्न की तरह पनपती' है, कविमानस की ऐसी अनबूझ गहराइयों में जिसकी थाह कोई नहीं पा सकता, स्वयं कवि भी नहीं। सूक्तिसंग्रह के कवि किसी आर्ष-प्रतिभा की अपेक्षा नहीं करते हैं; पर उनकी कविता अपनी परम्परा और अपने आसपास के जगत दोनों के प्रति सचेत है, एक अर्थ में बड़ी इहलौकिक कविता है।

सूक्तिसंग्रहों में सूक्ति के विषय की विविधता तो उलट-पुलटकर देखते ही झलक आती है। मैंने यहाँ जो थोड़ी-सी कवितायें इकट्ठा की हैं, उनमें भी वह विविधता सामने आ ही जाती है, चाहे अपने सम्पूर्ण रूप में न सही। कुछ सूक्तियाँ मैंने महाकाव्यों से भी ली हैं। कुमारदास के 'जानकीहरणम्' से, बिल्हण के 'विक्रमांकचरितम्' से और मङ्खक के 'श्रीकण्ठचरितम्' से। कुमारदास सिंहल के राजकुमार थे और उन्होंने अपने 'जानकीहरणम्' की रचना सातवीं या आठवीं सदी में की। कहा जाता है कि वे संस्कृत के विख्यात आलंकारिक और कथाकार दण्डिन् के भी शिष्य रहे थे। उनकी कविता पर रसिकों ने कालिदास की स्पष्ट छाया पायी है। शायद इसीलिए किंवदन्ती चल पड़ी है कि उनके किसी अधूरे छन्द को कालिदास ने पूरा किया था। बिल्हण ग्यारहवीं सदी के कवि थे।

उन्हें अपनी शृंगारमयी 'चौरपंचाशिका' के कारण जितनी ख्याति मिली उतनी 'विक्रमांकचरितम्' से नहीं मिल पायी, हालाँकि 'विक्रमांकचरितम्' के शिल्प पर ही उन्होंने अधिक परिश्रम किया है। 'श्रीकण्ठचरितम्' के रचयिता मङ्खक कवि १२वीं सदी में कश्मीर में हुए थे। अपने ही बड़े भाई लङ्खक की पण्डित-सभा में उन्होंने अपने काव्य का पाठ किया था। अपने काव्य के अन्त में इस सभा की मङ्खक ने बड़ी प्रशंसा की है। दो-एक सूक्तियाँ मैंने अलंकार ग्रन्थों से भी ली हैं, जहाँ उनका दृष्टान्त के रूप में उद्धरण किया जाता रहा है।

आप पूछ सकते हैं कि सूक्तिसंग्रह से कुछ ले लेना तो समझ में आता है, वहाँ तो हर सूक्ति अपनेआप में स्वतन्त्र रचना है, यही बात अलंकार ग्रन्थों के बारे में भी कही जा सकती है, वहाँ भी सूक्ति को एक स्वतः सम्पूर्ण रचना के रूप में ही उद्धृत किया जाता है। पर किसी बड़े काव्य से एक-एक, दो-दो छन्दों को अलग निकाल लेना कहाँ तक उचित है? अवयव को अवयवी बना देना कौन-सी अच्छी बात है? किसी बड़े कलेवर का छोटा-सा टुकड़ा उस कलेवर का अंग बनकर ही सार्थक होता है, अपने आप में उसे पूरा मानकर सम्पूर्ण कृति की तरह प्रस्तुत करना कहाँ तक संगत है?

अपने पक्ष में दो युक्तियाँ दूँगा—यों दोनों को एक ही युक्ति के दो अंग भी कहा जा सकता है। पहली युक्ति यह है कि मैंने ही नहीं, सूक्ति संग्रहकारों ने भी ऐसा किया है। उन्होंने महाकाव्यों के छन्द स्वतन्त्र सूक्तियों की तरह अपने संग्रह में रखे हैं। 'जानकीहरणम्' के छह छन्द वल्लभदेव की सुभाषितावलि में आये हैं। बिल्हण के जिस छन्द का मैंने अनुवाद किया है, वैसे तो वह 'विक्रमांकचरितम्' का ही है, पर सूक्ति-संग्रहों में भी आया है। मैंने वहीं से ले लिया है।

मेरी यह पहली युक्ति निष्प्राण-सी लग सकती है। किसी और के करने से कोई अनुचित बात उचित नहीं हो जाती, चाहे बात के पीछे एक लम्बी परम्परा क्यों न हो। इसलिए दूसरी युक्ति देता हूँ। मैंने जो किया है उसमें औचित्य से च्युति नहीं होती और यही कारण है कि ऐसा करने की परम्परा रही है। संस्कृत कविता का शिल्पविधान मुक्तक को आदर्श मानकर चलता है। लम्बे-से-लम्बे महाकाव्यों में भी कवि प्रयास करता चलता है कि उसका प्रत्येक छन्द पूरे काव्य का अवयव होते हुए भी अपने

आप में सम्पूर्ण हो, अवयवी हो। कवि का प्रयत्न सुघड़ मोतियों की ऐसी माला पिरोने का होता है जिसका हर मोती अपने आप में भी एक आभूषण हो। प्रयत्न की कई बार ऐसी अति हो जाती है कि मोती-मोती अलग दिखायी देता है और माला माला ही नहीं बन पाती। यही कारण है कि किसी सुघड़ छन्द को महाकाव्य के परिवेश से निकालकर अपने पाँवों पर भी खड़ा किया जा सकता है। सूक्तिसंग्रहकारों ने यही किया है और मैंने भी।

संग्रह की कई कवितायें अन्योक्तियाँ हैं। अन्योक्ति ऐसी उक्ति को कहते हैं जिसमें बात किसी से या किसी की कही जाती है, पर तात्पर्य कुछ और किसी और से होता है। यों अन्योक्ति को हम एक प्रकार का रूपक भी कह सकते हैं।

संस्कृत में अन्योक्तियों की भरमार है। अन्योक्ति कहने के लिए कई उपमान, कई प्रतीक रूढ़ हो गये थे। सूक्ति संग्रहकारों को अन्योक्ति से विशेष लगाव था। जिन संग्रहों से मैंने सूक्तियाँ ली हैं उनमें सूक्तियों का एक बड़ा भाग अन्योक्तियों का ही है। 'सदुक्तिकर्णामृत' और 'सुभाषितावलि' इन दोनों में, ख़ासकर 'सदुक्तिकर्णामृत' में तो अन्योक्ति के रूढ़ प्रतीकों की एक व्यवस्थित तालिका ही मिल जाती है। लम्बी तालिका है : मछली, सरोवर, मेढक, साँप, भ्रमर, पर्वत, सिंह, गज, हंस, चातक, मेघ और कई प्रकार के वृक्ष।

अन्योक्ति की परम्परा हिन्दी में भी चली आयी है। बिहारी का प्रसिद्ध दोहा—"नहिं पराग नहिं मधुर मधु, नहिं विकास इहिं काल / अली कली ही सौं बन्ध्यो, आगे कौन हवाल" यह अन्योक्ति ही है। किंवदन्ती है कि बिहारी ने यह दोहा अपने आश्रयदाता मीरज़ा राजा जयसिंह की सीख के लिए कहा था। जयसिंह किसी कमसिन लड़की के मोह में ऐसे डूबे थे कि राजकाज और अन्य ज़रूरी सारे काम एकदम भूल गये थे। किंवदन्ती केवल किंवदन्ती भी हो सकती है, दोहे का सम्बोधन जयसिंह के प्रति मानना ज़रूरी नहीं है, किसी भी व्यक्ति-विशेष को मानना ज़रूरी नहीं है। न किसी परिस्थिति विशेष पर ही बात लागू होती है। सच यह है कि दोहा किसी से भी कहा जा सकता है और कई परिस्थितियों पर लागू हो सकता है, बशर्ते कि उन परिस्थितियों में एक प्रकार का सादृश्य हो। दोहे में एक सामान्य भाव की अभिव्यक्ति है, एक अपनी तरह का साधारणीकरण है, जिसमें एक प्रकृति-चित्र को मानव परिस्थिति का प्रतीक बना दिया गया

है। किसी भी मोह में सन्तुलन खो देने वाले किसी भी व्यक्ति पर यह दोहा कहा जा सकता है। प्रकृति के बहाने मानव को कुछ कहना, यही अन्योक्ति का विशेष गुणधर्म है और बात को सजाकर कहने में उक्ति का जो बाँकपन है, चमत्कार है—वही इसकी कविता है।

यों अन्योक्ति के दो पक्ष होते हैं। एक प्रस्तुत पक्ष जो प्रकृति के किसी जीव—वृक्ष भी जीव ही हैं—उसे आधार बनाकर आँका गया चित्र है। दूसरा अप्रस्तुत पक्ष, वह मानव परिस्थिति होती है, जिसका यह चित्र प्रतीक होता है। इस दोहरेपन के कारण अन्योक्ति में एक सघनभाव होता है—चित्र के अन्दर चित्र की गहरायी।

इस पर दोहरेपन का बोध कराने में परम्परा भी सहायक होती है। संस्कृत, प्राकृत, अपभ्रंश में अन्योक्ति कहने की एक परम्परा थी। कहने की ही नहीं, उसे बरतने की भी एक परम्परा थी जो अन्योक्ति में जान फूँकती थी। साधारण जीवन और व्यवहार में लोग अन्योक्तियों का प्रयोग करते थे, उन्हें बरतते थे और इसीलिए अन्योक्ति का प्रतीक 'जाग्रत' प्रतीक बना रहता था।

जो दोहरा होता है, ज़रूरी नहीं कि अपना इकहरापन खो दे। अन्योक्तियों के प्रस्तुत पक्ष में भी एक भाव, एक शिल्प होता है जो हमें खींच लेता है। अप्रस्तुत की ओर न भी ध्यान जाये तब भी एक चमत्कार जगाता है। अन्योक्ति का प्रकृति-चित्र अपने आप में एक सजीव प्रकृति-चित्र बन पड़ता है। अच्छा कवि पुराने प्रतीक को रूढ़ि नहीं बनने देता, अपनी कविता से उसे जाग्रत रखता है। यही कारण है कि आज जबकि अन्योक्ति की परम्परा क्षीण हो गयी है, फिर भी हम अन्योक्तियों का आस्वाद ले सकते हैं।

पर साथ ही यह भी सच है कि कई अन्योक्तियों में अन्योक्ति का भाव हमसे छुपा नहीं रहता—अप्रस्तुत वहाँ प्रस्तुत की तरह ही साफ़ झलकता है। अनुवाद की कई कविताओं में यह बात आपके सामने आयी होगी।

'अछूत' को लीजिये। संस्कृत में एक प्रचलित कटूक्ति है—''विधाता, तुम कुछ भी मेरे भाग्य में लिख दो, पर रस से अछूते लोगों के आगे रस की बात कहनी पड़े, ऐसी दुर्दशा मेरी कभी न करना''—''अरसिकेषु रसस्य निवेदनं मा लिख मा लिख।'' इस बात को 'अछूत' में चम्पा के

नये उभरते पेड़ का प्रतीक लेकर प्रकार-भेद से बाँधा गया है। प्रतीक का सजीव निभाव ही यहाँ कविता है। पर यह भी स्पष्ट है कि बात चम्पा से नहीं, किसी नये उभरते कवि से कही जा रही है, जिसने अभी नासमझों की उपेक्षा नहीं देखी है। कविता में निराशा और कड़वाहट का जो स्वर है, उसमें कवि नरेन्द्र का अपना दुखड़ा भी कहीं छुपा हो सकता है—संस्कृत के कवियों को समझदार संरक्षण की खोज में अक्सर भटकना पड़ता था। वैसे बात कवि पर ही नहीं किसी भी समानधर्मा कलाकार, जौहरी, गन्धी की दुर्गति पर कही जा सकती है। ऐसे ही दुर्गत लोगों पर सार्थक भी है। चम्पा तो यहाँ बहाना है। 'भैंस के आगे भागवत न बाँचो' यों भी बात कही जा सकती थी।

पर यों कविता नहीं बनती। चम्पा के सजीव प्रतीक से कविता में एक बेसहारापन आ गया है, एक अभिशाप का-सा भाव जो न संस्कृत की उक्ति में आया है, न हिन्दी की कहावत में और न कवि की अपनी दुर्गति में रहा होगा। चम्पा का पेड़ बेचारा जहाँ है, वहाँ से कहाँ जा सकता है ? खिले बिना रह भी कैसे सकता है ? अभिशप्त है अपनी अन्यथा-गति की असम्भावना से। छुटकारा पाने का उसके पास कोई चारा नहीं। देश-काल-पात्र के बन्धन को लाँघ नहीं सकता। ये अनुकूल होते तो उसकी प्रतिभा का मोल होता, पर जिस अनिवार्य दशा में है, उसकी प्रतिभा ही उसके लिए अभिशाप है।

कटूक्ति का भाव दूसरी अन्योक्तियों में भी है। दो-टूक कड़वी बात कहने के लिए संस्कृत में अक्सर अन्योक्ति का सहारा लिया जाता है। प्रतीक की ओट में वार किया जाता है। पर प्रतीक को सजीव बनाने का भी शिल्प था, जैसा 'ओछे साथी' में है। हमारे सामने एक बड़ा जीता-जागता चित्र उकेरा गया है : हरे-भरे फलों से लदे छायादार पेड़ पर कोई आकर कुल्हाड़ी चलाता है—ऐसे पेड़ पर जिससे बहुतों का भला होता है। चिड़ियाँ उड़ जाती हैं, बन्दर अधखाये फल कुतरते, अलग खड़े देखते रहते हैं, और बटोही—ऐसे लोग जो विरोध कर सकते थे, वे भी अपने बचाव की ही सोचते हैं। कवि ने एक छोटा-सा करुण नाटक गढ़ दिया है—एक कुशल चितरे की तरह तीन-चार रेखाओं से उसमें प्राण भर दिया है।

कटूक्ति का चरम 'यह है' नाम की कविता में है। यहाँ किसी सज्जन-विशेष की दुखान्तिका नहीं, परिस्थिति-विशेष की विभीषिका है। ऐसी

परिस्थिति जहाँ प्राणों की साँसत सज्जन को भी दुर्जन बना देती है। पेड़ को संस्कृत में निःस्वार्थ सज्जन का ही प्रतीक समझा गया है, जैसे 'मदान्ध' में। 'यह मरुथल है' में परिस्थिति को आँकने के लिए कवि ने एक छोटा-सा नाटक ही रचा है। नाटक का अन्त रोंगटे खड़े कर देता है। संस्कृत नाटकों के अन्त में विस्मय जगाने वाले अद्‌भुत रस का विधान था। कितने ही विघ्न, कितने ही दुख हों, सज्जन अपने पथ से टलता नहीं, सारा संसार हिल जाये, सज्जन अटल रहता है। उसी के बल पर ऋत और धर्म का विच्युत-चक्र फिर से अपना सही पथ पा लेता है। 'यह मरुथल है' को पढ़ते हुए पाठक के मन में संस्कार जागता रहता है कि चाहे कहीं अनर्थ हो रहा हो, पेड़ अपने सज्जन-धर्म का पालन करेगा ही—दुखियारे को शरण दे देगा। पर होता उलटा ही है; और यही इस छोटी-सी कविता की अनन्य सफलता है। हमें जिस पर सज्जन होने का पूरा भरोसा था, वह भी दुर्जन निकलता है, वह भी परिस्थिति की चपेट में आ चुका है। विस्मय का भाव जागता है, पर वैसा सौम्य 'देखो-कैसे-सब कुछ ठीक-हो गया' वाला विस्मय नहीं। यहाँ अद्‌भुत के साथ शान्त नहीं—जैसा संस्कृत नाटकों के प्रयत्न के साथ सँजोया जाता था, यहाँ अद्‌भुत के साथ भयानक है। यही सूक्ति का चमत्कार है, जो सूक्ति में ही सम्भव था, संस्कृत नाटक की परिपाटी में नहीं। उस परिपाटी का निभाव 'छतनार पत्तों के तले' कविता में हुआ है : जहाँ डूबते को पेड़ सहारा देकर थाम लेता है।

हम देखते हैं कि अपनी छोटी-सी कविता को एक छोटे से नाटक का रूप दे देना अक्सर मुक्तक कवि का ध्येय रहा है, उसके कविकर्म का अभीष्ट शिल्प। यह शिल्प अन्योक्तियों में ही नहीं, अन्य सूक्तियों में भी है। स्वाभाविक भी था। संस्कृत में नाटक को ही काव्य का चरम रूप माना जाता था, इसलिए नाटक का-सा रूप-विधान काव्य-मात्र का आदर्श बन गया था। नाट्येतर रचनाओं में भी जहाँ काव्य दृश्यकाव्य नहीं होता था—मंच पर नहीं दिखाया जाता था—वहाँ भी कवि से आशा की जाती थी कि ऐसी रचना करे जिसका नाटक की तरह चाक्षुष-प्रत्यक्ष न सही, पर नाटक जैसा ही मानस-प्रत्यक्ष किया जा सके—जो मन की आँखों के आगे नाटक की तरह खेला जाये। आदर्श इतना घर कर गया था कि कई ऐसी सूक्तियाँ भी, जिनके विषय में अन्यथा नाटक का प्रसंग नहीं है, जैसे

'चाँदनी का जाल' (पृ. ४९), लघु नाटिकायें ही हैं। 'चाँदनी का जाल' में एक छोटे-से, साधारण-से प्रकृति-चित्र को नाटक का रूप दे दिया गया है। नाटक-का-सा घटनाचक्र उसमें एक चमत्कार ला देता है। हमारी आँखों के आगे मंच बिछाया जाता है। पेड़ों का झुरमुट है। उसमें अँधेरा आ छुपा है। ऊपर से चाँद की किरणें उतरती हैं और अँधेरे को पकड़ ले जाती हैं। कुमारदास के छोटे-से चित्र में नाटक की गति है; रचना का यही संवेग उसका प्राण है। संस्कृत में ऐसी ढेर सारी कवितायें लिखी गयी हैं जहाँ प्रकृति पर मानव-सुलभ चेष्टा का आरोप प्रकृतिचित्र को नाटक में बदल देता है। एक बात फिर भी खटक सकती है। इन चित्रों में नाटक का प्रभाव तो है पर नाटक का सहज स्वभाव नहीं। मानव पात्र के बिना नाटक सचमुच नाटक नहीं बन पाता। प्रकृति का अचेतन पात्र मानव की छाया ही हो सकता है, मानव नहीं। नाटक का भाव प्रगल्भ तभी हो पाता है जब मानव पात्र का प्रवेश हो, प्रतिपात्र चाहे अचेतन प्रकति ही क्यों न रहे। 'मिल गया अच्छा मेल' का प्रकृतिचित्र देखिये। यहाँ भी अचेतन प्रकृति में चेतन का भाव सँजोया गया है : खण्डहर में एक ठूँठ-सा पेड़ खड़ा है, विषाद, निर्वेद, हताश की मूर्ति-सा। पर उसका यह भाव तभी सजीव होता है जब कुछ थके, हारे, दुखियारे, निराश पथिक भटकते हुए उसके सामने आ खड़े होते हैं और उसमें अपनी दुर्दशा की मूर्ति देख पाते हैं।

दूसरी कई कविताओं में नाटक और भी अपरोक्ष है। कई उक्तियाँ संवाद की उक्तियाँ हैं, किसी से कोई कुछ कह रहा है, जिस सन्दर्भ में कह रहा है उसमें नाटक का घात-प्रतिघात स्पष्ट है। 'उठी काँप' में बात 'बैरन'—सौत—से ही कही जा रही है, पर—बीज रूप में ही सही—ईर्ष्या प्रेम अभिमान का ऐसा स्पन्द प्रतिस्पन्द जगा देती है जो हमारी आँखों के आगे नाटक की तरह कौंध जाता है।

कई कविताओं में नाटक सवाल-जवाब का रूप लेकर और भी प्रत्यक्ष हो उठता है। जैसे 'पुरुषों को कौन समझ पाया' में और 'किसके आगे रोती हूँ' जैसी कविताओं में। ऐसी संवादमयी कवितायें संस्कृत कवियों को बहुत प्रिय थीं।

सूक्ति के कवि जहाँ नाटककार नहीं भी हैं, चितेरे हैं। संस्कृत के कवियों में अपने काव्य को एक 'दृश्य' रूप देने की गहरी ललक थी। अच्छे कवि एक छोटे-से पट पर छोटा-सा समर्थ चित्र आँक देने में कुशल होते थे।

'कनेर' में कुमारदास ने एक ऐसा ही चित्र आँका है। इससे भी समर्थ चित्र है मधुरशील के 'आभास' में, जहाँ सधी हुई रेखाओं से आँकी गयी एक ललना पूरी ऋतु को, एक समूचे आवह को समेटे हुए है। कविता में मैंने कुछ काट-छाँट की है। मधुरशील की अन्तिम पंक्ति है—"स्त्रीणामंगे विभजति तपस्तत्र तत्रात्मचिह्नम्"—"स्त्रियों के अंगों पर ग्रीष्म तत्र-तत्र अपना चिह्न बाँट रहा है।" इसे मैंने एक सूत्र के-से सम्पुट में डाल दिया है—"गर्मी के दिन दिखायी देते हैं।" कविता को दो भागों में बाँटा जा सकता है। पहली तीन पंक्तियाँ एक चित्र आँकती हैं, चौथी, अन्तिम पंक्ति, चित्र का अर्थ बताती है—चित्र किसका है, किसका प्रतीक है—चिह्न है—किसकी ओर इशारा करता है, यह बताती है। इस अन्तिम पंक्ति को छोटा करने में उसके फैलाव को मैंने सिकोड़ दिया है, पर आशा करता हूँ, उसके अर्थ में, उसके संकेत में और तीख़ापन आ गया है।

मेरे प्रयास के पीछे एक कारण है। आप देखेंगे कि 'आभास' में ही नहीं, कई सूक्तियों में अन्तिम पंक्ति पूरी कविता की गति को बटोरकर एक शिखर पर लाकर छोड़ती है। सूक्ति के शिल्प का यह एक स्वीकृत-सा कौशल जान पड़ता है। सूक्ति में जहाँ एक छोटा-सा नाटक बँधा हो वहाँ तो ऐसा होना ही चाहिये। जहाँ नाटक न भी हो, जैसे 'आभास' में, वहाँ भी यही प्रवृत्ति दिखायी देती है। इस चेष्टा में एक संगीत का-सा भाव है—अगर संगीत का स्पष्ट प्रभाव न भी हो। संगीत में एक तान होती है, जिसे आज हम 'उठाव' की तान कहते हैं। यों तान अपने आप पुरानी है और जिन दिनों ये सूक्तियाँ लिखी गयीं, उन दिनों भी ऐसी तान ज़रूर रही होगी, नाम उसका कुछ भी रहा हो। उठाव की तान छोटी सुघड़ तान होती है, ताल के बीच से उठती है, बन के आती है और सम पर आ टूटती है। अपने पहले आने वाले स्वर-विन्यास को जैसे किनारे लगा देती है। सम पर अपनी सार्थकता को पा जाती है—मन में एक चमत्कार के साथ पूर्णता की प्रतीति जगा देती है। सूक्तियों की अन्तिम पंक्ति पूरी कविता को इसी तरह 'सम' पर ला छोड़ने का बोध जगाती है। उठाव की तान की तरह सम की ओर बढ़ती हुई कविता उसके साथ 'पूर्णमिदम्' का भाव पा लेती है। जैसे लहर उठे, उठकर बढ़े और किनारे पर आकर चुक जाये, पूरी हो जाये। 'आभास' और 'चाँदनी का जाल' में भी ऐसा ही संवेग है। पर कुशल गवैये कभी-कभी तान को आरोह के साथ तार पर ले जाकर, सम

नीचे मन्द्र के स्वर पर ले लेते हैं। इसमें एक अचीता, अनहोना–सा चमत्कार होता है। कई सूक्तियों में हम ऐसा भी चमत्कार पाते हैं, विशेषकर ऐसी सूक्तियों में जहाँ कवि का ध्येय व्यंग्य होता है, किसी पर वह फबती कसना चाहता है। जैसे 'लेकिन अशोक' में—अशोक की स्तुति से ऊपर चढ़ाकर अन्त में कवि एक झटके से नीचे गिरा देता है।

आरोह–अवरोह का ऐसा ही प्रयोग स्तुति के अर्थ में भी किया जा सकता है, किया भी जाता था। इसमें गति को पलट दिया जाता है, अवरोह करती हुई तान अचानक ऊपर को मुड़ती है और ऊपर के 'सा' पर सम ले लेती है। वटवृक्ष पर लिखे दो छन्दों में—'बरगद' और 'बड़प्पन' में, हम ऐसी गति की बानगी देख सकते हैं।

शिल्प के इन नाट्यवत्, चित्रवत्, या संगीतवत् प्रयोगों के पीछे कविकर्म का एक प्रयोजन होता था। कवि जिन विषयों और प्रतीकों पर लिखते थे अक्सर बड़े चलते हुए रूढ़ विषय या प्रतीक होते थे, जिनकी व्यंजना–गम्भीर ध्वनि घिस–पिट कर लगभग अभिधा का रूप ले चुकी थी। कवि का कौशल इस बात में था कि रूढ़ि की पुरानी ठठरी में नयी जान फूँक दे, लीक से चले आ रहे अर्थ का कायाकल्प कर दे। इसके लिए कवि नाट्य चित्र या संगीत का मार्ग अपनाते थे।

पर और भी मार्ग थे। कहीं एक नयी उपमा ही अर्थ में नया आभास ला दे सकती थी और नयी उपमा के सहारे अभिव्यक्ति को भी नया स्पन्द, नया मोड़ दिया जा सकता था। संस्कृति के कवि–शिल्पी इस बात को अच्छी तरह जानते थे। यह कविकर्म का लीलाभाव था जिसमें कभी एक नटखट खेल का या अठखेल का भाव भी आ जाता है। ऐसा भाव सूक्तियों में ही सुलभ है, महाकाव्य में नहीं। चाँदनी खीर की तरह छिटकी हुई है—उजली, धवल। एक बादल भूखे बिल्ले की तरह आया और झट, कर गया चट ('बिल्ला एक बादल'।

पर नयी उपमा अभिव्यक्ति में एक नयी गहरायी भी जगा सकती है; भाव को किसी उदात्त भूमि का संकेत दे सकती है। जैसे 'बोधिसत्त्व' में। वृक्ष को करुणामय और परोपकारी कहना हमारे यहाँ कोई नयी बात नहीं है। पर कवि ने उसे बोधिसत्त्व कहकर ध्वनि का एक बड़ा सम्भार इस पुराने अर्थ में पिरो दिया है। यों भी यह कोई निरे संयोग की बात नहीं थी कि

बुद्ध को वृक्ष के तले बोधि की प्राप्ति हुई। हमारी संस्कृति में वृक्ष की बड़ी गरिमा है। धर्म की तुलना वृक्ष से की गयी है। भगवान विष्णु का भी एक नाम वृक्ष है। पुराण–कथा है कि प्रलय–काल में जब सारा विश्व–ब्रह्माण्ड कारण–सलिल में समा जाता है तब उस सलिलमय संसार में ऋतु का वृक्ष बचा रहता है जिसके पत्ते पर भगवान बाल–कृष्ण लेटे हुए अपने पाँव का अँगूठा चूसते दिखायी देते हैं; इसी पुरा–कथा का एक रूप सूक्तिकार के उस छन्द में है जिसको मैंने 'एक अकेला पेड़' का नाम दिया है।

अन्योक्ति की तरह ही काव्य का एक और ऐसा प्रकार था जो सुभाषितकार को बहुत प्रिय था, स्वभावोक्ति—किसी वस्तु का यों का यों बिना किसी अलंकार का सहारा लिए वर्णन कर देना। कुछ काव्यचिन्तकों के लिए मूलभूत प्रश्न उठता था कि स्वभावोक्ति जब अलंकार से बिलकुल रीती है तो क्या उसको काव्य कहा भी जा सकता है? वस्तु का यों–का–यों वर्णन तो हम कई प्रयोजनों से करते हैं जहाँ भाव जगाने का कोई उद्देश्य नहीं होता—ऐसे वर्णन को काव्य कहें तो अकाव्य क्या होगा? काव्य तो तब बनता है जब वर्णन को अलंकार से सजाया–सँजोया जाता है। फिर स्वभावोक्ति को काव्य कैसे माना जाये?

पर कोई भी काव्य–रसिक अच्छी स्वभावोक्ति के काव्य होने से इनकार नहीं करता था। यह प्रश्न ज़रूर उसके मन में उठता था कि स्वभावोक्ति में वह कौन–सी बात होती है जो उसे काव्य की कोटि में ला ठहराती है? मैं रुय्यक के आधार पर उत्तर देता हूँ : स्वभावोक्ति में वस्तु को, जैसी वह है उसी रूप में देखते हुए उसका ऐसा सूक्ष्म वर्णन होता है, ऐसे 'पहलुओं' को उभारा जाता है कि वस्तु का मर्म, उसका अपना अनूठा स्पन्द, सौन्दर्य की अनुभूति जगा देता है। अलंकार योजना में एक अतिरंजना होती है। अलंकार उपमा, रूपक, उत्प्रेक्षा के बहाने प्रस्तुत वस्तु को अप्रस्तुत के सहारे प्रभा–मण्डित करते हैं। स्वभावोक्ति साधारण परिचित–सी वस्तु के वर्णन में भी अप्रस्तुत का सहारा नहीं लेती, पर सूक्ष्मदृष्टि से प्रस्तुत के ही ऐसे सहज गुणधर्म उजागर कर देती है जिनकी ओर हमारा ध्यान अनायास नहीं जाता लेकिन जिनके उजागर होते ही साधारण–सी भी वस्तु असाधारण चमत्कार से खिल उठती है। इसका एक उदाहरण मैं समझता हूँ 'गौरैया आयी दल की दल' है। दूसरा 'सवेरे–सवेरे' को ले सकते हैं।

'रिपु भवन' को भी हम स्वभावोक्ति का उदाहरण कह सकते हैं। पर सच

पूछिये तो वह स्वभावोक्ति है नहीं। उसमें स्वभावोक्ति कुछ और कहने का बहाना है। अच्छा बहाना है। पर है बहाना ही, क्योंकि वहाँ कवि योगेश्वर का ध्येय किसी सूने महल में चूहे का शिकार करती बिल्ली का वर्णन करना नहीं है—हालाँकि उनका वर्णन बड़ा सूक्ष्म, सजीव स्वभावपरक बन पड़ा है। उनका ध्येय प्रस्तुत के बहाने अप्रस्तुत का संकेत है। वे अपने जजमान राजा की प्रशंसा करना चाहते हैं, जिसने दुश्मन के उस महल को सूना कर दिया है, जहाँ कभी राजसी ठाठ के जौहर थे। उस महल में अब बिल्ली–चूहों का खेल होता है। 'आज घर–घर गाँव खण्डहर' योगेश्वर की कविता से कुछ–कुछ मिलती है। पर यह सचमुच स्वभावोक्ति है। 'रिपु भवन' और इसमें जो साम्य है वह ऊपर से देखने पर ही दिखता है। सतह का साम्य है। योगेश्वर की कविता में किसी महल के उजड़े सूनेपन को छिपाने की चेष्टा है : किसी राजा की महिमा की आड़ में खड़े होकर एक बिल्ली–चूहे का खेल दिखाते हुए प्रस्तुत की व्यथा को सचमुच अप्रस्तुत कर देने की ढिठाई है। पर 'आज घर–घर गाँव खण्डहर' में बात बिलकुल उलटी है। वहाँ उजड़ापन कचोट जाता है। ध्वंस के सूनेपन की व्यथा जगा जाता है।

कविता के शिल्प पर आलोचक ही नहीं सोचता, कवि भी सोचते हैं। दोनों के विचार, विचारधर्म की एक–सी प्रज्ञा से प्रेरित होकर एक–से रास्तों पर चलते भी हैं। पर दोनों की अभिव्यक्ति में अक्सर बड़ा अन्तर होता है। कवि कविकर्म को भी अन्य विषयों की तरह कविता का विषय बना लेता है। और ऐसी आत्मदर्शी परम्पराओं में जहाँ कविता अपने शिल्प के प्रति ही नहीं, उसके विमर्श के प्रति भी जागरूक है, वहाँ कविकर्म पर कविता करने की एक पूरी परम्परा ही बन खड़ी होती है। 'आधुनिक' कहलाने वाली परम्परा का भी यह एक लक्षण है। संस्कृत में भी ऐसा हुआ है। संग्रह की कई कविताओं का विषय ही कविकर्म है। एक ऐसी कविता राजशेखर की 'काव्यमीमांसा' से हम ऊपर देख चुके हैं, जहाँ किसी कवि आलोचक ने अपने काव्यबोध का उद्‌घाटन कविता में ही किया है। इसमें विचार है पर विचार की अभिव्यक्ति में कविता है। कविता के अपने स्वरूप पर कविता।

'काव्यमीमांसा' की कविता में एक अपनी तरह का दोहरापन है : विचार भी है, कविता भी। विचार को तर्क और युक्ति के सहारे गद्य में भी कहा

जा सकता था। शायद और स्पष्ट–साफ़ कहा जा सकता था, पर जिस तरह से कहा गया है वह कविकर्म का मार्ग है। पुराने संग्रहों में कविता पर—और कवियों पर भी—कई छन्द एकत्रित किये गये हैं। कुछ में ही कविता के गुण हैं, सबमें नहीं। कुछ को तो कविता कहना अनाचार होगा। "माघे सन्ति त्रयो गुणा:" वाला छन्द ऐसे ही छन्दों में है। यहाँ केवल अलंकार शास्त्र की कुछ कोटियों के आधार पर कवियों का पद्य में वर्गीकरण है, कविकर्म की कोई चेष्टा नहीं।

पर मैंने जो छन्द चुने हैं, समझता हूँ, उनमें कविकर्म का भी प्रकाश है। 'अर्थ' को लीजिये। आलंकारिकों का एक सिद्धान्त है कि अच्छी कविता प्रासादिक तो होती ही है, साथ ही उसमें भविष्य के लिए चर्वण की भी अगाध सम्भावना होती है : कविता सुगम होती है—एकबारगी समझ में आ जाती है—पर रसबोध में बार–बार जागती हुई नये–नये अर्थों में पुनर्नवा होती रहती है। इस भारी–भरकम से नितान्त विमर्शधर्मा सिद्धान्त को कवि ने विनोद के भाव से, 'अर्थ' शब्द पर श्लेष की चुटकी लेते हुए, सहज–सा, हलका–फुलका–सा बना दिया है।

काव्य की रुचि में सहृदय में संस्कार अक्सर एक लीक का–सा रूप ले लेते हैं। कवि भी वैसे ही संस्कारों से उभरता है। पर वह नयी कवितायें भी बनाता है, इसलिए पुरातन में निहित नूतन की सम्भावनाओं के प्रति जागरूक रहता है—पुराने को तोड़कर नये–नये रूपों में जोड़ता रहता है, रसबोध की नयी–नयी दिशायें जगाता रहता है। वह चाहता है कि सहृदय भी उसके साथ–साथ चले। पर संस्कारों की लीक से निकलकर सहृदय अक्सर कवि का साथ दे नहीं पाता। उसे व्यथा ही देता है। 'छन्द भी हवा' में कुछ–कुछ ठिठोली के साथ और कुछ कड़वाहट के तीखेपन के साथ ऐसे ही व्यथा की नाटकीय अभिव्यक्ति है। इस वर्ग की अन्य कविताओं में भी मैं समझता हूँ, कविकर्म की किसी–न–किसी रूप में अभिव्यक्ति है।

तीन–चार कवितायें ऐसी हैं जिन्हें अन्योक्ति या स्वभावोक्ति की तरह कवि–कर्म या काव्य के शिल्प का विशेष प्रकार तो नहीं कह सकते, पर ये कवितायें भाव और विषय की दृष्टि से संस्कृत साहित्य में असाधारण हैं, विरल हैं, अवधेय हैं। इन्हें हम परकीय–भाव का काव्य कह सकते हैं। बात को समझने के लिए पहले परकीया भाव को समझें। क्या है परकीया भाव?

परकीया भाव की ललक, उसकी साधना और कविता में उसकी अभिव्यक्ति, विदग्ध नागर समाज की एक विशेषता थी। जिसका संगम निषिद्ध है, ऐसी स्त्री का संगम ही संगम का उत्कर्ष है—परकीयाभाव के पीछे विदग्ध रसिक का यही मनोभाव था। 'चौरपंचाशिका' को लीजिये। कहानी प्रसिद्ध है। बिल्हण ने निषिद्ध राजकन्या से छुपकर प्रेम किया। पकड़ा गया। जब उसे सूली पर चढ़ाने के लिए वध-स्थान ले जाया जा रहा था तब भी वह अपने निषिद्ध प्रेम की स्मृति में ही आत्मविस्मृत रहा। "अब भी मैं उसको भुला नहीं पा रहा हूँ" की टेक रखे हुए उसने राजकन्या के सुरत का गीत गाते हुए पचास श्लोक कहे जो 'चौरसुरतपंचाशिका' या 'चौरपंचाशिका' के नाम से प्रसिद्ध हैं।

कहानी मनगढ़न्त हो सकती है, हालाँकि मूल काव्य में ही उसके बीज मिल जाते हैं। पर इसमें शक नहीं कि 'चौरपंचाशिका' में निषिद्ध प्रणय का ही विजयगीत है। भाव के अनुकूल ही बन्ध में एक निबन्ध-सा अनवरुद्ध प्रवाह भी है, जो रसिकमात्र पर छा गया था।

फिर भी प्रश्न उठ सकता है कि 'चौरपंचाशिका' का विषय निषिद्ध प्रेम ही है, इसका प्रमाण क्या? विस्तार में नहीं जाऊँगा पर एक पते की बात कहने का लालच फिर भी करता हूँ। पूना संशोधित संस्करण के चौथे ही छन्द में नायिका के लिए यह विशेषण आया है, "प्रच्छन्नपापकृतमन्थरमावहन्ती"— "प्रच्छन्न पाप के कारण सहमी हुई।" इसके बाद, मैं समझता हूँ, भ्रम नहीं बच रहना चाहिये।

पर 'चौरपंचाशिका' में परकीयाभाव का सूत्रपात नहीं है। उसका स्फुट, समर्थ, निर्बन्ध प्रकाश 'चौरपंचाशिका' के पहले से ही होता आया है। 'चौरपंचाशिका' तो उस परम्परा की एक कड़ी है—ऐसी कड़ी है जो प्रसिद्धि के कारण बरबस ध्यान खींच लेती है।

परकीया भाव के आदर्श का उद्घोष करता हुआ एक प्राचीन श्लोक यहाँ रखता हूँ, जहाँ अपनी ही गृहिणी के प्रेम को प्रेम नहीं गृहाश्रमव्रत बताया गया है :

> इन्दुर्यत्र न निन्द्यते न मधुरं दूतीवचः श्रूयते
> नालापा निपतन्ति बाष्पकलुषा नोपेति कार्श्यं वपुः।
> स्वाधीनामनुकूलितां स्वगृणीमालिङ्ग्य यत्सेव्यते।

किं तत्प्रेम गृहाश्रमव्रतमिदं हि कष्टं समाचर्यते॥

> "जहाँ चाँद को गाली न दी जाये, कानों में दूती के मीठे बोल न पड़ें, बातें आँसुओं से भीग-भीग न जाती हों, शरीर सूखकर काँटा न हो जाये, उसे प्रेम कहना ठीक नहीं है। अपने बस में रहने वाली, बरबस अपनी ओर झुकी हुई, अपनी ही स्त्री की अँकवार में सोये रहना—यह तो गृहाश्रम के कठोर व्रत का पालन है, प्रेम नहीं।"

पुराने संस्कृत साहित्य में ऐसे कई श्लोक मिल जायेंगे। अलंकार ग्रन्थों को और सुभाषित संग्रहों को उठाकर देखने भर की देर है।

बिल्हण ने अपनी नायिका को "प्रच्छन्नपापकृतमन्थरमावहन्ती" कहा है—"प्रच्छन्न पाप से डरी-सहमी हुई"। पर कहना न होगा कि जो निषिद्ध है उसको प्रच्छन्नभाव से करने में डर ही नहीं, एक विशेष आस्वाद भी होता है, एक अभीप्सा, एक सिहरन होती है जो प्रवृत्ति को उकसाती है। यह 'लज्ज़ते-गुनाह' अक्सर संस्कृति का—विशेषकर विदग्ध संस्कृति का—आदर्श भी बन ही जाता है।

पर पुरुष-तन्त्र समाज में संस्कृति के अगुवा पुरुष ही रहते हैं, चाहे आदर्श लज्ज़ते-गुनाह का ही क्यों न हो। ऊपर के छन्द में साहसकर्मा पुरुष ही है, स्त्री को तो डर से सुबकती हुई 'बाष्पकलुषा' कहा गया है। बिल्हण के काव्य में भी परकीयाभाव का मृत्युंजय शौर्य नायक का ही गुण है। नायिका तो सहमी हुई पश्चात्ताप से पथरायी हुई-सी ही है। परकीया-भाव वहाँ पुरुषोचित साहस का पुरुषार्थ है। स्त्री तो साहस की पात्र है, उसके प्रति साहस किया जाता है। वह साहस नहीं करती; बल्कि उसके मन में ग्लानि की कुण्ठा-सी ही जागती रहती है। पुरुष-तन्त्र समाज में यह स्वाभाविक ही था।

पर यह चित्र अधूरा है। स्त्री उतनी दीन-दलित नहीं थी जितना आपातदृष्टि से अनुमान हो सकता है। परकीया भाव का ही एक स्त्रीरूप या स्त्रीपक्ष भी संस्कृत साहित्य में उभरकर आता है। इसी को मैंने ऊपर परकीय भाव का नाम दिया है।

एक बहुत प्रसिद्ध उदाहरण लेता हूँ—इसे परकीय भाव का निदर्शन कहा नहीं जाता पर कहा जा सकता है, और कहा जाना भी चाहिये। मम्मट का

'काव्यप्रकाश' संस्कृत के चोटी के अलंकार ग्रन्थों में गिना जाता है। जिसे भी संस्कृत आलोचना-साहित्य में दीक्षा दी जाती है, उसे 'काव्यप्रकाश' में प्रवेश कराया ही जाता है। 'काव्यप्रकाश' में उदाहरण के रूप में कई श्लोक दिये गये हैं। पहला ही उदाहरण-श्लोक है :

> यः कौमारहरः स एव हि वरस्ता एव चैत्रक्षपा-
> स्ते चोन्मीलितमालतीसुरभयः प्रौढाः कदम्बानिलाः।
> सा चैवास्मि तथापि तत्र सुरतव्यापारलीलाविधौ
> रेवारोधसि वेतसीतरुतले चेतः समुत्कण्ठते॥

श्लोक का अर्थ अभी थोड़ी देर में करता हूँ, पहले इसके साथ घटे एक इतिहास को लें। बड़ा रोचक है। यह श्लोक महाप्रभु श्री चैतन्य को बहुत प्रिय था। जगन्नाथ पुरी में जब उनकी भक्ति विरह की पराकाष्ठा पर थी, तब जब वे रथयात्रा के समय रथ के आगे नाचते-गाते हुए चलते थे तो बंङ्ला में विरह का एक पद गाया करते थे : "सेइत परान‌नाथ पाइनु। जाहाँ लागि मदनदहने झूरि गेनु।" (मुझे वह प्राणनाथ मिल गये, जिनके कारण काम की आग में जल गयी हूँ)। विरह भक्ति के इस पद के साथ भाव में आकर वे मम्मट का यही श्लोक भी पढ़ा करते थे।

अब इस श्लोक का अर्थ लीजिये :

> जिसने मेरे कौमार का हरण किया था वही आज मेरा पति है, वे ही चैत की रातें हैं। खिली हुई मालती की महक से भीनी कदम्बवन की सघन बयार है। मैं भी वही हूँ। फिर भी मन बेतों के झुरमुट में रेवा किनारे की उसी रतिलीला के लिए ललकता है।

यहाँ परकीया भाव की कसक की बड़ी सशक्त व्यंजना है : आज जो पति है, मैं उसी से जब पहले मिलती थी तो मिलन में निषेध की वक्रता थी, वह रस अब स्मृति में ही शेष रह गया है। उसको पा नहीं सकती।

पर श्री चैतन्य को यह श्लोक क्यों उद्वेलित करता था? उनके भक्तमन को कैसे छू जाता था? इसकी कसक तो नितान्त इहलौकिक है। बात को समझने के लिए भक्ति के उस सर्वतोग्राही भावलोक को ध्यान में रखना होगा जिसने सारी पुरानी प्रवृत्तियों को भक्ति के रंग में रंगते हुए संस्कृति को एक बिलकुल नया मोड़ दे दिया था। भक्ति का मर्म-ग्रन्थ 'भागवत' है और 'भागवत' कृष्ण के प्रति गोपियों के प्रेम को—गोपीभाव को—

भक्ति का परम रहस्य बतलाता है। यह गोपीभाव पुराना परकीय भाव ही है जो कृष्णोन्मुख हो गया है। इसी गोपीभाव का प्रकर्ष 'भागवत' के बाद राधाभाव में हुआ। चैतन्य राधाभाव के ही अवतार माने जाते हैं। कृष्ण उनमें राधा का विरही मन लेकर अवतरित हुए थे।

चैतन्य की भक्ति जिस मधुर रस की भक्ति थी, उनके सम्प्रदाय में उसका सार परकीया-भाव को माना गया है। 'चैतन्य चरितामृत' में कृष्णदास कविराज कहते हैं : ''परकीयाभावे अति रसेर उल्लास'' (आदिलीला, चतुर्थ परिच्छेद)। इसी परकीया भाव का चरम गोपियों में था जो राधा में पूरा निखर उठता है : ''ब्रजबधूगणेर एइ भाव निरवधि। तार मध्य श्रीराधाय भावेर अवधि।'' चैतन्य इसी भाव से अनुप्राणित होकर मम्मट के श्लोक का रस लेते थे, उनके लिए श्लोक की लौकिक कसक में राधाभाव की अलौकिक आकृति थी। अभिव्यक्ति के लौकिक भाव में यों अलौकिक की व्यंजना का अनुभव भक्तिकाल में कोई नयी बात नहीं थी।

यहाँ एक छोटी-सी बात और कहना चाहूँगा। राधा के भाव को कृष्णदास कविराज ने 'परकीया' भाव का नाम दिया है। यह उचित नहीं है। परकीया भाव तो राधा के प्रति कृष्ण का होगा। राधा का भाव तो परकीय भाव ही कहलाना चाहिये। मम्मट की नायिका का भी यही भाव है। हालाँकि इहलौकिक है।

यहाँ झगड़ा केवल नामकरण का नहीं है, भाव के स्वतन्त्र स्वरूप को पहचानने का भी है। यह स्त्री का भाव है, पुरुष का नहीं। संस्कृत और विशेषकर प्राकृत के काव्य में परकीय भाव के अनगिनत उदाहरण मिल जायेंगे। दूर जाने की ज़रूरत नहीं, 'गाथासप्तशती' को ही उठाकर देख लीजिये। ऐसी बहुत-सी कवितायें हैं जहाँ परकीय प्रेम का साहस पुरुष का नहीं, स्त्री का ही दिखाया जाता है। पर इस साहस में शौर्य नहीं एक चतुराई है, चौर्य है, मिलन को कैसे छुपाया जाये, इसके सौ-सौ पैंतरे हैं। मैंने भी इस भाव की एक कविता का अनुवाद किया है : 'छठ की सहेट'। नायिका चालाकी से अपने निषिद्ध मिलन को छुपाती है। रीतिकाल की कविता में इस भाव के ढेरों छन्द मिल जायेंगे। पर मैं जिन तीन-चार कविताओं की ओर आपका ध्यान ले जाना चाह रहा हूँ, उनका तेवर ही और है। उनमें एक व्यंग्य, प्रहार, विद्रोह का विलक्षण स्वर है जो उन्हें पुरुष के अहेरीनुमा परकीया भाव से ही नहीं, परकीया भाव को भी अन्य

कविताओं से बिलकुल अलग कर देता है। ये कवितायें हैं : 'जब तक चाँद-सूरज है', 'प्रेम का पाठ' और 'पापशमन'। और कोई गुण इनमें न भी हो, तो भी इसी विलक्षण परकीय भाव के कारण इनकी ओर ध्यान जाना चाहिये। बिल्हण की राजकुमारी जहाँ पाप के डर से पथरायी-सी हुई है, वहीं 'पापशमन' की नायिका के लिए सहेट का कुंज वह स्थान है जहाँ 'पति संग के पाप धुल जायेंगे'।

इसी के साथ ही मुझे अपनी बात का अन्त कर देना चाहिये। पर अनुवाद के बारे में भी कुछ कहने की चाह है क्योंकि मैंने कविता का अनुवाद कविता में किया है। आज का युग अनुवाद का युग है। जितने अनुवाद आज होते हैं, उतने पहले कभी नहीं हुए। अनुवाद कविता के भी होते हैं और काफ़ी मात्रा में होते हैं। बार-बार प्रश्न उठाया जाता है—क्या कविता का अनुवाद हो भी सकता है ? पर अनुवाद होते हैं और सफल अनुवाद भी होते हैं। आज कविता का अनुवाद साहित्य का एक स्वीकृत, परिचित अंग हो गया है।

कविता के अनुवाद की समस्या क्या है ? कविता शब्दों में लिखी-कही जाती है और एक शब्द का अर्थ दूसरे शब्द से जताया जा सकता है, जताया जाता ही है, फिर समस्या कहाँ है ?

कुछ काव्यशास्त्रियों ने कहा है कि कविता का प्राण ध्वनि है। एक शब्द की ध्वनि को दूसरा शब्द नहीं पकड़ सकता। ध्वनि आती तो शब्द से ही उभरकर है। पर उसकी पहुँच शब्द की सीमा को लाँघ जाती है। दो शब्दों का अर्थ एक हो सकता है, फिर भी ध्वनि भिन्न। इसलिए अगर उसी कविता को दूसरे शब्दों में लिखा-कहा जाये—फिर चाहे उसी भाषा में क्यों न लिखा-कहा जाये जिसमें कविता रची गयी हो—तो भी कविता वही नहीं रहेगी। उसकी ध्वनि मूक हो जायेगी या ध्वनि के अनुरणन का स्वर बदल जायेगा। अगर हमें लगे कि एक कविता की गूँज दूसरे शब्दों की पकड़ में पूरी आ गयी है तो समझना चाहिये कि ध्वनि थी ही नहीं—या फिर हमें ध्वनि की प्रतीति नहीं हो पायी थी। और ध्वनि का अनुवाद नहीं हो सकता।

ध्वनि कविता का ही नहीं भाषा मात्र का सहज गुण है। आम बातचीत में भी ध्वनि होती है। उसी को कवि निखारता है, उसके बीज को सींचकर

छतनार पेड़ बनाता है। हम कहते हैं—लड़की क्या है, बारूद है। इसे दूसरे शब्दों में समझाना चाहें तो कह सकते हैं—लड़की बहुत तेज़ है, बड़ी गुस्सैल है, छोटी-सी बात पर आग हो जाती है, ऐसे फट पड़ती है कि आगा-पीछा नहीं सोचती, भयंकर उत्पात मचा देती है, सँभालना दूभर हो जाता है...आदि-आदि। मगर किसी भी रूपान्तर में वह ध्वनि नहीं है जो 'बारूद' में है। बारूद कहने से जो भाव जागता है, उसे दूसरे शब्दों में नहीं कहा जा सकता। वही उसकी ध्वनि है। वह संगीत की तरह है, उसे अर्थ में बाँधा ही नहीं जा सकता। और संगीत का अनुवाद कैसा?

तो फिर कविता के सफल अनुवाद कैसे होते हैं? मैं समझता हूँ, अनुवादक मूल के आधार पर एक नयी कविता गढ़ लेता है और अनुवाद का मूल से अलग अपना एक नया अस्तित्व हो जाता है। तो फिर प्रश्न उठता है कि मूल के साथ उसका सम्बन्ध क्या होता है? कविता अगर नयी होती है तो उसे किसी मूल का अनुवाद क्योंकर कह सकते हैं?

इस प्रश्न का एक उत्तर हमें संस्कृत काव्य-विमर्श की परम्परा में भी मिलता है। पुरानी कविता को नयी कर लेना और इस तरह उसे अपना बना लेना संस्कृत में कविता करने का माना हुआ मार्ग था। काव्यचोरी का प्रसंग उठाते हुए राजशेखर ने अपनी—'काव्यमीमांसा' में इसकी विस्तार से चर्चा की है और इसे 'स्वीकरण' की संज्ञा दी है। उन्होंने बड़ी पैठ के साथ विवेचन करते हुए कहा है कि दूसरों की कविता को अपना लेने भर से चोरी नहीं हो जाती, बात इस पर निर्भर करती है कि कैसे अपनायी जाती है दूसरे की कविता। नया कवि उसके साथ करता क्या है? उन्होंने अपनाने के दो बिलकुल भिन्न प्रकार बतलाये हैं—एक हरण, दूसरा स्वीकरण। हरण सरासर चोरी है। पर स्वीकरण चोरी नहीं है। उसमें सृजन है, उत्पादन है। नयी रचना का अधिकार है। दूसरे की कविता को थोड़ी-सी ऊपरी हेराफेरी के साथ अपने नाम पर चला देना हरण है। हरण की हुई कविता नाम को ही अपनी कहला सकती है, सचमुच अपनी नहीं बन पाती। पर स्वीकरण की प्रक्रिया तो सचमुच अपना बना लेती है। नया कवि पुरानी कविता को नया रंग-रूप दे देता है, उसमें नयी बात ला देता है। ऐसे कवि को 'उत्पादक' कहना ही उचित होगा। पर इतना होने के बाद भी नयी कविता में पुरानी कविता पहचानी जा सकती है।

आज हम अनुवाद करते हैं तो मानकर चलते हैं कि मूल और अनुवाद की

भाषाएँ भिन्न हैं। राजशेखर जिस स्वीकरण की बात करते हैं, उसमें भाषा का भेद महत्त्व की बात नहीं थी। स्वीकरण उसी भाषा से भी हो सकता था, दूसरी भाषा से भी। संस्कृत, प्राकृत, अपभ्रंश के कवि एक-दूसरे की कविता को अपनाते—स्वीकरण करते—नहीं हिचकिचाते थे। ऐसा लेन-देन आम था। विभिन्न भाषाओं के कवि एक साथ पलते, बड़े होते हुए अपनी कला को माँजते थे। अक्सर एक ही सभा के 'रत्न' होते थे। सभा के बाहर भी साथ परवान चढ़ते थे।

भाषान्तर से स्वीकरण की इस परम्परा का प्रवाह रीतिकाल तक देखा जा सकता है। राजशेखर के युग की कविता के समान रीतिकाल की कविता भी बड़ी मात्रा में एक-दूसरे से स्वीकरण की कविता है। इस अर्थ में रीतिकाल के कवि संस्कृत-प्राकृत को भी अपनी बपौती समझते थे। स्वीकरण के रास्ते उनमें से कुछ ले लेना, अपना लेना, अपनी 'कविताई' का अभिन्न अंग मानते थे।

अनुवाद भी कविकर्म से कुछ-कुछ स्वीकरण जैसी ही माँग करता है। कविता का अनुवाद एक ऐसा रूपान्तर होना चाहिये जो अपने आप में एक नयी कविता हो। पर अनुवाद का आधुनिक आदर्श एक और भी माँग करता है जो स्वीकरण से भिन्न है। अनुवाद एक विशेष प्रकार का स्वीकरण है जो अनुवाद के पुराने आदर्श पर एक नया बन्धन डालता है—रूपान्तर के स्वरूप को कस देना चाहता है। अनुवाद एक नयी कविता की तो माँग करता है जो स्वीकरण के रास्ते बनायी गयी हो, पर साथ ही अनुवाद का यह भी आदर्श है कि रूपान्तर मूल से हटे नहीं, उसकी आत्मा को न बदले। अनुवाद की कविता एक नयी कविता हो, पर मूल में जिसकी थी उसकी भी बनी रहे। जिस भाषा में हम अनुवाद कर रहे हैं, मूल लेखक अगर उसी भाषा में रचना करता तो वह जैसी होती—अनुवादक इसी लक्ष्य की सिद्धि में तत्पर रहे। मूल के भाव को, अर्थ को और उसकी आत्मा को अनुवाद में उतार लाये। इसलिए अनुवाद का आधुनिक आदर्श एक छलावा-सा लग सकता है, जिसे आसानी से पाना सम्भव नहीं, मानो अपनी ही काया में रहते हुए परकाय प्रवेश करना चाह रहे हों। मैंने जो मार्ग अपनाया है उसे स्वीकरण के रास्ते अनुवाद का मार्ग कहना चाहूँगा।

सफलता मिले या नहीं, एक लाभ ऐसे अनुवाद में होता है। अनुवादक को स्वीकरण के रास्ते अपनी सीमाओं से, अपनी भाषा की बँधी हुई लीकों

से बाहर निकलने की चेष्टा करनी पड़ती है। चेष्टा सफल न भी हो तो भी विस्तार की सम्भावना का इंगित तो मिल ही सकता है। आप कहेंगे कि संस्कृत से कुछ भी अपनाने में ऐसे किसी विस्तार का इंगित ही नहीं है। संस्कृत का काव्य बड़ी रूढ़ियों में कसा काव्य है और यों भी उसकी सारी सम्भावनायें हिन्दी को बपौती के रूप में मिल ही चुकी हैं—उसमें नया क्या है? बल्कि वह बपौती एक बोझ है, जिसे उतार फेंकना ही अच्छा है। स्वीकरण के रास्ते अनुवाद करना हो तो ऐसी भाषा से करना चाहिये जो सचमुच परायी हो।

इसके उत्तर में बहुत कुछ कहा जा सकता है। पर मैं फ़िलहाल इतना ही कहूँगा कि ऐसे कथन के पीछे संस्कृत काव्य के अधकचरे बोध का परिचय है। हमारे मन में एक रूढ़ि, एक लीक बन गयी है कि अब वहाँ कुछ भी नहीं। सच यह है कि संस्कृत की कई धाराओं में से कुछ ही हम तक आयी हैं। बड़ी लम्बी, बड़ी जीवन्त परम्परा थी। अब भी वहाँ बहुत कुछ ऐसा है, जिसमें हमारे लिए नयेपन का चमत्कार है। इस चमत्कार की एक झलक भी मेरे 'स्वीकरण' में आ गयी हो तो अपने को सफल समझूँगा।

अन्त में एक छोटी-सी बात और कहना चाहूँगा। प्रश्न उठ सकता है कि अगर मैंने सचमुच, किसी भी रास्ते हो, अनुवाद की चेष्टा की है तो फिर मेरी भाषा का कहाँ तक औचित्य है? और मेरे बन्ध का? प्रश्न इसलिए उठता है क्योंकि संस्कृत के नाम से ही हम बड़ी भारी-भरकम भाषा की कल्पना करने लगते हैं, और इसमें शक नहीं कि संस्कृत के कई कवि भाषा को कृत्रिम बनाने में बड़े दक्ष थे। पर भाषा का ऐसा प्रपंच सूक्तिकारों का ध्येय नहीं था। उनकी भाषा सीधी, सुथरी, प्रासादिक भाषा है, वर्णाडम्बर या शब्दालंकार के जटिल जाल बुनने की साधना नहीं है। बनाव है पर बनावट नहीं है। और बनाव भी बात को नाप-तौलकर कहने में है, सजाकर कहने में है, बड़ा सहज बनाव है। 'आकांक्षा' नाम की कविता में संस्कृत के एक-एक वाक्य-खण्ड को मैंने अलग-अलग पंक्तियों में लिख देने के सिवा कुछ नहीं किया है। अन्य कविताओं में भी जहाँ कोई छोटा-सा नाटक रचा गया है या चित्र आँका गया है या उठाव की सुघड़ तान का उतार-चढ़ाव बाँधा गया है, वहाँ भी भाषा तो सहज ही रहती है।

और बन्ध? संस्कृत की कविताओं में बन्ध का अक्सर बड़ा महत्त्व होता

है। वर्णों के गुरु-लघु की लय, भाव के साथ ताल मिलाती हुई चलती है—जैसे कालिदास के 'मेघदूत' में। सूक्तिकारों ने भी मन्दाक्रान्ता जैसे विदग्ध छन्दों का प्रयोग किया है। पर इनके छन्द में वर्ण-संगीत गौण है—कम-से-कम मैंने जो छन्द चुने हैं, उनमें तो यही बात है। इसलिए मैं समझता हूँ कि मूल के बन्ध को आधुनिक 'निबन्ध' में या नये बन्ध में पलट देने पर उनमें कही बात को—सूक्ति को—ठेस नहीं पहुँचती। बल्कि बात को ठेस तक पहुँचती, जब मूल के बन्ध की प्रतिकृति बनाने की मैं चेष्टा करता।

पर अपने शिल्प के बारे में एक बात और मुझे यहाँ कह देनी चाहिये। मेरे छन्द पिछले कई वर्षों में लिखे गये हैं, इसलिए इनमें रीति, और हो सकता है, 'पाक', का भी अन्तर दिखायी दे। यह संग्रह जितना संस्कृत के कवियों का है उतना ही मेरा भी है, इसलिए यह अन्तर स्वाभाविक ही है।

मूल के स्वीकरण में मैंने जहाँ तक बन पड़ा है अनुवाद का धर्म निभाया है, पर है वह स्वीकरण ही। यों भी रूपान्तरकार अपनी दृष्टि और समझ को बिलकुल तो ताक पर नहीं रख दे सकता। कविता के जिस 'भावन'—समझ, पकड़, शिल्प-बोध—के आधार पर वह रूपान्तर करता है वही बोध उसे मूल में परिवर्तन करने की ओर भी झुका ही देता है।

एक-दो ऐसे परिवर्तनों की चर्चा कर आया हूँ। कुछ और की करता हूँ। 'पेड़ से आगे' में मैंने वैसी ही काट-छाँट की है, जैसी 'आभास' में 'पेड़ से आगे' का अन्त इतना संक्षिप्त नहीं जितना मेरी कविता का है, "आगे कठिन / पथरीला रास्ता है।" वहाँ कवि कहता है : आगे के रास्ते में न पेड़ हैं, न पानी; विषम चट्टानों से दुर्गम पन्थ है। इस विस्तार को समेटने में मेरा ध्येय यही रहा है कि ध्वनि को कुछ और विस्तार मिल जाये।

'चाँदनी का जाल' में भी थोड़ी-सी शल्य-चिकित्सा की है। ऐसे अवयव को हटाया है जो चित्र में साधक न होकर बाधक-सा लगा। कुमारदास ने झुरमुट के अँधेरे के लिए कहा है : "अलिकर्बुरं तमः"—"भौंरों से चितकबरा अँधेरा"। पर भौंरों को यहाँ खींच लाने से नाटक की गति में रोध-सा आता है, वांछित संवेग नहीं। मैंने भौंरों को हटा ही दिया है। नाटक को निखारने के लिए और भी थोड़ा परिवर्तन किया है। कुमारदास कहते हैं कि "चाँद अँधेरे को खींच लाने के लिए किरणों को भेज रहा

है''—वहाँ भाव यह है कि नाटक अब होने वाला है। मैंने नाटक होता हुआ दिखा दिया है।

'अभिसार' में कवि ने एक रूपक बाँधा है। दिशाओं का तादात्म्य अभिसारिका से किया है। रूपक को सांगोपांग रूप देने के लिए कवि ने अन्य बिम्बों के साथ एक यह भी बिम्ब बाँधा है कि अभिसारिका जैसे नूपुर उतार देती है कि आवाज़ न हो वैसे ही दिशाओं ने कूजते हुए हंसों को दूर कर दिया है—''दूरीकृत्य च नूपुराविव रिपून्हंसान्समुत्कूजतः।'' मैं समझता हूँ कि बिम्ब भाव के साथ ठीक जाता नहीं है। भाव के कसाव को शिथिल, म्लान-सा कर देता है। यों भी पुराना, निष्प्राण-हुआ-सा-बिम्ब है। मैंने इसे तराशकर बदल दिया है : ''चुप / कोई चिड़िया भी / बोलती नहीं है।''

कहीं-कहीं काट-छाँट नहीं, जोड़-तोड़ है। मैंने मूल की भंगी को बदला है। कुछ हटाया है तो कुछ जोड़ा भी है। 'श्रेयस्' में कवि ने चम्पा की दशा को एक सामान्य सिद्धान्त का दृष्टान्त-सा बना दिया है। कवि हससे कहता है : ''कोई भी मनुष्य जब किसी विषम स्थिति में फँस जाता है, तो प्राण बचाने के सिवा किसी और श्रेयस् की बात सोच ही नहीं सकता। चम्पा की भी यही दिशा है।'' कवि की उक्ति में सिद्धान्त प्रधान-सा है, चम्पा की दशा सामान्य का निदर्शन बनकर गौण-सी हो जाती है। मैंने चम्पा की दशा बताना ही उक्ति का ध्येय रखा है—सामान्य कथन को विशेषोक्ति में बदल दिया है।

कुछ ऐसी भी बातें हैं जिन्हें संस्कृत का कवि खुलकर कहता है। अश्लील नहीं समझता। यह नहीं मानता कि उससे भाव के धरातल में कोई गिराव आता है। क्योंकि अश्लील क्या है क्या नहीं, यह संस्कार का, संस्कृति के भावबोध का भी विषय होता है, केवल कही गयी बात का नहीं। पर आज उन्हीं शब्दों में बात कही जाये तो अश्लील ही नहीं फूहड़ भी लग सकती है—भाव के सारे सँवारे हुए ढाँचे को बिखेर सकती है। ''मुरला नदी को'' कविता के अन्त में मैंने कुछ वक्र भाव से कहा है : ''यहाँ गाँव की ढीठ लड़कियाँ / निडर निरन्तर किसी की / बाँहों में खेल सकती है।'' मूल में कवयित्री विद्या ने बात को घुमाकर कहने की कोई ज़रूरत नहीं समझी है, दो-टूक, ठेठ शब्दों में कहा है : ''अविनयवतीनिर्विच्छेद स्मरव्ययदायिनः''—''अविनयशीलाओं को यहाँ निर्विच्छेद कामलीला का अवकाश मिलता है।'' हम आज इन बातों में अपने को निर्बाध

समझने लगे हैं। फिर भी मुझे लगा कि विद्या ने जो सहज ही कह दी है और फिर भी आँच नहीं आयी है, यह हिन्दी में आज के मुहावरे में नहीं चल सकता। ग्राम्यता दोष आ जायेगा। 'वही पेड़' में भी कुछ यही किया है। वहाँ पेड़ जिस याद को हरा करता है वह 'मदनक्रीड़ा-मह' की याद है। इस उन्मुक्त मदन-महोत्सव को मैंने पर्दे के पीछे-सा कर देना ही उचित समझा।

संग्रह की अधिकतर कवितायें स्वीकरण के रास्ते अनुवाद हैं। पर स्वीकरण के कुछ उन्मुक्त आयाम भी होते ही हैं। किसी शिल्प से अनुप्राणित होकर नयी स्वतन्त्र रचना करना भी स्वीकरण ही है। अन्त की कुछ कवितायें इसी अर्थ में स्वीकरण का परिणाम हैं—मेरी अपनी हैं, मैं समझता हूँ कि पुराने शिल्प के अंग पर रची गयी हैं। इनके बारे में और कुछ कहने का अधिकार मुझे नहीं है।

सन्दर्भ

* 'स्वीकरण' वर्षों से अनुपलब्ध थी, पर अब रज़ा पुस्तक माला के अन्तर्गत उसे राजकमल प्रकाशन ने 'गगनवट' नाम से पुनर्प्रकाशित कर दिया है। इस लेख को पढ़ते समय कविताएँ सामने हों तो बात सुलभ होगी।

(१) प्रसंगवश एक ऐसे नये सूक्तिसंग्रह की चर्चा करना चाहता हूँ, जो महा-सूक्ति-संग्रह के नाम से बड़े आडम्बर के साथ इन दिनों प्रकाश में आ रहा है। संग्रहकार पश्चिम के एक बड़े 'भारतविद्' लुडविग स्टर्नबाख हैं, जिनका अभी पिछले ही दिनों निधन हुआ। संग्रह शायद अभी आधा भी नहीं छपा है पर सात-आठ बड़े-बड़े खण्ड, बड़े-बड़े ग्रन्थों के रूप में निकल चुके हैं। स्पष्ट ही संग्रह के नाम में 'महा' का अर्थ 'विशाल' है। पर 'महा' का अर्थ 'महत्' भी हो सकता था, ऐसी सूक्तियों का संग्रह जो कविकर्म की दृष्टि से महत् है—यही दृष्टि पुराने संग्रहों को सचमुच सूक्तियों का संग्रह बना देती है। इसी दृष्टि से परख और विवेक का प्राचीन संग्रहकारों ने दावा किया है और गर्व भी किया है कि उनकी चुनी हुई कवितायें रसिक को लुभा लेती हैं। पुराने संग्रह ऐसे सहृदयों के लिए होते थे जिनकी गोष्ठी में संग्रहकार भी अपना आसन चाहता था। ये जीवन्त संग्रह थे। ऐसे संग्रह आज तक भी बनते ही रहे हैं। पर जिस 'महा' संग्रह की हम बात कर रहे हैं, उसका उद्देश्य लाइब्रेरी के शेल्फ़ पर स्थान पाना है, रसिक के हृदय में नहीं। उसमें रखी उक्तियाँ ही नहीं   उसका सारा कलेवर इस बात का प्रमाण है कि उसमें से विवेक से नहीं कार्ड-इन्डेक्स से काम लिया गया है। संग्रह सहृदय को ध्यान में रखकर नहीं

बनाया गया है, केवल संग्रह के लिए बनाया गया ताकि विगत का संरक्षण हो सके। उद्देश्य इतिहास को लाइब्रेरी में सुरक्षित रखना है, परम्परा में प्रवाहित करना नहीं।

पुराने संग्रहों में छन्दों का विभाजन विषयों के आधार पर होता था; अलग-अलग मज़मूनों के चुने हुए छन्द रखे जाते थे। संग्रहकार का एक आधार पुराने संग्रह भी होते थे। 'सूक्तिमुक्तावलि' की अनुक्रमणिका में वैद्यभानु कहते हैं : ''तैनेयं क्रियते वीक्ष्य सत्सुभाषितसङ्ग्रहान् / सूक्तिमुक्तावलि...उसने (जल्हण ने) पुराने अच्छे संग्रहों को देखकर यह 'सूक्तिमुक्तावलि' बनायी है।'' पर संग्रह का उद्देश्य स्टर्नबाख़ से बिलकुल भिन्न था। इसलिए इस श्लोक को पूरा करते हुए वैद्यभानु आगे कहते हैं : ''कण्ठकदलीभूषणं सताम्'' (जल्हण ने एक ऐसा नया संग्रह बनाया है) जो सज्जनों के कण्ठ का भूषण है...।'' स्टर्नबाख़ का संग्रह चूँकि लाईब्रेरी के शेल्फ़ का भूषण बनने के लिए बना है इसलिए उसमें डिक्शनरी की तरह अकार क्रम से श्लोक रखे गये हैं, विषयक्रम से नहीं। विषयक्रम को पीछे अनुक्रमणिका में हटा दिया गया है। संग्रह को एक तरह से निर्विषय बना दिया गया है। विषय विभाजन सहृदय को संग्रह में इधर-उधर घूम-फिरकर देखने-सुनने का सहारा देता था। पर अब जब संग्रह सहृदय के लिए है ही नहीं तो इस सहारे की क्या ज़रूरत?

स्टर्नबाख़ का संग्रह भी अन्य कई संग्रहों के आधार पर बना है। शायद इतने संग्रह पहले किसी संग्रहकार ने देखे भी नहीं थे जितने स्टर्नबाख़ ने काम में लिए हैं। पर स्टर्नबाख़ ने अपनी काव्यरुचि, अपनी भाविका-प्रतिभा दिखाते हुए उनमें से चुनकर नया संग्रह नहीं बनाया है। उन्होंने काव्य-अकाव्य-विवेक की कोई चेष्टा ही नहीं की है। उन्हें जितने मिले, सारे संग्रहों को मिलाकर वह 'महा' संग्रह तैयार कर दिया है जो कार्ड-इन्डेक्सों की मदद से बना है और शायद उसका प्रयोजन भी नये कार्ड-इन्डेक्सों को जन्म देना है। स्टर्नबाख़ का प्रयत्न भारतीय सभ्यता के शोधार्थियों के लिए है, उनके ही जैसे भारतविदों के लिए है, रसिकों के लिए नहीं।

अनुवचन

कविताओं के साथ कहने की कुछ बात होनी नहीं चाहिये। पर इन कविताओं में एक अलग-सा दोहरापन है : ये एक साथ प्राचीन भी हैं और नवीन भी—आठवीं सदी की भी और आज की भी; यशोवर्मा के सभाकवि वाक्पतिराज की भी और मेरी भी। बात विवेचना चाहती है। यहाँ नवीन क्या ? प्राचीन क्या ? इस पर कुछ चर्चा उचित जान पड़ती है। पर टिप्पणी जैसा ही कहूँगा—इतना ही कि संग्रह के काव्य को निर्मिति और तत्त्व की दृष्टि से एक परिप्रेक्ष्य मिल सके। पाठक के बोध को एक सहारा।

पहले 'नवीन' पर कुछ कहता हूँ।

ये कवितायें वाक्पतिराज के 'गउडवहो' से ली गयी हैं, जो आठवीं सदी का प्राकृत भाषा में रचित महाकाव्य है। कवि और उसके इस काव्य की चर्चा आगे करूँगा। कविताओं पर अपनी इस टिप्पणी में पहले अपने ही प्रयास की—अपने ही इस प्रस्तुत 'नवीन' कवि-कर्म की—चर्चा करना चाहता हूँ। क्योंकि यहाँ जिन कविताओं को आप देख आये हैं, ये अनुवाद 'हैं'—और 'नहीं भी हैं'। एक साधारण अर्थ में अनुवाद होते हुए भी एक गहरे अर्थ में जानबूझकर अनुवाद 'नहीं भी हैं'। ये स्वतन्त्र कवितायें हैं—अगर कवितायें बन पड़ी हैं।

बात खुलासा चाहती है। अनुवाद इन्हें किस अर्थ में कहा जा सकता है, किस अर्थ में स्वतन्त्र ? फिर पाठक यह भी कह सकते हैं कि कविता का सार्थक अनुवाद तो सार्थक कविता होता ही है, यह जानी-मानी बात है तो इन्हें सीधे-सीधे अनुवाद ही कह देने में दोष क्या ?

बात यह है कि इन कविताओं का वाक्पतिराज से सम्बन्ध सीधा नहीं है।

'अनुवाद' से एक अपेक्षा होती है। कविता का अनुवाद जहाँ कविता भी होना चाहता हो वहाँ भी आज एक माँग होती है—यह कि मूल का प्रतिरूप हो : एक नयी भाषा में मूल के शिल्प और मर्म की प्रतिकृति हो। यह ठीक है कि 'सही प्रतिरूप' क्या हो इसका कोई परिनिष्ठित निकष न है, न हो सकता है। फिर भी अनुवाद से हमारा आज का बोध प्रतिरूप की ही माँग करता है, और इसी आदर्श को सामने रखकर भिन्न अनुवादों में विवेक करता है। 'अनुवाद' शब्द के अर्थ में ही यह निहित है कि उसका मूल से गहरा तादात्म-सम्बन्ध हो। 'अनुवाद' से हम आशा करते हैं कि जो पाठक मूल तक नहीं जा सकता, अनुवाद उसके लिए मूल का 'बदल' होगा। तत्स्थानीय होगा। जहाँ तक हो सके मूल का काम करेगा। गद्य में ही नहीं, कविता में भी हम यही आशा रखते हैं।

मैं अपनी कविता को स्वतन्त्र इसलिए कह रहा हूँ कि मैंने अनुवाद का यह स्वीकृत आदर्श सामने ही नहीं रखा है। इसलिए 'अनुवाद' शब्द से किनारा करना चाहता हूँ।

फिर भी मेरे ये छन्द वाक्पति के आमूल ऋणी हैं। उन्हीं की कविताओं की 'धरती' पर गढ़े गये हैं। पर इनका भाव-निभाव—इनका तत्त्व—और इनकी निर्मिति, अपनी अलग है; स्वतन्त्र है। वाक्पति की अनुवृत्ति की चेष्टा नहीं करती। सोचता रहा हूँ, अपने इस रूपान्तर के लिए कौन-सा शब्द रखूँ, जो रूपान्तर कि जानबूझकर मूल से अपने सम्बन्ध को वक्र रखना चाहता है?

पहले भी मैंने पुरानी कविता से—संस्कृत से—कुछ ऐसे अनुवाद किये थे जैसे यहाँ हैं। वहाँ मूल और अनुवाद के सम्बन्ध को आज के स्वीकृत प्रतिरूप सम्बन्ध से अलग करने के लिए 'अनुवाद' की जगह राजशेखर के पुराने 'स्वीकरण' शब्द का प्रयोग किया था। इस धारणा की वहाँ विस्तार से चर्चा भी की थी। संग्रह का नाम ही 'स्वीकरण' रखा था। संक्षेप में, स्वीकरण कवि-कर्म की वह प्रक्रिया है जिसमें कवि किसी पुरानी कविता के आधार पर अपनी स्वतन्त्र कल्पना से उसका रूपान्तर साधता है,और यों एक नयी कविता को जन्म देता है। इस प्रक्रिया में कविता मूल से छिटककर बहुत दूर भी निकल जा सकती है। स्वीकरण में यह गुण ही माना जाता है, दोष नहीं। स्वीकरण का उद्देश्य ही नयी कविता की निर्मिति है, जिसे कवि 'अपनी' कह सके। पुराने की अनुवृत्ति, प्रतिरूप या किसी तरह का 'अनुवाद' साधना

इसका उद्देश्य नहीं है। मैंने भी स्वीकरण की दिशा ली है। पर यहाँ मेरे कविकर्म में, मूल से बिलकुल हट जाने की भी चेष्टा नहीं है। जो चेष्टा है, 'अनुवाद' की तो नहीं है, पर मूल का निरादर भी नहीं है। यही इसका दोहरापन है, जिसके लिए ऊपर मैंने नवीन और प्राचीन इन दो विषम विशेषणों का एक साथ प्रयोग किया है। मेरे पिछले संग्रह 'स्वीकरण' में ('स्वीकरण' के दावे के बावजूद) मूल-निष्ठता की एक सजग चेष्टा थी। यहाँ भी है, पर और कम हो गयी है। मूल से और दूर हट गयी है। इसलिए मैंने यहाँ रूपान्तर के साथ मूल का उद्धरण भी नहीं दिया है, जैसा कि 'स्वीकरण' में दिया था। यहाँ मूल छन्दों की सन्दर्भ-सूचना खिल के रूप में अलग दे रहा हूँ। जिज्ञासु पाठक अनुक्रमणिका देख सकते हैं।

आप फिर पूछेंगे कि फिर मेरे छन्दों का मूल से क्या सम्बन्ध है? यह विचार सुधी पाठक पर ही छोड़ता हूँ। इन कविताओं को क्या कहें इस पर और विमर्श नहीं करूँगा। पर उनके नयेपन को हाथ कंगन की तरह कुछ दिखाने की इच्छा से मैं यहाँ मूल के साथ कुछ ऐसे नमूने देता हूँ जो शायद सचमुच 'अनुवाद' कहे जा सकते हैं। 'मूलनिष्ठ' कहे जा सकते हैं। मैंने अलग क्या किया है, इनमें इसकी कुछ प्रकट-सी बानगी मिलेगी। मेरे रूपान्तर आप देख ही आये हैं।

> (१) 'उठ-उठ कर बैठ गयी माटी' (पृ. १२७)
> उम्हाअन्त-गिरि-यडं सीमा-निव्वडिय-कनतलुब्सेयं।
> गरम-होता-हुआ गिरि-तट, सीमा पर उभरते अंकुरों का फुटाव (लिए)।
> णिव्वाइ विरल-धारा-बन्धुरिय धरणि-वेढं॥ (गउडवहो, ३८३)

विश्राम करती है (बरसात की) विरल धार में छोटे-गोल-सुन्दर दानों में बँध रही धूल (लिया) धरा-पीठ।

('बन्धुरियं' 'पिण्ड में बँधना', 'विभूषित होना')

इन अन्वय-धर्मी वाक्यों को हिन्दी के प्रकृत प्रवाह में सहेजकर एक ऐसा मूलनिष्ठ अनुवाद भी सहज ही खड़ा किया जा सकता है, जिसमें मूल का स्वरूप-स्वभाव भी हो, लय से भी कुछ लय मिले :

> ताप-तपी तलहटी, सीम पर जागा अंकुर का फुटाव।
> हलकी फुहार, धरती सुस्ताई, धूल बँधी मनकों में॥

(२) ‘नाच उट्ठे नारियल’ (पृ. १२४)

रङ्खोलिर-परिणय-गब्भ-सार-सम्भिडण-मुहर-फल-कोसा।

जो झूल रहे हैं, जिनका सार पक गया है, आपस में भिड़-भिड़कर (‘सम्भिडण’) मुखर है जिनका फल-कोश।

इन पवणो णच्चावइ णालिएरी-वणालीओ॥ (गउडवहो, ६३४)

यहाँ पवन नचाती है नारियल की (ऐसी) वनराजि को।

अब मूल को पास से पकड़ता हुआ अनुवाद लीजिये :

हिन्दोलित, पककर गठा सार, भिड़ हुए मुखर, फल सारे।
पवन यहाँ थिरका जाती है, नारियलों के जंगल।

एक नमूना और देखिये।

(३) ‘लहू की आँख’ (पृ. ६२)

इह वाहेहि वराहाण बाणबिहयाणमनुसरिज्जनति।

यहाँ व्याध वराहों का, (जो) बाण से बिंध गये हैं, (उनका) पीछा क़रते हैं।

अग्गग्ग-समुज्जल-रूहिर-बिन्दु-मुद्दाओ पयवीओ॥
(गउडवहो, ६२७)

आगे-आगे उजागर लहू की बूँद से अंकित खोजों (के रास्ते)

अब एक मूल-स्पर्शी अनुवाद :

यहाँ व्याध, वराहों को, तीरों से बेध, चले पीछे।
आगे-आगे की ओर दमकती, बूँद लहू की, खोजों में॥

एक अन्तिम नमूना और :

(४) ‘पत्थरों की खान’ (६३)

इह कड्ढिअ-वयड-सिला-वडण-ट्ठिय-चुण्ण-रासि-पंसुलिया।

यहाँ, काट-निकाली गयी विकट शिलाओं के गिरने से बनी धूल राशि से धूसर।

विसमुज्ज्वल-मुहल-तडा घडणा-जोग्गोवला गिरिणो॥ (गउडवहो, ६१७)

गडमड-उज्ज्वल, मुखर, तट (है), गढ़ने-योग्य चट्टानों वाले पहाड़ों के।

एक काव्यानुवाद यों बन सकता है :

खोद-निकालीं यहाँ शिलायें विकट
गिरायीं, चूर्ण-चूर्ण हो घिरी धूल।
गडमड-उज्ज्वल, मुखरित है तल, पर्वत,
जिनमें हैं ठसे गढ़ाई के पत्थर॥

ऊपर के अनुवाद और भी माँजे-निखारे जा सकते हैं। इसी दिशा में बढ़ें तो ऐसे अनुवाद और निथरे हुए बन पड़ सकते हैं। अनुवाद की ऐसी चेष्टा को काव्यानुवाद का स्वीकृत मार्ग भी कहा जा सकता है—जहाँ मूल के अर्थ, भाव और निर्मिति को जहाँ तक हो सके यों-का-यों उतार लेने की आकांक्षा हो। मैंने यह रास्ता नहीं पकड़ा है।

अपनी कविताओं के बारे में दो शब्द और कहना चाहता हूँ—पृष्ठ की सतह पर शब्द-विशेष या शब्द-गुच्छों के विन्यास के बारे में। पाठक ने देखा होगा कि 'निष्प्रभ, धूसर इन्द्रधनुष' से पहले की एक-एक कविता के शब्द-गुच्छ एक-एक पृष्ठ पर ऐसे अन्तरालों में 'विन्यस्त' हैं जो अपरिचित-से और इस कारण पहली नज़र में अटपटे-से लग सकते हैं। विन्यास पर कुछ कहना चाहता हूँ।

कविता का 'पाठ' करते हुए एक बात से हम सहज ही परिचित हैं : पृष्ठ की सतह पर कविता का पंक्ति-विन्यास वैसा नहीं होता जैसा गद्य का होता है—'हो' तो हमें अटपटा लगेगा। हमारी काव्य-संवेदना यह आकांक्षा रखती है कि कविता के 'लिखित' शब्दों के विन्यास का पृष्ठ के साथ 'वही' सम्बन्ध न हो जो गद्य का होता है। यहाँ बात केवल गद्य को पद्य से अलग 'दिखाने' भर की नहीं होती। हमारी संवेदना से भी उसका सम्बन्ध होता है। कविता के 'सुनने' में गद्य से उसका अन्तर साफ़ उभरता है—भेद 'काकु' का भेद होता है जो शब्दों के उच्चारण को एक विशेष प्रवाह देता है—जहाँ शब्दों के उतार-चढ़ाव में एक संगीत जैसा लय-बोध और अनुरणन जागता है। 'लेखन' में यह अनुरणन व्यक्त नहीं हो सकता। पर तो भी पृष्ठ की सतह पर कविता का गद्य से अलग विन्यास करने की—कविता को अलग रूप से 'लिखने' की—प्रथा आज हम में घर कर गयी है। इसके मूल में प्रेरणा कविता को एक अलग दृश्य 'ध्वनि' देने की है—कविता की गद्य-भिन्न व्यंजना और स्वर-प्रवाह दोनों को 'दर्शाने' की। कविता का पंक्ति-विन्यास करते हुए हम पृष्ठ पर एक-एक पंक्ति को अलग कर देते हैं—पंक्ति को पूरे पृष्ठ का अन्तराल दे देते हैं। यह गद्य

और कविता के बोध-भेद को ही पृष्ठ पर दृश्य रूप देने की चेष्टा का फल है। गद्य के उच्चारण-प्रवाह में भी शब्द और शब्द-गुच्छों के बीच अर्थ के अनुरूप अन्तराल होता है जिसके निमित्त स्वीकृत चिह्न प्रतिष्ठित हैं : पूर्ण-विराम (।), अर्ध-विराम (;), अल्प-विराम (,), आदि। पर ये 'अर्थ'-बोध में आते प्रवाह के अन्तरालों और मोड़ों को ही लिखित रूप देते हैं, अर्थ-निहित 'भाव'-बोध को नहीं। ये गद्य-स्वीकृत विराम कविता में भी होते हैं—पर पर्याप्त नहीं समझे जाते। हमारी संवेदना को लगता है कि कुछ और होना चाहिये। तभी गद्य और पद्य-लेखन के बीच पंक्ति-विन्यास का भेद उभरा है—प्रेरणा संवेदना के 'कुछ और' को ही रूप देने की है। यह प्रेरणा आज रूप-विशेष में—या विशेष रूपों में रूढ़ हो गयी है—एक चली-हुई 'रीति', एक परिचित परिपाटी बन गयी है। पृष्ठ पर आँख पड़ते ही हम समझ जाते हैं कि 'कविता' है—या अमुक प्रकार की कविता है। पर आज की चली हुई परिपाटी के पीछे जो मूल आकांक्षा है वह कविता के शब्द-प्रवाह के अन्तराल-भेद को दृश्य-रूप में 'व्यंजित' करने की है। यह आकांक्षा किसी नियत परिपाटी में नहीं ढाली जा सकती। क्योंकि बात कल्पना की है—और इसलिए इसमें से कल्पना-भेद का स्थान हटाया नहीं जा सकता। यह अलग-अलग रूप ले सकती है। क्योंकि इसका रूप लेना ही ज़रूरी नहीं है—यह ज़रूरी नहीं कि लिखते समय कविता की 'ध्वनि' को गद्य से अलग दृश्य-रूप देने की चेष्टा भी की जाये। अभी पिछले दिनों तक ऐसा नहीं किया जाता था। सैकड़ों वर्षों से लिखी जाती पुरानी पोथियाँ देखिये—वहाँ दो शब्दों के बीच के अपेक्षित अन्तराल को भी लेख्न में नहीं उभारा जाता था—गद्य और पद्य के अन्तराल-भेद की तो बात ही दूर! अन्तराल पर ही ध्यान बहुत कम था—पाठक पर छोड़ दिया जाता था। चाहे गद्य हो या पद्य, पृष्ठ के ऊपर वर्ण-शब्द-पंक्तियाँ सब एक छोर से दूसरे छोर तक निरन्तराल भर दी जाती थीं। निरन्तराल का राज्य था—और अन्तराल की निःस्वता। अन्तराल की परिपाटी नयी है। पर अन्तराल पर हम ध्यान देने लगें तो बात फिर केवल परिपाटी तक आकर नहीं रुक सकती।

कविता के अन्तराल हमें संगीत के समीप लगते हैं। यहाँ 'विराम' की बात नहीं कर हम 'विदारी' की बात कर सकते हैं। 'विदारी' शब्द प्राचीन संगीत का है। संगीत के प्रवाह में स्वर और स्वर-गुच्छों के बीच के

अन्तराल को 'विदारी' कहते थे। 'विदारी' शब्द 'विदारण' से—'तोड़ने' से—बना है। स्वर-प्रवाह के बीच का 'विदारण' संगीत में स्वरों के 'शब्द' के बीच—घोष और नाद-प्रवाह के बीच—नि:शब्दता को भी एक अलग स्वतन्त्र और सार्थक सत्ता देता है। शब्द-प्रवाह के बीच अन्तराल यहाँ अपना अलग स्वर-तुल्य-सा 'स्थान' बनाता है। संगीत में अपनी अलग 'ध्वनि' रखता है और कई रूपों में प्रकट हो सकता है।

'धूसर, निष्प्रभ इन्द्रधनुष' से पहले की कविताओं में एक-एक पृष्ट को एक-एक 'बन्दिश' के विस्तार का 'वलय'—'घर', 'पटल' या 'फ्रेम'—मानते हुए मैंने परिपाटी से हटकर विराम के साथ विदारी को भी जगह देने की एक अपनी-सी चेष्टा की है। चेष्टा नयी—या किसी भी अर्थ में अभूतपूर्व—नहीं है, इसलिए पाठक के लिए एकदम से परिचय-हीन भी नहीं होनी चाहिये। पर ऐसी चेष्टायें अपेक्षया विरल हैं और बड़ी व्यक्ति-निर्भर भी होती हैं—हर प्रयोक्ता की अपनी कल्पना से प्रभावित होती हैं। पाठक की विशेष संवेदना भी चाहती हैं। आशा करता हूँ मेरी चेष्टा पाठक की संवेदना को आकृष्ट करेगी। शायद प्रयास कुछ 'सार्थक' भी लगे। अन्तिम कविता, 'धूसर, निष्प्रभ इन्द्रधनुष' की बोध-भूमि और प्रवाह भिन्न है—उसे लिखने में मैंने प्रचलित अन्तराल-प्रवाह ही अपनाया है।

वाक्पतिराज के जिन छन्दों को मैंने लिया है, उन्हें एक व्यापक अर्थ में प्रकृति-केन्द्रित कह सकते हैं। 'प्रकृति' यहाँ अरण्य और अरण्य के भीतर-बाहर गाँव, खेत, फुलवारियाँ इन सबको समोता क्षेत्र है। अन्त की कविता कुछ अलग लग सकती है (इसीलिए अन्त में दी गयी है)। कविता एक ध्वस्त नगर—विशेषकर उसमें के एक राजमहल—के खण्डहर पर है। खण्डहर अरण्य के बीच है, अरण्यग्रस्त है; अब अरण्य का ही एक भाग है; अरण्य का ही भाव उभारता है, एक नगर-स्मृति-बोझिल विषाद के साथ, जो उसे दूसरी कविताओं से अलग करता है। यहाँ वाक्पति के प्रकृति-बोध का एक गहरा, अन्यत्र-अछूता पक्ष उभरता है, जहाँ मानव की कृति में प्रकृति के परायेपन की वेदना है। परायेपन को कवि ने कहकर व्यक्त नहीं किया है, इसलिए और भी मुखर है। कविता वाक्पति के प्रकृति-बोध के ही एक आयाम का रूप लेती दिखती है। यही सोचकर उसे इस संग्रह में रखा है। यह कविता, संग्रह की एकमात्र लम्बी कविता भी है। इसमें कई छन्दों को एक में समोया गया है, जिन्हें कवि ने अलग

ही रखा है। पर यहाँ चित्र की ओर बोध की एक घनीभूत इकाई है, जो एकशरीर जान पड़ती है; तभी मैंने इसे एक कलेवर में पिरो दिया है।

यह नहीं है कि दूसरी कविताओं के अनेक में एक-बोध का अभाव है। पर वहाँ हर छन्द अपने-में-पूरी इकाई भी बनाता चलता है। हर छन्द एक 'मुक्तक' है। एक स्वतन्त्र चित्र की तरह उजागर होता है। इन छन्दों का समग्र, भाव का एक ऐसा सामान्य परिवेश बनाता है जहाँ हर छन्द का अपना विशेष बोध भी जागता रहता है। जापानी वुड-कट चित्रों की तरह यहाँ छन्दों का 'साथ' मानो चित्रों का एक ऐसा 'निकाय' बनाता है, जिसमें हर चित्र की अपनी अलग सत्ता भी बनी रहती है। हर छन्द अपनी अलग परिधि को—अलग 'चौखटे' को—रखता हुआ ही औरों का 'साथी' बनता है। मैंने भी इन्हें अलग मुक्तक ही रखा है, पर इन्हें यों क्रम में सजाने की चेष्टा की है कि इनका परस्पर-भाव कुछ उभरकर दिखे।

ऐसी कविता का इतना बड़ा सम्भार, जो यहाँ संकलित है, वाक्पति के पहले नहीं मिलता। वाक्पति आठवीं सदी में हुए थे, और उन तक आते-आते प्राकृत की काव्य-परम्परा बहुत सधी-समृद्ध हो चुकी थी। अपनी तरह की शिष्ट परम्परा बन चुकी थी। पर वाक्पति के पहले की परम्परा में 'ऐसी' कवितायें नहीं हैं। या 'लगभग' नहीं हैं कहना चाहिये। क्योंकि उनकी दिशा लेतीं कुछ कवितायें देखने में आती भी हैं। इनकी चर्चा करूँगा।

वाक्पति से पहले के प्राकृत काव्य का प्रतिष्ठित ग्रन्थ है 'गाथासप्तशती'। संग्रह ग्रन्थ है। भिन्न कवियों की सात सौ मुक्तक कविताओं का—गाथाओं का—संकलन है। वाक्पति के प्रकृति-काव्य की पूर्व-सूचना देखनी हो तो यहीं देखनी चाहिये। फिर यहाँ कविताओं का परिवेश भी नगर से दूर ग्राम का 'प्राकृत' अंचल है। जहाँ प्रकृति-काव्य की अपेक्षा की जा सकती है। पर हम पाते हैं 'गाथासप्तशती' का विषय प्रकृति नहीं है। या नहीं के बराबर है। गिनती के कुछ एक छन्द प्रकृति पर हैं भी। सम्भव है कि संग्रह के बाहर और भी रहे होंगे, पर संगृहीत नहीं हुए। उनका आकलन भी नहीं किया जा सकता।

'गाथासप्तशती' के संग्रह का मर्म, या दृष्टि, शृंगार है। 'मर्म' शब्द का इसलिए यहाँ प्रयोग कर रहा हूँ, क्योंकि संग्रहकार हाल की भूमिका से लगता है कि इस संग्रह का ही नहीं, प्राकृत कविता मात्र का केन्द्र शृंगार था। 'सप्तशती' की दूसरी गाथा में संग्रह का उद्देश्य हाल यों प्रकट करते

हैं : 'अमृत है प्राकृति की कविता; जो इसे पढ़ना–सुनना नहीं जानते, उन्हें काम–तत्त्व का चिन्तन करते हुए लज्जा आनी चाहिये।'

पर यह देखिये कि हाल की 'गाथासप्तशती' की जिसे पहली कविता कह सकते हैं, वह प्रकृति–परक ही है। (गिनती में यह संग्रह की चौथी गाथा है, लेकिन इसके पहले जो तीन गाथायें हैं वे संग्रह के 'भीतर' नहीं हैं, उनमें पहली का लक्ष्य मंगल–कामना है : शिव–स्तुति के माध्यम से; फिर आगे की दो गाथायें संग्रह की भूमिका हैं—संग्रह का उद्देश्य क्या ? किसकी रचना हैं ?)। फिर यह चौथा छन्द है :

> उअ णिच्चलणिप्पन्दा भिसिणीपत्तम्मि रेहइ बलाआ।
> णिम्मलमरगअभाअणपरिट्ठिआ संखसुत्तिव्व॥
> इसका यो अनुवाद किया जा सकता है—
> बगुला,
> बिस पत्ते पर
> निष्पन्द खड़ा
>
> मरकत के
> निर्मल भाजन पर
> ज्यों सजा रखा हो
> शंख

'सप्तशती' की श्रृंगारमयता सदियों से सहृदयों पर ऐसी छायी हुई है कि इस गाथा पर टीका करते हुए मथुरानाथ शास्त्री जैसा आधुनिक टीकाकार भी इस गाथा को श्रृंगार में ही समेटना चाहता है : यह कहकर कि यहाँ ध्वनि सहेट की है, चाहे सहेट की बात न आयी हो—स्थान रम्य है, निर्जन भी है, तो कहना क्या, अभिसार का निमन्त्रण भी देता ही है! पर गाथा को यों देखना प्रकृति के समस्त सौन्दर्य को ही उद्दीपन के रूप में—श्रृंगार के परिवेश के ही रूप में—देखना है। ऐसी प्रवृत्ति भी संस्कृत के रसवादी आलोचकों में रही है, पर इस गाथा से ऐसी कोई ध्वनि नहीं उभरती, बाहर से आहार्य ही हो सकती है—वह भी बलात् लायी गयी। हाँ, वाक्पति को ध्यान में रखते हुए इस छन्द पर यह टीका शायद की जा सकती है कि यहाँ प्रकृति है तो, पर गौण है, कवि की अलंकार–चेतना ही प्रधान है। कवि का अभिनिवेश प्रकृति पर उतना नहीं जितना अपनी उत्प्रेक्षा के

उन्मेष पर ठहरता दिखता है (मरकत की गाढ़ी हरी काली-सी थाली पर उजला, धौला शंख)। पाठक को लग सकता है कि यहाँ काव्य-बोध में यह बिम्ब ऐसा छाया हुआ है कि कविता को अरण्य के बगुले से दूर किसी सुरुचि से सजे, शिष्ट, नगर-बसे घर की ओर खींचता है।

'सप्तशती' से एक और चित्र लीजिये :

> रेहन्ति कुमुअदलणिच्चलट्ठिआ मत्तमहुअरणिहाआ।
> शशिअरणीसेसपणासिअस्स गण्ठिव्व तिमिरस्स॥

यह ६६१वीं गाथा है। चित्र ऐसी रात का है जब रात गहरा गयी है, और चाँद घने अँधेरे के बीच उगता है।

अर्थ यों किया जा सकता है :

> चाँद चढ़ा।
> सब काट मिटाया
> अन्धकार।
> कुछ गाँठें ही हैं बची यहाँ—
>
> ज्यों कमल पंखुड़ी ऊपर
> निश्चल, मतवाले
> भौंरे (काले)

'मतवाले' का यहाँ क्या औचित्य है, इस अपेक्षा को भूल भी जायें तो भी उत्प्रेक्षा ही यहाँ भी घनीभूत है—व्यंजना में भौंरे के बिम्ब की ही गूँज मुखर है। रात के घुप, सपाट-अँधेरे में चाँदनी का कुहक—जिसके विस्मय ने कविता जगायी, कवि उससे दूर निकलता दिखता है—दूर की कौड़ी की तलाश में।

पर इनसे अलग भी एक छन्द देखिये :

> भरणमिअणीलसाहग्गखलिअचलणद्धविहु अवक्खउडा।
> तरुसिहरेसु विहंगा कह कह वि लहन्ति संठाणम्॥

अनुवाद :

> झुक गये भार से
> पेड़ों की फुनगी ऊपर

डालों के कोमल हरे छोर।

डगमग, चिड़ियाँ
उतले डैने—
आधे पंजों की
ज्यों-त्यों पूरी पकड़ साध,
फड़फड़ करतीं, अब बैठी हैं

यहाँ कविता करने की कोई चेष्टा नहीं है। न अलंकार की, न रीति की, न ध्वनि की। किसी बाँकपन की ओर ध्यान नहीं है यहाँ। एक सीधी, अपने विषय में ही व्यस्त, प्रवृत्ति है। प्रकृति में रमती है—प्यार के साथ; और इसीलिए, सूक्ष्मेक्षिका से उसमें उतरती है। वर्ण्य में तन्मयता ही यहाँ शिल्प है, इससे परे किसी कवि-सुलभ कौशल की साध नहीं। जो व्यंजना है, अभिधा ही में है यहाँ, और अभिधा जो कह रही है वही कविता है।

वाक्पति भी जब प्रकृति में उतरते हैं तो कुछ इसी तरह उतरते हैं, और तब उनकी वाणी में भी ऐसा ही स्वर बोलता है—और भी प्रखर होकर उभरता है। संवेदना के बहुवर्ण विस्तार के साथ गूँजता है। उनके प्रकृति-ईक्षण में बड़ा वैभव और विस्फार है। बहुत बड़ा आँगन खोलते हैं प्रकृति का। रंग, रूप, रस, गन्ध, वर्ण और इनका सूक्ष्म सम्भार, जो हमारे साधारण बोध के अगोचर ही रहता है, वाक्पति की कविता में उज्ज्वल होता निथर आता है। झीनी छवियाँ उभारते हैं वाक्पति—जो कहीं-कहीं एक निगूढ़ नाटक जैसी 'घटना' के संकेत में भी पलती दिखती हैं (जैसा कि ऊपर की कविता में भी है)। वाक्पति प्रकृति की जिन मुद्राओं को हमारे सामने जगा देते हैं उन पर हमारा ध्यान कम जाता है, जाता भी है तो ठहरता, डूबता नहीं; उपेक्षा के साथ ही जाता है। वाक्पति उन्हें हमारे लिए जीवन्त, स्पन्दित कर देते हैं।

वाक्पति इन्द्रियों की विस्मित आँख से प्रकृति को देखते, सुनते, स्पर्श करते और शायद सबसे बढ़कर सूँघते हैं। प्रकृति का रौद्र-भयंकर और कहीं-कहीं विरस-बीभत्स रूप भी उनके काव्य में चमक जाता है, पर उनके लिए प्रकृति इन्द्रियों का निमन्त्रण है। तपस्या या अध्यात्म का सौम्य, स्तब्ध, वीतराग परिसर नहीं, न आश्रम की-सी सरल, सजल स्नेहमयी मनुष्य और मनुष्येतर को परस्पर प्रेम के एक-सूत्र में बाँधती ऋषियों की गृहभूमि है। वाक्पति की प्रकृति-दृष्टि में प्रकृति से हमारा

गम्भीरतर सम्बन्ध प्राणों का सहज सम्बन्ध है, जो कहीं एक गूढ़तर आत्मसम्बन्ध की ओर पाँव बढ़ाता लग सकता है—पर जो रहता नेपथ्य में ही है। वाक्पति में किसी 'अगाध', 'अगोचर' का संकेत नहीं है। वाक्पति के समय के चीनी कवियों को देखिये। इन कवियों में भी प्रकृति का सूक्ष्म ईक्षण है, पर प्रकृति वहाँ सहज ही एक 'सहज' भूमा का, एक बृहत् ऋत का अनुभव भी जगाती है। वाक्पति में ऐसे किसी विराट का भाव नहीं है। वाक्पति की प्रकृति-संवेदना को शायद हम मन-प्राण की चमत्कृति कह सकते हैं, एक शोभा-स्फुरित जीवैक्य बोध, जो ऋजु, सरल, अनायास है—और ऐसी ही कविता के रूप लेता है।

ऐसी कविता को पुरानी शब्दावली में स्वभावोक्ति भी कह सकते हैं, जहाँ कविता अपने 'होने' की ओर उन्मुख न होकर—कविताई में न उलझकर—वस्तु के 'होने' का उद्‌घाटन करना चाहती है। यह मात्र वर्णन नहीं, जो कि बाहर की, ऊपर-ऊपर की, सतह की बात होती है; स्वभावोक्ति में वस्तु के भीतर उतरने की प्रेरणा होती है। तभी वह कविता होती है—स्वभाव यहाँ वस्तु का भावन है, जो कई रूप, कई दिशायें भी ले सकता है, क्योंकि भीतर की डुबकी लगाता है। इसी बात को 'अलंकार' की शब्दावली में भी कहा जा सकता है। कविता को साधारण भाव और भाषा की भूमि से हटाकर एक व्यापक अर्थ में अलंकार-चेतना से हम जोड़ सकते हैं। ऐसा करें तो वाक्पति की प्रकृति पर लिखी कविताओं के लिए 'स्वभावालंकार' की बात की जा सकती है—'ऐसा कवि-कौशल जो वर्ण्य के स्वभाव को स्वभाव की ही पर्याप्ति में उतारता है।' पर इसके लिए 'अलंकार' शब्द को यों समझना होगा—'जैसा, जितना, कहा-किया जाना चाहिये (अलम्), वैसा और उतना ही कहना-करना।' अलंकार शब्द का जो अर्थ अन्यथा लिया जाता है, यह स्पष्ट ही इससे विपरीत है—'कविता में कही गयी बात का शिल्प-रूप मण्डन।' ऊपर जो 'गाथासप्तशती' का छन्द अभी मैंने लिया, उसमें वर्ण्य के ही स्वभाव को आँकने की साध है; अगर यह स्वभावालंकार है तो यहाँ 'अलंकार' की बात की जा सकती है। कवि की दृष्टि यहाँ सूक्ष्म है, वर्ण्य के स्वरूप को शब्दों में उतारना चाहती है। पर मानो कविता के सहारे नहीं, वर्ण्य के ही सहारे। एक उन्मेष जगाती है, जो कवि की 'दृष्टि' का है, उसकी कविताई का नहीं। कवि मानो हमारी दृष्टि की अगुवाई करता हमें प्रकृति में ले

चलता है। हमारे देखने में जो अनदिखा रहता है, दिखाता है, एक नयी आँख जगाता है। करता वर्णन ही है—आपात-दृष्टि से 'कोरा' वर्णन भी करता जान पड़ सकता है; पर उसकी दृष्टि वर्ण्य की धमनी में अपना स्फुरण ढूँढ़ती है, अपनी दीठ से हमें चमत्कृत करती चलती है। भाव जैसा कुछ 'व्यंजित' करने का इरादा तो रखती नहीं जान पड़ती, पर उन्मुख फिर भी हमारी भावना की ओर ही होती है, बुद्धि की ओर नहीं। पर भाव मानो क्षितिज पर ही रहता है—दूर, पकड़ से बाहर। हम तक उसका एक आभास ही आ पाता है। एक गूँज अनपहचानी-सी जागती है—भाव से जैसा हमारा साधारण परिचय है, वैसा कुछ नहीं उभरता। नृत्त, संगीत की-सी स्थिति बनती लगती है।

यहाँ वाक्पति से भी हम पूछ सकते हैं कि अपनी कविता के बारे में वे क्या कहते हैं। बड़े जागरूक, आत्मचेतन कवि थे वाक्पति और अपनी अनन्य, व्यक्तिगत शैली पर उन्हें गर्व भी था। उसके बारे में कहते हैं—'उसका (वाक्पति का) वाणी-विलास ऐसा है जैसे सरस चित्र हो—उसमें रस है, स्पर्श का लावण्य है, सार है; वह स्थिर-उज्ज्वल है, छाया-घन है।'

आलेक्खियं च सरसं च परसि-लोणं च सारवन्तं च।
थिरमुज्ज्वलं च छायाघणं च गी-विलसियं जस्स॥

(गउडवहो, ८०१)

देखने की बात है कि कवि ने आलंकारिकों के नहीं, चित्र-रसिकों के शब्द चुनते हुए किसी मार्मिक चित्र के लक्षण अपनी कविता पर उतारे हैं; मानो, हमारी आँखों के आगे रखे, हमारी संवेदना में उजागर किसी जीवन्त चित्र से अपनी कविता को तौला है : ऐसा चित्र जहाँ रंगों के साथ रंगों की घुलती छायायें आकृति की बुनावट को गफ-गझिन बनाती हैं, जिसकी लुनायी छू लेने को ललचाती है। यह अपने आप में ही कविता का एक अनूठा आदर्श है (जिसे अभी पिछले दिनों तक 'क्रान्तिकारी' भी कहा जाता था)। चित्र से यह तुलना कितनी सार्थक है, सहृदय पाठक 'गउडवहो' देखते हुए जाँच सकते हैं—क्योंकि कविता की चर्चा करते हुए कवि स्वयं अपनी कविता पर क्या कहता है, इसकी प्रासंगिकता या सार्थकता प्रश्न के घेरे में रखी जा सकती है। पर एक बात आपने फिर भी देखी होगी—वाक्पति की बात सार्थक हो भी तो पूरी नहीं है। यह ठीक है कि वाक्पति अपनी कविता में चित्र तो आँकते हैं, बड़े वर्ण-स्निग्ध, रंग में रंग की, रूप

में रूप की छाँह सँजोये, छाया-घन चित्र आँकते हैं, पर वे केवल चित्र नहीं हैं, चलचित्र हैं; स्पर्श-मय भी हैं। स्पर्श की बात ऊपर की गाथा में वाक्पति ने की भी है (परसि-लोणं)—पर यों कही बात कुछ बुद्धि की, चित्र-'लक्षण' की-सी लग सकती है, स्पर्श जहाँ परोक्ष है; स्पर्श की बात का सही सम्बन्ध चित्र के उस गुण से बनता लगता है जिसे वाक्पति ने 'स्थिर-उज्ज्वल' कहा है (यह गुण पहाड़ी-राजस्थानी क़लम के कई पुराने चित्रों में आज भी स्थिर है)। यह वर्णों की ऐसी उभरती, आँखों को खींचती स्पन्दमयी कान्ति है जो आँखों से कहती है, आओ मुझे छू लो। वाक्पति के चित्रों में इससे भी अधिक साक्षात् स्पर्शमयता की अनुभूति होती है, वहाँ केवल रंग-रूप उकेरने का छाया-घन कौशल नहीं, चित्र के पीछे खड़ी प्रकृति ही मानो छू लेने की चेतना में जाग उठती है। पर जो बात वाक्पति में बिलकुल अनूठी है वह है उनके चित्रों की गन्धमयता। गन्ध-बोध के 'बहु-रंग' भाव-लोक के प्रति उन जैसी पैनी-पैठती संवेदना किसी और कवि में शायद ही मिलेगी। साथ ही एक गम्भीरतर बात और है। वाक्पति अपनी शैली चित्रमयता की बात करते हैं तो अपनी पूरी कविता के लिए करते हैं। प्रकृति-काव्य को अलग नहीं रखते। पर उनका प्रकृति-काव्य उनके शेष काव्य से भिन्न है। वे कोई भी शैली साधते हों, और हम मान भी लें कि उसमें वे सफल हुए हैं, तो भी उनके प्रकृति-काव्य पर यह बात उसी अर्थ में पूरी होती नहीं दिखेगी जैसी कि उनके शेष काव्य पर। उनके प्रकृति-काव्य में चित्रमयता है भी तो उसे किसी साधी हुई 'शैली' के रूप में देखना ठीक नहीं लगता। जैसा कि कह आया हूँ, वहाँ कविता करने की बात उतनी सार्थक नहीं जितनी 'देखने' की बात, या काव्यात्मक शैली में ही कहना चाहें, तो 'चितवन' की बात।

पर एक बात उनके सम्पूर्ण कवि-कर्म के बारे में कही जा सकती है। एक बड़ा 'इहलौकिक'-सा भावलोक है वाक्पति में, जो उनके प्रकृति-परक छन्दों में ही नहीं उनकी 'देव'-स्तुतियों में भी झलकता है—जहाँ कुछ तो अलौकिक की अपेक्षा रखी जा सकती है। एक अर्थ में ऐसे भावलोक को शिष्ट और शिल्प-विदग्ध संस्कृत काव्य-मात्र की बोध-भूमि कहा जा सकता है। हाँ, वाक्पति जैसा सूक्ष्म और विस्तृत प्रकृति-वीक्षण संस्कृत में विरल है और इस बात को कहते हुए मैं प्राकृत को भी संस्कृत के साथ ही रखना चाहता हूँ। सच पूछें तो प्राकृत, संस्कृत दोनों में कुछ शिल्प का,

कुछ संवेदना का, भेद हो भी तो भी दोनों की कविता निर्मिति और भाव-तत्त्व की एक-सी बोध-भूमि पर स्थित है। दोनों का परस्पर भाव भी स्वीकृत ही था। वाक्पति स्वयं कहते हैं : 'प्राकृत की छाया से संस्कृत के पदों का लावण्य उन्मीलित होता है; संस्कृत के संस्कार का उत्कर्ष पाकर प्राकृत में प्रभाव उभरता है' :

उम्मिल्लइ लायण्णं पयय-च्छायाए सक्कयवयाणं।
सक्कय-सक्करुक्करिसणेण पययस्सवि पहावो॥

(गउडवहो, ६५)

वाक्पति का प्रकृति-काव्य भी 'इहलौकिक' है, पर एक मर्म का भेद भी उभरता है जब हम वाक्पति की देव-स्तुतियों को देखते हैं। वहाँ कविताई का प्रकट ही नहीं, चतुर, विदग्ध, प्रयास है—चाहे भंगी कितनी ही कवि की अपनी हो; कितनी ही नितान्त वैयक्तिक हो (और है भी)। देव-नमस्कार से काव्यारम्भ होता है, और वहीं से कवि का शिल्प-वक्र काव्य-कौशल और भाव का इहलौकिक धरातल दोनों प्रकट होकर उभर आते हैं। कुछ उदाहरण दूँगा, जिनसे बात झलक आयेगी।

विष्णु के नाम कई गाथायें हैं। वाक्पति का विष्णु के असुर-विरोधी रूपों की ओर कुछ पक्षपात झलकता है। पर मोहिनी रूप भी है। फिर कृष्ण हैं। कृष्ण के मधुर अनुरागमय रूप का ही वर्णन है। महाभारत के धर्मावतार रूप का नहीं। राधा-प्रणयी, उत्कट शृंगारी रूप भी है। बहुत ही 'लौकिक' भाव के साथ! बाईसवीं गाथा कहती है—

णह-रेहा राहा-कारणाओ करुणं हरन्तु वो सरसा।
वच्छ-त्थलम्मि कौत्थुह-किरणाअन्तीओ कण्हस्स॥

(गउडवहो, २२)

दुख दूर करें,
राधा-नख।
कान्हा के उर जो उकेरी है सरस रेख—
कौस्तुभ-मणि-किरण बनी।

इस छन्द के बाद ही मोहिनी का फिर से स्मरण है, पर बात राहु की विषम, निधड़, सिरकटी स्थिति पर टिकी है। कुशल नर्तक की तरह कवि भाव

के संचार की दिशा एकदम बदल देता है। शृंगार से हटकर एक गुत्थिल, अन्त:स्तब्ध, 'करुण' की ओर मुड़ जाता है :

तं णमह जेण अज्जवि विलूण-कण्ठस्स राहुणो वलइ।
दुक्खमनिच्चरियंचिय अमूल-लहुएहिं सासेहिं॥

(गउडवहो, २४)

उसे मेरा नमन,
जिसके प्रहार से
आज भी राहु का सिरकटा, घुटा,
अनकहा दुख
छोटी-ओछी,
भीतर-ही-भीतर उमड़ती साँसों में उलझा
बाहर नहीं आ पाता है।

वाक्पति में ऐसे जटिल, 'मानवीय' भाव और भी हैं। करुण-बीभत्स और करुण-रौद्र या करुण-भयानक रसों के विषम मेल के प्रति एक 'आधुनिक'-सा रुझान है उनमें—जैसे यहाँ ऊपर के छन्द में। कल्पना सौषम्य-विरोधी सूत्रों में पलती चलती है। धरातल इहलौकिक ही रहता है।

इस विषय में और भी लक्षणीय शायद देवों के चित्रण में खनकता परिहास है।

जैसे एक गाथा कृष्ण-बलराम दोनों पर देखिये :
अप्पाण-गमिय-वियणत्तणेण पर-दलिय-सेस-कुम्माण।
णिरूपालम्भं बल-केसाण परिवग्गियं जयति॥

(गउडवहो, २६)

साथ-साथ घूमते हैं केशव-बलराम।

जय हो उनकी।
दूभर है दोनों का भार।
इधर शेष उधर कूर्म—
बहुत पीड़ा है दोनों को—
पर कोई जो आप ही अपने को सताने की ठान ले
तो दोष किसको दे?

कृष्ण-बलराम के बाद एक गाथा कृष्ण पर है—या पीतवसन विष्णु पर। अच्छी, समर्थ कविता है, जो हरि के केहरि—नृसिंह—रूप की भी याद

दिलाती है और कुछ बिहारी के उस दोहे की भी जहाँ वे कृष्ण की बाँसुरी के हरे पर पीले की आभा चढ़ने की बात करते हैं :

तं णमह पीय-वसणं जो वहइ सभाव-सामल-च्छायं।
दिअस-णिसा-लय-णिग्गम-विभाय-सबलंपिव सरीरं॥

(गउडवहो, २७)

स्वभाव-श्यामल शरीर पर पीत वसन—
लगता है, दिन और रात को अलग करती रेखा से
बँट गयी है देह। उसे मेरा नमन।

आगे शिव पर कुछ गाथायें हैं, जिनमें उनके काम-दाही रूप को पहले उभारा गया है। पढ़ते हुए मुझे कुछ ऐसा लगा कि शिव ही वाक्पति के इष्ट-देव थे। यहाँ कोई चुटकी या चुहल नहीं है जैसी कि ऊपर कृष्ण-बलराम पर है। हाँ, एक गाथा में तीख़ा परिहास है, जहाँ स्कन्द के अविवाहित रह जाने को एक चुटकुला-सा बना दिया है :

तं णमह कुलंपिव जस्स सुलह-संभावणं परिहरन्तो।
अज्जवि बाणमणङ्गो णो मुयइ भओ कुमारम्मि॥

(गउडवहो, ४२)

'उसी कुल का तो है,
कौन जाने वही न कर बैठे—
सम्भावना सुलभ है'
यही सोचकर कामदेव
शिव के पुत्र स्कन्द पर
आज भी धनुष नहीं उठाते
(कुँवारा है बेचारा)
ऐसे स्कन्द को नमस्कार है

पर यह शिव पर नहीं, उनके पुत्र पर है।

इस गाथा में विनोद का गहरा पुट ही नहीं है, 'हँसी उड़ाने' की तीख़ी प्रवृत्ति है, जो चौंका देती है। भाव में लौकिकता ही नहीं, ठिठोली का एक नितान्त हलकापन है।

देवताओं के साथ ऐसी चुहल भरी छेड़छाड़ वाक्पति के आगे-पीछे के कई संस्कृत कवियों में भी मिलती है। पुराना कोई सुभाषित संग्रह उठाकर

देखिये, नमूने के बाद नमूना मिल जायेगा। देवताओं के प्रति जिस मनोभाव का ये छन्द परिचय देते हैं उस पर विशेष विचार नहीं किया गया है। पर भाव भक्ति का तो नहीं ही है—भाव में परिहास का फुरफुराता-सा उछाल है जो देवताओं को देवत्व के स्वर्लोक से उतारकर धरती पर ला खड़ा करता है। एकदम से 'इहलोक' का जीव बना देता है, वह भी निहायत 'याराने' के साथ। बड़ी अतिपरिचित 'लौकिकता' के साथ।

कोई इसका अर्थ शायद यह लगाये कि तत्कालीन युग ही मानव-बोध का : 'ह्यूमैनिटेरियन' : युग था, जैसा कि यूरोप में रिनेसाँ-काल के लिए कहा जाता है। पर बात अधिक जटिल है। यूरोप में भी जटिल है, जहाँ ह्यूमैनिटेरियन बोध के साथ ईसाइयत का दैवी बोध भी उतना ही गहरा था। यों भी यूरोप के इतिहास को भारत के लिए निदर्श बनाना तो स्पष्ट ही भ्रान्ति है—यहाँ धर्म और लौकिकता का वैसा हिंस्र और उत्कट विरोध कभी नहीं रहा जैसा कि यूरोप के ईसाई युग में गहराता देखा जाता है। भक्ति-काल में जब धर्म-भाव अधिक प्रखर था, तब भी कृष्ण के प्रति गहरे भक्ति-भाव से लिखे पद और नायक-नायिका भाव से लिखे बड़े 'लौकिक' शृंगारी कवित्त हिन्दी (और दूसरी भाषाओं में) मिल ही जाते हैं। फिर इसे हम ह्यूमैनिटेरियन बोध का उदय क्यों नहीं कहते ? न हम यह मानते हैं कि कृष्ण को लौकिक नायक के रूप में आँकने वाले कवि देवद्रोह (ब्लास्फ़ेमी) की ओर उन्मुख थे। हम यह तो कह सकते हैं कि किसी भी सभ्यता में लौकिक और अतिलौकिक का भेद तो होता ही है और जिसे लोकातिग माना जाता है उसके प्रति भाव के गाम्भीर्य को भी उचित माना जाता है। पर इसकी कोई परिनिष्ठित मर्यादा हम नहीं बना सकते। और फिर हम यह तो कह ही नहीं सकते कि वाक्पति का और संस्कृत-प्राकृत के अन्य कवियों का भाव ब्लास्फ़ेमी जैसा कुछ था—क्योंकि जिस सन्दर्भ की हम बात कर रहे हैं वहाँ इस शब्द का कोई अर्थ ही बनता नहीं दीखता। पर प्रश्न फिर भी रह जाता है—इसे क्या कहें ? कुछ ही कवियों में यह भाव कुशल सचेतन शिल्प के साथ उभरकर आता है—ऐसे कवियों में जिन्हें अभिजात और विदग्ध भी कहा जा सकता है : जिन्हें 'नागर' कह सकते हैं। इन्हें दरबारी कहने का भी चलन है, पर ये राजसभाओं में सीमित नहीं थे, उस संस्कृति में पले थे जो नगरों में परवान चढ़ती, मँजती, प्रौढ़ होती आयी है। भारत में कामशास्त्र इसी संस्कृति का

प्रतीक है। गणिकावाट इसके घर थे। 'लौकिकता' के रंग में रँगी यह संस्कृति धर्म-विरोधी तो नहीं कही जा सकती, लेकिन धर्म के प्रति इसका भाव श्रद्धा-हीनता का 'भी' हो सकता था। वैसे धर्म से इसका सम्बन्ध जटिल था, जिसका कोई सीधा एकांगी-सा लक्षण नहीं किया जा सकता। यह भी ध्यान में रखना चाहिये कि काव्य के कुछ अपने आदर्श थे, 'अच्छेपन' की अपनी परख, जो कविता मात्र की कसौटी थी। इन आदर्शों में एक यह था कि कविता बड़ी इन्द्रिय-गम्य होनी चाहिये, बड़ी ठोस, बड़ी दृश्य-श्रव्य-स्पर्शमयी। जैसे कुछ साक्षात् सामने खड़ा कर दिया गया हो, चाहे कथ्य कितना ही इन्द्रियातीत हो। अँग्रेज़ी के आधुनिक कहलाने वाले काल ने भी यह आदर्श जगाया था और हम पर आज फिर वहाँ से आयी इसकी छाया है। इस आदर्श में एक अन्तर्निहित-सी 'लौकिकता' है, या लोक-प्रधानता, जो एक लम्बे काल तक संस्कृत-प्राकृत काव्य-बोध को भी सींचती रही है। वाक्पति के प्रकृति-चित्र इसके बड़े स्फुट उदाहरण हैं। वैसा ही-सा बोध उनके देव-वर्णन में भी है। पर भाव का धरातल वैसा सहज-उदात्त नहीं है। कविताई के इस आदर्श को बोध मात्र की 'लौकिकता' से जोड़ना कहाँ तक ठीक होगा, यह विचारणीय है।

वाक्पति की अपनी निजी बोध-प्रवणता पर आयें तो हम पाते हैं कि प्रलय के प्रति वाक्पति के मानस में एक विचित्र-सा गाढ़ मनोभाव था, एक तरह का ऐसा लगाव कहना चाहिये, जिसे फिर 'आधुनिक' कहा जा सकता है। विनाश—यहाँ तक कि सर्वतोमुखी विनाश—उनकी कल्पना को मानो बरबस खींचता है, और प्रगल्भ करता है। काली का वर्णन करते हुए वे जो उत्प्रेक्षा रखते हैं उसके गर्भ में प्रलय की घोर ही नहीं, बड़े वक्र-विषम-सी कल्पना है—

भमियं पलअ-पओसे विविह-कवालम्मि णमह कालीए।
मिलिआसेस-णिसा-लक्ख-विसम-बहु-चन्द-खण्डेव्व॥

(गउडवहो, ४५)

प्रलय की गहराती साँझ।
झुटपुटे में घूमघूमती काली के गले में
टुकड़े-टुकड़े कपाल जगमगाते हैं।
कितनी रातों के कितने बेमेल चाँद।

अरण्य में खण्डहर हुए राजमहल का वर्णन भी विनाश के प्रति आकर्षण की कोटि में रखने को जी चाह सकता है। पर वहाँ प्रकृति के अचेतन में खोई मानव संस्कृति के प्रति एक उदास, पर मानव-स्मृति-स्पन्दित उजास का भाव ही अधिक सचेतन है (पाठक शायद मेरे रूपान्तर में भी इस व्यंजना का बोध करेंगे)। विश्व-ब्रह्माण्ड के विनाश की 'कल्पना', और किसी जीते-जागते नगर के विनष्ट अवशेष के प्रति भाव की आत्मीयता में अन्तर स्वाभाविक है।

और 'विनाश' अगर अपने जैसे ही किसी व्यक्ति का हो तो भाव की शिरा में वेदना की ओर अन्तरंग गति आ जाती है। एक और वर्णन लेता हूँ जिसे इस सन्दर्भ में ही रखना चाहिये। संस्कृत-प्राकृत काव्य में अनपहचाना वर्णन है, जो 'विनाश' के प्रति कवि की संवेदना के एक अन्य-कवि-दुर्लभ पक्ष को उभारता है। वर्णन एक ऐसे पुरुष का है जिसे विन्ध्यवासिनी के आगे बलि चढ़ाया गया था (लगता है शबरों का अनुष्ठान था)। यशोवर्मा की मगध की ओर बढ़ती विजय-यात्रा उन्हें विन्ध्य के जंगलों में ले जाती है। वहाँ शबर जाति के वनजीवी लोग उन्हें रास्ता दिखाते हुए, और (उनकी सेना के लिए) रास्ता बनाते हुए, उन्हें देवी विन्ध्यवासिनी के मन्दिर ले जाते हैं। विन्ध्यवासिनी शबरों की ही देवी थी। वाक्पति ने 'शबरी' के नाम से उन्हें पुकारा भी है। मन्दिर में महर्षिमर्दिनी के रूप में देवी का सहस्त्र-भुज विग्रह था। रुधिर-प्रिया देवी के आगे और पशुओं के साथ नर-पशु की बलि के भी अवशेष थे। यशोवर्मा वहाँ पहुँचे तो देखा कि देवी के आगे कुछ समय पहले बलि किया गया एक नर-कलेवर पड़ा था। यहाँ यशोवर्मा के मुँह से कवि कुछ गाथायें कहलाता है। इनके कथन का संयम इनकी भाव-गम्भीरता का द्योतक है। दो गाथाओं के अनुवाद यहाँ दे रहा हूँ :

तम्मिच्चिय सन्धि-पसूय-कीड-मालविले णडालम्मि।
हासाय भिउडि-भङ्गोव्व विलिहिओ अह कयन्तेण॥
इह अज्जवि किं णु पुराण-भाव-कविसीकयट्ठि-बन्धम्मि।
हियउद्देसे रोसग्गि-पिडिं गमच्चेय विप्फुरइ॥

(गउडवहो, ३४०, ३३९)

जोड़ों से निकलती, कीड़ों की पंगत
ललाट पर रेंग रही है।

मृत्यु ने जैसे भौंह की बाँक यों आँक दी
कि अभी हँस उठेगा।
पसलियों का पंजर
पुराना होकर कपिश हो चला है—
हृदय में जैसे आज भी लाल-पीला रोष
धधक रहा हो।

इन वर्णनों में रौद्र-बीभत्स करुण की ध्वनि से भयावह हो जाता है। अभिव्यक्ति की चित्रमयता भी देखिये। यहाँ यह चित्रमयता भाव को एक ठहराव देती है जो अन्यथा भावाकुता से रुँधे-गद्‌गद अतिरेक की ओर बढ़ सकता था।

वाक्पति का एकमात्र उपलब्ध काव्य है 'गउडवहो'। इससे पहले कवि ने और एक महाकाव्य लिखा था : 'महुमहवियय'। वह नहीं मिलता। वाक्पति 'गउडवहो' को ही अपनी प्रौढ़ रचना मानते थे। परवर्ती रसिकों ने भी इसे ही बचा रखा है। अपने दोनों काव्यों की तुलना करते हुए वाक्पति 'गउडवहो' के बारे में कहते हैं कि यहाँ उनकी कविता में एक निथरापन है जैसा वनलताओं के बाद के उभरते फूलों में होता है, जो पहले के काव्य में नहीं था :

महुमयवियय-पउत्ता वाया कह णाण मउलउ इमम्मि।
पढम-कुसुमाहि तलिणं पच्छा-कुसुमं वण-लयाण॥

(गउडवहो, ६९)

'गउडवहो' 'प्रबन्ध' है—एक लम्बा महाकाव्य। कण्ठतः घोषित विषय है यशोवर्मा की मगध-विजय। यशोवर्मा ८वीं सदी के मध्य के एक बड़े सम्राट थे जो भारत के एक बहुत बड़े भूभाग पर राज्य करते थे। विद्या के भी संरक्षक थे, और विद्या-रसिक भी। इनके प्रभाव का विस्तार व्यापक था। चीन से भी इनके सम्बन्ध थे; चीन के कई दूत इनके राज्यकाल में भारत आये थे। भारतीय स्थापत्य के कुछ विद्वान् मानते हैं कि ग्वालियर का तेली का मन्दिर भी इन्हीं का बनवाया हुआ है—'गउडवहो' की तरह ही विलक्षण यह मन्दिर उत्तर भारतीय वास्तुशिल्प की अपने आप में एक अनूठी कृति है। वाक्पति यशोवर्मा के सभाकवि थे। भवभूति भी इन्हीं की सभा के रत्न थे। वाक्पति ने भवभूति की प्रशंसा की है। उन्हें अपनी काव्य-प्रेरणा का एक विशेष और महिम स्रोत कहा है। उदार शब्दों में

उनका ऋण स्वीकार करते हैं। कहते हैं, 'आज भी मेरी रचना जहाँ असाधारण (विकट) कुछ गूँथती है, वहाँ भवभूति-समुद्र से उछले काव्य-रस के कण उसमें चमक-चमक जाते हैं' (गउडवहो, ७९९)।

'गउडवहो' का अभिप्रेत विषय ऐतिहासिक है और अपनी तरह से यह काव्य इतिवृत्त को सँजोता भी है। पर काव्य का शीर्षक जिस घटना को केन्द्र में रखता जान पड़ता है—गौड़ (या मगध) राजा पर विजय और उसका वध—यह घटना सरसरी-सी ही आगे आती है। तीन-चार श्लोकों में निपटा दी जाती है।

यशोवर्मा कान्यकुब्ज से राज्य करते थे। उनका राज्य विस्तृत तो था ही, उन्होंने दिग्विजय से राज्य को बढ़ाया भी था। 'गउडवहो' को इसी दिग्विजय की कथा कह सकते हैं। मगध का राज्य यशोवर्मा का पड़ोसी था। काव्य से लगता है कि विजय का आरम्भ वहीं से हुआ है—'गउड' या 'गौड' शब्द मगध और गौड़ दोनों के लिए आया जान पड़ता है; गौड़ का उस समय अपना कोई शक्तिशाली राज्य नहीं था, वह मगध के ही अन्तर्गत था।

जिस रूप में आज 'गउडवहो' मिलता है, लगता नहीं कि कवि ने उस रूप में उसे छोड़ना चाहा होगा। इस बात के बहुत से चिह्न काव्य में दिख जाते हैं—बहुत ध्यान से न भी देखें तो भी झलक आते हैं। तभी काव्य के स्वरूप को लेकर विद्वानों में मतभेद रहा है; उसकी समग्रता पर प्रश्न उठे हैं। यह तो सभी को लगता रहा है कि काव्य जिस रूप में हम तक आया है, असम्यक् है। काव्य जिस उद्देश्य से लिखा गया, वह उद्देश्य ही उसमें बिखरा-भटका दिखायी देता है। पर जिस भी 'असम्यक्' रूप में वह उपलब्ध है, उसी रूप में उसका रसिकों, पाठकों में सदियों से समादर रहा है—नहीं तो उसकी पाण्डुलिपियाँ नहीं बनतीं और रचना हम तक आती ही नहीं। और कहना न होगा कि रचना का आदर काव्य के रूप में रहा है, इतिहास के रूप में नहीं।

एक पूरे और व्यवस्थित प्रबन्ध की धारणा मन में रखकर 'गउडवहो' को देखें तो बिखराव बार-बार सामने आता है। समग्र तो क्या, कोई अधूरा भी अवयवी नहीं बनता दिखता। टुकड़े-टुकड़े, गुच्छे-गुच्छे, यही रूप उभरता है। पर इन गुच्छों में ही वाक्पति का काव्य है। इन्हीं के कारण 'गउडवहो' की पूछ रही है। उसका संरक्षण हुआ है। हम यह भी नहीं कह सकते कि

काव्य में आज जो अव्यवस्था दिखती है, कवि के समय की नहीं—बाद की है। काव्य की सभी उपलब्ध प्रतियों में एक-सा ही पाठ है। स्पष्ट ही कवि तक जाता है। जिस रूप में उसका संरक्षण हुआ है, कवि ने ही उस रूप में उसे छोड़ा था—गुच्छों-गुच्छों में। लगता यही है कि पीछे के पाठक काव्य को यशोवर्मा की कहानी के लिए या किसी लम्बी गठी हुई कविता—महाकाव्य—के कौतुक से नहीं पढ़ते थे। मुक्तक और मुक्तक-गुच्छों के संग्रह के रूप में ही इसके प्रति आकृष्ट थे। मेरा 'अनुवाद' भी मुक्तकों का ही संग्रह है।

'गउडवहो' में मुक्तक-गुच्छों को तरतीब से बाँटा भी नहीं गया है। 'अध्याय' या 'सर्ग' जैसे कोई खण्ड नहीं हैं। पूरा काव्य एक निरन्तर अविभाजित प्रवाह है, जबकि विषय-भेद स्पष्ट हैं और विभाजन चाहते हैं। काव्य छोटा भी नहीं—१२०९ गाथाओं का 'महा' काव्य है ('प्रक्षिप्तों' को लें तो कुछ ऊपर समझिये)। यह भी नहीं है कि ऐसे काव्यों में अविभाजन का भी चलन था। बस 'गउडवहो' ही इस रूप में मिलता है। लगता है जैसे किसी भी योजना-बन्ध में इसे बिठाने की चेष्टा ही नहीं की गयी है। इस दृष्टि से काव्य अपनी परम्परा में अपवाद ही ठहरता है, और इसे इच्छाकृत भी नहीं कह सकते, क्योंकि मुक्तक-गुच्छों में झाँकें तो महाकाव्यों की परिपाटी का निबाह भी प्रकट हो जाता है। गुच्छे ऐसे विषयों के हैं जो ऐसे महाकाव्य के अपेक्षित से विषय थे : देवता-स्तुति, कवि-काव्य लक्षण, नायक यशोवर्मा-यश-वर्णन, विजय-यात्रा और यात्रा के भीतर ही ग्रीष्म-वर्णन, प्रावृड्-वर्णन, समुद्र-वर्णन, भिन्न प्रदेश-वर्णन आदि। ऐसा नहीं है कि विन्यास की कोई शृंखला बनती ही नहीं, पर उखड़ती है, टूटती है। गुच्छे अलग-अलग प्रतीत होते रहते हैं। कवि गुच्छों का बेतरतीब-सा बुकचा बाँधता दिखता है। लगता है कवि ने अपने लिए नोट्स बनाये थे, खसरा-सा खड़ा किया था, जिसे समग्र आकार में नहीं ढाल पाया। फ़िल्म का उदाहरण लें। कई फ़िल्मकार पूरी फ़िल्म का एक ख़ाका-सा मन में रखते हुए सूझ और सुभीता देखते हुए आगे-पीछे के हिस्से फ़िल्माकर रखते चले जाते हैं; उन्हें जोड़-समेटकर एक धागे में पिरोने का काम बाद में करते हैं। लगता है वाक्पति के साथ ऐसा ही कुछ हुआ है। उन्होंने गड्डमड्ड कुछ लिख रखा, पूरे को सजाकर एक गुम्फ बनाने का काम किसी कारण नहीं बन पड़ा।

काव्य की अव्यवस्था भी विचित्र ही है। जिसे पहला भाग कह सकते हैं—काव्य का दो-तिहाई हिस्सा—उसमें एक संयोजना-सी रूप लेती दिखती है, पर बीच काव्य में अचानक उखड़ाव आ जाता है और एक अटपटी, चकरा देने वाली दरार का रूप ले लेता है। श्लोक ७९६ तक गौड़ राजा का वध हो चुकता है। दिग्विजय के बाद यशोवर्मा कन्नौज लौट आता है, ललनाओं से घिरा हुआ, विजयोचित श्रृंगार में रम जाता है। लगता है कहानी जैसी भी बनी, पूरी हुई। पर तभी कवि स्वयं आगे आता है। अपना परिचय देता है, कविता की, कवियों की चर्चा करता है—जिस चर्चा की अपेक्षा या तो आरम्भ में हो सकती है या अन्त में, उसे यहाँ 'मध्य' में करता है। लग सकता है कि काव्य का अवसान आ गया है। किन्तु कवि अचानक चौंका देता है। सभा के विदग्ध जनों के एक अनुरोध की बात कहता है : 'पिछले समय में किस तरह यशोवर्मा ने मगधनाथ (गौड़ाधिपति) का निपातन किया था, यह हम आप से पूरा सुनना चाहते हैं' (गाथा, ८४४) : विचित्र-सी स्थानच्युत प्रार्थना लगती है, जो कि काव्य के आरम्भ में आनी चाहिये थी। प्रार्थना सुनकर वाक्पति ऐसा गद्‌गद हो जाता है कि प्रभु की प्रशंसा के वाक्य तक मुँह से नहीं निकाल पाता (८४७)। पर आगे यशोवर्मा की बढ़ी-चढ़ी, लम्बी-चौड़ी प्रशंसा चलती है। यशोवर्मा को कवि पृथ्वी के परित्राण के लिए आविर्भूत विष्णु का अवतार बताता है। इस बहाने विष्णु की कथा चल पड़ती है। साँझ हो जाती है। कवि कहता है मैं योग्य तो नहीं हूँ पर सवेरा होने दो, मैं यशोवर्मा के भुज-दर्प का दर्पण यह 'गउडवहो' आपको सुनाऊँगा। बताऊँगा कि पूर्व के राजाओं का निपातन कैसे हुआ। साथ ही कहता है कि कथा का 'महारम्भ' तो वह कर चुका है (१०७३-७४)। साँझ हो ही चुकी थी, सन्ध्या-वर्णन करना नहीं भूलता। वर्णन के बाद फिर अपने आपको यशोवर्मा-चरित वर्णन में असमर्थ पाता है और सोने चला जाता है। आगे सन्ध्योचित, निशोचित और प्रभातोचित कामीजन-चेष्टा की एक गुच्छा-भर काव्योचित चर्चा के बाद, अगले दिन सवेरे कथा सुनाने का आयोजन जमता है। स्त्री-पुरुष उमड़ पड़ते हैं। विदग्ध-जन राजा का गुणगान करते हैं। ठसाठस भीड़ में आभरणों की टकराहट से उठती सुवर्ण-रज कथारम्भ की घड़ी को सुनहरा कर देती है। कवि कथा का आरम्भ करता है। कहता है, अचम्भा सुनो। सब चुप हो जाते हैं। यहीं काव्य का अन्त होता है।

कहना न होगा, पहेली-सा अन्त है यह काव्य का। इस 'अन्त' को एक

छह-सात सौ साल पुरानी पोथी में 'कथापीठ की समाप्ति' कहा गया है। इसका क्या तात्पर्य हो सकता है, विद्वान अरसे से बूझते-बुझाते रहे हैं, प्रश्न उठाते रहे हैं—क्या उपलब्ध 'गौडवहो' किसी और बड़े महाकाव्य का आरम्भ है, जो काव्य लिखा नहीं गया? पर काव्य का उद्देश्य : गौड-वध और यशोवर्मा की दिग्विजय, तो काव्य के पहले हिस्से में आ ही चुके हैं, तो माजरा क्या है? एक गुत्थी ही उभरती है। और साथ ही किसी व्यवस्था का, शृंखला या योजना का अभाव घर करता है।

गुत्थी का जो भी समाधान हो, स्पष्ट है कि वाक्पति अपने महाकाव्य को किसी 'शिष्ट' संयमित रूप में नहीं छोड़ पाये। शिष्ट परम्परा के दूसरे तत्कालीन महाकवियों की तरह वे भी परम्परा-दिष्ट योजना के प्रति आत्मचेतन जान पड़ते हैं, पर गुच्छे गुच्छे ही छोड़ गये हैं। गुच्छों में प्रकृति-चित्रों के भी गुच्छे हैं। उपचार के लिए इन चित्रों को यशोवर्मा की सेना के प्रयाण का अंग भी कह सकते हैं। भारत उस समय जंगलों का देश था। किसी भी सेना के रास्ते में जंगल पड़ते रहे होंगे। यशोवर्मा की सेना भी जंगलों में से कूच करती निकलती है। वाक्पति राजा के साथ थे। जब सेना किसी जंगल में आती है तो वाक्पति सेना को भूल जाते हैं; राजा को, राजा की कहानी को भूल जाते हैं। जंगल को देखने लगते हैं और उनके देखने में जो विलक्षण दृष्टि है, वही ये कवितायें हैं। इन्हें कवि के महाकाव्य से अलग भी कर लिया जाये तो उस काव्य की हानि नहीं होगी—अंग-भंग जैसा कुछ नहीं होगा। क्योंकि एक मोटी-सी बात यह है कि अंग-भंग अवयवी का होता है, और 'गउडवहो' कभी अवयवी का रूप ले ही नहीं पाया। फिर यह भी है कि तत्कालीन कविता में—महाकाव्य में भी—हर छन्द का अपने आप में 'मुक्त', स्वतन्त्र, होना काव्य का एक आदर्श भी था।

हम आज वाक्पति जैसे संस्कृत-प्राकृत के कवियों को एक तरह से 'रीतिबद्ध', लीक-चलते कवियों की श्रेणी में रखने के आदी हैं। हिन्दी के शिल्प-कुशल रीतिकालीन 'सभा'-कवियों को जिस अर्थ में हम परिपाटी-निष्ठ कहते हैं, संस्कृत-प्राकृत के विदग्ध, नागर, शास्त्रों में निष्णात, शिष्ट-विद्वत् कवियों को भी लगभग उसी कोटि में शामिल कर लेना चाहते हैं—अभिप्राय यह है कि ये कवि 'स्वतन्त्र' नहीं हैं, भीतर की व्यक्तिगत प्रेरणा से नहीं चल रहे, विशेष राजसी यजमानों की रुचि साध

रहे हैं, और किसी शास्त्रबद्ध प्रणाली के तंग रास्ते पर चलते हुए ऐसा कर रहे हैं। हम भूल जाते हैं कि आज के जिन कवियों को हम स्वातन्त्र्य का आदर्श मानते हैं, वे भी वैसे ही पढ़े-लिखे, 'शिष्ट', शास्त्र-कुशल, नागर और विदग्ध हैं—और कई तो राजसभा में न सही, राजकाज में सत्ताधीन हैं, राजपुरुष हैं, जैसे कि वाक्पति और दूसरे पुराने कवि थे। तो इन पुरातन कवियों को स्वतन्त्र नहीं मानना, एक विसंगत, इतिहास-दृष्टि विशेष का आग्रह ही हो सकता है, आज अपने आप में एक निर्विचार परिपाटी बन गया है। यहाँ, मेरी इस टिप्पणी में, 'प्राचीन साहित्य में कला का स्वातन्त्र्य और उससे व्यक्तिगत प्रेरणा का सम्बन्ध' जैसे व्यापक प्रश्नों का स्थान नहीं, पर यह बात तो ध्यान में रखने की है कि पुराने कवियों के लिए परिपाटी कोई बँधी-कसी रूढ़ि या पत्थर की लीक-सी नहीं थी, जैसा कि अक्सर समझा-समझाया जाता है। परिपाटी ही ढूँढ़ें तो आज के 'निर्बन्ध' कहलाने वाले युग में भी मिल ही जायेगी, जबकि हम परिपाटी के नाम से ही भौं चढ़ाते हैं। लेकिन परिपाटी शब्द को अलग रखिये, आज के कवि-कर्म को देखिये, तो आज भी भाव और निर्मिति के कुछ आदर्श रूढ़ि या लीक की तरह काम करते मिल ही जायेंगे। ये ही साम्प्रतिक काव्य (और कला) को एक 'धारा' में सहेजते हैं। हम 'परिपाटी' से कतराते हों, 'धारा' की, 'युगबोध' की बात तो करते ही हैं, इनसे बँधना भी चाहते हैं। बस, इसे परिपाटी नहीं कहना चाहते। पुराने लोग परिपाटी को सजग स्वीकार करते थे। पर तब भी प्रतिभा का—व्यक्ति-विशेष की प्रतिभा का—कवि की अपनी दृष्टि और कल्पना का, आज से कम मोल नहीं था। यहाँ आज की रागदारी का दृष्टान्त, मैं समझता हूँ, सही दृष्टान्त होगा। हर गायक या वादक राग की एक परिपाटी में अपना शिल्प साधता है। पर एक तो वह परिपाटी कोई सनातन वस्तु नहीं, बदलाव मानती चलती है, दूसरे व्यक्तिगत नवोन्मेष से तो बनती ही है, उसके बिना रह नहीं सकती।

स्वातन्त्र्य और प्रतिभा पर वाक्पति की ही उक्ति से टिप्पणी का अन्त करता हूँ। वाक्पति कहते हैं :

'पहले के कवि काल के कारण (क्योंकि पहल कर रहे थे, इस कारण) अनचले, अनपहचाने मार्गों पर घूमते-भटकते रहे। दूसरे, आज के कवि, उन्हीं से कुछ लेकर चलते हैं, पर अपनी मति से दुष्कर कर दिखाते हैं।

सच है कि (पिछले) कवियों के चले हुए मार्गों पर क्या कुछ नहीं दिखता, पर उस मार्ग को सीमान्त पर छोड़ दीजिये, नये कवि को अपनी कुछ कहने दीजिये, सब कुछ नया हो जाता है।

...वाणी का स्पन्द ही ऐसा है कि आदिकाल से अपने-अपने दिनों में कवि उसका सार सँजोते रहे हैं, पर आज तक उस पर (नये की) मुहर यों-की-यों लगी है।'

काल-गुण-पढमकईंहिं भमियमपरिग्गहेसु मग्गेसु।
इहरा मईहिं हीरन्ति दुक्करं केवि काणंपि॥
कत्तो णाम नइट्टं सच्चं कइ-सेविएसु मग्गेसु।
सीमन्ते उण मुक्कम्मि तम्मि सव्वं नवं चेव॥...
आ-संसारं कइ-पुंगवेहिं तद्दियह-गहिय-सारोवि।
अज्जवि अभिण्ण-मुद्दोव्व जयइ वाया-परिप्फुंदो॥

(गउडवहो, ८४, ८५, ८७)

('तिर रही है वन की गन्ध' की भूमिका।)

द्विजदेव

द्विजदेव की कविता विलक्षण है। अपूर्व है। किस अर्थ में, बताता हूँ।

वसन्त के प्रांगण में लिखा गया है पूरी कविता का सम्भार। कवि आरम्भ के श्लोक में ही यह बात कह देता है। कविता में वसंत सजग, सजीव दिखता है। कविता में एक सहज लालित्य है—एक कान्ति जो मानो भीतर से लौ की-सी आभा लिए बाहर दमकती है। एक ठहराव है यहाँ—एक शान्त, स्थिर भाव जिसमें उमंग की गति है, निर्बन्ध छन्द की यति है, छन्द का शृंखला-से-मुक्त उन्माद है। पर इसके पीछे एक गहरा प्रकृति-बोध है—प्रकृति में एक तल्लीनता का अतल, अमल भाव है—एक समाहित होने का भाव जिसमें कवि अपना आपा प्रकृति के भीतर पूरा निमज्जित पाता है।

ऐसा बोध पुरानी—या नयी—हिन्दी कविता में कहीं नहीं है। हमारे समग्र साहित्य में नहीं है। चीन की कविता में—विशेषकर तांग युग की कविता में यह बोध बार-बार जागता है। पर द्विजदेव की कथन-भंगी, उनकी भाषा अपनी है। अनूठी। अनुपम।

द्विजदेव के छह छन्दों का अपना-सा अनुवाद रखता हूँ :

छन्द ३२

देखते ही
वन–फूले पलाश को
देखते ही भौंरों की ऐसी भीड़!
बावरी भई है मति मेरी अति
देखते ही बावड़ी में खिलते कमल फूल।
ज्ञान कहाँ गया दूर मन से अब
धीरज पर पड़ी धूल
किसकी अब आँखें यों अन्ध न हों
धूल–पराग सनी है हवा जब

छन्द ३३

नख से भवों को खोदते हुए
चारों ओर आँखें डाल
देखता हूँ सभी ओर।
क्या देखा जान नहीं पाता पर।
गालों को धीरे से रक्खा हथेली पर
एक हाथ घुटने पर रखता हूँ
यों ही तुम भी कुछ देर रहो
बैठो तमाल के पेड़ तले।
तन मानो और ही किसी का हुआ है अब
मन मानो दूसरी ही देह में जा पैठा है

छन्द ३

कामना के सोते ही
उर में अपार आनन्द घर करता है
जाग उठी है अब
सुरभि हवाओं के आपस में मिलने की
स्नेह के झकोरों ने हृदय हिला दिया है
लास लवंग लताओं का देख-देख
शिथिल हुए हैं अंग
देखता हूँ, सोचता हूँ
सपना है या सच है!
खिल गये गुलाब, खुले
खिलने की आहट से
खिल गयी हैं मेरी भी आँखें कब!

छन्द ९

अंग उनींदे हैं
ढीली हुई पगड़ी सिर—ज्यों त्यों सँभालता हूँ
हवा के झकोरों से
कपड़े खुल-खुल जाते
उघड़ गये बाहों से-बाहें हिल-हिल रही हैं।
उत्सुक-सा हूँ क्षण-क्षण
बैठा मनोरथ के रथ पर मैं
मन में आन-द भरा
देह हुई सूनी,
है सूना ही मन मेरा
सूनी ही देखता हूँ चारों दिशायें मैं
सूनी ही आँखों से देख रहा
सूना वन

छन्द ७५

मीठी–सी गूँजती है
भौंरों की प्यारी धुन।
सुनता हूँ।
भूल गया देह मैं हठात् अभी।
द्विजदेव शोभा अब देखते ही बनती है
ललित लवंग लता में खिले फूलों की।
शीतल समीर धीर वन को सरसाता है
आँखें अब किसकी यहीं आ नहीं थमतीं
ऊधो जी, तुमको क्या लज्जा नहीं आती—
आये हो वसन्त में तुम
लाये हो सीख क्यों उजाड़ की

छन्द २४१

'हाँ पकड़ा, पकड़ लिया'
मचा शोर।
सुध–बुध नशे में है
रास्ते की ऊँच–नीच कुछ भी न सूझती है
आँखें हिरन पर हैं, रोकटोक भूले सब
भूल गया राजकाज—रात है या यह प्रभात!
हवा से भी तेज़ दौड़ता है अनोखा रथ
चार पग आगे है मेरा मनोरथ पर
ज्यों–ज्यों यह मृगवन अब पास चला आता है
त्यों–त्यों मन मेरा इस सुषमा से मोहित हो
वन में समाता है अब

आत्मकथा, परकथा और भारतीय परम्परा

मुझे जब आत्मकथा पर कुछ कहने के लिए कहा गया तो मैंने यही समझा कि न्यौता इसलिए मिला है कि मैंने हिन्दी की एक पुरानी, शायद सबसे पुरानी, आत्मकथा—बनारसीदास लिखित *अर्धकथानक*, पर कुछ काम किया है, और उसी में प्रसंगवश भारत में आत्मकथा के विषय में विचार जताये हैं।

मैं इस असमंजस में पड़ गया कि अब कहूँगा क्या? जो कहना था कह ही दिया है। पर एक सवाल मन में आया। आत्मकथा का तो स्पष्ट ही है आत्म से सम्बन्ध होना चाहिये, और अपने आप से बढ़कर आत्म कौन हो सकता है? क्या मुझे अपने में ही टटोलकर नहीं पूछना चाहिये कि अगर मैं आत्मकथा लिखूँ तो कैसे लिखूँ, कैसी लिखूँ? लिखूँ कि नहीं? नहीं तो क्यों नहीं? अब तक मैंने आत्मकथा के बारे में जो कुछ कहा है उसका मेरे अपने आत्म से कोई सम्बन्ध नहीं है—है भी तो बहुत दूर का है। ऐसा सम्बन्ध जैसा मेरा सब कुछ के साथ है, आकाशगंगा के साथ भी है, ऐसा सम्बन्ध जो किसी भी ज्ञाता-प्रमाता का, किसी जानने-समझने वाले का अपने ज्ञान के विषय के साथ होता है।

प्रश्न उठता है : मेरा अपने आत्म के साथ क्या कोई कोई विशेष 'आत्मीय' सम्बन्ध है जो किसी अन्य विषय के साथ नहीं हो सकता? क्या मैं अपने आपको कुछ ऐसे जानता हूँ जैसे मैं किसी और को जान ही नहीं सकता?

यह प्रश्न उठाना कुछ अजीब-सा लगता है। क्योंकि मैं अपने साथ जब अपने आत्म के सम्बन्ध की बात करता हूँ तो मुझे एक नहीं दो मिल जाते हैं—एक मैं और एक मेरा आत्म, एक मैं जो अभी बैठा अपने आत्म की

चर्चा कर रहा हूँ और एक मेरा आत्म। एक मैं तो वही है जो ज्ञाता-प्रमाता है, जानने-समझने वाला है। दूसरा 'आत्म' क्या है जिसकी आत्मकथा होती है?

यहाँ एक पुराना रूपक शायद पूरा उतारा जा सकता है। एक ही डाल पर दो चिड़ियाँ हैं, दोनों साथ हैं, सखा हैं, अभिन्न हैं, एक भोगती है, झेलती है, एक उसको देखती रहती है। आत्मकथा उस चिड़िया की होती है जो भोगती है, झेलती है, करती है। कथा कहने वाली चिड़िया दूसरी चिड़िया है जो देखती है, द्रष्टा है। पर यह देखने वाली चिड़िया, जो कि कथा कहती है, वह चिड़िया सांख्य के पुरुष की तरह विशुद्ध चैतन्य, अपरिणामी और इसी कारण अपरिवर्तनशील द्रष्टा नहीं है। दोनों चिड़ियाँ एक-दूसरे से गुँथी हुई हैं, दोनों परिणामी, परिवर्तनशील हैं। एक का परिवर्तन दूसरे पर प्रभाव डालता है। पर जो दूसरी देखने वाली चिड़िया है वह कुछ अलगाव रखती है, पहले को तौलती-जाँचती रहती है, उसमें विमर्श अधिक है, वह अपने साथ की चिड़िया को ही नहीं तौलती-जाँचती है, वह अपने चारों ओर के जगत को भी तौलती, जाँचती, जानती रहती है। वह जब पहली चिड़िया की कथा कहती है तो आत्मकथा होती है।

कैसी होती है यह कथा? दूसरी कथाओं से इसमें क्या अन्तर होता है? इसका अपना क्या विशेष स्वरूप है?

इन प्रश्नों के उत्तर में मैं आत्मकथा का लक्षण आँकने की चेष्टा करता हूँ। भारत में आत्मकथा न रही हो, लक्षण करने की परम्परा तो रही ही है। मैं आपके सामने संक्षेप में लक्षण के कुछ सूत्र रखता हूँ, अव्याप्ति, अतिव्याप्ति के रन्ध्र आप जाँचियेगा। लक्षण करने के बाद इस बात पर विचार करूँगा कि भारत में आत्मकथा का अभाव-सा क्यों रहा है। उत्तर के कुछ द्वार लक्षण से खुलेंगे, ऐसा मुझे भरोसा है।

आत्मकथा के दो स्तम्भ हैं : आत्म और कथा। दोनों के बिना आत्मकथा नहीं बनती।

इसलिए केवल अपने अन्दर झाँककर अपनी चित्तवृत्तियों के प्रवाह का एक चित्र आँक देना, यह आत्मकथा नहीं होगी क्योंकि एक तो इसमें कथा नहीं होती, दूसरे आत्म भी कितना सामने आता है? अपना इतिवृत्त लिखते समय तक का इतिहास कहे बिना आत्मकथा नहीं हो सकती।

इस इतिवृत्त में चित्तवृत्ति की भी भूमिका होती है पर चरित—करनी, कथनी और घटनाक्रम—के व्यूह में रहते हुए ही उस भूमिका का कोई अर्थ बनता है।

चरित की महिमा को मानें तो आत्मकथा में पर की भूमिका भी उतनी ही बड़ी रखनी होगी जितनी आत्म की। क्योंकि पर न हो तो चरित शब्द ही निरर्थक है। चरित पर के प्रति होता है। सच पूछें तो आत्म एक केन्द्र है जो दूसरों के साथ के सम्बन्धों से ही बनता है, दूसरे के बिना वह एक रीता-सा, न कुछ-सा हो जाता है। इन सम्बन्धों की कहानी इनके साथ उलझी हुई घटनावली का क्रम, विस्तार, चरित का पसारा, यही आत्मकथा है। इसलिए इसको आत्मचरित या आत्मवृत्त भी कहा जाता है। वेदान्त की शब्दावली में कहें तो आत्मकथा व्यवहार के आत्म की ही होती है, परमार्थ के आत्म की नहीं, और पर के बिना व्यवहार कैसा?

दूसरों के साथ के दो प्रकार के सम्बन्ध ऐसे हैं जो आत्म को कथा के प्रांगण में ला उतारते हैं। भावना और संकल्प के सम्बन्ध, या कहना अधिक उचित होगा कि भावना और कर्म के सम्बन्ध। कर्म में संकल्प आ ही जाता है। इन्हीं के क्रम से, उतार-चढ़ाव से, संघर्ष से, परिवर्तन-परिणाम से, इतिवृत्त बनता है, जो कथा का आधार होता है।

मैंने यहाँ जानबूझकर भावना और कर्म या संकल्प को ही कथा के लिए आवश्यक माना है। इसके बाहर भी ज्ञान, सृजन, भावना और अध्यात्म का विस्तार है जिनमें आत्म प्रयत्नशील होता है। पर ये हमें आत्मकथा के क्षेत्र से बाहर लगते हैं। इन्हीं बातों को लीजिये जो मैं अभी कर रहा हूँ। जो विचार, मीमांसा, मनन—कुछ भी कहिये—उसकी जो रूपरेखा, चलन, उपज आपके सामने रख रहा हूँ वह मेरे आत्म का, मेरे जीवन का अभिन्न अंग है। हो सकता है, इस तरह का चिन्तन-मनन मेरे लिए जीवन का सबसे बड़ा अंग हो। किन्तु शायद इसीलिए यह आत्मकथा नहीं है, क्योंकि ऐसी बातों से कथा नहीं बनती।

चिन्तन-मनन का एक अपना स्वतन्त्र जीवन, अपना स्वच्छन्द-सा अस्तित्व होता है जिसको मैं अपनी कथा से अलग कर सकता हूँ। उसका सम्बन्ध ज्ञान, युक्ति-तर्क के जगत् से अधिक जुड़ता है, मेरी भावना और संकल्प से उतना नहीं।

चिन्तन या ज्ञान ही नहीं, यह बात कला और अध्यात्म के बारे में भी कही जा सकती है। अध्यात्म में तो जिस आत्म की तलाश होती है वह कर्म और भावना से ही नहीं, सब कुछ से ही अछूता, चिन्मात्र, संवित्-मात्र होता है, व्यवहार से सर्वथा परे। उसकी कथा का प्रश्न ही नहीं उठता। कहा जाता है कि उसकी मीमांसा भी सम्भव नहीं है। हम कह सकते हैं कि अध्यात्म की साधना भी हो ही सकती है। उत्तर में यही कहूँगा कि साधक की कथा उसकी साधना के लिए बहिरंग-सी होती है, साधना की गुहा के बाहर ही कथा को रुक जाना पड़ता है, अन्दर उसका प्रवेश सम्भव नहीं है। बाहर की हलचल को ही वह कूतती रहती है। फिर भी साधना की अन्तरंग यात्रा का वर्णन शायद एक सीमा तक हो भी सकता है। पतंजलि के योगसूत्रों में उसकी एक रूपरेखा है, पर ऐसे वर्णन को हम कथा नहीं कह सकते, कहेंगे तो केवल लाक्षणिक अर्थ में ही।

साधना मार्ग के यात्री पर ही नहीं यह बात किसी लौकिक यात्री पर भी पूरी उतरती है। किसी अन्तरिक्ष यात्री को लीजिये, यात्रा के पहले की सारी तैयारियों में जो भावना और कर्म का स्पन्द और संघर्ष होता है उसकी कथा बन सकती है। यात्रा शुरू हो जाये तो फिर यात्री अपने चारों ओर के नये जगत के आकलन में, उसको जानने-समझने की चेष्टा में लग जाता है, जिसको ज्ञान की चेष्टा कह सकते हैं। उस ज्ञान का वर्णन हो सकता है, उसका खण्डन-मण्डन हो सकता है, उसकी चर्चा हो सकती है, पर कथा नहीं। इसलिए अन्तरिक्ष यात्रा पर कोई कहानी-कथा बनानी हो तो उसमें नाटक का सा भाव लाना पड़ता है : दूसरे शब्दों में, उसमें कथा के गुणधर्म, भावना और कर्म के स्पष्ट संघर्ष का समावेश करना पड़ता है। आत्म के साथ पर को भी लाना पड़ता है।

एक बात और कहूँगा। हालाँकि कथा के लिए भावना और कर्म दोनों का गुंथन आवश्यक होता है। पर सच पूछा जाये तो भावना से कर्म का पलड़ा भारी पड़ता है। केवल भावना की अभिव्यक्ति के लिए हम संगीत का या कविता का, या नृत्य का, सहारा ले सकते हैं, ज़रूरी नहीं कि कोई कहानी ही हो। पर कर्म के, चरित के बिना कथा नहीं बन सकती। और कर्म से अभिप्राय यहाँ मानव-परिस्थितियों में किये गये कर्म से है जिसमें आत्म और पर के सम्बन्ध का बड़ा स्थान रहता है, विशेषकर आत्म के अन्य आत्मों के साथ के सम्बन्धों का। इन्हीं के माध्यम से इन्हीं की अभिव्यक्ति

से भावना प्रस्फुट की जाती है। भावना कर्म का अंग बनकर आती है।

कथा के इस लक्षण को ध्यान में रखते हुए अब मैं एक और प्रश्न का उत्तर ढूँढूँगा जो अक्सर उठाया जाता है : भारत में आत्मकथा क्यों नहीं रही ?

अपने उत्तर पर आने से पहले एक पूर्व पक्ष की चर्चा करता हूँ। पूर्वपक्ष की उत्थापना मैं सुधीर कक्कड़ के शब्दों से करूँगा, पर जिस मान्यता को उन्होंने शब्द दिये हैं वह काफ़ी साधारण है। सुधीर कक्कड़ को प्रतिनिधि के रूप में इसलिए ले रहा हूँ कि उन्होंने हाल ही में अपनी पुस्तक 'शमन्स, डॉक्टर्स एण्ड मिस्टिक्स' की भूमिका में इस धारणा का प्रतिपादन किया है।

सुधीर कक्कड़ की बात को विस्तार से कहने की आवश्यकता नहीं है, वह पुरानी, जानी-मानी-सी बात है। दो सदियों से पश्चिम के विद्वान कहते चले आ रहे हैं। 'भारत में आत्मकथा इसलिए नहीं रही कि भारत जिस आत्म की बात करता है उसकी कथा हो ही नहीं सकती। आत्मानं विद्धिः आत्मा को जानो : यह विधान ग्रीस और भारत दोनों संस्कृतियों का एक मूलमन्त्र रहा है। पर आत्मा का अर्थ दोनों के लिए भिन्न था। ग्रीस में आत्मा का अर्थ था कामना, संकल्प, भावना, बुद्धि आदि का आधार। इसलिए आत्मा को जानने का अर्थ था अपने भीतर झाँकते हुए आत्मा के इन गुणों के स्वरूप को समझना, उनके स्वभाव की थाह लेना, उनके विस्तार के राजमार्गों पर, जनपथों पर, रथ्याओं पर घूम-घूमकर उन्हें आँकना-उकेरना। इसलिए पश्चिम में मानव-संकल्प और भावना का सूक्ष्म चित्रण सम्भव हुआ है। वहाँ के मनीषी, वहाँ के कलाकार संकल्प और भावना की गलियों में घूम-घूमकर इनको टटोलते रहे हैं।

एक और बात ध्यान में रखने की है। ग्रीस में यह भी विश्वास रहा है कि कामना, संकल्प, भावना, बुद्धि ये काल की सन्तान हैं, परिवर्तनशील हैं। इनको परखने के लिए इनके परिणामी स्वरूप का अवधान अनिवार्य है। इन्हीं परिवर्तनों की जब हम कहानी कहते हैं तो आत्मकथा हो जाती है।

भारत में आत्मा को अकाल, अपरिणामी, निरंजन, निराकार, केवल, सच्चिदानन्द रूप माना जाता रहा है। उसके मानसिक गुण : कामना, संकल्प, भावना, बुद्धि सभी अवान्तर या गौण ही नहीं, वस्तुतः मिथ्या हैं, माया के प्रपंच हैं, उपाधि हैं, आवरण हैं। इनको परे हटाकर ही आत्मा का साक्षात्कार हो सकता है, इनके माध्यम से नहीं। हमारे यहाँ आदर्श चित्तवृत्ति

के निरोध का था, चित्तवृत्ति के स्वरूप को समझने का नहीं; किन परिस्थितियों में ये कैसा काम करती हैं, इसको आँकने-कूतने का नहीं। आत्मा के जिस ध्रुव, अटल, अविकल स्वरूप की भारत में कल्पना-धारणा रही है ऐसे काल, परिणाम के बन्धन से अछूते आत्मा की कथा नहीं हो सकती।'

सुधीर कक्कड़ जिस तरह की बात कर रहे हैं वह आज आम-सी हो गयी है : पश्चिम ऐसा है, भारत ऐसा है, यों कहकर हम दोनों पर एक अलग-अलग रंग का ठप्पा लगा देना चाहते हैं। दोनों की समृद्धि, बहुमुखी प्रवृत्तियों को एक एक अलग सरल रेखा में बाँध देना चाहते हैं, ऐसी रेखाओं में जो एक-दूसरे से बिलकुल विमुख चलती हैं। दोनों की तुलना करने के प्रयास में जो गहरी उलझनें आती हैं उनसे हम यों किनारा कर लेना चाहते हैं।

ग्रीस की आत्म-विषयक धारणाओं को लीजिये।

सुकरात को हम ग्रीक दर्शन का गोमुख तो नहीं पर गंगोत्री तो कह ही सकते हैं। कहते हैं सुकरात की दर्शन-यात्रा का आरम्भ 'आत्मानं विद्धि' इस मन्त्र की प्रेरणा से ही हुआ था। उनके और उनके प्रधान शिष्य प्लेटो के मत में आत्मा का स्वरूप आत्मा की उस धारणा से बहुत भिन्न नहीं था जिसको कक्कड़ ने 'भारतीय' कहा है। उनके लिए आत्मा अविनश्वर है, ध्रुव है, अकाल, अपरिणामी, अविकारी है, शरीर और पार्थिव संसार के प्रवाह और परिवर्तन से परे है, निर्लिप्त है : आत्मा उन अच्युत, अटल, आदर्श, सत् स्वरूपों का द्रष्टा है जिनकी यह पार्थिव संसार धुँधली, दूर-की—धूसर छाया मात्र है। ऐसे आत्मा की कथा नहीं हो सकती। अरस्तू देहात्म-युगलवादी थे, आत्मा और शरीर को एक युगनद्ध, अयुतसिद्ध इकाई मानते थे। दोनों एक-दूसरे के बिना सिद्ध ही नहीं हो सकते। ऐसे आत्मा को निस्सन्देह कथा की भूमिका में उतारा जा सकता है। पर भारत में भी ऐसे आत्मदर्शन का अभाव नहीं है जो आत्मकथा का आत्मा बन सकता हो। न्याय दर्शन के आत्मा को लीजिये। आत्मा वहाँ सुख, दुख, इच्छा, द्वेष, प्रयत्न, ज्ञान का आश्रय है। वह कथा का पात्र हो ही सकता है।

न्याय दर्शन भारत में बड़ा सर्वतोव्यापी दर्शन रहा है। उसके प्रभाव को इसी बात से समझा जा सकता है कि सदियों तक उसके ज्ञान के बिना कोई सही अर्थ में पढ़ा-लिखा नहीं कहलाता था। जो उसको नहीं मानते थे वे

भी उसकी भाषा अपना लेते थे, उसी की दार्शनिक शैली में बात करते थे। न्याय, और साथ में वैशेषिक, इन दोनों में ही नहीं, अन्य दार्शनिक सम्प्रदायों, जैसे मीमांसा में, भी आत्मा की न्याय जैसी ही धारणा थी : आत्मा कर्ता और भोक्ता दोनों है, एक नहीं अनेक है, अन्य आत्माओं के साथ रहता है। आत्मकथाकार को और क्या चाहिये ? पश्चिम और भारत दोनों के ही बारे में सुधीर कक्कड़ का मत एकांगी है। सारे भारतीय चिन्तन पर एक ही मायावाद की छाप लगा देना जिज्ञासाहीन अज्ञान का लक्षण है।

तो फिर वही प्रश्न फिर से उठता है : भारत में आत्मकथा क्यों नहीं लिखी गयी ? मैं समझता हूँ—उत्तर हमारे यहाँ की आत्मा की धारणाओं में नहीं, कथा की धारणा और परम्परा में ढूँढ़ना चाहिये। अलंकारशास्त्र के विधि-विधान, बन्धन, मर्यादाओं की शृंखला, इनमें हमको उत्तर के कुछ महत्त्वपूर्ण सूत्र मिल सकते हैं।

कथा-विषयक अलंकारशास्त्र की परम्परा के मूल में हमारे यहाँ नाट्यशास्त्र है : समाज-विधान में जो स्थान मनु का है कथा-विधान में वही स्थान भरतमुनि का है। भरत ने बात नाट्य की की है पर यह स्वीकार किया जाता था कि काव्य मात्र का आदर्श नाट्य है। कवि, विशेषकर कथाकार, अपनी कथा को नाटक के ही साँचे में ढालकर सफल हो सकता है।

यह कहना तो ज़्यादती होगी कि भरत के शासन-विधान ने परवर्ती कथा-परम्परा की हर छोटी-छोटी बात को मर्यादित किया और हर कथाकार की लेखनी पर साँकल डाल दी। पर फिर भी उनके कई विधान तो जैसे हमारी घुट्टी में घुल-मिल गये और अब भी उनके संस्कार हममें काम करते हैं। भरत की दृष्टि हमारी आँखों में बस गयी है; जहाँ कथा लिखने की बात आती है, चाहे आत्मकथा ही क्यों न हो, हम उन्हीं की दृष्टि से इतिवृत्त को देखते-आँकते हैं।

भरत नाट्य को अनुकृति कहते हैं, लोक की—बल्कि त्रिलोक की—अनुकृति। नाटक लोक को दृश्य रूप से हमारे सामने रखता है। सच पूछिये तो लोक से उनका तात्पर्य हिन्दी के 'लोग' या 'लोगों' से ही है। नाटक मनुष्यलोक की कहानी होती है, मनुष्य के सुख, दुख, वासना, इच्छा, द्वेष, प्रयत्न का इतिवृत्त, मनुष्य के एक-दूसरे से सम्बन्धों की कहानी। देवता की कहानी नहीं हो सकती, क्योंकि कहानी ऐसे ही प्राणी की बनती है जिसमें

सुख, दुख, वासना हो और जिसको अपनी इच्छापूर्ति के लिए प्रयत्न करना पड़े। इसलिए भरत कहते हैं कि देवता को नाटक में दिखाना हो तो उसे भी मनुष्यवत् ही दिखाना होगा और भारत देश में दिखाना होगा। यहीं कर्मभूमि है। यही लोगों को कुछ पाने के लिए कुछ करना पड़ता है। देवलोक में न सुख-दुख होता है, न कार्यारम्भ, वहाँ के बारे में नाटक नहीं हो सकता, कहानी क्या होगी? (नाट्यशास्त्र, गायकवाड़ संस्करण, १८, ९७-१००)

पर नाटक मनुष्यलोक की अनुकृति होते हुए भी प्रतिबिम्बवत् अनुकृति नहीं है। नाटक की अनुकृति नाट्यधर्मी होती है। नाटक लोक को आधार बनाकर एक अलग ही लोक की सृष्टि करता है। नाटक का यह लोक नाट्यधर्मी इसलिए कहलाता है क्योंकि यह लोक का एक विशेष प्रकार का रूपान्तरण होता है। नाट्यधर्मी रूपान्तरण के उद्देश्य होते हैं रस की निष्पत्ति और धर्म की शिक्षा। इनकी सिद्धि के लिए नाटक के कलेवर को एक विशेष साँचे में ढालना आवश्यक है जिसको हम औचित्य का साँचा या मर्यादा कह सकते हैं। लोक को यों का यों दिखा देने से ये दोनों उद्देश्य सिद्ध नहीं हो सकते।

रसनिष्पत्ति और धर्म-शिक्षा दोनों के लिए औचित्य की माँग एक नहीं थी। इनकी पूर्ति के लिए दो अलग लक्ष्मण-रेखायें बाँधी गयी थीं। उनके व्यूहवत् वलय ने एक ऐसी परिधि बना दी जिनके अन्दर रहना कथा लिखते समय हमारा स्वभाव-सा बन गया।

भरत भाव-विशेष की एक परिणति-विशेष को रस कहते हैं। भरत के लिए रस एक नहीं अनेक हैं। भावों की संख्या रसों से भी अधिक है। पर कुछ ही भाव ऐसे हैं जो परिणत होकर रस बन सकते हैं। उनके नाम गिनाने की यहाँ ज़रूरत नहीं, हम सभी जानते हैं। पर एक बात ध्यान देने की है। कोई भाव अकेला रहकर रस में परिणत नहीं होता, वह चाहे कितना ही उपयुक्त क्यों न हो। अन्य भावों के साथ मिलकर ही (जिनको संचारी भाव कहा जाता है) उपयुक्त भाव विशेष (जिसको स्थायी भाव कहते हैं) रस की कोटि तक पहुँच पाता है। सच तो यह है कि संचारी के बिना स्थायी की कोई स्थिति नहीं। एक भाव अन्य भावों की अपेक्षा रखता है। स्थायी उसी भाव को कहते हैं जो अन्य भावों की सहायता से घनीभूत किया जा सके, जिसको रस की ओर ले जाया जा सके। भरत ने कुछ ही भावों को स्थायी माना था—आगे चलकर स्थायी भावों की संख्या

बढ़ गयी, संचारी भावों की भी, पर बात नहीं बदली। भरत में, और बाद के रस-चिन्तन में यह एक अटूट नियम बना रहा कि भाव विशेष के साथ कुछ ही अन्य भावों का तालमेल बैठता है, सबका नहीं। नाटककार या कथाकार जब किसी भाव को घनीभूत करना चाहे, उसे रस की कोटि तक पहुँचाना चाहे, तो उसे सावधान रहकर देखना होगा कि जिस भाव को वह स्थायी भाव मान रहा है, उसके साथ किन संचारी भावों का तालमेल है, किनका नहीं। इस औचित्य का पालन नहीं करने पर स्थायी का स्थायित्व टूट जायेगा या बिखर जायेगा। अलंकारशास्त्र के किसी भी ग्रन्थ को देखिये, किस स्थायी के साथ कौन-सा संचारी जाता है, कौन-सा नहीं, इसकी तालिका मिल जायेगी। इस नियम को तोड़ने से रसाभास का भयंकर दोष हो जाता है।

नाटक या कथा की प्रस्तुति में इस बन्धन के अपवाद मिल जायेंगे पर उन अपवादों से परम्परा की मूल धारा नहीं बदली। सच बात तो यह है कि भावों को एक गिनती में बाँध देना—(भरत में ४९ भाव हैं—चाहे गिनती कुछ बढ़ा ही क्यों न दी जाये, जैसा बाद में हुआ) और उस गिनती को विधान मान लेना, अपने आप में साहित्य को कुण्ठित और संकुचित कर देता है। ऊपर से अगर यह नियम भी हो कि कौन-सा भाव किस भाव से मेल खाता है, तब तो सीमा और घिरकर कठघरा-सा बन जाती है।

भावों के तालमेल के औचित्य का ऐसा नियम बाँधना स्वभावतः ही नाटक या कथा को वास्तव से हटाकर नाट्यधर्मी बना देता है।

जिस दूसरे औचित्य-बन्धन की हमने बात की : आचार-व्यवहार या धर्म का औचित्य : वह और भी वास्तव-विद्वेषी है। करनी, कथनी, मनुष्य से मनुष्य का पारस्परिक सम्बन्ध, यहाँ तक कि कौन क्या सोचता है इन सबका एक आदर्श था, जो धर्मशास्त्रों से, मर्यादा-ग्रन्थों से या परम्परा से लिया गया था। नाटक या कथा के पात्रों का इन आदर्शों की परिधि में ही विचरण कराया जाता था। इन आदर्शों का जाल जीवन की हर छोटी-से-छोटी बात को भी अपनी बाँह में घेरे हुए था। पिता का पुत्र से, पति का पत्नी से, माँ का पुत्र से, बड़े का छोटे से, नीच का ऊँच से सम्बन्ध कैसा हो, इसकी मर्यादा थी; कौन क्या करे, कैसे करे, क्या सोचे, कैसे सोचे, क्या कहे, कैसे कहे, इसकी मर्यादा थी। वास्तविक जीवन में मर्यादा का कितना पालन होता था यह बात और है। विश्वास करना कठिन है कि यह

इस सीमा तक होता था। पर नाटककार या कथाकार मर्यादा तोड़े तो रसभंग करने का दोषी हो जाता था। मैं नहीं कहूँगा कि लेखन के लम्बे इतिहास में मर्यादायें टूटी नहीं हैं, कुछ लेखकों ने तोड़ी हैं। लेखन की कुछ परिपाटियाँ भी ऐसी रही हैं जिनमें मर्यादाओं की खिल्ली उड़ाई गयी है : जैसे भाण में। पर मूल धारा बनी रही है, आज भी हिन्दी फ़िल्मों में देखी जा सकती है।

कहना नहीं होगा कि कथा लिखने में नाट्यधर्मों का ऐसा दोहरा औचित्य-प्रधान आदर्श कथा को यथार्थ से दूर ले जाता है। चरित्र चाहे काल्पनिक हो या वास्तविक, चरित लिखने का आदर्श यही था। हर्षचरित को लीजिये। बाण यही दिखाने में लगे रहते हैं कि उनके चरितनायक ने ऐसा कुछ नहीं किया जो उसे नहीं करना चाहिये था। इसलिए बाण में जो बात उभरकर आती है वह उनका चरितनायक नहीं उनका काव्य है। संस्कृत में हर्षचरित जैसी वास्तव के जीते-जागते चरितों की और भी कथाएँ हैं पर सभी में औचित्यप्राण चित्रण की चेष्टा है। जहाँ अन्य की कथा ऐसी नाट्यधर्मी हो वहाँ आत्मकथा की क्या गति होगी? इसलिए अपने बारे में कथा लिखने की परम्परा ही नहीं बनी। ऐसा नहीं कि लोग अपना परिचय नहीं देते थे : कौन है, कहाँ जन्मे, किस वंश में, ऐसी औपचारिक बातें ख़ूब मिल जायेंगी। आत्म-शास्ति भी मिल जायेगी, पर आत्मचरित नहीं। कुछ आधे-अधूरे से प्रयास हैं, जैसे हर्षचरित में बाण का। पर बाण ने लगता है इसलिए थोड़ा-सा ही कहकर मुँह पर लगाम लगा ली क्योंकि उनकी कहानी आवारगी की कहानी थी, कथा की पारम्परिक लीक पर चलायी ही नहीं जा सकती थी।* बाणभट्ट की आत्मकथा आज हजारी प्रसाद की लेखनी से सम्भव थी, तब नहीं।

किसी भी परम्परा में अपवाद मिल ही जाते हैं। बाण के छोटे से अपवाद से कहीं बढ़कर बनारसी का अर्धकथानक है। पर उसमें भी एक आधे-अधूरेपन का, एक खोखलेपन का बोध होता है। कथा की जिस परम्परा में बनारसी लिख रहे थे उनके पास ऐसा कोई आदर्श, ऐसी कोई सिद्ध कृति ही नहीं थी जिसको आधार बनाकर वे अपनी कहानी को और समृद्ध बनाते। बल्कि कथा कहने की धारा तो उलटी दिशा में बह रही थी। अचम्भा नहीं कि बनारसी के बाद आधुनिक नाट्यधर्म-विरोधी परम्परा के आने तक हमारे यहाँ जो आत्मकथा, या यों कहना चाहिये कि आत्मपरिचिति

के टुकड़े लिखे गये वे अर्धकथानक से भी अधूरे हैं।

भारत में ही कथा कहने की एक और परम्परा भी है जहाँ नाट्य–परम्परा के धर्मों का बन्धन नहीं है, जहाँ धर्म के औचित्य को एक अनिवार्य बन्धन नहीं मान लिया गया है, जहाँ धर्म क्या है इस प्रश्न को करनी और कथनी दोनों का संघर्ष दिखाते हुए महत् कथा में उतारा गया है। इस परम्परा का सबसे बड़ा ग्रन्थ है महाभारत : यों इसके छिटपुट निदर्शन अन्य पुराणों में भी मिल जाते हैं। पर कथा कहने की नाट्यधर्मी परम्परा हम पर इतनी हावी हुई कि उसने इस परम्परा को भी अपने रंग में रँग लिया। विडम्बना की बात है कि महाभारत के आख्यानकों को लेकर जो नाटक, चम्पू, चरित, महाकाव्य, कथायें लिखी गयीं सबने महाभारत को भारतकथा की जगह भरतकथा बना दिया : नितान्त नाट्यधर्मी।

---

* यहाँ अभिनव की एक बात प्रसंगवश कहता हूँ। अभिनव कहते हैं कि नाटककार जब किसी राजा को चरितनायक बनाये तो उसे किसी प्राचीन पुराणसिद्ध राजा के आदर्श चरित को ही लेना चाहिये, वास्तव के राजा को नहीं, क्योंकि वास्तव के राजा का चरित आदर्श चरित नहीं होता। उसको नायक बनाने पर उसे आदर्श रूप में दिखाना पड़ेगा और बात बिगड़ जायेगी : किसी दर्शक को चरित की सच्चाई पर विश्वास नहीं होगा और उसके बिना उसके मन में रस का बोध नहीं जग पायेगा। सचमुच के राजा को आदर्श चरितनायक बनाना ऐसा होगा जैसे रावण को या योगनन्द को आदर्श के रूप में खड़ा करना। —"तेन वर्तमानराजचरितं बावर्णननीयमेव, तत्र विपरीतंप्रसिद्धि–बाधयाघ्यारोपस्याकिञ्चित्करत्वात् योगनन्दरावणादिविषयचरिताध्यारोपवत्। "

देखिये : नाट्यशास्त्र, १८, १२ पर अभिनव भारती
(गायकवाड़ संस्करण, खण्ड २, पृ. ४१३)

उन्मीलन पत्रिका के एक पुराने अंक में प्रकाशित

साहित्य, कलाओं का स्वरूप-विचार

भावन

भावन का कुछ ऐसा लक्षण किया जा सकता है : व्यंजित भाव का भाव-चित्त में रहते हुए ही विमर्श—निमज्जन-अवगाहन-आलोड़न-परीक्षण। इसे भाव-चित्त द्वारा अपने स्वरूप और अर्थ का सन्धान भी कह सकते हैं। भावन विचार के समकक्ष ही, उसी धरातल का, आत्म-चेतन विमर्श-कर्म है। इसे विचार का समकक्ष कहने का तात्पर्य यह है कि यह विचार की तरह ही चेतना की व्यापकता में स्थित होता है और अपने विमर्श को अपने प्रत्यङ्‌मुख स्वरूप में समोता हुआ उसका आलोकन-मंथन करता है।

प्रश्न होगा : विमर्श के लिए ताटस्थ्य चाहिये, पर भाव में—या भाव-चित्त में—रहते हुए भाव से तटस्थ नहीं हुआ जा सकता—भाव तो स्वभाव से ताटस्थ्य का शत्रु है। वह चित्त को ऐसा आत्मसात् कर लेता है कि चित्त में अपने से अलग होकर अपने को देख पाने का अवकाश ही नहीं छोड़ता। भाव के विपरीत बुद्धि में तटस्थ होने का स्वभाव सहज है—बुद्धि-चेतना में—या कहना चाहिये कि बुद्धिनिष्ठ विचार चेतना में—अपने से हटकर अपने को देख पाने का अवकाश उसके स्वरूप में ही निहित है। यही विचार की प्रत्यङ्‌मुखता है जो विचार में प्रकट दीखती है; भाव में ऐसा नहीं होता।

विचार के लिए विमर्श का क्षेत्र इसलिए बनता है क्योंकि विचार का विमर्श विचार के ही भीतर समाया रहता है और यों उसकी अपने को देखती प्रत्यङ्‌मुख दृष्टि के अन्तर्गत रहता है। इसके विपरीत भाव पूरी तरह पराङ्‌मुख होता है, तभी उसमें विमर्श जैसा कुछ बनता ही नहीं दीखता। भाव में चेतना भाव-समर्पित रहती है, विचार की तरह भाव में आत्मबोध नहीं होता। उलटे, हम विचार कर रहे हों और भाव आ दबोचे

तो विचार का भी प्रत्यङ्मुख ताटस्थ्य भाव-निमज्जित होकर भटक जाता है। बात को यों भी कह सकते हैं कि भाव के लिए कुछ 'विमर्श' जैसा हो ही नहीं सकता, क्योंकि भाव जिस विषय में डूबा रहता है उसे अपने में समोकर उससे प्रत्यक् नहीं हो सकता—उसका द्रष्टा नहीं बन सकता। वह विषय-सात् हो रहता है, अपने विमर्श को आत्मसात् नहीं कर सकता, क्योंकि भाव-चेतना में आत्म-बोध का अवकाश ही नहीं। विमर्श करता आत्म-द्रष्टा उसमें जाग ही नहीं पाता। हम भाव से हटकर ही विमर्श की बात कर सकते हैं। यह विचार-चेतना का ही काम है, और वह भी उतना ही जितना वह भाव-दंश से त्रस्त न हो। आत्म-बोध की पहली शर्त है, अपने आपको अपना विषय बना पाना। विचार-चेतना स्वभाव से ही अपने आपको अपना विषय बनाती है; और इसीलिए वह विषय-मात्र को विमर्श का विषय बना सकती है—भाव को भी विषय बना सकती है, उस पर विमर्श कर सकती है। पर भाव के लिए यह सम्भव नहीं। भाव अपने को देखता विषयी नहीं हो सकता, इसलिए अपने को अपना विषय भी नहीं बना सकता। यों, भाव-चित्त (या चेतना) में रहते हुए भाव पर विमर्श की बात वृथा ही नहीं, आत्मविरुद्ध लगती है।

यहाँ प्रश्न उठ सकते हैं। पहला तो यही कि हम भाव किसे कहना चाह रहे हैं? भाव की बात करते हुए हम अक्सर क्रोध, भय, जुगुप्सा, काम-रति जैसे आवेगों की बात करते हैं, और इनको ठीक ही विचार के आत्म-बोध, आत्म-परीक्षण में बाधक पाते हैं। संकल्प के विवेक और आत्म-संयम में तो इन्हें और भी अवरोधक पाते हैं। पर एक बात पर ध्यान दें। किसी नाटक, कहानी या उपन्यास में हम भाव-चित्त में रहते हुए भी भाव के द्रष्टा भी होते हैं : भाव में रहते हुए भी भाव से तटस्थ रहकर भाव का अवलोकन कर पाते हैं। ऐसे सन्दर्भों में हम भाव से भावित होते हैं पर अलग, निस्संग रहते हुए ही इनमें डूबते हैं। यह विचार करने जैसी ही स्थिति है। साधारण भय में और कथा से उदित हुए भय में महत् अन्तर देखिये। इसी अन्तर के आधार पर भय में और भयानक रस में भेद किया गया है—भय का रस-रूप किसी नाटक या कथा के भावन से सम्बद्ध होता है। कथा में व्यंजित भाव भाव-चेतना यों जगाता है कि हम भाव को ही भाव की आँख से देख-परख पाते हैं। यह बात हमारे यहाँ के रस-चिन्तन में स्पष्ट है। पर पुराने विचारक यहाँ भाव के आत्म-द्रष्टा होने से

ज़्यादा ज़ोर भय के अब आस्वाद्य हो पाने पर देते थे। लेकिन सच पूछिये तो तत्त्व की बात यहाँ भय जैसे भाव के स्वादु हो जाने की नहीं है। बल्कि थोड़ा भी ध्यान दें तो उभर ही आता है कि स्वादु होने की बात भी यहाँ इसीलिए की जा सकती है क्योंकि भाव-चेतना यहाँ अपने ही प्रति तटस्थ हो पाती है—भीत नहीं होती, भय के अर्थ की द्रष्टा हो पाती है। आस्वाद्यता की बात यहाँ अवान्तर ही नहीं, मूल तत्त्व से विच्युति है—यहाँ मिष्ट भोजन चखने जैसा कोई इन्द्रियपरक बोध तो नहीं ही जागता है, भय किसी अनिन्द्रिय अर्थ में भी भोग्य नहीं हो जाता। भय अब अर्थ बनकर भाव-चेतना की प्रत्यङ्मुख व्यापकता का—भावन का—अंग हो जाता है, उसका भाव-स्वरूप जागता रहता है और चेतना को अपनी तरह से स्पन्दित रखता है—पर एक आवेगहीन निस्संगता के साथ। यह निःसंगता विमर्श-गर्भ होती है : भय में निमज्जित रहती हुई भी उसे देखती-आँकती-जाँचती है। भाव-चेतना के आत्मबोध को 'आस्वाद्य' कहने का, मैं समझता हूँ, इतना ही अर्थ निकाला जा सकता है : भाव की, आवेग की उद्विग्नता या विह्वलता से उभरी हुई प्रत्यङ्मुख आत्मस्थता। स्पष्ट ही, आस्वाद्यता को कथा, नाटक...सम्बद्ध भाव-बोध का व्यावर्तक धर्म तो नहीं ही कहा जा सकता है। उलटे, भय की विभीषिका का प्रत्यङ्मुख आत्मावलोकन करते भाव-चित्त को भय का नाटक, कथा, उपन्यास के भीतर से जैसा घोर परिचय मिल सकता है, वह भय के आम अनुभव से कहीं गहन-सघन-व्यापक और त्रासजनक हो सकता है। उसे 'सुखकर' या 'रसमय' कहना आस्वाद्यता का झूठा हठ होगा : भावन के भीतर भय के ऐसे विकट आयाम खुल सकते हैं जो हमारे अपने निजी अनुभव को सीमित-संकीर्ण ठहरा देते हैं। ये भावन को विस्तार देते हैं, रंजन को नहीं। मूल बात यह है कि यहाँ हम भाव की एक विकराल दिशा का (त्रास/आतंक/विभीषिका का) अवगाहन-आलोड़न कर पाते हैं। भाव-चेतना आत्मबोध के साथ, भाव की दृष्टि से अपने को गहरायी से देख-परख पाती है, वैसे ही जैसे विचार अपने आपको अपने भीतर स्थित अपने विषय रूप में देखता-परखता है।

पर बात यहाँ विचार की होती ही नहीं। इसलिए यहाँ 'विषय' की बात करना ठीक नहीं। अभी हमने भय की बात की और इस तरह की कि मानो भय नाम का भाव भावन का विषय होता है। पर हमारी बात का यह रूप विचार की विवेचना में आकर बन रहा है। भावन अपने विमर्श को

विचार-विषय की तरह अपने से अलग, अपने सामने नहीं खड़ा करता—भाव के व्यंजित अर्थ को अपनी व्यापकता में समोता है, तटस्थ रहता हुआ भी उसमें निमज्जित होकर उसे आत्मनिहित करता है। तभी इसे 'भावन' का अलग नाम देना उचित है। भावन के आत्मबोध में व्यंजित भाव का विमर्श विचार से भिन्न होता है। व्यंजना अर्थ की ही होती है, पर अर्थ के स्वरूप में मौलिक भेद होता है।

उसी भेद को यहाँ उभारने की चेष्टा करूँगा।

नाटक, कहानी, उपन्यास ये जब विचार के विषय होते हैं, अपने स्वरूप और लक्ष्य से हट जाते हैं—तब इन्हें नाटक, कहानी, उपन्यास कहना भी ठीक नहीं रहता। इसीलिए इन्हें भावन के सन्दर्भ में 'विषय' कहना ठीक नहीं। विषय का अध्यवसाय होता है। भावन के ग्रहण में अध्यवसाय-बुद्धि का काम नहीं होता जो विचार के लिए अपने विषय को 'है' या 'नहीं है' की कोटि में रखती है, क्या है का निर्णय करती है, सत्य-मिथ्या की श्रेणियाँ बनाती है। भाव-चित्त में रहते हुए भाव का ग्रहण 'भाव है' या 'अमुक भाव है' ऐसा अध्यवसाय नहीं करता। न उस भाव का वर्णन-निरूपण-लक्षण करता है—ये तो भाव-चेतना से निकलकर विचार-चेतना में आने पर होता है। और तब हम कथा, नाटक...को काल्पनिक कहते हैं। कल्पना यहाँ ऐसी निर्मिति प्रस्तुत करती है जो हमारे भाव-चित्त की ओर उन्मुख होती है। वह भाव का विषय-रूप में अध्यवसाय नहीं करती, उसे व्यंजित करती है। व्यंजना का होना और उसे ग्रहण करना, यहाँ भाव-चेतना के विचार-भिन्न ताटस्थ्य, अर्थ-बोध और आत्म-बोध की ओर इंगित करता है, जो अपने स्वभाव में ही विचार से अलग है। व्यंजना भाव-चित्त के लिए भाव की ही होती है, जो भाव विमर्श होकर अर्थ-रूप हो जाता है—विमर्श का यह भाव-रूप ही भावन है। यों व्यंजित भाव-रूप अर्थ भाव-चेतना के द्रष्टा-भाव में—भावन में—विषय-भिन्न विमर्श बनकर जागता है, जहाँ भाव के प्रति भावन प्रत्यङ्मुख होता है। कह सकते हैं कि भाव-चित्त अपने को देखता है, पर विषय बनाकर नहीं।

क्योंकि भावन में भाव विषय नहीं बनता, भाव ही रहता है, लगता है इसीलिये पुराने लोगों ने यहाँ भाव के आस्वाद्य-रूप रस हो जाने की बात की है। रस-चिन्तकों के लिए भाव काव्य, कथा, नाटक...के माध्यम से व्यंजित होकर रस में निष्पन्न—या उन्नीत—होता है। इस 'निष्पन्न होने

का' मार्ग या द्वार 'साधारणीकरण' कहा गया है : नाटक, कथा, काव्य...के माध्यम से लोक में अनुभूत भाव साधारणीकृत होकर रस में रूपान्तरित हो जाता है। हम बात को यों भी कह सकते हैं : साधारणीकरण नाटक जैसी कलाओं का वह व्यापार है जिससे भाव भाव-चित्त की प्रत्यङ्मुखता में जाग उठता है। पर फिर विचार से अन्तर क्या? विचार के लिए भी विषय साधारणीकृत होता है—तभी अर्थ-रूप में विचार का अंग बनकर विचार की प्रत्यङ्मुखता में विमर्श होता है। कह सकते हैं कि विचार से अन्तर यहाँ व्यंजना का है। व्यंजित भाव ही होता है, पर वह अर्थ-रूप होता है इसलिए साधारणीकृत भी होता है—साधारणीकरण यहाँ भाव को आस्वाद्य बना देता है। व्यंजना के मार्ग से साधारणीकृत भाव आम व्यवहार के आवेग-उद्वेग से हट जाता है और रस का रूप ले लेता है : साधारणीकृत भाव से हम नोदित-उद्वेलित नहीं होते; बल्कि उसे भाव की आँखों से अर्थ-रूप में देखते हुए उसके स्पन्द का सुखद अनुभव कर सकते हैं। पर रस-व्यापार और विचार में साधारणीकरण का भेद पुराने विचार में अस्पष्ट ही रहता है। भ्रान्ति जगाता है। विचार में अर्थ साधारण या सामान्य रूप में विषय बनकर जागता है। क्या भावन का विमर्श भी उसी तरह भाव को साधारणीकृत विषय बनाता है? फिर व्यंजना का अलग व्यापार क्या? पुराने विचार में बात व्यामिश्रित रहती है। व्यंजित भाव के साधारणीकरण में और विचार-विषय के साधारणीकरण में कोई सार्थक भेद सामने नहीं आता।

रस-चिन्तन कहता है कि नाटक द्वारा व्यंजित भय मेरा या नट का या नाटक के पात्र का या नाटककार का, किसी का नहीं होता, साधारणीकृत (सामान्य) होता है, तभी हम उससे भीत नहीं होते और उसका रस या आस्वाद ले सकते हैं। यहाँ यह कहना ठीक है कि सामान्य मेरा या किसी का नहीं होता, पर यहाँ व्यंजना के सन्दर्भ में 'सामान्य' का क्या आशय? विचार के लिए भी भय सामान्य ही होता है, किसी का नहीं होता, साधारणीकृत होता है, और अध्यवसित विषय के रूप में जागता है। 'भय है', भय का यह ग्रहण भी सामान्य ही होता है—किसी का नहीं होता। पर यहाँ भय का अध्यवसाय होता है, भावन नहीं। यह विचार का ग्रहण है। भय यहाँ विचार का सामान्य है, यह कथा-बोध में जागते 'भाव की ही आँख से भाव को देखना' नहीं कहला सकता। फिर 'भय है' इस अध्यवसाय में व्यंजित कुछ नहीं होता—भय-सामान्य यहाँ अभिहित ही होता है। रस-

चिन्तकों ने रस-सन्दर्भ में अभिधा का प्रखर विरोध किया है। यह बात बहुत ज़ोर देकर कही है कि 'भय' 'भय' कहने से भयानक रस की निष्पत्ति नहीं होती; भय को व्यंजित करने की सामग्री दूसरी ही होती है—तत्संगत कल्पना-प्रसूत होती है। पर फिर साधारणीकरण की बात क्यों? 'भय' कहकर भय को अभिहित करने से भी भय का साधारणीकृत बोध ही होता है। ऐसे में पुराने लोग रस के व्यंजित होने की जो बात करते हैं, वह साधारणीकरण की धारणा में उतरती नहीं दीखती। साधारणीकरण का रस-निष्पत्ति से जो सम्बन्ध ठहराया गया है वह बनता नहीं।

यहाँ शल्य जी ने एक और बात कही है जिसे ध्यान में रखना चाहिये। शल्य जी कहते हैं कि यह जो कहा जा रहा है कि नाटक का भय किसी का नहीं होता, यह ठीक नहीं, क्योंकि नाटक या उपन्यास में भय उस पात्र का ही होता है जिसे भय हो रहा है (अर्थात् यहाँ साधारणीकरण बन ही नहीं रहा)। नाटक में सीता को रावण से भय है; हमारे नाटक-ग्रहण में भी वह कथा-स्थित सीता की रावण-भीति के रूप में ही जागता है। उसे 'किसी का नहीं' कहकर भय-सामान्य नहीं कह दिया जा सकता। नाटक में भय किसी का नहीं हो तो भय के रूप में भावित भी नहीं होगा—वह विचार का ही विषय होगा, भावन का नहीं। कहा जा सकता है कि नाटक का पात्र काल्पनिक होता है, इसलिए यहाँ किसी के भय की बात करना ठीक नहीं। पर नाटक की काल्पनिकता को तो हम जानकर और जानते हुए मानकर ही चलते हैं। तभी वहाँ 'वास्तव कुछ हो रहा है' जैसे अध्यवसाय की बात नहीं होती। पर किसी भी नाटक की अपनी कथा होती है जिसकी घटनावली, उसकी प्रस्तुति का नख-शिख, पात्रों के अन्तःसम्बन्ध की बुनावट—यही व्यंजना का आलम्बन होता। नाटक के भावन को इस आलम्बन की अन्तःरचना से अलग नहीं किया जा सकता। उसके पात्रों के भाव, भिन्न पात्रों के भाव-सम्बन्ध, इन सम्बन्धों से बनते भाव-परिसर का विशेष आवह—इसके बिना नाटक का नाटकत्व ही नहीं बनता। भावन में नाटक-व्यंजित भावों का—बल्कि भाव-व्यूहों का—विमर्श नाटक-वृत्तान्त के अंग-प्रत्यंग-बोध के भीतर से ही उभरता है।

कृति-रूप में नाटक नितान्त विशेष होता है—हर कलाकृति, चाहे उसका माध्यम शब्द न हो, अपनी अन्तःरचना में विशिष्ट होती है। और इसी रूप में भावन के विमर्श में जागती है। तभी वाल्मीकि की रामायण-कथा में

सीता का भय तुलसी की राम-कथा के सीता-भय से अलग होता है—दोनों सीताएँ भिन्न अवयवियों का अंग हैं जहाँ भावों की, भाव-सम्बन्धों की बुनावट अपना अलग विशेष उभारती हैं। यह बात हमारे भावन में जागती है। सच पूछिये तो 'सीता के भय' जैसा सामान्य भी यहाँ विचार के लिए ही बनता है—जब हम भिन्न कथाओं के विश्लेषण या व्याक्रिया में 'सीता' और 'भय' को सामान्य पाते हैं। पर इन दो भिन्न अवयवियों में भय एक पूरे गुँथाव का अंग बनकर आगे आता है, भावन जिसे अंगी से विच्छिन्न करके नहीं देखता। इस अर्थ में कलाकृति की तुलना व्यक्ति से हो सकती है। व्यक्ति को हम व्यक्ति-रूप में देखते हैं तो उसके भय को भी हम तत्-व्यक्ति के सन्दर्भ में रखते हैं। अलग करके नहीं देखते। वाल्मीकि और तुलसी की कथाओं में भी 'सीता के भय' को या 'राम की निर्भीकता' को सामान्य के रूप में अलग निकालकर देखना विचार का काम है, भावन का नहीं। भावों की संगतियाँ सरल, जटिल, उथली, गहरी, व्यापक, संकीर्ण...हो सकती हैं। पर हर कथा की अपनी स्वगत होती हैं। रस-चिन्तन के स्थायी-संचारी के गुच्छों में इस बात की ओर संकेत है। पर कल्पना बड़ी सीमित-संकीर्ण है। बड़ी कथाओं में—या नाटकों में—यह भी कल्पना है कि एक से अधिक रस उभरते हैं, और इनके भी समरस गुच्छे बनते हैं। भावों के समंजस मेलन या विन्यास की यह सारी योजना ही कृत्रिम और विपन्न है। बड़ी साँचे-ढली, सामान्य नियम में बाँधकर जकड़ दी गयी है। बल्कि, यह सोचिये कि वाल्मीकि या तुलसी की राम-कथाओं में किसी स्थायी-भाव विशेष की या विशेष स्थायी-भावों की बात करना—जो अनुकूल, सजे-सजाये, संचारी-भावों के मेल से रस में या परस्पर संगत रस विशेषों में निष्पन्न होते हैं—यह धारणा ही बड़ी दृष्टि-विकल, सपाट-सी लगती है—भाव-संगतियों की ऐसी सीधी-सरल व्याख्या नहीं की जा सकती। किसी भी अच्छी कथा में संगति का गुँथाव इस व्याक्रिया में नहीं समा सकता। पूरे अवयवी का कई भावों से बना गुँथाव किसी एक स्थायी-संचारी-गुच्छ और यों किसी एक रस या रस-व्यूह के घेरे में नहीं लाया जा सकता। दोनों ही रामायण-कथायें भावन की दो व्यापक-विराट दृष्टियों की व्यंजना करती हैं, जिन्हें किसी एक रस या अनेक रसों के किसी महारस-जैसे मेल के रूप में भी आँकना ठीक नहीं लगता।

पर यह ठीक है कि भाव-संगति बनती है और उसका एक विशेष होता है

जो भावन के अपने विमर्श में जागता है। ऐसी संगति का बनाना–साधना भी भावन की ही अपेक्षा रखता है। विचार की भी संगत निर्मितियाँ होती हैं—जैसे अभ्युपगम, सिद्धान्त। इनके पीछे भी एक दृष्टि होती है और इन्हें भी हम विशिष्ट अवयवी कह सकते हैं। इनकी संगतियों का आधार युक्ति–तर्क–बोध होता है। बल्कि कह सकते हैं कि हम संगति की धारणा को ही युक्ति–तर्क से जोड़ने के आदी हैं। भावन की संगतियाँ युक्ति–तर्क की धरती पर नहीं बनतीं, भावन की अपनी अलग गति और संगति होती है जिसे हम कथा, नाटक, उपन्यास में—या किसी भी कलाकृति में देख सकते हैं। ऐसी संगतियों की 'बनने' को भी हम भावन से ही भाँप सकते हैं। इन कृतियों की परख भी भावन की धरती पर होती है—'बात बन नहीं रही' का बोध भी वहीं जागता है।

एक और बात देखिये। भावन में बनती भाव–संगतियों में अवयवी–बोध के 'व्यक्तिगत' विशेष को विचार से कहीं अधिक कृति या निर्मितिपरक भी देखा जा सकता है। यह ठीक है कि विचार का हर सिद्धान्त सामान्य प्रत्ययों का एक विशेष, अनन्य–साधारण अवयवी निर्मित करता है जो एक दृष्टि–विशेष को विशिष्ट रूप देता है। पर कलाकृति के विशेष से यहाँ एक बड़ा अन्तर होता है जो विचार के विशेष को सामान्य की ओर ले जाता दिख सकता है। इसे अभिधा और व्यंजना के भेद के रूप में भी देखा जा सकता है। अभिहित बात को दूसरी तरह भी अभिव्यक्त किया जा सकता है; व्यंजना की सामग्री बदल दें तो 'बात' बदल जाती है। सिद्धान्त का अवयवी विशेष होता हुआ भी अभिहित होता है। इसलिए उसी प्रत्यय या प्रत्यय–व्यवस्था को दूसरे शब्दों में अभिहित किया सकता है। ऐसा व्यंजना में नहीं होता। व्यंजना में शब्द या शब्द–योजना बदले तो व्यंजित भाव में भी अन्तर आ जाता है। हम वाल्मीकि या तुलसी रामायण के शब्द–सम्भार को कवि–सामर्थ्य के साथ भी बदलें तो भी रचना बदल जायेगी, भावन के लिए 'वही' नहीं रहेगी। पर उसी सिद्धान्त को निपुणता से नितान्त भिन्न शब्दों में—बुनावट के—युक्तियों के भी—कुशल हेर-फेर के साथ—सामने रखें तो भी 'वही सिद्धान्त' का बोध बना रहता है। रामायण पर लिखे गये किसी विवेचना–सिद्धान्त को हम दूसरी तरह से भी कह दें तो बात वही बनी रहती है। अगर ऐसा न हो तो सिद्धान्त की प्रस्तुति में व्यंजना का भी हाथ मानना होगा—जैसा कि कुछ विचार–रचनाओं के

साथ देखा ही जाता है। पर कलाकृतियों के साथ ऐसा नहीं होता। तभी वाल्मीकि और तुलसी की रामायण-कथाओं को विचार के विश्लेषण में 'वही' कथा कहते हुए भी दोनों को 'वही कलाकृति' नहीं कह सकते।

विचार की तरह भावन की भी दृष्टियाँ होती हैं जिनकी व्यापकता, गहरायी या ऊँचाई की थाह लेते हुए ही हम भिन्न कलाकृतियों को महत् या उत्तुंग या अगाध नहीं कहते, अपने आप में अनन्य भी कहते हैं। ऐसा ही दृष्टि-भेद राम-कथा के ही तुलसी या वाल्मीकि कृत रूपों में देखा जाता है जो दोनों में भावों और उनकी व्यंजक सामग्री की विशेष बुनावट में उभरता है। दोनों कथायें कई भावों की तरंग उठाते दो सागर हैं जो तरंगों या तरंग-गुच्छों को अपनी-अपनी तरह से समोते हुए उभरते हैं। पर भाव-दृष्टि ही यहाँ अवयवी के रूप में विभिन्न भावों के तरंग-गुच्छों को सँजोती हुई एक व्यापकता में पिरोती है। दृष्टि के मर्म में जागता अवयवी अवयवों को पिनद्ध करता है। रचना-परम्पराओं में किसी नियम या पहले से बँधी योजना में अवयवों को पिरोकर बात बनाने की चेष्टा भी होती है, जैसे रस-चर्चा के स्थायी-संचारी-विधान में है, पर यह चेष्टा हलकी, निचली ही ठहरती है। कला-शिक्षण-विश्लेषण में नियत पद्धतियों के सहारे अवयवों से अवयवी पर पहुँचने के रास्तों की सूझ हमेशा की जाती रही है जिससे सृजन-दृष्टि की प्रज्ञा उन्मेष के विरल-प्रकाश से हटकर सदा काम आते उपाय-कौशल में ढल जाये। यहाँ दृष्टि अपनी स्वतन्त्र पकड़ से बचकर एक सधे-सधाये मार्ग का रूप ले लेना चाहती है। ऐसा विचार में भी होता ही है। पर विचार हो या भावन, हम यह भी जानते रहते हैं कि यह उन्मेष का मार्ग नहीं है। तुलसी और वाल्मीकि की कृतियाँ उस रास्ते नहीं चलतीं—महाभारत तो बिलकुल नहीं। ऐसी विराट दृष्टियों को संस्कृति-विशेष की व्यापक-उदात्त भावन-प्रज्ञा भी कहा जा सकता है। पर किसी भी अच्छी कृति में दृष्टि ही प्रधान होती है जो अपनी योजना सहज बाँधती है, किसी नियम से नहीं।

रस-चिन्तन के स्थायी-संचारी-बन्ध के रूप में कल्पित साँचों में निर्मिति को नियत करती जो साहित्य की धारणा बनती है वह आलोचना-दृष्टि में भी संकीर्णता उभारती दिखती है। महाभारत को काव्य की कोटि में ही नहीं रखा जाता था। आनन्दवर्धन ने रखा। पर स्थायी-संचारी-बन्ध को आधार बनाती रस की ही दृष्टि से। उन्होंने महाभारत में शान्त-रस की निष्पत्ति की बात की है। पर इसका क्या आशय बनता है, समझ में नहीं आता।

आनन्दवर्धन ने भी समझाने की कोशिश नहीं की है—पर करते तो क्या कहते ? शायद यही कि महाभारत से जीवन के प्रति निर्वेद की गहरी भाव-दृष्टि बनती है। माना कि ऐसा हो, तो भी शान्त-रस की निष्पत्ति के लिए स्थायी-संचारी का गुच्छा वहाँ कैसे बनता है, यह वे कैसे दिखाते ? रस-चिन्तन में निर्वेद के नियत, तदनुकूल संचारी अपेक्षित होते हैं, महाभारत ऐसी किसी लकीर पर चलता ही नहीं। लगता है कि इसीलिए आनन्दवर्धन 'शान्त' कहकर रुक गये—उनकी विमर्श-पदावली में इससे आगे सार्थक कुछ कहना दूभर था। पते की बात यह मानी जाती है कि उन्होंने महाभारत को 'काव्य' की श्रेणी में रखा तो सही, जो कि औरों ने नहीं किया था। पर संकेत मैं समझता हूँ, यही बनता है कि काव्य को रस से ही तोलें तो रस की श्रेणी ही काव्य के विस्तार के लिए छोटी है—महत् रचनायें उसमें समाती ही नहीं। जहाँ तक निर्वेद की बात है, महाभारत में या किसी भी जगत और मनुष्य का तलग्राही भावन करती दृष्टि में निर्वेद का कोई न कोई रूप देखा जा सकता है। यहाँ तक कहा जा सकता है कि मनुष्य और संसार को गहरायी से देखना निर्वेद की ओर ही ले जाता है—ऐसा कहा भी गया है। पर गहरी, विराट रचनायें अपनी-अपनी तरह से जटिल होती हैं—रस-धारणा के घेरे में नहीं समातीं। इन ग्रन्थों में उतरते हुए इनकी रस से परे निकलती व्यापकता का बोध भी स्पन्दित रहता है।

हमने भावन को समझने के लिए उसे विचार से व्यावृत्त करने का रास्ता लिया है। पर दोनों का सम्बन्ध भी बनता है। विचार को हम अपने भीतर भाव की धरती पर ही पाते हैं। विचार का भाव से स्वातन्त्र्य साधना पड़ता है। पर विचार का भाव-सम्बन्ध कई तरह से कई आयामों में बनता है और इसे भाव को विचार के लिए भ्रान्त करता आवरण ही कहें—यह उचित नहीं दीखता। सार्थक विचार के मर्म में जो विश्व-दृष्टि होती है वह जीवन-दृष्टि समोये रहती है, जिसका मनुष्य के सिद्ध-साध्य स्वरूप से, उसके कर्म से, उसके भावन से नाड़ी का सम्बन्ध बनता है। ऐसा हमें लग सकता है कि आत्मचेतना की प्रत्यङ्मुख अपने पर प्रकट पारदर्शिता या निर्मलता विचार में ही जागती है, उससे बाहर नहीं। कई विचारक ऐसा सोचते लगते ही हैं। पर भावन भी अपनी प्रत्यङ्मुखता में पारदर्शिता की ओर ही बढ़ता है और आत्मचेतना के समग्र के साथ बढ़ता है। अपनी एक भूमा साधता दिखता है भावन जहाँ विचार उसका अंग होता है। नाटक,

कथा, उपन्यास...इनमें भावन के भीतर बनती ऐसी विचार को समेटती स्थिति देखी जा सकती है। वहाँ विचार होता है पर विचार वहाँ अपने अलग व्योम में नहीं खड़ा रहता। ऐसा हो तो कथा ही नहीं बनेगी। कोई भी महत् कथा महत् विचार की तरह ही अपने स्वरूप-स्वभाव से ही हमारे प्रवृत्ति-समग्र पर व्यापक होती है। पर कथा में विचार भावन का अंग बनकर उभरता है। विचार करना भावन की तरह ही हमारे मनुष्य-भाव का अभिन्न अंग है, कथा में विचार होता है, कहीं-कहीं विचार प्रवृत्ति बड़ी गहरी भी हो सकती है। पर कथा भावन की ओर उन्मुख होती है, उसमें विचार का चरित-चरित्र से, कर्म-परिवेश से, भाव-संश्लिष्ट संकल्प से निविड़ सम्बन्ध होता है—विचार वहाँ इसमें निमज्जित होता है; स्वतन्त्र होने लगे तो कथा पर हावी होकर उसे क्षीण कर देता है। हाँ, भावन का विचार से सम्बन्ध गहरा, उथला, कई स्तरों पर बन सकता है—जैसे विचार का भावन से सम्बन्ध। यह महाभारत की कथा का बड़प्पन है कि गीता उसका अंग बन पायी है, उसके अपने आप में भी अभिभूत करते विचार-योग को कथा समुचित भाव-परिवेश का क्षितिज दे पायी है। यह भी देखिये कि विचार भी वहाँ किसी तन्त्र या सिद्धान्त विशेष को रूप देने की ओर उन्मुख नहीं है—एक ऐसी दृष्टि से प्रेरित है जिसे विचार-दृष्टि या कर्म-दृष्टि ही नहीं, भावन-दृष्टि भी कह सकते हैं—चाहे ऐसा कहने का चलन न हो। चलन इसलिए नहीं है क्योंकि भाव-चित्त को हम किसी गहरी या व्यापक जीवन या विश्व-दृष्टि के बाहर ही रखना चाहते हैं। पर तब बुद्ध की करुणा को क्या कहियेगा? बुद्ध को उनकी सब कुछ त्यागती, जगत को, जगत पर विचार की दृष्टियों को नकारती साधना जिस निर्वाण तक ले जाती है, उसी भूमि पर उनमें एक सर्वथा उदात्त, व्यक्ति-सम्बन्ध की सीमा से सर्वथा मुक्त महाकरुणा जागती है जो उन्हें परम भिषक् बनाकर संसार की ओर मोड़ लायी थी। यहाँ हम भावन को चित्त के उत्तुंगतर धरातल पर देख पाते हैं। यों भी आत्मचेतना की प्रत्यङ्मुखता में कर्म और विचार को ही स्वातन्त्र्य का नया आयाम और क्षितिज नहीं मिलता, भाव को भी मिलता ही है—अन्यथा करुणा, मैत्री, उपेक्षा, मुदिता, परदुख-दुखिता, संवेदना, सहृदयता...ये सम्भव ही नहीं हो पाते।

बुद्ध की महाकरुणा हममें न जागे, उसे हम समझ तो सकते ही हैं—और भावन से ही उसे समझते हैं, जितना भी समझते हैं। इससे भावन भी विचार

की तरह हमारे स्वभाव में सिद्ध होने के साथ ही साध्य-रूप में भी आगे आता है। पुराने लोग कहते थे—और हम जानते ही हैं कि काव्य की सहृदयता—या संवेदना कहिये—यह हममें पाक चाहती रहती है, अगाध होना चाहती है।

पर विचार की तरह ही भावन के ऐसे भी आयाम हैं जहाँ उसे अपना विशुद्ध रूप साधते देखा जा सकता है। हमने नाटक, उपन्यास जैसी कलाओं को लिया। ये भाषा में बद्ध होती हैं, तभी विचार और संकल्प को सहज समो लेती हैं। पर व्यंजना की सम्भावना भाषा-सीमित नहीं है और यों भावन का शब्द-बाहर भी ऐसा विस्तार बनता है जहाँ भावन को 'स्वप्रतिष्ठ' देखा जा सकता है।

कलाकृतियों के कई माध्यम होते हैं—शब्द तो एक ही माध्यम है। दूसरे माध्यम शब्द से ही नहीं, परस्पर भी बिलकुल भिन्न होते हैं—चित्र में वर्ण-रेखा, संगीत में स्वर-छन्द-ताल, भास्कर्य में आकृति-घनत्व, वास्तु में देश का रूपायण, नृत्त में अंग-संचार...। इन माध्यमों में जो बात सामान्य है वह है भाव को व्यंजित कर पाने की शक्ति। हम पाते हैं कि विचार शब्दों में ही होता है, पर भावन शब्द का मुहताज नहीं।

इससे कुछ विशिष्ट प्रश्न भी उठते हैं। ऐसे भावन में क्या भाव व्यंजित होता है? इस प्रश्न को तो हम सामने ही खड़ा पाते हैं, क्योंकि भाव की पहचान को हम शब्द के साथ जोड़ने के आदी हैं। ऊपर हमने देखा कि कथा, नाटक, उपन्यास...में व्यंजित भाव की भी एक पहचान बनती है : कथा का आलम्बन ही हमारी पहचान का जगत और उसमें हमारा व्यवहार होता है—तभी भिन्न भावों को हम तत्-तत् भाव के रूप जानते हुए भिन्न पात्रों से जोड़ते हैं। हमारा जगत ही शब्द-विद्ध होता है—भाषा से अविनाभूत। भाषाजन्य व्यंजना में भी इसकी उपस्थिति बनी रहती है—हालाँकि अभिधा और व्यंजना के भाषा-प्रयोग में भेद है, जैसा कि हमने ऊपर देखा। कथा जो अपना जगत रचती है उसका 'है' के रूप में अध्यवसाय तो नहीं होता, पर उसमें अध्यवसित जगत का बोध तो जागता ही है।

शब्द में वाच्य-वाचक भाव होता है—शब्द का ध्वनि (या लिपि) रूप और उसका अर्थ। यह दोनों अविनाभावेन 'सहित' होते हुए भी स्पष्ट व्यवच्छेद्य होते हैं—उसी अर्थ को दूसरी भाषा के—या उसी भाषा के—दूसरे, अन्य ध्वनि में बसे शब्द संकेतित कर सकते हैं। शब्दों के संकेत का क्षेत्र बहुत विपुल-विस्तृत है। बाहर देश-काल में दिखती वस्तुयें ही

नहीं, विचार के अ-देशकाल में रहते प्रत्यय भी शब्द द्वारा संकेतित या अभिहित होते हैं। वाचक ध्वनि-समूह और वाच्य अर्थ का यह भेद भाषा का स्वरूप ही है—चाहे ध्वनियों की जगह लिपि आ जाये। भाषा जब व्यंजना का माध्यम होती है तो अपने शब्द-अर्थ के वाच्य-वाचक द्वैध-रूप को रखते हुए ही व्यंजना का आधार बनती है। हालाँकि व्यंजना में यह द्वैध एक विचित्र रूप से एकी-भाव की ओर मुड़ता देखा जाता है—तभी शब्द बदलने से व्यंजना बदल जाती है। व्यंजना तब बनती है जब शब्दों का साधारण, चलता हुआ संकेत अपने परे भाव जगा देता है जो भावन की प्रत्यङ्मुख दृष्टि के विमर्श के लिए अर्थमय होता है। पर इस भाव में अभिधा की तरह वाच्य-वाचक-भाव नहीं होता। भाव ही अर्थ रूप में जागता है। भावन उसका विमर्श करता है जो भावन की आँख से ही होता है। भाषा में नहीं होता। अभिधा की तरह व्यंजना भी भाषा के स्वरूप में ही निहित है। यही आनन्दवर्धन ने दिखाया था। हमारा साधारण जगत-बोध भाषा द्वारा अभिहित होता है—व्यंजना का शब्द-प्रयोग उसे असंगत, अन्तर्विरुद्ध भी लग सकता है। आनन्दवर्धन का प्रसिद्ध उदाहरण है : गंगायां घोष:। यहाँ हिन्दी में इसे सीधे-सीधे 'गंगा में गाँव' कह दिया जा सकता है, पर फिर व्यंजना ही नहीं बनेगी; 'गंगा पर गाँव' कहना अधिक उचित लगता है। ऐसे विशिष्ट शब्द-बन्धों का हम प्रयोग करते ही रहते हैं। लक्ष्य भाव को अर्थ-रूप में भावन के अपने बोध और विमर्श को व्यंजित करना होता है। साधारण अर्थ-बोध के लिए गंगायां घोष: जैसे प्रयोग असंगत ठहरते हैं—गंगा पर गाँव नहीं हो सकता। ऐसे प्रयोगों को हम सार्थक इसलिए पाते हैं क्योंकि इनकी प्रतीत होती असंगति में सहज ही एक दूसरा इंगित पलता है जिसकी हम अनायास प्रतीति कर पाते हैं। गंगा पर गाँव नहीं होता, लेकिन यों कहने से गाँव की शीतलता और पवित्रता सीधे, बिन-कहे भाव की आँखों में झलक आती है। बात को हम अभिधा में सहज ही कह सकते हैं: 'गाँव शीतल है, पवित्र है, खुला-खुला है क्योंकि गंगा के किनारे है'—या ऐसा ही कोई विवरण दे सकते हैं। पर हम फिर भी जानते रहते हैं कि यों कहकर अभिहित कर देने से वह बात नहीं बनती जो व्यंजित होती है। 'गंगा किनारे गाँव' कहने पर भी गाँव का शीतल-पवित्र होना आक्षिप्त हो सकता है, पर यह बुद्धि में जागते विचारों के साधारण जगत-बोध में निहित सहचार से उभरता है, भावन के लिए भाव-रूपी अर्थ बनकर नहीं प्रस्तुत होता—यानी व्यंजित नहीं होता। व्यंजना

का गंगायां घोषः जैसा उदाहरण यही दिखाता है कि व्यंजना भाषा में स्वरूप-स्वभाव से ही अन्तर्निहित है। पर यही भावन के और गहरे, विमर्श जगाते कथनों का, काव्य का, आलम्बन बनता है। कथन के बड़े स्फुट अन्तर्विरोध का एक और दृष्टान्त लीजिये जहाँ भावन के स्वतन्त्र विमर्श-लोक का पूरा द्वार खुला दिखता है : 'हम वहाँ हैं जहाँ से हमको भी / कुछ हमारी ख़बर नहीं आती।' गंगायां घोषः में जो व्यंजना जागती है, बड़ी मामूली सी है; उसका विवेचन सहज ही 'शीतल-पवित्र' जैसे शब्दों में किया जा सकता है—लगता है कि बात लगभग पूरी अभिधा की पकड़ में लायी जा सकती है; तभी ऐसे प्रयोग रूढ़ भी हो जाते हैं, जहाँ व्यंजना शेष रहती ही नहीं (जैसे, 'वह बड़ा गधा है' में)। पर ग़ालिब का शेर ऐसे किसी विवेचन में नहीं समा सकता जो बात को अभिहित कर दे। कितना भी—या कितने भी—विस्तृत और पैने विवेचन कीजिये, भावन में व्यंजित अर्थ उससे बाहर, उससे अलग खड़ा, अपनी सत्ता में स्वतन्त्र जागता दिखता है। व्यंजना के लिए कोई ऐसा नियम भी नहीं कि वह तभी जागे जब अभिहित अर्थ में साधारण जगत-बोध से असंगति या अन्तर्विरोध बनता हो। कहानियों, नाटकों में हमारा साधारण जगत-बोध जागता ही रहता है, व्यंजना उसी को आधार बनाती है। बल्कि कल्पना की असंगत बेलगाम उड़ान भरती कहानियाँ हलकी, उथले चमत्कार को खुजाने की चेष्टा करती ही लगती हैं।

शब्द-प्रयोग में व्यंजना वाच्य की अभिधा को वाच्य रखते हुए—या नहीं रखते हुए—उसके भीतर से ही उसके परे जागती है, और भावन का आलम्बन बनती है। पर व्यंजना का आलम्बन वाच्य ही नहीं होता, उसके भाषा के सिवा दूसरे कई और आलम्बन भी होते हैं—जहाँ अभिधा का अवकाश ही नहीं बनता—और न साधारण जगत-बोध का। तभी इन्हें हम कलाओं के शुद्ध या अमूर्त रूप कहते हैं। संगीत, नृत्त, चित्र, भास्कर्य, वास्तु—ये अभिव्यक्ति के भाषा-भिन्न ऐसे रूप हैं जहाँ वाचक और वाच्य जैसा कोई द्वैधी-भाव ही नहीं होता। वर्ण-रेखा, स्वर-लय-छन्द, अंग-संचार, आकृति-घनत्व...ये अपने आप में व्यंजना के आलम्बन होते हैं। जैसे भाषा-व्यंजित अर्थ शब्द-वाक्य विशेष को आलम्बन बनाता है, वैसे ही यहाँ व्यंजना वर्ण-रेखाओं के भिन्न विन्यास और योजना को आधार बनाते हैं।

यहाँ अभिधा से स्वातन्त्र्य सहज देखा जा सकता है। हाँ, रेखा-वर्ण आदि

का अभिधा-तुल्य प्रयोग भी होता है। चित्र, भास्कर्य जैसे माध्यम अपने से परे बाह्य-जगत की ओर संकेत करने के उद्देश्य से भी बनाये जाते हैं। ये किसी की या किसी कुछ की प्रतिकृति (या अनुकृति) होते हैं अक्सर। या प्रतिकृति न भी हों तो भी संकेत का काम कर सकते हैं, जैसे नक़्शे। किसी की पहचान के लिए बनी उसकी शबीह, अपराधियों के पकड़ने के लिए बनी उनकी आनुमानिक अनुकृति...ये संकेत मात्र के ही काम के होते हैं। पर तब हम इन्हें कलाकृति की श्रेणी में ही नहीं रखते। ऐसा तभी होता है जब ये भावन का आलम्बन बनें। किसी की शबीह, या किसी परिवेश की प्रतिकृति, ये चित्र भी हो सकते हैं : तब इनका स्वरूप वैसा ही होता है जैसे कथा में कोई व्यक्ति चरित्र का रूप ले-ले या कोई स्थान एक भाव-परिवेश का। यह भी नहीं भूलना चाहिये कि चित्र, मूर्ति आदि को सूचना, पहचान आदि का माध्यम बनाना भाषा-बोध को ऊह्य ही नहीं रखता उससे संश्लिष्ट होता है।

हमारा जगत-बोध मूलतः भाषा के माध्यम से होता है, शब्द-प्रयोग से अविनाभूत होता है, उसे पूर्वगृहीत रखता है। हमारे जगत-बोध और शब्द-प्रयोग के—भाषा-बोध के—बीच एक ऐसा अन्योन्याश्रय है, जहाँ एक को दूसरे से अलग करना सम्भव नहीं। विचार इस बोध का द्रष्टा होकर इससे ऊपर उठ सकता है, पर यह द्रष्टा-भाव भी भाषा का आश्रय लेता है, और आयास-सिद्ध ही नहीं होता, साधारण जगत-बोध को फिर भी ऊह्य रखता है। विचार के द्रष्टा-भाव में भाषा का जगत से सम्बन्ध क्या, यह प्रश्न भी जागता है और गुत्थियाँ खड़ी करता है। पर इस प्रश्न का यहाँ प्रयोजन नहीं। इतना स्पष्ट है कि हमारा जगत-बोध नाम-रूपमय होता है और हमारा साधारण व्यवहार इसे ऊह्य रखकर—मानकर—बनता है। भाषानिष्ठ अभिधा में ही नहीं भाषा को आलम्बन-बनाती व्यंजना में भी यह जगत-बोध ऊह्य रहता दिख सकता है। भय जैसे भावों से हमारा परिचय—और उन भावों का नामकरण—हमारे व्यवहार के जगत-बोध के भीतर से ही बनता है। भाषा जब व्यंजना का आधार बनती है तब भी वह—अध्यवसाय-मुक्त होते हुए भी—जगत-बोध को अपने में समोये रखती है। तभी हम कथा, नाटक आदि से निष्पन्न भय के भावन को 'भयानक' का नाम देते हैं। भय ही नहीं, रति, उत्साह, जुगुप्सा...और दूसरे पहचान के भावों का बोध भी हमें अपने व्यवहार-जगत—और यों भाषा—

के माध्यम से ही होता है। हमें यहाँ तक लग सकता है कि इस सम्बन्ध के बिना व्यंजना बन ही नहीं सकती। कथा, नाटक, उपन्यास के भावन में ऐसा बोध होता ही है। चित्र, मूर्ति... में भी होता है, जहाँ इन कृतियों के रूप प्रतिकृतिवत् होते हैं। पर इस बोध की स्पष्टता भावन के अपने विमर्श से कहीं अधिक उसकी अध्यवसायनिष्ठ विवेचना में होती है जो भावन के साथ साथ चलती रहती है; भाषा में होती है। लेकिन भावन में जागती भाव-गति की बुनावट जिस बोध में बसती है वह भाषा से परे होती है—उसका विमर्श भाव के भीतर से ही भाव को देखता-तोलता है। यह बात तब और स्फुट होकर उभरती है जब कला का ऐसा माध्यम हो जहाँ भाषा की पहचान का बाह्य-जगत ऊह्य ही न हो : जैसे राग-संगीत, नृत्त...और ऐसे दूसरे रूप जो भाषा-परिचित जगत से अलग ही खड़े दिखते हैं। ऐसे माध्यमों से व्यंजित भावों का एक पूरा विस्तार होता है, जिसके अपने गहरे, उथले, सरल, जटिल गुँथाव और व्यूह बनते हैं। पर इनका नामकरण ही नहीं, इन्हें भाषा में उतारना ही विवेचना के लिए पहेली बन जा सकता है। इनकी विवेचना करते हुए हम इनकी समझ बनाते हैं तो भाषा के रूपक-उत्प्रेक्षा जैसे मार्गों की ओर अपने को बढ़ता पाते हैं जो व्यंजना का ही सहारा लेते हैं। तभी अमूर्त कहलाती कला दुरूह लगने लगती है। हम कह बैठते हैं कि कला समझ में नहीं आयी। पर ऐसी कलाओं में भावन के अपने विमर्श की ओर भी हम बढ़ते ही हैं—अच्छे-बुरे का तुच्छ-महत् का विवेक भी करते हैं।

हममें पहचान की आँखों से दिखते 'मूर्त' के प्रति सहज पक्षपात होता है। पर यह पक्षपात अविचारित ही होता है। भाव तो यों भी दिखता नहीं, इन्द्रियगम्य नहीं होता, अमूर्त ही होता है। भाषा के अर्थ भी सामान्य होते हैं, अमूर्त ही होते हैं—उनका इन्द्रिय-बोध के विशेष से सम्बन्ध क्या, यह एक चिरन्तन टेढ़ा प्रश्न है। भावन में जागता व्यंजित भाव भी अर्थ-रूप होता है, पर उसे हम भाषा के अर्थ की तरह सामान्य नहीं कह सकते, ऐसा होता तो वह भाषा की अभिधा में समा जाता। पर भावित अर्थ 'सामान्य' नहीं होता हुआ भी भावन की जिस प्रत्यङ्मुख दृष्टि में जागता है वह व्यक्तिनिष्ठ नहीं होती, व्यापक होती है, सर्व-गम्य होती है। कथा-गर्भ कलाकृतियों में हम भावों को परिचित जगत और वहाँ होते अपने व्यवहार से जोड़ पाते हैं तो ये मानो मूर्त लगने लगते हैं—बल्कि कहना यह चाहिये कि इसी को हम 'मूर्त' कहने के आदी हैं। भाषानिष्ठ कलाकृतियों में हम

सहज ही मूर्तता की अपेक्षा रखते हैं (कथा-गर्भ कृतियों में यह अपेक्षा पूरी होती भी लगती है) पर कविता भाषा में ही होती है, वह कथा-गर्भ न हो तो उसमें भी भाव की बाहर के प्रत्यक्ष में बनती पहचान की बात बेबात होती है। ऊपर ग़ालिब के शेर में भाव की पहचान क्या? पहचान का सवाल ही अटपटा लगता है।

माध्यमों में इस गहरे भेद का बोध (जिसे आजकल मूर्त-अमूर्त का भेद कहते हैं) हमारे कला-विचार में पुराना है। भरत ने इसकी ओर इंगित किया है (इस बोध के साथ कि विशुद्ध नृत्त में किसी लोकगत अर्थ की प्रस्तुति नहीं होती—यानी नाटक की तरह उसमें साधारण जगत-बोध ऊह्य नहीं होता)। आनन्दवर्धन और अभिनव ने कलाओं के इस भेद पर विस्तार के साथ विचार किया है। पर ये विचारक व्यंजना को नाटक (और यों कथा, उपन्यास) के बोध से स्वतन्त्र देखते हुए भी इसके स्वतन्त्र विमर्श में पूरा नहीं उतरे। आनन्दवर्धन पैने कला-विचारक थे, भाषा-भिन्न माध्यमों में स्वतन्त्र व्यंजना-शक्ति भी मानते थे। पर इस 'मानने' के पीछे आधार नाटक ही था, जिसमें संगीत, नृत्त जैसी भिन्न कलायें प्रयुक्त होती हैं। वे सजग थे कि संगीत, नृत्त नाटक से अलग भी अपना निरपेक्ष विदग्ध रूप रखते हैं, पर उन्होंने नाटक-रंजित दृष्टि से ही इन कलाओं की व्यंजना को आँका-समझा। आनन्दवर्धन के लिए व्यंजित रस ही होता है और रस की व्यंजना नाटक (या नाटक जैसे कथानिष्ठ) माध्यम से ही हो सकती है। हमारे भय, रति जैसे साधारण अनुभव और व्यवहार में परिचित भाव ही रस में निष्पन्न या उन्नीत होते हैं। और रस की निष्पत्ति ही कला का लक्ष्य है। कला-विचार यह दिशा ले तो संगीत आदि में—जहाँ लोक की उपस्थिति नहीं होती, वहाँ भी अगर रस की ही निष्पत्ति माननी हो तो यह मानना होगा कि नाटक के भीतर रहकर ही—नाटक का अंग होकर ही—इन कलाओं से रस का सम्बन्ध बनता है। आनन्दवर्धन यही मानते थे। आनन्दवर्धन पर टीका करते हुए अभिनव भी इस मत के पक्षधर उभरते हैं। पर अभिनव के चिन्तन का एक और पक्ष है जो उनकी भरत पर की गयी टीका में सामने आता है। वहाँ नृत्त और संगीत जैसी कलाओं को वे वाच्य-वाचक भाव से—और यों अभिधा से और साधारण जगत-बोध से—हटाकर 'स्वप्रतिष्ठ' कहते हैं। तात्पर्य यह कि नृत्त, संगीत में व्यंजना सीधे स्वर और अंग-संचार का आश्रय लेती है। वहाँ लोक की—परिचित 'प्रत्यक्ष' जगत की—उपस्थिति अपेक्षित ही नहीं होती।

अभिनव ने अपनी बात को नृत्त और संगीत तक ही सीमित रखा है। चित्र, भास्कर्य, वास्तु की बात नहीं की है। कारण यह भी है कि उनके समय चित्र, भास्कर्य में कला के ऐसे रूप नहीं उभरे थे जैसे संगीत में 'गान्धर्व' और नृत्त में 'ताण्डव' थे जो स्फुट ही वाच्य-वाचक-भाव या अभिधा से विहीन थे। वास्तु बहुत पुरानी कला है। उस पर अभिनव के समय एक विस्तृत शास्त्र भी था। वास्तु का कला-पक्ष संगीत, नृत्त की तरह ही स्वरूप से स्वप्रतिष्ठ होता है—पर उसके कला-पक्ष की ओर चिन्तन में ध्यान नहीं था—उसके शास्त्र प्रयोग-पक्ष पर ही केन्द्रित थे। पर कहना न होगा कि हम स्वप्रतिष्ठ की धारणा में सचमुच उतरने लगें तो चित्र, भास्कर्य जैसी कलाओं में इसकी सम्भावना साक्षात् खुलने लगती है।

पर हमारे लिए स्वप्रतिष्ठ या अमूर्त की बात भावन के और भी बड़े प्रसार का संकेत है जो कला तक सीमित नहीं। हम अपनी संवेदना में झाँककर देखें तो पाते हैं कि व्यंजना—और यों भावन—कला तक सीमित नहीं है। आकृतियों में, रूपों में अपने आप में व्यंजना की शक्ति होती है। कालिदास का प्रसिद्ध श्लोक लीजिये : रम्याणि वीक्ष्य मधुरांश्च च निशम्य शब्दान्पर्युत्सुकी भवति यत् सुखितोपि जन्तुः। तच्चेतसा स्मरति नूनमबोधपूर्वं भावस्थिराणि जननान्तरसौहृदानि॥ यहाँ हमारा इन्द्रियनिष्ठ जगत-बोध ही भावन की अनहोनी का द्वार खोलता दिखता है। दुष्यन्त ने यह श्लोक एक गीत सुनते हुए कहा था और इसमें नाटक की कथा से जुड़ी ध्वनि भी समाविष्ट है (दुर्वासा के शाप से दुष्यन्त शकुन्तला को बिलकुल भूल गये थे; शकुन्तला अब उनके मन के दूर अन्तराल में छुपी एक अनजान, अनपहचान पर मीठा-सा आभास रह गयी थी—जैसे अन्तर में निस्तब्ध किसी जन्मान्तर की अनदिखती कौंध हो)। पर इसके अर्थ का संकेत स्पष्ट ही कथा-सन्दर्भ को पीछे छोड़ देता है, उस सन्दर्भ से कहीं व्यापक है—कथा-सन्दर्भ को तो केवल बात के कहने का अवसर कह सकते हैं। कालिदास में यहाँ यह ध्वनि भी प्रकट है—और इसे यों समझा भी गया है—कि वाच्य-वाचक-हीन आकृतियों और ध्वनियों के संकेत हमें हममें ही गुहा-निहित किसी ऐसे भावलोक में ले जा सकते हैं जो हमारे जाने-पहचाने हुए जगत से अलग निगूढ़ रहता है।

प्रकृति को लीजिये। वहाँ रम्य के वीक्षण से और मधुर के श्रवण से हममें भाव जागता है—चाहे सदा 'पर्युत्सुकी' न करता हो। पर कर भी सकता

ही है। अपनी आभा और सुषमा में जागता फूल 'रम्य' तो होता ही है—और रम्य होने का इतना तो अर्थ है ही कि वह हममें आवेग या कामना के उद्दीपन से अधिक कुछ जगाता है। आभा और सुषमा रति के उद्दीपन भी हो ही सकते हैं, जैसे पशुओं में—और हममें भी। बहुत सा साज-श्रृंगार, कहना न होगा, यही उद्देश्य रखता है। पर रम्यता और माधुर्य का बोध ऐसे उद्दीपन तक सीमित नहीं होता। सहज ही हमारी जीव-सुलभ भूख और अहं-भाव के देह-मन-सीमित और हमें अपने वश रखते आवेगों से ऊपर उठता है। फूल की उज्ज्वल, वर्ण-सजग आभा, उसकी आकृति का सन्तुलित, समंजस, सुकुमार रूप-वर्ण-साम्य उपादेयता-बोध से ऊपर उठकर हमारे भाव की आँखों में कलाकृति की तरह ही जागता है (यहाँ यह न भूलना चाहिये कि बहुत सी 'कला' कहलाने वाली कृतियाँ भी उद्दीपन तक ही सीमित रहती हैं, पर कला को उद्दीपन तक सीमित कहने का कोई अर्थ नहीं)। हाँ, यह कहना ठीक ही होगा कि सौन्दर्य-बोध में स्तर-भेद होते हैं। फूल का सौन्दर्य अपने आप में स्वतन्त्र अर्थ रखते हुए भी भावन को किसी गहरायी में न उतारता हुआ बड़े उथले-से स्तर पर रह सकता है : रंग-रूप से चमत्कृत इन्द्रियों के विस्मय तक। पर यह स्तर भी आत्मचेतन भावन में जागता है जहाँ इसके आरोह के सोपान भी उभरते हैं। कालिदास का उस ओर इशारा साफ़ है : इसके बिना रम्य और मधुर का अनुभव किसी तरह की अन्तरंग पर्युत्सकता की ओर नहीं ले जा सकता। फूल के भावन की प्रत्यङ्मुख अन्तरंगता के कारण ही फूल एक आकृति-मात्र की सीमा से निकलकर किसी गहरे रूपक की व्यंजना में खिल उठ सकता है। एक पुराना रूपक देखिये : सृष्टि के आरम्भ की कल्पना ही विष्णु की नाभि से प्रस्फुटित कमल से होती है, जिस पर बैठकर सृष्टिकर्ता ब्रह्मा विश्व की रचना करते हैं। कमल का समंजस सर्वतोभद्र रूप यहाँ स्पष्ट ही सृष्टि के ऋत में स्थापित होने का रूपक है। ऐसे रूपक की उद्‌भावना भावन की धरती पर ही उभरती है।

पर फूल ही नहीं प्रकृति के पूरे परिसर भी भावन के आलम्बन बनते हैं। मरुस्थल का सूखा विस्तार, हरे-भरे जंगलों का घटाटोप, पहाड़ों की चट्टानी चोटियाँ या तुहिन-ढके शिखर...ये संगीत की भिन्न स्वर-योजनाओं की तरह भावन के लिए भिन्न आवहों की व्यंजना जगाते हैं। सूर्य के गति-चक्र के साथ बदलते आकाश के रंगों का आवह इन भेदों को और भिन्न

करता चलता है। स्पष्ट ही, आकाश के बदलते रूप अपने आप में भी व्यंजक होते ही हैं। यह व्यंजना फिर कला में अपनी तरह के नये विस्तार बनाती है। प्रकृति का 'वही' परिसर भिन्न चित्रों में, भिन्न चित्रकारों की भिन्न शैलियों में जागता हुआ व्यंजना के नये प्रसार, नयी गतियाँ ले सकता है, नयी गहराइयों में उतर सकता है। चीन के महत् प्रकृति-चित्रों में प्रकृति का विराट भाव अध्यात्म के संकेत वहन करता है—मानव वहाँ प्रकृति के बृहत् के भीतर क्षुद्र सा प्रकृति-विलीन हो रहता है। पर मनुष्य की उपस्थिति प्रकृति को भावन की एक और ही दिशा में ले जा सकती है। प्रकृति मनुष्य-जीवन के भिन्न भावों की व्यंजना-संगिनी बनकर मनुष्य का परिसर बन जा सकती है। भारत की कविता में ही नहीं, चित्रों में भी ऐसी व्यंजना उभारी ही जाती थी। पर मनुष्य का अपना विराट परिसर है, जो हमारे भावन को विपुल विस्तार और अतल अगाध की ओर ले जाता है। व्यक्ति से लेकर पूरा मनुष्य-भाव—मनुष्य के अर्थ-बोध के बहुस्तरीय आयाम, कई धरातलों पर सताती यातनायें, निरर्थकतायें, इसकी अन्तर्दृष्टि—इनमें होते हुए इनसे तादात्म्य, इनका जीवन्त अनुभूत बोध, ये भावन में ही उभरते हैं। यह भावन फिर कलाभिव्यक्ति से लेकर बुद्ध की महाकरुणा तक व्याप्त देखा जा सकता है।

साधारण तौर पर हम मनुष्य को प्रकृति से अलग रखते हैं। उसे प्रकृति-भुक् नहीं करते—मनुष्य में यह बोध चिरन्तन सा है कि वह स्वतन्त्र है, अपने स्वतन्त्र अर्थों की सृष्टि करता है, अन्य जीवों की तरह प्रकृति के कार्य-कारण प्रवाह के (पूरा) परतन्त्र नहीं है। मनुष्य की आत्मचेतना ही उसे अपना द्रष्टा-नियोक्ता बनाते हुए उसे प्रकृति से भी अलग करती है। पर हमारा बोध प्रत्यङ्मुख होता हुआ ब्रह्माण्डग्राही भी होना चाहता है। सब कुछ को अपने अर्थ-बोध में समेट लेना चाहता है। ऐसी दृष्टि दर्शन के मूल में देखी जा सकती है। दर्शन की ही समकक्ष अध्यात्म-प्रज्ञा में भी जागती है। इसमें होने के साथ होने के अर्थ का आदर्श-बोध भी समोया रहता है—जो मनुष्य का स्वरूप होता हुआ भी प्राप्य होता है। ऐसी दृष्टि में विचार के साथ भावन को एकात्म देखा जा सकता है। ईशावास्य उपनिषद का पहला ही श्लोक लीजिये :

> ईशावास्यम् इदं सर्वम् यत्किञ्च जगतयां जगत।
> तेन त्यक्तेन भुञ्जीथा मा गृधः कस्य स्वित् धनम्॥

श्लोक बहु-परिचित है, पर एक अनुवाद फिर भी देता हूँ : 'ईश द्वारा आवास्य है यह सब कुछ जो कुछ भी गति-प्रवाह में जगत है; उसका त्याग से भोग करो, किसी के धन के लोलुप न हो'। यह बोध कि यह भंगुर, निरन्तर बदलते प्रवाह में बसता जगत ईश्वर का घर है—इसकी काव्य की तरह (ग़ालिब के शेर की तरह) विरुद्ध-सी लगती दृष्टि स्पष्ट ही भावन-गर्भ है। एक सम्पूर्णतम अवयवी का सब कुछ घेरता बोध है जिसे विचार की किसी युक्ति-यात्रा का फल नहीं कहा जा सकता। एक विचार-भिन्न सम्पूर्णग्राही प्रज्ञा, प्रतिभा या अध्यात्म दृष्टि की बात यहाँ की जाती है, पर ऐसी दृष्टि में सम्पूर्ण का—यहाँ सारे 'होने' के ही अर्थ का ग्रहण—व्यंजित ही कहला सकता है : एक सर्वतो-व्यापक भावन में बसता है।

यहाँ दृष्टि में वही व्यापकता है जो बुद्ध की महाकरुणा में—उसी तरह वह वासना (लोलुपता) को त्याज्य पाती है। पर भेद भी है। यह त्याग के साथ भोग की बात भी करती है—एक अद्‌भुत अन्तर्विरोध के साथ—ऐसा भोग जो त्याग से ही सम्भव है। चेतना की प्रवृत्ति के सार्थक हो पाने का ही नहीं, चेतना के स्वरूप का ही यहाँ एक गहरा (और अनहोना लगता) सूत्र देखा जा सकता है : निवृत्ति में अपनी ओर उन्मुख चेतना ही प्रवृत्ति का भी अर्थ पा सकती है। पर फिर एक बात पर और ध्यान दीजिये। ऊपर के श्लोक के अन्त में एक आदेश है—किसी के धन की कामना न करो। इसे व्यवहार-धर्म का या धर्म-नीति का एक साधारण नियम कहा जा सकता है। और फिर प्रश्न उठाया जा सकता है कि त्याग-गर्भ भोग से और जगत के ईश का घर होने से इस 'नैतिक' नियम का क्या युक्ति-सम्बन्ध? श्लोक के पूर्व-भाग में जो कहा गया है उससे यह नियम कैसे उपपन्न होता है? युक्ति ही ढूँढ़े तो, मैं समझता हूँ, ढूँढ़ी भी जा सकती है—चेतना की उस आत्म-निवृत्ति में ही, जिसकी अभी बात की, जो प्रवृत्ति को सार्थक बनाती है। नैतिकता का या धर्म-बोध का होना मनुष्य में अनन्य ही नहीं, अद्‌भुत रहस्य की तरह अनहोना है; पर यह आत्मचेतना के साथ ही उभरता है, और आत्मचेतना भी मनुष्य में अनन्य है। चेतना का आत्मचेतन होना आत्मनिवृत्ति में निहित है—चेतना अपने से हटकर, अपने से निवृत्त होकर ही अपने को देख पाती है—प्रवृत्ति के पराङ्‌मुख भाव से अपनी ओर मुड़कर प्रत्यङ्‌मुख होती है। इसके साथ ही अपनी प्रवृत्ति में दोष देखती है, उसका अन्यथाकरण चाहती है—प्रदत्त प्रवृत्ति को अपने अर्थ के

अनुरूप नहीं पाती। हिंसा और स्वार्थ से विचलित हो अहिंसा और निःस्वार्थता की ओर झुकती है। यही धर्म-बोध का बीज है। व्यवहार में यह विधि-निषेध के नियमों का रूप लेता है। उपनिषद की ओर ध्यान दीजिये तो नियम का अर्थमय होना एक सम्पूर्ण प्रत्यङ्मुख प्रवृत्ति और दृष्टि का अंग है और उस सम्पूर्ण दृष्टि के साथ सहज ही प्रसूत होता है। जैसे बुद्ध की दृष्टि में शील। श्लोक के पूर्वभाग और अपर भाग की संगति यहाँ विचारपरक और यों युक्तिपरक नहीं है, भावनपरक है। युक्ति की माँग यहाँ अक्सर इस प्रश्न में बसती है कि ऐसा करने से हमें क्या लाभ? पर यह दृष्टि साफ़ ही लाभ (स्वार्थ) से हटकर ही बन रही है। तभी यह सबका स्वार्थ साधते जैसे किसी समझौते जैसी युक्ति से अछूती है।

पर हमारी चर्चा के लिए मूल बात यहाँ इस दृष्टि में भावन का होना है—दृष्टि का जगत-बोध, मनुष्य-बोध यहाँ सम्पूर्ण के ऐसे साक्षात् अर्थग्रहण में बसता है जिसे व्यंजित कहना उचित है। भावन के विमर्श में यहाँ एक अगाध अर्थ सहज ही भावित है।

मैं समझता हूँ कि यहाँ हमें धर्म-बोध में भावन की गहरी भूमिका का परिचय मिलता है। केवल विचार और युक्ति-तर्क से धर्म-बोध को नहीं समझा जा सकता। समझने की एक दिशा संकल्प-बोध की स्वतन्त्रता में ली जाती है—धर्म को विशुद्ध कर्तव्य-बोध से जोड़ा जाता है। काण्ट में यह स्पष्ट है। काण्ट के लिए विशुद्ध संकल्प या कर्तव्य-बोध उस स्वातन्त्र्य में बसता है जो हमारा परमार्थ है। आवेग और भाव हमें परतन्त्र रखते हैं—ये व्यवहार जगत के असत् प्रपंच के अंग हैं जिससे ऊपर उठकर ही संकल्प शुद्ध-स्वतन्त्र होता है। उसका स्वातन्त्र्य अपने अलग नियमों में अभिव्यक्त होता है जहाँ भाव का कोई स्थान नहीं—ये नियम ही सत्-प्रवृत्ति के आधार हैं। गीता की निस्संग कर्म की धारणा में भी विचार की यह दिशा उभरती देखी जा सकती है, पर स्वातन्त्र्य की धारणा वहाँ व्यापक है, मनुष्य-व्यक्ति-सीमित नहीं जैसा कि काण्ट में दीखता है। वहाँ स्वातन्त्र्य चित् या परमेश्वर का है जो मनुष्य-व्यक्ति में रूप लेता है और व्यक्ति के स्वातन्त्र्य की सार्थकता उस परम के प्रति समर्पण में है।

हममें स्वातन्त्र्य-बोध आत्मचेतना के अपने ही को विषय बनाकर देखने और नियोजित कर सकने के सामर्थ्य के साथ जागता है। इस स्वातन्त्र्य-बोध में हमारे दृश्य आत्म का—या दृश्य 'स्व' कहिये—उसका परतन्त्र

होना भी दिखता है। हम शरीर की माँगों में, मन के आवेगों में, अपने को परतन्त्र पाने लगते हैं। तभी स्वातन्त्र्य के लिए उनके त्याग या अवरोध की बात की जाती है। पर भाव का अगर अपना द्रष्टा-भाव है, जैसा कि ऊपर की चर्चा में उभारने की चेष्टा की गयी है, तो भाव-चित्त को नितान्त परतन्त्र मानने का कारण नहीं बनता। भावन में वह भाव का द्रष्टा हो पाता है, तो नियोक्ता भी होता है। व्यंजित भाव का आलम्बन हमारे बाहर ही नहीं, हमारे भीतर भी होता है। हमारे अपने भीतर उदित होते भाव भी भावन के आलम्बन बनते हैं। उसी तरह जैसे विचार विचार का विषय बनता है—और साध्य-परिष्कार्य होता है, आत्मद्रष्टव्य के विशुद्ध नैर्मल्य की ओर बढ़ना चाहता है। हाँ, यह कह सकते हैं कि विचार में द्रष्टव्य के साथ स्वातन्त्र्य का एक सहज-बोध जागता है जिसे हम भाव में नहीं पाते। यों भाव को हम द्रष्टृ-चित्त की आविलता के साथ ही जोड़ते हैं। पर भूलना नहीं चाहिये कि भावन भी हममें सहज है—वह भी उसी आत्मचेतना के साथ जागता है जो विचार के स्वातन्त्र्य को घर देती है। पर उसकी प्रक्रिया भिन्न होती है—व्यंजना की गति व्याक्रिया से उलटी, समग्रग्राही है इसलिए हम उसे सहज ही स्फुट नहीं पाते; फिर भाव आत्मद्रष्टा होकर भी भावलीन रहता है, इसलिए उसके द्रष्टव्य को विवेचना—यों विचार—का सहारा मानो सदा अपेक्षित रहता है।

संकल्प या कर्तव्य-निर्णय हम जीवन में बनती परिस्थितियों में करते हैं। संकल्प से यह अपेक्षा रहती है कि वह मेरी या किसी की इच्छा की या व्यक्तिगत मनोभाव की बात न हो। जो अपने आप में उचित है वह मेरे, या किसी के, 'अच्छा लगने' की बात नहीं हो सकती है। हम उसके स्वतन्त्र सत्य को पाना चाहते हैं—जैसे विचार में विषय के सत्य को। तभी हम औचित्य-बोध में विचार जैसी निस्संगता के लिए मनोभावों से या भाव-चित्त से निर्लिप्त हो जाना चाहते हैं। हमें लगता है कि हम भावग्रस्त हों तो औचित्य-दृष्टि अन्धी-दूषित ही रहती है। गीता के आरम्भ में कृष्ण अर्जुन से यही कहते हैं। पर कृष्ण के लिए युद्ध का परिणाम विभीषिका में डूबा नहीं था, जैसा अर्जुन के लिए सहसा बन खड़ा हुआ था—अर्जुन का विषण्ण भावावेश उस विभीषिका-दृष्टि का फल था। पर वह दृष्टि भी परिस्थिति से व्यंजित हो भावन में ही जागी थी। कृष्ण ईश्वर थे। उनकी दृष्टि जीवन-मृत्यु से ऊपर उठी दृष्टि थी—जगत और जीव के नित्य सत्य को देखती दृष्टि। उनके लिए जो हो रहा था, माया थी। परिस्थिति से

मोहित होना मिथ्या भाव-प्रपंच में पड़ना ही हो सकता था। पर गीता में विचार के कई पक्ष हैं—हम यह भी कह सकते हैं कि कृष्ण की सब कुछ देखती परमार्थ दृष्टि में वह युद्ध एक छोटी-सी, पर अनिवार्य घटना थी, ईश्वर की दिव्य योजना का लघु-सा अंग। पर अर्जुन की आँखों में युद्ध का सामने दिखता विकराल परिणाम था। अब तक इस दृष्टि से उन्होंने युद्ध को नहीं देखा था—बरसों से उसकी ओर तत्पर ही रहे थे। पर अब यह परिणाम-बोध उनके मन पर हावी था—जिन साध्यों के लिए योद्धा को लड़ना चाहिये, वे ही विनाश के कगार पर थे। क्या ऐसे परिणाम-बोध को अर्जुन के व्यक्तिगत मनोभाव तक सीमित रखना चाहिये? उसे मोह-विकार कहकर त्याज्य समझना चाहिये, जैसा कि कृष्ण कहते हैं? जैसा कि शायद काण्ट भी कहेंगे। ठीक है कि परिणाम-बोध की भयावहता अर्जुन के व्यक्ति-चित्त पर भी हावी थी, पर इसका अर्थ यह नहीं कि उनकी परिणाम-दृष्टि व्यक्ति-चित्त सीमित थी। उलटे यह कहना ही यहाँ उचित है कि उनमें परिमाण-बोध के साथ जो घोर किंकर्तव्यविमूढ़ भाव उन्हें त्रस्त करता उमड़ आया था—वह एक ऐसे धर्म-संकट के कारण था जिसे व्यक्ति-सीमित कहना धर्म-बोध को ही व्यक्ति-सीमित कहना होगा। मैं समझता हूँ कि ठीक यह कहना होगा कि अर्जुन के मन में यह अचानक जागा परिणाम-बोध परिस्थिति पर भावन का फल था—और यह भावन स्पष्ट ही उनके अपने स्वार्थ के या किसी इच्छा-तन्त्र-आवेग से ऊपर स्थित था। यह भी सोचिये कि कृष्ण और उनके दिव्यत्व के प्रति पूरी श्रद्धा रखते हुए महाभारतकार व्यास भी युद्ध के परिणाम को भयावह ही देखते-दिखाते हैं। हम कह सकते हैं कि अर्जुन की तरह उनकी परिणाम-दृष्टि भी सीमित थी। हमारी (मनुष्य की) किसी भी परिणाम-दृष्टि की सीमा होती है। कर्म के लिए प्रश्न यह होता है कि परिणाम-दृष्टि को महत्त्व दें या नहीं दें, यह नहीं कि यह दृष्टि निस्संग होती है या नहीं—आत्मचेतना की निवृत्ति में पली निस्संगता के बिना तो क्रिया और कर्म में भेद ही नहीं बनता। पर कर्म किसी संकल्प-व्योम में नहीं होता, उसका परिणाम होता ही है। यों वह परिणाम-दृष्टि की भी अपेक्षा रखता दिखता ही है। गीता के पक्ष से हम कह सकते हैं कि वहाँ कर्म-बोध के निस्संग-भाव में परिणाम की उपेक्षा निहित नहीं है, बात उसके प्रति भी निस्संग-भाव रखने की है—कर्तृत्व के अहंकार से, ममत्व से—हट जाने की।

यों संकल्प-बोध को अगर हम स्वातन्त्र्य के किसी ऐसे परमार्थ में न रखें जिसका हमारे व्यवहार से कोई सम्बन्ध ही नहीं तो फल या परिणाम-बोध संकल्प में निविष्ट ही दीखता है। कर्म का लक्ष्य फिर कल्याण या अभ्युदय के रूप में उभरता है। अभ्युदय क्या, यह दृष्टि विचार में कई रूप लेती है, पर इस दृष्टि के पीछे भावन की भूमिका भी देखी जा सकती है। अभ्युदय का लक्ष्य मनुष्य और उसका संसार है, पर मनुष्य रूप में होने-जीने-रहने का भाव या अन्तर्बोध क्या है, इसकी पकड़ भावन से बनती है। मनुष्य क्या है, वह क्या हो सकता है, उसे क्या होना चाहिये, मनुष्य-भाव का ऐसा अन्तर्बोध भावन में ही सम्भव है—कथा, नाटक, उपन्यासों में अभिव्यक्त होता देखा जा सकता है। ऐसे भावन में हम विभिन्न भावों की तोल-परख भी पा सकते हैं, क्योंकि भावन विभिन्न भावों में विवेक भी करता है—हिंसा, क्रोध, ईर्ष्या, असूया, लोलुपता...ये निचले हैं, 'अनुचित' हैं, यह बोध भावों को भाव की आँख से देख पाने पर ही भीतर से जागता है। विशुद्ध विचार से भावों के बीच श्रेय-भेद कैसे बनेगा, समझ में नहीं आता। विचार भेद करता है—अपनी तरह से विवेक—व्याक्रिया—करता है, पर भावन के आधार बिना विचार के लिए भावों के भेद में उत्तम-अधम के धरातल नहीं उभरते दिखते। उलटे, भावन के बिना—उसके अपने साध्य या आदर्श-बोध के बिना—विचार-बुद्धि के लिए स्वार्थ-दृष्टि से उपादेयता के आधार पर भावों में भेद करना भी उतना ही सार्थक ठहरता है। कूटनीति की वंचना का यही आधार होता है।

बुद्धि के भाव-बोध और भावों के भावन में अन्तर यह है कि भावन के लिए दूसरे भाव अध्यवसित नहीं व्यंजित होते हैं। विचार में जागता अध्यवसाय किसी भाव को बाहर से देखता हुआ उसे आँकता-समझता है, उसके लक्षण उभारता है, सम्बन्धों को परखता है, पर उसे भाव-रूप में, भाव-संवेदना के साथ भीतर से नहीं भाँपता। हम विचार का एक परम व्यापक रूप भी देख सकते हैं जहाँ विचार सर्व को समेटता हुआ अपार क्षितिज के बीच जागता है। उसकी प्रज्ञा सिद्ध के साथ साध्य को समेटती दिखती है—जैसा हमने ईशावास्य में देखा। पर ऐसा विचार भावन को अन्तर्गर्भ रखता है।

उन्मीलन (सम्पादक : यशदेव शल्य, मुकुन्द लाठ), जुलाई २००९

साहित्य से मुझे क्या मिलता है?

साहित्य का स्वरूप और अर्थ क्या? यह प्रश्न स्वाभाविक है। पर प्रश्न को अक्सर यों भी रखा जाता है जैसा कि यहाँ शीर्षक में है। इस प्रश्न में 'मुझे' पर बल दें, जैसा कि दिया भी जाता है, तो प्रश्न बेढब-सा हो जा सकता है—क्योंकि 'मिलने' का तात्पर्य फिर बड़ा स्थूल, स्वार्थ पर 'लाभ' ध्वनित होता जान पड़ता है। पर, कहना न होगा, प्रश्न किसी किताब बेचने वाले से नहीं किया जा रहा है, साहित्य में स्वेच्छा-संकल्प से रुचि लेने वाले पाठक से किया जा रहा है। ऐसा है तो प्रश्न में उपादेयता की गन्ध होनी ही नहीं चाहिये, क्योंकि वैसा कुछ 'मिलने' की यहाँ बात ही नहीं जिससे कोई लोकैषणा पूरी हो—धन, यश, ऐश्वर्य। लेकिन प्रश्न यों ही किया जाये तो फिर वैसा ही अटपटा लग सकता है जैसे—प्रेम करने में तुम्हें क्या मिलता है? या, सत्य से तुम्हें क्या मिलता है? आठ सौ साल पहले आचार्य मम्मट ने भी प्रश्न को कुछ यों ही रखा था : पूछा था, काव्य (साहित्य) का प्रयोजन क्या? 'प्रयोजन' यहाँ 'उपादेयता' का ही पर्याय जैसा है। उनके उत्तरों में भी प्रयोजन की स्थूल उपादेयता झलक आती है। एक उत्तर है ही कि साहित्य से (लेखक को) अर्थ (धन) मिलता है। पर सब जानते हैं कि मम्मट ने जिसे साहित्य का परम प्रयोजन कहा है, उसे उपादेयता की श्रेणी में नहीं रखा जा सकता है। वह प्रयोजन है, रस। रस को अपने आपमें सार्थक—पुराने शब्दों में 'पुरुषार्थ'—कहा जा सकता है। वैसा ही पुरुषार्थ जैसा कि मोक्ष या भक्ति—तभी रस को ब्रह्मानन्द-सहोदर कहना प्रशस्त बनता है।

'रस' के अर्थ में कुछ उतरना यहाँ काम का हो सकता है। साहित्य से क्या

मिलता है, इस प्रश्न का एक सहज, नि:स्वार्थ उत्तर यह तो हो ही सकता है कि हम साहित्य से 'आनन्द' या 'मनोरंजन' पाते हैं। हाँ, साहित्य को यहाँ पढ़ने तक सीमित रखने से बात फिर नहीं बनेगी, क्योंकि नाटक और फ़िल्म भी साहित्य की कोटि में आने चाहिये। 'साहित्य' का पुराना अर्थ भी नाटक तक व्यापृत था ही—नाटक को 'दृश्य' काव्य कहा जाता था। फ़िल्म को नाटक का ही नया विस्तार कहा जा सकता है। यों देखें तो साफ़ दिखने लगता है कि साहित्य की ओर लोग मनोरंजन के लिए झुकते ही हैं। 'रस' को इस मनोरंजन के स्वरूप को समझने-समझाने का एक सिद्धान्त कहा जा सकता है। स्पष्ट ही 'मनोरंजन' में 'मन' पर ज़ोर है, इन्द्रियों पर नहीं—इन्द्रिय-रंजन की वस्तुयें भिन्न होती हैं। कहा जा सकता है, साहित्य रुचिकर भोजन की तरह इन्द्रिय-रंजन नहीं, मनोरंजन करता है। पर मनोरंजन तो शतरंज भी करता है, क्रिकेट का देखना भी करता है, फिर साहित्य में विलक्षण क्या? बात यहाँ भाव या भावना पर जाती है—मनोरंजन को यहाँ भाव-रंजन के रूप में देखा-समझा जा सकता है। हम साधारण तौर पर अपनी भावनाओं के साथ बहते हैं—उनके बस में होते हैं, उनसे 'रंजित' तो नहीं ही होते। साहित्य में हम भावनाओं में रहते-बहते हुए भी उनसे अलग, तटस्थ हो पाते हैं, उनके द्रष्टा। तभी उनका उपभोग कर पाते हैं—उनसे रंजित होते हैं। यह काम साहित्य ही कर सकता है। यों साहित्य हमारी भावानुभूति में निहित रस को, भाव-स्पन्द के आनन्द को, हमारे भाव-मन पर प्रकट कर देता है। यही उसकी विलक्षणता है। और यही वह बात है जो हमें साहित्य की ओर ले जाती है। रस-सिद्धान्त का ऐसा ही कुछ अभिप्राय उभरता है।

पर यों रस को रंजन मात्र तक सीमित रखें तो क्या बात सचमुच स्वार्थ और लोकैषणा से ऊपर उठ पाती है? रंजन और स्वार्थ का सम्बन्ध घनिष्ठ है—चोली दामन का सा साथ है। हम आम तौर पर स्वार्थ की सिद्धि भोग या रंजन में ही देखते हैं। पर रस को किसी अर्थ में रंजन का पर्याय रखते हुए भी रसवादियों में यह गहरा बोध था कि रस भोग मात्र नहीं है, हमारी ऊर्ध्वतर एषणा से सम्बन्ध रखता है। तभी रस को ब्रह्मानन्द—या रसो वै स:—जैसे वेदान्त-वाक्य से जोड़ते हुए रस का एक रंजन मात्र से गहरा, उदात्त तात्पर्य भी उभारा गया है। इस तात्पर्य को दर्शन या दृष्टि-भेद के साथ भिन्न परिप्रेक्ष्यों से उभारा जा सकता है। पर लक्ष्य यह दिखाना ठहरता

है कि साहित्य रंजन मात्र नहीं है, हमें हमारे सच्चे अन्तरतम स्वरूप का साक्षात्, अनुभूत संकेत भी देता है। रसवादियों में अभिनवगुप्त प्रमुख हैं। कह सकते हैं कि अभिनवगुप्त के लिए नाट्य आत्म और जगत् के गूढ़तम तत्त्व-स्वरूप को साक्षात् अनुभूति-पर-प्रकट-कर-देता साक्ष्य था। हमारा आत्म परम शिव-स्वरूप है। पर यह स्वरूप हमसे ओझल रहता है—क्योंकि हमारा शिवत्व आंशिक है, नितान्त असम्पूर्ण और उपहत है। हम अपने को जगत में पाते हैं, जगत को अपने से अलग देखते हैं, और अपने को उससे पराया ही नहीं, उसमें लिप्त, फँसा हुआ पाते हैं। तभी उसमें होते हुए अपने को अपने वास्तव होने से—अपने शिव स्वरूप से—अलग, विच्छिन्न पाते हैं; सीमित, पराहत पाते हैं, दुख-क्लेश भोगते हैं। पर वास्तव में जगत शिव से अभिन्न है, शिव का ही स्वतन्त्र शक्तिस्पन्द है। या शिव-स्वरूप का सहज विस्तार कहिये। हम स्वरूप से शिव हैं तो जगत वास्तव में हमारे ही विशुद्ध चित्त और आनन्द स्वरूप का स्वभाव-प्रसार है। साहित्य का रस-बोध हमें इस सत्य का भान दे सकता है। साहित्य हमारी स्वतन्त्र सृष्टि होता है और एक अपना सा जगत बुनता है जो हमारी ही कल्पना का प्रसार होता है, और इस बात का बोध हममें उजागर रहता है। यों नाटक को हमारे वास्तव शिव-स्वरूप और उस स्वरूप में 'विश्राम' करते जगत के अनुभूत दृष्टान्त के रूप में समझा जा सकता है। अभिनवगुप्त नाटक को सामने रखते हुए यह बात कहते भी जान पड़ते हैं : नाटक में हमारी कल्पना सचमुच ही एक जगत के रूप में बाहर-कुछ-घटता-सा संसार सृष्ट करती है, जो हमारा ही—हमारी कल्पना का—बाहर रूपायण कहा जा सकता है। नाटक के जगत को हम अपने ही भीतर से उभरता देख सकते हैं, तभी इसमें तन्मय होते हुए इसमें डूबकर इसका आनन्द भी लेते हैं। हम अनुभव करते हैं कि यह कल्पना का जगत हमीं में विश्राम करता है—जैसे कि जगत शिव में करता है; यह हमसे अभिन्न है, हमारा ही फैलाव है। यों साहित्य में हम अपने शिव-स्वरूप की प्रतीति का जाग्रत-सा बोध कर सकते हैं।

पर हमारा नाट्य या साहित्य-सृष्ट जगत वह जगत नहीं जिसे हम जगत के रूप में जानते हैं। नाट्य-जगत हमारा सृष्ट जगत है, हममें विश्राम करता है। यह शिव-सृष्ट जगत नहीं है जो शिव से अभिन्न है, शिव में विश्राम करता है। पर हमारा अपना सृष्ट जगत और उसकी हममें विश्रान्ति

शिव में जगत के निहित, 'विश्रान्त', होने की समर्थ, जीवन्त सूचना देती है, हमारे लिए हमारे ही शिवत्व की सार्थक निदर्श बन सकती है। हमारा सृष्ट नाट्य—या साहित्य—जगत सचमुच हमारा है—वह 'वास्तव' बाह्य जगत से सर्वथा भिन्न है—यह बात हमारे द्वारा सृष्ट नाट्य-जगत के 'होने' को—उसकी सत्ता को—ही दूसरी वस्तुओं से अलग, विलक्षण ठहरा देती है। नाट्य-जगत को होने-नहीं होने की साधारण कोटियों में नहीं रखा जा सकता। इसी आशय से अभिनव नाट्य को—और साहित्य को मानस-नाट्य कहते हुए, उसे भी—'होने' की एक अनन्य-सत्ता देते हैं। कहते हैं कि नाट्य लौकिक पदार्थों से अलग—व्यतिरिक्त—है : उसमें 'कुछ है' का अध्यवसाय ही नहीं होता; न उसमें किसी लौकिक पदार्थ का अनुकरण, प्रतिबिम्ब, चित्र-जैसा सादृश्य या आरोप देखा जाता है; न वह स्वप्न, माया या इन्द्रजाल जैसा कुछ होता है, या 'मानो है', ऐसी उत्प्रेक्षा जैसा कुछ। इसीलिए नाट्य के ज्ञान को—उसके बोध को—भी (किसी वस्तु का) यथायथ ज्ञान, भ्रान्ति, संशय, अनवधारण (क्या है, यह ठीक से समझ न पाना), 'कुछ है ही नहीं' ऐसा बोध—इनमें किसी कोटि में नहीं रखा जा सकता। उसका स्वरूप जिसे हम ज्ञान कहते हैं, (जिसमें ऊपर की कोटियाँ आती हैं) उससे भिन्न है—वह संवेदना द्वारा संवेद्य वस्तु है, जैसे किसी कहानी का (वृत्तान्त का) आस्वाद हो, जो स्वभाव से ही रस-स्वरूप होता है।

यह बात अभिनव नाट्यशास्त्र की अपनी व्याख्या के आरम्भ में ही कहते हैं। साहित्य-सृष्ट जगत के अनन्य-भाव का यह बड़ा गहरा, अन्तर्दृष्टि-सम्पन्न विवेचन है—कलाकृति मात्र की जगत में उपलब्ध-प्रदत्त अन्य वस्तुओं से विलक्षणता की पैनी मीमांसा करता है। पर इससे यह उभरता भी लग सकता है कि साहित्य का जगत हमारी आकांक्षा का जगत होता है जिसका हमारे आठ पहर के जीने से, हमारे ठोस, क्लिष्ट व्यवहार-जगत से कोई सम्बन्ध नहीं। साहित्य का जगत हमारी चाह का, मनोवांछा-पूर्ति का जगत है, जिसे हम अपने साधारण जीवन से भागने के लिए गढ़ते हैं। पर अभिनव के यहाँ बात ऐसी नहीं है—हममें आकांक्षा ही नहीं आदर्श भी हैं। हमारा सृष्ट जगत हमारी आकांक्षा का ही नहीं, हमारे आदर्श का भी जगत होता है—हमारा धर्म-बोध—औचित्य-बोध—इसमें अनुस्यूत रहता है। यहाँ अभिनव का आशय नाट्य-जगत की विलक्षणता को दिखाना ही

है—यह दिखाना कि नाट्य-जगत को परिचित जगत की नक़ल या प्रतिबिम्ब या छाया कहना ठीक नहीं, वह एक स्वतन्त्र जगत है, हमारी अपनी जगत-सृष्टि है, तभी उसमें हम अपने को पाते हैं, संवेदना और आदर्शबद्ध आत्मबोध के साथ उसमें रमते हैं। भरत ने नाट्य को लोक का अनुकरण कहा है। अभिनव कहना चाह रहे हैं कि नाट्य-जगत व्यवहार-जगत का नक़ल जैसा अनुकरण नहीं है, स्वतन्त्र है, पर ऐसा भी नहीं कि उसका व्यवहार-जगत से कोई सम्बन्ध नहीं है। पर यह सम्बन्ध नक़ल का नहीं है—लोक-व्यवहार-जगत—को उपकरण बनाकर नाट्य एक अपना ही संवेदना-सृष्ट जगत रचता है। वे नाट्य-सृष्ट जगत को एक अनुव्यवसाय विशेष के रूप में देखते हैं—(उनकी यह चर्चा पिछली चर्चा से कुछ आगे चलकर रूप लेती है)।

क्या है यह अनुव्यवसाय-विशेष? कैसा है? क्या करता है?

'अनुव्यवसाय' शब्द न्याय-दर्शन में अक्सर प्रयुक्त होता है। यह एक पीछे हटती दृष्टि है—इसे ज्ञान का ज्ञान कह सकते हैं : मैं कुछ जानता हूँ, यह ज्ञान है। मैं कुछ जानने के जानने को भी जानता हूँ, यह अनुव्यवसाय है। यह ज्ञान का ज्ञान में दोहराव है और इस दोहराव की गिनती बढ़ती चली जा सकती है—मैं कुछ जानने के जानने के जानने को जानता हूँ। इससे ज्ञान में कुछ नया नहीं जुड़ता, उसमें कोई नयी बात नहीं आती—हाँ, यह कह सकते हैं कि पहले ज्ञान में संशय की सम्भावना बनती है—क्या सचमुच जान रहा हूँ या नहीं? अनुव्यवसाय में यह मिट जा सकती है। अभिनव के लिए अनुव्यवसाय ऐसी सपाट-सी धारणा नहीं है। उनके लिए अनुव्यवसाय में सृजन-योजना बड़ी मूलगामी, आधारगत तत्त्व है। यह तत्त्व शैव-दर्शन की अनुव्यवसाय-विषयक धारणा से उन्हें मिला था। उत्पलदेव अपने प्रत्यभिज्ञा दर्शन में इस शब्द का प्रयोग उस ज्ञान के लिए करते हैं जो इन्द्रियलब्ध विच्छिन्न और अर्थहीन बोध-सामग्री को सम्बन्धों के एक अन्त:सूत्र में पिरोता है, उसे वस्तुत्व और सार्थक योजना देता है। यह बात बौद्धों के विपरीत कही गयी थी जो निर्विकल्प (शब्द या भाषा से अछूते) विशुद्ध इन्द्रियलब्ध बोध को ही स्वलक्षण (अपने आप में) सत्य से सम्बद्ध मानते थे और उसके आधार पर बनते हमारे योजनाबद्ध जगत को विकल्प या भाषा द्वारा गढ़ी गयी मिथ्या-कल्पना। कश्मीरी शैवों के लिए जगत मिथ्या नहीं, सत्य है, क्योंकि शिव में स्थित है, और हम

जगत-द्रष्टा के रूप में शिव के ही आंशिक रूप हैं। तभी हमारा जगत का बोध भी आंशिक, सीमित, व्यवहित रूप से होता है, जिसका एक फल यह है कि हमारे बोध में निर्विकल्प और सविकल्प के स्तर बँटे होते हैं— पर ये बौद्धों के स्वलक्षण और विकल्प की तरह सत्य और मिथ्या में परस्पर विपरीत और विच्छिन्न नहीं हैं, बल्कि सत्य के ही अधिकाधिक प्रकाश में उभरते स्तर हैं। यों कश्मीर शैव विकल्प को अनुव्यवसाय कहते हुए उसे भी सत्य मानते थे, मूक-निर्बोध-से निर्विकल्प का ही विकल्प की व्यवस्था में उभरता स्फुटतर रूप। ऐसा ही अभिनव की व्याख्या में प्रकट होता है। (कुतूहली पाठक देखें, ईश्वर-प्रत्यभिज्ञा-विमर्शिनी, २, २, ३)।

जब नाट्य को अभिनव अनुव्यवसाय विशेष कहते हैं तो यह विशेषता क्या ? इसकी विशेषता इसके हमारी संवेदनामयी कल्पना द्वारा सृजित होने में है। इस सृजन का उपादान या उपकरण व्यवहार के आठ-पहरी जगत को कह सकते हैं—इस अर्थ में इसे लोक का अनुकरण या अनुकीर्तन भी कहा जा सकता है। पर इसी अर्थ में। क्योंकि अपने स्वरूप और मर्म में नाटक का जगत हमारी स्वतन्त्र कृति होता है। इसके कल्पनामय होने का एक लक्षण है इसमें अध्यवसाय का अभाव—इस बोध का अभाव कि देश-काल में सचमुच कुछ हो रहा है, जिसका किसी वास्तव घटना के रूप में बोध हो। तभी यहाँ सम्यक् (हो रहा है), मिथ्या (नहीं हो रहा), संशय (यह दुविधा कि हो रहा है या नहीं हो रहा), या सम्भावना (शायद हो रहा है) जैसी ज्ञान-वृत्तियाँ मौन रहती हैं। फिर भी नाटक जब तक चलता है, नाटक के होने का—उसमें जो घटित हो रहा है उसके 'होने' का—एक विलक्षण अध्यवसाय होता रहता है जो साधारण अध्यवसाय से सर्वथा भिन्न होता है। नाटक एक अपना जगत बुनता है जिसमें हम तन्मय हो जाते हैं। हम इस जगत के पात्रों से एकात्म होकर, उनकी आँखों से जगत को देखते हैं और उनके आदर्शों से प्रेरित होते हैं। यहाँ अभिनव राम-चरित का उदाहरण लेते हैं, पर हम बात को व्यापक पटल दे सकते हैं; बल्कि और भी आगे बढ़कर कह सकते हैं कि हमारे कथा-बोध की संवेदना ही नैतिकता या औचित्यबोध में बसी होती है। पर अभिनव राम जैसे उदात्त नायक को सामने रखते हुए उनके नृत्त-गीतमय मंच-प्रस्तुत चरित के आधार पर कहते हैं : 'यह (औचित्य)-बोध दर्शक की चेतना से एकाकार होता है; चेतना-विशेष को रंगता हुआ (यह बोध) प्राण-प्रिया

प्रेयसी के समान रसास्वाद में सराबोर करता हुआ हृदय में ऐसा चुभ जाता है कि वहाँ से निकाला नहीं जा सकता, मुरझा नहीं सकता—चित्त सहज ही शुभ के ग्रहण और अशुभ के त्याग की उन्मुखता से बिंध जाता है।' आगे नाट्य-रूप अनुव्यवसाय के रूप को और स्फुट करते हुए अभिनव कहते हैं : 'नाट्य-प्रयोक्ता द्वारा दिखायी जाती सामग्री-योजना एक विशेष अनुव्यवसाय (योजना-बोध) को जन्म देती है जिसमें रंजक-सामग्री के बीच अनुप्रविष्ट होकर नट का अपना स्वरूप तिरोहित हो जाता है; दर्शक का पहले से बना लौकिक प्रत्यक्ष, अनुमान आदि का संस्कार बना रहता है, पर इस संस्कार के साथ सहृदयत्व (संवेदना) का संस्कार आ जुड़ता है; प्रस्तुत नाट्य का हृदय के साथ संवाद (हृदय को) उसमें तन्मय कर देता है—इन सारे सम्मिलित कारणों से जो अनुव्यवसाय (विशेष) जागता है वह संवित् आनन्द और प्रकाश का सम्पुट होता है, (जिस प्रकाश) में सुख-दुख आदि रूप चित्तवृत्तियाँ खुभी रहती हैं। इस तरह जो विचित्र वस्तु आभासित होती है उसे 'रसन', 'आस्वादन', 'चमत्कार', 'चर्वण', 'निर्वेश', 'भोग' आदि शब्दों द्वारा अभिहित किया जा सकता है—वही नाट्य है।' अभिनव कह चुके हैं कि नाट्य को वस्तुओं की साधारण कोटियों में नहीं रखा जा सकता है, न उसके ज्ञान को ज्ञान के साधारण रूपों में बाँधा जा सकता है। तो फिर इस 'वस्तु' का क्या दार्शनिक लक्षण किया जा सकता है? अभिनव ऐसे लक्षण में रुचि नहीं रखते। फिर भी कुछ विकल्प सामने रखते हैं, पर यह कहते हुए कि वे इस मीमांसा में नहीं उलझना चाहते : '(नाट्य-रूप वस्तु को) ज्ञानाकार कहिये या सामान्यात्मक आरोपित-स्वरूप कहिये या तत्काल-निर्मित-रूप कहिये या और कुछ कहिये, इन दार्शनिक विचारों में मैं नहीं उतरना चाहता। मैं यहाँ यह दिखाने नहीं बैठा हूँ कि मुझे दर्शन में पैठ है—ऐसा करने से प्रस्तुत विषय में विघ्न ही उपस्थित होगा और सहृदयों को खेद पहुँचेगा।' फिर भी 'अनुव्यवसाय' शब्द भी दर्शन ही से लिया गया शब्द है, और विचार तो अपने आत्मबोध के लिए दर्शन की ओर अनायास ही मुड़ जाता है—विचार का आत्मबोध ही दर्शन का मार्ग है। अभिनव कहना यह चाहते हैं कि वे नाट्य को किस अर्थ में 'अनुव्यवसाय' कह रहे हैं, यह उन्होंने सामने रख दिया है, इस अनुव्यवसाय में जो वस्तु (नाट्य) भासित होती है उसकी और गूढ़ तत्त्वपरक दार्शनिक पदावली में अति-मीमांसा वे आवश्यक नहीं समझते। अपनी बात का अन्त यों करते हैं : 'यों, अनुव्यवसाय रूप कीर्तन (कथन,

प्रस्तुति)—विकल्प-बोध-बिंधा-संवेदन—यही नाट्य है। क्योंकि ऐसे ही बोध से जाना जाता है। उसे अनुकरण कहना ठीक नहीं। पर उसे लौकिक उपकरणों के सहारे खड़ा किया जाता है, इसलिए उसे 'अनुकरण' भी कह दिया जाये तो इसमें दोष नहीं। वस्तु में भेद के उजागर रहते अगर शब्द-प्रयोग एक भी हो तो इसमें विवाद की कोई बात नहीं।'

हम देख चुके हैं कि अभिनव के लिए विकल्प—जगत को भाषा के माध्यम से एक योजना के रूप में देखना—बौद्धों की तरह कल्पना या मिथ्या नहीं था। बल्कि उनके लिए साक्षात् इन्द्रिय-बोध में भी यह योजना-बोध अस्फुट रूप से जागता है—योजना जगत में निहित है क्योंकि जगत शिव-सृष्ट है, शिव से अभिन्न है। पर नाट्य हमारी संवेदना-प्राण कल्पना से सृष्ट विशेष योजना है, तभी वह प्रस्तुत जगत से विलक्षण है, उसके 'होने' की कोटि ही अपने आपमें अलग और स्वतन्त्र है। पर हम उस स्व-सृष्ट जगत को अपने ही होने के प्रसार के रूप में देख सकते हैं और यह सार्थक कल्पना या उत्प्रेक्षा कर सकते हैं कि किस रूप में वास्तव जगत शिव का स्वरूप-प्रसार है।

ऊपर हमने यह भी देखा कि इस संवेदना-सृष्ट—और संवेदना-दृष्ट—कोटि को समझने के लिए अभिनव कहानी या कथा की बात करते हैं कहते हैं कि नाट्य हमारी संवेदना द्वारा संवेद्य वस्तु है, जैसे किसी कहानी (वृत्तान्त) का आस्वाद हो। थोड़ी भी व्यापक दृष्टि से देखिये तो नाट्य को कथा का एक प्रकार कहा ही जा सकता है। इस कथा-जगत के साथ हमारा संवाद अन्तरंग होता है, इसमें हम अपने मनोनुकूल जगत-बोध और आनन्दमय मर्म का प्रकाश पाते हैं, तभी हमारा बोध इससे एकात्म हो जाता है और इसका संस्कार हम पर गहरा पड़ता है—इसमें निहित आदर्श हमें प्रेरणा दे पाते हैं। अभिनव यहाँ राम जैसे महत् चरित्र को प्रेरक के रूप में खड़ा करते हैं; पर नाटक या कथा का जो नायक हमें प्रेरणा देता है उसका इतना उदात्त होना आवश्यक नहीं है। हमारा औचित्य-बोध इस मामले में काफ़ी लचीला होता है—हमारा नायक चोर भी हो सकता है : ऐसा व्यक्ति जिसकी हम सराहना करें, जिसके चरित में तन्मय हों और जिसके चरित से यों परोक्षतः, संस्कारवश प्रेरित भी हों। हाँ, वह बिलकुल पिशाच-प्रकृति का नहीं होना चाहिये। तब हममें जुगुप्सा या बीभत्स-भाव ही जगायेगा—पर भूलना नहीं चाहिये कि इस भाव का भी आधार हमारा

औचित्य-बोध ही होता है।

अभिनव के विमर्श को हम साहित्य-विमर्श (या काव्य शब्द के व्यापक अर्थ में काव्य-विमर्श) कह सकते हैं, अगर साहित्य—या काव्य को—नाट्य और उससे आगे बढ़ते हुए कथा तक का भी दायरा दें। कविता पर बात पूरी उतरती नहीं दिखती, क्योंकि वहाँ किसी वृत्तान्त या कहानी का होना आवश्यक नहीं। कथा में भी बात को ठीक वैसे पूरा नहीं उतारा जा सकता जैसे कि अभिनव उसे नाट्य पर उतारते हैं। कथा मंच पर दृश्य रूप से साक्षात् घटित नहीं होती—उसमें नृत्य-गीत का कोई स्थान नहीं होता, अभिनेता और उनकी प्रत्यक्ष चेष्टायें, साक्षात् हाव-भाव नहीं होते, दूसरे शब्दों में, वृत्तान्त को यों नहीं खड़ा किया जाता मानो सामने घटित हो रहा हो, चाहे वास्तव न हो। अभिनव कथा को नाट्य की तरह प्रत्यक्ष न मानते हुए भी उसके मानस प्रत्यक्ष की बात करते हैं। पर यों कथा को मानस प्रत्यक्ष कहने का अर्थ क्या? 'मानस प्रत्यक्ष' शब्द यह कहता जान पड़ता है कि कथा में वृत्तान्त का चाक्षुष प्रत्यक्ष तो नहीं होता, पर वैसा ही सा मानस प्रत्यक्ष होता है—हम मन की आँखों से लिखे या कहे जा रहे वृत्तान्त को उसी तरह, उसी रूप में, देखते हैं जैसे नाट्य देह की आँखों के आगे घटित होता दिखता है। पर क्या हम कथा पढ़ते हुए सचमुच आँखों के आगे कुछ (कल्पना में ही सही) घटित होता हुआ देखते हैं, जैसा कि नाट्य में देखते हैं? ऐसा तो कुछ होता नहीं दिखता। बल्कि सवाल यहाँ यह उठता है कि क्या ऐसा होना सम्भव भी है? कथा शब्दों में होती है और शब्दों के अर्थ सामान्य होते हैं। सामान्य की कोई छवि या प्रतिमा—कोई विशेषकृत दृश्य रूप—हमारी मानस आँखों के सामने प्रकट या उद्भूत नहीं होता। 'दुखी हरीश बड़े बेमन से पाँव उठाता हुआ कमरे से निकल गया'—ऐसा वाक्य किसी कहानी में आ सकता है—या यों भी किसी ऐसे व्यक्ति के वास्तव वृत्तान्त में आ सकता है जिसे हमने कभी देखा नहीं। ऐसे वाक्य से हममें कुछ घटित होने का बोध और भाव जागता है, पर किसी भी रूप में उसे प्रत्यक्ष का नाम नहीं दिया जा सकता, मानस प्रत्यक्ष का भी नहीं। क्योंकि प्रत्यक्ष जैसी छवि यहाँ उभरती ही नहीं—कोई अस्पष्ट सी भी छवि नहीं उभरती, जैसे धुँधलके में आँखें कुछ नीहारमय देख रही हों। छवि उभरने का यहाँ प्रश्न ही नहीं उठता—क्योंकि मानस की आँख चक्षुरिन्द्रिय नहीं है, उसे दिखता कुछ नहीं है। बल्कि यों कहना ठीक

होगा कि 'मानस की आँख' या 'मानस प्रत्यक्ष', ये लाक्षणिक प्रयोग हैं—इनसे यह धोखा नहीं खाना चाहिये कि शब्दों से जिस सामान्य का बोध होता है, वह छवि की तरह मन के आगे तैर आता है, चाहे बाहर आँखों को न दिखता हो। स्मृति में कभी मन की आँख को छवि जैसा कुछ दिखता हुआ सा बोध होता है, पर सामान्य का बोध ऐसा नहीं होता। सामान्य बोध में एक अपोह होता है—अन्यत्र से हटकर बोध एक दिशा विशेष ले लेता है, क्योंकि सामान्यों को घेरकर छोटा किया जा सकता है, पर उसे प्रत्यक्ष की तरह सामने दिखाया नहीं जा सकता। ऊपर के वाक्य में 'हरीश' को लीजिये—यह कोई भी पुरुष व्यक्ति हो सकता है ('पुरुष' इसलिए कह रहा हूँ कि उसके साथ 'चला गया' यह प्रयोग है)। हम उसके व्यक्ति-रूप को और घेर-कस दे सकते हैं, जैसा कि वृत्तान्त कथन में अक्सर होता ही है—हम उसका 'वर्णन' करते हुए कह सकते हैं कि वह गेहुँए रंग का, लम्बा-चौड़ा, तीख़े नाक-नक़्श का व्यक्ति था। पर अर्थ अब भी सामान्य ही रहेगा; हाँ, अपोह कुछ और अवच्छिन्न हो जायेगा—पर प्रत्यक्ष में नहीं बदल जायेगा। यों ही हम 'हरीश' द्वारा अनुभूत दुख के हाव-भाव को और उसकी दुखी चाल के चलन को भी और विशेषित कर दे सकते हैं—'उसका मुँह लटक गया था, आँखें नम होने लगी थीं, पाँव बोझिल हो गये थे, जैसे बाँध दिये गये हों।' यों अपोह को और घेरकर सँकरा कर दिया जा सकता है, पर अर्थ फिर भी सामान्य ही रहता है, कोई प्रत्यक्ष-जैसी छवि नहीं उभरती, जैसी कि नाटक में सायास उभारी जाती है। ऊपर के वाक्यों को अगर मंच पर अभिनय का रूप दिया जाये तो बात प्रत्यक्ष होती है—अभिनेता विशेष और अभिनय विशेष से और आनुषंगिक सामग्री की सहायता से ऐसा किया ही जा सकता है—हम कथाओं को नाटक रूप देते ही हैं।

अभिनव इस बात को जानते थे। नाट्य किसी वृत्तान्त—कवि-लिखित (या अन्यथा कल्पित) किसी कथा या इतिवृत्त—को ही मंच पर प्रत्यक्ष रूप देता है। यहाँ बात किसी अनुकरण की नहीं होती, किसी सामान्य को विशेष रूप देने की होती है—ऐसा रूप जो उपयुक्त हो : इतिवृत्त को नाट्य की स्वायत्त व्यंजना में अनूदित कर सके। अभिनव राम-कथा का ही दृष्टान्त सामने रखते हुए कहते हैं कि राम के अनुकरण की बात ही नहीं उठती, राम को किसने देखा है? फिर राम की चेष्टाओं के अनुकरण की

बात तो निरर्थक हो जाती है। और राम के दुख जैसे आन्तरिक भाव? इनके अनुकरण की बात तो सरासर बेमानी है, दुख जैसे अमूर्त के 'अनुकरण' का अर्थ ही क्या होगा? ऐसे भावों का कोई बाहर-दिखता सादृश्य ही नहीं होता जो अनुकरण का आधार हो सके—और नाट्य तो भाव-संयोजन से ही बनता है! दुख में—या किसी और भाव में—की जाती चेष्टायें और हाव-भाव होते हैं, पर ऐसी चेष्टाओं की एक जाति या सामान्य होता है, कैसी चेष्टा का नाट्य के सन्दर्भ-विशेष में प्रयोग हो, यह अभिनेता-प्रयोक्ता की संवेदना और कल्पना पर निर्भर करता है। यों नाट्य में सामान्य को विशेष चाक्षुष रूप अभिनय द्वारा देना पड़ता है। बात एक कल्पना या अभिनव के शब्दों में अनुव्यवसाय विशेष की होती है—स्पष्ट ही यहाँ सादृश्य या अनुकरण की बात वृथा है। नाटक यहाँ शब्द में की गयी सामान्य कल्पना को नाटक का प्रत्यक्ष-दृष्ट रूप देता है—यह भी कल्पना-विशेष का ही काम है। अभिनव के अपने शब्द लीजिये। अभिनव कहते हैं, 'पर, चलिये, नाट्य को 'नियत' अनुकरण नहीं भी कहें तो भी 'अनुकरण' कहने में अपराध क्या? अपराध कुछ नहीं, सिवा इसके कि यह सम्भव ही नहीं। 'अनुकरण' का अर्थ है 'सदृश-करण'। पर किसका? राम जैसों का तो हो ही नहीं सकता। राम जैसों ने जो किया उसका सदृश-करण तो किया ही नहीं जा सकता! इससे यह भी आपादित हो जाता है कि जिन विभावों को (पात्रों और दृश्यों को) मंच पर प्रस्तुत किया जाता है, उन्हें 'अनुकरण' नहीं कहा जा सकता। फिर चित्तवृत्तियों का—जैसे शोक, क्रोध...—इनका अनुकरण तो असम्भव ही है। अभिनेता अपने शोक को 'राम-सदृश' नहीं बनाता है। अभिनेता में वैसा शोक हो ही नहीं सकता। अगर हो तो उसे 'अनुकृत शोक' नहीं कहा जा सकेगा। फिर ऐसी कोई और वस्तु नहीं जिसे 'शोक के सदृश' कहा जा सके। अभिनेता शोक का अभिनय करता है (शोक के अनुकूल अनुभावों का, चेष्टाओं का प्रदर्शन करता है)। ये चेष्टायें सजातीय होती हैं (शोक की उन चेष्टाओं के अन्तर्गत होती हैं जिन्हें शोक की सामान्य चेष्टायें कहा जा सकता है; ये किसी की चेष्टा के 'सदृश' चेष्टायें नहीं होतीं)। अब, जहाँ बात रूप-सामान्य की हो वहाँ किसी को किसी के 'सदृश' कहना ठीक नहीं।'

यों नाट्य में सामान्य को विशेष रूप दिया जाता है। अभिनेता शोक की चेष्टा-विशेष करता हुआ सामान्य को एक विशेष रूप देता है। अभिनेता

का एक पात्र विशेष का रूप लेना भी सामान्य को विशेष रूप देना ही होता है—ऊपर के 'हरीश' को हम नाट्य का एक पात्र बना दें तो उसे एक विशेष रूप मिल ही जायेगा; उसकी चेष्टाओं को, उसके दुख को भी एक विशेष अभिव्यक्ति मिल जायेगी। नाटक मात्र को ही हम 'कथा या इतिवृत्त के सामान्य को एक विशेष रूप देना' कह सकते हैं। लेकिन यह विशेष फिर भी सामान्य से घिरा रहता है, क्योंकि उसी इतिवृत्त को कई सार्थक विशेष रूप दिये जा सकते हैं—चेष्टाओं को बदलकर, अभिनेताओं को बदलकर—पूरे नाटक को ही एक नये अनुव्यवसाय-विशेष की कल्पना से नये रूप में ढाल कर। यों भी हम सामान्य-चेतना की व्यापकता में ही कथा के अर्थ का ग्रहण करते हैं। पर कथा में सामान्य बड़े अपरोक्ष-भाव से सामान्य ही रहता है। हमारी कल्पना सामान्यों के आधार पर ही कथा के सूत्र बुनती है—अपोह की सहायता से; पर अपोह यहाँ सामान्य के घेर में ही रहता है, किसी चाक्षुष विशेष से नहीं बँध जाता। हाँ, यह कह सकते हैं कि कथा की अपनी आन्तरिक बुनावट विशेष होती है। पर ऐसा एक दूसरे अन्तरंग अर्थ में होता है : कथा में पिरोये गये अन्तःसूत्र एक व्यूह या आवह विशेष की बुनावट करते हैं। पूरी कथा अपने आपमें—अपनी अन्तःसंरचना में—एक ऐसी विशेष होती है, जैसी कि कोई भी कलाकृति होती है। तभी कलाकृति की तुलना व्यक्ति से की जा सकती है—जिसके व्यक्तित्त्व में अन्तःसूत्रों का एक अनन्य गुँथाव होता है। कलाकृति और व्यक्ति, ये दोनों ही विशेष सामान्य अवयवों से बने विशेष अवयवी होते हैं। हम यह भी पाते हैं कि ये दोनों प्रकार के अवयवी संवेदना द्वारा ग्राह्य होते हैं—एक ऐसी संवेदना जो सम्पूर्ण का संश्लिष्ट ग्रहण करती है, अवयवी का ग्रहण करती हुई अवयवों को उसमें पिरोती है; यह विश्लेषण करती बुद्धि द्वारा ग्राह्य नहीं (चाहे अवयवी एकबारगी सामने प्रस्तुत न होता हो, जैसा कि कथा में, जहाँ अवयवी धीरे-धीरे ही खुलकर सामने आता है। वहाँ भी हम अवयवों को एक अवयवी-बोध में अनुस्यूत देखते चलते हैं, चाहे वास्तव अवयवी का बोध ओझल रहता हो। किसी जीवित व्यक्ति के व्यक्तित्त्व का बोध भी इसी तरह अवयवी-ग्राह्य होता है, तभी हम उसकी किसी प्रवृत्ति या कर्म के बारे में कहते हैं कि यह उसके व्यक्तित्त्व से मेल नहीं खाता। जगत का बोध भी हमें अवयवी के रूप में ही होता है, हालाँकि इस अवयवी का 'सम्पूर्ण' बोध सम्भव ही नहीं; 'सम्पूर्ण बोध' हम किसे कहेंगे, यही हम नहीं जानते)। पर, यहाँ यह नहीं

भूलना चाहिये कि अवयवित्व का यह विशेष आन्तरिक सूत्रों की बुनावट से बना होता है—यह विशेष नाट्य के उस विशेषकरण से भिन्न होता है जहाँ कथा की सामान्य अभिव्यक्तियों को विशेष रूपों में परिकल्पित किया जाता है।

ऊपर मैंने अभिनव की अनुव्यवसाय की धारणा को इसलिए सामने रखा कि उसमें एक पैनी अन्तर्दृष्टि है जिसे ऐसी कला मात्र पर सार्थक भाव से उतारा जा सकता है जो कला किसी रूप में लोक को, विशेषकर मनुष्य और उसके संसार को आलम्बन बनाती है। उन्होंने बात नाटक के लिए कही है, पर बात कथा पर भी पूरी उतरती है, हालाँकि कथा को मानस-प्रत्यक्ष कहना ठीक नहीं। कथा शब्दों में—और यों सामान्यों में—ही कही जाती है, कितनी ही विशेष की ओर झुके या झुकना चाहे। पर कथा का सामान्यों में होना कथा-बोध में न्यूनता नहीं लाता—अभिनव की बातों से लग सकता है कि वे नाट्य को कथा से ऊपर रखते थे, पर उसे नाट्य से निचला कहने में कोई सार नहीं। हमारा जगत-बोध यों भी शब्द-विद्ध होता है, हम जगत को सामान्यों में ही देखते हैं; हमारा इन्द्रियगम्य विशेष भी सामान्य के अन्तर्गत ही विशेष होता है—नाम-रूप होता है, विशुद्ध विशेष हमारे लिए कुछ हो ही नहीं सकता—वह तो और भी विशुद्धतः एक शब्द-विद्ध धारणा है। यों भी हमारा इन्द्रिय-जगत हमारे व्यवहार का अंग होता है और हमारा व्यवहार शब्द—या भाषा—के बिना अकल्पनीय है। हमारी कथा-प्रवृत्ति का आलम्बन हमारा व्यवहार ही है। इसलिए कथा का सामान्यों में होना किसी न्यूनता का इंगित नहीं। उलटे कहा जा सकता है कि उसमें नाटक से अधिक व्यापकता की सम्भावना होती है। तभी कथा को नाटक में—या नाट्य की सहोदरा, फ़िल्म में—एकाधिक रूप दिया जा सकता है; पर विशेष रूप दे पाने का यह सम्भावना-बहुत्व यह भी दिखाता है कि कथा का अपना पटल सामान्य होने के साथ ही व्यापकतर, विपुलतर भी होता है, उसकी अपनी सम्भावना नाटक से कहीं विस्तृत और समृद्ध हो सकती है। उसके अन्तःसूत्रों के अवयवों में जो व्यंजना-वैभव सम्भव है, वह नाटक की सीमा को लाँघती हुई अपना पसारा फैलाती है। यहाँ अभिनव का पक्ष लेते हुए कहा जा सकता है कि नाट्य की तरह उसमें संगीत, नृत्य जैसी दूसरी कलाओं की शोभा, उनका उपरंजन नहीं सँजोया जा सकता। पर यह तो एक तरह की मोहिनी ही है। अभिनव इसी मोह-मनोरंजन में नाट्य की महिमा देखते हैं। इसी में डूबे हुए नैतिक आदर्श की

हमारे संस्कारों में बस जाने की बात करते हैं। मानो आदर्श कड़ुवे-कसैले आँवले का चाशनी-बसा मुरब्बा हो।

हाँ, साहित्य की भी अपनी मोहिनी होती है। पुराने लोग—रसवादी आलंकारिक—वाक्य-रचना में अलंकार, गुण, रीति आदि को कथा के आस्वाद में वही स्थान देते थे जो नाट्य में गीत-नृत्य-आतोद्य को। पर पुराने रसवादी नाट्य से और नाट्य के भरत-सम्मत रूप से कुछ ज़रूरत से ज़्यादा आक्रान्त थे। कथा में अलंकार आदि को ऊपर से जोड़ने की ज़रूरत नहीं होती—जैसा कि नाट्य में गीत-संगीत-नृत्य-वाद्य को भरत की परम्परा में जोड़ा जाता था। कथा अपने आपमें भी मोहिनी होती ही है—कथा में हम सहज ही रमते हैं। नाटक का भी आलम्बन कथा ही होती है। कथा न हो तो नाटक के दूसरे रंजक तत्त्व, संगीत, नृत्य, नाटक का रूप नहीं लेंगे—और नाटक इनके बिना भी रूप ले ही सकता है। पर गीत, संगीत, नृत्य, आतोद्य, ये अपने आप में भी रंजक हो सकते हैं, ये स्वतन्त्र रंजन करने लगें तो फिर बात साहित्य की रहेगी ही नहीं, दृश्य साहित्य की भी नहीं। पर बात वास्तव में रंजन की है ही नहीं। कथा कई स्तर पर व्यापृत होती है—रंजन ही के स्तर पर नहीं। अभिनव की ऊपर की नाट्य-बोध-मीमांसा भी नाट्य को (और यों कथा को) रंजन-स्थानीय ही रखती है—रंजन की बात पर ज़ोर देने के लिए वे रंजन के ढेर सारे पर्याय एकबारगी सामने रख देते हैं : वे नाट्य-बोध के लिए 'रसन', 'आस्वादन', 'चमत्कार', 'निर्वेश', 'भोग' जैसे शब्द एक साथ ला खड़े करते हैं। वे यह भी कहते हैं कि इस नाट्य-बोध का स्वरूप संवित्, आनन्द और प्रकाश का सम्पुट होता है जिसमें सुख-दुख-रूप चित्त-वृत्तियाँ खुभी रहती हैं। पर संवित् और प्रकाश तो ज्ञान मात्र में होता है (चाहे उसे अनुव्यवसाय का ही नाम दे लीजिये)—चित्तवृत्तियों के साहित्य-बाहर, साधारण ज्ञान में भी संवित् और प्रकाश तो होते ही हैं, वरना ज्ञान ही नहीं होगा। ऐसे ज्ञान के कारण ही हम चित्तवृत्तियों का वर्णन-विवेचन करते हैं। पर ऐसे ज्ञान को हम 'साहित्य' या नाट्य की कक्षा में नहीं रखते। नाट्य में कुछ विशेष है तो आनन्द ही है जिसे 'रसन', 'भोग' आदि पर्यायों से जनाया गया है। बात रंजन पर ही आकर ठहरती दीखती है। यह रंजन कुछ सीख भी दे सकता है, अगर राम जैसे चरित कथा-नायक हों। पर इसकी आवश्यकता नहीं। हममें जो औचित्य-बोध रहता है, वह कथा-बोध से जन्म नहीं लेता, वह हमारे आत्मचेतन स्वभाव का अंग है, वह हमारे

कथा–बोध में भी काम करता रहता है, कथा–बोध उसका उत्स नहीं है, उसका उत्स हमारा आत्मचेतन स्वरूप है।

पर हमारा कथा–बोध रंजन के ही स्तर पर व्यापृत नहीं होता—हालाँकि उसकी ओर हम रंजन के लिए भी मुड़ते ही हैं। अपनी बात कहूँ तो मैं भी कहूँगा कि मैं रंजन–विशेष के लिए भी कथा–साहित्य का सेवन करता हूँ। मुझे जासूसी रहस्य–कथाओं में रुचि है, जिनमें एक कुतूहल–और–संशय–दिग्ध रोमांच चित्त में आवेग के साथ अपना रंग और रस जगाता है। पर इसे मैं साहित्य का 'मर्म' या 'आत्मा' नहीं कहना चाहूँगा।

रस, जिसे साहित्य की आत्मा कहा गया है, उसमें रंजन, आस्वाद या भोग के सिवा एक और मर्म की बात है, जो इस आस्वाद को विशेषित करती है, इसका 'कारण' होती है। इसे 'साधारणीकरण' कहा गया है। तात्पर्य यह कि नाटक (या कथा) में जिस भाव का बोध होता है वह एक विशेष आकार में उदित होता है—नाटक उसे वह विशेष रूप देता है। हममें जीवन के साधारण प्रवाह में जो भाव उठते–जागते रहते हैं, हम उन भावों के वश में रहते हैं, उनके साथ बहते हैं, उनके प्रभाव से प्रवृत्त होते हैं—उनसे तटस्थ रहते हुए उनके द्रष्टा नहीं हो पाते। नाटक में प्रस्तुत अनुव्यवसाय विशेष द्वारा मंच पर सृष्ट भाव हमें ताटस्थ्य प्रदान करते हैं। वहाँ हम भाव के द्रष्टा हो पाते हैं, उनके वश में नहीं रहते। तभी नाटक के भय से हम यों भीत नहीं होते कि भागने को विवश हों। नाटक के भय से भीत होते हुए भी हम वास्तव में भीत नहीं होते, बल्कि उसके भाव–स्पन्द का आनन्द ले पाने में समर्थ हो जाते हैं। रसवादियों के शब्दों में, भाव यहाँ 'साधारणीकृत' होता है। अभिनव कहते हैं कि नाटक में अभिनीत भाव न नाट्य–लेखक का होता है, न नट का, न दर्शक का—वह किसी का नहीं होता, साधारणीकृत होता है, तभी उसका आस्वाद लिया जा सकता है। नाटक भाव को अपने अनुव्यवसाय द्वारा साधारण व्यवहार–जगत से हटाकर और हमें भाव से ताटस्थ्य देता हुआ यह सम्भव करता है। अब, यहाँ दो–एक बातें सोचने की हैं, जिन पर रसवादियों का ध्यान नहीं गया है। एक तो—जैसा कि शल्य जी ने कहा है—यह कहना ठीक नहीं कि कथा में भय जैसा भाव किसी का नहीं होता : भाव कथा के किसी चरित्र या पात्र का होता है, वरना होगा ही नहीं। दूसरी बात और भी गहरी और मूलघाती है। भय का—या किसी भी भाव का—साधारणीकरण तो भय को 'भय' कहने में

ही हो जाता है—भय को भय कहते हुए हम भय-सामान्य के तटस्थ द्रष्टा होते हैं, भीत नहीं होते। हमारा सारा वाक्-व्यवहार ही साधारणीकृत होता है। पर अभिनव भय को 'भय' कहने में भाव की अभिधा ही मानते थे, व्यंजना नहीं, और व्यंजित हुए बिना भाव रस की अवस्था को नहीं पहुँच सकता। तो, 'साधारणीकरण' मात्र की बात से साहित्य-व्यापार समझ में नहीं आ सकता।

पर पुरानी रस-मीमांसा में एक और बात है जिसकी ओर ध्यान दीजिये। रसवादी भाव में रहते हुए ही भाव के रस हो जाने की बात करते हैं। इसका क्या तात्पर्य है? बात ताटस्थ्य और द्रष्टा-भाव की है। भाव में रहते हुए भी, उसमें तन्मय होते हुए भी उससे विलग रहकर उसे देख पाना : भाव की आँख से ही भाव को देख पाना। पुराने लोग जब साधारणीकरण की बात करते हैं, उनका आशय इसी द्रष्टा-भाव से होता है—द्रष्टा-भाव की दृष्टि में साधारणीकरण तो निहित ही होता है; भाषा हमारे द्रष्टा-भाव की वाहक है और भाषा के प्रयोग में ही सामान्य का बोध समोया रहता है, चाहे वह प्रयोग साधारण वाक्-व्यवहार में हो या साहित्य में। पर साहित्य में प्रयोग की दिशा अलग होती है। अभिनव जब नाट्य को अन्य-वस्तु-विलक्षण दिखाते हैं, तब एक आधारगत बात यह कहते हैं कि नाट्य में कुछ होने का अध्यवसाय नहीं होता—वास्तव कुछ हो रहा है, यह बोध नहीं होता। पर वहाँ संशय, भ्रम, मोह जैसा भी कुछ नहीं होता है। होने को कुछ होने का बोध ही होता है, और हम जानते रहते हैं कि सार्थक कुछ हो रहा है, पर वह वास्तव नहीं होता। लेकिन मिथ्या भी नहीं होता—न हमें होने के मोह में डाल देता इन्द्रजाल या भ्रम होता है—जो कुछ होता है हमारे आगे प्रकट-पारदर्शी होता है। हम जानते रहते हैं कि यह नाटक है (या कथा है); यह बोध हममें भीतर तक पैठा रहता है—तभी हमारी आलोचना-बुद्धि भी जागती रहती है। ऊपर नाट्य के सन्दर्भ में जिस अनुव्यवसाय-चर्चा से हमने कुछ उद्धरण लिये, वहाँ अभिनव यह भी कहते हैं (और ठीक ही कहते हैं) कि नाटक के पात्र में हमें 'यह अभिनेता है', यह ज्ञान रहता है, हालाँकि साथ ही तिरोहित भी रहता हो। अभिनव यह भी कहते हैं कि हममें साधारण-रूप से जागते हुए प्रत्यक्ष, अनुमान आदि के संस्कार भी नाट्य देखते हुए हमारी सहृदयता के संग-संग जागे रहते हैं, इन प्रमाण-संस्कारों को ऊह रखते हुए ही हम नाट्य के विलक्षण अनुव्यवसाय-

निर्मित कल्पना-लोक में निमज्जित और तन्मय होते हैं। इन बातों का आशय प्रकट है : नाटक देखते हुए हमारे द्रष्टा की प्रमाण वृत्ति जागती रहती है। हम कितने ही डूबे हों, 'बात बन रही है या नहीं', 'संगति बैठ रही है या नहीं', यह विवेक हममें जागता रहता है। पर हमारा विवेक क्या यहाँ ऐसी ही संगति का पारखी होता है कि बस यही देखता रहे कि जिस कल्पना-लोक में हमारी संवेदना तन्मय है, उसके अन्त:सूत्र, उसके अवयवों का मेल आस्वाद के योग्य बन रहा है या नहीं ? वैसी ही प्रमाण-वृत्ति जो भोजन के आस्वाद में भी जागती है! क्या हम साहित्य की ओर बस इसीलिए झुकते हैं कि रंजन का लाभ हो, और रंजन के परोसे जाने पर मन की रसना से यही जाँचते रहते हैं कि व्यंजन सही बना या नहीं ? यह बात तो बिलकुल नहीं जँचती। नाट्य और कथा-साहित्य अगर हमारी कल्पना का एक सार्थक अनुव्यवसाय है, हमारी प्रमाण-गर्भ सृष्टि है, और हमारे द्रष्टा-भाव की ओर उन्मुख है, तो वह निरे रंजन की बात नहीं हो सकती।

वह हमारे अनुभव के सत्य को हमारे आगे रखती है—उसे ऐसा रूप देते हुए कि हम अनुभव के भीतर, अनुभव के स्पन्द में रहते हुए भी अनुभव को—अनुभव के अर्थ को—देख-परख सकें। 'अनुभव का अर्थ', इस बात को कहने के पीछे एक विशेष आशय है। साहित्य का माध्यम भाषा है, और हम देख चुके हैं कि भाषा सामान्य को अभिव्यक्त करती है। सामान्य अनुभव के विशेष को नहीं, उसके अर्थ को अभिव्यक्त करता है—किसी इन्द्रियगम्य कुछ को 'कुछ' कहते ही वह 'कुछ' सामान्य का रूप लेकर हमारे बोध की सम्पत्ति हो जाता है; हम अब उसके स्वरूप पर विचार कर सकते हैं, वह क्या है, यह पूछ सकते हैं, देख-परख सकते हैं; अन्य 'कुछ' और कुछ-सम्भार से उस कुछ के सम्बन्धों को भाँप-जाँच सकते हैं—शैव-दर्शन के शब्दों में 'कुछ' अब एक अनुव्यवसाय का, विचार की एक योजना का, अंग हो जाता है; अब हम उसके स्वरूप से लक्षित, ध्वनित, बृहत्तर और विराटतर तात्पर्यों में भी उतर सकते हैं : सोच सकते हैं कि 'कुछ' वही हो सकता है जो अपने आप है—'वस्तु' है, इसलिए 'वास्तव' है...। या उसे भ्रान्त या मिथ्या ठहरा सकते हैं। यह उस 'कुछ' का भाषा में सामान्य रूप लेकर विचार-चेतना में अनुप्रविष्ट हो जाना है। 'दुख' को लीजिये। दुख को 'दुख' कहते ही दुख मेरा या किसी का दुख नहीं रहता, वह दुख नहीं, दुख का अर्थ ही रह जाता है, अब हम दुख क्या, दुख क्यों, उसका आशय क्या, प्रयोजन क्या, ऐसे प्रश्नों में उतर

सकते हैं—यहाँ तक कह सकते हैं कि दुख और सुख दोनों एक ही बृहत्तर भाव के (जैसे 'आनन्द' के) दो पक्ष या पहलू हैं, और दुख की ऐसी समझ पर चिन्तन, विवाद भी कर सकते हैं। यह इसलिए सम्भव है कि दुख अब सामान्य होकर अर्थ-रूप हो गया है, हमारी विचार-चेतना ने उसे अपने में समो लिया है—यों विचार-चेतना अपने द्रष्टा-भाव में अर्थ को ही आत्मसात् करती है, किसी विशेष को नहीं। भाषा इस आत्मसात्-करण की माध्यम होती है।

कथा-साहित्य में दुख या कुछ भी सामान्य का रूप लेकर हमारे अर्थ-बोध को ही सम्बोधित होता है। पर कथा अपना एक विशेष भी बुनती है। दुख वहाँ किसी का दुख होता है, वह शरीर का या मन का या और भी गहरा बुद्ध-जैसा आध्यात्मिक दुख हो सकता है, पर उसे एक विशेष पात्र से जोड़ा जाता है, परिस्थिति-विशेष के सन्दर्भ में पिरोया जाता है। कथा के माध्यम से वहाँ किसी काल्पनिक सन्दर्भ-विशेष को ही अनुभव और अनुभव में बसी दृष्टि से संगत एक अवयवी का रूप देकर हमारी अनुभव-दृष्टि के सामने खड़ा किया जाता है। यों कथा हमारी विचार-चेतना की ओर ही उन्मुख होती है, पर यह विचार-चेतना साधारण विचार-चेतना से भिन्न होती है। तभी कथा का रूप लेती है—'सचमुच कुछ हो रहा है' ऐसा अध्यवसाय यहाँ नहीं होता। पर फिर भी एक अध्यवसाय यहाँ होता है जिसे कथानिष्ठ अध्यवसाय कह सकते हैं। कथा-बोध में जागता यह अध्यवसाय 'कुछ हो रहा है' को विषय रूप से देखता हुआ सत्य-मिथ्या का निर्णय नहीं करता। पर उसका द्रष्टा-भाव जागता रहता है, आलोचना-बुद्धि भी जागृत रहती है। कथा में भी विचार-चेतना उन्मुख सत्य की ओर ही होती है। पर वह क्या खोजती है? यह कहना कि वह रस के आस्वाद और उसमें आये विघ्न को जाँचती है, बात को छोटा, ओछा कर देना होगा। उसकी खोज सत्य की ही होती है। पर प्रश्न होगा, कैसा सत्य, काहे का सत्य, जबकि अध्यवसाय के लिए कुछ प्रस्तुत ही नहीं होता? हम जानते ही रहते हैं कि जो कुछ प्रस्तुत है, 'सत्य' नहीं है, कल्पना की निर्मिति है। पर कल्पना सत्य की शत्रु नहीं है, जैसा कि कई विचारक कहते सुने जा सकते हैं। हम यह भी जानते हैं कि कल्पना के बिना विचार सम्भव नहीं, विचार का सत्य-सन्धान भी सम्भव नहीं। पर प्रश्न रह जाता है कि कल्पना यहाँ कैसा सत्य-सन्धान करती है, उसे कैसे अभिव्यक्त

करती है? कल्पना के सन्धान को यहाँ समझा कैसे जाये? कल्पना यहाँ कथा-विशेष के कल्पना या अनुव्यवसाय-रूप माध्यम से अनुभव को विषय बनाकर नहीं, अनुभव के भीतर रहते हुए ही अनुभव को अनुभव की आँख से ही देखती और व्यक्त करती है। कह सकते हैं कि साहित्य हमारे भोक्तृत्व को आँख दे देता है। हमारा मनुष्य-भाव अपनी सारी सम्भावना के साथ साहित्य में भावित होता है—विचारित नहीं। तभी साहित्य की अभिव्यक्ति व्यंजना द्वारा होती है, अभिधा द्वारा नहीं। हम अपने अनुभव पर विचार भी करते ही हैं—या यों कहिये कि हम मनुष्य-भाव पर, अपने मनुष्य होने की अनुभूति पर विचार करते ही हैं। पर ऐसे में हम अनुभव को विषय बनाकर, अपने आपको—अपने मनुष्य-भाव को—अपने बाहर रखकर विषय रूप में देखते हैं—और विषय रूप में इसे अभिहित करते हैं, साहित्य की तरह इसे अनुभव की आँख के लिए व्यंजित नहीं करते। जबकि (शल्य जी के अन्तर्दृष्टि-सम्पन्न शब्दों में) साहित्य में यह सम्भव होता है कि हम अपने विषयीभाव के अर्थ को—उसके सामान्य को—अपने विषयित्व में रहते हुए ही देख पाने की दृष्टि पा लेते हैं। यों यह आँख भी विचारग्राहक चेतना की ही विषयित्व के अर्थ पर विचार करती आँख ही होती है—बात जानने की ही होती है, और यों सत्य की। यहाँ विषयित्व को विषय नहीं बनाते हुए भी उसके भीतर रहते हुए ही उसे देखने की दृष्टि रूप लेती है। तभी यहाँ अर्थ का प्रेषण वर्णन-विवेचन-मीमांसा के माध्यम से नहीं व्यंजना द्वारा होता है जो अनुभूति के अर्थ को अनुभूति की ही दृष्टि-शिरा में—उसके अन्तरंग बोध के लिए ध्वनित कर पाती है। भाव को भाव की ही आँख से देख पाने की बात पुराने रसवादियों ने की है, और यह भी कहा है ऐसा व्यंजना द्वारा होता है। पर थोड़ा भी अपने साहित्य-बोध में झाँककर देखिये तो सामने आता दिखता है विषयित्व का क्षेत्र भाव से कहीं व्यापक है, भाव ही नहीं संकल्प और विचार भी साहित्य में विषय रूप से नहीं, विषयित्व की प्रतीति लिये प्रस्तुत होते हैं। संकल्प का आन्तरिक बोध तो कथा में जीवन्त रूप ले पाता है। धर्म, उसके संकट, उसके संघर्ष, उसके प्राणों को मथते ऊहापोह, ये कथा के बाहर विचार की निस्संग गति जैसे रह जाते हैं। विचार भी वहाँ अनुभूति के स्पन्द के साथ जागता दीखता है। यों तो विचार हमारी विशुद्ध निस्पन्द विचार-वृत्ति के प्रति ही उन्मुख होता है—जैसी यहाँ भी चेष्टा है—पर साहित्य में विचार विषयीभाव के अंग के रूप में आगे आता है।

कथा में विचार किसी पात्र का होता है, उसकी चिन्ताओं, सरोकारों से मर्म का सम्बन्ध रखता है, किसी परिस्थिति के सन्दर्भ में किया जाता है— विचार वहाँ अनुभव के स्पन्द के भीतर रहता हुआ, उसी में रँगा, उसी में से उभरता दृष्टि के आगे आता है। जैसे महाभारत में गीता है। उसका अपने आपमें भी महत्त्व हो सकता है; पर कथा में वह कथा-निमज्जित न हो तो दोष ही कहलायेगा। भाव की तरह ही विचार हमारे मनुष्य-भाव का अंग होता है, वह हमारे विषयित्व में पलता है, हमारे विषयी-बोध की अनुभूति-निमग्नता विचार करने के अनुभव में भी जागती है—साहित्य में 'विचार करने' का यह बोध अपने अनुभूति-स्पन्द के साथ हमारी अनुभूत करती आँख को प्रस्तुत होता है।

मनुष्य के रूप में हम सिद्ध ही नहीं साध्य भी हैं। तभी हम अपने भीतर सम्भावनाओं के आयाम—अन्तरिक्ष—पालते हैं। साहित्य हमारे जिस स्वरूप को, सत्य को, हमारे द्रष्टा के आगे जगाता है, वह मनुष्य-भाव के किसी साधारण, आठ-पहरी, प्रदत्त से स्वभाव का ही अनुव्यवसाय नहीं होता (हालाँकि ऐसा भी होता ही है)—पर वह कहीं उदात्त, अगाध और विस्मयकर हो सकता है। तभी अभिनव रामकथा को नाटक का आदर्श बनाते हैं। पर वाल्मीकि को देखें तो मनुष्य-भाव की जो जटिल, अचिन्त्य सम्भावना उत्तरकाण्ड में आगे आती है उसे किसी 'आदर्श' या 'मर्यादा' जैसी सीधी-सरल कोटि में नहीं घेरा-बाँधा जा सकता; पर वह मनुष्य-भाव में कितने गहरे हमें उतारता है! साधारण विवेचना-मीमांसा करती विचार-चेतना के लिए भी मनुष्य-भाव का ऐसा जटिल-महिम चित्र आँकना सम्भव है, पर वह रामायण की तरह विचार की अनुभूति-डूबी आँखों में नहीं जागेगा। रामायण को यहाँ मैं एक बहु-परिचित उदाहरण के रूप में ले रहा हूँ। महाभारत को लीजिये तो मनुष्यभाव की भाव, ज्ञान, विचार, कर्म, अध्यात्म, सबको समाती बहुवर्ण जटिलता संवेदना-बोध के और भी अगाध तक कौंध जाती है। पर इन दो कृतियों को ही क्यों, इधर के कथा या उपन्यास साहित्य की किसी भी कृति को लीजिये—प्रेमचन्द को लीजिये या अज्ञेय को या रमेशचन्द्र शाह को या किसी और को—बात मनुष्य-भाव के अनुभूत सत्य को अनुभूति की आँखों के आगे जगाने की ही होती है। इसी को सहृदयता या संवेदना भी कह सकते हैं।

पर साहित्य में कथा ही नहीं होती, कविता भी होती है। पुराने लोग 'काव्य'

शब्द से दोनों को अभिहित करते थे। कह सकते हैं कि कविता का विषयित्व से सम्बन्ध प्रकट या अपरोक्ष-सा होता है—वह भावना का सीधा प्रकाश करती है। अक्सर कवि की अपनी भावना का ही प्रदर्शन करती है—जैसे मीरा का, दरस बिन दूखण लागे नैण, या सूरदास का, अब मैं नाच्यौ बहुत गोपाल, या ऐसे ही और भी रचनायें जिन्हें गीति-काव्य का भी नाम दिया जाता है। यों कविता में कथा भी कही जा सकती है, और किसी भी वाङ्मय में कविता का बड़ा सम्भार कथा-काव्य का ही होता है। पर ऊपर के पदों से भी प्रकट है कि कविता कथा से बँधी नहीं होती। उसका एक विशाल भाग कथा-मुक्त होता है, और सहज ही ऐसा होता है, जैसा कि लोकसाहित्य के गीति-काव्य से स्पष्ट है। ऐसी कविता का भाव या भावना से सम्बन्ध स्पष्ट है। इस सम्बन्ध को अक्सर ऐसा सीधा-साक्षात् सा माना जाता है मानो कविता भावना का उद्‍गीरण करती हो, वैसे ही जैसे आह, चीख़ या किलकारी करती है। पर कविता ऐसा कुछ नहीं होती—वह जलती आग से निकलता धुआँ जैसा कुछ नहीं होती। वह भावना का चिह्न नहीं, प्रतीक होती है—तब भी जब कवि अपनी ही भावना को प्रकट कर रहा हो। उसका भाषा में होना ही इस बात का प्रमाण है। कवि चाहे मीरा और सूर की तरह अपनी साक्षात् अनुभूत स्वगत भावना का प्रकाश कर रहा हो, वह भावना से तटस्थ रहता हुआ, भावना का द्रष्टा होकर ही भावना को रूप देता है। वह भावना के अर्थ का प्रकाश करता है—जो भाषा का प्रयोग करती आत्मचेतना के साक्ष्य में ही सम्भव है। यही विचार की आँख है। पर विचार की आँख भावना का वर्णन-विवरण भी दे सकती है, जैसा कि हम वैद-डॉक्टरों के आगे करते हैं; इससे आगे बढ़कर विचार भावना का विवेचन भी कर सकता है, उसकी मीमांसा कर सकता है, जैसा कि मनोवैज्ञानिक करता है। वहाँ भी बात भावना के अर्थ की ही होती है। पर कहना न होगा, कवि ऐसा नहीं करता। वह अनुभूति को हमारे अनुभूति-बोध की आँखों के लिए ही उभारता है—पर यह अनुभूति का अर्थ ही होता है जो अभिहित न होकर व्यंजित होता है—तभी वह भावित और संवेदित होता है; विचार-चेतना वहाँ भाव-चित्त में रहते हुए ही अर्थ का अवगाहन करने में सक्षम होती है। यही व्यंजना का काम है। पर अर्थ यहाँ भी सामान्य होता है, नहीं तो विचार-चेतना उसका ग्रहण ही न कर पाये, चाहे वह भावनानिष्ठ विचार ही क्यों न हो—और कवि का सामर्थ्य, उसकी शक्ति या प्रतिभा इसी बात में होती है कि वह भावना

का सार्थक सम्प्रेषण कर पाये। भावना का व्यंजनामय सम्प्रेषण कर पाना, यही कवि को अकवि से अलग करता है। यह बात काव्य-शिक्षा की या किसी सधी-सधायी काव्य-भाषा-भंगी की नहीं है, सिद्ध-रूढ़ भंगियाँ या रीतियाँ तो व्यंजना को पंगु कर दे सकती हैं, उसे सपाट, भोथरा बना दे सकती हैं। मीरा और कबीर की व्यंजना ऐसी किसी रीति की मोहताज नहीं, तभी उसमें उन्मेष है।

पर कविता का किसी रीति से निर्बन्ध होने का अर्थ यह भी है कि कविता का भावलोक सीमित नहीं होता। चेतना में नये अर्थ, नये उन्मेष, अपने सत्य या स्वरूप के नये साक्षात्कार और उसके सम्प्रेषण की सम्भावना अनन्त है। मीरा, सूर, कबीर—जिन कवियों का हमने नाम लिया, इनकी सी कविता इनके पहले आये युगों में नहीं मिलती। इनकी भाव-दृष्टि भावना के एक नये अन्तरिक्ष में विचरण करती और कराती है। इनके बाद के कवि—आज के कवि—इनके भी अनदेखे आकाश में घूमते हैं, और इस सिलसिले का कोई अन्त नहीं।

पर कथा-साहित्य की तरह ही कविता केवल भाव से ही सम्बन्ध नहीं रखती। विचार भी उसके अनुभूति-स्पन्द में जागता दिखता है। गीता को ही लीजिये। उसे जो 'गीत' कहा गया है, इसमें एक गहरा कारण है। गीता एक ऐसी गहरी विचार-दृष्टि प्रस्तुत करती है जहाँ विचार विचारित ही नहीं, भावित है, युक्ति वहाँ अनुभव की जीवन्त भूमा में बसी है, तभी वह अनुभव के आयामों को ही नहीं खोलती चलती, अनुभव की शिरा को उकसाती, दीप्त करती, जागती है—यह प्रेरणा उसकी भाषा में, कथन-भंगी में उभर-उभर आती है, उसे काव्य होने का अधिकार देती है। कठ और ईश जैसे उपनिषदों में भी हम यही बात पाते हैं। इन्हें विचार का काव्य-रूप कहा जा सकता है। पर इन्हीं में नहीं, कविता में अन्यथा भी विचार का भावित स्पन्द अनुभूत होता देखा जा सकता है। अज्ञेय की एक छोटी सी कविता लीजिये—शीर्षक है, 'काल स्थिति'। कविता विचार की एक छोटी सी गति, एक युक्ति-गर्भ उह्य की तरह सामने आती है :

> जिस अतीत को मैं भूल गया हूँ वह
> अतीत नहीं है क्योंकि वह
> वर्तमान अतीत नहीं है।

जिस भविष्य से मुझे कोई अपेक्षा नहीं वह
भविष्य नहीं है क्योंकि वह
वर्तमान भविष्य नहीं है।

स्मृतिहीन, अपेक्षाहीन वर्तमान—
ऐसा वर्तमान क्या वर्तमान है—
वही क्या है?

अन्त की दो लाइनों में आया प्रश्न जिस हैरानी को व्यक्त करता है वही कविता के अन्तरंग भावाभिनिवेश को व्यंजित भी करता है—अन्यथा कविता का उद्य चित्त-सापेक्ष, अनुभूत काल को काल के निरपेक्ष, जड़ प्रवाह से अलग करती एक विवेचना जैसा भी जान पड़ सकता है।

> तत्र नाट्यं नाम लौकिकपदार्थव्यतिरिक्तं तदनुकार प्रतिबिम्बालेख्य सादृश्यारोपाध्यवसायोत्प्रेक्षास्वप्नमायेनवद्र जालादिविलक्षण-तद्ग्राहकस्य सम्यग्ज्ञानभ्रान्तिसंशयानवधारणानध्यवसायविज्ञान-भिन्नवृत्तान्तास्वादनरूपसंवेदनसंवेद्य वस्तु रसस्वभावमिति वक्ष्यामः।
>
> (नाट्यशास्त्र, १, १ पर अभिनवभारती)

अभिनव की जिस अनुव्यवसाय-चर्चा को मैंने यहाँ कुछ विस्तार से लिया है, वह अवधेय है, पर उस पर आज के विचार का ध्यान नहीं-सा ही गया है। इसलिए उस चर्चा को यहाँ अनुवाद-समेत उद्धृत करना उपादेय समझता हूँ, हालाँकि चर्चा कुछ लम्बी ही है :

> नाट्ये तु पारमार्थिकं किञ्चिदद्य मे कृत्यं भविष्यतीत्येवंभूताभिसन्धिसंस्काराभावात्सर्वपरिषत्साधारण प्रमोदसारापर्यन्तविरसना(समा) दरणीयलोकोत्तरदर्शनश्रवणयोगी भविष्यामीत्यभिसन्धिसंस्कारादुचितगीतातोद्यचर्वणाविस्मृत-सांसारिकभावतया विमलमुकुरकल्पीभूतनिजहृदयः, सूच्याद्यभिनयावलोकनोद्भिन्नप्रमोदशोकादितन्मयीभावः, पाठ्याकर्णनपात्रान्तरप्रवेशवशात् समुत्पन्ने देशकालविशेषावेशानालिङ्गिते सम्यङ्मिथ्यासंशय-सम्भावनादिज्ञानविज्ञेयत्वपरामर्शानास्पदे, रामरावणादि-विषयाध्यवसाये, तत्संस्कारनुवृत्तिकारणभूततत्सहचरहृद्य वस्तुरूपगीतातोद्यप्रमदानुभवसंस्कार-सूचितसमनुगततदुक्त-

रूपरामाध्यवसाय संस्कार एव भव(प्त?)त्पञ्चषैर्दिवसैः सचमत्कारतदीयचरितमध्य- प्रविष्टस्वात्मरूपमतिः स्वात्मद्वारेण विश्वं तथा पश्यन् प्रत्येकं सामाजिको देशकालविशेषणापरामर्शेन एवंकारिणामिदमिति लीढा(लिङ्गा)त्मकविधिसमर्पितं संविज्जातीयमेव संवित्तिविशेषरञ्जकप्राणवल्लभाप्रतिमरसास्वाद- सहचररम्यगीतातोद्यादिसंस्काररसा(नुभव) वशेन हृदयाभ्यन्तरनिखातं तत एव उत्पुङ्खशतैरपि म्लानिमात्रमप्यभजमानं भजंस्तत्तच्छुभाशुभ प्रेप्साजिहासासततसूतवृत्तित्वादेव शुभमाचरत्यशुभं समुज्झति। इदानीमुपायसंवेदनालाभात् तदिदमनुकीर्तनमनुव्यवसायविशेषो नाट्यापरपर्यायः। नानुकार इति भ्रमितव्यम्। अनेन भाण्डेन राजपुत्रस्यान्यस्य वा नुकृतेन्या(कृतावन्या)दिबुद्धेरभावात्। तद्धि विकरणमिति हास्यमात्रफलम् मध्यस्थानाम्। ...

ननु एवं तावता नियतानुकारो मा भूत्। अनुकारेण तु किमपराद्धम्। न किञ्चिदसम्भवादृते। अनुकार इति हि सदृशकरण। तत्कस्य। न तावद्रामादेः। तस्याननुकार्यत्वात्। एतेन प्रमदादिविभानामनुकरणं पराकृतम्। न चित्तवृत्तीनां शोकक्रोधादिरूपाणाम्। न हि नटो रामसदृशं स्वात्मनः शोकं करोति। सर्वथैव तस्य तत्राभावात्। भावे वाननुकारत्वात्। न चान्यद्वस्त्वस्ति यच्छोकेन सदृशं स्यात्। अनुभावांस्तु करोति। किन्तु सजातीयानेव। न तु तत्सदृशान्। साधारणरूपस्य कः केन सादृश्यार्थः। त्रैलोक्यत(व)र्तिनः सदृशत्वन्तु न विशेषात्मना यौगपद्येनोपपद्यते। कदाचित्क्रमेण नियत एवानुकृतः स्यात्। सामान्यात्मकत्वे कोनुकारार्थः। तस्मादनियतानुकारो नाट्यमिति न भ्रमितव्यम्। अस्मदुपाध्यायकृते काव्यकौतुकेप्ययमेवाभिप्रायो मन्तव्यः। न त्वनियतानुकरोपि।

तेनानुव्यवसायवत् विशेषविषयीकार्यं नाट्यम्। तथाहार्यविशेषादिना निवृत्ते तद्देशकालचैत्रमैत्रादिनटविशेष-प्रत्यक्षाभिमाने विशेषलेशोपक्रमेण च विना प्रत्यक्षप्रवृत्तेरायाते रामादिशब्दस्यात्रोपयोगात् प्रसिद्धतदर्थतयादरणीयचरित- वाचकस्यासम्भावनामात्र-निराकरणेनानुव्यवसायस्य प्रत्यक्षकल्पनाट्ये हृद्यगीताद्यनुसूततया चमत्कार- स्थानत्वाद्धृदयानुप्रवेशयोग्यमभिनयचतुष्टयेन स्वरूपप्रच्छादनं,

प्रस्तावनादिना नटज्ञानजसंस्कारसाचिव्यं, तेन रञ्जकसामग्रीमध्यानुप्रविष्टेन प्रच्छादितस्वस्वभावेन प्राक्प्रवृत्तलौकिकप्रत्यक्षानुमानादिजनित-संस्कारसहायेन सहृदयसंस्कारसचिवेन हृदयसंवादतन्मयीभावनासहकारिणा प्रयोक्त्रा दृश्यमानेन योनुव्यवसायो जन्यते सुखदुखाद्याकारतत्तच्चित्तवृत्ति-रूपरूषितनिजसंविदानन्दप्रकाशमय: अत एव विचित्रो रसनास्वादनचमत्कारचर्वणनिर्वेश-भोगाद्यपरपर्याय: तत्र यदवभासते वस्तु तन्नाट्यम्। तच्च ज्ञानाकारमात्रमारोपितं स्वरूपं सामान्यात्मकं निर्मितरूपं चान्यद्वा किञ्चिदस्तु। नात्राप्रस्तुतलेखनेनात्मनो दर्शनान्तरकथापरिचयनप्रकटनफलेन प्रकृतवस्तुविघ्नमाचरन्त: सहृदयान्खेदयाम:।

तस्मादनुव्यवसायात्मकं कीर्तनं रूषितविकल्पसंवेदनं नाट्यम्। तद्वेदनवेद्यत्वात्। नत्वनुकरणरूपम्। यदि त्वेवं मुख्यलौकिककरणानुसारितयानुकरणमित्युच्यते तन्न कश्चिद्दोष:। स्थिते वस्तुतो भेदे शब्दप्रवृत्तेरविवादास्पदत्वात्। (नाट्यशास्त्र, १, १०७ पर अभिनवभारती)

उद्धरण जिस रूप में उपलब्ध है उसमें पाठ की कुछ समस्याएँ, अस्पष्टताएँ हैं, पर आशय छुपा नहीं है। आगे इसका एक अपना सा अनुवाद देता हूँ, जहाँ आशय को उभारने की चेष्टा ही प्रधान है :

'नाट्य देखते हुए मुझे यह बोध नहीं रहता कि इस सन्दर्भ में मुझे सचमुच कुछ करना है; ऐसे किसी संस्कार या अभिप्राय से मुक्त होकर मेरे मन में यही ध्यान रहता है कि मैं अब दूसरे दर्शकों के साथ ऐसे लोकोत्तर श्रवण-दर्शन का भागी बनूँगा जो मुझे प्रमोद के सार तक ले जायेगा। इस (विलक्षण) संस्कार के साथ मैं नाटक देखने में प्रवृत्त होता हूँ और (नाट्य के) उपयुक्त गीत-वाद्य में रम जाता हूँ। यों अपने साधारण सांसारिक भाव को बिसार देता हूँ। मेरा हृदय एक स्वच्छ, निर्मल दर्पण जैसा हो जाता है और अभिनय की महिमा से शोक, प्रमोद आदि भावों में तन्मय हो जाता है। ऐसे लोक में प्रवेश कर जाता है जहाँ देश-काल विशेष का बोध नहीं रहता—(नाट्य के) इस लोक को मैं साधारण अनुभव के लोक की तरह ज्ञान का विषय नहीं समझता, इसलिए इसके प्रति सम्यक् (यह वास्तव है), मिथ्या (यह अवास्तव है),

संशय (हो रहा है या नहीं यह द्विधा), और सम्भावना (शायद हो रहा है) जैसी वृत्तियाँ मौन हो जाती हैं। (पर) नाट्य में प्रस्तुत राम-रावण के विषय में 'ये हैं' ऐसा (नाट्यगत) अध्यवसाय होता है। सहचरों की भूमिका करते पात्रों के सहारे और गीत-आतोद्य आदि प्रमोदमय अनुभव के सहारे, यह 'अध्यवसाय' मुझमें तब तक एक संस्कार की तरह बना रहता है जब तक नाट्य चलता है। मैं चित्त-चमत्कार के साथ राम के चरित में ऐसा डूब जाता हूँ कि मेरी मनीषा मेरे उस राम-निमज्जित स्वात्म की आँखों से ही जगत को देखती है और उसमें देश-काल से विमुक्त यह गहरा बोध जाग आता है : 'एवंकारिणामिदम्' (जो ऐसा करता है उसे यह मिलता है)। यह बोध बोध दर्शक के रूप में मेरी चेतना से एकाकार होता है; चेतना-विशेष को रँगता हुआ (यह बोध) प्राण-प्रिया प्रेयसी के समान रसास्वाद में सराबोर करता हुआ हृदय में ऐसा चुभ जाता है कि वहाँ से निकाला नहीं जा सकता, मुरझा नहीं सकता—चित्त सहज ही शुभ के ग्रहण और अशुभ के त्याग की ओर उन्मुखता से विद्ध हो उठता है। इसलिए (नाट्य को यों परिभाषित करना चाहिये) : उपाय-विशेष से व्यंजित संवेदना जगाता, किसी (राम जैसे के चरित का) अनुकीर्तन नाट्य है, यह अनुव्यवसाय विशेष है (जो एक विशेष योजना-ग्रथित कृति का रूप लेता है)। तो, इस भ्रम में नहीं पड़ना चाहिये कि नाट्य अनुकरण है। अनुकरण तो किसी राजपुत्र की या किसी ओर की चेष्टाओं की भोंड़ी (विकृत) नक़ल होती है—तभी उसे 'विकरण' के नाम से भी जाना जाता है। ऐसे अनुकरण में यह बोध बना रहता है कि अमुक राजकुमार का या किसी और का अनुकरण हो रहा है। तभी, जिसका यों उपहास किया जाता है उसके चाहने वालों में यह (अनुकरण) द्वेष और असूया को जन्म देता है।

पर (कहा जा सकता है कि) चलिये, नाट्य को 'नियत' अनुकरण नहीं भी कहें तो भी 'अनुकरण' कहने में अपराध क्या? अपराध कुछ नहीं सिवा इसके कि यह सम्भव ही नहीं। 'अनुकरण' का अर्थ है, 'सदृश-करण'। पर किसका? राम जैसों का तो हो ही नहीं सकता। राम जैसों के किये का सदृश-करण सम्भव ही नहीं। इस बात से यह भी आपादित हो जाता है कि जिन विभावों को (पात्रों और दृश्यों को) मंच पर प्रस्तुत किया जाता है, उन्हें

'अनुकरण' नहीं कहा जा सकता। फिर, चित्तवृत्तियों का—जैसे शोक, क्रोध...—इनका अनुकरण तो और भी असम्भव है। अभिनेता अपने शोक को 'राम-सदृश' नहीं बनाता है। अभिनेता में वैसा शोक हो ही नहीं सकता। अगर हो तो उसे 'अनुकृत शोक' नहीं कहा जा सकेगा। फिर ऐसी कोई वस्तु नहीं जिसे 'शोक के सदृश' कहा जा सके। अभिनेता शोक का अभिनय करता है (शोक के अनुकूल अनुभावों का—चेष्टाओं का—प्रदर्शन करता है)। ये चेष्टायें सजातीय होती हैं (शोक की उन चेष्टाओं के अन्तर्गत होती हैं जिन्हें शोक की सामान्य चेष्टायें कहा जा सकता है); ये किसी की चेष्टाओं के 'सदृश' चेष्टायें नहीं होतीं। अब, जहाँ बात रूप सामान्य की हो वहाँ किसी को किसी के सदृश कहना ठीक नहीं। यों भी नाट्य जिस त्रिलोक को (प्रस्तुत) करता है उसके विशेष रूपों का सादृश्य तो एक साथ दिखाया ही नहीं जा सकता। हो सकता है कि किसी क्रम से उसकी नियत अनुकृति सम्भव हो। पर (जो भी हो) नाट्य में प्रस्तुति सामान्य की होती है, और सामान्य की अनुकृति नहीं की जा सकती। इसलिए इस भ्रम में नहीं पड़ना चाहिये कि नाट्य अनुकरण तो है, पर नियत नहीं, अनियत अनुकरण है।

नाट्य को उस अनुव्यवसाय जैसा समझना चाहिये जो (सामान्य को) विशेष रूप में खड़ा करता है। हम पाते हैं कि आहार्य आदि अभिनय के सहारे हममें यह प्रत्यक्ष-बोध निवृत्त हो जाता है कि हम प्रस्तुत देश-काल में चैत्र, मैत्र आदि विशेष अभिनेताओं को अपने सामने देख रहे हैं। पर इस विशेष के नहीं रहते भी जो हम देखते हैं उसका प्रत्यक्ष होना तिरोहित नहीं होता—अभिनेताओं के लिए अब 'राम' आदि शब्दों का प्रयोग होने लगता है। 'राम' आदि शब्दों का अर्थ प्रसिद्ध है और आदरणीय चरित का वाचक है—इस शब्द-प्रयोग से होता यह है कि (अभिनेता के) राम न होने की असम्भावना का निरास हो जाता है और बोध में नाट्य एक प्रत्यक्षवत् अनुव्यवसाय विशेष के रूप में जाग उठता है। इस अनुव्यवसाय-बोध में अभिनेता अभिनेता के रूप में भी प्रस्तुत होता है, पर उसका स्वरूप आच्छादित भी रहता है। अभिनय के वैविध्य और कौशल के साथ नाट्य में मनोहारी गीतवाद्य का

होना एक चमत्कार पैदा करता है जो अभिनेता के अभिनेता स्वरूप को ढक देता है; पर नाट्य के आरम्भ में आयी प्रस्तावना से हम जानते भी रहते हैं कि यह (अमुक) अभिनेता है। यों नाट्य-प्रयोक्ता द्वारा दिखायी जाती सामग्री-योजना एक विशेष अनुव्यवसाय (योजना-बोध) को जन्म देती है जिसमें रंजक सामग्री के बीच अनुप्रविष्ट होकर अभिनेता का अपना स्वरूप तिरोहित हो जाता है। दर्शक का पहले से बना लौकिक प्रत्यक्ष, अनुमान आदि का संस्कार बना रहता है, पर इस संस्कार के साथ सहृदयत्व (संवेदना) का संस्कार आ जुड़ता है; हृदय के साथ (प्रस्तुत) नाट्य का संवाद (हृदय को) उसमें तन्मय कर देता है—इन सारे सम्मिलित कारणों से जो अनुव्यवसाय-बोध जागता है वह संवित् आनन्द और प्रकाशमय होता है, जिस (बोध) में सुख-दुख आदि रूप चित्तवृत्तियाँ बिंधी रहती हैं। इस तरह जो विचित्र 'रसन', 'आस्वादन', 'चमत्कार', 'चर्वण', 'निर्वेश', 'भोग' आदि शब्दों द्वारा कही जा सकती वस्तु आभासित होती है वह नाट्य है। उसे ज्ञानाकार मात्र कहिये या सामान्यात्मक आरोपित स्वरूप कहिये या तत्काल-निर्मित रूप कहिये या और कुछ कहिये, इन दार्शनिक विचारों में मैं नहीं उतरना चाहता। मैं यहाँ यह दिखाने नहीं बैठा हूँ कि मुझे दर्शन में पैठ है—ऐसा करने से प्रस्तुत विषय में विघ्न ही उपस्थित होगा और सहृदयों को खेद पहुँचेगा।

यों अनुव्यवसाय रूप कीर्तन—विकल्प-बोध-बिंधा संवेदन—यही नाट्य है : क्योंकि ऐसे ही बोध से जाना जाता है। उसे अनुकरण कहना ठीक नहीं। पर उसे लौकिक उपकरणों द्वारा खड़ा किया जाता है इसलिए उसे 'अनुकरण' कह भी दिया जाये तो इसमें दोष नहीं। वस्तु में भेद के (विदित) रहते अगर शब्द-प्रयोग एक भी हो तो इसमें विवाद की कोई बात नहीं।

सभ्यता की धारणा और भारत में नृत्त कला की स्वायत्तता का प्रत्यय

सभ्यता की धारणा और भारत में नृत्त
कला की स्वायत्तता का प्रत्यय

इतिहास की परख-समझ में विचार और कला जैसे क्षेत्रों को महत्त्व देना, यह इतिहास-बोध में एक नयी बात है—नया उन्मेष कहना चाहिये। पुराना इतिहास-बोध—जो अब भी हम पर बहुत कुछ हावी है—वह मनुष्य के कर्म पर ही एकाग्र था, और कर्म में भी राज्य-राजनीति, यही प्रधान थे। हमारे यहाँ के पुराणों में मनुष्य की काल-यात्रा का जो बोध उभरता है, उसमें भी कर्म ही मनुष्य को आँकने की कसौटी है; पर साधारण इतिहास से एक बड़ा अन्तर भी है : पुराणों में कर्म का अर्थ राज्य-राजनीति की उलट-पलट या उथल-पुथल से नहीं बँधा है, व्यापक है—उसका सम्बन्ध मनुष्य की मूलभूत कर्म-चेतना से है, औचित्य-बोध से—धर्म से—उसके आरोह-अवरोह, उदात्त-अनुदात्त से। मर्म की बात यह है कि मनुष्य के व्यवहार को यहाँ मनुष्य की चेतना से आँका गया है, उस चेतना से जो व्यवहार को प्रेरित करती है—यों व्यवहार को चेतना-प्रसू देखा गया है।

इतिहास में विचार और कला जैसी अभिव्यक्तियों को महत्त्व देना भी मनुष्य को उसकी चेतना से आँकने की दिशा है, बाह्य-व्यवहार मात्र से नहीं—और यह नयी दिशा व्यवहार को भी राज्य-राजनीति के घेर से निकालकर बृहत् क्षेत्र दे देती है। राज्य-बदल की घटनाओं में घटनाओं की यादृच्छिकता ही उभरकर आगे आती है, किसी कर्म-चेतना की आदर्श आन्तरिकता नहीं। कह सकते हैं कि जो इतिहास-दृष्टि विचार और कला जैसे पक्षों को तौल देती है, वह पुराण-दृष्टि में भी विपुलतर है—वह

मनुष्य के कर्म को ही नहीं, भाव और ज्ञान को भी अपनी व्यापकता में समेटती है। साथ ही, यह भी कहना न होगा कि आज की इतिहास-दृष्टि में उपलब्ध साक्ष्यों को जाँचता-कूतता हुआ, काल-क्रम में करीने से सजाता हुआ, उन्हीं के आधार पर मनुष्य की काल-यात्रा के चित्र उकेरता है—इसी पटल पर मनुष्य की चेतना के परिवर्तन, विकास या ह्रास को परखता है। तभी अपने को वस्तु-तन्त्र घोषित करता है, और अपनी प्रामाणिकता को विज्ञान की श्रेणी में रखना चाहता है; जबकि पुराण-दृष्टि में ऐसी साक्ष्य-मूल प्रामाणिकता या वस्तुतन्त्रता की चेष्टा है भी तो अति गौण है। पुराण-दृष्टि की प्रामाणिकता आर्ष या अतिलौकिक है, जो आज अयुक्त कहलाने के कारण अमान्य है।

पर पते की बात यहाँ दृष्टि की है। किसी न किसी इतिहास-दृष्टि के बिना विगत के किसी इतिवृत्त का—घटना-प्रवाह का—कोई सार्थक चित्र नहीं उभर सकता, जिसके बारे में कहा जा सके कि 'यह हुआ था', 'वृत्तान्त यह है'। यही बात कहानी कहने में होती है, और वहाँ किसी वस्तु-तन्त्र साक्ष्य की अपेक्षा ही नहीं होती—पर कहानी हो या इतिहास, दोनों ही केवल घटनायें नहीं गिनाते, घटनाओं को अवयवी का रूप देते हैं जो दृष्टि सापेक्ष है। तो, दृष्टि साक्ष्य का अतिक्रमण करती है—इतिहास रच रही हो या कहानी, दृष्टि साक्ष्य को अपना विषय बनाती है, साक्ष्य से बँधती भी है तो साक्ष्य को देखती, उसके ऊपर रहती है : साक्ष्य उसे नहीं बनाता, उलटे वही साक्ष्य को चुनती-बुनती, उसे इतिवृत्त का व्यवस्थित रूप देती है। साक्ष्य क्या है, साक्ष्य में सार्थक क्या है, यह भी दृष्टि ही तय करती है। तभी इतिहास-बोध में सहज अनेकान्त है, क्योंकि दृष्टि में ही सहज अनेकान्त होता है—वस्तुतन्त्रता की माँग के साथ भी। सच तो यह है कि वस्तुतन्त्र क्या, प्रामाणिक क्या, यह प्रश्न भी दृष्टि से अछूता नहीं होता—दृष्टि और प्रामाणिकता, विचार-बुद्धि के दो सहगामी पक्ष हैं—अपने मर्म में अयुतसिद्ध हैं।

पर दृष्टियों में कई तरह के भेद होते हैं। कहानी कहने में—और इतिहास रचने में—व्यापक संकीर्ण का भेद एक बड़ा और गहरा भेद होता है—दिख भी जाता ही है। आज के इतिहास-बोध की विलक्षणता, साफ़ ही, उसकी व्यापकता में है। दृष्टि यहाँ इतिहास के माध्यम से मनुष्य का ही आकलन करना चाहती है। तभी इस बोध का एक प्रधान आधार-प्रत्यय

'सभ्यता-संस्कृति' की धारणा में रूप लेता है। आज की इतिहास-दृष्टि के लिए 'सभ्यता' और 'संस्कृति' को मनुष्य का ही पर्याय कहा जा सकता है। सभ्यता और संस्कृति मूलतः एक ही धारणा के प्रत्यय हैं। पर सभ्यता और संस्कृति को अलग भी किया जाता है—'संस्कृति' अधिक व्यापक धारणा है, 'सभ्यता' संस्कृति के अन्तर्गत है। संस्कृति मनुष्य मात्र को परिभाषित करती है। मनुष्य बिना संस्कृति के नहीं होता। संस्कृति मनुष्य का वह धर्म है जो उसे प्रकृति से अलग, उससे ऊर्ध्व और स्वतन्त्र करता है। पशु-भिन्न करता है—प्रकृति के कार्य-कारण प्रवाह से मुक्त कर उसे ज्ञातृत्व, भावयितृत्व, कर्तृत्व की क्षमता देता है। प्रश्न हो सकता है कि यह धर्म मनुष्य में कहाँ से आता है? मनुष्य प्रकृति का ही अंग है, प्रकृति-प्रवाह में उपजा है, उस प्रवाह के साथ ही बहता है, उसमें प्रकृति के ही धर्म होने चाहिये। संस्कृति अगर अलग कुछ है भी तो प्रकृति-जात ही कुछ होनी चाहिये। उसे प्रकृति से अलग और ऊर्ध्व बताने का क्या आधार, क्या युक्ति? प्रश्न गहरा है, मनुष्य के स्वरूप से सम्बन्ध रखता है, और यहाँ दृष्टि-भेद भी स्वाभाविक है—और दृष्टि का अनेकान्त यहाँ सर्वविदित है ही : मनुष्य को जड़ से लेकर चित् तक कई रूपों में देखा गया है। पर मनुष्य की चेतना सदा अपने को जड़ और अन्य जीवों से अलग करती आयी है, प्रकृति के प्रवाह से अपने को अलग ही नहीं, ऊपर समझती आयी है। मनुष्य प्रकृति को समझता है—या समझने की ओर मुड़ता तो है ही। समझ की चाह मनुष्य ही में होती है—और समझ में एक अन्तर्निहित आत्म-दृष्टि भी होती है : समझ में अपने को देखते-परखते समझ की बात होती है, जो मनुष्य में ही होती है। इस आत्मदृष्टि की जड़ मनुष्य की आत्मचेतना में है जो उसे स्वतन्त्र करती है, ज्ञातृत्व, कर्तृत्व, भावयितृत्व में अधिष्ठान देती है। यों प्रकृति के कार्य-कारण-प्रवाह की परतन्त्रता से उठाकर उसे एक अपना अलग धरातल देती है, जहाँ से मनुष्य प्रकृति को देख-परख सकता है, उसके कार्य-कारण को नापते हुए उसे अपने विलक्षण प्रयोजनों का अंग भी बना सकता है। प्रकृति के कार्य-कारण प्रवाह के भीतर परतन्त्र बहते हुए, उसी के क्रम की एक कड़ी रहते हुए यह सम्भव नहीं।

मनुष्य विचार कर सकता है, प्रकृति के—और अपने—अन्यथा होने की कल्पना कर सकता है। तभी प्रकृति को तटस्थ देखता हुआ उसे समझने

की बात कर सकता है—प्रकृति से ऊपर उठकर प्रकृति पर विचार करता है। और तभी प्रकृति के परे (इहलोक से परे) लोकोत्तर की भी सोचता है। प्रकृति में रहते हुए यह अकल्पनीय है। प्रकृति क्या है, मनुष्य का उससे सम्बन्ध क्या है, ऐसे प्रश्न और उनके उत्तर भी मनुष्य की चेतना में तभी जागते हैं क्योंकि वह सर्वथा प्रकृतिग्रस्त नहीं है—कहीं प्रकृति-मुक्त भी है। पर हम विचार में स्वतन्त्र हैं तो हम प्रकृति की धारणा को ही दूसरा रूप भी दे सकते हैं : उसे ऐसी व्यापकता दे सकते हैं कि मनुष्य की विलक्षणता का भी उसमें स्थान हो—क्योंकि युक्ति कहती है कि इसके बिना मनुष्य का प्रकृति से कोई सम्बन्ध ही नहीं बनेगा, जबकि हम प्रकृति के बिना भी मनुष्य होने की कल्पना नहीं कर सकते। पर ऐसी किसी व्यापक धारणा में भी जड़ या भूत-जगत और जीव-मात्र से मनुष्य का कोई सार्थक भेद तो करना ही पड़ेगा, जो उसे स्वतन्त्र भी रखे। संस्कृति की धारणा के मूल में मनुष्य का स्वातन्त्र्य ही है।

यह न हो तो इतिहास की धारणा का भी कोई अर्थ नहीं होगा। होने की वृत्तान्त प्रकृति की कालयात्रा का भी हो सकता है। पर उसे इतिहास का नाम देना हमें असमंजस ही लगता है। हम जिसे इतिहास कहते हैं वह मनुष्य का ही इतिहास होता है, जड़ का नहीं होता—जड़ का इतिहास एक कारण-कार्य क्रम मात्र होगा; मनुष्य का इतिहास मनुष्य को स्वतन्त्र मानकर चलता है। आज की इतिहास-दृष्टि कहती है कि अपने इतिहास में मनुष्य अपने आपको बनाता भी चलता है—मनुष्य की पहचान, उसकी समझ ही नहीं, उसका होना भी इतिहास है। तभी इतिहास के दर्पण में वह अपने स्वरूप को देख और जान सकता है। मनुष्य संस्कृति है, और संस्कृति स्थिर नहीं, चल है, गतिशील, परिवर्तनशील है, और संस्कृति का इतिहास मनुष्य की गति है, उसकी काल-यात्रा है—ज्ञान के रूप में इतिहास उस काल-यात्रा का आत्मज्ञान है। यों मनुष्य का ही ज्ञान है। कहने का तात्पर्य यह है कि मनुष्य संस्कृति-सर्वस्व है तो ज्ञान रूप में इतिहास मनुष्य का अपने स्वरूप का ही ज्ञान है। तो इस दृष्टि में यह भी उभरता है कि संस्कृति मनुष्य की कृति होते हुए भी (क्योंकि मनुष्य स्वतन्त्र है) मनुष्य को बनाती है। तो इतिहास का ज्ञान इस बात का भी ज्ञान है कि मनुष्य ने अपने को क्या रूप दिया है। पूरी बात का तात्पर्य यह है कि मनुष्य प्रकृति से ऊर्ध्व और स्वतन्त्र है, पर अपनी काल-यात्रा में अपने को बनाता भी

चलता है, तभी मनुष्य का इतिहास मनुष्य की पहचान है।

सभ्यता को संस्कृति का ही एक पर्व कहना चाहिये। साधारण तौर पर हम सभ्यता को रूप-आकृति की बृहत्ता और जटिलता से आँकते-परखते हैं—संस्कृतियों में नगरों का उदय, उन्नत-योजनाबद्ध तकनीक-बोध और जीवन में उसकी बुनावट—इसे 'संस्कृति'-भिन्न 'सभ्यता' का एक प्रकट-प्रत्यक्ष सा लक्षण देखा-कहा जाता है। पर मर्म की बात चेतना की गति है—जो कहे-अनकहे सभ्यता की स्वीकृत धारणा की नींव भी है। मनुष्य की अभिव्यक्तियों को, उनमें चेतना के विकास-विस्फार को भाँपते हुए ही 'संस्कृति' से उठकर 'सभ्यता' की बात सार्थक होती है। सभ्यता के बाह्य आयोजनों के पीछे चेतना की पहले से और भी आत्मचेतन होती परोक्ष गति भी भाँपी जा सकती है, जो सभ्यता को संस्कृति से अलग ही नहीं, ऊर्ध्व करती है। 'सभ्यता' की धारणा में ही यह बोध निहित है, चाहे सदा आगे न लाया जाता हो।

सभ्यता के साथ चेतना की—मनुष्य को मनुष्य बनाती आत्मचेतना की—एक ऊर्ध्वतर प्रेरणा के साक्ष्य भी उभरते देखे जा सकते हैं : चेतना अब प्रकट ही अपने प्रति और अधिक सचेत हो जाती है—विचार अपनी परीक्षा करता हुआ संगत-व्यवस्थित रूप साधने लगता है; शास्त्र बनते हैं, ऊहापोह के साथ बदलते बढ़ते हैं। अन्वीक्षा, आत्मालोचना की दिशायें लेता हुआ विचार अब अपने पर भी विचार करने लगता है; साथ ही, चेतना की सभी वृत्तियों में एक भूमा का प्रवेश देखा जा सकता है। मनुष्य अपने कर्म, भाव, ज्ञान, सबमें आत्मविमर्श के साथ सत्य या सार्थकता का सन्धान करने लगता है। कला भी विमर्श और जागरूक सन्धान के धरातल पर आ रहती है।

सभ्यता की कुछ ऐसी ही बृहत् धारणा ने ही इस धारणा को महत्त्व दिया है। पर सभ्यता इस धारणा में काल की भी वस्तु है। बनती है, मिटती भी है। सभ्यता ठहरती नहीं है। एक नश्वर यात्रा का अंग होती है। पर आत्मचेतना की यात्रा। तभी एक सातत्य में पलती है, एक अवयवी का सा रूप पालती है जो खुला भी होता है : पीढ़ी-दर-पीढ़ी की गुँथी हुई परम्परा बनाता है। परम्परा में अपना एक विमर्श होता है, सार्थकता का सन्धान होता है जो व्यक्तियों में रहता हुआ भी व्यक्तियों से ऊर्ध्व होता है। पर सभ्यता की चेतना को भी व्यक्तियों की तरह ही कभी बढ़ता हुआ, कभी ठहरा हुआ

या ठिठका हुआ भी देखा जा सकता है। यों हम सभ्यता के गतिशील, व्यक्ति-ऊर्ध्व व्यक्तित्त्व की बात कर सकते हैं। पर व्यक्ति-भेद की तरह ही सभ्यताओं में भेद की बात भी कर सकते हैं—कला में ही नहीं, मनुष्य की सभी वृत्तियों में कर्म, ज्ञान, यहाँ तक कि अध्यात्म और धर्म में भी हर सभ्यता का अपनापन, अपना व्यक्तित्त्व देखा जा सकता है। बड़ी सभ्यताओं के विराट परिसर के अन्दर भिन्न क्षेत्रों में ही नहीं एक ही क्षेत्र में भिन्न परम्परायें, परम्पराओं के व्यूह, उनके संवाद, विवाद, उनका आत्मालोचन, उन्मेष—ये सब देखे जा सके हैं। परम्पराओं में सातत्य, सातत्य को तोड़ती, बनाये रखती क्रान्तियाँ देखी जा सकती हैं—क्योंकि सभ्यता बनी रहे तो सातत्य की गति में गतानुगतिकता और रूढ़ि के साथ प्रतिभा का स्फोट भी देखा जा सकता है, जो परम्परा में नये अन्तरिक्ष, नयी क्रान्तियाँ लाती है। पर सभ्यता के एक-परिसर में भिन्न परम्परायें अपने भेदों को, अपने रूढ़ि-प्रतिभा के विचित्र स्पन्द को लिये हुए भी मिलकर एक विराट समग्र क्षेत्र बनाती हैं, और भिन्न क्षेत्रों की यात्रा का भी एक बृहत् संघ बनता है और इसी यात्रा को सभ्यता विशेष की काल-यात्रा कहा जाता है।

विचार, दर्शन, विज्ञान, कर्म-संकल्प...के विमर्श-प्रधान क्षेत्रों की ओर दृष्टि रखें तो हम देख सकते हैं कि सभ्यता की नींव में जागरूक आत्मचेतना है और इसलिए सभ्यता को संस्कृति से बढ़कर मनुष्य की ऊर्ध्वतर कृति कहना उचित है। सभ्यता में रहते हुए, उसके इतिहास का भावन करते हुए, हम सचेतन आत्मदृष्टि से यह देख सकते हैं कि सभ्यता मनुष्य को बनाती है—और आगे का मार्ग जागरूक विमर्श से तय कर सकते हैं। पर यहाँ एक टेढ़ा प्रश्न हो सकता है : आत्मचेतना तो व्यक्ति में ही होती है, समष्टि में नहीं, जबकि सभ्यता स्वरूप से ही समष्टिनिष्ठ है—तभी हम कह सकते हैं कि सभ्यता मनुष्य को बनाती है : क्योंकि व्यक्ति समष्टि के बिना अकल्पनीय है। पर मनुष्य आत्मचेतना से लक्षित हो तो 'मनुष्य को बनाने' का अर्थ यहाँ 'मनुष्य व्यक्तियों को बनाना' ही हो सकता है—तात्पर्य यह उभरता है कि किसी सभ्यता में पलते व्यक्ति स्वभाव से उस सभ्यता के अनुरूप ढलते हैं—उनका व्यक्ति-भाव या व्यक्तित्त्व उनकी जनक सभ्यता से अनुप्राणित होता है। स्पष्ट ही, आत्मचेतना व्यक्ति में ही होती है; व्यक्तित्त्व आत्मचेतना को ऊह रखता है। कर्तृत्व, भोक्तृत्व-भावयितृत्व, ज्ञातृत्व, ये व्यक्ति ही में होते हैं, समष्टि में नहीं। यह ठीक

है, पर हम सभ्यता के व्यक्तित्त्व की बात भी करते हैं, और सार्थकता के साथ ही करते हैं, और सभ्यता को भी ऐसी चेतना से लक्षित मानते हैं जो अनात्मचेतन नहीं। यह बात केवल लक्षणा की नहीं है। ऐसी नहीं है जैसे हम किसी महान बड़ या पीपल के या नदी या पर्वत के अपनेपन की बात करते हुए, व्यक्तित्त्व शब्द का प्रयोग करें—ऐसे प्रयोग में आत्मचेतना की ध्वनि नहीं होती, होती भी है तो नगण्य, केवल लाक्षणिक, क्योंकि वहाँ आत्मचेतना तात्पर्य के बाहर होती है, उसकी ओर कोई वास्तव संकेत नहीं होता। पर सभ्यता के व्यक्तित्त्व की बात में आत्मचेतना की ध्वनि पूरी गूँज के साथ छायी रहती है। क्योंकि सभ्यता के कर्तृत्व, ज्ञातृत्व और भोक्तृत्व-भावयितृत्व की बात किये बिना उसका स्वभाव-स्वरूप ही नहीं बनता दिखेगा, खोखला रह जायेगा। सभ्यता की धारणा ही ठीक खड़ी नहीं हो पायेगी। पर ऐसा है तो फिर प्रश्न सहज है कि आत्मचेतना का समष्टि से और यों सभ्यता से क्या सम्बन्ध? आत्मचेतना की यहाँ के रूप में संगति और प्रासंगिकता बन सकती है?

प्रश्न युक्त है, पर जिस दिशा में जाता है, हमारी विवेचना को पथ-च्युत कर दे सकता है। अलग विवेचना चाहता है यह प्रश्न, जिसका यहाँ स्थान बनता नहीं लगता। यहाँ इतना ही कहकर हम आगे बढ़ सकते हैं कि मनुष्य में व्यक्ति-भाव और संस्कृति-सभ्यता की निर्मिति, ये दोनों ही एक प्रकृति से ऊर्ध्व, स्वतन्त्र विमर्श-चेतना के साथ उभरते हैं, तभी व्यक्ति की ही नहीं समष्टि की जीवन-यात्रा, दोनों साथ ही प्रकृति से विलक्षण यात्रायें बनती हैं। यों एक विमर्श में जागती चेतना का मनुष्य के मनुष्य होने से ही सामान्य का सम्बन्ध बनता है। आत्मचेतना व्यक्ति में होती है, पर संस्कृति या सभ्यता में जिस चेतना का प्रकाश उभरता है उसे अपने मर्म में ऐसी चेतना से सर्वथा विच्छिन्न नहीं किया जा सकता जो व्यक्ति में आत्मचेतना का रूप लेती है—हालाँकि व्यक्ति-चेतना के अर्थ में सभ्यता को आत्मचेतन कहना स्पष्ट ही विसंगत होगा। पर यहाँ एक और कथन उचित लगता है : सभ्यता में उभरती चेतना को व्यक्ति से ऊर्ध्व रखना ही समीचीन ठहरता है, उससे अध: रखना नहीं—वह समष्टि-चेतना है, और समष्टि के बिना व्यक्ति का होना सम्भव नहीं। यों व्यक्ति-चेतना को—आत्मचेतना को—हम सभ्यता की चेतना से बिलकुल अलग नितान्त विजातीय भी नहीं कह सकते, क्योंकि साफ़ ही व्यक्ति समष्टि और

उसकी संस्कृति-सभ्यता के भीतर ही व्यक्ति बनता है—उसकी आत्मचेतना संस्कृति-सभ्यता को ऊह रखती है। प्रश्न यही है कि हम सभ्यता की चेतना का लक्षण क्या करें? इस प्रश्न में यहाँ जाने की ज़रूरत नहीं। हम किसी संस्कृति-सभ्यता के साध्यों की, आदर्शों की, उसकी अपनी भंगी की, यहाँ तक कि उसकी अपनी विशेष दृष्टि की भी बात करते ही हैं—इनके बिना सभ्यता की बात ही थोथी, अर्थ-दरिद्र लगती है; 'सभ्यता' शब्द के हमारे प्रयोग में ही ये धारणायें समाहित हैं। पर हम इतना मान लें तो फिर सभ्यता में व्यक्तित्त्व मानने के आसपास पहुँच ही जाते हैं। हाँ, फिर भी, इस 'व्यक्तित्त्व' को व्यक्ति-ऊर्ध्व रखना तो उचित है ही। सभ्यता के स्वरूप की—उसके किसी भी 'अपनेपन' की अलग 'पहचान' की हम बात करें तो व्यक्ति की चेतना को समाविष्ट करती किसी व्यक्ति-ऊर्ध्व चेतना की व्यंजना बात में आती ही है, चाहे इस ऊर्ध्व चेतना को आँकने-समझने में हमारा विमर्श लक्षण करने के अलग रास्ते ले। यहाँ हम ऐसे विमर्श का कोई रास्ता नहीं लेंगे। पर हम सभ्यता के व्यक्तित्त्व को, या पुराने शब्दों में उसके आत्म को मानते हुए आगे बढ़ेंगे। क्योंकि, जैसा कह आया हूँ, सभ्यता की धारणा में ही यह मान्यता—या पूर्वग्रह कहिये, अन्तर्निविष्ट है।

सभ्यता की जैसी समझ की ऊपर बात की है, सभ्यता की ऐसी समझ यूरोप में १८वीं-१९वीं सदी में उपजी और पनपी। इसमें व्यक्ति के ह्रास-विकास की काल-यात्रा की तरह ही सभ्यता को एक काल-यात्रा—और यों इतिहास के रूप में देखा गया। मनुष्य के विचार-विमर्श, कर्म-संकल्प के आत्मचेतन, आत्मालोचन-युक्त क्षेत्रों को समोती हुई इस धारणा में दृष्टि का एक अपूर्व विस्फार, सूझ और व्यापकता स्पष्ट है। प्रकट ही, यह मनुष्य के विगत-बोध को ही एक नया गहरा और व्यापक दिगन्त देती है—उसे आत्मबोध का धरातल देती है।

इस दृष्टि में यह भी व्यंजित ही नहीं, स्फुट भाव से निहित है कि व्यक्ति ही की तरह सभ्यता एक नहीं अनेक है। क्योंकि सभ्यता की बात ही किसी एक सभ्यता की नहीं, सभ्यताओं की है। जैसे कि व्यक्ति की बात एक व्यक्ति की नहीं, व्यक्तियों की होती है—व्यक्ति-विशेष अनेक में ही एक हो सकता है। व्यक्ति को समझने के लिए व्यक्ति-भेद को समझना अनिवार्य है। यही बात सभ्यताओं पर भी पूरी उतरती है। व्यक्तियों की

तरह ही सभ्यता की बात सभ्यता के अनैक्य को, सभ्यता-भेद को ऊह रखती है।

अक्सर, व्यक्तियों की ही तरह इनके जन्म और मृत्यु की बात भी की ही जाती है। पर व्यक्ति की तरह सभ्यता का कोई जीव-शरीर नहीं होता, इसलिए जीने-मरने की बात लक्षणा में ही होनी चाहिये, हालाँकि प्रयोग अक्सर अभिधा का रंग लेता दिख जाता है। सभ्यताएँ बनती-मिटती हैं और विगत के साक्ष्यों को काल के विस्तार में रखते हुए देखें तो कई सभ्यताओं को हम बनते-मिटते देखते हैं। उनके परस्पर प्रभावों को, संघर्षों, युद्धों को देखते हैं। जिसे हम मनुष्य की काल-यात्रा कह सकते हैं उसे ही हम सभ्यता के अनैक्य में पलता हुआ देखते हैं। इस अनैक्य के एक यात्री मनुष्य की छवि हम इस अनैक्य में ही उभरते देखते हैं। मनुष्यता का एक सामान्य रूप भी यहाँ दिखता ही है, जिसके बिना भी सभ्यता की बात नहीं लगती। हम सभ्यता-भेद से उठकर मनुष्य-सामान्य की काल-यात्रा की बात कर सकते हैं—मनुष्य को ही किसी एक विराट सम्भावना तो पलती ही अनैक्य में है। आज के इतिहास-विचार में सभ्यता-भेद के बोध के साथ मनुष्य-मात्र की एक, अभिन्न काल-यात्रा का प्रखर बोध भी उबरा है। इतिहास-दृष्टि की यह दिशा सभ्यता की धारणा के साथ ही उभरी है, और एक अर्थ में स्वाभाविक भी है—विचार में मनुष्य की बात मनुष्यता की बात पर जा पहुँचती ही है। पर कोई पूछे कि मनुष्यता कहाँ जा रही है? सभ्यता किस एक-मार्ग पर बढ़ रही है? तो इतिहास इसका उत्तर नहीं दे सकता। यह इतिहास का या इतिहास-निर्भर दृष्टि का प्रश्न ही नहीं हो सकता। यह क्या होना चाहिये का प्रश्न है, क्या हो चुका का नहीं। और क्या हो चुका का भी कोई इतिहास-चित्र स्वरूपेण अनेकान्त होता है। पर पश्चिम के जिस इतिहास-बोध की हम बात कर रहे हैं, उसमें पश्चिम की यात्रा को ही मनुष्य की यात्रा के रूप में देखने की प्रवणता प्रबल है। यही नहीं, वह यात्रा जिधर जा रही है, उसे सभ्यता मात्र का गन्तव्य समझने का बोध प्रबल होने के साथ उद्दण्ड भी है। पर सच पूछें तो सभ्यता जैसी धारणा में किसी सामान्य की बात की जाये तो वह विशेष-गर्भ होगा, और बहु-सम्भावनामय। पर पश्चिम की इतिहास-दृष्टि अपनी सभ्यता-विशेष को ही सभ्यता-सामान्य के रूप में देखना-आँकना चाहती है। यह सभ्यता-विशेष के औरों पर हावी हो जाने का एक

क्रूर, छद्म-युक्ति-भरा बहाना ही है।

पर एक बात यहाँ ध्यान में रखने की है। जिस व्यापक मनुष्य के विचार, दर्शन, विज्ञान, कला पर भी मनन करती आज की इतिहास-दृष्टि सहज ही सभ्यताओं के अनैक्य-बोध में ही बसी है—किसी एक सभ्यता को सभ्यता का तत्त्व या आदर्श कह देना उस दृष्टि का विकार ही समझना चाहिये। सभ्यता (और मनुष्य) की एक-यात्रा की बात यहाँ दृष्टि में अन्तर्निविष्ट अनैक्य की उपेक्षा करके ही बनती है। पर आज के पश्चिम की इतिहास-दृष्टि का विकार गहरा है। वह मनुष्य की यात्रा को एक-यात्रा के रूप में भी देखती है, और अपनी ही सभ्यता में उस यात्रा का सार, उसका मनुष्य मात्र को आगे ले जाता भाव भी देखती है। यूरोप में इतिहास की नयी व्यापक दृष्टि के साथ ही अपनी ही सभ्यता में सभ्यता का सार देखने का भाव भी युगपद् जागा। यहाँ तक कि यूरोप (पश्चिम) इतिहास के बहाने अपने आपको सभ्यता का हरावल ही नहीं, उसका गन्तव्य भी समझने लगा—और अब भी समझता है। स्पष्ट ही, इसके पीछे प्रेरणा युक्ति-बुद्धि की या किसी तटस्थ दृष्टि की ही नहीं है, प्रेरणा सत्ता और शक्ति की है : अग्रगण्यता का दावा विश्व-विजय के दम्भ का आस्फलन है—उसे दृष्टि नहीं कहा जा सकता। अचम्भा यहाँ इस बात का ज़्यादा है कि पश्चिम की इतिहास-दृष्टि जहाँ एक ओर अपनी विजय में अपनी सभ्यता की अग्रगण्यता देखती है वहीं (बड़े विसंगत, विपरीत भाव के साथ) सभ्यता के सार को सत्ता-शक्ति से नहीं रीज़न (बुद्धि-प्रज्ञा) से तौलती है। पुरा-दृष्टि भी मनुष्य-मात्र पर व्यापक है। वह मनुष्य को धर्म से (कर्म-चेतना के औचित्य-बोध से) परखती है। पर वह इतिहास-दृष्टि की तरह मनुष्य की काल-यात्रा को सभ्यता जैसे किसी अनैक्य में नहीं बाँटती है—वहाँ, मनुष्य की काल-यात्रा या यात्रा-चक्र कहिये—स्वरूपेण ही एक है—अनैक्य की वहाँ बात ही नहीं उठती। पर जहाँ विचार का आधार सभ्यता जैसी धारणा हो वहाँ अनैक्य-बोध स्वाभाविक ही नहीं, आधारगत है। वहाँ यात्रा के ऐक्य की धारणा अनेक के किसी एक को—और वह भी अपने आपको प्राधान्य देकर बनायी गयी हो तो धोखा है—पुराणों के विपरीत इधर पश्चिम में उबरी इतिहास-दृष्टि आरम्भ से संस्कृति-सभ्यता की बात करती है, वह मनुष्य के सामान्य-भाव को ही संस्कृति-सभ्यताओं के विशेष में विभाजित देखती हुई बढ़ती है। सोचने की बात

यहाँ यह है कि विचार यह रास्ता ले तो ऐक्य-दर्शन अनेक को रखते हुए, उसे समोकर ही स्वाभाविक और उचित दिखता है—अनेक में से किसी एक को सिंहासन पर बिठाकर नहीं, जैसा कि यह दृष्टि वास्तव में करती है। अनेक में ऐक्य का भाव यहाँ 'रूप रूप में सर्व' का होना चाहिये—जैसे एक ही देवता के भिन्न और सम्पूर्ण अवतार (रूपं रूपं प्रतिरूपं बभूव की तरह), यों नहीं कि किसी एक रूप को सर्व का नेता और प्रतिनिधि मानकर औरों को 'पिछड़ी', तीसरी दुनिया में फेंक दिया जाये। यों देखने में बात सभ्यता की नहीं, सत्ता और अधिकार की ही होती है—चाहे (हमारे जैसे) दूसरे भी विजयी को अधिकारी मान भी लें। सभ्यता के अनेक को अगर आधारगत मानकर चलें तो अनेक में किसी एक को सर्वे-सर्वा मान लेने का रास्ता दृष्टि को अनैक्य से उबार नहीं देता, ऐक्य में एक ज़बरदस्ती या फ़तवे की बात ही ले आता है। अनेकत्व में एकत्व की मूलगत और सार्थक बात तभी बनती दिखती है जब अनेक का एक-एक अपने आपमें सार्वजनीन हो। जहाँ सामान्य हर विशेष में रूप ले। जैसे कला में लेता है। या मनुष्य-व्यक्ति में। सभ्यता के 'व्यक्तित्त्व' की बात व्यक्ति के व्यक्तित्त्व की बात की तरह ही अनैक्य को आधार रखकर ही बनती है। एक ही व्यक्ति की तरह एक ही सभ्यता का कोई अर्थ ही नहीं। व्यक्तित्त्व में सामान्यता ही नहीं, साध्यता भी होती है। व्यक्तित्त्व सिद्ध-प्रदत्त पदार्थ नहीं होता। उसमें एक आदर्शमयता होती है जो साधी जाने की अपेक्षा रखती है। सभ्यता भी साध्य होती है, उसके भी मर्म में आदर्शमयता होती है। पर साध्यता चेतना के स्वातन्त्र्य को ऊह (पूर्वगृहीत) रखती है, और स्वातन्त्र्य सम्भावना के अनैक्य को। व्यक्ति या सभ्यता के भेद की यही नींव है। सम्भावना के भेद का व्यक्ति में ही नहीं सभ्यता में भी होना यही आपादित करता है कि बात यहाँ व्यक्ति-चेतना की नहीं, चेतना की अपनी है—(यहाँ हम चाहें तो चेतना के इस स्वगत स्वभाव को व्यक्ति-चेतना से अलग और ऊपर करने के लिए इसे चैतन्य या चित् कह दे सकते हैं, पर बात का तत्त्व वही रहता है)।

पर मैं चैतन्य या चित् के विमर्श में यहाँ नहीं जाना चाहता। बात को छेड़ा इसलिए है कि यह दिख सके कि सभ्यताओं के बहुत्व को आगन्तुक या यादृच्छिक समझना ठीक नहीं। ऐसा नहीं है कि वह बहुत्व कभी एक में भी सिमट सकता है। पर आज यह बोध गहरा और आम है कि आज हम

किसी एक और विश्व-व्यापक सभ्यता की ओर तेज़ी से बढ़ रहे हैं; सभ्यता का बहुत्व एक आगन्तुक घटना थी—एक गौण कारण दूरियों को कह सकते हैं। पर प्रधान कारण यह था कि पश्चिम का सम्पूर्ण उदय नहीं हुआ था, वहाँ सार्वभौम 'आधुनिकता' नहीं आयी थी। पर अब एक के फैलाव में सारे भेद समा जा सकते हैं—और ऐसा होता दिख भी रहा है। पर ऐसे देखना मनुष्य को केवल ऊपर से देखना है। यों ही देखें तो मनुष्य में व्यक्तित्त्व-भेद की महिमा भी घटकर संस्कार-भेद मात्र रह जाती है। पर फिर सभ्यता को चेतना से लक्षित करने का भी कोई अर्थ नहीं रहता, जैसा कि सभ्यता की धारणा से आरम्भ से रहा है। यह सच है कि सभ्यता की धारणा के साथ जो इतिहास-बोध जुड़ा हुआ है वह सभ्यता को 'वस्तु-तन्त्र' साक्ष्यों के माध्यम से देखता हुआ एक तरह से मनुष्य को उसके बाह्य व्यवहार में ही देखता कहा जा सकता है। पर जब बात घटनाओं या घटनाओं मात्र में सीमित नहीं रहे, इतिहास केवल राज्य और सत्ता, सत्ता की उथल-पुथल से उठकर हम ज्ञान, भाव कर्म और इनके भिन्न रूपों-आदर्शों की बात करें तो बात और हो जाती है। बात उस सामान्य चेतना की हो जाती है जो मनुष्य की विभिन्न व्यवहार-मार्गों में, संस्कृति-सभ्यताओं में स्वरूप से ही विभिन्न रूप लेती है। सभ्यता की धारणा के मूल में ही यही बात है। तभी आज जब सब सभ्यताओं के एक हो जाने की बात उठती है तो बात को 'इतिहास का अन्त', यह नाम दे दिया जाता है, आशय यही बनता है कि अब तक सभ्यताओं में रूप और आदर्श का अन्तरंग भेद था, अब नहीं रहा। पश्चिम की सभ्यता एक सभ्यता हो गयी है। पर इस 'अन्त' के विपरीत 'सभ्यताओं के संघर्ष' की बात भी आज तूल पकड़ रही है, उसका इंगित और है। वह गहरे प्रवृत्ति-भेद और आदर्श-भेद का संकेत है। उसका रूप हिंस्र है तो एक कारण यह भी है कि पश्चिम की एक सभ्यता की बात भी क़तई अहिंस्र नहीं है।

यहाँ ऊपर जो कुछ कहा है, उसे आगे की पूर्वपीठिका बनाने के ध्यान से कहा है—हम भारत में आज जिस अर्थ में इतिहास को अपनी पहचान के रूप में ले रहे हैं, उस बोध की ही ऐतिहासिक-वैचारिक भूमिका समझिये। भारत में ही नहीं, सभी संस्कृति-सभ्यताओं में, मनुष्य को समझने की, उसके विचित्र साध्य-गर्भ-सिद्ध, लोकोत्तर-गर्भ-लौकिक रूप को आँकने की चेष्टा चिरन्तन है। यह प्रवृत्ति आत्मचेतना की सहचारी है। सभ्यता में

यह प्रवृत्ति और भी आत्मचेतन हो जाती है—और भी प्रत्यङ्‌मुख होने को मोड़ लेती दिखती है : विमर्श अब हर क्षेत्र में आत्मविमर्श करने लगता है। मनुष्य स्फुटतर आत्मबोध, प्रमाण-बोध के साथ अपने को जानने-साधने की ओर बढ़ने लगता है। मनुष्य क्या है, मनुष्य की यह चिरन्तन जिज्ञासा अब परोक्ष-प्रच्छन्न, उत्प्रेक्षामय प्रातिभ-बोध में ही नहीं, विमर्श की युक्तिगर्भ पारदर्शिता में भी जाग उठती है। पर, मनुष्य क्या है, इस प्रश्न का उठना ही मनुष्य को स्वतन्त्र, साध्य और यों सम्भावनामय ठहराता है। हाँ, इस जिज्ञासा के सभी गम्भीर सन्धानों में एक विश्वजनीन सामान्य-भाव होता है, पर अन्तरिक्ष अलग खुलते हैं। सभ्यताओं के भेद में सम्भावना-भेद विराट रूप लेता देखा जा सकता है। मानो अर्थमय सामान्य-चेतना व्यक्ति-समष्टियों के माध्यम से अपनी भिन्न सम्भावनाओं की थाह ले रही हो। हाँ, ये सभी सम्भावनायें अपने मर्म में मानव-सामान्य चेतना की सम्भावना के ही अलग-अलग रूपों में देखी-भाँपी जा सकती है। तभी वह इतिहास-दृष्टि सम्भव होती है जो भिन्न सभ्यताओं को उनके भेद के साथ आँकती है—या आँकने की ओर बढ़ती है।

मनुष्य में आत्मचेतन स्मृति के साथ विगत का एक सार्थक और आत्म-सम्बद्ध बोध भी सामान्य है : बोध सामान्य है कि उसका (मनुष्य का) 'होना' ही (उसका भाव या स्वरूप ही) विगत, वर्तमान और अनागत को काल की एक संहति में समेटता चलता है। यह संहति भविष्य-उन्मुख होती है। क्योंकि मनुष्य का भाव ही भाव्य-उन्मुख है, विगत इस उन्मुखता का ही अंग होता है। हमारा भाव्य काल में नहीं होता, साध्य ही रहता है—काल में तो हम अपने आपको यात्री ही पाते हैं। इसलिए यह प्रतिज्ञा कि 'मनुष्य की समझ उसका इतिहास है', यह मनुष्य की समझ की एक दिशा, एक (क्षीण) पक्ष ही हो सकती है, मनुष्य की समझ नहीं, उसको समझने का आवश्यक अंग भी नहीं। और विगत को कैसे समझा जाये, इसका भी कोई एक अनिवार्य मार्ग नहीं है। पौराणिक मनीषा मनुष्य को विगत में ही नहीं, अनागत भविष्य में भी रखना चाहती है (तभी उसके चित्र को 'इतिहास' नहीं कहा जा सकता) और तभी वह विगत को जिस काल में रखती है—वह गणित की तिथियों का काल नहीं है, घटनायें भी वहाँ 'साक्ष्य-निर्णीत' घटनायें नहीं हैं—सच पूछें तो विगत वहाँ कालगत है ही नहीं, काल से बाहर है। चेष्टा वहाँ मनुष्य के चिरन्तन सिद्ध साध्य

स्वरूप को, उसके भाव्यगर्भ-भाव को पकड़ने की है, जहाँ उसका होना उसी अर्थ में कालनिष्ठ होता है जिस अर्थ में संगीत की कोई कृति कालनिष्ठ होती है—कृति कला के परे होती हुई भी काल को अपना अंग बनाती है। कथा-उपन्यास में भी काल यही रूप लेता है—और वहाँ तो यह बात और भी स्फुट होती है क्योंकि वहाँ हम भूत-भविष्य-वर्तमान में कथा को गति के साथ आगे-पीछे यथा छन्द आते-जाते भी रहते हैं।

आज जिसे हम इतिहास कहते हैं, वह विगत को आँकने की एक विशेष पद्धति की माँग करता है, जैसी माँग कचहरी में विगत के निर्धारण में की जाती है। अब ऐसे निर्धारण के साथ 'मनुष्य की समझ' का कोई सीधा अन्तरंग सम्बन्ध बनता नहीं दिखता। सम्बन्ध दृष्टि के जिस उदात्त-गम्भीर प्रसार के कारण बनता है वह घटना से ऊपर उठा होता है—जैसा हम कह ही आये हैं। फिर, दृष्टि का प्रसार मनुष्य के जिन पक्षों के कारण बनता है : विचार, दर्शन, कला, विज्ञान...इन्हें घटनाओं की श्रेणी में रखा ही नहीं जा सकता। ये संगीत या उपन्यास की तरह काल में घटित होते हैं, पर स्वरूप से काल-बाहर हैं। आज के इतिहास की तिथि-क्रम-प्रधान दृष्टि इनके घटित होने को और इनके कालक्रम में परिवर्तन को ऐसा महत्त्व देती है मानो इनके स्वरूप को ही कालगत कर देना चाहती हो। वह काल-घटित घटनाओं या परिस्थितियों-अव्यवस्थाओं से इनका अन्तरंग सम्बन्ध भी देखना चाहती है। पर यह अपने आपमें एक विचार ही है, विचार का—या कला, दर्शन, विज्ञान...का स्वरूप नहीं। स्वरूप से इन्हें अर्थ के स्वतन्त्र क्षेत्रों के रूप में समझा जा सकता है—परिस्थिति-मुक्त।

भारत में हम इन्हें इसी तरह समझते आये हैं। हम अपने को इतिहास से समझते ही नहीं रहे हैं। मनुष्य क्या है, यह जिज्ञासा हममें भी विमर्श की उसी गहरायी से उठी जैसी कहीं और, पर इस सन्धान में हमने इतिहास को माध्यम नहीं बनाया। हममें अपनी पहचान की भी गहरी प्रतीति रही है, पर उसके लिए हमने अपना आज-सा इतिहास-चित्र बनाने की दिशा नहीं ली।

पर आज पश्चिम के प्रभाव से ली है। इस दिशा में अपनी एक अर्थवत्ता है। आज हम भी अपनी सभ्यता का साक्ष्य-गर्भ इतिहास आँकते हैं, और उसे अपनी पहचान भी समझते हैं। पर हमारे अपने इतिहास-चित्र पर पश्चिम की गहरी छाया है। पश्चिम से आयी हमारी आज की इतिहास-दृष्टि यूरोप के आँके यूरोप के इतिहास को ही इतिहास रचने का आदर्श

और साँचा मानती रही है। उसमें वह स्वतन्त्र और गहरा आत्मावलोकन नहीं है जिसकी अपेक्षा स्वाभाविक है। इतना ही नहीं, एक और जड़ की बात ने हमें अपनी निर्बन्ध दृष्टि से वंचित रखा है। यूरोप यह मानता है कि मनुष्य की काल-यात्रा आज जिस पड़ाव पर है—जिस 'युग' में है वहाँ यूरोप ही उसे लाया है (या यूरोप न कहकर पश्चिम कहिये, क्योंकि यह सभ्यता इसी नाम से अपने को पुकारती है; पश्चिम यूरोप से कहीं बड़ा है और अमरीका ही नहीं, आस्ट्रेलिया तक फैला है।) कहना न होगा, इस 'युग' का अपना भी इतिहास है, इसके अन्तर्गत उप-युगों की बात की जाती है (जैसे पुनर्जागरण, प्रतिबोध-एनलाइटेनमेण्ट—और आधुनिक), पर एक समग्र के रूप में इसे 'आधुनिक' का नाम दिया जाता है, और पुनर्जागरण के साथ इस 'आधुनिक' का आरम्भ माना जाता है; आज जिसे 'उत्तर-आधुनिक' कहते हैं वह भी 'आधुनिक' के क्रम में है, उसका एक उपयुग ही है। कुछ लोग आज 'उत्तर उत्तर-आधुनिक' की भी बात करते हैं, पर ऐसा कोई उपयुग है तो उसे भी बृहत्तर 'आधुनिक' से बाहर रखने का कोई कारण नहीं। यूरोप का यह दावा कि उसका 'आधुनिक' विश्वव्यापक है, एक गहरे अर्थ में गलत भी नहीं—हम भी जहाँ अपना 'आधुनिक' देखते हैं, उसे यूरोप-जात मानते ही हैं।

पर साफ़ ही 'आधुनिक' किसी युग विशेष का नाम हो तो नाम वैसा ही लाक्षणिक हो सकता है, जैसे कि किसी ब्राह्मण का नाम 'ब्राह्मण' हो—'आधुनिक' और 'ब्राह्मण' दोनों ही ऐसे सामान्य वाचक हैं जो भिन्न देशकाल में कई विशेषों पर व्यापक हैं। आधुनिकता एक सापेक्ष संज्ञा है जो कई भिन्न गुण-धर्मों से परिभाषित की जा सकती है, और जिसे इतिहास में पिछले की अपेक्षा से किसी भी अगले काल में घटे नये, विलक्षण परिवर्तन के लिए चुना जा सकता है। यों 'आधुनिक' सापेक्ष ही नहीं कई परस्पर-भिन्न सम्भावनाओं का वाचक है। पर पश्चिम की इतिहास-दृष्टि के लिए यूरोप में लगभग १५वीं-१६वीं सदी और उसके बाद आये परिवर्तन ऐसे 'आधुनिक' हैं जो उसकी अपनी सभ्यता के लिए ही नहीं, सभ्यता-मात्र, मनुष्य-मात्र के लिए नये हैं, नये ही नहीं वरेण्य हैं। उन्हें आज, मनुष्य की काल-यात्रा के इस पड़ाव पर सबको ग्रहण करना होगा—अगर बचे रहना है और सभ्यता के अगले पड़ाव पर जाना है! बात तकनीक मात्र की नहीं है, ज्ञान, कर्म, भाव, सभी क्षेत्रों पर लागू होती है।

बात (हममें) लगभग सर्व-स्वीकृत सी ही प्रकट भी होती है आज। हालाँकि, साफ़ ही, इससे यह युक्त या सत्य (सार्थक) नहीं हो जाती।

यहाँ सोचने की कुछ बातें हैं। एक तो यह कि इसमें सभ्यता के अनैक्य का ही निषेध नहीं है, हमारे (अयूरोपीय सभ्यता के) किसी अपनेपन के मूल पर ही कुठाराघात है। साथ ही, उस उदार दृष्टि का भी निषेध है, जो सभ्यता को केवल साम्राज्य, युद्ध और राज्य-परिवर्तन की कथा के रूप में न देखकर विचार, दर्शन, कला... इनको सभी इतिवृत्त अन्तरंग बनाना चाहती है। यह चेष्टा हर सभ्यता की अपनी विशेष गहरायी में उतरने की ही हो सकती है। सहज ही यह सम्भावना के अनैक्य को पालती है, क्योंकि जिन क्षेत्रों को विषय बनाती है वे स्वभाव से सम्भावना का अनैक्य पालते हैं। और इन क्षेत्रों को अपने चित्र में समोने के कारण ही इस इतिहास-दृष्टि को चेतना का इतिहास कहा जा सकता है।

यों देखें तो स्पष्ट ही सार्वभौम आधुनिकता की धारणा में एक गहरा अन्तर्विरोध ही नहीं, एक घोर दोहरापन उभरता है। यह ऐसी आधुनिकता है जो सबके लिए उद्दिष्ट और साध्य ही नहीं है, इसका ज़बरन आरोप भी उचित है—इतिहास द्वारा आदिष्ट है! इतिहास की जो व्यापक और स्वरूपत: उदार दृष्टि विचार, कला आदि को अपने चित्र का विषय बनाना चाहती है वह 'आधुनिक युग' पर आकर संकीर्ण ही नहीं निर्मम हो जाती है—यूरोप (या पश्चिम) के अपने 'आधुनिक' को सार्वभौम मानते ही उसे थोपने भी लगती है! इसीलिए यूरोप समझता है कि वह अगर (चाहे नृशंस आधिपत्य के साथ ही) इसे फैलाता रहा है तो वह मनुष्य विशेष के ही नहीं मनुष्यता के इतिहास को ही आगे बढ़ा रहा है। और ऐसा समझते हुए पश्चिम की मनुष्य को आँकती इतिहास-दृष्टि अपने विगत को भी अपनी सार्वभौम आधुनिकता की ही अनन्य भूमिका के रूप में आँकती दिखती है। उसकी दृष्टि में अगर 'आधुनिक' चेतना का उदय यूरोप में ही सम्भव हुआ तो इसके ऐतिहासिक कारण हैं। इस चेतना के बीज का वपन ही यूरोप की धरती में हुआ था—ग्रीस में; जहाँ उस बुद्धि का पहला क्रान्तिकारी स्फोट हुआ, जिसने बाद में पल्लवित होकर यूरोप को वह चेतना दी जो मनुष्य-मात्र के लिए आधुनिक और वरेण्य है। 'बुद्धि' शब्द का प्रयोग यहाँ जानबूझकर कर रहा हूँ। यूरोप के इतिहासकार 'रीज़न' शब्द का प्रयोग करते हैं, पर रीज़न को वह जिस अर्थ में लेते हैं—'आस्था-विश्वास

या कोरी श्रद्धा और मिथ्या-कल्पना (मिथक) से हटकर युक्ति-तर्क, ऊहापोह पर भरोसा'—यह ध्वनि 'बुद्धि' में भी है। हमने ऊपर देखा कि संस्कृति से हटकर सभ्यता में आना ही जिस व्यवस्थित विचार को, शास्त्र-चिन्तन को—दूसरे शब्दों में, विमर्श-चेतना के आत्मविमर्श को—विकास-वृद्धि देता है, या यों कहिये कि आत्मचेतना को और स्फुट भाव से प्रत्यङ्मुख करता है—वह बुद्धि या रीज़न की ही बात है, और वह यूरोप को ही नहीं सभ्यता-मात्र को परिभाषित करती है; उसे केवल ग्रीस और बाद के यूरोप तक सीमित करना विडम्बना है। एक और दोहरी विडम्बना यहाँ यह भी है कि ग्रीस-चिन्तन के आधार पर यूरोप मनुष्य को ही रीज़न से परिभाषित भी करता है—पर साथ ही अपने को ही रीज़न का वर-पुत्र मानता है; क्योंकि अभी सत्ता की विजय-पताका उसके हाथ में है! पर सोचिये, विजय और रीज़न का क्या युक्तिगत (रैशनल) सम्बन्ध हो सकता है? स्पष्ट ही, ग्रीस में हुए बुद्धि-स्फोट का सिद्धान्त अहंमन्यता को उचित ठहराता एक प्रज्ञावाद है—बुद्धिहीनता को, नृशंस स्वार्थ को ढकता बुद्धि का मुखौटा।

पर हमारी विडम्बना यह है कि हम इस प्रज्ञावाद के शिकार हैं। ऐसा नहीं है कि हमने यूरोप से इतिहास-दृष्टि की प्रेरणा लेकर अपनी ओर अपनी दृष्टि से देखा ही नहीं, पर अब भी हमारी दृष्टि ठीक आत्मस्थ नहीं है। हमारी इतिहास-रचना का साँचा, उसके अभिनिवेश, उसकी दिशायें, इन पर पश्चिम की गहरी छाया है। जो बढ़ती जाती है। हमारी अपनी दृष्टि भी हमारी (राजनैतिक) स्वतन्त्रता से पहले अधिक जागरूक थी। अब पश्चिम की और गहराती छाया में धुँधलाने लगी है। हमारे संस्कार, हमारी शिक्षा, हमारे संस्थान, हमारी प्रवृत्ति, सब में (पश्चिमी) 'आधुनिकता' का लोहा जड़ कर चुका है। अँग्रेज़ के आने के पहले का हमारा 'पूर्व-आधुनिक' इतिहास हमारे लिए रूढ़ि (ट्रैडिशन) का पर्याय हो चला है—वहाँ चेतना के किसी बुद्धि-स्फोट या किसी भी सार्थक उन्मेष की ही बात मानो वृथा है। हमारे यहाँ भी गहरा विचार था, मनुष्य-विषयक विमर्श था, यह हम मानते हैं, पर न उसे विशेष जानते हैं, न उसे विशेष प्रासंगिक समझते हैं। तभी उसमें पैठने के लिए इस भाव से नहीं मुड़ते कि उससे सार्थक, सजीव चिन्तन के साथ जुड़ सकें।

मनुष्य के सभी क्षेत्रों में : राज्य, समाज, धर्म, धर्मनीति, क़ानून...सबमें

हमारे यहाँ सार्थक चिन्तन रहा है। कला के क्षेत्रों में भी रहा है—दर्शन की तो बात ही क्या है! अगर हम अपनी सभ्यता का वैसा अन्तरंग, चेतना-प्रधान इतिहास रचना चाहते हैं जैसा यूरोप का आदर्श रहा है, तो हमें इन क्षेत्रों के विचार में, निभाव की परम्पराओं में पैठना होगा, उन्हें विस्तार से, उनके भीतर उतरकर परखना होगा; उनकी संस्थाओं, उनमें घटते परिवर्तन की ओर स्वतन्त्र दृष्टि से ध्यान देना होगा, और उसे अपनी सभ्यता के समग्र में पिरोना होगा। पर हमारा ध्यान किसी भी व्यापकता या गहरायी के साथ उधर गया ही नहीं है।

पर मैं यहाँ बात की व्यापकता को नहीं बढ़ाकर एक दृष्टान्त लेना चाहता हूँ, जिससे बात को एक साक्षात् सा आधार दे सकूँ। दृष्टान्त नृत्त के इतिहास से लेना चाहता हूँ।

हमारी सभ्यता-समग्र के परिप्रेक्ष्य में कला के इतिहास को लीजिये। कहना न होगा, हम अपना इतिहास-चित्र आँकते हैं तो हमारा ध्यान वास्तु, मूर्ति और चित्र, इन कलाओं पर ही केन्द्रित रहता है। इसका क्या कारण है ? माना कि कारण ऐसे मामलों में जटिल होते हैं, पर एक कारण हमारा अपने आपको यूरोप के दर्पण में देखना है—वहाँ के अपने इतिहास-चित्र में, और उसके पीछे जागती दृष्टि में।

यूरोप वास्तु, मूर्ति, चित्र, इन कलाओं को अपनी सभ्यता के समग्र चित्र में विशेष महत्त्व देता है—यह बात प्रकट है। इसका एक आधारगत कारण है। यूरोप की इन कलाओं के बीज ग्रीस में देखे जा सकते हैं। और ग्रीस में—जैसा हम कह आये हैं—यूरोप अपनी सभ्यता का ही जागरूक, चेतन, बीज पाता है। फिर, यूरोप की इतिहास-दृष्टि में अपने इतिहास के उस काल का बड़ा महत्त्व है जिसे (१५वीं-१६वीं सदी के) पुनर्जागरण का काल या युग कहता है : इस काल में यूरोप ने अपना सोया (और खोया) हुआ ग्रीक आपा फिर से पा लिया था, और उसी धरती पर आधुनिकता का नया स्फोट उजागर हुआ, जो मनुष्य-मात्र के लिए एक नव-युग-प्रवर्तन का आरम्भ था।

यूरोप की इतिहास-दृष्टि में यूरोप का पुनर्जागरण अलौकिक ईसाई मज़हब की अलौकिकता-प्रधान श्रद्धा-आस्थामयी चेतना से हटकर ग्रीस के युक्तिगर्भ, इहलौकिकनिष्ठ रीज़न की ओर फिर से उन्मुख चेतना का उदय

था। इस अभिनव चेतना के मूल में यह इतिहास–दृष्टि ग्रीक भाषा और वाङ्मय की पुनः उपलब्धि तो देखती ही है, पर इसी के साथ ग्रीस–प्रभावित वास्तु, मूर्ति जैसी प्लास्टिक या ठोस द्रव्य–निर्मित कलाओं की प्रेरणा को भी कम महत्त्व की नहीं मानती। इहलौकिकता की व्यंजना इन्हीं में अधिक प्रकट मानती है। यूरोप की जागरण–पूर्व की चित्र, मूर्ति कलाओं में ईसाई पारलौकिक दृष्टि की व्यंजना प्रधान थी—मनुष्य और जगत का चित्रण यथादृश्य रूपों को एक चित्रधर्मी भंगी के साथ प्रतीक रूप देने की ओर मुड़ा रहता था। पर अब उसमें प्राचीन ग्रीस और ग्रीस–प्रभावित रोम की चित्र, मूर्ति कला की प्रकट प्रेरणा जाग उठती है। यह कला अपने रूपों में, अपनी संवेदना में लोकधर्म का पूरा आश्रय लेती थी। इस कला के प्राचीन नमूने उपलब्ध थे। अब ये नयी कला के लिए निदर्श बनने लगे। पारम्परिक ईसाई कला का 'अदृष्ट–अलौकिक' भंगी और प्रतीक मुखी चित्रण दृष्ट–लौकिकता के रूपों और तदनुरूप संवेदना में बसने लगा। एक नयी परम्परा जागी। चित्रों के विषय अब भी प्रधान रूप से ईसाई ही थे, पर चित्रण–भंगी लोकधर्मी होने लगी। पुनर्जागरण की इस अदृष्ट–अलौकिक प्रभाव से हटती प्रवृत्ति को मानवधर्मी भी कहा जाता है, और इस प्रवृत्ति में उर्वर 'आधुनिकता' के बीज देखे जाते हैं।

यह लिखते हुए यहाँ एक प्रश्न मेरे मन में उठ रहा है, जिसे छेड़ता हुआ आगे बढ़ना चाहता हूँ। स्पष्ट ही, ऊपर की दृष्टि में श्रद्धा और रीज़न के विरोध को अलौकिक और लौकिक या अदृष्ट और दृष्ट के विरोध के रूप में देखा गया है। इसके पीछे एक पूर्वग्रह बैठा दिखता है : यह कि श्रद्धा का आधार अलौकिक होता है जबकि रीज़न का लौकिक। पर ऐसा मानने के पीछे क्या युक्ति है ? क्या रीज़न—इसे युक्ति–बुद्धि कहिये या इससे भी बढ़कर युक्ति–प्रज्ञा कहिये—स्वरूप से ही लोकमुखी होता है, अतिलोकमुखी नहीं ?

यूरोप का इतिहास रचती दृष्टि इसे स्वरूप से ही दृष्टधर्मी या लोकमुखी मानकर चलती है; और इसके विपरीत श्रद्धा या फ़ेथ को अदृष्टधर्मी या अलौकिकता की ओर उन्मुख। पर युक्ति–बुद्धि में ऐसी एकपक्षता या दृष्टि–भेद कहाँ कि वह एक को युक्त माने और दूसरे को अयुक्त ? कहा जा सकता है कि रीज़न विमर्श करता है और विमर्श का आद्य आधार इन्द्रिय–बोध को बनाता है जो कि साक्षात् दृष्ट–बोध है, और प्रकट ही

लोकमुखी है। पर क्या अलौकिक बोध साक्षात् नहीं होता? न हो तो होगा ही नहीं! युक्ति दी जा सकती है कि वह साक्षात् सही, पर मिथ्या या कल्पना होता है। पर यह सोचिये कि रीज़न की विमर्श-परम्परा में दर्शन में इन्द्रिय-बोध को अभ्रान्त सत्य माना कहाँ जाता है? इन्द्रिय में अपनी तो कोई युक्ति होती नहीं, युक्ति-चेतना के लिए इन्द्रिय का साक्षात् वैसा ही होता है जैसा कोई और साक्षात्कार। हाँ, यह कह सकते हैं कि युक्ति-बुद्धि एकपक्ष नहीं, निष्पक्ष होती है, उसमें पक्षधर्मता है ही नहीं। और फिर यह कहा जा सकता है कि ईसाइयत ने उसे निष्पक्ष नहीं रहने दिया। पर विचार ही उसे कहाँ निष्पक्ष रहने देता है! अगर मज़हब के संस्थागत रूप से बुद्धि की निष्पक्षता के हनन की बात करें तो यह समस्या यूरोप की अपनी है, अन्यत्र, जैसे भारत में, अलौकिक साक्षात्कार के प्रति भी उदार बुद्धि रही है। यूरोप में ग्रीस की संस्कृति के उदार बहुदेववाद और परवर्ती ईसाइयत के एकदेववाद का संघर्ष हिंसा की धरती पर हुआ जहाँ कट्टर, हिंस्र श्रद्धा अपना प्रसार निःसंकोच सत्ता और शक्ति के दण्ड से करती थी। पर श्रद्धा का यह रूप श्रद्धा का स्वरूप नहीं है। और ऐसा रूप तो, जिसे रीज़न या युक्ति-बुद्धि कहा जाता है, उसका भी हो सकता है—'आधुनिक' पश्चिम इसका उद्दण्ड दृष्टान्त है। लौकिक और अलौकिक का भेद और तनाव सब सभ्यताओं में मिलता है, पर इसे किसी सीधे सपाट ढंग से श्रद्धा या फ़ेथ और युक्ति-बुद्धि या रीज़न का भेद कहना क़तई उचित नहीं दिखता। श्रद्धा और युक्ति में यूरोप जैसा नृशंस विरोध सब जगह कहीं दिखता ही नहीं। क्या फ़ेथ और रीज़न दोनों में स्वरूप से ही कोई क्रूर विभीषिका से भरा अन्तर्विरोध है? ऐसा तो कुछ बुद्धि के आगे नहीं आता। रीज़न से सत्य मिलेगा, फ़ेथ से नहीं, यह भी एक श्रद्धा ही है—और यह बात रीज़न पर, बुद्धि पर, प्रकट ही है! हाँ, अगर श्रद्धा का अर्थ ही अलौकिकता सम्बन्धी किसी सिद्धान्त विशेष में श्रद्धा हो, जैसे ईसाइयत मत में श्रद्धा, तो बात और है। पर श्रद्धा का अपने आपमें कोई ऐसा अर्थ है नहीं। फिर ईसाइयत में अवान्तर मत और पन्थ-भेद सभी अपने पक्ष में फ़तवा निकालते रहते थे और अनन्य श्रद्धा की माँग करते थे, यहाँ तक कि अक्सर फैसला सत्ता-शक्ति की हिंसा या दण्ड से ही हो सकता था—श्रद्धा या बुद्धि दोनों के हाथ से फ़ैसला छीन लिया जाता था।

शायद इसीलिए यूरोप के परवर्ती इतिहासकारों ने बुद्धि या रीज़न को

स्वरूप से ही लोकमुखी माना है—और स्वरूप से ही विज्ञान-उन्मुख, जहाँ आधारगत साक्ष्य इन्द्रिय का होता है, और जहाँ प्रमाण-व्यापार में प्रयोगशाला, प्रयोग और फल सब में इन्द्रियों की (कर्मेन्द्रियों की भी) अपेक्षा होती है। कह सकते हैं कि बुद्धि यहाँ सचमुच ही लोकमुखी होती है। पर बुद्धि को स्वभाव से ही ऐसा मानना एक आग्रह ही हो सकता है, सत्य नहीं। और ग्रीस भी ऐसा नहीं मानता था। यह हठ ग्रीस को 'आधुनिकता' की पूर्वपीठिका मानने वालों का ही है। पर यहाँ यह भी देखिये कि जिस इतिहासधर्मी मनुष्य-दृष्टि की दुहाई देकर इतिहास को यह रूप दिया गया उसके व्यापक, उदार-भाव में ऐसा कोई हठ निहित नहीं है।

पर जो भी हो, यूरोप की नयी इतिहास-दृष्टि ने रीज़न को लोकमुखी ही माना और पुनर्जागरण में रीज़न की अदृष्ट से हटकर दृष्ट में पुनः प्रतिष्ठा देखी। इसका एक बड़ा साक्ष्य और लक्षण उन्होंने रिनेसां की नयी, बदली रूप-दृष्टि में पाया। अब, यहाँ देखने की एक और बात है जिसे देखा नहीं जाता : पश्चिम का ग्रीस की कला से साक्षात् सम्बन्ध साहित्य के सिवा प्लास्टिक या मूर्ति, चित्र जैसी द्रव्य-निर्मित कलाओं में ही बनता है, दूसरी कलाओं में नहीं। तभी अपनी सभ्यता के इतिहास-चित्र में पश्चिम इन्हीं कलाओं को गौरव-मण्डित करता है, दूसरी कलायें आगे नहीं लायी जातीं। कारण साफ़ है : उनका ग्रीस से कोई अन्तरंग सम्बन्ध नहीं है—ग्रीक परम्परा से उनकी कड़ी नहीं जुड़ती, कोई सार्थक सातत्य नहीं बनता। ग्रीक संगीत हमारे जैसा था, स्वर की एक ही लड़ी या एक-एक समवर-क्रमों की रेखागति कहिये—वही प्रधान होती थी, जैसी हमारे आज के राग-संगीत में। या अरब देशों के संगीत में, जहाँ राग जैसे ही रूप हैं, और इनका सम्बन्ध ग्रीक संगीत से घनिष्ठ ही नहीं साक्षात् जुड़ता हुआ भी जान पड़ता है। (विभिन्न अरब देशों के इलाक़ों में पहले ग्रीस और रोम का सीधा प्रभाव था, और पीछे बाइज़ेन्टाइन सभ्यता के माध्यम से यह और भी आत्मचेतन रूप से गृहीत हुआ; आज के पश्चिमी यूरोप की तुलना में पूर्वी यूरोप की बाइज़ेन्टाइन सभ्यता ईसाई होकर भी पश्चिमी यूरोप से कहीं अधिक ग्रीक संस्कृति में ढली थी—ग्रीक भाषा और वाङ्मय की उपलब्धि पश्चिम को वहीं से हुई और रिनेसां का बीज बनी; पर अरब ने भी वहीं से ग्रीक संस्कृति का पाठ पढ़ा—दर्शन में ही नहीं, संगीत में भी)। यूरोप का (और यों सारे पश्चिम का) संगीत आधारगत रूप से भिन्न है

: वह अपनी गति में, अपने निभाव-व्यापार में ही दो या दो से अधिक स्वरों को साथ पिरोता चलता है, और ऐसे संयुक्त-संवादित स्वरों को एकाधिक लड़ियाँ भी साथ बढ़ाता चल सकता है। इस संगीत की परम्परा हज़ार-एक साल से ज़्यादा पुरानी नहीं, और ग्रीस से विच्छिन्न है। नाच में—उच्चांग, स्वतन्त्र, विदग्ध कला के रूप में नाच में—यूरोप की परम्परा और भी नयी है—दो-ढाई सौ साल से अधिक की नहीं। यूरोप की रिनेसां में इन कलाओं की कोई ग्रीक भूमिका नहीं थी। अचम्भा नहीं कि अपने को ग्रीस का वारिस बताती यूरोप की इतिहास-दृष्टि अपनी (या दूसरी भी) सभ्यता के समग्र इतिहास-चित्र में इन कलाओं को वैसा तूल नहीं देती।

हमने भी यूरोप से यही पाठ पढ़ लिया है। हम भी इतिहास-दृष्टि से अपनी सभ्यता की कहानी कहते हैं तो दृश्य कलाओं को ही सामने लाते हैं, जबकि थोड़ा भी जागरूक भाव से पुराने साक्ष्यों पर ध्यान दें तो पहले संगीत और फिर नृत्त का महत्त्व निःसन्दिग्ध उभरता है। इनकी तुलना में दृश्य कलाओं की महिमा गौण है—और स्पष्ट ही उतनी आत्मचेतन, विमर्श-बोध में जागती हुई भी नहीं है। संगीत की स्वायत्त महिमा वेद की आर्ष-बुद्धि में ही निहित है : वैदिक मन्त्र के ही दो रूप हैं—शब्दमय और स्वरमय। ऋक् और यजुः, ये शब्दमय हैं : ऋग्वेद, यजुर्वेद (और अथर्ववेद) में संगृहीत हैं। पर सामवेद इनसे नितान्त भिन्न है—साम गीति का नाम है, और साम मन्त्र मन्त्र होकर भी शब्दमय नहीं है। उसके 'द्रष्टा' ऋषि भी दूसरे मन्त्रों के शब्द-द्रष्टा ऋषियों से भिन्न हैं। स्वतन्त्र हैं। बाद के मीमांसकों ने सामक को ऋक् का संस्कार कह दिया है, यों उसके होने को गौण और ऋक् पर निर्भर कर देना चाहा है। पर वैदिक साक्ष्य इसका समर्थन नहीं करते। सामवेद के ब्राह्मणों में तो प्रकट ही साम की महिमा स्वतन्त्र है।

इस बात को इसलिए यहाँ उठा रहा हूँ कि हमारी सभ्यता के इतिहास-द्रष्टाओं ने यूरोप की तरह सभ्यता में कला के महत्त्व को मानते हुए भी इधर कभी ध्यान नहीं दिया—यूरोप की नक़ल में, यूरोप के विचार की छत्रछाया में, कला का अर्थ द्रव्य-निर्मित (प्लास्टिक) कला ही लेते रहे। पर थोड़ा सा भी स्वायत्त विचार करते तो इतिहासकार अपने यहाँ संगीत के विलक्षण स्थान के महत्त्व-बोध से अवगत हो सकता था—वेद को तो

वह भारतीय सभ्यता के आधार में रखता ही है, पर वहाँ कला के स्थान को यह कहकर टाल देता है कि वैदिक संस्कृति में ठोस, द्रव्य-निर्मित कला का अभाव सा है, देवताओं की मूर्तियाँ या चित्र नहीं बनते थे, वास्तु परम्परा भी सीमित थी। पर सभ्यता के इतिहास में कला का महत्त्व कलागत संवेदना और उस संवेदना की आत्मचेतना और उसके जागरूक भाव को महत्त्व देना है—मनुष्य की काल-यात्रा में उसे मनुष्य के आत्मविमर्श के अंग के रूप में आँकना-परखना है। इसी दृष्टि से यूरोप ने ग्रीस की चित्र, मूर्ति जैसी द्रव्य-निर्मित कलाओं को महत्त्व दिया है। पर, कहना न होगा, ये कलायें कला का पर्याय नहीं होतीं और भिन्न सभ्यताओं में भिन्न कलायें संवेदना के लिए अधिक महिम और ग्राह्य हो सकती हैं। वैदिक काल में संगीत की ऐसी ही स्थिति थी, और आज भी जो हमारी संवेदना संगीत को तूल देती है उसके पीछे वेदों तक जाती परम्परा है—और फिर हमारे लम्बे संगीत-चिन्तन और शास्त्र ग्रन्थों की वेदों से आज तक चली आती अटूट कड़ी में यह भाव जागरूक है।

सामवेद के जैमिनीय उपनिषद् ब्राह्मण का एक उल्लेख करता आगे बढ़ता हूँ। १०००-९०० ईस्वी-पूर्व का यह ग्रन्थ ऐसे साम गायन का उल्लेख करता है जो ऋक् के शब्दों को वैसे हटा देता था जैसे आज का विशुद्ध ध्रुपद-आलाप। ऐसे साम को वहाँ अनृक् साम का नाम दिया गया है, और उसकी सामान्य ऋक् गायन से विशेष महिमा है। एक ऐसे ही साम का और उल्लेख है जिसे 'अशरीरी' साम कहा गया है—अवधेय है कि यह शब्द, 'अशरीरी' अपने अर्थ में आज के 'अमूर्त' का सधर्मी है।

यूरोप की इतिहास-दृष्टि अपनी सभ्यता के स्वभाव-स्वरूप को ग्रीस-मूल समझने के लिए, और रिनेसां में उसकी भूमिका को आधारगत आँकने के लिए ही ग्रीक साहित्य और द्रव्य-निर्मित (प्लास्टिक) कला को अपने इतिहास-चित्रों में महत् स्थान देती है। इन कलाओं के माध्यम से ही ग्रीक परम्परा यूरोप में पुनरुज्जीवित हुई। अर्थात् इनसे परम्परा-सातत्य की कड़ी फिर से ग्रीस के साथ जुड़ी। तभी इनका विलक्षण महत्त्व है। पर हमारे यहाँ यूरोपीय रिनेसां जैसी कोई परिस्थिति पनपी ही नहीं, फिर वास्तु, मूर्ति जैसी कला को विशेष महत्त्व क्यों ? हमारे यहाँ परम्परा-विच्छेद हुआ भी है तो इस्लाम के आने के बाद वास्तु और मूर्ति कला में जितना और जितना गहरा हुआ है, संगीत और नृत्त में उतना नहीं। संगीत

ग्रन्थों का साक्ष्य बताता है कि परम्परा अविच्छिन्न रहीं (और यहाँ फ़ारसी ग्रन्थों को भी शामिल किया जा सकता है)।

पर मैं नृत्त पर ध्यान कुछ विस्तार से एकाग्र करना चाहता हूँ। शिष्ट, विदग्ध आत्मचेतन नाच भारत की पुरानी कला है और इस पर हमारे यहाँ विमर्श भी गहरा हुआ है। नृत्त उच्चांग स्वायत्त कला ही नहीं था, उस पर प्रौढ़ स्वायत्त शास्त्र-रचना भी हुई है। कला और कला-संवेदना के इतिहास के सन्दर्भ में प्राचीन नृत्त पर किसी व्यापक इतिहास-दृष्टि से ध्यान ही नहीं दिया गया। पर हम ध्यान दें तो संवेदना एक ऐसे उन्मेष से उन्मुख होती है जिसे हम आज आधुनिक पश्चिम की विलक्षण सम्पत्ति मानते हैं : कला की स्वायत्ता की आत्मचेतन धारणा।

आज कला में—ख़ासकर चित्र और मूर्ति कला में—पश्चिम से आयी 'अमूर्त' दृष्टि या प्रेरणा की बहुत चर्चा होती है। अमूर्त शब्द यहाँ बहुत सार्थक नहीं है क्योंकि अमूर्त का अर्थ है इन्द्रिय-ग्राह्य आकार से विहीन होना; चित्र, मूर्ति, ऐसे हो ही नहीं सकते। कला में शब्द-निर्मित साहित्य ही एक ऐसी कला है जो अमूर्त कही जा सकती है : शब्द अर्थ के बिना शब्द नहीं होता और शब्दार्थ मूर्त—इन्द्रियगोचर—नहीं होता।

पर मैं यहाँ अर्थ-प्रपंच में उलझने नहीं बैठा हूँ। अमूर्त शब्द का अर्थ कुछ भी हो, उसके तात्पर्य को लीजिये। एक तो सीधा सा, जाना-माना तात्पर्य यही है कि अमूर्त कला—चित्र, मूर्ति—ये प्रतिकृतियाँ नहीं बनाते, (या भरत के शब्दों में) मनुष्य या प्रकृति में उपलब्ध आकृतियों का 'अनुकरण' नहीं करते। ये उपलब्ध आकृतियाँ भी साधते हैं तो अपनी तरह से, अपनी चित्र-धर्मी, मूर्तिधर्मी दृष्टि से उसे अभिव्यक्त करते हैं। यों उपलब्ध आकृति कला में अपनी तरह से स्वायत्त—कला-आयत्त—रूप लेती है; या इससे भी बढ़कर कला ऐसे रूप साधती है जो कला के नितान्त अपने होते हैं—मानो कला-कल्पना उसी स्रोत में बैठी रूप साध रही हो जो परिचित, उपलब्ध रूपों का मूल है।

कला-संवेदना के इतिहास में अमूर्त और उससे जुड़ी कला की स्वायत्तता का मूल यूरोप-जात 'आधुनिकता' से आँका जाता है, और 'आधुनिकता' का सम्बन्ध यूरोप से और यूरोप-मानस की ग्रीस-बीज प्रतिभा से। आशय यह नहीं कि ग्रीक कला में अमूर्त जैसा कुछ था। आशय यह है कि यूरोप

में ग्रीक-चेतना की पुनर्जागृत धरती पर रिनेसां के साथ प्रतिभा की जिस पुनः-प्रतिष्ठ नयी नव-नव उन्मेषमयी यात्रा का सूत्रपात हुआ वह नयी-नयी क्रान्तियों का घर बनी—अमूर्त की कल्पना इन्हीं में से एक है। आधुनिकता की नींव जिस चेतना में है, रूढ़ियों का ग्रन्थि-मोचन उसका एक मूल संकल्प है। मूर्तता एक रूढ़ि ही तो है! रिनेसां के बाद कला दृश्य या उपलब्ध की यथावत् प्रतिकृति की ओर मुड़ी और इस प्रवृत्ति ने प्रतिकृति को यथादृश्य बनाने के उद्देश्य से नये, अभूतपूर्व आत्मचेतन उपाय-कौशल साधे—चित्र के दो-आयामी पट पर दृश्य-जगत के तीनों आयामों को ऐसा रूप दिया जाने लगा जैसा पहले कभी, कहीं सम्भव ही नहीं था। यह भी कला में एक नया स्पन्द ही था। इस स्पन्द में एक स्वातन्त्र्य का भी बोध था। कह सकते हैं कि वही आगे चलकर अमूर्तता का बीज बना। और अब कला सचमुच स्वतन्त्र हुई। अपनी स्वायत्त सम्भावनाओं का सन्धान करने लगी। उसमें एक नया आत्मप्रतिष्ठा का युग आया जो कला के इतिहास में—कला-चेतना में ही—एक अपूर्व क्रान्ति है। यों अमूर्तता में बड़ी बात—धारण का मर्म—रूढ़ि-मुक्त कला की आत्मप्रतिष्ठा है जो आधुनिकता के साथ ही सम्भव हुई है, अन्यथा रूढ़ियों के बन्धन में, धर्म या दूसरे प्रयोजनों की दासता में, यह बोध कल्पना के बाहर था।

कला में पश्चिम-जात आधुनिकता की यह छवि, उसकी अपूर्वता की धारणा, आज हमारे भी बोध का संस्कार है।

पर हम अगर भारत की संगीत और नृत्त परम्परा के इतिहास की ओर देखें तो दूसरी ओर अपने आपमें एक विलक्षण छवि उभरते देख सकते हैं।

छवि के केन्द्र में भरत के नाट्यशास्त्र को रख सकते हैं। नाट्यशास्त्र भरत का, या किसी भी एक लेखक का, है या नहीं, उसका कोई काल भी निश्चित किया जा सकता है या नहीं—इन बातों से छवि के सार में अन्तर नहीं पड़ता। मैं समझता हूँ, नाट्यशास्त्र को शुंग काल—द्वितीय से प्रथम सदी ईस्वी-पूर्व—में रखना चाहिये। पर सदी-दो सदी इधर-उधर कर लीजिये, फ़र्क़ नहीं पड़ता।

पते की बात यह है कि नाट्यशास्त्र (और नाट्यशास्त्र-वर्णित नाट्य में) कई कलाओं का संगम है, और इनमें नृत्त, संगीत का विशेष महत्त्व है :

नाट्यशास्त्र का एक बड़ा हिस्सा संगीत और नृत्त का लक्षण, वर्णन-विवेचन ही है। जो बात यहाँ चौंकाती है उसे तत्कालीन संगीत-नृत्त और नाट्य का स्वरूप-स्वभाव-भेद या मर्म-भेद, कह सकते हैं। नाट्य-कला का स्वरूप अनुकरण है—नाट्य का उद्देश्य ही लोक की, विशेषकर मनुष्य-लोक की, मंच पर प्रतिच्छवि का निर्माण करना है। भरत नाट्य का यही लक्षण करते हैं। हाँ, बात इतनी सरल-सपाट भी नहीं। भरत ने नाट्य को लोक का अनुकरण ही नहीं कहा है, अनुभावन भी कहा है। इसका अभिप्राय गहरा है। कला की दृष्टि से बात यह निकलती है कि नाट्य अपनी तरह से, अपने विलक्षण माध्यम से लोक की पुनः-प्रस्तुति करता है—तात्पर्य यह कि नाट्य स्वरूप से ही नाट्यधर्मी होता है—या यों कहिये कि उसकी प्रस्तुति में अपनी स्वायत्तता होती है। तभी वह अपनी तरह से लोक का अनुभावन करने में समर्थ होता है। इसका एक बड़ा प्रमाण—या संकेत कहिये—भरत ही के शब्दों में, यह है कि संगीत और नृत्य नाट्य की निर्मिति के ही अन्तस्तत्त्व हैं : इनके बिना नाट्य रूप ही नहीं ले सकता, ये नाट्य के स्वरूप और स्वभाव में निमज्जित हैं—उसके अभिन्न अंग। पर फिर भी नाट्य अपनी निर्मिति के लिए आधारगत रूप से लोक-निर्भर है।

नाट्यशास्त्रकार को संगीत और नृत्त के रूप उपलब्ध थे, जिन्हें नाट्य का अंग बनाया जाता था। इन रूपों का अपना सम्भार ही नहीं, अपना शास्त्र-सम्भार—चिन्तन-विमर्श का सम्भार—भी नाट्यशास्त्रकार को उपलब्ध था। स्पष्ट है कि यह परम्परा नाट्य से पुरानी थी, पहले से प्रतिष्ठित थी। पर सबसे बड़ी बात यह है कि भरत को उपलब्ध संगीत, नृत्त की प्रौढ़ परम्परा, उसके शिष्ट, विदग्ध रूप, आत्मचेतन भाव से अनुकरण-विमुख थे। और भरत इस बात से अवगत थे। उन्हें यह भी बोध था कि उपलब्ध संगीत और नृत्त के रूपों का गहरा अभिप्रायगत रूपान्तर साधे बिना उन्हें अनुकरण—या अनुभवनधर्मी नाट्य का सार्थक अंग नहीं बनाया जा सकता। भरत के शास्त्र की एक महती चेष्टा इस रूपान्तर के साधने से ही सम्बन्ध रखती है—रूपान्तरण क्या हो, कैसे हो, उसका विमर्शगत आधार क्या हो और उनका नाट्य में प्रयोग के स्थान क्या हों?—भरत को ऐसे प्रश्नों का उत्तर साधते देखा जा सकता है। भरत के नाट्य को एक गहरे अर्थ में अमूर्त, स्वायत्त कलाओं के नाट्य-आयत्त करने का बृहत् प्रयास कहा जा सकता है।

कला-चेतना को केन्द्र में रखते हुए हम कला का कोई भी गहरा, आत्म-

विमर्शनिष्ठ इतिहास उभारना चाहें—सभ्यता में कला का स्थान और महत्त्व आँकना चाहें तो भरत ने संगीत और नृत्त पर जो समझा-सोचा है, उसे परिप्रेक्ष्य में रखना होगा और अपनी सभ्यता के कला-बोध के लिए तो यह अनिवार्य है।

विवेचन विस्तार चाहता है, पर विस्तार में यहाँ नहीं जाऊँगा—अन्यत्र कुछ विचार किया है, पर यहाँ उसका प्रसंग नहीं; यहाँ उसे ऊह रखता हुआ कुछ मुख्य अभिप्रायों और परम्परा की मूल गतिविधियों को ही सामने लाने की चेष्टा करूँगा।

नृत्त पर ही विचार को केन्द्रित करूँगा, संगीत पर नहीं, क्योंकि कुछ प्रमुख बातें जिन्हें आगे लाना चाहता हूँ, नृत्त में ही अधिक स्फुट जान पड़ती हैं।

एक छोटी सी कथा से आरम्भ करता हूँ—नाट्यशास्त्र अपने प्रतिपादन में पुराण की कथा-भंगी का भी प्रयोग करता है : नाट्यशास्त्र को भरत (मुनि) के ऋषियों की सभा में कथन के रूप में बाँधा गया है। नाट्य को एक दिव्य, लोकोत्तर 'आर्ष' कला के रूप में प्रस्तुत करना भी भरत का अभिप्राय था। तभी वे नाट्य को चतुर्वेद से उद्भूत पंचम वेद भी बतलाते हैं (जिसका अधिकार सीमित नहीं, मनुष्य-मात्र, स्त्री-शूद्र सबके लिए है)।

कथा यह है कि भरत ने जब नाट्य का निर्माण कर लिया तो उन्होंने अपना प्रयोग सबसे पहले भगवान शिव के आगे प्रस्तुत किया (उनसे बड़ा रसिक कौन हो सकता था?)। शिव जी ने प्रशंसा की, पर एक बात कही; बोले कि मैं नृत्त करता हूँ, तुम उस नृत्त का नाट्य में समावेश कर लो। भरत ने कहा, नृत्त मुझे सिखाइये। शिव जी ने तण्डु से कहा कि भरत को नृत्त बताओ। यों नाट्यशास्त्र में एक पूरा अध्याय तण्डु के नृत्त-लक्षण पर है। नाच पर ऐसी सर्वांगीण, सुचिन्तित रचना कहीं नहीं मिलती। इसे 'सर्वांगीण' कहना इसलिए भी ठीक है क्योंकि यहाँ शिव के नृत्त का ऐसा लक्षण है जिसमें नाच करते हुए उनके शरीर की गतियों (और स्थितियों) की सूक्ष्म अंग-प्रत्यंग की व्याक्रिया (या विभाजन) की गयी है—अर्थात् नाच को शरीर के विभिन्न अंगों की गतियों (या स्थितियों) में बाँटा गया है और सम्पूर्ण शरीरगत रूपों को इन अणुतर रूपों के संयोजन के रूप में देखा गया है। तण्डु के नाम से ही नृत्त का नाम ताण्डव भी है।

तण्डु की पैठती, रूपग्राही व्याक्रिया-पद्धति पाणिनि के व्याकरण की याद

दिलाती है, जहाँ शास्त्रकार ने शब्दरूपों को विभिन्न अंगों—धातु, प्रत्यय, उपसर्ग—बाँटकर शब्द को इनके संयोजन के रूप में देखा है—यों, शब्दों का व्याकरण किया है। सम्भव है तण्डु पर पाणिनि का प्रभाव रहा हो, पर उनमें और पाणिनि में एक गहरा उद्देश्यगत भेद है, जिसकी चर्चा आगे करूँगा। पर यहाँ प्रभाव की बात न कर एक सामान्य व्याख्या-परम्परा की भी बात की जा सकती है। 'व्याक्रिया' की ऐसी पद्धति पाणिनि से भी बहुत प्राचीन उभरती है, और इसे आत्मचेतन भारतीय बुद्धि का एक आदि व्याख्या-मार्ग भी कहें तो मैं समझता हूँ, बात अयुक्त न होगी।

प्रकट ही तण्डु भरत से प्राचीन हैं, पर कितने, यह कहना कठिन है। उनका ग्रन्थ नहीं मिलता, न नृत्त पर किसी और आचार्य का कोई स्वतन्त्र ग्रन्थ बचा है। पर नृत्त पाणिनि जितना प्राचीन भी नहीं जान पड़ता—पाणिनि ने कई शास्त्रों की बात की है, पर नृत्त की नहीं। पाणिनि पाँचवीं या छठी सदी ईस्वी-पूर्व में हुए, तण्डु उनके बाद ही हुए जान पड़ते हैं। पर पाणिनि के बाद और भरत के पहले (पाँचवीं-छठी ईस्वी-पूर्व और दूसरी-तीसरी ईस्वी-पूर्व के बीच) नृत्त की ही तरह संगीत के एक विशुद्ध रूप, गान्धर्व, पर भी प्रौढ़ शास्त्र रचे गये। इनमें एक उपलब्ध है : दत्तिलम्। भरत ने नृत्त की ही तरह संगीत के विशुद्ध रूप, गान्धर्व, का लक्षण-विवरण भी अपने शास्त्र में सँजोया है। नृत्त का शिव से सम्बन्ध स्पष्ट है। गान्धर्व का भी शिव से सम्बन्ध गहरा था। जान पड़ता है, नृत्त और संगीत दोनों के विशुद्ध रूप शैवों में उद्भूत हुए। भारतीय कला ही नहीं, सभ्यता मात्र की कला के इतिहास में इसे संवेदना का एक विलक्षण 'स्फोट' कहा जा सकता है; हम अगर इसे देखते नहीं तो इसलिए कि हम अपनी इतिहास-दृष्टि से अपनी ओर ठीक देखते ही नहीं हैं।

मैंने नाच में नृत्त—ताण्डव—और संगीत में गान्धर्व को इन कलाओं का 'विशुद्ध' रूप कहा है। कहना न होगा, विशुद्ध शब्द का यहाँ वही अर्थ है जो आज चित्र, मूर्ति में अमूर्त का लिया जाता है। नृत्त अभिनय नहीं है, जहाँ कला अपने रूपों के माध्यम से अपने बाहर के लोक का अनुकरण (या अनुभावन) करती हो। संगीत गेय शब्दों के माध्यम से ऐसा करता है—पर गान्धर्व में गेय शब्दों का महत्त्व नहीं था। आज भी गान्धर्व जैसे विशुद्ध संगीत की और ताण्डव जैसे विशुद्ध नाच की परम्परा हममें जागृत है, इनसे हमारा गहरा परिचय भी है, हम इनमें रमते हैं—पर हमारी बुद्धि

की आँख इन्हें 'अमूर्त' के रूप में नहीं देख पाती—अपने इन रूपों को देखते-परखते हुए भी अमूर्त की धारणा और उससे जुड़ी कला की स्वायत्तता की संवेदना को हम 'आधुनिकता' के अब तक अनहोने, अपूर्व स्फोट के रूप में ही देखते हैं, और आधुनिकता तो हमारे लिए परिभाषया पश्चिम-प्रसूत है।

ऐसे 'आधुनिक' के ही सन्दर्भ में यहाँ भरत की नृत्त-कथा को आगे बढ़ाता हूँ। कह आया हूँ कि शिव के आदेश पर तण्डु ने भरत को नृत्त का उपदेश दिया। ध्येय यह था कि नृत्त को नाट्य का अंग बनाया जायेगा। अपना सारा कथन—अपना शास्त्र—भरत ऋषि मण्डली को सुना रहे थे। नृत्त का वर्णन-लक्षण करने से पहले भरत नाट्य की यह परिभाषा दे चुके थे कि नाट्य लोक का अनुकरण-अनुभावन होता है—यह नाट्य का स्वरूप है, जिसके बिना नाट्य नाट्य ही नहीं हो सकता। नृत्त का वर्णन सुनकर ऋषि सहज ही प्रश्न करते हैं कि नृत्त का नाट्य में स्थान ही क्या? नाट्य अभिनय से बनता है, पर नृत्त अपने से बाहर किसी अर्थ को सामने ही नहीं लाता (जैसे अभिनय लाता है, तो फिर नाट्य में नृत्त क्यों?) भरत स्वीकार करते हैं कि नृत्त अपने बाहर किसी अर्थ का वहन नहीं करता। यह भी कहते हैं कि उसका प्रयोजन शोभा है (नाट्य की तरह रस नहीं)—अर्थात् कला के रूप में उसका स्वभाव अनुकरण-भिन्न है, इसलिए संवेदना में उसका भावन भी भिन्न है, दोनों को एक ही कोटि में—रस की कोटि में—नहीं रखा जा सकता।

भरत की (और ऋषियों की) बात का तात्पर्य प्रकट है, पर भरत बात के किसी विस्तार या विवेचन में नहीं उतरते। पर आगे की चिन्तन-परम्परा में ऐसा विवेचन हुआ। दसवीं-ग्यारहवीं सदी के प्रसिद्ध रसिक दार्शनिक अभिनवगुप्त इस प्रसंग में एक शब्द का प्रयोग करते हैं जो अवधेय है। अभिनवगुप्त नृत्त को 'स्वयंप्रतिष्ठ' कहते हैं। यह शब्द अमूर्त की धारणा में निहित कला की विशुद्धता (अनुकरण-मुक्ति) और रूप-कल्पना की स्वायत्तता के बोध को बड़ी सार्थक ध्वनि के साथ पकड़ता है। पर बात यहाँ अभिनवगुप्त की नहीं है। बात हमारी इतिहास-दृष्टि की है। नृत्त, संगीत के विशुद्ध रूप आज भी हमारे सामने हैं; इनकी विशुद्धता और अमूर्तता का भी हमें बोध है; हममें यह बोध भी जागरूक है कि इन रूपों का सम्बन्ध हमारी सभ्यता के आद्य काल से है, पर हमारी इतिहास-दृष्टि

पर पश्चिम की छाया इतनी घनी है कि हम अपनी ओर आत्मस्थ होकर देख ही नहीं पाते। तभी हमारे कला के इतिहास में उन कलाओं का स्थान ही नहीं जिन्हें पश्चिम अपने स्वकीय कारणों से अपने सभ्यता-चित्र में महत्त्व नहीं देता।

एक दिलचस्प और लक्षणीय बात यहाँ यह भी है कि भरत के शास्त्र में हम एक ऐसी कला-प्रवृत्ति का प्रकाश पाते हैं जिसे 'आधुनिक' प्रवृत्ति का विलोम भी कह सकते हैं। आधुनिक प्रवृत्ति मूर्त का रूपान्तर साधती हुई अमूर्त की ओर बढ़ती दिखती है—अनुकरण धर्म को छोड़ती हुई स्वयंप्रतिष्ठ होने का मार्ग लेती है। भरत की चेष्टा उलटी है। भरत संगीत के और नृत्त के स्वयंप्रतिष्ठ रूपों को नाट्य में समोना चाहते हैं—अमूर्त को मूर्त रूप देना चाहते हैं। इसके लिए उन्हें उपलब्ध का रूपान्तर साधने की आवश्यकता थी। उन्होंने यह साधा है और बड़े कौशल से—रूप के स्तर पर भी और विमर्श के स्तर पर भी। पर इसके ब्योरे की यहाँ ज़रूरत नहीं।

एक और बात को थोड़ा उभारकर बात पूरी करता हूँ।

ऊपर मैंने तण्डु के शास्त्र को पाणिनि के सदृश कहते हुए भी अलग, विलक्षण कहा। विश्व के कला-चिन्तन में उसको विलक्षण कहा जा सकता है। कला का इतिहासकार अगर कला-चेतना को अपने विमर्श का विषय बनाना चाहता है, केवल कला के रूपों को ही नहीं, तो तण्डु की उपेक्षा उचित नहीं।

बहुत संक्षेप में पाणिनि और तण्डु के भेद को यों रखा जा सकता है : पाणिनि का उद्देश्य उपलब्ध भाषा के सिद्ध-प्रदत्त शब्दों को ही व्याक्रिया द्वारा साधना है, जबकि तण्डु की व्याक्रिया साध्य-उन्मुख है, नये रूपों की सम्भावना का द्वार खोलती है। कल्पना को प्रश्रय देती है। पाणिनि के बाद उनकी परम्परा में व्याकरण के महान चिन्तक पतञ्जलि हुए। पतञ्जलि स्पष्ट कहते हैं कि वैयाकरण घटकार की तरह नहीं होता : घटकार से हम कहते हैं कि नया घड़ा गढ़ दो, वैयाकरण से हम ऐसा नहीं कहते। पर तण्डु से हम ऐसा कह सकते थे।

तण्डु की व्याक्रिया का विषय भी नाच का एक सिद्ध-प्रदत्त रूप ही था। इसे गढ़े-गढ़ाये रूपों का एक ऐसा आकार या सम्भार कहा जा सकता था जिसे शिव-रचित और शिव से प्राप्त माना जाता था। इससे यही आपादित

होता है कि रूप यथा-दत्त संरक्षणीय होने चाहिये थे। पतञ्जलि संस्कृत भाषा को यों का यों संरक्षीय मानते हैं और व्याकरण को संरक्षण का साधन। वे इस पर ज़ोर भी देते हैं, और इसीलिए व्याकरण के ज्ञान को शिष्ट का धर्म बताते हैं। हम सोच सकते हैं कि तण्डु की नृत्त-व्याक्रिया का भी प्रयोजन सदृश होना चाहिये था : भगवान शिव की सृष्टि को ज्यों का त्यों बनाये रखना। पर हम पाते उलटा ही हैं।

तण्डु की व्याक्रिया का एक समीचीन लक्षण : अवयवी का अवयवों में विभाजन हो सकता है—जहाँ अवयव विभाज्य का ऐसा लघुतम भाग होता है जो अपने आप में भी अर्थवत् होता है, निरा 'छोटे से छोटा टुकड़ा' नहीं होता—क्योंकि ऐसे टुकड़े को अवयव नहीं कहा जा सकता, अवयव अवयवी-सापेक्ष होता है, निरपेक्ष टुकड़ा नहीं। पाणिनि के बारे में भी यही कहा जा सकता है—हालाँकि उनमें बात इतनी प्रकट नहीं है : हम आम तौर पर शब्द को ही भाषा के लघुतम अर्थवत् अवयव के रूप में देखते हैं। इसलिए, शब्द का भी विभाजन किया जाये तो विभाग को अर्थवत् कहने में संकोच हो सकता है। पर धातु, प्रत्यय, उपसर्ग, ये प्रकट ही निरर्थक नहीं होते, इनके रूप अर्थ को ध्यान में रखकर सिद्ध होते हैं; यह बात तब साक्षात् आगे आ जाती है जब हम देखते हैं कि इनका और भी विभाजन सम्भव है, पर अब जो टुकड़े बनेंगे सचमुच निरर्थक होंगे।

तण्डु की व्याक्रिया के दो स्तर देखे जा सकते हैं। शिव के नृत्त के बृहत्तम अवयवी को (एक पूरी रचना को) अंगहार कहा जाता था। शिव ने बत्तीस अंगहारों की रचना की थी। अंगहार की व्याक्रिया करते हुए पहले स्तर पर तण्डु उसे 'करणों' का समाहार बताते हैं। करण समूचे—सर्वांग—शरीर की मुद्रा विशेष का नाम है। तण्डु ने १०८ करणों का लक्षण दिया है। पर शरीर के विभिन्न अंग भी अलग मुद्रायें रच सकते हैं—बल्कि सच पूछिये तो एक करणों का भेद शरीर के भिन्न अंगों के मुद्रा-भेद से ही बन सकता है। तण्डु का अगला लघुतर विभाजन इसी युक्ति पर आधारित है। एक-एक अंग की एक-एक सम्भव मुद्रा को तण्डु नृत्त-मातृका का नाम देते हैं। ताण्डव मुद्रा-समृद्ध नाच था, यों मातृकायें अनेक हैं; ये मातृकायें ही सर्वांगव्यापी भिन्न योजनाओं या समाहारों से भिन्न करणों को जन्म देती हैं।

तण्डु की व्याक्रिया बड़ी पैनी, फिर भी युक्ति-सरल है—नृत्-मातृकाओं

से करण बनते हैं और करणों से अंगहार। यही व्याक्रिया की गहरायी है। पर आगे उसका विशेष उन्मेष देखिये। व्याक्रिया के बाद प्रश्न होगा कि करणों के किन विशेष संयोजनों से शिव के पूर्व-प्रदत्त अंगहारों की सिद्धि होगी?

यहाँ तण्डु एक विस्मयकर बात कहते हैं। कहते हैं कि दो या दो से अधिक करणों की यथेष्ट योजना से एक अंगहार बनता है। यों शिव के बत्तीस ही क्यों अनगिन अंगहार अपनी इच्छा, कल्पना के अनुसार बनाये जा सकते हैं और अगर नृत्त-मातृकाओं के संयोजना-भेदों की सम्भावनाओं को भी सामने रखें तो करण भी १०८ से कहीं ज़्यादा बनते दीखते हैं। तण्डु की व्याक्रिया ने सम्भावनाओं का, नवोन्मेष का द्वार खोला था और परम्परा भी उसी द्वार से बढ़ी। आज ओडिसी तक चली आ रही है।

उन्मीलन (सम्पादक : यशदेव शल्य, मुकुन्द लाठ), जुलाई २००६

जब नाट्य अपना एक स्व-रूप साधता है

कुछ प्रश्नों को लेकर आगे बढ़ता हूँ : नाट्य का दूसरी कलाओं से सम्बन्ध है भी ? कैसा सम्बन्ध है ? हम नाट्य में समाहित दूसरी कलाओं की बात करते हैं, तो मानकर चलते हैं कि नाट्य एक स्वतन्त्र कला है—जैसे संगीत, नृत्त, काव्य। ये कलायें दूसरी कलाओं को साथ ले भी लेती हैं, पर चाहें तो न भी लें। पर क्या नाट्य भी सचमुच ऐसा है? या इसके विपरीत ? क्या यह कहना ज़्यादा सही नहीं होगा कि नाट्य अपने आप में अलग कला नहीं है—नाट्य बनता ही भिन्न कलाओं के मेल से है ? तो फिर क्या नाट्य को स्वतन्त्र कहना ठीक भी है, और ठीक है तो किस अर्थ में ?

हिन्दी में 'नाट्य' से ज़्यादा 'नाटक' शब्द ? चला हुआ है, पर मैं 'नाट्य' का प्रयोग करूँगा। इसमें एक अभिप्राय है जो इन प्रश्नों के सन्दर्भ में प्रासंगिक भी है। 'ड्रामा' की तरह 'नाटक' हम लिखे हुए पाठ को भी कह देते हैं। पर 'नाट्य' शब्द 'थियेटर' की तरह, नाटक के दृश्य रूप के लिए ही काम में आता है—नाट्य खेले बिना नहीं बनता, तभी हमारे यहाँ उसे काव्य (साहित्य) से अलग करने के लिए दृश्य कला कहा गया है। पर जिसे हम 'नाटक' का नाम देते हैं, उसके लिए ज़रूरी नहीं कि खेला ही जाये, वह केवल पढ़ा भी जाता रहा है। मेरा भी नाटकों से पहला परिचय क्लास-रूम में साहित्य पढ़ते हुए ही हुआ था। देखने का मौक़ा तो बाद में आया।

नाट्य को पढ़ने मात्र की परम्परा से जोड़ें तो मैं समझता हूँ कि नाट्य को काव्य (साहित्य) के अन्तर्गत रखना होगा, और वह अन्य-कला-निरपेक्ष

(या स्वतन्त्र) कला के रूप में उभरेगा। ऊपर का पहला प्रश्न सार्थक प्रश्न ही नहीं बनेगा—'नाट्य का किसी और कला से सम्बन्ध है भी क्या?' फिर ऊपर के दूसरे प्रश्न भी चुप ही हो जायेंगे। भूलिये नहीं कि नाट्य-पत्रिका 'रंग-प्रसंग' भी (जिसमें यह लेख छप रहा है) केवल पढ़ने के लिए 'नाटक' छापता है—हाँ, ठीक है, आशा रहती है कि पाठक उसे खेला हुआ भी देखेंगे, पर इसके बिना क्या 'रंग-प्रसंग' उन्हें अधूरा समझता है? पता नहीं इस प्रश्न पर पत्रिका में कभी लिखा गया है या नहीं। अगर नाट्य को पढ़ लेना ही उसमें उतरने के लिए काफ़ी है तो क्या लिखित पाठ ही नाटक नहीं है? हम उसे 'नाटक' कहते ही हैं। फिर उसे मंच पर लाने की और मंच पर लाकर उसके साथ दूसरी कलाओं को जोड़ने की क्या सचमुच ज़रूरत है?

नाट्य करने वालों को बात अटपटी या बेतुकी लग सकती है, पर नाट्य-चिन्तन की परम्परा में सवाल पुराना है। अब भी उठता ही है। आपके अपने मित्रों में ही ऐसे रसिक मिल जायेंगे जो शेक्सपियर या कालिदास को पढ़ना ही पसन्द करते हैं, देखने की ज़रूरत नहीं समझते। नहीं समझते कि मंच पर पेश किये बिना बात अधूरी है। अरस्तू भी ऐसों में ही थे। उनकी सुप्रसिद्ध नाट्य-चर्चा में यह सवाल बहुत उजागर है कि क्या नाट्य को सचमुच मंच पर लाकर दूसरी कलाओं के साथ जोड़ना ज़रूरी है? वे नहीं समझते थे कि नाटक को मंच पर देखने से, पढ़ने से ज़्यादा कुछ मिलता है। कहना न होगा कि अरस्तू की नाट्य-चर्चा पश्चिम की परवर्ती चर्चाओं की आधारभूमि रही है। उनका सवाल नाट्य के प्रसंग में तह का सवाल है : क्या नाट्य को दृश्य रूप देना आवश्यक भी है क्या? अगर नहीं, तो नाट्य का दृश्य रूप एक 'खेल' ही है जिसका उसके मर्म के साथ सम्बन्ध नहीं। फिर नाटक का दूसरी कलाओं से सम्बन्ध बहिरंग हो जाता है—एक उपचार, या अवान्तर-सी बात।

पर फिर नाट्य साहित्य की ही एक विधा या प्रकार हो जाता है। उसका अन्य कलाओं से सम्बन्ध कैसा? उसका स्वातन्त्र्य क्या?—ऐसे प्रश्न ही बेमानी हो जाते हैं। हमारी चर्चा भी फिर अपने आदि बिन्दु पर आ खड़ी होती है। जहाँ से बात शुरू होनी ही चाहिये वहीं आकर अचल-सी होती दिखती है।

ग्रीक ट्रैजिक नाटकों के बारे में अरस्तू कहते हैं : 'फिर यह भी है कि

ट्रैजेडी का अपना विशेष प्रयोजन (मंच) कर्म के बिना भी पूरा हो जाता है, ठीक वैसे ही जैसे महाकाव्य का (ट्रैजेडी) का गुणधर्म पढ़कर भी जाना जा सकता है।' 'फिर यह भी है', यह फ़िकरा उस सन्दर्भ की ओर संकेत करता है जिस सन्दर्भ में अरस्तू अपनी बात कह रहे हैं। अरस्तू अपने अलंकार ग्रन्थ 'पोएटिक्स' के अन्तिम अध्याय में (अध्याय २६ में) महाकाव्य (एपिक) और नाटक के रूप में प्रस्तुत की जाती ट्रैजेडी की तुलना करते हैं। कहते हैं, ट्रैजेडी अक्सर घटिया अतिरंजित अभिनय और संगीत के कारण भदेस-सी हो जाती है, लग सकता है कि साधारण भीड़-भाड़ के लिए है, सच्चे सहृदय के लिए नहीं। पर, अरस्तू, ट्रैजेडी को महत् रचना भी मानते थे। उसका पक्ष लेते हुए कहते हैं कि ट्रैजेडी को मंच से हटाकर केवल पढ़ें तो यह बात साफ़ हो जाती है कि उसका प्रभाव महाकाव्य से कम नहीं—बल्कि उसकी आकृति महाकाव्य से छोटी है, गठी हुई है और यों अपेक्षया अधिक आस्वाद देती है। अरस्तू यह स्वीकार करते हैं कि ट्रैजेडी के मंच पर दिखाये गये अभिनय और संगीत सम्पन्न दृश्य-रूप का भी अपना एक आनन्द है जो एपिक में नहीं होता, पर उन्हीं के शब्दों में : 'लेकिन नाटक को पढ़िये या देखिये, प्रभाव उतना ही साक्षात् होता है।' प्रकट ही अरस्तू नाटक के खेले जाने को अनावश्यक-सा ही मानते थे। उसे पढ़ लेना ही काफ़ी समझते थे।

अरस्तू के विपरीत भरत, नाट्य को स्वरूप से ही दृश्य कला मानते थे। नाट्य का उद्भव ही ऐसे क्रीडनक (खेल) के रूप में हुआ, जो दृश्य है और श्रव्य है (नाट्यशास्त्र, १.११)। नाट्य को भरत ने 'सर्वशिल्प-प्रवर्तकम्' तक कहा है (१.१५)—उसमें सभी कलाओं का समावेश है। अब, नाट्य को दूसरे शिल्पों का प्रवर्तक कहना तो नाट्य की महिमा का अतिगान या अर्थवाद ही हो सकता है। क्योंकि बात उलटी है, और भरत में ही साफ़ है। नाट्यशास्त्र का एक बड़ा उद्देश्य ही उपलब्ध कलाओं को नाट्यानुकूल बनाना है। हम पाते हैं कि भरत ने नाट्य से पुरानी ऐसी कई कलाओं का निरूपण उनके परम्परा-प्राप्त, प्रतिष्ठित, शास्त्रों के आधार पर किया है, जिन कलाओं का उनके नाट्य में उपयोग था। नाट्यशास्त्र के शास्त्रत्व का एक बड़ा अंग इस बात पर निविष्ट है कि दूसरी कलाओं के नाट्योपयोगी (नाट्यधर्मी) प्रयोग का तत्त्व क्या, उसके उपाय क्या हों? भरत का ही एक और श्लोक लीजिये जो नाट्य में दूसरी कलाओं

के स्थान को नाट्य की अतिमहिमा के बिना सीधे, सटीक शब्दों में बताता है : न तज्ज्ञानं न तच्छिल्पं ? न सा विद्या न सा कला। नासौ योगो न तत्कर्म नाट्येऽस्मिन् यन्न दृश्यते॥ (१.११६) (ऐसा कोई ज्ञान नहीं, शिल्प नहीं, विद्या नहीं, कला नहीं, चेष्टा नहीं और इन सबका ऐसा कोई योजन या मेल नहीं जो नाट्य में नहीं देखा जाता)। यहाँ बात प्रवर्तन की नहीं, प्रयोग की है। यह भी यहाँ उभरता है कि भरत इन शिल्पों और विद्याओं को नाट्य से पूर्वस्थित मान रहे हैं। वे इन्हें नाट्य से भिन्न ही नहीं मान रहे, उन्हें अपने आप में स्वतन्त्रतः उपलब्ध मान रहे हैं—नाट्य से उद्भूत नहीं।

भरत के लिए नाट्य का आधार, लोक (मनुष्य-लोक) है। नाट्य को उन्होंने लोक का अनुकरण कहा है। विशेषकर मनुष्य के कर्म और भाव-जगत का अनुकरण। ऐसा अनुकरण नक़ल नहीं हो सकता। नक़ल बाहर की होती है। भाव और संकल्प भीतर की चीज़ें हैं, इनकी नक़ल का अर्थ ही क्या ? इनकी तो नाट्य के अपने माध्यम और कौशल से मंच पर सृष्टि ही हो सकती है। 'अनुकरण' से भरत का तात्पर्य प्रतिबिम्ब नहीं, प्रतिकलन है : लोक का अपनी अलग कला-कल्पना से आकलन और प्रस्तुति। वह प्रस्तुति मनुष्य के बाह्य-जगत से अधिक अन्तर्जगत की प्रस्तुति है। हाँ, यह कह सकते हैं कि बाह्य के माध्यम से है, क्योंकि आँखों-दिखती, कानों-सुनती साक्षात् प्रस्तुति है। काव्य (या यों कहिये कि कथा-प्रधान साहित्य), वह भी लोक को प्रस्तुत करता है। पर वह शब्दों के अमूर्त अर्थों द्वारा लोक को प्रस्तुत करता है, जबकि नाट्य लोक को मानो सम्मुख ही ला खड़ा कर देता है। यही उसकी अन्य-कला-विलक्षण महिमा है।

इसके लिए नाट्य अपना एक स्व-रूप साधता है, जिसमें अभिनय और दूसरी कलायें नाट्य का अभिन्न अंग बनती हैं। नाट्यशास्त्र के पहले अध्याय के अन्त की ओर भरत का एक श्लोक है जिसमें इन बातों को समेटते हुए उन्होंने अपनी दृष्टि से नाट्य का एक लक्षण—एक परिभाषा-सी—की है :

> योऽयं स्वभावो लोकस्य सुखदुखसमन्वितः/ सोऽङ्गाद्यभिनयोपेतो नाट्यमित्यभिधीयते॥
>
> —यह जो लोक का सुख-दुख भरा स्वभाव है वही जब अभिनय और नृत्त-गीतादि दूसरी कलाओं (अंग) से युक्त होकर (प्रस्तुत) होता है तो नाट्य कहलाता है।

लक्षणीय है कि यहाँ 'नाटक' के उस पाठ-रूप का—लिखित रूप का—उल्लेख ही नहीं, जिसे अरस्तू नाट्य-सर्वस्व तक मानने को तैयार हैं। भरत अरस्तू से बिलकुल उलटी धुरी पर खड़े होकर नाट्य को देखते हैं।

लेकिन चाहे भरत अरस्तू की तरह नाट्य के कविकृत पाठ-भाग को नाट्य-सर्वस्व न मानते हों, प्रयोग को ही नाट्य कहते हों, पर पाठ उनके लिए भी नाट्य की आवश्यक ही नहीं, अनिवार्य सामग्री था। कविकर्म के बिना नाट्यकर्म सम्भव नहीं था। इतिवृत्त (नाट्य का कथानक) लिखना कवि का काम था। इसके बिना नाट्य नहीं बनता था। नाट्यशास्त्र में इतिवृत्त की एक लम्बी विवेचना है। एक नाट्योचित अलंकार-शास्त्र भी नाट्यशास्त्र का अंग है, जो इतिवृत्त लिखने वाले कवि के लिए लिखा गया है। फिर भी उनके लिए नाट्य का अपना स्वरूप प्रयोग ही था, पाठ नहीं—पाठ नाट्य के (वाचिक) अभिनय का एक अंग था, और उसे भी कला के रूप में देखा-समझा गया था।

मैं समझता हूँ कि कोई भी नाट्यकर्मी और नाट्य-प्रयोग का प्रेमी अरस्तू से कहीं ज़्यादा भरत की ओर झुकेगा। प्रयोग ही नाट्य को नाट्य बनाता है; उसे एक अलग कला का रूप देता है।

फिर भी एक बात पक्की है। नाट्य को अलग मानने वाला भी इससे इनकार नहीं करेगा कि नाट्य कई भिन्न कलाओं का समाहार है। भरत की तरह ही आपकी और मेरी संवेदना नाट्य को एक अलग, स्वतन्त्र कला ठहराती है। पर तभी यह प्रश्न भी चुभता हुआ उठता है : भिन्न कलाओं के समाहार में नाट्य का अपना रूप क्या? उसका स्वातन्त्र्य क्या? अरस्तू का पूर्वपक्ष साफ़ है : नाट्य का लिखित रूप, जिसे केवल पढ़ा भी जा सकता है, (जिसे हमने 'नाटक' कहा है) वही नाट्य है, दूसरी कलायें ऊपर से आरोपित हैं; उनके बिना भी नाट्य स्वरूप-च्युत नहीं होता। मंच की प्रस्तुति के लिए जो कलायें काम में ली जाती हैं, उन्हें नाट्य कहना ठीक नहीं। उनका प्रयोग एक लोकरंजन की रूढ़ि या प्रथा मात्र है। अब अरस्तू को 'ना' कहते हुए हम नाट्य को भिन्न कलाओं से बनी एक अलग कला मानें, तो भी प्रश्न होगा कि इस मेल को नाट्य नाम की स्वतन्त्र कला कहने का आधार क्या, औचित्य क्या? और यह न भूलिए कि नाट्य में आने वाली कई कलायें : नृत्त, संगीत, साहित्य, इन्हें हमारी संवेदना सहज ही स्वतन्त्र कला के रूप में पहचानती है। इनमें कलाओं का

समाहार नहीं देखती, जैसाकि नाट्य में देखे बिना नहीं रह सकती। नाट्य के स्वतन्त्र, फिर भी भिन्न कलाओं के मेल से बने रूप को ध्यान में रखें तो हमारा प्रश्न एक और आयाम ले लेता है : ये स्वतन्त्र कलायें नाट्य में नाट्य-तन्त्र कैसे हो जाती हैं? यही प्रश्न आधारगत प्रश्न है।

भरत के मन में भी यह प्रश्न था—चाहे वे उसे अलग से प्रश्न के रूप में न रखते हों। नाट्य को वे अलग कला ही नहीं, सब कलाओं में श्रेष्ठ मानते थे—उसे एक स्वतन्त्र वेद तक कह देते हैं : ऐसा पंचम वेद जो दूसरे चार वेदों की तरह केवल सवर्णों के लिए नहीं बल्कि सभी वर्णों के लिए है—मनुष्य-मात्र के लिए है। यह उसका बड़प्पन है कि वह भिन्न कलाओं को अपने में समो लेता है। तभी वह श्रेष्ठ ही नहीं सम्पूर्ण कला है।

पर उसका वह 'अपनापन' क्या? जिसमें दूसरी कलायें अपना-अपना आपा खोकर समा जाती हैं? वह अपने जिस आत्म में दूसरी कलाओं को आत्मसात् करके अपना बना लेता है, नाट्य का वह अपना आत्म, अपना स्वरूप क्या? उसका स्वातन्त्र्य किस बात में है?

मैं फिर एक प्रश्न से बात को आगे ले जाना चाहता हूँ : स्वतन्त्र कला किसे कहा जाये? कला का ऐसा रूप जो सर्वथा विविक्त हो, जिस पर दूसरी कोई छाया ही न पड़ सकती हो?

इसी दिशा में उत्तर का एक सूत्र भरत में भी है, जो अपने आपमें भी बड़ा दिलचस्प है। उसी का पहले संक्षेप में ब्योरा देता हूँ। प्रसंग नृत्त की उत्पत्ति का है, और उसके नाट्य में समावेश का। नाट्यशास्त्र का चौथा अध्याय ताण्डव नाम के विशुद्ध नाच पर है—जो आज के भी विशुद्ध नृत्त-रूपों के मूल में है। अध्याय एक छोटी-सी कहानी से शुरू होता है। नाट्य की उत्पत्ति के बाद स्वयं ब्रह्मा ने दो नाट्य-रूपों की रचना की : अमृतमंथन और त्रिपुरदाह। पहले में देवताओं और असुरों की समुद्र मथने की जानी-मानी कहानी थी; दूसरे में शिव का एक प्रसिद्ध चरित्र : उनकी त्रिपुर पर विजय। ये नाट्य भगवान शिव को भी दिखाये गये। हिमालय के रम्य परिवेश में पूरी तैयारी के साथ खेले गये। शिव ने प्रशंसा की। पर बोले : देखो, मैं भी कुछ करता रहा हूँ। मैं नाचता हूँ। मेरे नृत्य को तुम अपने नाट्य के पूर्वरंग में डाल लो ('पूर्वरंग' प्राचीन नाट्य-प्रयोग की नृत्यगीतमय पूर्वपीठिका थी, जिसमें गीतक कहलाने वाले विशुद्ध गीत के साथ विशुद्ध

ताण्डव नाच किया जाता था)। ब्रह्मा ने कहा, मैं वह नृत्य जानता नहीं हूँ, सिखाइये। शिव ने तण्डु को बुलाया, और तण्डु ने ब्रह्मा और भरत के आगे शिव के ताण्डव-नृत्त का वर्णन-विवेचन किया, ताकि भरत उस नृत्त की प्रयोग-विधि जान सकें।

चौथे अध्याय के शेष भाग में ताण्डव का बड़ा व्यवस्थित शास्त्रीय वर्णन है। नाट्यशास्त्र में यह किसी पूर्व-उपलब्ध शास्त्र से ही लिया गया जान पड़ता है, हालाँकि ऐसा कोई शास्त्र आज मिलता नहीं है। आज ताण्डव-नृत्त का सबसे पुराना स्रोत भरत का नाट्यशास्त्र ही है। पर भरत की कहानी से ही उभर आता है कि ताण्डव नाट्य से पुरानी कला थी। स्वयं शिव उसे नाचते थे। उसका शास्त्र भी भरत-रचित नहीं है, पहले से उपस्थित था : तण्डु नाम के आचार्य ने उसे रचा था।

पर कला-स्वातन्त्र्य के प्रश्न पर आइये। ताण्डव एक स्वतन्त्र कला थी—ऐसी स्वतन्त्र कि किसी और कला से उसका कोई सार्थक संगम ही सम्भव नहीं था। नाट्यशास्त्र में आगे यही बात सामने आती है। ताण्डव के तण्डु-कृत वर्णन के बाद भरत एक तीख़े प्रश्न का सामना करते हैं : शिव ने ताण्डव को नाट्य का अंग बनाने का आदेश दिया था पर टेढ़ा प्रश्न था कि ताण्डव नाट्य की सामग्री बन ही कैसे सकता है ? शिव का आदेश था कि ताण्डव का समावेश नाट्य की पूर्वपीठिका (पूर्वरंग) में किया जाये, पर वहाँ भी उसका गीत-संगीत होता था, जिसके साथ ताण्डव का मेलन आवश्यक था ! नाट्यशास्त्र की लेखन-शैली में पुराण-रचना के आख्यान-कथन का भी आभास है—जो यहाँ ताण्डव के प्रसंग में स्पष्ट है। भरत ने अपने शास्त्र को आगम-पुराण की तरह 'अलौकिक' बनाने की प्रकट चेष्टा की है। सारा शास्त्र ही किसी पुराण की तरह ऋषियों की एक सभा में सुनाया जाता है। ऋषि प्रश्न भी करते चलते हैं। तण्डु का विस्तृत ताण्डव-वर्णन सुनने के बाद ऋषियों ने भरत से एक बड़ा पैना प्रश्न किया; उन्होंने भरत से पूछा, नाट्य के लिए अभिनय की निर्मिति तो समझ में आती है, क्योंकि अभिनय किसी अर्थ की अभिव्यक्ति करता है, पर नृत्त का नाट्य में क्या प्रयोजन है ? (उसे पूर्वरंग में करने की बात है, पर वहाँ) जिस गीतक (गीत-विशेष) के साथ (इसके नाचे जाने की बात है) उसके अर्थ से इसका कोई सम्बन्ध ही नहीं बनता दिखता। उस (गीत) के अर्थ का यह भावन (अभिनय की तरह अर्थ की अभिव्यक्ति) जैसा

तो कुछ कर नहीं सकता, फिर गीतक के साथ इसके संयोजन का क्या मतलब? इस नृत्त का अपना स्वभाव क्या है?

ऋषियों के प्रश्नों में दो प्रधान प्रश्न उभरते हैं : पहला यह मानकर चलता है कि नृत्त ऐसी कला है जो अपने आपमें नितान्त स्व-तन्त्र और स्व-स्थित है—यह अभिनय जैसी कला नहीं है जो कि अपने से बाहर किसी अर्थ की अभिव्यक्ति कर सकती हो। अब, ऐसी कला का किसी और कला से मेलन हो ही कैसे सकता है? दूसरा प्रश्न यह है कि कला के रूप में नृत्त क्या करता है? उसका अपना स्वभाव क्या?

ये प्रश्न बिना किसी भूमिका के एकदम से हमारे सामने आयें तो पहेली-से लग सकते हैं, क्योंकि सन्दर्भ प्राचीन है, अनजाना, अप्रत्याशित है। फिर नृत्य और गीत के जिन रूपों की यहाँ चर्चा है, वे लुप्त हो चुके हैं। पर प्राचीन सन्दर्भ का अपरिचय यहाँ हमारी समझ के लिए अनुल्लंघनीय बन्धन नहीं होना चाहिये—उससे हम सहज ही अपने को निकाल ले सकते हैं : आज भी नृत्त और गीत के वैसे ही रूप उपलब्ध हैं—जिन्हें 'तद्‌भव' तक कहा जा सकता है। तण्डु का ताण्डव आज भी शास्त्रीय नृत्तों में उजागर है। उसमें परिवर्तन तो आये हैं, पर उसका मर्म या 'स्वभाव' वही है, जो भरत के समय था। इसलिए भरत के आशय तक पहुँचना हमारे लिए बहुत कठिन नहीं होना चाहिये। यहाँ सार की बात यह है कि जिस ताण्डव की भरत बात कर रहे हैं वह विशुद्ध नाच था : शरीर के अवयवों की विशेष स्थितियों और गतियों से बने आकारों की ऐसी सुष्ठु बुनावट, जो अपने से बाहर किसी अर्थ की अपेक्षा नहीं रखती, जैसा कि अभिनय रखता है। अभिनय में जो 'अभिनीत' होता है वह अभिनय से परे कुछ और होता है, जिसे उसका 'अर्थ' कह सकते हैं : किसी घटना-प्रसंग में किसी पात्र का भाव या चरित, या ऐसा ही कुछ और। इस अर्थ में पूरा नाट्य ही अपने से बाहर कुछ और की अपेक्षा रखता है : नाट्य मनुष्य-लोक की अपेक्षा रखता है, जिसे उसका आलम्बन कहा जा सकता है। तभी नाट्य का स्वभाव ही 'अनुकरण' कहा गया है—यह भी कह सकते हैं कि नाट्य मनुष्य-लोक के 'अर्थ' को—मनुष्य की तरह जीने के अनुभव को—अपनी तरह प्रस्तुत करता है। नृत्त का अपने से बाहर ऐसे किसी अर्थ से कोई सम्बन्ध नहीं, उसे मनुष्य-लोक की या अन्य किसी लोक की अपेक्षा नहीं। तभी दसवीं-ग्यारहवीं सदी में नाट्यशास्त्र की

व्याख्या करते हुए नृत्त को अभिनवगुप्त ने 'स्वयंप्रतिष्ठ' (या 'स्वप्रतिष्ठ') की संज्ञा दी। आज की शब्दावली में कहें तो अभिनय को 'रिप्रेज़ेन्टेशन' की कला कहेंगे और नृत्त को विशुद्ध 'ऐब्स्ट्रैक्ट' कला। आज की शब्दावली जिस परम्परा से आयी है, वहाँ कला का यह विभाजन बहुत नया है। एक क्रान्ति माना जाता है, क्योंकि वहाँ रूढ़ि यह रही है कि कला मात्र रिप्रेज़ेन्टेशन या अनुकरण होती है। भारत में यह 'क्रान्ति' बहुत पुरानी है, चाहे हमारा ध्यान उधर न जाता हो। एक बात और है। 'क्रान्ति' की दिशा यहाँ उलटी है। भरत से ही स्पष्ट है कि विदग्ध, आत्मचेतन कला के रूप में स्वयंप्रतिष्ठ नृत्त, अनुकरणधर्मी नाट्य से पुराना है। नाट्य रिप्रेज़ेन्टेशन की कला है जो नृत्त के बाद आती है। और इस बात से रिप्रेज़ेन्टेशन के आदि-विचारक भरत परिचित थे।

एक लक्षणीय बात यहाँ और है, जिसे लक्ष्य किया नहीं जाता। हम पाते हैं कि भरत नृत्त को अर्थ या अनुकरण निरपेक्ष ही नहीं मानते, उसके कला-बोध को, उसकी संवेदना या अनुभव को भी रस की श्रेणी में नहीं रखते—रस उनके लिए नाट्य के कला-बोध का लक्षण था, नृत्त के कला-बोध का नहीं। भरत कहते हैं कि यह तो ठीक है कि अभिनय की तरह नृत्त अपने बाहर ऐसे किसी अर्थ की अपेक्षा तो नहीं रखता, जिसका वह व्यंजक हो, पर नृत्त की अपनी स्वतन्त्र व्यंजना है : वह 'शोभा' को जन्म देता है इसीलिए उसका प्रवर्तन किया गया है (न खल्वर्थं कंचिनृत्तमपेक्षते / किंतु शोभां प्रजनयेदिति नृत्तं प्रवर्तितम् / ४.२६३-६४)। नृत्त मनुष्यों की प्रवृत्ति का निहित अंग है। मनुष्य स्वभाव से ही नाचता है, और उसे नृत्त अच्छा लगता है (प्रायेण सर्वलोकस्य नृत्तमिष्टं स्वभावतः। ४.२६४)।

यह शोभा क्या है? स्पष्ट ही यह रस से भिन्न है। पर रस-सूत्र की तरह भरत किसी शोभा-सूत्र की रचना नहीं करते—उनका काम नाट्य से था नृत्त से नहीं, नृत्त का प्रयोजन उनके लिए नाट्य के अंग या नाट्य-रचना की एक सामग्री के ही रूप में था। नाट्य में उसका प्रयोग अपने आपमें, विशुद्ध नृत्त के रूप में नहीं था—नाट्य की पूर्वपीठिका (पूर्वरंग) में भी नृत्त का अपने आपमें प्रयोग नहीं था। जैसा हम ऊपर देख चुके हैं, पूर्वरंग में नृत्त का प्रयोग गीतक के साथ होता था। पर उस गीतक में गाये गीत के साथ नृत्त का कोई अन्तरंग संयोजन नहीं था, जैसा कि अभिनय का गीत के साथ होता है। अभिनव यहाँ दोनों के किसी भी परस्पर-भाव के

अभाव पर ही ज़ोर देते हैं। एक उपमा देते हुए कहते हैं कि नृत्त और गीत का सम्बन्ध यहाँ वैसा ही बहिरंग था जैसा कि एक ही शत्रु से लड़ने जाती हुई दो भिन्न और स्वतन्त्र राजाओं की सेनाओं के बीच होता है। यहाँ कला के स्वातन्त्र्य का भी एक गहरा लक्षण हम देख सकते हैं, 'स्वतन्त्र कला उसे कहेंगे जिसका अन्य किसी कला से मेलन नहीं हो सकता।' पर फिर नाट्य जैसी कला सम्भव ही कैसे है? बल्कि हम पाते हैं कि भरत ने नृत्त का प्रयोग नाट्य के अभिनय में भी किया था—उनके अभिनय ने नृत्त की कई मुद्राओं, अंग-वलन के प्रकारों और चारियों को अपने प्रयोग में पिरोया था। तो प्रतिप्रश्न उठता है कि भरत के लिए अगर नृत्त का स्वभाव ही नाट्य से बिलकुल भिन्न था, तो नाट्य में नृत्त का किसी भी तरह उपयोग कैसे किया जा सकता था? भरत के प्रयोग में जिस समाधान का इंगित है उसे यों रख सकते हैं : किसी भी स्वतन्त्र कला में ऐसा रूपान्तर साधा जा सकता है जिसे वह अन्य कला या कलाओं से मेलन के योग्य बनायी जा सके। भरत ने नृत्त के साथ यही किया था। उन्होंने गान्धर्व-संगीत के साथ भी यही किया था। गान्धर्व का नाट्य में यों का यों प्रयोग सम्भव नहीं था—वह नृत्त की तरह ही स्वतन्त्र कला थी; नाट्य के पूर्वरंग में गान्धर्व के ही गीतक के साथ नृत्त का प्रयोग होता था—जहाँ अभिनव ने दोनों को स्वतन्त्र कहा है और उनके संगम को बाह्यधर्मी।

यहाँ शोभा पर अभिनवगुप्त ने क्या कहा है उसकी थोड़ी चर्चा करता हूँ, फिर आगे बढ़ूँगा। पाठक अवगत हैं कि रस की जिस रूप में आज चर्चा होती है उसका बड़ा श्रेय अभिनव को है। पर इस बात पर कला-चिन्तकों का ध्यान नहीं के बराबर गया है कि भरत में रस से अलग भी कला के एक और आधारगत तत्त्व की बात की गयी है, और अभिनव इससे अवगत हैं, चाहे उन्होंने बात को छेड़कर ही छोड़ दिया हो। अभिनव ने नृत्त में शोभा के स्वरूप की एक प्रस्तुति की है, जिसमें हम स्वतन्त्र कही जा सकती, स्वयंप्रतिष्ठ कला मात्र के लक्षण की एक दिशा देख सकते हैं।

अभिनव ने बहुत समेटकर बात कही है। मैं और भी छोटे में कहूँगा। विस्तार का यहाँ प्रसंग नहीं है। अभिनव कहते हैं, 'नृत्त में शरीर और शरीर के अवयवों की चेष्टाओं का और इन चेष्टाओं के विन्यास का एक ऐसा विलक्षण, उदात्त (प्रकृष्ट) प्रवाह बनता है, जो रंजन-विशेष जगाने में समर्थ होता है। शरीर की चेष्टाओं के विन्यास का यही रंजन-सामर्थ्य नृत्त

की 'शोभा' है, जिसके जागते के साथ ही दर्शक में एक गहरे चमत्कार के अनुभव का उदय होता है। यह अनुभव गान आदि (दूसरी कलाओं) के अनुभव से भिन्न होता है।' लक्षणीय है कि नाट्य में रस की निष्पत्ति मंच पर प्रस्तुत विभाव, अनुभाव, संचारी भाव (पात्र, घटना, अवस्था, इनका अभिनय और इससे जागते भावनाओं के व्यूह) इनके द्वारा होती है, जबकि नृत्त में शरीर की चेष्टाओं का गुँथाव—उनसे निर्मित रूप—अपने बाहर किसी अर्थ की अपेक्षा बिना ही एक सार्थक कला-बोध को जन्म देता है, और यही 'शोभा' है। इसके विपरीत, नाट्य मनुष्य के भाव और कर्म लोक को कथा, पात्र, अभिनय और इनकी प्रस्तुति को कई कलाओं के मेलन से पुष्ट, उपरंजित करता हुआ हममें 'रस' जगाता है। लोक की ऐसी नाट्यधर्मी उपस्थिति ही रस-निष्पत्ति का द्वार होती है। नृत्त में लोक की उपस्थिति नहीं होती; वहाँ सीधे ही, नृत्त के अपने रूप-वैभव से शोभा का उदय हो जाता है। हम शिकायत करते रहते हैं—और ठीक ही करते रहते हैं—कि हमारे यहाँ कला-चिन्तन भरत के विभावानुभावसंचारी वाले सूत्र से ज़्यादा ही बँधा हुआ है, जहाँ विशुद्ध निर्मितिनिष्ठ कलाओं के लिए स्थान नहीं। पर देखिये यहाँ भरत में ही विचार का एक रस-भिन्न मार्ग आगे आता है जो चिन्तन को बिलकुल अलग दिशा में ले जा सकता था। अब भी ले जा सकता है।

जो भी हो, कला-स्वातन्त्र्य के सन्दर्भ में भरत (और अभिनव) की नृत्त पर कही बात विशेष उन्मेष के साथ जागती है। हम नृत्त को स्वयंप्रतिष्ठ ही नहीं स्वतन्त्र भी कह सकते हैं—सर्व-कला-स्वतन्त्र : उसके रूप-विन्यास की अपनी अन्य-निरपेक्ष व्यवस्था (तन्त्र) है, जो नाट्य की तरह किसी न लोक का आलम्बन चाहती है, न अन्य कला का उपरंजन। नृत्त अपने ही भीतर झाँकता है, नाट्य की तरह बाहर, लोक की ओर, नहीं। फिर नृत्त का एक ही अविमिश्र माध्यम है—मनुष्य का शरीर, शरीर की स्थिति, गति। तभी हम उसे विशुद्ध कला कहते हैं। उसे अपनी 'सार्थकता' (शोभा) के लिए न बाहर के किसी अर्थ को समोने की ज़रूरत है, न अपनी पूर्ति के लिए किसी और शिल्प या कला की। यों नाट्य से नृत्त का मूलगत अन्तर है। कहा जा सकता है कि नाट्य का मूल अभिनय है—अभिनय ही नाट्य को नाटक से अलग करता है, दूसरी कलायें यहाँ अनिवार्य नहीं हैं, उन्हें जो अभी उपरंजक का नाम दिया गया वह उपयुक्त

है। पर अभिनय अपने आप में नहीं बनता, उसे बनाने के लिए नाटक (लिखित कथानक) की ज़रूरत होती है। इन दो के परस्पर-भाव के बिना नाट्य नहीं बनता। या नृत्य को ही लीजिये—नृत्य में नृत्त अभिनय का रूप ले लेता है तो गीत के बोलों की ज़रूरत होती है, जिन्हें अभिनीत किया जाये। इनके बिना अभिनय अपने आप में कुछ बनने लगे तो नृत्त का सा रूप लेने लगेगा।

कहा जा सकता है कि नृत्त के साथ भी तो संगीत होता है, और बाजे न सही, तबला, मृदंग, पखावज या ऐसा कुछ बजता ही है; ताल देता है। बात ठीक है। पर सोचिये। क्या ताल और संगीत का नृत्त के साथ वही अन्तरंग सम्बन्ध है जो अभिनय का अभिनीत शब्दों के साथ होता है? स्वर और ताल, ये नृत्त को सहारा तो देते हैं पर उसके साथ एकात्म नहीं होते, जैसे अभिनय गीत या कथा के शब्दों के साथ एकात्म होता है। या नृत्त जैसी ही एक और स्वप्रतिष्ठ कला का उदाहरण लीजिये : राग का विशुद्ध आलाप। वहाँ ताल-वाद्य नहीं होता—पर हो भी सकता है, जैसे ख़याल के विलम्बित आलाप में। वहाँ वाद्य की उपस्थिति—और गेय शब्द की उपस्थिति भी—आलाप की विशुद्धता को आविल नहीं करती—दोनों को अपने होने का सहारा-भर बना लेती है। नृत्त की तरह वहाँ भी सार्थक रूप-निर्मिति का एक ही माध्यम और एक ही अविमिश्र स्रोत होता है : ध्वनि-जात स्वरों की बुनावट, जो राग-रूपी अवयवी का रूप लेती है। ताण्डव नृत्त की तरह ही राग भी अपने बाहर नहीं झाँकता—स्वतन्त्र, स्वयंप्रतिष्ठ है। रागालाप की तरह ही नृत्त की अपनी सामग्री विशुद्ध अंग-संचार है—संगीत या ताल अगर साथ हों तो उसी के लिए जगह बनाते हैं। अभी ऊपर अभिनव के नृत्त पर जो कहा है, उसे फिर विमर्श के साथ देखिये : वे कहते हैं कि नृत्त नाट्य-विलक्षण ही नहीं गान-विलक्षण भी है। नृत्त शरीर-संचार में और आलाप स्वर-संचार में ऐसा आत्मस्थ-स्वयंप्रतिष्ठ हैं कि एक-दूसरे से भी स्वरूपत: भिन्न हैं कि लगता है उनके मत में दोनों के कला-बोध के लिए एक ही शब्द—शोभा—का प्रयोग भी ठीक नहीं। पर शब्द-प्रयोग के विवाद में हम यहाँ नहीं जायेंगे—यह भी तो कहा ही जा सकता है कि रागालाप और नृत्त शोभा के ही दो प्रकार हैं। हर स्वतन्त्र कला से निष्पन्न-बोध के लिए भिन्न प्रत्यय का प्रयोग बेमानी उलझाव ही लगता है।

पर नृत्त जैसी स्वतन्त्र कलायें कई हैं—यहाँ ऐब्स्ट्रैक्ट चित्र का भी उदाहरण लिया जा सकता है; पर हमारी चर्चा के लिए नृत्त ही काफ़ी हैं। लेकिन कला-स्वातन्त्र्य के बारे में एक गहरा सवाल यहाँ और उठाया जा सकता है। क्या स्वतन्त्र कला वही होगी जो नृत्त की तरह स्वयंप्रतिष्ठ हो, जो अपने बाहर किसी अर्थ की अपेक्षा न रखती हो ? लग सकता है कि कला के सन्दर्भ में 'स्वतन्त्र' और 'स्वयंप्रतिष्ठ' पर्याय जैसे ही हैं। पर साहित्य को लीजिये : कविता, कहानी, उपन्यास, ...या वही जिसे हमने यहाँ 'नाटक' कहा है, नाट्य का लिखित पाठ—इन सबको 'साहित्य' के प्रकार कहा जा सकता है। अब, क्या साहित्य स्वतन्त्र कला नहीं है? अगर स्वातन्त्र्य का आधार माध्यम को मानें तो माध्यम यहाँ स्पष्ट ही अविमिश्र है : भाषा या शब्द। फिर, नृत्त की तरह ही साहित्य को भी अपनी पूर्ति के लिए किसी और कला की आवश्यकता नहीं होती। तभी अरस्तू ने कहा कि एपिक की तरह नाटक को पढ़ लेना ही उसके अनुभव के लिए पर्याप्त है।

पर, माध्यम के रूप में शब्दों का स्वभाव नृत्त के अंग-संचार से बिलकुल अलग है। अभिनय-भिन्न विशुद्ध अंग-संचार किसी 'अर्थ' की अपेक्षा नहीं रखता। पर साहित्य का जो माध्यम है, शब्द, वह अपने से बाहर किसी अर्थ के संकेत के बिना शब्द ही नहीं होता। ध्वनि या लिपि मात्र होता है। माध्यम के रूप में शब्द स्वरूप से ही दोहरा है—एक ओर ध्वनि (या लिपि), और दूसरी ओर इनसे संकेतित अर्थ। फिर शब्द जिस अर्थ का वहन करता है, उसका लोक से भी सम्बन्ध होता है। महाकाव्य, कथा, उपन्यास आदि में तो साफ़ ही होता है। तभी नाट्य की तरह इन्हें भी अनुकरणधर्मी कहा जाता है। हमें साहित्य को (या उसके कथा जैसे रूपों को) नृत्त के अर्थ में स्वयंप्रतिष्ठ कहने में संकोच ही होगा। पर उसे स्वतन्त्र क्यों नहीं कह सकते ? माध्यम तो यहाँ भी एक और अविमिश्र ही नहीं होता, अपने आप में अत्यन्त वैभवशाली होता है। कुछ सहृदय तो यहाँ तक कहेंगे कि कला-बोध का उससे अधिक उन्मेष किसी और कला में नहीं होता। अरस्तू के मन में भी यही बात थी। दूसरे विचारकों को भी देखिये, साहित्य की ओर ही अधिक झुकते हैं। हाँ, भरत की महिमा से भारत में इतना ज़रूर रहा है कि साहित्य-विचार का एक गहरा भाग—रस विचार—नाट्य को आधार बनाता है।

साहित्य इस प्रश्न की ओर संकेत करता है कि कला में माध्यम को क्या

महत्त्व दिया जाये? उसे कला-स्वातन्त्र्य के परिप्रेक्ष्य में कैसे आँका-परखा जाये? कला की अभिव्यक्तियों में माध्यम-भेद प्रत्यक्ष है, यह भी प्रकट है कि कलाकृतियों का अपने माध्यम के साथ अन्तरंग सम्बन्ध होता है। माध्यम भिन्न हो तो कला भी भिन्न हो जाती है। पर यहाँ माध्यम के प्रश्न को नहीं उठाऊँगा। एक दूसरी बात उठाना चाहता हूँ। माध्यम के प्रश्न की तह में उतरे बिना भी हम कह सकते हैं कि किसी कला को हम जब स्वतन्त्र कहते हैं तो यह मानकर चलते हैं कि वह एक माध्यम-निष्ठ है, दूसरे माध्यम की उसमें कोई अन्तर्निहित मिलावट नहीं; वह अविमिश्र है। इसी को कला का विशुद्ध होना भी कहा जाता है, और ऐसी विशुद्धि की आज महिमा है। पर सोचिये, इस आदर्श के विपरीत, भरत नाट्य को भिन्न कलाओं का संगम कहते-साधते हुए भी उसे परम स्वतन्त्र कला के रूप में देखते हैं—दूसरी कलाओं का उपयोग करते हुए भी सबसे अलग, और सबकी सिरमौर। नाट्य की हमारी संवेदना भी उसे अलग कला के रूप में खड़ा करती है। अपनी संवेदना को प्रमाण मानें तो फिर हम नाट्य के कला-संगम को कला-स्वातन्त्र्य की कोटि से अलग क्यों करें? यह ठीक है कि आज के विचार का तेवर कला का आदर्श यह मानता है कि अलग माध्यम अपनी अलग सम्भावनाओं के दिगन्त नापें। तभी पुरानी मूर्तियों पर या वास्तु पर चित्रकारी, या नृत्य में बोल के साथ अभिनय या गीत और शब्द, ऐसे संगमों को आज अपेक्षया हेय मानने का चलन है, क्योंकि इससे हमें माध्यम की अपनी अविमिश्र महिमा धुँधलाती दिखती है। पर दूसरा भी तो मार्ग हो सकता है। भिन्न कलाओं के संगम से बनी कला की अपनी महिमा हो सकती है। नाट्य यह दिखाता ही है। कला-संगमों के भी हम दिगन्त नापने लगें तो वहाँ भी नयी सार्थक निर्मितियाँ रूप लेती दिखेंगी। विचार भी फिर उधर पाँव बढ़ायेगा। भरत से हम इसका सुराग़ ले सकते हैं।

रस की धारणा को लीजिये। बाद के चिन्तन में रस कला-बोध मात्र का पर्याय बन गया। पर भरत इसको नाट्य के ही परिप्रेक्ष्य में देखते हैं। उनके लिए रस नाट्य को परिभाषित करता है, जैसे शोभा नृत्त को। रस नाट्य के स्वभाव को दूसरी, नृत्त जैसी कलाओं से अलग करता है—वह नाट्य का व्यावर्तक धर्म है। भरत के लिए रस इस बात को परखने की—और साधने की भी—कसौटी था कि जो विभिन्न कलायें नाट्य में ली गयी हैं,

वे नाट्य में परिणत हुईं या नहीं : रस, नाट्य का अपना स्वतन्त्र आस्वाद या बोध है जहाँ भिन्न कलाओं के भिन्न आस्वाद या बोध यों मिलकर एकात्म हो जाते हैं कि एक नये बोध का उन्मेष हो। भरत यहाँ खाना पकाने का उदाहरण देते हैं। जैसे अच्छे पकवानों में भिन्न व्यंजन अपना भिन्न स्वाद खो देते हैं और एक नया 'रस' उत्पन्न होता है, वैसे ही नाट्य का जो कुछ भी अंग बनता है, वह अपना स्वातन्त्र्य खोकर नाट्य की—दूसरे शब्दों में, रस की—सामग्री हो जाता है। पकवान में क्या-क्या कैसे पड़े और वह बना या नहीं, इन दोनों बातों को तोलने की कसौटी रस ही होता है। नाट्य के साथ भी यही बात है : नाट्य में जिस शिल्प या कला का समावेश किया गया है, (चाहे वह साहित्य हो या नृत्त-संगीत) वह नाट्य बना या नहीं, इसका निकष रस है। नाट्यशास्त्र नाट्य का प्रयोग करने वालों की दृष्टि से लिखा गया है। भरत प्रयोक्ता को भिन्न कलाओं के अपने स्वतन्त्र स्वरूप बताते हैं, और यह बताते हैं कि उन्हें नाट्य में कैसे ढाला जाये, और यह भी कि इसके लिए उन कलाओं में कैसा और किस रास्ते रूपान्तर साधा जाये। नृत्त की हमने बात की है। नृत्त का भरत के नाट्य में बड़ा स्थान था। भरत बताते हैं कि इसके लिए क्या-क्या किया जाये ताकि नाट्य में उसे नाट्य बनाकर बिठाया जा सके। उसका शोभा-बोध रस-बोध में बदल सके। दूसरी कलाओं के लिए भी भरत ऐसा करते हैं।

तो रस वह धर्म है जो नाट्य की अपनी स्वतन्त्र पहचान है, और रस बनता ही कला-संगम से है। पर रस एक नहीं है। भरत ने नाट्य में आठ रस गिनाये हैं। कहा जा सकता है कि रस एक जाति है : कला-संगम की सम्भावनाओं का एक विशेष जगत है, जो अपनी तरह से मंच पर मनुष्य-लोक की रचना करता है, या भरत के शब्दों में मनुष्य-लोक का अनुकरण, अनुकीर्तन या अनुभावन करता है। यह अपनी-सी अलग सृष्टि होती है जिसमें भिन्न कलायें अपना नहीं नाट्य का धर्म निभाती हैं, रस जगाती हैं। नाट्य-सृष्टि कई तरह से की जा सकती है क्योंकि मनुष्य का भाव और कर्म लोक वैविध्य में पलता है। भिन्न भावों का, भिन्न कर्मों का अनुभव और परिवेश भिन्न होता है। भरत ने मनुष्य की कुछ भावनाओं को प्रबल या प्रधान मानते हुए, आठ (या नौ) रसों की बात की है, पर यह सीमा उनकी और उनकी कला की है, मनुष्य-लोक की या नाट्य की नहीं।

रस में निहित कला-संगम की धारणा को नाट्य से बढ़ाकर और भी व्यापक किया जा सकता है। भिन्न रसों की प्रस्तुति के लिए भरत ने चार वृत्तियों की कल्पना की है। इनके नामों से हममें से कुछ परिचित भी होंगे : कैशिकी, आरभटी, भारती और सात्त्वती। ये नृत्त, गीत, पाठ जैसी भिन्न कलाओं के भिन्न रूप-रंगों को अलग-अलग तरह से मिलाते हुए, एक को प्रधान दूसरे को गौण करते हुए, मंच पर रचे जाने वाले अलग-अलग परिवेश-परिमण्डलों के प्रकार हैं। हर वृत्ति अपनी तरह से कलाओं को मिलाकर अपना अलग आवह बनाती है जिन्हें भिन्न भाव-मण्डल या भाव-जगत भी कह सकते हैं। कहना न होगा, भिन्न रसों के साथ भिन्न वृत्तियाँ जाती हैं। रस और वृत्ति एक ही नाट्य तत्त्व के दो पक्ष हैं : वृत्ति बनती तभी है जब रस निष्पन्न हो, और रस तभी निष्पन्न होता है जब वृत्ति बने। यानी रस को वृत्ति की दृष्टि से भी देखा जा सकता है।

वृत्ति का जो विवरण मिलता, संक्षिप्त है, और भिन्न वृत्तियों के मोटे-मोटे लक्षणों की ही चर्चा मिलती है। लगता ही है कि वृत्तियाँ नाट्य-रचना की भरतकालीन चार सामान्य शैलियाँ (या रचना-मार्ग या प्रकार) हैं। हर शैली में यह सम्भावना है कि अपने आप में कई रूप ले सके। विशेष प्रयोगों में लेती ही रही होगी। कैशिकी में प्रीति, हर्ष और प्रमोद के लिए उपयुक्त, मधुर, प्रसन्न, ललित, लास्यमय नाच और कुहकमय गान का प्राधान्य होता था, जिससे एक सुकुमार भाव-जगत की सृष्टि हो सके। तभी कैशिकी का सम्बन्ध शृंगार और हास्य रसों से है। इसके विपरीत आरभटी संघर्ष और संग्राम प्रधान थी। इसके भाव-जगत को उद्धत या 'आविद्ध' कहा गया है। नृत्त और संगीत की यहाँ भी महिमा है, पर नृत्त यहाँ ओजमय ताण्डव-तुल्य होता है, और संगीत संवेग-आवेगमय, जय-वाद्य प्रधान। स्पष्ट ही यह वृत्ति वीर और रौद्र रसों के साथ जाती है। भारती वृत्ति पाठ या आभाषण-सम्भाषण प्रधान थी—इसमें संवाद का बोलबाला था, और स्वर के भावमय उतार-चढ़ाव के साथ उसका उच्चारण और उद्घोष किया जाता था (जिसे काकु कहा गया है)। इसे करुण और बीभत्स के अनुकूल माना जाता था। सात्त्वती का सम्बन्ध मौनप्राय अन्तरंग अभिनय से है, जैसे—स्वेद, पुलक, अश्रु, कम्प आदि। इसका प्रयोग भयानक और अद्भुत में उपयुक्त कहा गया है। कहना न होगा कि इन सभी वृत्तियों में तत्कालीन नाट्य में समाविष्ट सभी कलाओं का प्रयोग

होता था—बात निभाव की या बरतने के भेद की और अभिव्यक्ति के गुणों में किसे प्रधान रखा जाये, इस भाव की थी।

दो बातें यहाँ कहना चाहूँगा। एक तो यह कि वृत्ति की सृष्टि करना ही नाट्य की अपनी स्वगत साधना, अपना निजी वैभव है। नाट्य-वृत्तियाँ भिन्न कलाओं के मेल से ऐसे सार्थक अवयवियों का उन्मेष करती हैं जिन्हें नाट्य की विलक्षण उपलब्धि या सम्पत्ति कहा जा सकता है। वृत्ति का रूप उभारने में ही नाट्य का स्वातन्त्र्य अपना है। वहाँ वह दूसरी कलाओं को अपनी तरह से अपने में समोता बल्कि, यहाँ तक कह सकते हैं कि वृत्ति का यह स्वरूप-स्वभाव है, उसकी अन्तरंग माँग है कि अन्य कलाओं को अपने में ले, उनका मेलन करे, संगम साधे। अरस्तू को फिर आगे लायें तो हम उनसे कह सकते हैं कि यह ऐसा सम्मेलन है जो नाट्य में ही बन सकता है, नाटक में नहीं। फिर यह भी देखिये कि सब नाटक अपने आपमें साहित्य के रूप में सक्षम नहीं होते। भास के कुछ छोटे नाटकों को लीजिये। अपने आपमें ये क्षीणबल से ही हैं। पर पनिक्कर के नाट्य में कैसा गौरव पा लेते हैं। अच्छी फ़िल्म और उसकी स्क्रिप्ट का सम्बन्ध तो अक्सर ही ऐसा होता है।

वृत्तियों के विवरण से झलक ही आता हैं कि भरत ने वृत्तियों के साथ रसों का जैसा मेल बैठाया है, वह एक मोटी-सी बात है : भाव और मंच पर प्रस्तुत परिवेश की आकृति-विन्यास के ऐसे साधर्म्य पर आधारित है, जो ऊपर-ऊपर का है—ऐसा जिसे चलताऊ नुस्ख़ा कहा जा सकता है। पर अच्छे प्रयोक्ता किसी नुस्ख़े से या चलते हुए तरीक़े से बँधे नहीं रहते।

दूसरी बात है कि आठ (या नौ) रस, चार वृत्तियाँ, यह गिनती भी एक रूढ़ि ही है। हमें रस, वृत्ति जैसी धारणाओं का मर्म पकड़ना चाहिये, उनकी कोई गतानुगतिक, लकीर चलती व्याख्या नहीं। वृत्ति की धारणा के मर्म को लीजिये (चाहे हम आज इस नाम को भूल गये हों, पर प्रयोग में नाट्य वृत्ति ही बनाता है) इसकी परिधि नाट्य के भी बाहर फैलती दिखेगी। नयी सम्भावनाओं के द्वार दिखते हैं यहाँ, जिनकी भरत ने कल्पना न की होगी। भरत के नाट्य की अपनी सीमायें, अपने आदर्श थे और वृत्ति की उनकी धारणा उनसे मर्यादित थी। पर भरत कितनी ही सीमा बाँधे, नाट्य की अपनी स्वतन्त्र सृष्टि अगर वृत्ति की सृष्टि है, तो वृत्तियाँ चार ही क्यों—अपार हैं। क्योंकि नाट्य के भेद, नाट्य जिन भाव-जगतों की सृष्टि करना

चाहता है—वे भी अपार हैं। भिन्न काल में, भिन्न संस्कृतियों में, नाट्य भरत-भिन्न प्रकार से सृष्टि करता ही रहा है। और करता ही रहेगा। पर यह भी देखिये कि वृत्ति की धारणा नाट्य की इन सारी सम्भावनाओं को पकड़ती है, समेटती है। उसके रूप विस्तार ले सकते हैं, पर उसका तत्त्व वही बना रहता है जो भरत-दृष्ट है : मंच पर साहित्य, अभिनय और दूसरी कलाओं का ऐसा समागम जो हमें मनुष्य के भाव और कर्म जगत का साक्षात्-सा द्रष्टा बना सके, हमें अपने मनुष्य-भाव के भीतर झाँकने का एक झरोखा दे सके। यही वृत्ति का काम है। और इसी में नाट्य है।

यों विमर्श करें तो हम नाट्य को भिन्न कलाओं का संगम कहते हुए भी स्वतन्त्र कह सकते हैं। यह स्वयंप्रतिष्ठ नहीं, संगम-प्रतिष्ठ है, पर अस्वतन्त्र नहीं। अपनी विलक्षण वृत्ति-साधना में स्वतन्त्र है।

वृत्ति की धारणा को हमने भरत से हटाकर यहाँ विस्तार देने की चेष्टा की। पर आगे भी सोचिये। वृत्ति अगर सार्थक कला-संगम का मार्ग है तो उसे नाट्य तक ही क्यों सीमित रखें? वह नाट्य के बाहर भी विस्तार ले सकता है। नाट्य अनुकरणधर्मी है, क्योंकि लोक को आलम्बन बनाता है। हमने ऊपर देखा कि रस की धारणा नाट्य के अपने विशिष्ट कला-बोध का लक्षण है। बाद के चिन्तन में रस को ऐसा विस्तार देने के प्रयास रहे हैं कि वह नाट्य से बाहर बढ़ता हुआ साहित्य को ही नहीं, सभी कलाओं को घेर सके—कला-बोध मात्र का लक्षण बन सके। रस-विचार के इस परवर्ती प्रयास में अभिनवगुप्त भी एक अगुवा हैं। पर अभिनव जब रस को उभार देते हैं तो शोभा को भूल जाते हैं—अरस्तू की तरह कला मात्र को नाट्य जैसे अनुकरण-धर्म में ढाल देना चाहते हैं। पर रस को हम नाट्य से बाहर न भी निकालें तो भी भरत की सीमा से निकालकर उसे और व्यापक अर्थ दिया जा सकता है। नाट्य को हम साहित्य जैसी दूसरी अनुकरणधर्मी कलाओं से अलग करने के लिए वृत्तिमार्गी अनुकरण कह सकते हैं : वृत्ति नाट्य में ही बनती है। यों रस, नाट्य का अपना व्यावर्तक लक्षण रहते हुए भी भरत की परिधि में नहीं रहेगा।

पर वृत्ति को और भी व्यापक परिप्रेक्ष्य में देखा जा सकता है। हम सार्थक कला-संगम मात्र को वृत्ति की धारणा में समो सकते हैं। हम भिन्न कलाओं के भिन्न संगमों के अनुभव में ही पलते हैं—कला को स्वतन्त्र करने की साधना तो बड़ी विशेष साधना होती है। साहित्य के साथ चित्र

का, स्वर के साथ शब्द का, नाच के साथ अभिनय का, वास्तु के साथ चित्र और भास्कर्य का (जैसे मन्दिरों और घरों में)—ये संगम तो सदा से हमारे साथ हैं। कहा जा सकता है कि ऐसे संगमों में मिश्रित कलाओं की अपनी सम्भावनाओं की हानि होती है। पर यही बात क्या नाट्य में मिश्रित कलाओं के लिए नहीं कही जा सकती? प्राचीन मन्दिरों, महलों, हवेलियों को देखिये—जो महत् हैं उनमें चित्र, भास्कर्य, वास्तु का संगम बनता ही है। खजुराहो में या बूँदी के महल में, मैं समझता हूँ, हम वृत्ति की अपनी तरह से बनी बानगी को देख सकते हैं। और भी उदाहरण लिये जा सकते हैं पर बात वृत्ति का अपना दिगन्त देखने की है। फिर, यह भी सोचिये कि क्या स्वतन्त्र, स्वयंप्रतिष्ठ कलाओं के संगम से वृत्ति नहीं साधी जा सकती? क्या कलाओं के मेलन के लिए यह आवश्यक है कि मिलाई कलाओं के रूप अनुकरण-धर्मी ही हों? हमने ऊपर देखा है कि शोभा का सम्बन्ध विशुद्ध, स्वयंप्रतिष्ठ नृत्त से है। नृत्त का स्वातन्त्र्य ऐसा है कि लोक से ही नहीं, अन्य कलाओं से भी अपने को अलग, अछूता रखता है। अभिनव के मत में नृत्त का किसी और कला से कोई अन्तरंग संगम सम्भव नहीं। गान्धर्व-संगीत के साथ भी नहीं, जो कि नृत्त के साथ गाया-बजाया ही जाता है। उनके लिए नृत्त की तरह गान्धर्व-संगीत भी अपने आप में एक स्वतन्त्र कला है, जो दूसरी कलाओं से अलग एक बोध-जगत की सृष्टि करता है—नृत्त से भी अलग।

पर कला के स्वातन्त्र्य को यों देखें तो कलाओं का भेद प्रधान हो उठता है। और भेद से इनकार करना भी ठीक नहीं। पर कलाओं में किसी गहरे अभेद से भी क्या इनकार किया जा सकता है? भिन्न कलाओं को फिर हम 'कला' ही क्यों कहें? और नाट्य की वृत्तियों में हम कलाओं का सार्थक संगम देखते ही हैं। जो भी हों, यहाँ मैं भेद-अभेद के जटिल प्रश्न में नहीं जाना चाहता। इतना ही कहना चाहता हूँ, कि अभिनव कुछ भी कहते हों, पर क्या यह सचमुच कहा जा सकता है कि स्वयंप्रतिष्ठ कलाओं का संगम नहीं हो सकता। दूसरे शब्दों में, कलाओं का ऐसा संगम नहीं हो सकता जिसका लक्ष्य अनुकरणधर्मी न हो। पर क्या ऐसा तत्त्वतः सम्भव नहीं? संवेदना के क्षेत्र में ऐसा कुछ निर्णय के साथ कह देना अटपटी बात होगी। बात करने की है।

यह भी सोचिये कि किसी कला का स्वयंप्रतिष्ठ होना उसे कहाँ तक

बिलकुल अपने में ही सीमित-अविच्छिन्न कर देता है? यह ठीक है कि स्वयंप्रतिष्ठ कला निर्मिति-प्रधान होती है, उसमें अपने से बाहर किसी कुछ की ओर संकेत नहीं होता, न किसी कुछ का प्रतिफलन होता है। पर विशुद्ध निर्मितियों के और भी रूप होते हैं—जैसे तर्क में, गणित में। कला की निर्मिति का इनसे भेद करें तो इस आधार यह दिखता है : कला का हमारे भाव-जगत से सम्बन्ध होता है, जो कि दूसरी गणित, तर्क जैसी निर्मितियों का नहीं होता। यह सम्बन्ध कला के सभी रूपों में होता है, चाहे ये रूप स्वयंप्रतिष्ठ हों या अनुकरणधर्मी। कला, रंग, रूप, रेखा, आकृति-घनत्व, स्वर, शब्द आदि से एक ऐसी संयोजना बनाती है जो भाव-जगत की संवेदनागम्य व्यंजना का वहन करती है। पर कलाओं के भेद भाव-जगत में ही किसी अन्तर्निर्विष्ट भेद की सूचना नहीं देते। तभी कलाओं का संगम सम्भव है। यह संगम स्वयंप्रतिष्ठ कलाओं के बीच भी फिर क्यों, नहीं क्यों नहीं हो सकता?

संगना (सम्पादक : प्रयाग शुक्ल), जुलाई-दिसम्बर २००१

कला में अमूर्त की भारतीय धारणा और परम्परा

आरम्भ करते हुए कला का अर्थ 'चित्र' लूँगा। अँग्रेज़ी के चलते हिन्दी में भी 'कला अर्थात् चित्र', या रूढ़ि सामान्य हो चली है। अँग्रेज़ी की ही चाल पर हिन्दी में भी 'अमूर्त' शब्द चित्र के साथ बँधा-सा है। पर 'अमूर्त' आया चित्र के सन्दर्भ में हो, उसका अर्थ व्यापक है। मूर्तिकला या भास्कर्य में भी अमूर्त की बात साधारण है। अमूर्त, अँग्रेज़ी के 'ऐब्स्ट्रैक्ट' और 'नॉन-फ़िगरेटिव' का अनुवाद है। इन शब्दों की ध्वनि या इनका तात्पर्य कला में एक विशेष प्रवृत्ति की ओर संकेत करता है, जिसे कला विशेष से बाँधा नहीं जा सकता है। आगे के विचार में अमूर्त की धारणा में उतरने के लिए—विशेषकर उस पर भारतीय चिन्तन को समझने के लिए—चित्र से हटकर अन्य कलाओं पर आऊँगा। सच पूछिये तो कला में अमूर्त की धारणा का संकेत कला को अनुकरण के चलते—आये मार्ग से हटाकर कला की अपनी स्वतन्त्र रूप और भाव साधना की प्रवृत्ति की ओर है। पश्चिम में इस प्रवृत्ति को कला के इतिहास में एक अपूर्व क्रान्ति के रूप में भी देखा गया है। कहा गया है कि यह कला के प्रति एक सर्वथा नयी दृष्टि है—जो अपने आत्मचेतन उन्मेष में सभ्यता मात्र के लिए नयी है। मेरे इस छोटे-से लेख का उद्देश्य इस बात को उभारना है कि भारत में भी कला के प्रति यह दृष्टि रही है—और बड़े सुचिन्तित आत्मबोध के साथ रही है। पर हम उसकी चर्चा नहीं करते। इसीलिए यहाँ चर्चा उठा रहा हूँ।

अर्थ में थोड़ा उतरकर देखें तो साफ़ ही अँग्रेज़ी के ऐब्स्ट्रैक्ट और नॉन-फ़िगरेटिव, ये शब्द दो भिन्न अभिप्राय रखते दिखते हैं। हिन्दी का अमूर्त

दोनों का अकेला अनुवाद है—साधारण प्रयोग में दोनों की ओर संकेत करता है; दोनों के अर्थ एक में मिला-सा भी देता है। हम कह भी सकते हैं कि एक इंगित है जो दोनों में समान है—प्रकृति या मानव-जगत में उपलब्ध आकृतियों के रूपायण से हटने की चेष्टा—दूसरे शब्दों में, कला के उद्देश्य को 'अनुसरण' की दिशा से अलग ले जाना—ऐसी आकृतियाँ बनाना जो कला-बोध की अपनी कल्पना से उदित हों। 'नॉन-फ़िगरेटिव' और 'ऐब्स्ट्रैक्ट' के भिन्न अर्थों को देखें तो इस प्रवृत्ति के लिए 'नॉन-फ़िगरेटिव' अधिक उपयुक्त जान पड़ता है—अगर फ़िगर का अर्थ ऐसी आकृतियों से लें जो बाहर लोक में नहीं पायी जाती हैं। फिर शब्द का यह अर्थ ठीक बनता नहीं है क्योंकि फ़िगर रूप मात्र के लिए प्रयुक्त हो सकता है पर यही रूढ़ हो गया है—'अमूर्त' इसी से आया लगता है। हम आगे देखेंगे कि यहाँ जो पुराना भारतीय शब्द है, वह और अधिक अर्थानुकूल है—कला का 'स्वप्रतिष्ठ' होना।

जिसे 'ऐब्स्ट्रैक्ट' कहते हैं उसमें अनुकरण का अभिप्राय फिर भी बना रहता है—ऐब्स्ट्रैक्ट कृति बनाते हुए कलाकार लोक में उपलब्ध आकृतियों को नकारता नहीं है, उन्हें अपनी तरह से रूप देता है। कह सकते हैं कि कलाकार यहाँ सादृश्य की साक्षात् साधना से हटकर उपलब्ध का अपने माध्यम की सम्भावनाओं में 'उद्ग्रहण' (ऐब्स्ट्रैक्शन) करता है। इसे उपलब्ध का कला-कृत रूपान्तर भी कह सकते हैं। कला के अनुकरण में उपलब्ध का उद्गृहीत होना या रूपान्तरित होना कोई नयी बात नहीं है, बल्कि कला का ऐब्स्ट्रैक्ट होना उसका स्वभाव ही है। कोई भी कला जब बाहर की—लोक की—प्रस्तुति करती है, उसे हू-ब-हू नहीं उतारती—और न उतार सकती है। कला द्वारा किया गया अनुकरण कला के माध्यम के अनुरूप ही हो सकता है। बात नयी नहीं है। नाटक स्पष्ट ही लोक का अनुकरण करता है। भरत ने नाटक को परिभाषित ही 'अनुकरण' शब्द द्वारा किया है। पर साथ ही भरत ने इस बात पर भी ज़ोर दिया है कि नाटक का अनुकरण माध्यम की अपनी सम्भावनाओं के अनुरूप ही होता है—'नाट्य-धर्मी' होता है। चित्र को लें तो चित्र में की गयी अनुकृति को 'चित्र-धर्मी' कह सकते हैं। जिस त्रि-आयामी परिप्रेक्ष्य में हम लोगों को, वस्तुओं को, बाहर देखते हैं, उसकी हू-ब-हू नक़ल चित्र के सपाट दो आयामों में सम्भव नहीं है और न वांछित है—क्योंकि फिर चित्र की

अपनी सत्ता ही क्या होगी? कहना न होगा कि चित्र हो—या दूसरी कला—कला का काम अनुकरण मात्र नहीं होता। कला संवेदना की साधना होती है, नक़ल उतारने की नहीं, और संवेदना वस्तु को, उसके रूप को, अपनी स्वतन्त्र व्यंजना के लिए संकेत बनाती है। वस्तु को उसके उपलब्ध रूप में यों का यों उतार लेना, यह अभिप्राय भी कला में आ समा सकता है, जहाँ संवेदना अनृकृति—सादृश्य—के रास्ते किसी 'वास्तव' की खोज करने लगे। पर यह कला-साधना की एक विशेष दिशा ही हो सकती है, उसका स्वभाव नहीं। कला के स्वभाव में सादृश्य के यहाँ अवधेय है कि कला का आधार ही संवेदना होती है। आकृतियाँ चाहे वे अनुकरण-मूलक हों या अमूर्त, अगर वे किसी संवेदना में व्यंजक न हों तो कला की श्रेणी में नहीं आ सकतीं। अनुकरण या अमूर्तन कला में ही नहीं होता, उसके सर्वथा भिन्न प्रयोजन भी होते ही हैं : किसी भू-भाग का नक़्शा अमूर्त ही होता है। और किसी अपराधी या भगोड़े को पहचानने के लिए बनायी गयी तस्वीर अनुकृति होती है। साथ ही किसी और मर्म की भी खोज होती है—सादृश्य के रास्ते सादृश्य-भिन्न गुणों को सहेज लेना चाहती है कला। यह बात सहज-स्वीकार्य है। नयी भी नहीं है। प्रसिद्ध प्राचीन कारिका में चित्र के छह अंगों की बात की गयी है—

> रूपभेदाः प्रमाणानि भावलावण्ययोजनम्।
> सादृश्यं वर्णिकाभङ्ग इति चित्रं षडङ्गकम्॥

(रूपों के भेद, उनके भिन्न प्रमाण, भाव और लावण्य का संयोजन, सादृश्य और वर्णिकाभङ्ग चित्र के ये छह अंग हैं।)

चित्र के चित्र होने के लिए ये छहों अंग होने चाहिये। सादृश्य यहाँ और अंगों में एक ही अंग है। सादृश्य के साथ भाव और लावण्य भी उतने ही प्रधान हैं। हम चित्र की इस परिभाषा को न मानकर दूसरे चित्र-लक्षण बना सकते हैं। फिर भी 'भाव' को कैसे हटा देंगे—चाहे 'लावण्य' को आवश्यक न भी मानें। और चलिये भाव को भी हटा दें तो कुछ तो ऐसा समोयेंगे जो केवल सादृश्य में न समाये—चाहे उस 'कुछ' की परिभाषा सहज न हो। चित्र का मर्म—चित्र की आत्मा—सादृश्य की परिधि में नहीं घिर सकती।

फिर भी कहा जा सकता है कि सादृश्य-साधना (उपलब्ध रूपों को तद्-रूपता के साथ उतार लेना) यह चित्रकर्म में सदा, और सब जगह, चित्रकर्म की एक आधारभूत साधना रही है—अन्य गुण सादृश्य को ही

आधार बनाकर गुण की कोटि में आते हैं। ऊपर की कारिका में भी देखा जा सकता है कि रूपभेद (भिन्न वस्तुओं के, भिन्न लोगों के भिन्न रूप) और प्रमाण (उनका नाप-जोख), ये सादृश्य के ही प्रसंग में सार्थक हैं—अन्यथा इनकी बात निराधार रह जाती है। भाव और लावण्य के साथ जो 'योजनम्' शब्द आया है, वह भी यह इंगित करता है कि भाव और लावण्य कहीं 'जोड़े' जाते हैं—उस आकृति पर ही जोड़ने की बात हो सकती है जो सादृश्य के आधार पर सही रूप, सही प्रमाण रखते हुए बनी हो। वर्णिकाभङ्ग (रंगों का अलग-अलग भराव), यह भी सादृश्य को ही कसौटी पर रखता जान पड़ता है—तात्पर्य यह उभरता है कि जैसा वस्तु का सादृश्य आँका गया है, वैसा रंग भरा जाये। पर जो भी हो, यह कारिका कुछ भी कह रही हो—इसे और तरह से भी समझा ही जा सकता है; समझा गया भी है (अवनीन्द्रनाथ ठाकुर की ही भारतशिल्पेर षडङ्ग पुस्तिका देखिये)—पते की बात यहाँ यह है कि चित्र में सादृश्य एक बड़ा, अनन्य उद्देश्य रहा है। हाँ, कहना न होगा कि सादृश्य की साधना सादृश्य-भिन्न गुणों—या अंगों—को स्वीकारती-समोती हुई ही रही है। यह स्वाभाविक भी है।

सादृश्य के प्रकार, शैलियाँ भी भिन्न रही हैं। सादृश्य का अर्थ यह रहा है कि वस्तु भाव-रंजित होती हुई भी पहचान में आ जाये। यों का यों सादृश्य कम साधा गया है। पुराने भारतीय चित्रों को, या चीनी चित्रों को, देखें तो बात झलक आती है। पुराने यूरोपीय चित्रों में भी ऐसी ही सादृश्य-साधना है। पर पश्चिम में रिनेसाँ काल के बाद सादृश्य-साधना ने एक नया मोड़ लिया। प्रतिबिम्ब की तरह दृश्य को दृश्य के ही तीन आयामों में उतार लेने की दक्षता साधी। तकनीकी परिष्कार के रास्ते आकृतियों को उनके तीनों आयामों के परिप्रेक्ष्य में उतार लेने का शिल्प विशेष साधन-सम्पन्न हुआ। यह नहीं कि दूसरे गुणों की क़दर नहीं हुई, पर इस साधना को ख़ास माँजा गया।

ऐब्स्ट्रैक्ट और नॉन-फ़िगरेटिव की प्रवृत्ति इसी चली-आती साधना को नकारने की, उससे हट जाने की प्रवृत्ति है। जो कला के अपने कर्म को—अपने माध्यम को, अपनी रूप-साधना के स्वातन्त्र्य को, महिमा देती है। एक नयी पर उतनी ही जागरूक महिमा देती है। ऐब्स्ट्रैक्ट में किसी प्रस्तुत आकृति के रूप को चित्र की द्वि-आयामी सपाट ज़मीन पर—त्रि-आयामता का आभास साधे बिना—यों उतारा जाता है कि आकृति का रूप चित्र का अपना रूप, अपनी पहचान हो जाये। ऐसा रूप बने जो चित्र-धर्मी हो,

दृश्य-धर्मी नहीं। तभी साधारण परिप्रेक्ष्य को बिलकुल छोड़ते हुए स्त्री-पुरुषों को—या अन्य वस्तुओं के—ऐसे चित्र गत 'रूपान्तर' बने जहाँ दृश्य आकृति का आगे का भाग और पीछे का भाग—या किनारे का भाग—एक ही सपाट दो-आयाम रखती ज़मीन पर साथ-साथ सँजो दिये जाते हैं; या किसी दृश्य को ज्यामितिक रेखाओं में ढाल दिया जाता है। देखने वाले को सादृश्य बोध नहीं होता, कुछ पहचान में नहीं आता, पर है यह भी एक प्रकार की सादृश्य साधना ही, जहाँ प्रतिकृति वस्तु के प्रतीत होते आभास को अपनी तरह से उद्‌गृहीत करती है। चित्रकार जानबूझकर चित्र के अपने माध्यम को प्रधान बनाता हुआ, दृश्य रूप को अन्यथा कर देता है। प्रतिबिम्ब जैसा कुछ साधना ही नहीं चाहता। माध्यम की अपनी पकड़ को आगे रखता हुआ, पुरानी प्रतिबिम्बवत् साधना की अवहेलना कर एक नया चित्र-धर्मी रास्ता अपनाता है। बाहर के रूप को चित्र के भीतर की वस्तु बना लेना चाहता है—बाहर का ऐसा रूपान्तर करते हुए जो चित्र ही कर सकता है।

इस प्रवृत्ति को ध्यान में रखते हुए 'अमूर्त' तात्पर्य यह बनता है कि जैसी आकृतियों का चलन था वैसी आकृतियों से हटकर आकृति-साधना को नया मोड़ दे देना। यों देखें तो ऐब्स्ट्रैक्ट और नॉन-फ़िगरेटिव दोनों का अर्थ 'अमूर्त' में आ जाता है। पर शब्द के सीधे अर्थ को—अभिधा को—ध्यान में रखें तो नॉन-फ़िगरेटिव—और उसके साथ ही 'अमूर्त' भी—चित्र के सन्दर्भ में अनुपयुक्त ही नहीं, भ्रान्त कहलायेगा। मूर्ति या आकृति ऐसे रूप को कहा जाता है जो इन्द्रिय-गम्य हो। चित्र कभी अमूर्त मूर्ति-हीन, आकृतिहीन—नहीं होता। उलटे चित्र की साधना ही आकृति की साधना है। अरूप की नहीं। चित्र बड़े ठोस रूप में मूर्त होता है—उसका माध्यम भी मूर्त होता है। उसका पटल भी; उस पर जो कुछ बनाया जाता है, वह तो मूर्त होता ही है। सीधे शाब्दिक अर्थ में चित्र के साथ अमूर्त की बात स्वतो-विरोध ही खड़ा करती है।

सच पूछें तो माध्यम की दृष्टि से एक ही कला अमूर्त होती है—काव्य, या साहित्य। काव्य का माध्यम, शब्द, अर्थ के बिना नहीं बनता और अर्थ, इन्द्रिय-गम्य नहीं बुद्धिगम्य ही होते हैं, क्योंकि अर्थ में सामान्य का समावेश होता है। सामान्य विशुद्ध बुद्धि का ही विषय हो सकता है। तभी दृष्टान्त है कि 'रोटी' के अर्थ को न देखा जा सकता है, न छुआ जा सकता

है—खा सकने की तो बात ही क्या! 'रोटी' शब्द किसी ख़ास रोटी के लिए होता ही नहीं। प्रचलित प्रयोग—और विचार की विडम्बना है कि अमूर्त शब्द का चलन साहित्य के क्षेत्र में नहीं, ऐसी कलाओं के क्षेत्र में फैला है, जो स्वभाव से ही मूर्त होती हैं।

अमूर्त की बात हमें अटपटी लगती है। उसे 'पकड़ें' कैसे समझ में नहीं आता। लेकिन अपने अनुभव की ओर ही देखें। हमारे अनुभव में अमूर्त का क्षेत्र विशाल है। भावनायें—सुख, दुख, राग, द्वेष, आशा, आकांक्षा, प्रेम, राग, विराग, ये सब अमूर्त होती हैं—इन्द्रियों की पकड़ के बाहर। भावनायें ही नहीं, मन का, बुद्धि का, सारा अन्तरंग व्यापार—ज्ञान, विचार, कल्पना, ये सब अमूर्त होते हैं। लेकिन इस अर्थ में चित्र अमूर्त नहीं होता, न चित्र में आँकी गयी आकृति अमूर्त होती है। चित्र साधना मूर्त की ही साधना है। चित्र की ही नहीं कला-मात्र की साधना मूर्त की साधना है। बल्कि देखने की बात यह है कि कला की साधना मूर्त की ही साधना नहीं, एक गहरे अर्थ में अमूर्त को सार्थक मूर्त रूप देने की साधना है। कला हमारे अमूर्त अन्तर्जगत को बाहर सार्थक मूर्त रूप देती है—अपनी रचित 'मूर्तियों' में अन्तर्जगत के अमूर्त अनुभव को व्यंजित करती है। कहना न होगा कि कला में अमूर्त की बात हम करते हैं तो अमूर्त शब्द का तात्पर्य शब्द के शब्दार्थ में नहीं होता। अर्थ होता है : सादृश्य को भूलकर स्वतन्त्र मूर्ति-साधना।

हमारे अन्तर के व्यापार—ज्ञान, विचार, भावना, इच्छा...ये स्वरूप से ही अमूर्त होते हैं—क्योंकि बाहर के जगत की तरह हम इन्हें इन्द्रियों से नहीं जानते। पर इनकी 'मूर्तियों' की—रूप की, आकृतियों की—हम बात कर सकते हैं, बात करते ही हैं। पर बात करते हैं तो 'मूर्त' का अर्थ ही और होता है। मूर्त शब्द का प्रयोग वहाँ ऐसे रूप के लिए होता है जो सूक्ष्म होता है—बुद्धिगम्य होता है—बाहर के रूपों की तरह इन्द्रियों की पहुँच में नहीं होता। भीतर के रूपों का—जैसे इच्छाओं के 'रूपों' को, विचार के भिन्न सिद्धान्तों के भिन्न 'रूपों' को—हम किस अर्थ में 'रूप' कह सकते हैं, यह अपने आप में विचार का विषय है। पर इस अर्थ को हम जैसे भी आँकें-परखें—इसका कला के अमूर्त से सम्बन्ध नहीं। कला तो भीतर को बाहर ही दिखलाना चाहती है।

अमूर्त की बात और भी गहरायी में उतरकर की जा सकती है। जैसे

अध्यात्म में। वहाँ अमूर्त की साधना की बात की जा सकती है। अध्यात्म का अनुभव वह है जो विचार में भी नहीं आता है—निर्विकल्प कहलाता है—कहने-सुनने से भी परे। 'अ-रूप' या अ-मूर्त की सचमुच बात करें तो बात इसी क्षेत्र में सार्थक बनती दिखती है पर कला तो अध्यात्म को भी मूर्त रूप देने की ही साधना करती है। बुद्ध की मूर्ति देखिये।

तो कला में अमूर्त की बात कला की स्वतन्त्र रूप 'मूर्ति'-साधना की ही बात हो सकती है—ऐसी मूर्ति-साधना जो सादृश्य का प्रतिमान नहीं रखती। जैसे सादृश्यमय आकृतियों को साधने की कला में प्रथा थी, उस प्रथा के बन्धन को नकारना, यही यहाँ अमूर्त का तात्पर्य है। कला में अमूर्त की बात करते हुए तभी साथ यह भी कहा जाता है कि अमूर्त का सम्बन्ध एक बिलकुल नयी कला-चेतना से है—मूर्ति के बन्धन से मुक्त एक ऐसी कला-चेतना से जो पुराने से उठकर एक नये ऊर्ध्वतर धरातल पर आ गयी है। अपने स्वरूप में स्थित हो गयी है। इसलिए कलाकार के दायित्व की सी भी बात हो गयी है अमूर्तता। कलाकार को चाहिये कि रूप की स्वतन्त्र साधना करे।

एक तरह की अमूर्तता—सादृश्य से हटकर स्वतन्त्र आकृति साधना—कला में सदा सर्वदा रही है : डिज़ाइन बनाना—जैसी अल्पना में, माँडना में बनती है, या कालीनों पर, मक़बरों पर। इनमें सादृश्य की कोई बात नहीं होती; विशुद्ध आकृतियों की लय या छन्द होता है। पर इसे हम अमूर्त का गौरव नहीं देना चाहते (हालाँकि होता 'अमूर्त' ही है)—कुछ लोग तो इसे शायद कला भी न कहना चाहें, शिल्प (क्राफ़्ट) मात्र कहें। ये आकृतियाँ अनुकृति न हों, एक तरह की सपाट अनुवृत्ति में पलती हैं। सतही होती हैं। और फिर परम्परा की लीक में, रूढ़ि में बसी होती हैं; न भी हों तो कला की गम्भीर संवेदना, रूप-साधना, रूप-दृष्टि विरल ही होती है इनमें।

डिज़ाइन तो बहुत पुरानी, बड़ी आदिम-सी चीज़ है जबकि कला में आज अमूर्त को अपूर्व क्रान्ति माना जाता है। पश्चिम में आधुनिकता के साथ जागी क्रान्ति। 'आधुनिक' प्रवृत्तियों ने कला को अनुकरण की 'दासता' से मुक्त कर दिया। उसे विचार जैसा ऊँचा-उदात्त आसन दिया। कला के स्वतन्त्र 'धर्म' का दर्जा दिया। यही आधुनिकता फिर पश्चिम से अन्यत्र फैली है—जैसे भारत में। जीवन के—संस्कृति के—हर पक्ष में फैली है।

कला में भी यह आज का विश्वास है।

कला में अमूर्त की बात के सन्दर्भ में यूरोप की 'आधुनिकता' का एक आत्ममन्य और विषम पक्ष का यह दावा है कि वही पहल कर रहा है—कला में स्वातन्त्र्य-बोध पहली बार वहीं जागा है। हम 'दूसरे' अक्सर उसकी बात को निर्विचार निगल जाते हैं—यह भूल जाते हैं कि आधुनिकता स्वातन्त्र्य की ही बात नहीं करती, इतिहास-बोध की भी बात करती है, अपनी ओर देखते हुए अपने को समझने-परखने की बात करती है।

अपने इतिहास को थोड़ा पैठ कर देखें। हम पायेंगे कि जिसे हम आज अमूर्त कह रहे हैं, उसकी बात हमारे यहाँ कला-विचार के मानो आरम्भ में ही उठ चुकी है—आज से कम-से-कम २००० साल पहले। भरत का नाट्यशास्त्र नाटक का ही नहीं, और भी कलाओं का सुचिन्तित शास्त्र प्रस्तुत करता है। चिन्तन की गहरायी—और जागरूकता—इस बात में प्रकट है कि भरत तत्कालीन भिन्न कलाओं में एक मूलभूत अन्तर उभारते हैं, जिसे आज की शब्दावली में मूर्त-अमूर्त का अन्तर कह सकते हैं। भरत नाटक पर लिख रहे थे, और नाटक के मर्म को वे 'अनुकरण' कहते हैं : लोक का—मनुष्य-लोक का—अनुकरण। ऊपर चित्र की जिस शब्दावली का हमने प्रयोग किया, उसे लें तो 'अनुकरण' का तात्पर्य वही है जो 'सादृश्य' का। पश्चिम में अरस्तू ने नाटक पर लिखते हुए अनुकरण को कला मात्र का उद्देश्य कहा था। पश्चिम के कला-चिन्तन पर अरस्तू का अगाध प्रभाव रहा है। कला में अमूर्त को जब क्रान्ति कहा जाता है तब अरस्तू के ही 'पारम्परिक' कला-बोध के प्रति 'आधुनिक' प्रतिक्रिया जतायी जाती है। पर भरत में और उसके बाद के भारतीय कला-चिन्तन में अमूर्त से परिचय पुराना है।

भरत के नाटक में संगीत और नृत्य का बड़ा स्थान था। भारत के पारम्परिक नाटकों में भरत के बाद भी रहा ही है। भरत जब नाटक पर लिख रहे थे, संगीत और नृत्य के शास्त्र पहले ही लिखे जा चुके थे। संगीत और नृत्य की शिष्ट, विदग्ध परम्परायें उनके समय तक विकसित हो चुकी थीं और उनके सम्मुख थीं। संगीत और नृत्य का नाटक में समावेश करने के लिए भरत नाट्यशास्त्र में इन कलाओं का भी सांगोपांग वर्णन करते हैं, जो इनके प्राचीन शास्त्रों के आधार पर है। नृत्य के रूप में उन्होंने ताण्डव का वर्णन किया है जो कि नृत्य की विशुद्ध विधा थी और नृत्त भी कहलाती

थी। नृत्त स्वतन्त्र रूप-साधना की विधा थी, अनुकरण की नहीं। संगीत की जिस विधा का भरत ने वर्णन किया है वह भी नृत्त के समतुल्य संगीत की विशुद्ध विधा थी। नाम था गान्धर्व। ये विधायें ५०० से ३०० ईस्वी-पूर्व में पनपी, परवान चढ़ी, जान पड़ती हैं। इनके प्रौढ़, व्यवस्थित शास्त्र भी रचित हो चुके थे जिनके आधार पर भरत ने इनका वर्णन किया है। अपने नाटक में भरत ने संगीत और नृत्य की इन्हीं विधाओं का प्रयोग साधा है। पर उनके सामने एक समस्या थी—जिससे वे अवगत भी थे—संगीत और नृत्य की ये विधायें नृत्त और संगीत की विशुद्ध—दूसरे शब्दों में अमूर्त—विधायें थीं। पर नाटक का काम तो अनुकरण होता है—सादृश्य-साधना। इन विधाओं में अनुकरण का कोई स्थान नहीं था। भरत के लिए प्रश्न था इनका नाटक में कैसे समावेश हो?

नाटक में संगीत 'अनुकरण' का लक्ष्य तब साध सकता है जब गाये जाते शब्द प्रधान हों, स्वर नहीं। भरत जिस संगीत की—और उसके शास्त्र की—बात करते हैं, उसमें शब्दों का स्थान नहीं के बराबर था—निरर्थक वर्णों का गान होता था, जैसे आज भी आलाप के नोम-तोम में। नृत्य में अनुकरण, अभिनय के माध्यम से आता है। भरत जिस नृत्य से परिचित थे, उसमें अभिनय का कोई स्थान नहीं था। तभी भरत उसे 'नृत्त' कहते हैं। नृत्त की महिमा बहुत थी—स्वयं शिव को उसका स्रष्टा और नर्तक—कहा गया है। पर वह शरीर के अंग-चालन की—अंगहारों की—स्वतन्त्र रूप-साधना थी। अमूर्त।

भरत जानते थे। पर यह जानते हुए भी कि संगीत और नृत्त के जिन रूपों को वे काम में लेना चाहते हैं वे नाटक की प्रकृति के प्रतिकूल हैं, वे इन रूपों को अपने नाटक में समो लेना चाहते थे। नाटक में उन्हें यों आत्मसात् कर लेना चाहते थे कि वे नाटक से अभिन्न हो जायें, नाटक से उनका तादात्म्य बने, नाटक की प्रकृति में घुल-मिलकर वे नाटक के अंग हो जायें। बात उन्होंने कैसी साधी इस ब्यौरे में यहाँ नहीं जाऊँगा। पर उनका शास्त्र इस विषम-लगती साधना का एक विलक्षण प्रयास है।

भरत अपने साधना के वैषम्य पर विचार भी करते हैं। उनके यहाँ कलाओं में एक मूलभूत कोटि-भेद उभरता है—नाटक जो अनुकरण करता है, और वे कलायें जिनके रूप में अनुकरण का आशय ही नहीं—अपनी स्वतन्त्र आकृति-साधना और अनुकरण-मुक्त रूप-निर्मिति का ही जहाँ

स्वराज्य है। भरत साफ़ तौर से प्रश्न उभारते हैं कि क्या संगीत, नृत्त की विशुद्ध आकृतियों को अनुकरण-प्रधान बनाया भी जा सकता है? भरत का 'उत्तर'—जो उन्होंने कर के दिया है, कह के नहीं—यह था कि किसी भी कला की आकृति साधना की दिशा मोड़ी जा सकती है—रूपान्तर के साथ उसके स्वातन्त्र्य को अनुकरण में डाला जा सकता है। आज का प्रश्न उलटा रहा है : जो रूप-साधना सादृश्य साधती रही है, उसे स्वतन्त्र कैसे किया जाये? ऐब्स्ट्रैक्ट और नॉन-फ़िगरेटिव की प्रवृत्ति के पीछे यही प्रश्न ऊह्य है—निहित है।

भरत अपने प्रश्न को उभारकर स्पष्ट उठाते हैं। पूछते हैं : ऐसी कला जो अपने बाहर किसी अर्थ का प्रकाश नहीं करती, वह नाटक में कैसे समा सकती है?—नाटक का तो काम ही अपने से बाहर अर्थ को प्रकाशित करना है। नाटक स्वरूप से ही अनुकरण की कला है। फ़िगरेटिव। उसमें नॉन-फ़िगरेटिव को उसके साथ एकरस करते हुए कैसे समोया जाये? यह समस्या थी भरत की। समस्या को ध्यान में रखते हुए भरत के ग्रन्थ को देखें तो पायेंगे कि पूरा नाट्यशास्त्र इस प्रश्न के समाधान की प्रक्रिया है। विशुद्ध संगीत, नृत्त के रूपों का रूपान्तर करते हुए उन्हें कैसे नाटक-सम्मत—नाटक का 'उपरंजक' बनाया जाये—इस उद्देश्य की शास्त्र और प्रयोग, दोनों दिशाओं से विराट चेष्टा है।

इस चेष्टा के ब्यौरे में जाने का यहाँ प्रसंग नहीं। महत्त्व की बात यह है कि भरत ने जो बात उठायी, आगे के विचारकों ने उसे बढ़ाया, विवरण-विवेचना का आधार दिया। अभिनव ने ऐसी कलाओं के लिए एक नाम रखा—स्वप्रतिष्ठ। नाम उन्होंने नृत्त के प्रसंग में रखा। शिव की कला थी शिव की तरह ही स्वतन्त्र, स्वप्रतिष्ठ। अभिनव का नाम आज के अमूर्त से अधिक सार्थक संगत है। कला की जिस प्रवृत्ति के लिए रखा गया है, उसके तात्पर्य को, मर्म को, पैठ से पकड़ता है। क्योंकि, जैसा हम ऊपर देख आये हैं, बात यहाँ रूपहीनता की नहीं है, रूप के स्वातन्त्र्य की है—अनुकरण से मुक्त होकर अपने ही में रहकर, स्वप्रतिष्ठ होकर, रूप साधने की है। अभिनव के शब्द को हमारे आज के विचार में भी जीवन्त स्थान मिलना चाहिये। आज की कला जैसे आत्मबोध के साथ स्वप्रतिष्ठ होना चाहती है, प्राचीन संगीत और नृत्त दोनों आत्मचेतन भाव से स्वप्रतिष्ठ थे। आज भी हैं। हालाँकि उनके लिए आज हम इस शब्द का प्रयोग भूल गये

हैं। तो, आज की नॉन-फ़िगरेटिव कला का जो दावा है कि उसमें अभूतपूर्व कुछ है, यह ठीक नहीं—इतिहास की अनदेखी है। हमारी अपनी अनदेखी है।

यह ठीक है कि भारत में चित्रकला की या मूर्तिकला की परम्परा में कला को स्वप्रतिष्ठ करने की कोई प्रवृत्ति नहीं उभरी। पर विचित्र बात यह भी है कि जब चित्रकला में प्रतिष्ठ होने की प्रवृत्ति हमारे यहाँ उभरी तो हमने अपने भीतर झाँककर नहीं देखा, कि बात न नयी है, न अटपटी—जैसी हममें से कइयों को अब तक लगती है, हम अमूर्त से घबराते हैं; अमूर्त से अपनी संवेदना को हटा लेते हैं, उसकी ओर बढ़ना नहीं चाहते—सोच बैठते हैं अमूर्त 'पकड़' में नहीं आ सकता। पर अपने संगीत, नृत्त की ओर देखें तो बात 'सुगम' न सही 'परिचित' के दायरे में तो आ जानी चाहिये। फिर अगर इन कलाओं की विचार-परम्परा की ओर हम ध्यान करें तो सभी कलाओं में स्वप्रतिष्ठ की स्वीकृति को एक अपनापन दे सकेंगे।

भरत के प्रयास से एक और बात उभरती है, जिस पर कुछ विचार करना चाहता हूँ। हम देखते हैं कि भरत के लिए एक ही कला में बिलकुल भिन्न सम्भावनाओं की स्वीकृति है—वही कला अपने स्वतन्त्र बिम्ब और प्रतिबिम्ब दोनों साध सकती है। हम पाते भी हैं कि चित्रकला मूर्त भी हो सकती है, अमूर्त भी—स्वप्रतिष्ठ भी और सादृश्य या अनुकरणधर्मी भी। अमूर्त के प्रचलन के बाद भी चित्र में, या भास्कर्य में, ये दोनों धारायें साथ चलती हैं। एक ही कलाकार दोनों दिशाओं में तूलिका, छेनी चलाता है। नाच में इसी का समकक्ष भेद है नृत्य। नृत्त के रूप अमूर्त होते हैं, नृत्य के मूर्त, क्योंकि अभिनय को सँजोते हैं। एक ही नर्तक या नर्तकी दोनों दिशाओं में बढ़ते दिखते हैं। संगीत में भी समतुल्य भेद उभरता है : विशुद्ध रागदारी में और बोल की गायकी में—जो भेद ध्रुपद और ठुमरी में देखा जा सकता है। फिर एक बात और है—चित्र की एक ही कृति में दोनों प्रवृत्तियों का मेल भी देखा जा सकता है। यही बात हमारे नृत्य, संगीत में भी देखी जा सकती है। विचारकों ने इसकी चर्चा भी की है : विशेषकर अभिनवगुप्त ने। हमने साहित्य-चर्चा में अभिनव को बहुत महिमा दी है, पर हम मूर्त-अमूर्त की बात करें तो उनके विचार के इस पक्ष पर भी आज ध्यान जाना चाहिये।

कला में मूर्त, अमूर्त की दिशायें कला में निहित, स्वरूपनिष्ठ दिशायें हैं।

बात कला के 'आधुनिक' या पश्चिमनिष्ठ होने न होने की नहीं है। किसी कला विशेष में स्वप्रतिष्ठ का किसी काल विशेष या देश विशेष में उभरना काल की नहीं, एक चेतना, एक चेष्टा विशेष की बात होती है। आख़िर भारत में जब संगीत और नृत्त पूरे आत्मबोध के साथ स्वतन्त्र रूप-साधना में संयत थे, तब पश्चिम में या अन्यत्र इस प्रवृत्ति का अभाव ही था। पर मैं नहीं समझता कि इस बात को तूल देना बहुत मायने रखता है।

सच तो यह है कि जब कोई कला चली आती रूढ़ियों से निकलकर स्वतन्त्र साधना का विषय बनती है तो उसकी भिन्न सम्भावनायें आगे आती हैं। समुदाय, सम्प्रदाय और फिर इनकी परम्परायें उभरती हैं जो भिन्न प्रवृत्तियों को पालते हुए कला को अपनी दृष्टि से प्रगल्भ, विदग्ध रूप देती हैं : उसके रूपों की, व्यंजना की समृद्धि साधती हैं। ऐसी प्रगल्भ, आत्मचेतन कला को मार्गी कला का नाम दिया जा सकता है। ऐसी कला में सम्भावना की दो दिशायें निहित होती हैं—शायद सभी कलाओं में होती हैं, कम या ज़्यादा : कला अपने से बाहर के लोक को अपनी तरह से प्रतिबिम्बित कर सकती है; अपने स्वतन्त्र रूप भी साध सकती है। चित्र में प्रतिबिम्ब भाव का ही अधिक विकास हुआ, पश्चिम में भी, भारत में भी। चीन में व्यक्ति-चेतना के साथ इसकी स्वतन्त्र साधना का उभार पश्चिम से भी पहले उबार लेता दिखता है। फिर भी इस कला में स्वतन्त्र रूप-साधना अपेक्षया नयी है। पर इसका यह अर्थ नहीं कि कला-साधकों में कला की स्वप्रतिष्ठा का बोध ही नया है। नृत्त की बात हम कर ही आये हैं। भारत में नृत्त का मार्गी, शिष्ट, विदग्ध, प्रगल्भ रूप और उस पर मनन-चिन्तन जितना पुराना है उतना और कहीं नहीं। कहना न होगा कि नाच मार्गी रूप लेने लगे तो अभिनय की ओर भी बढ़ सकता है—यही स्वाभाविक भी जान पड़ता है। पर भारत में इस कला के शिष्ट-परिनिष्ठित रूप का उदय ही स्वप्रतिष्ठ कला के रूप में होता है। प्रतिबिम्ब-भाव—अभिनय—बाद में आता है। पर भारतीय मार्गी कलाओं को इतिहास की दृष्टि से देखें तो नृत्त भारत में भी अपेक्षया नया है। कोई पाँचवीं सदी ईस्वी-पूर्व से रूप लेना आरम्भ करता है। शैव सम्प्रदायों में। पर संगीत का स्वप्रतिष्ठ रूप—और उसके स्वातन्त्र्य का आत्मबोध—नृत्त से कहीं प्राचीन है। साम-गायकों के सम्प्रदाय में हम इस बोध का उदय देख सकते हैं। वैदिक संगीत गायन-प्रधान था। ऋचाओं का गायन होता

था, जो साम कहलाता था। वैदिक काल में यज्ञ की महिमा और जटिलता के कारण यज्ञ में भिन्न कर्म करने वाले भिन्न पुरोहितों के अलग-अलग समुदायों-सम्प्रदायों का भी उदय हम देख पाते हैं। गाने वाले पुरोहितों के अपने अलग सम्प्रदायों का विकास हुआ। इन सम्प्रदायों के अलग ग्रन्थ भी मिलते हैं। यहाँ, हमारे इस प्रसंग में, देखने की बात यह है कि साम के सम्प्रदायों में संगीत की स्वप्रतिष्ठा का भी स्पष्ट संकेत मिलता है। विस्तार में नहीं जाऊँगा (अन्यत्र लिख चुका हूँ : पाठक चाहें तो देखें मेरी 'ट्रान्सफ़ॉरमेशन ऐज क्रियेशन' में 'म्यूज़िक एण्ड द कॉन्सेप्ट ऑफ़ मैन' शीर्षक लेख) पर एक छोटी वैदिक कहानी से अन्त करता हूँ। कहानी जैमिनीय उपनिषद् ब्राह्मण में आयी है, जो साम सम्प्रदाय का लगभग १०००-९०० ईस्वी-पूर्व का रचित ग्रन्थ है :

देवासुर संग्राम में देवता हार रहे थे। देवता मर-मर जाते थे, जबकि असुर मरते भी तो फिर जी उठते थे। देवता प्रजापति के पास गये और बोले, आपकी सेना तो हम हैं, फिर ये असुर कैसे अमर रहते हैं और हम मर-मर जाते हैं? प्रजापति ने कहा, ये असुर साम गाते हैं इसलिए अमर हैं, तुम भी साम गाओ। देवताओं ने साम गाया। पर कुछ नहीं हुआ। मरते ही रहे। हारते ही रहे। फिर प्रजापति के पास गये। बोले, महाराज, साम भी गाया पर कुछ नहीं हुआ। प्रजापति ने कहा, तुम साम के साथ ऋक् (ऋचा के शब्द) भी गाते हो; ऋचा को हटा दो। ऋचा के बोझ से साम ऊपर अमृत की ओर नहीं उठ पाता। तुम 'अनृक्' (ऋचा-हीन, विशुद्ध) साम गाओ। देवताओं ने अनृक् साम गाया। अमर हो गये।

संगीत को स्वप्रतिष्ठ करने की प्रकट चेष्टा का इससे पुराना संकेत कहीं नहीं मिलता। पर इससे यह भी उभरता है कि ऐसी चेष्टा कभी भी रूप ले सकती है, उसका किसी 'आधुनिकता' से कोई नियत सम्बन्ध नहीं है।

संगीत और रस-सिद्धान्त : एक समस्या

कहते हैं बँटाने से दुख हल्का हो जाता है। मेरे मन में बहुत दिनों से एक सवाल है, बँटा लूँ तो हो सकता है उलझन हल्की हो जाये। यही सोचकर अपना सवाल और जो उस पर मैंने उधेड़बुन की है, आपके सामने रखना चाहता हूँ।

सवाल यह है कि संगीत में रस को कैसे समझा जाये? देखने में सवाल छोटा सा लगता है—और इसमें कोई उलझन भी नहीं दिखायी देती। लगता है कि इस विषय की जो व्याख्या होती आयी है और अब भी होती है, उसका स्पष्ट रूप प्रस्तुत कर देने से सवाल का जवाब आप ही सामने आ जायेगा। पर बात इतनी सीधी नहीं है। क्यों और कैसे, यही मैं आपके सामने रखने की कोशिश करूँगा।

पर अपने ऊहापोह का कुछ विस्तार करूँ इससे पहले एक छोटी सी भूमिका बाँधना चाहता हूँ, ताकि संगीत के सन्दर्भ में अपने सवाल के स्वरूप, प्रयोजन और गाम्भीर्य को कुछ समझा सकूँ।

आधुनिक समय में हमारे यहाँ शिल्प और कला की परम्पराओं में बहुत उथल-पुथल हुई है, मौलिक परिवर्तन आये हैं। पश्चिम के प्रभाव से साहित्य, चित्रकला, स्थापत्य जैसे ललित शिल्पों के रूप-विधान ने एक नया मोड़ लिया है : कला को देखने, समझने, परखने की दृष्टि में एक नयी दिशा आयी है। कुछ कलाओं में जैसे स्थापत्य, चित्रकला, मूर्तिकला—इनमें तो एक नयी परम्परा का जन्म हुआ है—एक ऐसी परम्परा का जिसका हमारी पुरानी परम्परा से सम्बन्ध नहीं के बराबर है। साहित्य में भी विराट परिवर्तन आये हैं, पर मुझे लगता है कि साहित्य में कहीं

एकसूत्रता बनी हुई है : दूसरे सम्बन्ध टूटे भी हों तो भाषा का सम्बन्ध बना हुआ है, और भाषा की जड़ें परम्परा में गहरी होती हैं।

कहते हैं भारत की संस्कृति कई संस्कृतियों का संगम रही है। ज़रूर रही है। पर आज का संगम एक विचित्र ही संगम है। आज दो प्रधान संस्कृतियों का सहचार है—भारत की अपनी परम्परायें और पश्चिम की सर्वतोग्राही संस्कृति की विभिन्न धारायें। इनमें बस सहचार है, दोनों साथ चल रही हैं, इनमें मेल अभी नहीं हुआ है। हुआ भी है तो अभी संगम नहीं कहला सकता। हममें से कई हैं जो दोनों को भोगते हैं, भुगतते हैं, पर दोनों के संगम पर किसने स्नान किया है? इस विषय पर बहुत कहा और सुना जा सकता है। पर मैंने बात को बढ़ाने के लिए नहीं उठाया है। सिर्फ़ एक बात कहना चाहता हूँ जिससे संगीत में रस के सवाल का सन्दर्भ कुछ स्पष्ट हो सके। भारत में दो संस्कृतियों के जैसे सहचार की मैं चर्चा कर रहा हूँ, उसका दृष्टान्त कला के क्षेत्र में एक विशेष अटपटे रूप में हमारे सामने आता है, बिलकुल जैसे चुभ जाता है। आज कुछ कलाओं की जड़ें जहाँ पश्चिम में जमी हुई हैं, वहीं संगीत और नृत्य इन दो कलाओं पर पश्चिम का प्रभाव है भी तो नहीं के बराबर। ऐसा भी नहीं है कि ये कलायें संस्कृति की गलियों, बस्तियों, गाँवों में जैसे-तैसे समय निकाल रही हों—ये तो संस्कृति के राजमार्ग पर हैं। ये विदग्ध कलायें हैं, अभिव्यंजना में किसी भी अन्य कला के समकक्ष। हममें से जो पश्चिमी फूलों के भौंरे हैं, वे भी संगीत और नृत्य का रस लेने के लिए इधर ही की क्यारियों पर मँडराते हैं, पश्चिम की ओर कम जाते हैं।

मैं रस को लेकर जिस समस्या का उत्थापन करना चाहता हूँ, वह संगीत और नृत्य, दोनों में रूप लेती है। पर मैं अपनी चर्चा में संगीत को ही लूँगा। हमारा संगीत अभिव्यक्ति में सशक्त ही नहीं सृजनशील भी है। दूसरे जो पारम्परिक शिल्प बचे हैं, उनमें जो कुछ हो चुका है उसकी अनुवृत्ति मात्र देखने में आती है। संगीत में ऐसा नहीं है—संगीत अभी प्राणवान है और इसके प्राणों में नयी उद्भावनाओं का संचार है। यही बात नृत्य पर भी पूरी उतरती है। आप पूछेंगे इसका कारण क्या? संगीत और नृत्य में ही ऐसा क्यों हुआ? प्रश्न गम्भीर है और इसकी महिमा को स्वीकार करते हुए अपने सवाल पर आने से पहले भारतीय संगीत और संस्कृति के विषय में दो-एक बातें कहना चाहूँगा।

संगीत को संस्कृति की पहचान, संस्कृति का अभिज्ञान कहा जा सकता है। तात्पर्य यह कि अगर संगीत बदले तो इस बात का इंगित होगा कि संस्कृति बदल गयी है। अगर हमारा संगीत नहीं बदला है तो इसका मतलब है कि कहीं मर्म में हम भी नहीं बदले हैं। संस्कृति कई स्तरों पर हमको ढालती है। सोचना-समझना, चिन्तन-मनन, विमर्श-मीमांसा, राजनीति और समाज की विशेष चिन्तायें—ये बड़े चेतन व्यापार हैं, इन पर आघात-व्याघात जल्दी असर दिखलाते हैं, इनको हम जागरूक होकर बदलते हैं। वाक् की तरह अगर संस्कृति के चार स्तर मानें तो ये वैखरी और मध्यमा के स्तर हैं। संस्कृति के कई ऐसे भी अंग होते हैं जिनकी जड़ें इनकी परिधि के परे होती हैं। चेतना के छोटे से वलय के चारों ओर हमारी एक और सत्ता है जो जाने-अनजाने हमारी चेतना को किसी न किसी रूप में बाँधती है। संस्कृति का चेतना और उसके इस वलय, इस सब पर प्रभाव होता है। वह पूरी सत्ता को ढालती है। जागरूक चेतना एक नयी दिशा ले भी तो भी बाक़ी सत्ता का छन्द इतनी जल्दी नहीं बदलता, क्योंकि संस्कृति के कुछ अंग हमसे छुपकर भी हमारे प्राणों में गहरे पैठ जाते हैं। हमारा सोचना, समझना, स्वेच्छा-संकल्प से किया हुआ कर्म नयी दिशा ले भी तो भी अन्तर्मन में संस्कार का छन्द पूर्ववत् चलता है। संस्कृति के कुछ अंग इसी की तरह हैं। हम अपनी चाल की दिशा बदल भी लें तो भी चाल जल्दी नहीं बदलती। पतलून पहन लेने से चाल विलायती नहीं हो जाती और न साड़ी पहनने से ठुमक हिन्दुस्तानी। संस्कृति हमको इतना गहरे ढालती है कि हमारा उठना-बैठना, चलना-फिरना इन सब पर अपनी छाप छोड़ देती है। हम बदल जायें पर इनको बदलना कठिन होता है। इसी तरह मैं समझता हूँ कि हमारी रागवृत्ति का भी एक अपना छन्द होता है—प्राचीन आलंकारिक जिसको वासना कहते थे—उसका भी एक अनकहा छन्द होता है। भाषा में जब हमारी रागवृत्ति की अभिव्यक्ति होती है तो हमारी धारणाओं का ताना-बाना, हमारा सोचना-समझना, हमारा संकल्प-बोध, इनका दावा झुठलाया नहीं जा सकता—ये बड़े जागरूक आत्मचेतन व्यापार हैं, इनमें बदलाव भी आत्मबोध के साथ होता है। पर संगीत-बोध की जड़ें इनके परे होती हैं, वहाँ परिवर्तन को देर लगती है। संगीत रागवृत्ति के विभिन्न छन्दों को मुखर करता है, उसके विषय को विवेचित नहीं करता—वह चलने में चाल की तरह है, सोच-समझकर ली गयी दिशा की तरह नहीं।

इस बात का यहाँ विस्तार नहीं करूँगा, न यही आग्रह करना चाहूँगा कि

मैंने अभी जो कुछ कहा उसी कारण संगीत को संस्कृति का अभिज्ञान कहना चाहिये। कारण जो भी हो, अगर संगीत सचमुच संस्कृति के वैशिष्ट्य की पहचान है और अगर हमारा संगीत आज अपनी परम्परा में रहता हुआ भी प्राणवान है तो यह इस बात का परिचय है कि हमारी परम्परा की जड़ें अभी भी उर्वर हैं।

अब इस भूमिका के साथ, थोड़ी देर उत्प्रेक्षा के जगत में भटक लेने के बाद, मैं अपने सवाल पर आता हूँ : संगीत में रस को कैसे समझा जाये?

कई कलाओं के स्वरूप में रूप-विधान और कथ्य, इन दो अंगों की स्पष्ट प्रतीति होती है। साहित्य में जैसे शब्द और अर्थ हैं। जो कहा जा रहा है और जिस तरह से, जिस रूप में, कहा जा रहा है, अर्थात् जिन शब्दों में कहा जा रहा है, इसमें अन्तर किया जा सकता है। जहाँ तक साहित्य एक कला है, इस अन्तर को तात्त्विक अन्तर नहीं माना जा सकता, क्योंकि कला का मर्म ही यह है कि रूप-विधान और कथ्य में, शब्द और अर्थ में एक अविनाभाव सम्बन्ध हो—एक को दूसरे से अलग नहीं किया जा सके। शिव और पार्वती के अभिन्न संश्लेष को बताने के लिए कालिदास ने उपमा दी थी कि दोनों शब्द और अर्थ की तरह जुड़े हुए हैं। यों तो शब्द और अर्थ का अविनाभाव वाङ्मय मात्र के लिए सत्य है, पर साहित्य में इसकी विशेष ही गरिमा है। इसीलिए उसको साहित्य कहा जाता है : शब्द और अर्थ का ऐसा साथ, ऐसा युगल-भाव कि दोनों में से एक को भी बदल दिया जाये तो उभय की हानि होगी, 'साहित्य' नहीं रहेगा। जहाँ शब्द अभिधा के लिए प्रयुक्त होता है, कथ्य प्रधान होता है—जो कहा जा रहा है विवक्षा उसी पर निर्भर करती है—वहाँ उसी बात को दूसरे शब्दों में भी कह दें तो कुछ नहीं बिगड़ता। पर जहाँ तात्पर्य अभिधा से नहीं अभिव्यंजना से हो, वहाँ शब्दान्तर से बात नहीं बन सकती, या बनेगी भी तो दूसरी बात बन जायेगी। ऐसी ही मीमांसा चित्रकला और मूर्तिकला की भी की जा सकती है। जहाँ तक इन कलाओं में अनुकरण का—सादृश्य का—समावेश है, चित्र और 'चित्रित' का, मूर्ति और 'मूर्तित' का सम्बन्ध साक्षात् है। उनमें शब्द और अर्थ जैसा 'साहित्य' है, पर एक अन्तर के साथ। शब्द और अर्थ का सम्बन्ध 'समय' या रूढ़ि पर निर्भर करता है। जिस शब्द को हम जानते नहीं उसको देखकर या सुनकर उसके अर्थ का बोध नहीं होता। क्योंकि चित्र की तरह शब्द अनुकृति नहीं है। जबकि चित्र का हम सहज

ही अनुकृति के रूप में बोध कर सकते हैं, इसी दृष्टि से उसको परख भी सकते हैं। चित्र को जब हम अनुकृति के रूप में परखते हैं तब हमारा बोध अनुकार्य की ओर उन्मुख रहता है। हम यह जाँचने में लगे रह सकते हैं कि चित्र कितना 'सही' बना है। लेकिन जब हम चित्र को कला के रूप में देखते हैं, केवल अनुकृति के रूप में नहीं, तब हम चित्र और चित्रित में विश्लेष नहीं कर सकते। दोनों का सम्बन्ध कुछ–कुछ शब्द और अर्थ जैसा हो जाता है। जहाँ चित्र का अभिप्राय अनुकरण होता ही नहीं, वहाँ की तो बात ही और है, जैसे ऐब्स्ट्रैक्ट चित्र में। वहाँ वह संगीत के निकट आ जाता है। वहाँ उसका स्वरूप प्रतिबिम्ब नहीं रहता, वह स्वयं बिम्ब हो जाता है : एक ऐसी मूर्त आकृति जिसकी अभिव्यंजना किसी अन्य के अनुकरण या सादृश्य की अपेक्षा नहीं रखती। पर जहाँ तक चित्र प्रतिबिम्ब होता है, चित्र और चित्रित में शब्द और अर्थ जैसा संश्लेष होता है और इसी कारण वहाँ व्याक्रिया के अभिप्राय से चित्र और चित्रित में शब्द और अर्थ जैसा विश्लेष भी किया जा सकता है। हालाँकि यहाँ यह नहीं भूलना चाहिये कि शब्द जिस रूप में, जिस प्रकार वस्तुजाल को ग्रहण करता है, बोध या प्रतीति में उपस्थित रहता है, चित्र उसी प्रकार से नहीं करता। चित्र और साहित्य के इस भेद में विस्तार से जाना अवान्तर प्रयास होगा; पर इतनी सी बात मानने में, मैं समझता हूँ किसी को दुविधा नहीं होनी चाहिये कि शब्द और चित्र, ये माध्यम ऐसे हैं जिनमें शब्द और अर्थ का, चित्र और चित्रित का विश्लेष सम्भव है। इन माध्यमों में एक निहित द्वैधीभाव है जिसको आज की भाषा में 'फ़ॉर्म' और 'कान्टेन्ट' कहते हैं। आचार्य कुन्तक से प्रेरणा लेते हुए मैं इनको 'निर्मिति' और 'तत्त्व' कहूँगा। निर्मिति और तत्त्व का अभेद–संश्लेष कला की एक बड़ी कसौटी है। विभिन्न कलाओं को हम दो वर्गों में बाँट सकते हैं : कुछ कलायें, जैसे काव्य, नाटक, चित्र, ऐसी कलायें हैं जिनमें तत्त्व और निर्मिति का सार्थक भेद किया जा सकता है। दूसरे वर्ग में ऐसी कलायें आयेंगी जिनमें ऐसे भेद की बात ही निरर्थक–सी होती है, जैसे संगीत या स्थापत्य। ये कलायें निर्मिति–प्राण कलायें हैं। शब्द क्या कह रहा है हम इसकी चर्चा कर सकते हैं, चित्र क्या चित्रित कर रहा है इसकी भी हम चर्चा कर सकते हैं। पर संगीत के लिए ऐसी बात कहनी हो तो शब्द भी नहीं मिलेगा।

कलाओं के ये दो वर्ग आज की कला चर्चा में स्वीकृत हैं और मैंने इसलिए बनाये हैं कि संगीत में इसको लेकर जो सवाल उठाना चाहता हूँ,

उस सवाल को समझने के लिए ये वर्ग बनाने ज़रूरी हैं।

शुरू में ही मैंने एक बात कही थी कि संगीत और दूसरी कलाओं में आज एक बड़ा अन्तर यह है कि संगीत सर्वथा अपनी परम्परा में रहता हुआ भी प्राणवान है। इसके साथ अब एक बात और जोड़ना चाहता हूँ, जिससे मेरे सवाल का गुरुत्व कुछ बढ़ जाये। जिस तरह संगीत का परम्परा के साथ अविच्छिन्न सम्बन्ध है, उसी तरह संगीत सम्बन्धी चिन्तन भी परम्परा के सूत्र में बँधा है। पर हमारा संगीत जितना प्राणवान है, सृजनशील है, संगीत सम्बन्धी चिन्तन, या यों कहना ठीक होगा कि संगीत-बोध की मीमांसा से सम्बन्ध रखता चिन्तन, उतना प्राणवान या सृजनशील नहीं है। वहाँ लकीर की फ़क़ीरी ही ज़्यादा नज़र आती है।

हम संगीत के अनुभव को जब भाषा देते हैं तो कुछ ऐसे शब्दों का प्रयोग करते हैं जो हमारे साथ सदियों से रहे हैं : इन्हीं के माध्यम से हम अपने अनुभव को समझते-समझाते हैं। इन प्राचीन शब्दों में जिसकी जड़ सबसे गहरी है, वह है 'रस'। हमारी चेतना में 'रस' का कलामात्र के साथ कुछ ऐसा सम्बन्ध है कि रस और कला को हम पर्याय-सा ही समझते हैं : रस होगा तो कला होगी, रस के अभाव में कला शब्द का प्रयोग उपचार मात्र है, चाहे कोई भी कला हो। कारण यह है कि कला की अनुभूति को लक्ष्य कर भारत में जो विचार-मंथन हुआ उनका प्राय: सर्वमान्य सार है रस-सिद्धान्त। संगीत की अनुभूति को भी इसी सिद्धान्त के धारणा-जाल में अनायास बाँध लेने की परम्परा रही है। आज भी हम कहते हैं : अमुक के गाने या बजाने में रस की सृष्टि हुई या नहीं हुई, हुई तो किस रस की हुई। आलोचना या सराहना करते हुए हम कहते हैं : अमुक राग शृंगार रस का है पर गाने वाले ने या बजाने वाले ने वीर में गाया या बजाया—या तारीफ़ करें तो कहेंगे—शृंगार को या वीर को या करुण को कितना अच्छा निभाया। मज़े की बात यह है कि इस तरह के फ़तवे केवल परम्परानिष्ठ रसिक नहीं देते, ऐसे संगीतप्रेमी भी देते हैं जिनका चिन्तन दूसरी बातों में परम्परानिष्ठ नहीं है। दूसरी कलाओं की चर्चा करते हुए वे रस की भाषा नहीं अपनाते : उनका रसवाद संगीत या नृत्य तक ही सीमित रहता है।

हम यह भी मानकर चलते हैं कि संगीत में उन्हीं रसों की निष्पत्ति होती है जिनको नाटक या काव्य में मान्यता दी गयी है, जैसे—शृंगार, करुण, वीर, शान्त आदि। इस विश्वास की जड़ें पुरानी हैं। प्राचीन से प्राचीन

संगीत ग्रन्थों में किस राग का किस रस से सम्बन्ध है, इसकी तालिका मिलती है। पर संगीत में रस-निष्पत्ति के स्वरूप को—यह कैसे होती है इस प्रक्रिया को—समझने की चेष्टा करें तो उलझन सामने आती है।

रस-निष्पत्ति की हमारे यहाँ भी काफ़ी चर्चा रही है और काफ़ी गहरे पैठ कर चर्चा रही है। पर इस चर्चा में एक बात ध्यान रखने की है : चर्चा का मूल सूत्र सदा नाट्यशास्त्र का एक सूत्र विशेष रहा है जिसको 'रस-सूत्र' का भी नाम दिया जाता है। नाट्यशास्त्र के छठे अध्याय में रस की चर्चा करते हुए भरत कहते हैं कि नाटक में जो कुछ कहा, किया, दिखाया जाता है, उसका प्राण रस है, उसके बिना नाटक नाटक ही नहीं : न हि रसादृते कश्चिदर्थः प्रवर्तते। 'अर्थ' से उनका आशय था नाटक की कथावस्तु और भाव-जगत से।

रस का उदय कैसे होता है? कैसे यह उभरता है, उजागर होता है रस? या प्राचीनों की पारिभाषिक शब्दावली में कैसे 'निष्पन्न' होता है यह रस? इसको लेकर हमारे यहाँ बहुत चर्चा रही है। और जैसा कि चर्चा का धर्म ही है, रस-निष्पत्ति की प्रक्रिया को लेकर प्रभूत वाद-विवाद भी रहा है, पर जो भी सिद्धान्त प्रतिपादित हुए उनका आधार था भरत का प्रख्यात रस-सूत्र : विभावानुभाव-व्यभिचारि-संयोगाद्रसनिष्पत्तिः। रस की प्रक्रिया को ही नहीं, रस के स्वरूप को भी समझने में यह सूत्र नियामक रहा है : इसी के घेरे में रहकर रस को समझा गया है; इसीलिए इस सूत्र को रस का लक्षण-सूत्र भी कहा गया है। भरत कहते हैं—या हो सकता है भरत ने किसी और आचार्य से यह सूत्र लिया हो, इस प्रसंग में एक द्रुहिण का वे नाम भी लेते हैं—जो भी हो, सूत्र कहता है 'विभाव, अनुभाव और व्यभिचारी-भाव के संयोग से रस की निष्पत्ति होती है।' यहाँ पहले यह प्रश्न उठता है : विभाव, अनुभाव और व्यभिचारी का संयोग किससे? उत्तर है : स्थायी-भाव से। यह भी कहा जाता है कि विभाव कहने से स्थायी-भाव की स्वतः स्वीकृति हो जाती है, क्योंकि विभाव ही स्थायी-भाव का कारण है। सिद्धान्त यह है कि स्थायी-भाव ही रसत्त्व को प्राप्त होता है, विभाव, अनुभाव, व्यभिचारी भावों के संयोग से, उनसे उपचित होकर।

यहाँ स्थायी, विभाव, अनुभाव, व्यभिचारी इन शब्दों के अर्थों को समझ लेना स्पष्टतः ही आवश्यक है। पर मुझे अधिक विस्तार करने की

आवश्यकता नहीं। क्योंकि एक तो यह सूत्र चर्चा का काफ़ी विषय रहा है; दूसरे मेरा तात्पर्य रस-सूत्र की सविस्तार व्याख्या से नहीं है, न ही मैं इसको संगीत में सिद्ध करना चाहता हूँ। बल्कि मेरे मन में सवाल ही यह रहा है कि क्या यह संगीत में उतर भी सकता है?

विभाव, अनुभाव, संचारी-भाव—ये संज्ञायें नाटक के लिए उपयुक्त हुई थीं, नाटक के परिप्रेक्ष्य में ही समझी जा सकती हैं। रस-सूत्र की उद्‌भावना नाटक की रमणीयकता को समझने के लिए ही की गयी थी। संक्षेप में, 'विभाव' का अर्थ है नाटक के पात्र और ऐसे परिवेश जिनमें इन पात्रों की उपस्थिति दर्शक के मन में एक विशेष भाव को जगाती है। शृंगार के प्रसंग में विभाव का उदाहरण दिया जाता है ललना, उद्यान आदि : कमनीय कन्या और रमणीय परिवेश। पहले को आलम्बन और दूसरे को उद्दीपन विभाव कहते हैं। ध्यान में रखने की बात यह है कि विभाव के बिना किसी भी रस का मूल, उसका स्थायी-भाव बन ही नहीं सकता और रस की प्रक्रिया की पहल ही नहीं हो सकती—स्थायी-भाव के आधार पात्र और परिवेश होते हैं। 'अनुभाव' का अर्थ है वे हाव-भाव, जो किसी आन्तरिक भाव को प्रकट करते हैं : भ्रूक्षेप, कटाक्ष, अंग-संचार, अंग-स्तम्भ आदि। नाटक में अनुभाव अभिनय-विशेष द्वारा व्यक्त किये जाते हैं और नाटक के परिप्रेक्ष्य में अनुभाव को अभिनय से अलग नहीं किया जा सकता। 'व्यभिचारी-भाव' कहते हैं भिन्न भावों के उदय और अस्त होने को। कोई भी स्थायी-भाव जैसे रति या शोक, भाव-प्रवण मन की ऐसी भावावस्था विशेष होती है जो अपेक्षाकृत लम्बे समय तक स्थिर रहती है—इसीलिए उसको स्थायी कहा जाता है। पर स्थायी-भाव किसी एक-तार एक-भाव अवस्था का नाम नहीं है। स्थायी के अन्तर्गत दूसरे भाव उठते-गिरते रहते हैं, जो उसके स्थायित्व को मिटाते नहीं, बल्कि उसको पुष्ट करते चलते हैं : रति में जैसे लज्जा, स्मृति, आवेग, तर्क, औत्सुक्य, चिन्ता आदि होते हैं। ये व्यभिचारी-भाव हैं, इनको भी अनुभावों द्वारा प्रकट किया जाता है। स्थायी-भाव के सागर में ये व्यभिचारी भाव तरंगों की तरह मिटते-बनते, आते-जाते रहते हैं, इसलिए इनको 'संचारी-भाव' भी कहा जाता है। 'संचारी-भाव' अनैकान्तिक होते हैं : एक ही संचारी भाव—जैसे तर्क स्मृति चिन्ता—भिन्न स्थायी भावों में संचार करता दिखायी देता है।

स्पष्ट है कि रस-सूत्र में रस की निष्पत्ति को नाटक के आधार पर समझा

गया था। परवर्ती चिन्तन में इस सिद्धान्त की परिधि को काव्य तक बढ़ा दिया गया। ऐसा करने के लिए विभाव-अनुभाव-व्यभिचारी-भावों के अर्थ की मर्यादा को भी थोड़ा बढ़ाना पड़ा। नाटक में विभाव-अनुभाव-व्यभिचारी-भाव नट-नटी और उनकी चेष्टा के रूप में साक्षात् मंच पर दिखायी देते हैं। पर काव्य नाटक की तरह, अभिनवगुप्त की भाषा में, 'प्रत्यक्ष-साक्षात्कार-कल्प'[१] नहीं हो सकता। फिर भी कथा-प्राण प्रबन्ध-काव्य में और मुक्तक में भी—जो प्रबन्ध का ही 'गुटका' होता है—जैसे अमरु के मुक्तक हैं—इन दोनों में विभाव-अनुभाव-व्यभिचारी की प्रतीति होती है। पर हाँ, यहाँ नाटक की तरह प्रत्यक्ष-साक्षात्कार नहीं होता, मानस-साक्षात्कार होता है। कथाकार-कवि शब्दार्थ की व्यंजना द्वारा, शब्द-चित्रों के माध्यम से विभाव-अनुभाव-व्यभिचारी भावों को रसिक पाठक या श्रोता की कल्पना में उजागर कर देता है। रसिक पाठक जितना सहृदय होता है भाव-सामग्री उतनी ही उसके मानस पर साक्षात् उजागर होती है : वह जैसे कवि की कही कहानी को अपने भाव-प्रवण मन की आँखों के आगे घटता हुआ सा देख सकता है।[२]

पर काव्य हो या नाट्य, रस-निष्पत्ति की प्रक्रिया वही रहती है जो रस-सूत्र में सूत्रित है। काव्य में भी रस-निष्पत्ति नाटक की तरह ही होती है। अभिनव तो यहाँ तक कह देते हैं : नाट्ये एव रसाः। काव्येऽपि नाट्यायमान एव रसः—'नाट्य में ही रस होते हैं। काव्य में भी रस नाट्यायमान (नाटक का ही रूप और प्रक्रिया लिये हुए) होता है।'[३]

परवर्ती चिन्तन में रस-सूत्र की परिधि को नाटक से बढ़ाकर काव्य तक ही नहीं लाया गया, संगीत को भी उसी के घेरे में ला खड़ा किया गया। और यहीं आकर मेरे सवाल की उलझन खड़ी होती है : संगीत में विभाव-अनुभाव-व्यभिचारी भाव की बात हम कैसे कर सकते हैं? और नहीं कर सकते तो रस-सूत्र को संगीत पर कैसे उतार सकते हैं? आप कहेंगे, गेय पदों के माध्यम से। गेय पद काव्य होता है और उसके माध्यम से रस-सूत्र संगीत में व्याप्त हो सकता है। पर इससे बात नहीं बनती। संगीत की स्वतन्त्र सत्ता को तिलांजलि देनी पड़ती है, उसके प्रभाव को अन्य सापेक्ष, दूसरे का मुँह देखने वाला मानना पड़ता है : यह मानना पड़ता है कि बिना पद के संगीत संगीत ही नहीं होता, उसका कोई अपना आस्वाद ही नहीं होता। इस बात को हम कैसे मान सकते हैं? हमारा बोध गवाही देता है

कि संगीत का अपने आपमें एक आस्वाद ही नहीं, पूरा का पूरा आस्वाद जगत होता है। संगीत की परिभाषा में पद या काव्य को शामिल कर लेने में एक कठिनाई और भी है। हमारे संगीत का जो परम ध्येय है—और सदियों से रहा है—वह है राग की सृष्टि। रस का, बल्कि रस विशेष का, सम्बन्ध भी राग से किया जाता है। पर राग का सम्बन्ध कभी पद से नहीं किया गया : राग को गाया भी जा सकता है और बजाया भी जा सकता है और बजाने में राग के रागत्व की कोई हानि नहीं होती है। कहना नहीं होगा कि ऐसी दशा में संगीत को रस-सूत्र के घेरे में खींच लाना कठिन समस्या का विषय हो जाता है।

यहाँ मैं अपनी समस्या के नयेपन पर इठलाना चाहूँ तो कह सकता हूँ कि यह समस्या अब तक किसी को सूझी ही नहीं। और यह सच भी है कि संगीत के ग्रन्थों में इस समस्या को नहीं उठाया गया है। वहाँ तो राग और रस के सम्बन्ध को एक सिद्ध सम्बन्ध मान लिया गया है, उसे सिद्ध करने की चेष्टा नहीं की गयी है। पर संगीत ग्रन्थों में न सही, समस्या का बोध प्राचीन है और आज भी विरल सही, इसके बोध का अभाव नहीं है। बातों ही बातों में मुझे कुछ देर पहले मालूम हुआ कि आज की अध्यक्षा डॉ. प्रेमलता जी वर्षों से अपने संगीत-शास्त्र के विद्यार्थियों को इस समस्या से अवगत कराती रही हैं। मुझे पहले मालूम होता तो शायद अपनी समस्या को यों सहसा आपके सामने ला खड़ा करने की ढिठाई ही नहीं करता। पर साथ ही यह भी कहूँगा कि अगर दो जनों के मन में स्वतन्त्र रूप से यह समस्या आ सकती है तो इसमें उलझन की बात ज़रूर है। ऐसी उलझन जो आपके भी मन में आ सकती है और यों चर्चा का विषय बन सकती है। समस्या उठाने का इससे बड़ा क्या उद्देश्य हो सकता है?

मैंने अभी कहा कि प्राचीन समय में यह बोध था कि रस-सूत्र के रास्ते संगीत में रस-निष्पत्ति को समझने में समस्या उठ सकती है। हमारे यहाँ रस-निष्पत्ति की चर्चा संगीत में नहीं हुई, नाटक और काव्य में ही हुई है। प्रसंगवश, यह ध्यान रखने की बात है कि पश्चिम में भी आधुनिक समय के पहले 'एस्थेटिक्स'—रमणीयकता—की चर्चा का विषय प्रधानतः नाट्य और साहित्य ही रहा है। हमारे यहाँ रस-चर्चा के इतिहास में आनन्दवर्धन का नाम बहुत बड़ा नाम है। सब जानते हैं कि उन्होंने अपने ध्वनि सिद्धान्त के साथ इस चर्चा को एक नया मोड़ दे दिया था। आनन्दवर्धन के एक

चर्चा-प्रसंग से लगता है कि वे समस्या से अवगत थे। पर उन्होंने समस्या को टाला है, झेला नहीं।

आनन्दवर्धन ने क्या चर्चा की है, इस पर आने से पहले एक बात और कहना चाहता हूँ जो हमारी समस्या की उलझन में एक और कड़ी-सी गाँठ डाल देती है। मैंने कुछ देर पहले कहा कि रस-सूत्र की परवर्ती व्याख्या में विभाव, अनुभाव, व्यभिचारी-भाव के अर्थ को व्यापक कर दिया गया, नाटक से बढ़ाकर काव्य तक ले जाया गया। रस के अर्थ को भी एक फैलाव दे दिया गया था : काव्य ही नहीं, ललित या रम्य कला मात्र को अपनी बाँह में समेट लेने वाली व्यापकता दे दी गयी थी। अब भी इस शब्द में यही ध्वनि है। आज रस शब्द कला की रमणीयकता का पर्याय है : 'एस्थेटिक' अनुभव को जब हम अन्य अनुभवों से अलग करना चाहते हैं तो हम उसे रसानुभव कहते हैं। रस शब्द हमारे लिए एस्थेटिक्स के लक्षण और मर्यादा दोनों का द्योतक है : मर्यादा 'सीमा' के अर्थ में भी और 'महिमा' के अर्थ में भी। इसीलिए मैं कभी अपने संगीतज्ञ मित्रों में यह सवाल उठाता हूँ कि 'संगीत में रस कैसे ?' तो झाड़ पड़ती है कि 'क्या मतलब संगीत में रस नहीं होता ? सारी दुनिया यों ही काँय-काँय करती है ?' आपके मन में भी ऐसी झल्लाहट न हो इसके लिए रस शब्द के इतिहास की थोड़ी-सी चर्चा कर लेना अच्छा रहेगा।

रस की चर्चा का आरम्भ भरत से होता है। पर वे रस की चर्चा नहीं करते, रसों की चर्चा करते हैं। रस उन्होंने आठ माने हैं, कुछ कहते हैं नौ माने हैं और इसको लेकर मतभेद रहा है, पर आठ हों या नौ, रस उनके लिए एक नहीं अनेक हैं। परवर्ती चिन्तन में इस अनेक के पीछे एक को देखा गया। रस की तुलना ब्रह्म से की गयी जो हमारे यहाँ सबसे बड़ा 'एक' है : रसानुभूति को 'ब्रह्मानन्द-सहोदर' कहा गया। 'सहोदर' इसलिए कि ब्रह्मानन्द से भिन्न भी है। भिन्न यों कि ब्रह्मानन्द का कोई विषय नहीं होता, जबकि रस के अनुभव में विषय का होना आवश्यक है : चाहे वह नाटक विशेष हो, काव्य विशेष हो या अन्य कोई रम्य कलाकृति। संगीत भी इस कोटि में आ ही जाता है। रस के ऐसे ही और भी विशेषण दिये गये जो संगीत पर भी पूरे उतर सकते हैं : जैसे 'लोकोत्तरचमत्कारप्राण'। रस में एक ऐसा आनन्द माना गया है जो लौकिक सुख या आनन्द से भिन्न है : उसमें एक चमत्कृति है, एक ऐसे विस्मय का बोध है जो संसार के अन्य अनुभवों

में नहीं होता। इसीलिए उसके लिए 'ब्रह्मानन्द' जैसा शब्द-प्रयोग सार्थक माना जाता है। पर लोकोत्तर होते हुए भी रस के लिए कुछ लोक-सुलभ गुण अपरिहार्य हैं। रस ब्रह्मानन्द की तरह सर्वथा लोकोत्तर नहीं है। ब्रह्मानन्द में 'वासना' नहीं रहती, जबकि 'वासना' के बिना रस की कल्पना ही सम्भव नहीं। 'वासना' का अर्थ है चित्त की भाव-प्रवणता, जिसको समझने के लिए मैं सोचता हूँ अभिनव का एक उदाहरण काफ़ी है : अभिनव कहते हैं कि जिसके मन में शोक, रति, भय, जुगुप्सा आदि भाव जागते ही नहीं, वह नाटकघर में रखी कुर्सी की तरह है, उसको रस-बोध नहीं हो सकता। किसी ब्रह्मसिद्ध योगी को भी रस का अनुभव नहीं हो सकता अगर उसमें वासना के संस्कार शेष ही न हों : ब्रह्म और रस में यहाँ बड़ा अन्तर है। पर हालाँकि भाव या भावना के बिना रस का अनुभव नहीं हो सकता, रस में भाव जिस रूप में आते हैं, वह लोक से—साधारण लौकिक अनुभव से—भिन्न है। इस भेद को समझाने के लिए अक्सर सांख्य का आश्रय लिया जाता है। कहते हैं रस में 'सत्त्वोद्रेक' होता है। कहने का तात्पर्य यह कि साधारण 'लौकिक' अनुभव में रति, शोक, करुणा, जुगुप्सा आदि भाव जब हमारे भीतर जागते हैं तो हमको अभिभूत कर लेते हैं, अपनी पकड़ में हमको ले लेते हैं : हम उनके साथ बहने लगते हैं, वे कुछ करने पर मजबूर कर देते हैं या फिर मोह की तरह हम पर छा जाते हैं। क्योंकि लौकिक अवस्था में हर भाव रजस् या तमस् प्रधान होता है। रस की अवस्था में सत्त्व ऊपर उठ आता है। हम भावों के द्रष्टा-से हो जाते हैं, उनकी चपेट में नहीं आते। इसीलिए कोई भी भाव हो—शोक, जुगुप्सा, भय—हमको उसमें आनन्द ही आता है, हम साक्षी-भाव से उसके स्वरूप का आस्वादन करते हैं, उसकी जकड़ में नहीं रहते।

इससे अधिक कुछ यहाँ कहने की ज़रूरत नहीं। पर इतना तो झलक ही आया होगा कि रस की ऐसी व्याख्या किसी भी कला पर खरी उतारी जा सकती है। पर हमें भूलना नहीं चाहिये कि परवर्ती चिन्तन में रस की इस व्यापक व्याख्या को भी किसी न किसी रूप में रस-सूत्र के अर्थ का ही विस्तार माना गया। और चर्चा का प्रधान सन्दर्भ नाटक और काव्य ही रहा।

अब कठिनाई यह है कि रस-सूत्र से रस का ऐसा कोई परम 'एक' ब्रह्म-सहोदर स्वरूप नहीं निकाला जा सकता जिसे कला-बोध मात्र पर खरा उतारा जा सके। रस-सूत्र के अनुसार जब किसी स्थायी-भाव का विभाव,

अनुभाव और व्यभिचारी भावों से संयोग होता है तभी रस उभरता है। वह रस एक तभी हो सकता है जब स्थायी-भाव एक ही हो। पर स्थायी-भाव तो अनेक हैं—विभाव, अनुभाव व्यभिचारियों का तो कहना ही क्या। फिर रस एक कैसे हो सकता है? बल्कि सच पूछिये तो रस-सूत्र में रस के अनेकत्व का ही इंगित है, एकत्व का नहीं। भरत ने स्थायी-भावों को अनेक माना है। यही ठीक भी है। स्थायी-भाव को एक मानने का अर्थ होगा यह मानना कि हमारे मन के अनेक भावों में एक ही ऐसा 'स्थिर' भाव है जो अन्य भावों द्वारा उपचित होकर रस की कोटि तक पहुँच सकता है। ऐसा तो मानने को मन गवाही नहीं देता। पर स्थायी-भाव को अनेक मानने में कौन सी कठिनाई है? हम अपने अनुभव में पाते भी यही हैं। बल्कि स्थायी की संख्या को आठ या नौ तक सीमित कर देना रूढ़ि के सिवा कुछ नहीं हो सकता। आगे के चिन्तन में रसों की संख्या में वृद्धि होती ही चलती है—साथ ही इनसे जुड़े स्थायी-भावों की। नौवें रस शान्त को पुराना भी मान लें तो भी और कई हैं जिनको बाद में स्वीकारा गया : प्रेयस्, वात्सल्य, प्रीति, स्नेह, भक्ति, श्रद्धा। भरत के सिद्धान्त में स्थायी और व्यभिचारी भाव के बीच की रेखा कोई लक्ष्मण रेखा नहीं है। भरत की बनायी हुई रूढ़ि ने ही उसको बाँध रखा था। एक बार वह लाँघी गयी, ढीली पड़ गयी, तो फिर बार-बार लाँघने से कौन रोक सकता था?[४]

मैंने जिसको परम 'एक' सर्व-व्यापक रस कहा है उसके लिए अभिनवगुप्त ने एक अभिनव संज्ञा का प्रयोग किया था : 'महारस'। अभिनव कहते हैं कि अनेक रसों के मूल में मुख्य महारस एक ही होता है। अन्यय रसों से इस महारस के सम्बन्ध को समझाने के लिए वे तीन विकल्प हमारे सामने रखते हैं। किसी विकल्प विशेष के प्रति आग्रह विशेष नहीं दिखाते। पहले विकल्प के अनुसार अनेक रस (शृंगारादि) अपने आपमें 'असत्य' हैं, पर उन्हीं से महारस उजागर होता है, जैसे विभिन्न उच्चरित, पर निरर्थक वर्णों से बना शब्द अपने अर्थ के साथ उन्मिषित होता है—एक ही 'स्फोट' में उभर आता है।[५] एक और विकल्प यह है कि शृंगारादि रस 'सत्य' हैं पर महारस के साधन रूप हैं, उसी प्रकार जैसे अन्विताभिधानवाद की दृष्टि से एक अखण्ड वाक्यार्थ को बनाने में, वाक्य में प्रयुक्त विभिन्न शब्द साधन होते हैं।[६] तीसरे विकल्प के अनुसार हम यही व्याख्या अभिहितान्वयवाद की दृष्टि से भी कर सकते हैं; इस दृष्टि में महारस

वाक्यार्थ की तरह पदार्थों का समुदाय होगा और भिन्न-भिन्न रस उस महारस-रूपी वाक्यार्थ के भाग या अवयव।[७]

अभिनव का महारस के प्रति आग्रह प्रबल है।[८] वे चाहते हैं कि उनका पाठक महारस को मान ही ले, चाहे जिस भी युक्ति से माने। एकदम से दो-तीन युक्तियाँ सामने रख देते हैं। न युक्तियों का तर्क के द्वारा पूरा विस्तार करते हैं, जैसा कि किसी भी सिद्धान्त के प्रतिपादन में अपेक्षित है और न अपने विकल्पों के आपसी वैषम्य की ओर ध्यान देते हैं। इनमें से हरेक में कई समस्यायें साफ़ झलकती हैं, जिनकी ओर वे उन्मुख भी नहीं होते। पर समस्यायें तो हैं। कुछ को मैं आपके सामने रखना चाहता हूँ : वाक्यार्थ के लिए जैसे वाक्यगत सभी शब्दार्थों की उपस्थिति आवश्यक है क्या महावाक्य के लिए भी उसी तरह सभी नौ रसों की उपस्थिति आवश्यक है? या प्रत्येक रस से महारस हो सकता है? अगर एक-एक रस महारस हो सकता है तो अभिनव का कोई भी विकल्प महारस की निष्पत्ति की प्रक्रिया को कैसे समझा सकेगा? अगर सबकी उपस्थिति को आवश्यक मानें तो फिर दूसरे प्रश्न उठते हैं : महारस के लिए क्या सभी रसों के समूह में कोई विशेष विन्यास आवश्यक है—पहले श्रृंगार आये फिर वीर, फिर करुण... ? या रस-समूह का एकाधिक विन्यास हो सकता है? पर फिर महारस 'एक' कैसे रहेगा? और अगर महारस के लिए सभी रसों का एकत्र होना आवश्यक है तो जिस कृति में नौ से कम रस हों उसको क्या हम अधूरी कृति कहेंगे?

मैं इन ढेर सारे प्रश्नों में यहाँ नहीं जाना चाहता। पर इनके पीछे जो मूल समस्या है उसको टाला नहीं जा सकता; महारस नाटक के विभिन्न रसों को पूर्वापेक्षित रखता है यों वह रस-सूत्र से मुक्त नहीं हो सकता। महारस का रस-सूत्र से क्या सम्बन्ध है, इसकी अभिनव चर्चा नहीं करते, करते तो तीख़े प्रश्न खड़े होते। पर इतना स्पष्ट है कि रसों के बिना महारस नहीं बन सकता और रस नाटक—या उस जैसी किसी कला—में ही उभर सकते हैं। इसलिए महारस में हमें रस की ऐसी धारणा नहीं मिल सकती जो कला मात्र पर खरी उतरे और संगीत जैसी कलाओं पर भी व्यापक हो, जहाँ विभाव-अनुभाव-व्यभिचारी-भाव नहीं होते। अभिनव अगर रस को नाटक से अलग रखकर समझने की चेष्टा करते तो हो सकता था कि रस की व्याख्या विभाव-अनुभाव-व्यभिचारी-भाव के बन्धन से मुक्त हो

पाती। पर ऐसी मुक्ति रस-चिन्तन में कभी नहीं हुई। और इस मुक्ति के बिना संगीत से रस की निष्पत्ति को समझना सम्भव नहीं। फिर भी आलंकारिक ऐसा युक्ति-विषम दुराग्रह करने से चूके नहीं। मैं पहले पण्डितराज जगन्नाथ को लेता हूँ जो इस बात को एक सिद्ध रूढ़ि मानकर चलते हैं कि संगीत से रस होता है। अलंकारशास्त्र के लम्बे इतिहास में जगन्नाथ एक प्रकार से अन्तिम कड़ी थे। उनके बाद चिन्तन की धारा क्षीण हो गयी। मैं चाहता हूँ कि पण्डितराज से शुरू करूँ फिर उल्टी गंगा बहाकर पीछे को ले जाऊँ।

पण्डितराज नव्य-न्याय की परिपाटी में पले थे। इस परिपाटी में परिभाषा की पद्धति को बहुत माँजा गया था। परिभाषा करते समय एक-एक शब्द तौल-तौलकर, फूँक-फूँककर रखा जाता था। आदर्श यह था कि जिसकी परिभाषा करनी है वह इस तरह पूरा-पूरा परिभाषा में आ जाये कि उससे अधिक या उससे कम की समायी हो ही न सके। न अतिव्याप्ति हो न अव्याप्ति। पण्डितराज काव्य की परिभाषा यों करते हैं : रमणीयार्थ-प्रतिपादकः शब्दः काव्यम्—'रमणीय अर्थ का प्रतिपादन करने वाला शब्द काव्य है।' अपनी इस परिभाषा के औचित्य को सिद्ध करने के लिए वे कहते हैं कि परिभाषा को इससे छोटा नहीं किया जा सकता, अतिव्याप्ति हो जायेगी। मान लीजिये इस परिभाषा से हम शब्द और अर्थ को निकाल दें और कहें कि जो रमणीय होता है, जो आस्वाद का उद्‌बोधन करता है वही काव्य है, तो परिभाषा के घेरे में काव्य के सिवा भी कुछ और आ जायेगा। राग में अतिव्याप्ति हो जायेगी—संगीत के राग में—क्योंकि, 'ध्वनिकार (आनन्दवर्धन)[९] से लेकर सभी आलंकारिक यह मानते हैं कि राग से रस की व्यंजना होती है।'[१०] आनन्दवर्धन के बाद के आलंकारिकों की तो कह नहीं सकता, मैंने जितना देखा है इस विषय पर कुछ मिला नहीं, पर आनन्दवर्धन ने अवश्य संगीत से रस-निष्पत्ति की चर्चा की है। ध्वन्यालोक के तीसरे उद्योत में इस विषय पर कारिका ३३ की वृत्ति में काफ़ी विचार किया गया है। विचार लम्बा है और तर्क-वितर्क के कई दाँव-पेच से होकर निकलता है। ऊहापोह बड़ा मार्मिक है पर उसके विस्तार में जाने की यहाँ ज़रूरत नहीं, भावार्थ का हम यों अनुवाद कर सकते हैं :

रस की निष्पत्ति के लिए विभाव-अनुभाव-व्यभिचारी-भाव का बोध आवश्यक है। काव्य में यह बोध शब्द के माध्यम से होता है। हम शब्द

सुनते (या पढ़ते) हैं, अर्थ समझते हैं, विभाव-अनुभाव-व्यभिचारी-भाव की सामग्री उपस्थित होती है और रस व्यंजित होता है। इस प्रक्रिया में एक क्रम है। पहले शब्द से अर्थ-बोध होता है और तब रस व्यंजित होता है। कई बार हमको लगता है कि शब्द सुनते ही रस का उदय हो गया। क्रम ऐसी दशा में भी होता है पर प्रक्रिया इतनी शीघ्र होती है कि क्रम होते हुए भी भासमान नहीं होता। यहाँ कुछ लोग आपत्ति करते हैं कि शब्द के सुनने और रस के उदय होने के बीच अर्थ-बोध की सीढ़ी को मानना ज़रूरी नहीं है, क्योंकि आख़िर संगीत से भी तो रस पैदा होता ही है। संगीत भी शब्द होता है, पर ऐसा शब्द? जिससे अर्थ-बोध का प्रश्न ही नहीं उठता : संगीत के ध्वनि-रूप शब्द में अर्थ होता ही नहीं।

इस आपत्ति के खण्डन में आनन्दवर्धन कहते हैं कि काव्य में तो अर्थ-बोध के बिना रस-निष्पत्ति की प्रक्रिया बन ही नहीं सकती। वहाँ अर्थ-बोध रस के प्रति नियामक है। पर संगीत में वे भी अर्थ-बोध के बिना रस निष्पत्ति को मान लेते हैं। अटल स्वर में चुनौती देते हैं कि हम नीले को नीला कहें, पीले को पीला कहें और हमारी आँखों में दोष न हो तो कौन हमारी बात को काट सकता है, चाहे कितना ही तर्क क्यों न करे। उसी तरह काव्य के सार्थक शब्दों से ही नहीं, गीत के अर्थहीन शब्दों से और शरीर की शब्दहीन चेष्टा से भी रस की प्रत्यक्ष व्यंजना होती है; इस अनुभव को तर्क से कौन मिटा सकता है?[११]

अब यों कोई 'हाथ कंगन को आरसी क्या' कहकर प्रत्यक्ष की दुहाई दे तो आपको लगता है कि आगे बात क्या कीजिये, मन की आँखें खोलिये और देख सकें तो देखिये। क्या अचम्भा जो आनन्दवर्धन की चुनौती के बाद इस प्रश्न पर फिर चर्चा ही नहीं हुई। लगता है पण्डितराज की तरह औरों ने भी आनन्दवर्धन के फ़तवे को आख़िरी बात मान लिया।

पर प्रत्यक्ष में भी भ्रम होता ही है, और प्रत्यक्ष की दुहाई से हर सवाल को चुप नहीं किया जा सकता। अगर हम संगीत के रस को 'रस' के उस व्यापक अर्थ में लें, जिसकी हम पहले चर्चा कर आये हैं—जिस अर्थ में रस और 'रामणीयकता' पर्याय हैं, और जिस अर्थ में कलामात्र के अनुभव को रसानुभव कहा जा सकता है—तब आनन्दवर्धन की बात से इनकार नहीं किया जा सकता। पर तब संगीत के रस को हम भरत के रस-सूत्र से नहीं जोड़ सकते : विभाव-अनुभाव-व्यभिचारी-भाव की इस प्रसंग में

चर्चा नहीं कर सकते। पर आनन्दवर्धन रस-सूत्र को छोड़ना नहीं चाहते, वे विभाव-अनुभाव-व्यभिचारी-भाव से ही रस का उदय मानते हैं। और संगीत में भी इसी सूत्र से रस की बात करना चाहते हैं। ये दोनों बातें एक साथ नहीं हो सकतीं। वे अनुभव की दुहाई देकर कहते हैं कि अर्थहीन शब्द में भी रस की निष्पत्ति होती है। पर कैसे होती है यह नहीं दिखाते। शब्दार्थ के बिना विभाव-अनुभाव-व्यभिचारी-भाव कैसे बनते हैं? और अगर नहीं बनते तो रस की निष्पत्ति कैसे होती है? इन प्रश्नों में वे नहीं जाते। और इनका जवाब प्रत्यक्ष की दुहाई से नहीं दिया जा सकता। यह मीमांसा का प्रश्न है।

मीमांसा को प्रत्यक्ष के नाम पर नहीं टाला जा सकता, आनन्दवर्धन भी यह ख़ूब समझते थे। नहीं तो ध्वनि को सिद्ध करने के लिए उन्हें ध्वन्यालोक जैसा विशद मीमांसा-ग्रन्थ लिखने की ज़रूरत ही क्यों पड़ती, प्रत्यक्ष की दुहाई दे देते। ध्वनि को भी तो वे अनुभव-सिद्ध मानते थे। फिर भी युक्ति-तर्क द्वारा उसकी मीमांसा को उन्होंने आवश्यक समझा। ध्वन्यालोक के आरम्भ में ही वे ऐसे लोगों की चर्चा करते हैं जो ध्वनि को अनुभव का ही विषय मानते थे, मीमांसा का नहीं। आनन्दवर्धन भी यही समझकर चुप्पी साध लेते तो ध्वन्यालोक ही नहीं लिखा जाता। पर ध्वनि को अनुभव-सिद्ध मानते हुए भी और रामायण, महाभारत जैसे सर्वपरिचित काव्यों में उसका स्पष्ट प्रत्यक्ष समझते हुए भी वे कहते हैं कि अब तक के आलंकारिक ध्वनि का उन्मीलन नहीं कर सके हैं।[१२] तभी इसका उन्मीलन करने के लिए उन्होंने ध्वन्यालोक लिखा जिसकी सशक्त युक्तियों के प्रभाव से ध्वनि की स्वीकृति सचमुच सर्वसाधारण हो गयी। पर संगीत और रस की जब बात आती है तब आनन्दवर्धन प्रत्यक्ष की दुहाई देकर ही अपनी बात को सिद्ध मान लेते हैं! मीमांसा करते तो समस्या दिखायी देती। संगीत से विभाव-अनुभाव-व्यभिचारी-भाव कैसे उपस्थित होते हैं? उनके बिना रस कैसे निष्पन्न होता है? ऐसे प्रश्न खड़े होते। संगीत में रस निष्पत्ति का चिन्तन उन्हें रस-सूत्र से अलग नयी दिशा में ले जाता। और ऐसा ज़रूरी भी है। क्योंकि संगीत में रस है, इतना ही कह देना काफ़ी नहीं। विभिन्न रागों का, विभिन्न गायकियों का, वादन या गायन विशेष का, हरेक का अपना एक भिन्न आस्वाद होता है। संगीत सम्बन्धी कोई भी रस-सिद्धान्त तभी सार्थक कहला सकता है जब आस्वाद की इस

विविधता को भी समझा सके—जैसे रससूत्र नाटक और काव्य से उत्पन्न होने वाले आस्वाद की विविधता को समझाता है : शृंगार, करुण, रौद्र आदि भिन्न-भिन्न रसों के स्वरूप को बताता है।

मैंने भरत से शुरू किया, अब अन्त भी उन्हीं से करना चाहता हूँ। मैंने जो सवाल यहाँ उठाया है : संगीत में रस कैसे निष्पन्न होता है ? उसका जवाब देने की यहाँ चेष्टा नहीं करूँगा। पर इतना कहूँगा कि भरत के नाट्यशास्त्र में भी हम इस सवाल का इंगित पाते हैं, क्योंकि सवाल की जड़ यह है कि क्या हम निर्मिति (फ़ॉर्म) प्रधान कलाओं पर, जैसे संगीत और वास्तु पर, और अनुकृति प्रधान कलाओं पर जैसे नाटक, काव्य, चित्रकला पर एक ही व्याख्या-पद्धति को पूरा उतार सकते हैं ? आनन्दवर्धन की भूल यही थी कि उन्होंने कला के इस द्वैधीभाव को देखा ही नहीं। हमने अभी देखा कि वे सार्थक शब्द (काव्य) और निरर्थक-शब्द (संगीत) और शरीर की शब्दहीन-चेष्टा को एक ही कोटि में रखते हैं। यह नहीं देखते कि सार्थक शब्द की तरह शरीर की चेष्टा भी रस-सूत्र की परिधि में लायी जा सकती है, अगर ऐसी चेष्टा अभिनय-रूप हो। भरत इसको अनुभाव कहेंगे और अनुभाव आ जाये तो विभाव, व्यभिचारी आ ही जायेंगे। क्योंकि कोई भी अनुभाव हो, किसी स्त्री या पुरुष पात्र विशेष का ही होगा, किसी परिवेश विशेष में ही होगा और यही विभाव है। एक से अधिक अनुभाव हों तो एक से अधिक भाव को व्यक्त करेंगे : इन्हीं को भरत व्यभिचारी-भाव कहते हैं। पर चेष्टा की तरह संगीत को इस परिधि में लाना सम्भव नहीं।

प्राचीन ग्रीस में अरस्तू ने ग्रीक नाटकों की मीमांसा करते हुए कलामात्र को अनुकृति कहा था। अचम्भा नहीं कि पश्चिम में संगीत की स्वतन्त्र एस्थेटिक्स का उदय आधुनिक समय से पहले नहीं हुआ। पर भरत नाटक को तो अनुकृति मानते थे, कलामात्र को अनुकृति नहीं मानते थे। नाट्यशास्त्र के चौथे अध्याय में उन्होंने नृत्त का विशद वर्णन किया है। उन्हें शिव का आदेश था कि नृत्त का नाटक में समावेश करें। अभिनय और नृत्त दोनों सदृश कलायें हैं, इस अर्थ में कि दोनों में अंग-संचार होता है। पर अभिनय का अंग-संचार केवल अंग-संचार ही नहीं है, वह कुछ कहता है, किसी अवस्था या भाव विशेष का चित्रण करता है, उसमें अनुकृति होती है। पर नृत्त के अंग-संचार का अभिनय से कोई सम्बन्ध नहीं होता।

जैसे संगीत विशुद्ध ध्वनि है वैसे ही नृत्त विशुद्ध अंग-संचार होता है। अभिनय और नृत्त के अंग-संचार में वैसा ही अन्तर है जैसा अनुकृति-प्रधान चित्र में और ऐब्स्ट्रैक्ट चित्र में।

भरत जब नृत्त का वर्णन कर चुकते हैं तब प्रश्न उठता है कि नृत्त का ध्येय क्या है, नाटक से इसका क्या सम्बन्ध है? जिन ऋषियों के आगे भरत नाट्य का वर्णन कर रहे थे, वे भरत से पूछते हैं, 'अभिनय तो समझ में आता है, उसकी सृष्टि नाटक के अर्थ को दिखाने के लिए हुई, पर नृत्त किसलिए सृष्ट हुआ? इसका न तो किसी गेय पद के अर्थ से सम्बन्ध है, न यह किसी और अर्थ को (नाटक की कथा या भाव को) व्यक्त करता है।' दूसरे शब्दों में, नृत्त में विभाव-अनुभाव-व्यभिचारी-भाव नहीं हो सकते, फिर वह नाटक का अंग कैसे बनेगा?

नृत्त और अभिनय जैसा ही भेद भरत गान्धर्व और ध्रुवा में भी करते हैं। ध्रुवा उन गानों को कहते थे जिनका नाटक के अन्तर्गत नाटक की सामग्री के रूप में प्रयोग होता था। गान्धर्व विशुद्ध संगीत था। भरत कहते हैं कि ध्रुवा में पद सार्थक शब्द प्रधान होता है, स्वर और ताल को पद के अनुकूल ढाला जाता है। पर गान्धर्व में पद गौण होता है और वह निरर्थक भी हो सकता है, वह स्वर और ताल का आधार मात्र होता है—जैसे कैनवस चित्र का आधार होता है। दोनों में पद की दृष्टि से वैसा ही भेद था जैसा ख़याल और फ़िल्मी गाने में। गान्धर्व का प्रयोग नाट्य-सामग्री के रूप में नहीं हो सकता था। ध्रुवा का ही ऐसा प्रयोग होता था, क्योंकि ध्रुवा में सार्थक पद के माध्यम से विभाव-अनुभाव-व्यभिचारी-भाव आ सकते थे, पर गान्धर्व में इनका प्रवेश कैसे सम्भव था?

यों भरत की दृष्टि में कलायें अर्थ या अनुकरण से सर्वथा असम्बद्ध, निर्मिति-मात्र भी हो सकती थीं। इन कलाओं के एस्थेटिक्स की उन्होंने चर्चा नहीं की है, उनका विषय नाट्य था। अभी हमने ऋषियों के जिस प्रश्न की चर्चा की थी—'नृत्त का ध्येय क्या?'—इसका भरत जो उत्तर देते हैं वह ऐसा उत्तर नहीं कहला सकता जिससे नृत्त के एस्थेटिक्स को रस-सूत्र जैसा कोई चर्चा का सार्थक आधार मिले। भरत ने ऋषियों को उत्तर देते हुए कहा : 'नृत्त किसी अर्थ की अपेक्षा नहीं रखता फिर भी शोभा को जन्म देता है, सबको अच्छा लगता है, विनोद का कारण है, और किसी भी उत्सव में मंगलमय होता है।' इस उत्तर में किसी तरह की सौन्दर्य-

मीमांसा का प्रयास नहीं है। शोभा है कहना और शोभा की मीमांसा करना इनमें बहुत अन्तर है। नृत्त में शोभा की निष्पत्ति कैसे होती है? शोभा के प्रकार क्या हैं, उनमें अन्तर क्या है?—भरत इन प्रश्नों की चर्चा ही नहीं करते। पर इनकी चर्चा वे करते तो रस-चर्चा से इस चर्चा का वैषम्य उनसे छुपा नहीं रहता। उन्होंने ऐसी चर्चा उठायी नहीं और आगे की चर्चा रस-सूत्र के बन्धन से अपने आपको अलग नहीं कर पायी। क्यों न हम ऐसी चर्चा अब उठायें : फिर से भरत से शुरू करें? भारतीय एस्थेटिक्स बहुत समृद्ध है। हम देखेंगे कि रस-सूत्र को हम छोड़ भी दें तो भी भारतीय एस्थेटिक्सथ में हमको चिन्तन के ऐसे कई सूत्र मिल जायेंगे, जो हमारे सवाल का उत्तर ढूँढ़ने में हमारे काम आयेंगे।

सन्दर्भ

१. काव्ये तु गुणालंकारमनोहरशब्दार्थशरीरे लोकोत्तररसप्राणके हृदयसंवादवशात् निमग्नाकारिका तावद्भवति चित्तवृत्तिः। किन्तु सर्वस्य प्रत्यक्षसाक्षात्काररकल्पा तत्र न धीरुदेति। नाट्यशास्त्र १, १०७ पर अभिनवभारती।

२. तेन ये काव्याभ्याभसप्राक्तनपुण्यादिहेतुबलादिभिः सहृदयास्तेसषां परिमितविभावाद्युन्मीलने अपि परिस्फुट एव साक्षात्कारकल्पः काव्यार्थः स्फुयति। नाट्यशास्त्र अध्याय ६, रस-सूत्र पर अभिनवभारती।

३. नाट्यशास्त्र ६.३३ पर अभिनवभारती।

४. रस की संख्याओं के बारे में देखिये—डॉ. वी.वी. राघवन का The Number of Rasas आड्यार, १९४०।

५. शब्द और अर्थ के सम्बन्ध को समझाने के लिए भर्तृहरि ने स्फोटवाद का प्रतिपादन किया था। उच्चरित शब्द सावयव होता है और नश्वर होता है; पर अर्थ उससे नितान्त भिन्न वस्तु है। अर्थ के अवयव नहीं होते और वह नश्वर नहीं होता। जब हम कहते हैं, प् आ न् ई तो इन अर्थहीन अवयवों से मिलकर शब्द बनता है 'पानी' जो अपने अर्थ से अभिन्न होता है। उस अर्थ के कोई अवयव नहीं होते। वह एक अखण्ड निरवयव इकाई है और इसीलिए 'पानी' शब्द में प् आ न् ई, इस प्रकार वर्णों का जो एक विशेष क्रम है वह भी वास्तव नहीं होता। फिर प् आ न् ई ये वर्ण उच्चारण के साथ ही उत्पन्न होकर नष्ट हो जाते हैं। पर 'पानी' शब्द का अर्थ वर्णों के समान भंगुर वस्तु नहीं है। वह बना

रहता है। वही स्फोट है। इसी प्रकार विभिन्न रसों का स्फोट एक महारस होता है; भिन्न रस और रसों का भेद यहाँ वैसा ही है जैसा प् आ न् ई के वर्णों का भेद। जैसे वर्ण नश्वर हैं—असत्य हैं—वैसे ही अन्य रस असत्य हैं। महारस ही सत्य है।

६. वाक्यार्थ का एक अखण्ड अर्थ सबको स्वीकार्य है। प्रश्न यह है कि वाक्य में प्रयुक्त शब्दों का भी तो अलग-अलग अर्थ होता है, फिर शब्दों के भिन्न अर्थ एक ही वाक्यार्थ को कैसे सिद्ध करते हैं? अन्विताभिधान के अनुसार प्रत्येक शब्द के अपने अर्थ में एक अंश अन्वय का भी होता है जो उसे दूसरे शब्दों के साथ स्वभावत: जोड़ देता है; जैसे रेल के डिब्बों में एक हुक होता है जो उसको दूसरे डिब्बों के साथ जोड़ता है और इस तरह पूरी रेलगाड़ी बन जाती है जो कई डिब्बों से बनी होकर भी अपनी एक स्वतन्त्र सत्ता रखती है।

७. अभिहितान्वयवाद शब्द में अन्वय के अंश को सम्मिलित नहीं मानता। अगर ऊपर के रेल वाले रूपक को यहाँ भी लें तो अभिहितान्यवाद कहेगा कि शब्दरूपी डिब्बों के साथ जुड़ा हुआ कोई हुक नहीं होता। हुक अलग से लगाये जाते हैं। शब्दों के बीच जो हुक लगाये जाते हैं वे हैं, 'आकांक्षा', 'आसत्ति', 'योग्यता' आदि। तात्पर्य यह कि सन्दर्भ विशेष में हमारा भाषा-बोध और उसमें निहित शब्दों के उचित और प्रत्याशित सम्बन्ध ही शब्दों के बीच अन्वय या हुक काम करते हैं।

८. अभिनव कहते हैं, 'ततश्च मुख्यभूतात् महारसात् स्फोटदृशीवासत्यानि वा अन्विताभिधानदृशीवोपायात्मकानि सत्यानि वा अभिहितान्वयदृशीव तत्समुदायरूपाणि वा रसान्तराणि भागाभिनिवेशदृष्टानि रूप्यन्ते।' नाट्यशास्त्र ६.१५-२२ पर अभिनवभारती।

९. कुछ लोग आनन्दवर्धन को ध्वनिकार नहीं मानते, ध्वनिकार का टीकाकार मानते हैं। पर इस झगड़े से हमें यहाँ मतलब नहीं। हम ध्वनिकार और आनन्दवर्धन को एक मानकर चल रहे हैं। न मानें तो भी बात में कोई फ़र्क़ नहीं आता।

१०. यत्त्वास्वादोद्बोधकत्वमेव काव्यत्वप्रयोजकम् तच्च शब्दे चार्थे चाविशिष्टमित्याहु:, तन्न, रागस्यापि रसव्यंजकताया ध्वनिकारादिसकलालंकारिकसम्मतत्त्वेन प्रकृते लक्षणीयत्वापत्तेः। रसगंगाधर, प्रथमानन, काव्यलक्षण।

११. न ही बाधरहितं नीलं नीलमिति बुवन्नपरेण प्रतिषिध्यते नैतन्नीलं पीतमेतदिति। तथैव व्यंजकत्वं वाचकानां शब्दानामवाचकानां च गीतध्वनीनामशब्दरूपाणां

चेष्टादीनां यत्सर्वेषामनुभवसिद्धं तत्केनाभिद्रूयते। ध्वन्यालोक, उद्योत ३ कारिका ३३ पर वृत्ति।

१२. ध्वन्यालोक, उद्योत १, श्लोक ११; देखिये विशेषतः वृत्ति का यह भाग : केचित्पुनर्लक्षणकरणशालीनबुद्धयो ध्वनेस्तत्त्वं गिरामगीचरं सहृदयहृदयसंवेद्यमेव समाख्यातवन्तः। तेनैवंविधासु विमतिषु स्थितासु सहृदयमनः प्रीतये तत्स्वरूपं ब्रूमः। तस्य हि ध्वनेः स्वरूपं सकलसत्कविकाव्योपनिषद् भूतमतिरमणीयमणीयसीभि-श्चिरंतनकाव्यलक्षणविधायिनां बुद्धिभिरनुन्मीलितपूर्वम्।

पूर्वग्रह : अंक-६६ (सम्पादक : अशोक वाजपेयी), जनवरी-फ़रवरी १९८५

भाव और संगीत

भावना पर स्वतन्त्र चिन्तन बहुत कम हुआ है, अधिकांशतः कलाओं के सन्दर्भ में ही कुछ चिन्तन इस पर हुआ है। शायद इसका कारण यह है कि यह समझा जाता है कि विचार भावना की शव परीक्षा तो कर सकता है, उसको उसकी सजीवता में ग्रहण नहीं कर सकता। किन्तु वास्तव में यह उतना ही भावना के लिए भी सही है; वह विचार का उसके तत्त्वदर्शी स्वरूप में भावन नहीं कर सकती, बल्कि उसे अपने अधीन कर उसकी इस दृष्टि को धूमिल या भ्रमित ही कर सकती है। किन्तु तब भी भावना पर विचार को तो उचित माना जाता है, विचार की भावनाधीनता को उचित नहीं माना जाता। इसका कारण है। कारण यह है कि तत्त्व या स्वरूप-ज्ञान का एकमात्र साधन हमारे पास विचार ही है। जहाँ तक इस आरोप का सम्बन्ध है कि इस प्रक्रिया में भाव अपना सत्त्व ही खो बैठता है, यह आरोप वास्तव में सभी विषयों को लेकर किया जाता है। विचार को विकल्पात्मक कहने के पीछे यही धारणा है कि यह ग्रहण और ग्राह्य के बीच व्यवधान उपस्थित करता है, जानने के क्रम में यह विषय को ही खो देता है।

यह सही है या नहीं, यहाँ हम इस विवाद में नहीं पड़ेंगे। यहाँ हम केवल इतना कहना चाहेंगे कि स्वयं इस विवाद का भी यदि निर्णय करना हो तो उसे भी विचार के न्यायालय में ही प्रस्तुत करना होगा। इस प्रकार विचार का क्षेत्र निर्बाध है और भाव की उसके अधीन आने की आपत्ति को अधिक महत्त्व नहीं दिया जा सकता।

किन्तु तब भी, भाव पर हमारे यहाँ विचार बहुत कम हुआ है, केवल कला

पर विचार के प्रसंग में ही उस पर विचार हुआ है, और कलाओं में भी मुख्यत: नाट्य के प्रसंग में और गौणत: साहित्य के प्रसंग में। किन्तु कलायें और भी हैं और उन सबमें भाव ही अभिव्यंज्य होता है, संगीत में तो भाव विशेष उत्कटता के साथ अभिव्यंज्य होता है। किन्तु इन कलाओं में भावाभिव्यक्ति के स्वरूप पर हमारे यहाँ विचार नहीं हुआ।

मैं यहाँ संगीत के माध्यम से भावना पर कुछ विचार करना चाहता हूँ, पर इस चिन्तन को नाट्य या साहित्य चिन्तन के कवल से निकालकर। मैं समझता हूँ कि इससे हमें भावना के जगत का एक ऐसा परिचय मिलेगा जो नाट्य या साहित्य को माध्यम बनाने से छिपा रह जाता है। पर पहले एक छोटी-सी भूमिका।

कह चुका हूँ कि भावना की ओर हमारे दार्शनिकों का ध्यान कम गया है। 'भावना' शब्द को आज हम फ़ीलिंग (भावानुभूति) या इमोशन (आवेग) शब्दों के पर्यायवाची के रूप में समझते हैं। इस अर्थ में यह शब्द हमारे प्रयोग में दर्शन से नहीं नाट्य और साहित्य से आया है। दर्शन की परम्परा में 'भावना' शब्द एक तरह से मीमांसकों की बपौती रहा है। मीमांसकों की 'भावना' का सम्बन्ध अनुभूति या आवेग से कम, संकल्प से अधिक है। मोटे तौर पर कहें तो मीमांसा के अनुसार 'ऐसा करो' इस वाक्य को सुनकर किसी कार्य की ओर प्रवृत्ति का होना भावना है।

न्याय-दर्शन में तो कामना के ही भीतर भावना को भी समो लेने की व्यवस्था है। यों आत्मा के गुणों में एक गुण 'भावना' भी है, पर वहाँ भावना का अर्थ है स्मृति, बल्कि स्मृति को जन्म देने वाला एक गुण विशेष, 'संस्कार'। आत्मा का एक और गुण है—इच्छा। अनुभूति के अर्थ में भावना इच्छा में ही आ जाती है। नैयायिकों का ध्यान चेष्टा और क्रिया के प्रति अधिक था और इसी सम्बन्ध में उन्होंने इच्छा का निरूपण किया है, उसे चेष्टा की जननी कहा है। भावना को इच्छा से अलग करने का कोई प्रयास नहीं है; काम और अभिलाषा को ही नहीं राग, संकल्प, कारुण्य, वैराग्य सभी को इच्छा के रूप में ही देखा गया है।

पतञ्जलि के योगसूत्रों में, जहाँ हम चित्तवृत्तियों के सूक्ष्म विश्लेषण की अपेक्षा कर सकते हैं, वहाँ भी भावना का कोई स्पष्ट निरूपण नहीं है। पतञ्जलि ने वृत्तियों के पाँच प्रकार गिनाये हैं—प्रमाण, विपर्यय, विकल्प,

निद्रा और स्मृति। इनमें भावना कहीं नहीं है। चित्तवृत्तियों के निरोध को योग कहने वाले मनीषी ने इनका कैसा अधूरा निरूपण किया है, यह ध्यातव्य है।

ऐसा नहीं है कि योगसूत्रों में भावना का कोई स्थान नहीं है। कुछ भावनाओं का भिन्न कोटियों में स्थान है, जैसे हर्ष, मुदिता, करुणा और उपेक्षा का भावना के नाम से उल्लेख भी है। पर पतञ्जलि के भावना विषयक विचार में कोई स्पष्टता नहीं है। भावना पर विचार उनका उद्देश्य ही नहीं था। ऊपर आयी पाँच चित्तवृत्तियों का उन्होंने लक्षण-निरूपण किया है, पर भावना का अलग से कहीं नहीं किया।

भावना की सार्थक चर्चा दर्शन-परम्परा में नहीं मिलती, मिलती है नाट्यशास्त्र में। नाट्यशास्त्र में 'भावना' शब्द नहीं है, उससे मिलता-जुलता 'भाव' शब्द है। भरत ने भावों की चर्चा रस के बाद की है, क्योंकि उनकी दृष्टि में भाव (कुछ भाव) प्रयोग विशेष से रस को प्राप्त होते हैं। हमारे यहाँ भावों की परवर्ती चर्चा भरत को ही आधार बनाकर चली है। नाट्य से बढ़ाकर यह चर्चा साहित्य में और कुछ सीमा तक दूसरी कलाओं में भी ले जायी गयी। पर भावों को समझने-समझाने का आधार नाट्य ही रहा। साहित्य को भी परवर्ती भाव-मीमांसा एक प्रकार के मानस-नाट्य के रूप में ही देखती रही—नाट्य साक्षात् प्रेक्षणीय होता है, साहित्य साक्षात् प्रेक्षणीय तो नहीं होता पर वह भी नाट्य की सृष्टि करता है जो मानस द्वारा उसी प्रकार प्रेक्षणीय होता है जैसे आँखों द्वारा नाट्य। यों हमारे यहाँ भाव-मीमांसा का सूत्र नाट्य से बँधा रहा है। इसलिए भाव को समझने की नाट्य-दृष्टि का कुछ ब्योरा आवश्यक है।

भरत की भाव-मीमांसा हमें नाट्यशास्त्र के सातवें अध्याय में मिलती है। अध्याय के आरम्भ में ही भरत 'भाव' शब्द का दोहरा अर्थ करते हैं। 'भाव' शब्द की व्युत्पत्ति 'भू' धातु से करते हुए वे कहते हैं कि 'भाव' शब्द को दो तरह से समझा जा सकता है—भवन्तीति भावाः और भावयन्तीति भावाः। भाव शब्द के पहले अर्थ का भावना से सम्बन्ध नहीं उभरता : जो हैं, भाव हैं। भाव यहाँ होने का ही दूसरा नाम है। दूसरा अर्थ है : जिनका भवन किया जाता है, वे भाव हैं। इस अर्थ में भाव चित्तवृत्ति विशेष की ओर इंगित करता है। भावना के अर्थ में भरत को भाव का दूसरा अर्थ ही अभिप्रेत था। पर उनके लिए भावना को समझने के लिए पहला अर्थ भी

उनके लिए कम महत्त्व का नहीं है, क्योंकि दूसरे को पहले से अलग नहीं किया जा सकता। भाव की उत्पत्ति और भाव की पहचान, भाव के पहले अर्थ पर ही निर्भर है। जो है, जो हमारे सामने होता है, वही भाव जगाता है। उसी के आधार पर हम कहते हैं कि यह अमुक भाव है। जो हम अपने सामने पाते हैं, जिससे हमारे मन में भाव जागता है, उस होने वाली परिस्थिति के अर्थ में भाव का भावना से अविनाभाव सम्बन्ध है। एक दूसरे के बिना नहीं होता।

भाव जगाने वाली परिस्थिति जब मंच पर उपस्थित होती है उसे भरत विभाव कहते हैं। नाट्यकार और नाट्य प्रयोक्ता का उद्देश्य मंच पर विभावों की सृष्टि करना ही होता है। इन विभावों से ही दर्शक के मन में भावना जगायी जाती है।

नाटक के विभाव का परिस्थिति के अर्थ में भाव से घनिष्ट सम्बन्ध होता है, क्योंकि नाटक अनुकरण से बनता है, लोक के अनुकरण से। नाटक में जो दिखाया जाता है उसके विभाव जो हमारे मन में भावना जगाते हैं, उनका आधार 'लोक', या यों कहें मनुष्य का जीवन, उसकी परिस्थितियों का संसार ही होता है। मंच पर अनुकरण के माध्यम से लोक की प्रस्तुति ही नाट्य है। भरत कहते हैं कि यह अनुकरण नाट्यधर्मी होता है। तात्पर्य यह है कि नाट्य का अनुकरण लोक को ज्यों का त्यों नहीं प्रस्तुत करता, उसका रूपान्तरण कर देता है। रूपान्तरण की मात्रा में और प्रकार से भेद हो सकता है। अनुकरण लोक के अधिक निकट हो सकता है, या लोक से कुछ दूर हट सकता है। आज की भाषा में हम जिसे 'यथार्थवादी' कहते हैं—भरत ने इसे लोकधर्मी कहा है—अनुकरण ऐसा भी हो सकता है। पर अनुकरण कितना ही लोकधर्मी क्यों न हो, नाटक एक अलग ही लोक का निर्माण करता है, जिसकी अपनी एक सत्ता होती है। नाटक अपना ही एक लोक बनाता है जो कला के माध्यम से निर्मित होता है। इसलिए अपने मर्म में नाट्य मात्र नाट्यधर्मी होता है। उसका लोक-भिन्न, स्वतन्त्र, कला निर्मित नाट्य स्वरूप हमारे बोध में जगता रहता है। हम कभी नहीं समझते कि नाटक में जो कुछ हो रहा है, सचमुच हो रहा है। लोक का 'भाव'-लोक में जो होता है—जब वह नाट्य के रूप में प्रस्तुत होता है तब विभाव कहलाता है।

विभाव भावना को जन्म देने वाली ऐसी परिस्थिति विशेष है जो नाटक की

परिधि में उपस्थित होती है और नाट्यधर्मी के रूप में हमारे आगे आती है। विभाव दर्शक के मन में भावना की जिस प्रक्रिया को जगाता है उससे रस की निष्पत्ति होती है। नाट्य-भिन्न वास्तव लोक में परिस्थितियों से भावनायें उपजती हैं पर उनसे रस नहीं निष्पन्न होता। कारण यह है कि लोक में हम द्रष्टा नहीं होते, कर्ता और भोक्ता होते हैं—परिस्थितियाँ हमें अभिभूत करती हैं, हमारे करने और होने का, जीने का, अभिन्न अंग होती हैं, उन्हें हम अपने से अलग रखकर, अपने आपको भूलकर, उनका विशुद्ध प्रतीति के रूप में आस्वाद नहीं कर पाते। नाट्यधर्म उन्हें लोक से हटाकर आस्वाद्य बना देता है, और यों रस जगा देता है। यहाँ यह द्रष्टव्य है कि यह द्रष्टव्य या ताटस्थ्य भावनाओं पर विचार के प्रसंग में भी होता है किन्तु वह रसजनक नहीं होता, क्योंकि वहाँ भावनायें भाव्य नहीं होतीं बल्कि विषय के रूप में लक्षित होती हैं।

पर विभाव कितने ही नाट्यधर्मी क्यों न हों, उनका मूल लोक ही होता है, क्योंकि नाट्य है तो लोक की अनुकृति ही। भरत ने भावनाओं का लक्षण करते हुए, उनका स्वरूप बताते हुए विशेष विभावों के साथ उन्हें जोड़ा है। विभावों में लोक का आधार बिलकुल स्पष्ट है। भरत ने कुल उनचास भाव या भावनाओं का लक्षण दिया है।

भरत हरेक भावना को उसके उचित विभाव के साथ जोड़ते हैं। किस भावना का क्या स्वरूप है इसको बताने के लिए किस-किस विभाव में वह जन्म लेती है, वे इसका संकेत देते हैं। यों उनका भावना का लक्षण विभावमूलक है, पर उनका विभाव वर्णन लोकमूलक ही है। उदाहरण लीजिये—

शोक का लक्षण करते हुए भरत कहते हैं—प्रियजन के वियोग से, वैभव के विनाश से, आहत किये जाने पर, बन्धन में आने पर, या ऐसे ही विभावों से जो भाव उपजता है, वही शोक है।

क्रोध का लक्षण देखिये—हमले में घिर जाने पर, सताये जाने पर, डाँट-डपट में, कलह, विवाद या दूसरी प्रतिकूल परिस्थिति में जो भाव जागता है वह क्रोध है।

इसी प्रकार गर्व के ये विभाव हैं—ऐश्वर्य, धन या शक्ति का होना, ऊँचा कुल, रूप, यौवन, विद्या, बल, धनलाभ।

कुछ भाव ऐसे भी हैं जिनका सम्बन्ध परिस्थिति से इतना नहीं जितना प्रकृति, स्वभाव या चरित्र से है, जैसे उत्साह। उत्साह का लक्षण करते हुए भरत कहते हैं—यह ऐसे लोगों में होता है जिसकी प्रकृति उत्तम होती है और जिनका स्वभाव उदात्त होता है। इतना कहने के बाद भरत उत्साह के कुछ विभाव भी गिनाते हैं। पर इन विभावों का सम्बन्ध बाह्य परिस्थिति से नहीं अन्तर की प्रवृत्ति से है। उत्साह के विभाव हैं—विषाद का अभाव, शक्ति, धैर्य, शौर्य। ये सारे विभाव उत्साह के समान ही स्वभाव और शील के 'भाव' हैं, गुणधर्म हैं, प्रवृत्तियाँ हैं। इनको परिस्थिति के अर्थ में विभाव नहीं कहा जा सकता।

शोक, क्रोध या गर्व की तरह उत्साह का कोई विभाव कारण या निमित्त नहीं कहला सकता। पर उत्साह जैसे भाव अपनी अभिव्यक्ति के रूप में विभावों को जन्म दे सकते हैं। यों, जहाँ विभाव को हम किसी भावना का कारण नहीं कह सकते वहाँ भी उस भावना की पहचान, उसका नाम, उसका लक्षण, गुणधर्म, विभाव और विभाव के माध्यम से लोक से सम्बद्ध देखा जा सकता है। लोक के सन्दर्भ में ही हम उस भावना को पहचान सकते हैं। भरत ने भी विभाव के दो अर्थ किये हैं : विभाव को भाव का कारण भी बताया है, पर विज्ञान या पहचान भी। भरत कहते हैं—विभावो विज्ञानार्थः। जब किसी का चरित विशेष उन्मुखता से व्याप्त होता है तब हम उसको उत्साह कहते हैं। यहाँ भाव को हम किसी परिस्थिति के कार्य के रूप में नहीं देख रहे 'उत्साह है', यह पहचान उस भाव की परिस्थिति-विशेष में प्रतिफलित होकर ही बनती है।

हमारे लिए सार की बात यहाँ भाव की पहचान का परिस्थिति से अभिन्न सम्बन्ध है। भरत ने कुल उनचास ही भाव गिनाये हैं और जैसा हमने देखा, उनमें भी कुछ के लिए 'भाव' शब्द का प्रयोग ठीक नहीं है। पर भावों की संख्या के लिए भरत के वचन को आप्त मानने का कोई अर्थ नहीं। हमें भाव और भी दिखें तो हम भावों की संख्या बढ़ा सकते हैं। भरत के बाद की परम्परा ने ऐसा किया भी है। पर हमारे लिए जो काम की बात है वह है भाव की पहचान का परिस्थिति से सम्बन्ध।

भाव के विषय में यही बात साहित्य के लिए भी कही जा सकती है। वहाँ भी भाव की पहचान परिस्थिति के सन्दर्भ में ही होती है। पर साहित्य में यह परिस्थिति विभाव के रूप में मंच पर प्रस्तुत नहीं होती। फिर भी

कल्पना यहाँ परिस्थितियों के सूत्र से ही बँधी रहती है। उपन्यास, कथा आदि में ऐसा होता ही है। पर कविता में जहाँ ऐसा नहीं होता, वहाँ भाव की पहचान आसान नहीं होती। कविता परिस्थिति का सन्दर्भ बनाये बिना भी भाव व्यंजित करती ही है। वहाँ भाव की कोई सहज सी पहचान नहीं बनती—कौन सा भाव है? इस प्रश्न का उत्तर सदा सम्भव हो, आवश्यक नहीं। पर माध्यम भाषा होने के कारण कविता में भी लोक से एक निहित-सा सम्बन्ध बना रहता है।

साहित्य का माध्यम भाषा है। भाषा धारणाओं के माध्यम से लोक को धारण करती है, उन धारणाओं में लोक आधार होता है। धारणाओं के माध्यम से भाषा लोक का धारण ही नहीं करती, उसे रूप भी देती है, बुनती-बनाती भी है। थोड़ा भी बैठकर देखें तो हम देखेंगे कि हमारा लोक, जिसमें हम जीते-जागते हैं, भाषा का ही दिया हुआ लोक है। एक बड़े अर्थ में हमारा लोक हमारे व्यवहार का लोक है, लोक-यात्रा का लोक है। हम समाज में जीते हैं (लोक शब्द का प्रधान अर्थ ही है—लोग, समाज)। हमारा यह लोक जड़लोक नहीं है—हमारे जीने-रहने का लोक है जो स्पष्ट ही चेतना से अनुप्राणित है। चेतना इसे बुनती है। चेतना के धागे इसमें गुँथे हुए हैं। इसलिए इसके स्वरूप को, गुणधर्म को हम अपनी चेतना से अलग रखकर नहीं समझ सकते। हमारा लोक हमारे विधि-विधान के, संकल्प के, बोध के, इच्छा के, आदर्श व्यवस्था-संस्थान के ताने-बाने से बुना होता है। यों अपने स्वरूप में भी हमारी धारणाओं का लोक होता है, उसको अपनी धारणाओं से हम अलग नहीं कर सकते। यह बात हमारे व्यवहार के लोक पर ही नहीं, जड़लोक पर भी पूरी उतरती है। हमारी समझ का, ज्ञान का, हमारी बुद्धि की पकड़ का जड़लोक भी हमारी धारणाओं के जाल में ही घिरा होता है, उससे बाहर नहीं निकला जा सकता और हमारी धारणायें भाषा से घिरी रहती हैं, भाषा में ही रूप पाती हैं।

भाषा को जब हम काव्य का माध्यम बनाते हैं, तब बाह्य लोक से अलग एक नये काव्य-लोक की सृष्टि करते हैं। भाषा का यह कल्पना-लोक लोक का उपजीवी होता है। कहने को हम कह सकते हैं, अक्सर कहते भी हैं कि नहीं, ऐसा नहीं होता, काव्य लोक का उपजीवी नहीं है, वह अपना अलग भावलोक बनाने में समर्थ है, जिसका लोक से कोई सम्बन्ध नहीं है। पर भूलना नहीं चाहिये कि भाषा और लोक का एक-दूसरे के

साथ नाड़ी का सम्बन्ध है, अगर लोक भाषा के बिना नहीं है तो भाषा भी लोक के बिना कुछ नहीं; भाषा के पीछे लोक का ही आधार है। इसलिए भाषा का बनाया हुआ कोई भी लोक वास्तव लोक के बन्धन को नहीं तोड़ सकता। काव्य-लोक लोक की 'अनुकृति' न भी हो तो भी भाषा का सूत्र उसे लोक से बाँधे रखता है। इसीलिए काव्य का भावना-लोक लोक की पकड़ से नहीं छूट पाता। और लोक में भाव का परिस्थिति से कुछ वैसा ही सम्बन्ध होता है जैसा भरत ने आँका है, चाहे हम मान भी लें कि लोक की इन परिस्थिति के स्वरूप-स्वभाव को प्राण देने में भाषा का भी योगदान होता है।

इस प्रकार नाट्य और काव्य में जो भाव जागते हैं उनमें लोक का बन्धन-सूत्र आधारगत रहता है। लोक में बनती परिस्थितियों को भाषा से अलग नहीं किया जा सकता, और लोक की ही परिस्थितियाँ नाट्यधर्मी या काव्यधर्मी के रूप में रूपान्तरित होकर नाट्य और काव्य में भावों को उपस्थित करती हैं।

सच पूछिये तो लोक का हम पर इतना साम्राज्य है कि हमें लग सकता है कि हमारी भावनायें लोक से अपरिहार्य रूप से बँधी हैं, उनका अपना कोई स्वतन्त्र लोक नहीं है; लोक ही उन्हें रूप देता है, पर वास्तव में ऐसा नहीं है। ऐसी भी कुछ कलायें हैं जिनमें लोक का बन्धन शिथिल हो जाता है, जो नाट्य या काव्य की तरह लोक से बँधी हुई नहीं हैं। इन्हीं में संगीत है। संगीत भी भाव जगाता है, पर ऐसे भाव जगाता है जिनको नाट्य या काव्य की तरह लोक से जोड़ना कठिन है। उन भावों को हम नाम नहीं दे पाते, क्योंकि लोक से उनका सूत्र नहीं जोड़ पाते। आप कह सकते हैं कि जो भी हो संगीत का आधार भी आख़िर लोक ही है। संगीत का प्राण स्वर है और संगीत जिन स्वरों का प्रयोग करता है, वे भी तो लोक-जात ही हैं। लोक से ही संगीत उन्हें लेता है, संगीत उन्हें बनाता नहीं है, उनका प्रयोग करता है। संगीत को वे लोक से ही उपलब्ध होते हैं।

किन्तु द्रष्टव्य है कि लोक से प्राप्त ये स्वर अरूप-अनाम सामग्री मात्र होते हैं जिसका उपयोग संगीत भावनाओं की अभिव्यक्ति के लिए स्वतन्त्र रूप से करता है, ठीक उसी प्रकार जिस प्रकार भाषा ध्वनि का उपयोग शब्द रचना के लिए करती है। नाट्य में कथानक का वस्तुतः घटितवत् होना और वस्तुतः घटितवत् के तर्क से निर्दिष्ट होना आवश्यक होता है। यही

उपन्यास और कथात्मक कविता में आवश्यक होता है। शुद्ध गीत-काव्य में भी, जिसमें भावनाओं की अभिव्यक्ति ही प्रमुख होती है, भावुक कवि और भावित भावना के ऊपर रहती है भाषा, जिसके वाच्य का और वाच्यों के संस्थान का तर्क गीतकार के लिए पूर्व प्रदत्त होते हैं और वह उनका उपयोग मनमाना नहीं कर सकता। भाषा में पिरोयी भावना भाषा का लोक-सम्बन्ध पूरी तरह छोड़ नहीं सकती, चाहे व्यंजित भावना को जाना-पहचाना नाम देना सदा सम्भव न होता हो।

किन्तु भाषा के अभाव में संगीत का लोक के साथ काव्य या नाट्य जैसा सम्बन्ध बनता ही नहीं। हालाँकि एक गहरा सम्बन्ध जोड़ने के लिए यहाँ एक युक्ति दी जा सकती है। हम देखते हैं कि लोक में भी भावना की अभिव्यक्ति के साथ स्वरों के उतार-चढ़ाव का सम्बन्ध होता है। कराहने के अपने स्वर होते हैं, उमंग की किलकारी के अपने; यों ही क्रोध के, शान्ति के, हर भावना की अभिव्यक्ति के, अपने विशिष्ट स्वर होते हैं। इनको भरत ने 'काकु' कहा है। काकु का हमारे लोक की परिस्थितियों से सम्बन्ध स्पष्ट है। और संगीत क्या है? क्या यह भी काकु का ही परिष्कृत रूप है और इस तरह उसका भी लोक से सम्बन्ध स्पष्ट है?

उत्तर में मैं कहना चाहूँगा कि ठीक है, संगीत में काकु का प्रयोग होता है और उस काकु में हम लोक को कभी-कभी पहचान भी लेते हैं। और यों संगीत के कुछ रूपों का, विशेषकर शब्दों के साथ गाये गये कुछ गीतों का, सम्बन्ध लोक के साथ जुड़ता दिखायी देता है। पर संगीत के इन रूपों में संगीत की अपनी समृद्धि, अपना स्वतन्त्र स्वरूप नहीं झलकता। संगीत अपने स्वरूप में तभी भास्वर होता है जब काकु से अलग हो जाता है या काकु उसमें अपना लोक-सम्बन्ध छोड़कर डूब जाता है—जैसे राग संगीत में; वहाँ स्वर-विन्यास अपने अलग जगत की सृष्टि करता है, वह लोक की याद नहीं दिलाता।

संगीत का लोक से कुछ ऐसा ही सम्बन्ध है जैसा लोक से गणित का है। संगीत लोक से नाद और स्वर लेता है जो लोक में स्वतः सिद्ध हैं। गणित की संख्यायें लोक में स्वतःसिद्ध तो नहीं हैं पर हम कह सकते हैं कि वे इस बात पर निर्भर करती हैं कि लोक में ही नानात्व विद्यमान है, वह हमारे अनुभवगत भेद को ही पकड़कर चलता है और यही भेद या नानात्व संख्याओं का आधार बनता है। किन्तु यदि हम इस प्रकार संख्या का

आधार लोक को मान भी लें (यद्यपि यह नाद और लोक के जैसा कार्य-कारण भाव सम्बन्ध नहीं होता) तो भी इस बात से कैसे इनकार किया जा सकेगा कि गणित का संख्या-लोक हमारे अनुभव के लोक से भिन्न है, उसकी अपनी सत्ता है, अपनी गति है।

गणित में हमारी बुद्धि अपने को लोक से स्वतन्त्र पाती है। इसी प्रकार संगीत में हमारी भावना अपने को लोक से स्वतन्त्र पाती है।

हमने ऊपर की चर्चा में कहा कि लोक जब नाट्य में अनुकृत होता है तब शिल्प के माध्यम से लोक के भाव विभावों में बदल जाते हैं। विभाव भावना जगाते हैं, पर वे इसे इस रूप में जगाते हैं कि हम उसका आस्वाद लेते हुए भी उसके द्रष्टा बनें रहें, परिस्थितियों के बहाव से निकलकर उसकी प्रतीति, उसका संवेदन कर सकें। काव्य में भी भाषा लोक को विभाव के रूप में उपस्थित करती है। यह लोक चाहे मानवमूलक हो और चाहे जड़ प्रकृतिमूलक, कविता में वह विभाव बनकर ही आता है। कवि-कर्म लोक को—हमारे अनुभव के, प्रयोजन के, ज्ञान के लोक को—हमारी संवेदना की आँख के आगे ला खड़ा करता है, अपना एक भाव-लोक बनाते हुए हमें उसका आस्वादन कराता है।

पर नाट्य हो या काव्य, इनके विभावों का सूत्र लोक से अविच्छिन्न भाव से जुड़ा रहता है। संगीत में यह बन्धन नहीं रहता। हम कह सकते हैं कि संगीत में स्वर ही अपने विभिन्न विन्यासों के साथ विभावों के रूप में हमारे सामने आते हैं और यह प्रस्तुति इस प्रकार होती है कि इसमें ये स्वर ही, लोक से निरपेक्षतया, भावनाओं का उद्रेक करते हैं और ये ही उन्हें आस्वाद्य बनाते हैं। पर संगीत के इन विभावों का नाट्य या काव्य के विभावों से मौलिक अन्तर है। नाट्य या काव्य में विभाव बनाने के लिए एक विशेष चेष्टा करनी पड़ती है जो कि संगीत में नहीं करनी होती। नाट्य या काव्य में लोक के भाव का शिल्प-कौशल से लोकान्तरण करना पड़ता है। संगीत का विभाव इस प्रकार चेष्टा-साध्य नहीं है, यह एक सहज प्रकार से विभाव होता है। वहाँ लोकान्तरण की आवश्यकता नहीं होती, क्योंकि लोक से उसका कोई सम्बन्ध ही नहीं होता; स्वर किसी भी अर्थ में लोक की अनुकृति नहीं होते।

स्वरों के लोक की अनुकृति नहीं होने के कारण संगीत भावना का एक सर्वथा स्वतन्त्र लोक बना सकता है। नाट्य या साहित्य में लोक का

संस्कार उपस्थित रहता है बल्कि वह अनिवार्यतः अपेक्षित होता है। वहाँ विभाव का लोक से गहरा सम्बन्ध होता है। पर संगीत में ऐसे किसी संस्कार की कोई अपेक्षा नहीं होती बल्कि वहाँ लोक-संस्कार की उपस्थिति संगीत की अपनी प्रतीति में बाधक हो सकती है।

संगीत की महिमा यही है कि यह लोक से स्वतन्त्र एक भावना-लोक का द्वार हमारे लिए खोल देता है बल्कि इसे यों कहना चाहिये कि संगीत यह एक नया तथ्य प्रकट करता है कि भावनायें अनिवार्यतः लोक-सापेक्ष नहीं होतीं। लोक हमारी भावनाओं को अपने रूपों से बाँध देता है, उनके प्रवाह को सरणियों में डाल देता है; संगीत इस बन्धन को दूर कर देता है और भावनाओं को अपने सहज स्वरूप में ले आता है जहाँ वे लोक से मुक्त होकर अपने स्व-स्वभाव में व्यक्त होती हैं। ऐसा नहीं है कि संगीत के अपने बन्धन नहीं हैं। संगीत भी अपनी तरह के विभाव बनाता है। विभाव-रूपेण उसके भी अपने गुण-धर्म होते हैं, अपने आकार होते हैं। लोक के बन्धन से विलग होकर भी भावना का सूत्र संगीत के इन विभावों से बँधा ही रहता है। विभावों के बिना भावना का अन्तर्निहित वैभव व्यक्त नहीं हो सकता। अव्यक्त भावनायें उभरकर हमारी संवेदना के दृष्टि-पथ पर आयें इसके लिए उन्हें कोई माध्यम तो चाहिये ही। इन माध्यमों में एक संगीत है। भावनाओं के स्वतन्त्र जगत का हम दूसरी भी लोक-मुक्त कलाओं के माध्यम से द्वार खोल सकते हैं। यह भी प्रश्न उठा सकते हैं कि ये लोक-मुक्त कलायें—जैसे नृत्त, वास्तु-कला एक ही भावना-लोक का द्वार खोलती हैं या इनके अपने अलग भावना-लोक होते हैं? किन्तु यहाँ मैं इस प्रश्न में नहीं जाना चाहता। यहाँ मैं इतना ही कहने की धृष्टता करूँगा कि शायद जिस निर्बाधता के साथ संगीत अपने भावना-लोक में हमें ले जाता है वैसा दूसरी कलायें नहीं कर पातीं। किन्तु मेरे ऐसा कहने का एक कारण यह भी हो सकता है कि आज हमारे देश में नृत्त या वास्तु की अपेक्षा संगीत में अधिक प्राण है। संगीत में ही नये-नये विभाव बनते हैं। और फिर यह भी है कि मेरी अपनी संवेदना संगीत की ओर अधिक उन्मुख है।

यहाँ अन्त में हम संगीत तथा संगीत और भावना के बीच सम्बन्ध के विषय में कुछ शब्द कहना चाहेंगे। जैसा कि हमने ऊपर देखा, संगीत भावना की अभिव्यक्ति में लोक से अधिकाधिक निरपेक्ष होता है। सूज़न लैंगर ने इसी बात को ध्यान में रखते हुए संगीत का भावना से वैसा ही

सम्बन्ध कहा है जैसा तर्क का बोध से होता है।[1] इसमें यद्यपि एक गहरी सूझ है किन्तु इसमें एक मौलिक भेद की उपेक्षा भी है। कहा यह जा रहा है कि जिस प्रकार तर्क बोध को अपने शुद्ध आकार से निरूपित करता है उसी प्रकार संगीत भावना को अपने शुद्ध आकार से निरूपित करता है। यहाँ कहा जा सकता है कि तर्क में निरूपित आकार जबकि बोध का अपना आकार होता है संगीत इस आकार को कल्पित करता है। इसके दो प्रमाण हैं—एक तो यह कि तर्क जबकि सब संस्कृतियों में सामान्य है, संगीत प्रत्येक परम्परा में उसका विशिष्ट होता है, यहाँ तक कि एक परम्परा का व्यक्ति दूसरी परम्परा के संगीत का आस्वादन तक करने में असमर्थ रहता है। दूसरे, संगीत की एक ही परम्परा में एक ही भावना को व्यक्त करने के लिए जबकि अनेक स्वर-रचनायें होती हैं, तर्क की सब रचनाओं का आधारभूत आकार एक रहता है। उदाहरण के लिए न्याय के तर्क में निगमन का आधारभूत आकार एक ही है।

किन्तु वास्तव में तर्क की सार्वभौमता की बात जितनी प्रकट है उतनी वास्तविक नहीं है। उदाहरण के लिए, न्याय के निगमन का आकार अरस्तू के निगमन के आकार से कुछ भिन्न है; इसके अतिरिक्त, आधुनिक पाश्चात्य तार्किकों ने अरस्तू के निगमन को अपर्याप्त दिखाया है और व्यापकतर नियम का आविष्कार किया है, जो स्वभावतः अरस्तू के नियम से भिन्न आकार का है। इसके अतिरिक्त, तार्किक आकार और तर्क-व्यवहार अथवा युक्ति में अन्तर होता है और वही अन्तर किसी गीत की स्वर-रचना और उसके गायन में होता है। संगीत के आस्वादन और उससे परिचय-अपरिचय का प्रसंग इस गायन में ही उपस्थित होता है, इसकी स्वर-रचना के आकार में नहीं। तो भी, जिस प्रकार प्रत्येक गीत की स्वर-रचना भिन्न होती है उस प्रकार प्रत्येक युक्ति की आकारिक रचना भिन्न नहीं होती, यह एक महत्त्वपूर्ण अन्तर है। किन्तु इसका अर्थ यही है कि विचार जबकि एक ही आधारभूत आकार में व्यापारित होता है भावना इस प्रकार नहीं होती, यद्यपि उसकी संगीतात्मक अभिव्यक्ति आकारात्मक अवश्य होती है और ये आकार कुछ आधारभूत आकारों में अन्तर्भाव्य भी होते हैं।

किन्तु यह द्रष्टव्य है कि संगीत भावनाओं की अभिव्यक्ति की अनेक में से केवल एक विधा है और अन्य विधाओं, जैसे काव्य, चित्र, मूर्ति आदि

में इस प्रकार शुद्ध आकार नहीं होते, किन्तु तब भी, और यह एक महत्त्वपूर्ण बात है कि प्रत्येक अभिव्यक्ति संरचनात्मक होती है और किसी भी अभिव्यक्ति में भावना अपने असंरचित, अनगढ़ रूप में नहीं होती। और अपने असंरचित रूप में भावना सहज और सार्वभौम रूप से अवगम्य होती है, अपनी संरचनात्मक अभिव्यक्तियों के समान उसका अवगमन परिचय-सापेक्ष नहीं होता, जबकि विचार के अवगमन की प्रक्रिया इससे ठीक उलट होती है।

भरत के इन उनचास भावों में कुछ ऐसे भी हैं जिनको हम भावना के अर्थ में भाव नहीं कह सकते। ये विभाव ही हैं, ये भावना को जन्म दे सकते हैं, भावना नहीं कहला सकते। उन्होंने मरण, निद्रा, सुषुप्ति, विबोध, उन्माद, अपस्मार इन्हें भी भावों में गिना है। स्पष्ट है कि ये विभाव ही हो सकते हैं, भाव नहीं। किसी का मरना, सोना, जागना, स्वप्न देखना, पागल हो जाना, स्मृति खो देना, ये भावना जगा सकते हैं, अपने आपमें इन्हें भावना नहीं कहा जा सकता।

---

१. सूज़न लैंगर—फ़ीलिंग ऐंड फ़ॉर्म, न्यूयॉर्क, १९५३

उन्मीलन, जनवरी-जुलाई १९८७ | सम्पादक : यशदेव शल्य, मुकुन्द लाठ

संगीत का भावलोक

(एक विचार-यात्रा)

अपनी बात को एक विचार-यात्रा के रूप में आपके आगे रखना चाहता हूँ—मेरी अपनी विचार-यात्रा के रूप में। बात को यों सामने रखने पर, सोचता हूँ, बात में विचार-मंथन के साथ भाव की गति का भी साथ रहेगा—युक्ति के साथ चिन्तन की अनुभूति का आवेग कहिये—जिसे विचार की प्रस्तुति में आगे नहीं लाया जाता। यह वैसे ठीक भी है। पर मैं विचार के नेपथ्य में आवृत्त अनुभूति को इसलिए जानबूझकर अनावृत्त कर रहा हूँ कि विचार एक ऐसी यात्रा का रूप ले सके जिसमें आपको अधिक आत्मीयता से साथ ले सकूँ।

विचार की अनुभूति में युक्ति के साथ घनिष्ठ-भाव रखता एक हैरानी और परेशानी का भाव अक्सर युक्ति का अन्तरंग होता है—वही विचार को आवेग देता है। यह इसलिए कि विचार अपने साथ, अपने भीतर ही, प्रश्न लिये चलता है। प्रश्न व्याकुल कर सकता है—विचलन, उद्वेग जगा सकता है—पर साथ ही युक्ति के रास्ते पर बढ़ने की माँग भी करता है, और यों विचार के भीतर ही एक खोज की आकृति समो देता है।

अपनी यात्रा को कुछ पर्वों या चरणों में बाँट सकता हूँ। पर इसे काल-क्रम के किसी खाँचे में भी नहीं बाँध दूँगा क्योंकि यात्रा की अन्तर्गति लकीर की तरह आगे नहीं बढ़ती। यात्रा को मैं अपनी कहानी—राम कहानी—नहीं बना देना चाहता, विचार में इसका प्रयोजन नहीं है। अपनी कथा या राम कहानी से ऊपर उठकर ही विचार की अपनी यात्रा बनती है।

फिर भी विचार का एक सन्दर्भ होता है जो राम कहानी से, व्यक्ति के जीवन-चरित से और उस चरित के सन्दर्भ से भी सम्बन्ध रखता है। तभी प्रश्न का भी एक सन्दर्भ होता है, क्योंकि प्रश्न व्यक्ति में जागता है। कहना न होगा कि प्रश्न का रूप भी इस जीवन-सन्दर्भ से प्रभावित होता है। प्रश्न और विचार एक व्यापक सामान्य चेतना में घर करते हैं जिसे वैश्वानर कहा जा सकता है, पर उनका सन्दर्भ विशेषता लिये होता है : किसी समाज-संस्कृति, किसी परम्परा, किसी भाषा विशेष में जड़ करता हुआ तद्गत व्यक्तियों से भी घनिष्ठ होता है। तभी विचार के इतिहास की बात की जा सकती है। यों मेरे अपने विचार के इतिहास को विचार-यात्रा का एक दृष्टान्त ही समझना चाहिये और मैं विचार की गति को ही प्रधान रखूँगा, अपने आत्मचरित में नहीं बह निकलूँगा।

संगीत पर सोचते हुए मेरे मन में जो पहला प्रश्न जागा था वह रस-सिद्धान्त के सन्दर्भ में जागा था। प्रश्न को सामने रखने से पहले अपनी कहानी थोड़ी उभारता हूँ—मुझे लगता है कि इससे पश्चिम की और हमारी परम्परा की विचार-प्रवृत्ति में जो गहरा संस्कार-भेद है उसकी भी एक ध्वनि उभरेगी। भिन्न विचार-परम्पराओं में आन्तरिक सामान्य के साथ भी विचारगत अभिनिवेश की अलग दिशायें बनती हैं जो विचार की बहुविध सम्भावनाओं में निहित होती हुई भी विशेष रूप लेती देखी जा सकती हैं। आज हम पश्चिम की परम्परा को सबके लिए ऐकान्तिक सी मानकर इस बात को भूलने से लगे हैं। इसका एक बड़ा कारण यह है कि विचार की भाषा ही हमारे लिए पश्चिम की भाषा हो गयी है—अँग्रेज़ी ही आज हमारे लिए विचार का चरम स्रोत है, विषय कोई भी हो। पर मेरे लिए चिन्तन की दीक्षा संस्कृत से हुई। मैंने किसी गहरायी के साथ कुछ सोचना-समझना संगीत से शुरू किया और कहा जा सकता है कि संगीत में हम अब भी जड़ से भारतीय हैं—संगीत के रूप, उसके आदर्श, उसका शास्त्र, उस पर चिन्तन ये संस्कृत में ही हुए हैं और वहीं से हमारी भाषाओं में आये हैं। उस पर हम कुछ सोचते हैं तो वहीं से शुरू करते हैं।

मेरी पहली पढ़ाई—या जिसे पहली पढ़ाई कहना चाहिये—अँग्रेज़ी साहित्य में हुई। अँग्रेज़ी में मैंने बी.ए. ऑनर्स किया। ध्यान संगीत की ओर ही अधिक था, फिर भी साहित्य-बोध भी जागा और साहित्य के आस्वाद, समझ और परख की एक दृष्टि में दीक्षा हुई जो अँग्रेज़ी साहित्य के पढ़ने-

पढ़ाने से जुड़ी थी। बी.ए. के बाद कई साल मैं औपचारिक शिक्षा से विरत रहा। गाना–बजाना ही करता रहा, पर हाँ, पढ़ते–लिखते रहने का शौक भी बना रहा। यूनिवर्सिटी की पढ़ाई दुबारा शुरू की तो संस्कृत में एम.ए. का विद्यार्थी हुआ। यूनिवर्सिटी में पढ़ाये जाते संस्कृत के पाठ्यक्रमों में साहित्य के सिवा भी बहुत कुछ पढ़ाया जाता था, पर फिर भी कह सकते हैं कि केन्द्र में साहित्य ही था। मैं यादवपुर यूनिवर्सिटी में था, पढ़ाई का माध्यम संस्कृत था, पर बाङ्ला भी उतनी ही काम में ली जाती थी। एक अपवाद था : हमें संस्कृत साहित्य का इतिहास भी पढ़ाया जाता था, पर यह अँग्रेज़ी में पढ़ाया जाता था। ऐसा क्यों, यह सोचने की बात है। हम जानते ही हैं कि संस्कृत में साहित्य के पठन–पाठन की और साहित्य पर विचार करने की परम्परा बहुत पुरानी है, फिर साहित्य का इतिहास अँग्रेज़ी में क्यों? बात सीधी सी है, पर सोचने को भी विवश करती है। संस्कृत में साहित्य की समझ–परख साहित्य के इतिहास को स्थान नहीं देती। संस्कृत साहित्य का इतिहास विदेशी विद्वानों द्वारा अभी हाल ही में लिखा गया है, और प्रधानत: अँग्रेज़ी और दूसरी यूरोपीय भाषाओं में लिखा गया है (तभी हमें वह अँग्रेज़ी में पढ़ाया जाता था)। संस्कृत के पारम्परिक विद्वानों का साहित्य–बोध उससे अछूता सा ही है (हालाँकि अब संस्कृत के विभिन्न शिक्षा–संस्थानों में पढ़ाने के लिए संस्कृत में साहित्य का इतिहास मिल जाता है)। पर यहाँ एक गहरा प्रश्न उठता है कि किसी विषय के साथ उसका इतिहास कितना अन्तरंग होता है? हमारे यहाँ संस्कृत साहित्य का इतिहास पढ़ाने के साथ तो यह प्रश्न उठना ही चाहिये, पर उठाया नहीं जाता। साहित्य के साथ साहित्य के इतिहास को सम्मिलित करने का अर्थ क्या, अभिप्राय क्या? मैं नहीं समझता कि संस्कृत पढ़ने–पढ़ाने वालों के मन में यह प्रश्न कभी किसी गहरायी से जागा। अँग्रेज़ी पढ़ाने में इतिहास समझ की केन्द्र पर होता था, अतएव संस्कृत में भी होना चाहिये—साफ़ ही, यह सीधा सा अनकहा (और अनसोचा) तर्क था, जो यों भी हमारी पश्चिमगामी प्रवृत्तियों पर युक्तिहीन भाव से हावी था—और है। मैं जब पढ़ रहा था तो मैंने भी नहीं सोचा था कि आख़िर संस्कृत साहित्य का इतिहास क्यों? बस मान लिया था कि यह तो होना ही चाहिये—अँग्रेज़ी साहित्य की समझ में इतिहास का पक्ष सर्वतोव्याप्त-सा था, और मेरे संस्कार वहीं बने थे। पीछे मैं जब इतिहास ही का अध्यापक हुआ तो इतिहास–दर्शन भी पढ़ाया करता था। यह दिखा कि पश्चिम की समझ में

भी इतिहास को केन्द्र पर आये बहुत समय नहीं हुआ है—१८वीं सदी के बाद का आधुनिक पश्चिम ही इतिहास को मनुष्य की समझ के केन्द्र में रखता है, अक्सर उसे मनुष्य की समझ का पर्याय ही समझ लेता है। इतिहास को किसी भी विषय के पढ़ने-पढ़ाने में इतना महत्त्व क्यों दिया जाता है इसका रहस्य यही है। पहले पश्चिम में भी इतिहास इतना हावी नहीं था। इतिहास को समझ या बोध मात्र के केन्द्र में रखना यह नयी बात है, और इसका भी अपना इतिहास है—अर्थात् यह बोध के लिए अनिवार्य या बोध के स्वभाव में ही निहित कुछ नहीं है। हम फिर भी सोच ही सकते हैं कि इस बात से इतिहास का महत्त्व छोटा क्यों हो? इतिहास का व्यापक महत्त्व नया सही, पर सवाल यह है कि वह समझ के लिए सार्थक है या नहीं? किसी दृष्टि की सार्थकता या सच्चाई उसके पुराने या नये होने पर निर्भर नहीं करती! यह ठीक है, पर प्रतिप्रश्न तो रह ही जाता है : जहाँ इतिहास को महत्त्व नहीं दिया जाता वहाँ क्या विषय की पकड़ गहरी और खरी नहीं होती? अगर होती है तो फिर इतिहास को इतना तूल क्यों दिया जाये कि उसके बिना मानो समझ ही अधूरी रहती है?

इन प्रश्नों की विवेचना में यहाँ नहीं जाऊँगा, इसका यह स्थान भी नहीं है, पर इतना कहूँगा कि अँग्रेज़ी साहित्य के अध्ययन में जो स्थान इतिहास का था, संस्कृत-साहित्य की समझ में वही स्थान रस-चर्चा का था—या यों कहना चाहिये कि काव्य की (दूसरे शब्दों में, साहित्य की) आत्मा (स्वरूप) क्या? इस प्रश्न का था। संस्कृत-साहित्य का इतिहास तो यों भी खोखला सा ही रहता है—कुछ तिथि-तारीख़ों के निर्णय-विवाद के झाड़-झंखाड़ में ही अक्सर उलझा दिखता है। इतिहास की ठठरी-सी ही दीखती है वहाँ, उसमें विगत के कवियों के जीवन का, उनके समय की समाज-संस्कृति का कोई जीता-जागता चेहरा आगे नहीं आता। पर उनकी रचनायें तो हमारे सामने हैं ही और उनमें साहित्य क्या है, यह जिज्ञासा इतिहास की नहीं है, चिरन्तन है—तभी काव्य का स्वरूप क्या, यह प्रश्न साहित्य की समझ के लिए आज भी उतना ही केन्द्र का प्रश्न है जितना पहले था और यह प्रश्न किसी साहित्य-विशेष और उसके इतिहास-विशेष से घिरा-बँधा भी नहीं है।

आप जानते ही हैं कि काव्य की आत्मा क्या? इस प्रश्न के कई उत्तर दिये गये, जैसा कि ऐसे प्रश्नों के सन्दर्भ में स्वाभाविक ही है, पर एक उत्तर जो हमारे बोध में सबसे गहरा उतरा है, वह है—रस। उत्तर व्यापक भी सिद्ध

हुआ, क्योंकि उसे काव्य या साहित्य पर ही नहीं, कला मात्र पर उतारा गया—बल्कि कहा गया कि साहित्य की ही नहीं, कला मात्र की आत्मा रस है, वह कला-बोध का लक्षण है, उसकी पहचान है, रस ही कला को बोध के दूसरे क्षेत्रों से अलग करता है। यह मान्यता हममें आज भी गहरी है।

रस का पहला—या आद्य—प्रतिपादन भरत के नाट्यशास्त्र में मिलता है। पर युक्ति-विमर्श के साथ उभारी गयी धारणा के रूप में रस को जो गहरायी और व्यापकता मिली वह भरत के बहुत बाद की है—विशेषकर अभिनव गुप्त को ही इसका श्रेय दिया जाता है। पर बाद के विचार में भी भरत से उसका नाड़ी का सम्बन्ध बना रहा—या यों कहना चाहिये कि बनाया रखा गया। श्रद्धा से ही नहीं, बड़े 'सतर्क' भाव से बनाया रखा गया। भरत का रस-चिन्तन नाट्य को आलम्बन बनाता है और आलम्बन की यह कला-विशेष से बँधी रेखा रस को कला-मात्र पर प्रसृत करते समय भी बनायी ही रखी गयी। भरत के चिन्तन को उन्हीं के एक सूत्र के माध्यम से सामने रखा जा सकता है और यों ही रखा भी जाता रहा है। रस-सूत्र से आप सबका कुछ न कुछ परिचय होगा ही; पर सूत्र को दुहराता हूँ—विभाव-अनुभाव-संचारी-भावाभ्यां रस-निष्पत्तिः : विभाव, अनुभाव और संचारी भावों के मेल से रस की निष्पत्ति होती है। यहाँ स्थायी-भाव का नाम नहीं आया है, उसे ऊह मान लिया गया है। पूरा तात्पर्य यह कि किसी स्थायी भाव का जब विभाव, अनुभाव और संचारी भावों से मेल बैठता है (या कहना चाहिये कि बैठाया जाता है) तब इससे रस उभरता है—रस की निष्पत्ति होती है। यहाँ मैं सूत्र की मीमांसा में नहीं उतरना चाहता, मेरी अपनी बात के लिए उसकी ज़रूरत भी नहीं, पर एक बात यहाँ ध्यान में रखने की है—भरत रस के उदय की जिस प्रक्रिया की बात कर रहे हैं वह नाटक की प्रक्रिया है : विभाव मंच पर चरित्रों और भावमय स्थितियों की प्रस्तुति है जो अनुभावों से—भावों के अभिनय द्वारा—अभिव्यक्त होती है। भावों को भरत ने दो कोटियों में रखा है—स्थायी और संचारी। स्थायी भाव वे हैं जो हमारे स्वभाव में गहरे 'स्थित' हैं—ये ये दूसरे भावों के आने-जाने के बीच भी बने रहते हैं, जैसे—रति, क्रोध, भय, जुगुप्सा...। ये स्थायी भाव ही नाटक की प्रयोग-प्रक्रिया से रस की स्थिति को पहुँचते हैं। दूसरे भाव जैसे ईर्ष्या, चिन्ता, ग्लानि, औत्सुक्य... संचारी कहलाते हैं, इसलिए कि ये अपने आप में अस्थिर होते हुए भी

स्थिर स्थायी भावों के साथ संचरण करते हुए उन्हें पुष्ट करते हैं।

भरत के भाव–विश्लेषण का गुण–दोष–विचार यहाँ प्रासंगिक नहीं है, पर स्पष्ट ही वह साधारण अनुभव के मनोभावों को अपने नाट्य–बोध और नाट्य–प्रयोग का अन्तरंग बनाने का एक पन्थ है, जो हमारे यहाँ सदियों से अपनाया जाता रहा है। परवर्ती रस–चर्चा इस विश्लेषण को और रस की इस समझ को बनाये रखते हुए भी उसे नाट्य के क्षेत्र से ऊपर उठाकर साहित्य पर पूरा उतार देती है, और फिर इससे आगे बढ़कर कला मात्र पर प्रसृत करती है। यह प्रसार कैसे होता है, इसकी युक्तियों का कुछ खुलासा आगे की चर्चा में करूँगा, पर एक बात कह चुका हूँ, उसे ध्यान में रखना उचित है : आगे की रस–चर्चा में भी भरत का रस–सूत्र रस–मीमांसा की नींव बना रहता है।

यों नाट्य ही अन्य कलाओं की समझ का केन्द्र बना रहता है। इस बात का एक विचित्र विरोध में बसा साक्ष्य हमें आनन्दवर्धन और अभिनवगुप्त की उस युक्ति में मिलता है जहाँ वे संगीत को भी रस की परिधि के भीतर समो लेना चाहते हैं। ये दोनों गहरे विचारक ही नहीं थे, संगीत के प्रति गहरी संवेदना भी रखते थे—यह जानते थे कि संगीत अपने स्वरूप में ही नाट्य से विलक्षण है—उसमें नाट्य की तरह विभाव, अनुभाव नहीं होते तो भावों की वैसी प्रस्तुति भी नहीं हो सकती जैसी नाट्य में होती है। उनके लिए प्रश्न था : तो फिर संगीत में (सूत्रानुसार) रस की निष्पत्ति कैसे हो सकती है? मेरे मन में यही सवाल बरसों पहले जागा था जब मेरा रस–सिद्धान्त से परिचय हुआ। मेरा राग–संगीत से गहरा लगाव था, मैं गाता भी था। यह बोध मुझमें गहरा था कि संगीत स्वर–ताल से ही भाव जगाता है, विभाव, अनुभाव का इससे कोई सम्बन्ध नहीं होता, पर इनके बिना रस तो क्या, भाव भी उस ढाँचे में कैसे आ सकते हैं जिन्हें विभाव–अनुभाव के सन्दर्भ में स्थायी–संचारी के रूप में आँका गया है? बात सीधे से तर्क की थी : अगर रस–निष्पत्ति के लिए विभाव, अनुभाव का होना आवश्यक है तो विशुद्ध राग–संगीत में रस की बात करना विसंगत ठहरता है। मैंने अपने कुछ शिक्षकों के आगे भी अपना प्रश्न और तर्क रखा, दो–एक ने थोड़ी रुचि भी दिखायी, पर उनकी संगीत में ही रुचि थोड़ी थी—किसी ने विशेष ध्यान नहीं दिया और न किसी समाधान की ओर बढ़ने का क़दम उठाया। पीछे जब मैं आनन्दवर्धन का ध्वन्यालोक और उस पर अभिनवगुप्त

की टीका, ध्वन्यालोकलोचन देख रहा था तो वहाँ प्रश्न का एक समाधान सामने आया जो इन विचारकों ने दिया है। वे समाधान का एक अनूठा, बड़ा बेढब-सा रास्ता निकालते हैं। कहते हैं कि नाट्यांग के रूप में संगीत नाट्य का अंग होता है और यों उसका रस के साथ निष्पत्ति का सम्बन्ध बनता है।

बात कुछ खुलासा चाहती है। नाट्यांग क्या है? यह जिज्ञासा सहज ही जागती है। भरत के नाट्य में—और यों भी लगभग नाट्य मात्र में—संगीत नाट्य का अंग होता है, बड़ा अभिन्न सा अंग होता है। उसके बिना नाटक अधूरा, निष्प्राण-सा लग सकता है। लग सकता है कि उसका नाट्य-भाव ही खोखला हो गया। अगर रस का सम्बन्ध भाव से है और संगीत के बिना नाटक नाटक ही नहीं, तो संगीत का रस से सम्बन्ध स्पष्ट ही है : संगीत नाट्य का अभिन्न अंग है और यों नाट्य का रस से साक्षात् सम्बन्ध है। इस रास्ते नाट्य के माध्यम से संगीत का भी रस से सम्बन्ध बैठ जाता है! नाट्य का अभिन्न अंग होना ही संगीत को 'नाट्यांग' बनाता है। नाट्यांग के रूप में संगीत नाटक का अविच्छेद्य अंग होता है, उससे तादात्म्य होता है, उसी में निमज्जित रहता है, उससे अलग नहीं किया जा सकता। और इस रूप में उसका रस की निष्पत्ति से भी अनिवार्य सम्बन्ध बन जाता है।

पर, साफ़ ही, एक सवाल यहाँ आड़े आता दिखता है। अपने आपमें संगीत नाट्य से स्वतन्त्र कला है, हम संगीत में रस की बात करें तो संगीत के उस रूप की बात नहीं करनी चाहिये जो नाट्य का साथ देने के लिए विशेष रूप से रचा जाता है। अभिनव ने स्वयं ऐसे संगीत को उप-रंजक की संज्ञा दी है—वह जो गौण-भाव से रंजन करता है, प्रधान रंजक तो नाट्य ही रहता है। संगीत के स्वतन्त्र रूपों को अभिनव ने नाट्य-संगीत से अलग किया है। अभिनव से पहले आये आनन्दवर्धन भी संगीत के स्वातन्त्र्य को मानते-समझते थे, यह समझते थे कि अपने आप में संगीत का विभाव-अनुभाव से सम्बन्ध नहीं, सम्बन्ध नाटक के सन्दर्भ में बनाया जाता है, फिर भी रस की चर्चा करते हुए उन्होंने संगीत को नाट्यांग के रूप में ही देखा है और इसी रास्ते संगीत में रस की बात की है। अभिनव भी आनन्दवर्धन पर टीका करते हुए उनसे विमति नहीं जताते।

जो भी हो, आनन्दवर्धन एक पते की बात कहते हैं जो हमारे सन्दर्भ में विशेष ध्यान देने की है। वे मानते थे कि रस अभिहित नहीं, व्यंजित होता

है और व्यंजना का क्षेत्र भाषा तक सीमित नहीं है—तभी दूसरी कलाओं में रस की बात की जा सकती है। मूक मुखभंगी, शरीर की चेष्टायें, हावभाव ये बिना शब्द भी भावाभिव्यक्ति में समर्थ होते हैं। तभी ये भाषा की तरह ही अभिनय की सम्पत्ति बन पाते हैं। आनन्दवर्धन (और उनके साथ अभिनवगुप्त) संगीत को भी इसी कोटि में रखते हैं, और तभी संगीत से रस-निष्पत्ति की बात बनती है। पर एक बात यहाँ ध्यान देने की है जिस पर इन विचारकों का ध्यान नहीं गया है : अभिनय, चाहे वह मूक हो या शब्द-मुखर, विभाव को मानकर चलता है—पात्र और परिस्थिति के बिना नहीं बनता—तभी वह अभिनय होता है (और तभी भरत ने उसे अनुभाव कहा है)। पर संगीत के लिए विभाव का होना आवश्यक नहीं, यों उसे अनुभाव—या अभिनय—की कोटि में नहीं रखा जा सकता। विशुद्ध संगीत, जैसे राग-संगीत, पात्र-परिस्थिति से सर्वथा स्वतन्त्र होता है—और संगीत के ऐसे दूसरे भी कई रूप होते हैं, और हो सकते हैं, जिनका पात्र-परिस्थिति से कोई सम्बन्ध नहीं। आनन्दवर्धन और अभिनवगुप्त यह जानते थे। वे जानते थे कि रस-सूत्र को विचार की नींव पर रखते हुए इन रूपों को रस की परिधि में नहीं लाया जा सकता क्योंकि सूत्र के अनुसार विभाव-अनुभाव के बिना रस-निष्पत्ति नहीं होती, पर जानते हुए भी उन्होंने इसकी उपेक्षा ही की।

फिर भी इतना साफ़ दिखता है कि आनन्दवर्धन का प्रतिपादन व्यंजना की धारणा को भाषा के घेरे से निकालकर कलाभिव्यक्ति मात्र के साथ जोड़ देने की ओर उन्मुख होता है। अभिधा को हम भाषा-सापेक्ष कह भी सकते हैं—अभिधा विषय की ओर संकेत करती है, उसके मूल में किसी कुछ के होने-न-होने का अध्यवसाय होता है। तभी अभिधा किसी तथ्य के या सत्त्व के होने से सम्बन्ध रखती है। पर भाषामुक्त कला के रूप प्रतीकमय और सार्वभौम होते हुए भी किसी कुछ के होने-नहीं-होने का अध्यवसाय नहीं करते। विषय-दृष्टि नहीं रखती कला—अपने अर्थ का सम्प्रेषण ऐसे विषय के रूप में नहीं करती जिसका 'है' या 'नहीं है' बात की जड़ में होता है। यह बात सब कलाओं के लिए सत्य है, पर ऐसी कलाओं में सर्वथा स्फुट होती है जिन्हें हम आज 'अमूर्त' कला कहते हैं—राग-संगीत, विशुद्ध अभिनयविहीन नृत्त, वास्तु, अमूर्त कहलाते चाक्षुष शिल्प... । ये स्वरूप से ही किसी विषय की ओर संकेत नहीं करते पर अर्थाभिव्यक्ति

में सक्षम होते हैं। और सच तो यह है कि ऐसी कला भी जो बाह्य-जगत को (अपनी तरह से) प्रतिबिम्बित करती है, जैसे नाटक, कथा, उपन्यास, फ़िल्म इनमें या चित्र, मूर्तिकला जैसे शिल्पों में भी, कला बाह्य-जगत को अपने ही अर्थों का आलम्बन बनाती है, उसके मूल में अध्यवसाय नहीं होता—वह विषय-वर्णन, विवरण या विवेचन की दृष्टि से वस्तु-जगत को नहीं देखती। यों व्यंजना बात कला-मात्र पर पूरी उतरती है, पर कहना न होगा, जिन कलाओं में बाहर का जगत प्रतिबिम्बित होता ही नहीं उनमें यह बात स्पष्टतर होती है। इसी बात को यों भी कह सकते हैं कि कला में कलागत अर्थ की निष्पत्ति अभिधा से नहीं, व्यंजना से ही होती है।

आनन्दवर्धन ने यह पैठ की बात पकड़ ली थी। अब सोचता हूँ तो मुझे लगता है कि उनके बाद के रस-विचारकों को चाहिये था कि व्यंजना की धारणा को आधार बनाकर कला-बोध की मीमांसा करते, न कि भरत के सूत्र को ही पकड़े रहते। एक बार अगर आप यह मान लें कि व्यंजना कला का प्राण है और वह भाषा-सीमित नहीं है, विशुद्ध संगीत भी उसके वलय में आता है, तो फिर यह भी दिख ही जाना चाहिये था कि व्यंजना विभाव-अनुभाव के बन्धन से भी मुक्त होती है। अगर रस व्यंजना-प्राण है—जैसा ये विचारक मानते ही थे—तो फिर रस को भी विभाव-अनुभाव के बन्धन से मुक्त होना चाहिये। व्यंजनावादी अगर व्यंजना को सचमुच अपने कला-चिन्तन का मूल बनाते तो वे रस की धारणा को और सार्थक युक्ति के साथ कला-मात्र-व्यापक बना सकते थे, या फिर रस को किसी या किन्हीं कलाओं तक ही सीमित रखते—उन्हीं कलाओं तक जिनमें बाह्य-जगत (विशेषकर मनुष्य का जगत) प्रतिबिम्बित होता है। रस की धारणा को भरत के विभाव-अनुभाव से हटाकर ही उसकी ऐसी व्याख्या सम्भव है जो मूर्त, अमूर्त सभी कलाओं में एक आधार-तत्त्व की सार्थक बात कर सके—और फिर कलाओं के भेद को आँकने-समझने के लिए भिन्न कलाओं के स्वरूप-भेद को व्यंजना-भेद का आधार बनाये—उनके माध्यम-भेद के सहारे उनकी भिन्न सम्भावनाओं का आकलन करे।

यहाँ एक और भी पते की बात है जो ध्यान देने की है। ऐसा भी नहीं है कि पुराने कला-चिन्तन में रस का विकल्प नहीं है। भरत ही में है, और रस से अलग जाते इस चिन्तन का आधार भी कलाओं के उस भेद में है जो बाह्य-जगत को आलम्बन बनाने या न बनाने पर निर्भर करता है। आज

के शब्दों में तात्पर्य यह है कि मूर्त और अमूर्त कलाओं में कलाबोध की दृष्टि से एक कोटिगत भेद आवश्यक है।

मैं जब एम.ए. में रस का विद्यार्थी था तब यह बात मुझ से बिलकुल छुपी हुई थी—इसलिए भी कि हमारे बाद के कला-चिन्तन ने भी इसकी ओर ध्यान नहीं दिया है। पर अभिनव इससे अवगत थे और उन्होंने इस पर लिखा भी है। लेकिन उन्होंने भी बात को रस-चिन्तन के पूरे परिप्रेक्ष्य में नहीं उभारा है—अपने रस-चिन्तन में वे रस के इस पूरी तरह रस से अलग जाते विकल्प का उल्लेख भी नहीं करते। बात विचित्र है पर चिन्तन के इतिहास में विरल नहीं—अपने प्रिय या मन-बुद्धि के गहन में स्वीकृत धारणा की ज्ञात विसंगति की ओर से भी मुँह मोड़ लेना विचार में अक्सर देखा जाता है—हम अपने ही विचार में ऐसा देख पाते हैं।

एम.ए. करने के बाद मुझे संगीत के एक प्राचीन ग्रन्थ, दत्तिलम्, पर काम करने का मौक़ा मिला। ग्रन्थ कारिकाओं में है जो बहुत ही छोटे में बहुत बड़ी और फैली हुई बात समेटे है। मैंने इस ग्रन्थ पर काम करना शुरू किया तो समझ को रास्ता ही नहीं सूझता था। सौभाग्य से दत्तिलम् का विषय भरत के नाट्यशास्त्र का भी एक अंग है—और इससे भी बड़ी बात यह कि नाट्यशास्त्र पर अभिनवगुप्त की लिखी विशद टीका, अभिनवभारती, हमें उपलब्ध है। अभिनव ने रस पर जो लिखा है इसी टीका अंश है, पर नाट्यशास्त्र का एक बहुत बड़ा हिस्सा नाट्य पर नहीं, नाट्य-अस्पृष्ट विशुद्ध संगीत और नृत्त पर है। अभिनव ने इन पर भी बहुत सूझ के साथ लिखा है—वे भिन्न कलाओं के गहरे शास्त्र-मर्मज्ञ सहृदय थे। दत्तिलम् से भी वे ख़ूब परिचित थे और नाट्यशास्त्र में जहाँ दत्तिलम् के समान विषय का विवेचन है वहाँ वे दत्तिलम् का उल्लेख भी करते चलते हैं। दत्तिलम् और उसमें वर्णित संगीत के रूपों को समझने में अभिनव को ही मैंने पुरोधा बनाया। अभिनव ने साक्षात् तत्काल प्रचलित संगीत के विभिन्न रूपों के अनुभव को साक्षी रखते हुए बड़ी सर्वांग और सूक्ष्म विवेचना के साथ यह दिखाया है कि दत्तिलम् (और नाट्यशास्त्र के तत्-समान अंश में) जिस संगीत का वर्णन है वह संगीत का विशुद्ध रूप है : वहाँ स्वर, ताल ही प्रधान हैं, पद या शब्द गौण या उपेक्ष्य ही नहीं, अक्सर निरर्थक हैं (आज के ध्रुपद में 'नोम-तोम' वर्णों की तरह)। संगीत का यह रूप 'गान्धर्व' कहलाता था और नाट्य-संगीत से तात्त्विक भेद रखता था : यह

संगीत का स्वतन्त्र रूप था और अपने आपमें नाटक का अंग नहीं बन सकता था। अभिनव इसकी स्वतन्त्रता पर बहुत ज़ोर देते हैं। आज के शब्द का प्रयोग करें तो यह कला का 'अमूर्त' रूप था। अभिनव ने इसे यही कहा भी है, पर अपने शब्दों में—वे इसे 'स्वप्रतिष्ठ' कहते हैं, जो कि 'अमूर्त' से कहीं उपयुक्त शब्द है, क्योंकि कला यहाँ अपने बाहर के रूपों का आलम्बन नहीं ढूँढ़ती, स्वायत्त रूप रचती है—अमूर्त तो कला हो ही नहीं सकती।

आजकल यह मान्यता प्रबल है कि अमूर्त कहलाते शिल्प की परिकल्पना, साधना और उस पर जागरूक, आत्मचेतन विमर्श यह सब कुछ आधुनिक पश्चिम की उपज और देन है। यह मान्यता हमारे लिए आज बोध का संस्कार ही बन गयी है। पर संस्कार अविचारित है, वरना हम अभिनव की ओर तो देखते ही हैं, उनके इस पक्ष को भी देखते, उस पर सोचते! नृत्त और संगीत के स्वतन्त्र, स्वप्रतिष्ठ रूप हमारे साथ आज भी हैं, हम अभिनव के इन पर विमर्श की ओर विचार की दृष्टि से ध्यान देते तो 'अमूर्त' के पश्चिम से अनिवार्य सम्बन्ध के यों झट कायल नहीं हो जाते! आख़िर अभिनव के भी हम कुछ तो कायल हैं ही! पर हमने उनके रस-चिन्तन की ओर ही ध्यान दिया है, उनके नृत्त और संगीत-चिन्तन की उपेक्षा की है। पर उन्होंने इन कलाओं पर गहरायी से विचार किया है और इनके स्वतन्त्र रूपों पर विमर्श करते हुए कला के अमूर्तत्त्व पर भी गहरी सूझ के साथ विचार किया है—स्पष्ट ही यहाँ उनका विचार रस की परिधि से बाहर निकल आता है। रस के जकड़ाव से निकलकर व्यंजना की ओर थोड़ी गहरायी से देखिये तो रस की परिधि से विचार को व्यंजना ही बाहर निकाल लाती है, जैसा कि हम ऊपर देख ही आये हैं। व्यंजना की धारणा में विचार की यह दिशा स्पष्ट व्यंजित है कि वह मूर्त के—अनुकरणमूलक अभिव्यक्ति के—घेर से बँधी नहीं है। हम ऊपर देख आये हैं कि व्यंजना अपनी तरह से मूर्त (अनुकरणमूलक) और अमूर्त (स्वप्रतिष्ठ) दोनों कला-प्रकारों की ओर संकेत करती है और दोनों को अपनी व्यापकता में समेटती है।

अभिनव के संगीत—और विशेषकर नृत्त-विमर्श में—स्वप्रतिष्ठ-कला का विचार स्फुट रूप लेता दिखता है। सन्दर्भ यहाँ भी भरत का ही है, जहाँ इस विचार का बीज प्रकट है। भरत ने नाट्य को लोक के अनुकरण—

या अनुभावन—पर निर्भर कहा है। पर वे जानते थे कि सब कला-रूप ऐसे नहीं होते। नृत्त के ताण्डव रूप की वे चर्चा ही नहीं, सांगोपांग वर्णन-विवेचना करते हैं और अन्त में कहते हैं कि यह रूप अपने स्वभाव में ही नाटक से भिन्न है, क्योंकि इसमें कोई लोकगत अर्थ उपस्थित नहीं होता। वे इस अ-नाट्यधर्मी कला का नाटक के अन्तर्गत उपयोग करना चाहते थे। उनकी समस्या थी कि इस अ-लोकगत कला को नाट्यांग का रूप कैसे दें? समस्या उन्होंने अपनी तरह से सुलझायी, पर वे जानते थे कि यह कला-रूप अपने आपमें नाट्यांग नहीं है, स्वतन्त्र है। भरत का यह इंगित—या विचार-बीज कहना ज़्यादा ठीक होगा—स्पष्टतर विचार के साथ अभिनव की टीका में आगे आता है। नाटक लोक-प्रतिष्ठ है, क्योंकि लोक के आलम्बन के बिना उसकी कल्पना नहीं की जा सकती, अभिनव नृत्त को नाटक से अलग करते हुए उसे 'स्वप्रतिष्ठ' कहते हैं। नृत्त लोक में उपलब्ध रूपों पर निर्भर नहीं करता, अपने रूप रचता है। इस अर्थ में अभिनव नृत्त को नाटक से ही नहीं, नृत्य से भी अलग बताते हैं जो शब्दों के भाव बताता हुआ अभिनय की तरह ही लोक की छाया का आलम्बन अपनाता है। यह अन्तर कुछ वैसा ही है जैसा कि आज के चित्र में फ़िगरेटिव और नॉन-फ़िगरेटिव का है—इसी को हम अनुवाद की भाषा में मूर्त और अमूर्त कहने के आदी हैं। एक ही चित्र में दोनों का मिश्रण भी पाया जाता है। अभिनव के समय के कई नृत्य-रूप भी ऐसे थे जिनमें नृत्य के साथ नृत्त का मिश्रण कौशल के साथ साधा जाता था; अभिनव ने इसका भी वर्णन किया है। अब भी ऐसे नृत्य-रूप विरल नहीं हैं—कत्थक में तो ऐसा मिश्रण अक्सर किया जाता है—दूसरे नृत्य-रूपों में भी यह प्रवृत्ति बनी हुई है जहाँ अभिनयधर्मी अंग-संचार करते-करते नर्तकी अभिनय से हटकर विशुद्ध नृत्त के करणों, अंगहारों की ओर बढ़ निकलती है।

स्वप्रतिष्ठ की धारणा से मैं दत्तिलम् पर काम करते समय अवगत तो हुआ था, पर इस पर सही ध्यान नहीं दिया—कला-चिन्तन के पूरे सन्दर्भ में विचार नहीं किया—बात रस के ढाँचे में नहीं बैठती, इस ओर विचार की दिशा ही नहीं मुड़ी।

यहाँ एक और बात कहकर आगे बढ़ना चाहता हूँ। विशुद्ध, अनुकरण से रीते नृत्त के सन्दर्भ में भरत के आगे यह प्रश्न भी उठा था कि इस कला-रूप का अपना स्वतन्त्र लक्ष्य क्या है? इससे क्या प्रभाव निष्पन्न होता है?

रस तो नहीं हो सकता, क्योंकि विभाव और अनुभाव का यहाँ सर्वथा अभाव है! भरत का उत्तर था कि नृत्त से शोभा उपजती है। 'शोभा' क्या? उसका रस से भेद क्या? स्वरूप क्या? उसके निष्पन्न होने की प्रक्रिया या व्यापार क्या? ये प्रश्न भरत ने नहीं उठाये। पर हम जब संगीत के भावलोक की बात करना चाहते हैं तो हमारे आगे ऐसे ही प्रश्न हैं : किसी स्वप्रतिष्ठ कला का भाव से क्या और कैसा सम्बन्ध बनता है? लोक की उपस्थिति के बिना इन भावों का आकलन कैसे हो? फिर माध्यम-भेद की भी बात है। स्वयंप्रतिष्ठ कलायें आपस में भी भिन्न हैं, तो प्रश्न स्वाभाविक है कि क्या नृत्त और (विशुद्ध) संगीत का भावलोक एक ही होता है? नहीं तो भेद क्या? उसे कैसे आँका जाये? अभिनव ने शोभा की कुछ विवेचना तो की है, उसका रस से भेद भी उनके ध्यान में था पर उस पर उन्होंने नहीं-सा ही ध्यान दिया है; उसे रस के सन्दर्भ में कैसे आँका-परखा जाये इस प्रश्न की मीमांसा की ओर वे बढ़े ही नहीं। वैसे यहाँ कला-बोध की स्वरूप-मीमांसा का प्रश्न टेढ़ा भी है। जहाँ लोक का आलम्बन नहीं हो, भाव के ऐसे सूक्ष्म लोक में स्वप्रतिष्ठ कलाओं के कला-भेद से उभरते भाव-भेद की बात पर आने का रास्ता क्या हो, यह सवाल एक कूट पहेली-सा बन जाता है। भेद का आधार माध्यम ही रह जाता दीखता है— हर माध्यम उपकरण-भेद के कारण अपनी तरह की अलग प्रतीक-व्यवस्था साधता है जिसका ग्रहण-भेद संवेदना-भेद में भी रूप लेता दिखता है— तभी एक कला का सहृदय अक्सर दूसरी कला के प्रति उदासीन ही रहता है, या बड़ी निचली-अनगढ़ सी रुचि रखता देखा जा सकता है। जो भी हो, हम यहाँ संगीत की ही चर्चा करेंगे, पर हो सकता है कि विचार की गति में शायद दूसरी कलाओं के कला-बोध पर भी कुछ सामान्य विचार आगे आयें। पर हम जो प्रश्न उठा रहे हैं, भरत ने ऐसे प्रश्न न उठाये हैं न इनकी कोई मीमांसा की है। बस नृत्त को नाट्य से अलग करते हुए 'शोभा' कहकर वे आगे बढ़ गये हैं—हाँ, यह भी कहा है कि प्रायेण स्वभाव से ही सब लोगों को नृत्त अच्छा लगता है। पर यह बात तो किसी कला के बारे में कही जा सकती है। स्पष्ट ही कला-बोध की मीमांसा के रूप में नृत्त-मीमांसा 'नृत्त अच्छा लगता है' कहकर सन्तुष्ट नहीं हो सकती— नाट्य के लिए तो भरत इतने से सन्तुष्ट नहीं हुए! फिर यह सोचिये कि नृत्त अगर शिव की सृष्टि है, वे इसमें अपने दिव्य स्वरूप को अभिव्यक्त करते हैं तो इसके लिए 'अच्छा लगता है' यह कह देना, कहता ही क्या

है! अभिनव ने यहाँ अपेक्षया कुछ अधिक विचार किया है, चाहे आधा-अधूरा सा ही सही। स्वप्रतिष्ठ कला को नाटक और यों अनुकरण-प्रधान कलाओं से स्वतन्त्र कला-कोटि मानते हुए भी जो ध्यान उन्होंने ऐसी कलाओं के बोध-भेद पर दिया वह उनके रस-विचार का एक अंश भी नहीं है। यहाँ तक कि 'शोभा' का निरूपण करते हुए वे 'शोभा' और 'रस' के भेद की बात भी नहीं करते, जबकि रस-चिन्तक के रूप में उनके मन में पहला सवाल यही उठना चाहिये था। रस के प्रति उनके आग्रह को ही यहाँ दोषी ठहराया जा सकता है। पर इतना हम देख सकते हैं कि शोभा की बात उन्हें चुभी थी और उन्होंने संक्षेप में उस पर कुछ विमर्श भी किया है।

अभिनव कहते हैं कि नृत्त शरीर के सौष्ठवमय संचार का एक निरन्तर गुम्फित रचना-प्रवाह है जिससे एक शोभा उत्पन्न होती है। यह शोभा एक ऐसी रंजना है जो तत्काल ही चित्त में चमत्कार की सघन अनुभूति जगाती है। यह अनुभूति गान आदि से भिन्न होती है।

स्पष्ट है कि शोभा रस से भिन्न है। नृत्त में विभाव, अनुभाव की बात ही नहीं उठती, न अभिनव ने उठायी है। पर फिर प्रश्न उठता है कि नृत्त का भाव से क्या सम्बन्ध है? है तो कैसा है, कैसे उदित होता है? अभिनव इसकी बात ही नहीं करते। लगता है कि कला के सन्दर्भ में भाव को वे रस के बाहर देख नहीं पाते थे। वे यहाँ व्यंजना की भी बात नहीं करते जो कि उन्हें करनी चाहिये थी—उनसे अपेक्षित थी। तभी अभिनव में हम यह पाते हैं कि शोभा एक ऐसी रंजना में सिमट आती है जो हलके इन्द्रिय-भोग जैसे चमत्कार की बात रह जाती लगती है—एक आँखों को रुचता सा बाहर-बाहर का सुन्दर-सुषम-सुरम्य रूप जिसके भीतर भाव जैसा कुछ भी नहीं। क्या अभिनव को यही अभिप्रेत था? बात ठीक नहीं जान पड़ती। वे नृत्त और संगीत के वैसे ही गहरे सहृदय थे जैसे नाट्य और काव्य के, पर इनके बोध-विमर्श की गहरायी में उतरने से वे कतरा ही गये। अभिनव के लिए जो प्रश्न उठना चाहिये था वह था नाट्य से भिन्न नृत्त की व्यंजना का स्वरूप क्या, उसकी प्रक्रिया को कैसे समझा जाये? ये प्रश्न मैं समझता हूँ उनके विचार के भीतर से ही उनके मन में सहज ही उठने चाहिये थे, पर उठे नहीं। नृत्त के प्रभाव को जो भी नाम दीजिये—शोभा ही सही—उसके व्यंजना-सम्बन्ध से इनकार नहीं किया जा सकता और व्यंजित यहाँ भाव ही हो सकता है : आनन्दवर्धन और अभिनव ने

व्यंजना को जिस व्यापक रूप में देखा है, नृत्त स्वतः ही उसके वलय के भीतर आता है। और फिर व्यंजना का द्वार भाव की ओर अपने आप ही खुल जाता है—व्यंजित भाव ही होता है। यों भी यह सोचिये कि व्यंजना की यहाँ बात की जाये तो व्यंजित किसे कहेंगे? अभिहित तो कुछ हो ही नहीं रहा! भाव के बिना बात ही कैसे बनेगी? और भाव की बात की जायेगी तो ऐसे भावलोक पर हमें सहज ही आना पड़ेगा जो नाट्य या दूसरी अनुकरणधर्मी कलाओं से ही नहीं, इन कलाओं के आलम्बन, लोक में उपलब्ध भावलोक से भी भिन्न है—कला अगर स्वप्रतिष्ठ है तो उससे व्यंजित भाव-सम्भार भी लोक-प्रतिष्ठ न होकर स्वप्रतिष्ठ ही होगा। प्रश्न यह होगा कि ऐसे भावलोक का आकलन कैसे किया जाये, उसका व्यंजना से सम्बन्ध कैसे आँका जाये?

इन्हीं प्रश्नों पर कुछ कहना चाहता हूँ, पर नृत्त को नहीं संगीत को केन्द्र में रखते हुए।

जब मैंने शोभा पर भरत के—और विशेषकर अभिनव के—कथन को पढ़ा था तो ये प्रश्न मुझसे दूर ही थे। मैं इस विचार के चमत्कार में ही डूबा रहा कि देखो हमारे यहाँ 'अमूर्त' की धारणा कितनी पुरानी है! हमारे कला-चिन्तन के आदि-काल में ही रूप लेती दिखायी देती है! और यह भी मुझे अनूठा लगता रहा कि हमारे यहाँ रस की धारणा का एक ऐसा विकल्प भी है जो स्वप्रतिष्ठ कला को अलग रखकर देखता है और हमें इस दिशा में नया सोचने का निमन्त्रण देता है। पर मेरा सोचना बस यहीं तक रहा। विचार प्रश्नों के सहारे आगे बढ़ता है—प्रश्न मैंने नहीं उठाये। इस बात पर कुछ लिखा—और अपनी पश्चिममुखी दृष्टि को कोसते हुए बड़े जोश-आक्रोश के साथ लिखा कि अमूर्त की धारणा हमारे यहाँ पुरानी है और हमें उस पर ध्यान देना चाहिये। यह भी लिखा कि अमूर्त के सन्दर्भ में कला-बोध की भी एक अपूर्व, रस-भिन्न धारणा का उदय हुआ था जो अन्यत्र अप्राप्य है।

पर उस धारणा पर मैंने विमर्श नहीं किया था, उसका उद्घोष भर ही किया था। सोचने का पर्याय काफ़ी बाद में आया। उस पर आता हूँ। पर पहले यहाँ रस पर ही कुछ और कहना चाहता हूँ।

ऊपर की चर्चा से लग सकता है कि रस को जो कला-मात्र-व्यापी बना

देने की प्रेरणा रही है उसमें आग्रह—और शायद मोह—अधिक, युक्ति कम है। मैंने बात जिस तरह रखी है उसमें कुछ ऐसा बोध उभरता दिख सकता है, पर वो भी तो बात पूरी ठीक नहीं है। परवर्ती चिन्तन में रस की धारणा में जो अपूर्व गहरायी और व्यापकता आ समाती है, उसमें विमर्श की एक नयी भूमा है। व्यंजना की बात हम कर चुके हैं। देख चुके हैं कि व्यंजना का क्षेत्र कला-मात्र व्यापक होने की क्षमता रखता है। परवर्ती रस-चिन्तन में व्यंजना का रस से अन्तरंग सम्बन्ध है—रस व्यंजित होता है। भरत व्यंजना की बात नहीं करते, उनके लिए स्थायी-भाव के साथ उपयुक्त संचारी-भावों के मेल को समर्थ विभाव, अनुभाव के साथ प्रस्तुत किये जाने पर स्थायी-भाव रस के रूप में वैसे ही निष्पन्न होता है जैसे अपक्व (अनिष्पन्न) भोज्य-पदार्थ पाक और व्यंजनों के मेल से भोग्य, सुस्वादु हो जाता है। भरत ने नाट्य को समझने के लिए भोजन के षट्-रस का ही दृष्टान्त लिया है। पर स्पष्ट ही यह दृष्टान्त कला के लिए अनुपयुक्त है—कला को भोजन की तरह इन्द्रिय भोग का विषय कहना बड़ी स्थूल सी बात है। यह ठीक है कि कला में एक स्वाद, एक मन को रिझाती-रमाती रंजना भी होती है, पर यह कला का मर्म नहीं है। फिर इससे भी बड़ी बात यह है कि भाव को हम उस तरह भोज्य-स्थानीय नहीं रख सकते जैसे भोजन की सामग्री—अन्न, कन्द, मूल, मसाले...। भाव चित्तवृत्तियाँ हैं, उनकी ऐसे उपादानों से तुलना करना नासमझी ही है। परवर्ती चिन्तन भरत को आधार रखता हुआ भी—उन्हें आप्त रखता हुआ भी—विमर्श का बिलकुल अलग मार्ग अपनाता है। हाँ, आस्वाद की धारणा को नहीं छोड़ता, चाहे उसे कितनी ही उत्तुंग पदवी दे देता हो—रस को षट्-रस से उठाकर रसो वै सः के शिखर पर बैठा देना चाहता हो।

रस-चिन्तन में जो सूझ और अन्तर्दृष्टि की बात है वह साधारणीकरण की धारणा में रूप लेती है। नाट्य में—और कह सकते हैं कला मात्र में—भाव साधारणीकृत हो जाता है। तभी उसकी निष्पत्ति सम्भव होती है जो व्यंजना की प्रक्रिया से होती है। 'साधारणीकरण' के अर्थ में सहज प्रवेश के लिए एक छोटी सी कहानी सुनाता हूँ जो मेरे सुधी शिक्षक ने क्लास में सुनायी थी।

गाँव में एक बुढ़िया थी जो गाँव से कुछ बाहर ही रहती थी। गाँव में आना-जाना, लोगों के साथ उठना-बैठना कम ही करती थी। मेलों, उत्सव-त्योहरों से भी दूर रहती थी। पर एक बार जब रामलीला हो रही थी तो

बुढ़िया भी आ बैठी, देखने लगी। सीता-हरण का प्रसंग था। रावण आया और छल-बल से रोती-चीखती सीता को उठाकर घोर अट्टहास के साथ मंच के बाहर की ओर ले बढ़ा। बुढ़िया को बड़ा बुरा लगा—इस बात से और भी कि इतने लोग बैठे हैं, दुखी हो रहे हैं, आँखों से आँसू बहा रहे हैं, पर उनके सामने से वह दुष्ट बेचारी लड़की को ज़बरदस्ती उठा ले जा रहा है पर कोई कुछ बोलता तक नहीं, सब के सब लाचार से बैठे टिसुए बहा रहे हैं! बुढ़िया से रहा न गया, उठ खड़ी हुई और पुकारकर बोली, 'अरे तुम सब यहाँ इतने सारे हट्टे-कट्टे जवान बैठे हो, पर उस बदमाश को चुपचाप क्या देख रहे हो, उसे रोकते क्यों नहीं? क्या सबको ही लकवा मार गया है? ठूँठ की तरह क्यों बैठे हो, कुछ करते क्यों नहीं?'

अब आप सोच ही सकते हैं कि आगे क्या हुआ। दो-चार हट्टे-कट्टे जने उठे और बुढ़िया को कन्धे पकड़ के बैठा दिया; कहा कि चुप बैठ जा नहीं तो बाहर निकाल देंगे।

यहाँ सवाल यह है कि वह कैसा दुख, कैसा शोक था जो देखने वालों को हो रहा था? दुख और शोक बुढ़िया को भी हो रहा था, पर उसकी प्रतिक्रिया ही अलग थी—उसके लिए जो कुछ हो रहा था वास्तव था जिसका होना कुछ करने की माँग कर रहा था। बुढ़िया को बुरा ही यह लग रहा था कि लोग कुछ कर क्यों नहीं रहे हैं! वह नाटक को नाटक की तरह नहीं देख पा रही थी! ऐसा विरल ही होता है पर इस कहानी की 'कहनी' ही यही है कि नाटक नाटक ही होता है, 'वास्तव' नहीं होता। पर नाटक का होना वास्तव से भिन्न ही सही, भाव तो नाटक भी हममें जगाता ही है, नहीं तो नाटक ही नहीं होगा! सवाल यह है कि उसमें कैसे भाव जागते हैं? उन्हें कैसे आँका-समझा जाये? बुढ़िया की प्रतिक्रिया यह भी दिखाती है कि व्यवहार के साधारण अनुभव से अलगाव रखते हैं ये भाव। साधारण अनुभव के भाव को दैनन्दिन अनुभव-प्रवाह से—आठ पहर की रहनी-करनी से—निकालकर प्रेक्षण का विषय बना देता है नाटक (नाटक को 'प्रेक्षणक' कहते भी हैं)—नाटक में हम भावों के द्रष्टा हो जाते हैं—पर भावानुभव—या भावना के स्पन्द—के भीतर ही रहते हुए : मानो भावना की आँख से ही भावों को देख पाते हैं, उनका अनुभव करते हुए भी उनसे अलग खड़े होकर उनका प्रेक्षण कर पाते हैं। बुढ़िया-भिन्न देखने वाले नाटक को ऐसे ही भावन से देख रहे थे। यही नाटक में स्वाभाविक है।

और नाटक हमारे लिए स्वभाव-सिद्ध है—क्योंकि मनुष्य होने के नाते हम आत्मचेतन हैं—अपने आपको देख पाते हैं, तभी दुख, शोक...का अभिनय कर पाते हैं, कथा-कहानी गढ़ते हैं, अपने आपको भी कहानी का पात्र बनाकर आत्मकथा कहते हैं। पर ऐसा करते हुए भाव (या पात्र) प्रेक्ष्य हो जाता है—सबके लिए प्रेक्ष्य। आत्मकथा का 'मैं' मेरा नहीं होता, सबका होता है—सबके देखने का एक सामान्य पात्र। नाटक का प्रेक्ष्य भाव भी मेरा नहीं होता (जैसा कि बुढ़िया नाटक को नाटक न समझते हुए उसे समझ बैठी थी)। वह भाव उस रूप में किसी का नहीं होता, जिस अर्थ में बुढ़िया का हो गया था—वह न लेखक का होता है, न अभिनेता का (हो तो अभिनय सम्भव नहीं होगा), न वह प्रेक्षक का होता है। वह साधारणीकृत होता है—भाव-सामान्य होता है जिसके सब द्रष्टा होते हैं। तभी भाव रस का रूप ले पाता है—लौकिक अनुभव के शोक से करुण रस निष्पन्न हो पाता है ('निष्पत्ति' का अर्थ ही यहाँ साधारणीकरण से जुड़ा है)। शोक की जगह अगर भय को लें तो बात और प्रकट होगी—नाटक में भय की परिस्थिति में भय अगर मेरा हो (प्रेक्षक का), या अभिनेता का तो सोचिये नाटक का क्या होगा!

अभिनव के लिए साधारणीकरण का एक मार्मिक तात्पर्य था भाव को रस में निष्पन्न कर उसे 'भोग्य' या 'आस्वाद्य' बना देना। उनका कहना था कि दैनन्दिन असाधारणीकृत भाव हमें अपने वेग में विवश रखता है, विजड़ित कर देता है या कुछ करने को आमादा करता है—हम पर हावी रहता है, हम उससे हटकर उसका आभोग नहीं कर पाते। साधारणीकृत भाव इस 'विघ्न' से मुक्त हो जाता है, और यों भोग्य हो जाता है। अभिनव का यह अभिप्राय उन्हें भरत से जोड़ता है और उनके लिए रस को 'रस्य' बनाता है—हाँ, यह भी है कि रस यहाँ भोजन की तरह स्थूल इन्द्रिय-भोग की बात नहीं रहती, ब्रह्मास्वाद सहोदर हो जाती है—क्योंकि अब हम भाव के विशुद्ध, निर्लिप्त द्रष्टा हो जाते हैं।

कला के साथ भोग या आस्वाद की बात आज की संवेदना को अटपटी ही नहीं निचली, ओछी जान पड़ती है। आज हम कला को सत्य के सन्धान के साथ जोड़ना चाहते हैं, भोग-लिप्सा के साथ नहीं। और यह भी देखिये कि अभिनव में भी रस का एक गहरा पक्ष प्रेक्षण के साथ जुड़ता है—भाव जहाँ भाव का भावन है—भाव के स्वरूप का, उसके अर्थ का भाव के

भीतर से ही सन्धान है। दूसरे शब्दों में, यह भावगत सत्य का ही सन्धान है। नाटक द्वारा भाव का साधारणीकरण ही इसे सम्भव बनाता है। कृति-रूप नाटक भाव की जिस व्यंजना का वाहक होता है, वह साधारणीकृत होती है—क्योंकि कृति ही साधारणीकृत होती है, नहीं तो कलाकृति ही न हो।

यहाँ अभिनव के साधारणीकरण पर जो प्रश्न यशदेव जी शल्य ने उठाया है उसकी चर्चा करना चाहता हूँ। शल्य जी से मेरा परिचय अपेक्षया बाद में हुआ। पर उनके और उनके दर्शन के सम्पर्क में आने पर मैं समझता हूँ मेरे सोचने में एक नया मोड़ आया—सोचने को एक नयी दृष्टि के साथ रीढ़ मिली; युक्तियों के नख-शिख में जागते विचार के अवयवी—समग्र—के प्रति एक नयी संवेदना जागी। शल्य जी कहते हैं कि साधारणीकरण तो शब्द मात्र में होता है—भाषा स्वरूप से सामान्य-बोध में बसती है, और हमारा साधारण व्यवहार भाषा के बिना अकल्पनीय है। या यों कहिये कि भाषा-प्रयोग में व्यंजना ही नहीं, अभिधा भी साधारणीकृत होती है, फिर साधारणीकरण का कला-बोध से या रस-बोध से विशेष सम्बन्ध क्या? प्रश्न यह होना चाहिये कि कला के क्षेत्र में साधारणीकरण का विशेष स्वरूप क्या? केवल साधारणीकरण कह देने से बात बनती नहीं दिखती।

शल्य जी का अपना एक समग्र दर्शन है जो अपनी तरह का वेदान्त है—सत्चित्-अद्वयवाद। उसके नख-शिख में नहीं उतरूँगा। पर यहाँ उसमें जाने की ज़रूरत भी नहीं। यहाँ देखने की बात यह है कि उस साधारणीकरण को कैसे समझा जाये जिसका अभिधा से नहीं, व्यंजना से सम्बन्ध हो? शल्य जी शायद इन्हीं शब्दों में प्रश्न को नहीं रखेंगे, पर इससे बात में फ़र्क़ नहीं पड़ता। बात यहाँ यह देखने की है कि व्यंजना में चेतना विषयमुखी नहीं होती—अध्यवसाय नहीं करती, विषय के निरूपण-विवेचन को, विषय को विषयरूपेण पकड़ने की उसकी वृत्ति नहीं होती। वह विषयी को ही विषयीरूपेण ग्रहण करने की ओर अभिमुख होती है। पर यह ग्रहण भी साधारणीकरण चाहता है—ग्रहण करती चेतना सामान्य में बसती है और ग्रहण मात्र साधारणीकृत होता है। शब्द के माध्यम से ग्रहण का यही रूप होता है—चाहे बात अभिधा की हो या व्यंजना की। हमारा इन्द्रिय-ग्रहण भी शब्द को आश्रय किये बिना ग्रहण नहीं बनता—इन्द्रिय मूक होती है, अपना भी ग्रहण नहीं कर सकती। ग्रहण आत्मचेतन चेतना करती है, और उसका ग्रहण साधारणीकृत होता है।

विषयी का साधारणीकृत ग्रहण विषयरूपेण भी हो सकता है। हम अपनी चित्त-वृत्तियों का—इच्छा, सुख-दुख, चिन्ता, आवेग, भाव, विचार... इनका वर्णन-विवेचन करते ही हैं, और यह सारी प्रक्रिया भी भाषा में होती है, साधारणीकृत ही होती है। इसे हम अपने विषयित्व का ग्रहण भी कह सकते हैं। पर कला का ग्रहण ऐसा नहीं होता। वहाँ ग्रहण की वृत्ति—उसकी उन्मुखता—विषयी को विषय बना देने की नहीं होती। वहाँ हम अपने विषयी-भाव में रहते हुए ही विषयित्व का साधारणीकृत ग्रहण या अवलोकन करते हैं, उसका अवगाहन भी करते हैं। संक्षेप में यही शल्य जी का प्रतिपादन है, चाहे शब्द उनके नहीं हैं। उनके शब्दों में कहें तो 'कला को... विषयिता का विषयिता-प्रत्यय, विषयिता-सामान्य के रूप में अवगमन कहा जा सकता है'। 'प्रत्यय' शब्द शल्य जी के दर्शन में एक विशेष व्यापक तात्पर्य रखता है, उसे साधारणीकरण का पर्याय समझ लेना ठीक न होगा, पर उसमें 'सामान्य' या 'साधारण' का भाव तो है ही। प्रत्यय की धारणा को यहाँ खोलने की चेष्टा करना अप्रासंगिक ही होगा—और फिर मैंने जिस तरह से बात को रखा है, उसमें यह भी अभिप्राय है कि बात पिछले रस-चिन्तन से जुड़ती हुई उसे आगे बढ़ाती भी दिखे।

बात को यों भी कहा जा सकता है कि व्यंजना के साधारणीकरण का तत्त्व अभिधा से बिलकुल अलग कोटि का है। पर व्यंजना की प्रक्रिया पर थोड़ा और ध्यान दें। हमने देखा कि व्यंजना भाषा-सीमित नहीं है—ऐसी कलाओं पर भी व्याप्त है जहाँ शब्द-व्यापार का ही नहीं, अभिधा-व्यापार का भी अभाव होता है—जैसे स्वप्रतिष्ठ नृत्त और संगीत में। इनके माध्यम से, शब्द या भाषा के बिना, व्यंजना का साधारणीकरण कैसे सम्भव होता है? व्यंजना का सम्बन्ध प्रतीक-व्यवस्था से है। भाषा भी एक प्रतीक-व्यवस्था ही है। पर भाषा में अभिधा और व्यंजना दोनों सम्भव हैं। तभी व्यंजना पर चिन्तन का आलम्बन भी भाषा रही है। भाषा को हम सहज ही प्रतीक-व्यवस्था के रूप में ले लेते हैं—हाँ, 'व्यवस्था' का अर्थ यहाँ 'समग्रत: नियत' जैसा कुछ नहीं लेना चाहिये, हालाँकि ऐसी प्रतीक-व्यवस्था भी सम्भव है जो किसी घेर में बाँध दी गयी हो—गणित को कुछ लोग ऐसी ही व्यवस्था मानते थे; पर गणित के भीतर ही तर्क से यह दिखाया गया है कि गणित में एक अनियत खुलापन है जो किसी लक्ष्मण-रेखा में नहीं घेरा जा सकता। भाषा में तो इस खुलेपन को दिखाने के लिए किसी तर्क

की ज़रूरत नहीं है—शब्द कितने ? इसकी तो बात ही क्या, शब्द क्या ? यह भी पहले से तय नहीं किया सकता है—फिर उनका मेल—संसर्ग—कैसा हो, कितने प्रकार से हो सकता है, यह प्रश्न तो और भी पेचीदा है—यह अर्थ पर निर्भर करता है जो भाषा के बाहर होता है। एक तरह से यह ठीक है कि भाषा में शब्द-संसर्ग के नियम होते हैं, भाषा शब्द से नहीं वाक्य से बनती है, और वाक्य का स्वरूप कुछ तय रास्तों की माँग करता है। पर नियम अर्थ-मुखापेक्षी होते हैं जो दिगन्त की तरह खुला रहता है। 'व्यवस्था' की बात यहाँ अर्थ-बोध में ही निहित एक अवयवी-बोध की बात है जो एक दृष्टि या चेतना होती है, नियत ढाँचा या संरचना नहीं।

पर प्रतीक-व्यवस्थायें भाषा—और गणित—ही नहीं, नृत्त, संगीत, चित्र...ये भी हैं। ये भी भाषा की तरह साधारणीकरण में समर्थ होते हैं और भाषा की तरह ही 'खुली व्यवस्था' में गठित होते हैं, जो भाषा की तरह ही अर्थ-सम्बद्ध होती है। आनन्दवर्धन या अभिनव में नृत्त-संगीत के प्रति यह बोध स्फुट नहीं लगता कि ये भी भाषा से प्रतीक-व्यवस्था होने के नाते साम्य रखते हैं। वे भाषा को भी 'प्रतीक-व्यवस्था' इस नाम से नहीं जानते-पहचानते, पर वहाँ वे व्याकरण की बात करते हैं, जो बात तात्पर्य-भेद से भाषा को प्रतीक-व्यवस्था के रूप में ही देखने की बात है। पर वे नृत्त-संगीत... को ठीक इस तरह से नहीं देखते—हालाँकि अभिनव तो स्पष्ट ही उनके व्यवस्थित रूपों और इस व्यवस्था को बनाते नियमों की बात करते हैं। पर वे अगर सचमुच ही स्वप्रतिष्ठ कलाओं को भी प्रतीक-व्यवस्था के रूप में देखते तो वहाँ व्यंजना की बात भी मैं समझता हूँ उनके मन में अनायास जागती।

जो भी हो, संगीत पर आयें। संगीत में स्वर और लय, ये अभिव्यक्ति के आधार होते हैं। हम पाते हैं कि स्वर सहज ही भाव से संश्लिष्ट होता है—वह मानो भाव को अनायास ही जगाता और अपनी गति के साथ नेय बनाता चलता है—तभी हमारे जीवन में सहज ही उसकी इतनी महिमा है। पर स्वर का अपना एक स्वतन्त्र अस्तित्त्व, स्वायत्त 'होना' भी होता है जो उसे अपनी योजना, अपनी व्यवस्था देता है जो कि उसे सामान्यीकृत प्रतीक का रूप दे सकती है। यह है स्वरों के बीच संवाद की व्यवस्था। ध्वनियों के चढ़ते-उतरते अन्तरालों के बीच सहज ही कुछ संवाद बनते हैं : षड्ज-पंचम, षड्ज-मध्यम, षड्ज-गन्धार और इन्हीं सम्बन्धों से

दूसरे स्वर भी उभरते देखे जा सकते हैं। संवाद निसर्ग-प्रदत्त हैं, उसमें पिरोयी हुई ध्वनियों के बीच एक अनुरणन का सूत्र बनता है जो उन्हें स्वरत्व की भूमि देता है। स्वरों में संवाद ही नहीं विवाद भी होता है जहाँ ध्वनियाँ मानो संवाद की डोर पर तनाव डालती हैं कि जैसे उसे तोड़ डालना चाहती हों। पर विवादी अपने विरोध से स्वर की भूमि को शबल वैविध्य देते हैं, उसकी सम्भावनाओं को समृद्ध करते हैं—अनुरणन उनके भीतर खिंचता है और व्यवस्था को विस्तार देता है, विच्छिन्न नहीं होता।

इस निरूपण में एक चक्रक का बोध हो सकता है, स्वर का कोई अपना स्वतन्त्र लक्षण उभरता नहीं दीखता : स्वर वह है अनुरणन की डोर से बँधा रहता है, और अनुरणन वह जो संगीत के काम आता है। एक सीमा तक यह बात सच है। पर यह बात किसी भी प्रतीक-व्यवस्था पर पूरी उतरती है : शब्द वह है जो भाषा के काम आता है, और भाषा वह जिसमें शब्द शब्द बनता है; संख्या वह है जो गणित के काम आती है...। यह दोष नहीं है, उलटे इस बात का लक्षण है कि प्रतीक-व्यवस्था हमारे ऐसे सामान्य-बोध में बसती है जो दोनों को परस्पर-भाव देता हुआ उनका धारण करता है और जिसके बन्धों में खुला क्षितिज भी बसता है। इससे उस व्यवस्था की स्वायत्तता या सामान्यता को आँच नहीं आती, उसकी संकेत-वृद्धि ही होती है।

अभी मैंने गणित की बात की। गणित की अक्सर संगीत से तुलना की जाती है। दोनों ही ऐसे स्वप्रतिष्ठ अर्थ-लोक उभारते हैं जो अपनी स्वायत्तता में हमारे अनुभव के बाह्य-जगत से, आठ-पहर के व्यवहार-लोक से अलग खड़े जान पड़ते हैं। पर संगीत का स्वर और लय के माध्यम से हमारे भाव-लोक से बड़ा सीधा, बड़ा सजीव सम्बन्ध भी है जो गणित का नहीं है। तभी स्वर संख्या की तरह प्रतीक होकर भी भावोद्दीपक और भाव-वाहक ही नहीं, भावों के साधारणीकरण के माध्यम बन पाता है। गणित के अर्थलोक की तरह ही संगीत का अपना अर्थलोक होता है जहाँ हम भावों का संयोजन करते हैं, संयोजना की सम्भावनाओं की टोह लेते हुए उनका अवगाहन, सर्जन करते हैं; वैसे ही जैसे नाट्य, कथा, कहानियाँ अपनी तरह से—विभाव-अनुभाव के साधारणीकरण द्वारा—करते हैं। या यों कहिये कि नाट्य, कथा, कहानियों की तरह ही संगीत साधारणीकृत व्यंजना का माध्यम बनता है जहाँ हम भाव की आँखों से ही भाव को

देखते हुए उसमें डूब सकते हैं, उसके सार्थक गुम्फों की रचना कर सकते हैं (अपनी विषयिता में रहते हुए उनका विषयिता-सामान्य के रूप में अवलोकन-अवगाहन कर सकते हैं)।

पर स्पष्ट ही ये संगीत-दृष्ट भाव और उनके स्वर-योजनाओं में साधारणीकृत रूप या गुम्फ नाट्य, कथा, कहानियों की तरह लोक को आलम्बन नहीं बनाते। और जब ऐसा है तो संगीत का भाव से सम्बन्ध भी वही नहीं हो सकता जो लोक को आलम्बन बनाती कलाओं का होता है। भावों की हमारी पहचान लोक में बनती है—भरत के स्थायी-संचारी विभाजन को एक बार अलग भी रख दें तो भी भरत ने जो भाव गिनाये हैं वे (अधिकतर) लोक में घटती परिस्थितियों से सम्बन्ध रखते हैं : रति, भय, क्रोध, जुगुप्सा, ईर्ष्या, चिन्ता, औत्सुक्य...। भरत की सूची को बढ़ाया जा सकता है, जो संचारी हैं उन्हें स्थायी के रूप में देखा-सँजोया भी जा सकता है, और ऐसा बाद में किया भी गया। पर इन सारे भावों की पहचान में लोक में बनती परिस्थितियाँ ही रहती हैं। जब ये भाव साधारणीकृत होकर रस की प्रेक्षणीयता को पा लेते हैं तब भी उनकी पहचान लोकनिष्ठ ही बनी रहती है।

संगीत लोकनिष्ठ नहीं होता, वहाँ भावों की वह पहचान भी नहीं बनी रहती। संगीत लोक-भिन्न एक अपना अलग भावलोक बनाता है—और यही उसकी महिमा है। प्रश्न है, उस भावलोक को कैसे समझा जाये ? हम देख चुके हैं कि यह प्रश्न पुराने विचारकों ने नहीं उठाया है—उठाने की ओर मुड़े भी, संगीत को स्वतन्त्र, स्वप्रतिष्ठ माना भी तो भी उसकी स्वतन्त्र भाव-मीमांसा से किनारा कर गये। पर इधर पिछले दिनों, यह प्रश्न फिर से उठा, और इस नये बोध के साथ उठा कि संगीत की समझ नाट्य और तत्-सधर्मी कलाओं से अलग होनी चाहिये। प्रसिद्ध गायक पण्डित ओंकारनाथ ठाकुर ने बात अपनी तरह से बढ़ायी है। बड़ौदा में दी गयी एक व्याख्यानमाला में उन्होंने 'काकु' के माध्यम से संगीत का रस से सम्बन्ध जोड़ने की चेष्टा की है। कहना न होगा, विचार नया है और इसके पीछे यह उपलब्धि है कि संगीत में भाव-निष्पत्ति की प्रक्रिया को समझने के लिए एक नयी दृष्टि चाहिये, विभाव-अनुभाव-संचारीभाव के रास्ते बात नहीं बनेगी, चाहे रस को ही वहाँ भी भावाभिव्यक्ति का लक्ष्य क्यों नहीं माना जाये।

पर काकु क्या है ? कविता में काकु-प्रयोग अलंकार के नाम से जाना जाता

है, पर मूलतः इस धारणा का सम्बन्ध हमारे बोलने में होने वाले आवाज़ के उतार-चढ़ाव से है। यह उतार-चढ़ाव सहज ही होता है और इसका सहज ही आवेग और भाव के साथ सम्बन्ध होता है। कविता में इसकी छाया ही को काकु कहा जाता है, पर नाटक के सम्भाषणों में इसका सधा-दक्ष प्रयोग, अभिनय का अभिन्न अंग होता है। भरत ने इसका कुशल निरूपण किया है और स्वर के साथ इसका सम्बन्ध भी दिखलाया है—स्वर में भी आवाज़ का उतार-चढ़ाव काकु की तरह ही होता है और काकु में आवाज़ कितनी चढ़े या उतरे इसका निर्देश स्वर-स्थानों को ध्यान में रखकर किया जा सकता है। पर काकु में ध्वनि का आवेग-गर्भ उतार-चढ़ाव ही बड़ी बात होती है, स्वरों को उभारना नहीं—स्वर की ओर वहाँ ध्यान नहीं होता, स्वर तो आरोह-अवरोह के रास्ते में पड़ते हैं, पर उनको उभारना—उनका 'उच्चार', उनकी स्वर-रूपेण अभिव्यक्ति—यह वहाँ बिलकुल अभिप्रेत नहीं होता। ऐसा हम अपने बोलने में भी पाते हैं—वहाँ भी भाव के साथ आवाज़ का उतार-चढ़ाव होता ही है—और नाटक में भी देख सकते हैं। पर काकु-प्रयोग अगर स्वर को उभारने की ओर बढ़ने लगे तो काकु ही नहीं रहेगी, संगीत की ओर बढ़ चलेगी। अभिनव ने भरत पर टीका करते हुए इस बात को बहुत साफ़-साफ़ कहा है। वे कहते हैं कि आवाज़ के उतार-चढ़ाव का, हलके-तेज़ हो जाने के भाव या आवेग से एक सीधा सम्बन्ध है जिसे हम जानवरों में भी पाते हैं। स्वर जिस अनुरणन को साधता है (जिस संवाद-व्यवस्था में बनता है) उससे काकु का कोई सम्बन्ध नहीं—वहाँ तो बस ध्वनि का ऊपर-नीचे उठना-बैठना है जो ध्वनि के उसी आरोह-अवरोहमय 'क्षेत्र' में बनता है जहाँ स्वर भी उभरते हैं। पर स्वर का प्राण जो अनुरणन होता है, उस ओर काकु उदासीन ही रहती है।

पर कविता की तरह काकु का आलंकारिक प्रयोग संगीत में भी हो सकता है। संगीत का आधार भी ध्वनि होने के कारण काकु संगीत से जितनी तादात्म्य हो सकती है और उसका यहाँ जैसा वैभव-सम्भार समोया जा सकता है वैसा कविता में सम्भव नहीं। ठुमरी-दादरे को लीजिये या गीत-ग़ज़ल को—इनमें काकु अनुरणन के साथ जागती है। ठुमरी गायी न जा रही हो, केवल सितार-सारंगी पर ही ठुमरी अंग बज रहा हो, वहाँ यह असर अपने संगीतगर्भ अर्थ में साफ़ दिखायी देता है। इससे यह भी

झलकता ही है कि रागदारी में या रागों की विशुद्ध प्रस्तुति में स्वर-उच्चार काकु-प्रयोग में बसा हो सकता है। पर फिर भी संगीत मात्र को—या राग-प्रस्तुति मात्र—को काकु से नहीं जोड़ा जा सकता। राग स्वर-योजना से बनता है, स्वरों के उच्चारण विशेष से या उद्घोष विशेष से नहीं। रागदारी के कुछ रूप तो काकु से अपने को बचाने की ओर बढ़ते दिख सकते हैं। ध्रुपद के राग-आलाप में काकु-प्रयोग नहीं सा ही होता है—इस बोध के साथ कि काकु की अतिरंजना वहाँ राग के उदात्त-गम्भीर रूप को उथला कर सकती है। और ध्रुपद में ही क्यों, राग की किसी भी अच्छी प्रस्तुति में काकु को एक पुट से ज़्यादा बढ़ाना राग को हलका कर दे सकता है—कहा जायेगा, 'राग की ठुमरी बना दी'। मूल बात यहाँ यह है कि राग का रागत्व काकु में स्वर में होता है—स्वरों की योजना-विशेष में, काकु जहाँ अवान्तर है।

पर जो बात यहाँ प्रासंगिक है वह यह कि काकु विशुद्ध संगीत को विभाव-अनुभाव और यों लोक से जोड़ने का एक नया अनूठा पन्थ है (ओंकारनाथ जी काकुभेद से नायिका-भेद पर आते हैं और रागों को इस कोटि से संश्लिष्ट करना चाहते हैं)। पर बात बनती नहीं। काकु के आधार पर संगीत के अपने भावलोक को समझा-आँका नहीं जा सकता। हमारे लोक-परिचित भाव-सम्भार को भी काकु अपने पूरी समृद्धि के साथ सामने नहीं ला सकती—यह काम उपयुक्त विभाव-अनुभाव की माँग करता है जिसके बिना नाटक, कथा, कहानी का भावलोक भाव की एक दरिद्र छाया मात्र रह जायेगा। कहा जा सकता है कि काकु की अपनी सम्भावनाओं का सम्भार संगीत में ही रूप लेता है, लोक को आलम्बन बनाती कलाओं में नहीं। पर हमने देखा कि काकु संगीत की भी एक क्षीण छाया भर है, या उतनी भी नहीं—संगीत उससे स्वतन्त्र है, और संगीत में काकु का प्रयोग अलग से हो सकता है (वह भी सीमित मात्रा में और संगीत के अपने औचित्य को देखते-परखते हुए)। कविता में ठीक ही काकु को एक अलंकार का स्थान दिया गया है; संगीत में भी उसे एक रिझाता हुआ प्रयोग विशेष ही कहना ठीक होगा। काकु से संगीत को परिभाषित नहीं किया जा सकता।

काकु से गम्भीरतर और व्यापकतर धारणा 'गुण' की है। यह धारणा भी काव्य-चिन्तकों में पनपी-बढ़ी है। गुण क्या है? इस ओर हम इंगित करना

चाहें तो फिर भरत से समर्थ संकेत ले सकते हैं। भरत के यहाँ आठ रस हैं—या शान्त को भी गिन लें तो नौ कह दीजिये। भरत भिन्न रसों में एक सामान्यता भी देखते हैं जिसे भाव की आन्तरिक सामान्यता कहा जा सकता है। शृंगार, करुण, हास्य इनकी रौद्र, भयानक, वीर से तुलना कीजिये। पहली त्रिपुटी में भाव-वृत्ति का तेवर—या उसका मिज़ाज कहिये—दूसरी त्रिपुटी से बिलकुल अलग है। भरत ने एक को 'सुकुमार' कहा और दूसरी को 'उद्धत'। हास्य, करुण, शृंगार—इन तीनों में एक आन्तरिक भाव साम्य है जिसे सौकुमार्य के लक्षण से लक्षित करना उचित ही जान पड़ता है; और इसी तरह दूसरी त्रिपुटी को औद्धत्य से लक्षित करना भी तीनों के भाव-धरातल की सही संज्ञा जान पड़ती है। अब, स्पष्ट ही औद्धत्य, सौकुमार्य—और अन्य ऐसे ही भाव जो सहज ही सोचे जा सकते हैं—वे उस तन्त्र में नहीं समाते जो विभाव, अनुभाव, संचारी भावों से बनता है—सौकुमार्य करुण, हास्य, शृंगार इन तीनों में प्रकट होता है जो आपस में बहुत भिन्न हैं; करुण, हास्य, शृंगार की त्रिपुटी विभाव-अनुभाव-संचारी के तन्त्र में समाती है, सौकुमार्य नहीं समाता, वह विभाव-अनुभाव-संचारी से साक्षात् निष्पन्न नहीं होता—परोक्षतः ही उदित होता है। सुकुमार कुछ रसों का गुण है, रस नहीं है। कहा जा सकता है कि वह करुण, हास्य, शृंगार तीनों का भाव-हृदय है—या तीनों के भीतर खड़ी भाव की वह धरती है जो तीनों को नींव देती है। पर ऐसे भाव सीमित नहीं, उनका अपना एक सम्भार है जो गुण के नाम से जाना गया है। गुणों की कई सूचियाँ मिलती हैं, जिनमें ऐसे नाम आते हैं : प्रसाद, समता, माधुर्य, सुकुमारता, उदारता, ओज, कान्ति... । बाद के आलंकारिक गुणों को काव्य के साथ जोड़ते हैं और शब्द और अर्थ के गुणों में बाँटते हैं। पर मर्म की बात यह है (जैसा कि हम गुणों के नामों से ही देख सकते हैं) कि ये अभिव्यक्त भाव के नेपथ्य में रहते हैं—'अर्थ' के गुण शब्दार्थ में प्रकट भावों के आन्तरिक भाव के रूप में रहते हैं, यों कि भिन्न प्रकट भावों की तह में एक ही गुण भी रह सकता है—जैसे भिन्न रसों की तह में सौकुमार्य या औद्धत्य ('प्रकट' भाव को यहाँ विभाव-अनुभाव के ढाँचे में ही ढला समझना चाहिये, जैसा कि आलंकारिकों द्वारा दिये गये इनके उदाहरणों से भी स्फुट होता है)। जिन्हें शब्द के गुण कहा गया है—बल्कि शब्द में प्रयुक्त ध्वनि के गुण कहना चाहिये—वहाँ इनकी संगीत से समीपता भी स्पष्ट होती है, क्योंकि ध्वनि के गुण विशुद्ध ध्वनि-संरचना के गुण होते

हैं, अर्थ जहाँ परोक्ष होता है। यह भी देखने की बात है कि शब्द के कई गुण वही हैं जो अर्थ के गुण कहे गये हैं : ऊपर जिन गुणों के मैंने नाम गिनाये हैं पण्डितराज जगन्नाथ ने अपने 'रसगङ्गाधर' में उन्हें शब्द और अर्थ दोनों के गुणों की सूची में रखा है। इससे इनकी प्रत्यक्ष के पीछे खड़ी परोक्षता ही व्यंजित होती है।

यहाँ एक लक्षणीय बात है जो संगीत की गुण-तुल्यता के प्रति गहरा संकेत करती है। नाट्यांग के रूप में हम संगीत को देखें तो पाते हैं कि संगीत का वही टुकड़ा या वही स्वर-योजना बहुत भिन्न भावों का समीचीन 'साथ' दे सकता है। भैरवी में बँधा वही टुकड़ा करुण, विरह, चिन्ता, दैन्य...के परस्पर-भिन्न भाव-भेद को उसी एक सक्षमता के साथ उभारता देखा जा सकता है। प्रकट जान पड़ता है कि वह इनके सबके पीछे खड़े एक सामान्य गुण को अभिव्यक्त करता है जो विभाव-अनुभाव का रूप लेकर भाव-भेद के साथ प्रकट होता है।

गुण की बात मैंने यहाँ इसलिए भी उठायी कि गुण के आधार पर संगीत के भावलोक को आँकने की दिशा प्रेमलता जी शर्मा ने ली जो पण्डित ओंकारनाथ की शिष्या थीं और उन्हीं की तरह रस और संगीत के सम्बन्ध पर नये प्रश्नों से समाकुल। वे संगीत को रस-निष्पत्ति के ढाँचे में ढालने के बारे में संशयापन्न हो चली थीं और पुराने चिन्तन में ही विकल्प के रास्ते ढूँढ़ रही थीं। मैं उनके निकट था। अज्ञेय जी के संग्रह में संगीत को रस-विचार के ढाँचे में रखने की समस्या पर मेरा लेख छपा तो उन्होंने सम्मति जतायी और कहा कि वे भी इस समस्या से जूझती रही हैं और फिर गुण-विषयक अपना विचार-विकल्प सामने रखा। मैं नहीं जानता कि उन्होंने अपने विचार को कभी किसी सिद्धान्त जैसा रूप देने की चेष्टा की या नहीं। पर उनके गुण-सम्बन्धी विचार ने मुझे काफ़ी प्रभावित किया। अपनी पुस्तक 'संगीत एवं चिन्तन' में मैंने संगीत के भाव-लोक को समझने की चेष्टा की है। विभाव-अनुभाव की प्रक्रिया से अभिव्यक्त भिन्न भावों के पीछे, उसके आन्तरिक धरातल पर रहते, एक ही गुण के होने की बात को बढ़ाते हुए मैंने यह प्रतिपादन किया कि संगीत भाव के उस धरातल से सम्बन्ध रखता है जिसे 'भाव-तन्मात्र' की धरती कह सकते हैं। भाव-तन्मात्र भाव की अपनी विशुद्ध स्थिति है—या परमार्थ स्थिति कहिये—जहाँ भाव-स्पन्द भाव के परिचित व्यवहार से दूर रहता

है। पर व्यवहार के रूप-भेद की सम्भावना भी उसमें समाहित रहती है। कह सकते हैं कि भाव-तन्मात्र शब्द पर गुण-सिद्धान्त की ही छाया है, शब्द सांख्य से ले लिया है। पर मैं अब समझता हूँ कि यह सारा विचार संगीत की पकड़ से कुछ दूर सा ही है। 'भाव-तन्मात्र' अगर गुण से भिन्न है तो क्या उसका व कोई अपना ऐसा एक तत्त्व है जो विभक्त होकर एक ओर अनुभूत भाव का रूप लेता है और दूसरी ओर उस अनुभूति को व्यंजित करने वाले रूप या कृति का ? पर ऐसा ही है तो फिर भाव-तन्मात्र की धारणा सभी कलाओं पर पूरी उतारी जा सकती है। फिर इस धारणा में कुछ ऐसा भी इशारा है कि भाव और उसकी अभिव्यक्तियाँ पहले से मानो प्रदत्त हैं—व्यापार यहाँ सृजन का नहीं, अव्यक्त से व्यक्त रूप में परिणत होने का है। इससे संगीत के अपने भाव-लोक का आकलन कैसे हो ? और उसकी सृजन-धर्मिता का ? संगीत का नया उन्मेष नये भाव का द्वार खोलता है। कहा जा सकता है कि भाव-तन्मात्र एक नहीं अनेक हैं, पर फिर उस अनैक्य को समझा कैसे जाये ? फिर भाव के स्वरूप में ही अनैक्य समाहित होता दिख सकता है, जिसका अर्थ नहीं बनता। क्या संगीत का भाव ही दूसरी कलाओं के भाव से स्वरूपतः भिन्न होता है ? अनुभव तो ऐसा कुछ नहीं कहता। उलटे हम पाते हैं कि संगीत को नाट्य में संयोजित किया जा सकता है जहाँ संगीत लोक-परिचित भावों का ही साथ देता हुआ उनका उपरंजन-उद्दीपन करता है। सच पूछिये तो गुण को संगीत की समझ का आधार बनाना उचित नहीं जान पड़ता। भाव-तन्मात्र की धारणा गुणों को ध्यान में रखकर बनी दिखती है। पर गुण की धारणा का आधार निदान को व्यवहार के परिचित भाव ही ठहरते हैं—उन्हीं को सम्मुख रखकर उनके नेपथ्य में गुण देखे जाते हैं। इसलिए गुणों की पहचान भी निदान को उन्हीं से बनती है।

मुझमें यह विचार जागा कि गुण की धारणा आकर्षक सही, पर संगीत के भाव-लोक और उसके स्वायत्त वैभव को समझना हो तो उधर से ध्यान अलग खींचना होगा। हमारे यहाँ के राग-संगीत में राग के मर्म को समझने के लिए राग-रूप और राग-भाव की धारणायें प्रचलित हैं। इनकी ओर ध्यान दीजिये। राग-रूप राग-विशेष की स्वर-योजना को गूँथने का व्याकरण होता है—कौन से स्वर लगेंगे, किन नियमों से उन्हें विन्यस्त किया जायेगा जिससे रागदारी या रागालाप राग के मार्ग पर—राग के 'चलन' पर—चल

सके। पर राग केवल नियम-संचालित चलन नहीं है—यही हो तो राग नहीं होगा। राग का स्वर-गुम्फ एक व्यंजना का वहन करता है जो राग को राग बनाती है—यह राग-भाव है। सच पूछिये तो राग-भाव ही राग को राग बनाता है। राग-भाव वह भाव-रूप अवयवी है जिसमें राग अधिष्ठित रहता है। उसे राग का अधिष्ठातृ भाव-प्रत्यय भी कह सकते हैं। वह राग के ऊपर रहता हुआ राग को रूप देता है। किसी भी प्रत्यय की तरह उसका अपना रूप नहीं होता—पर वही रूप की सम्भावना है। एक नहीं अनेक रूपों की सम्भावना है। राग में तो यह बात बड़ी स्फुट सी सामने रहती है—राग आलाप से उभरता है तो उसका रूप स्पष्ट ही सम्भावनामय ही होता है; उसी गायक या वादक की रागदारी में भी 'वही' राग कभी किसी पूर्व-निर्धारित रूप का अनु-प्रयोग नहीं होता; अवयवी-रूपी राग-भाव हर बार अवयवों को अपनी तरह सजाता-सँजोता है। सम्भावना के इस अनैक्य के साथ रागभाव में एक आदर्शमयता भी होती है—राग को क्या होना चाहिये, इसकी एक दृष्टि। सम्भावना और आदर्श का यह मेल सभी सर्जनात्मक प्रत्ययों में होता है—मेज़त्व को ही ले लीजिये, उसमें भी यही बात पायेंगे।

रागभाव भावों का एक व्यूह भी होता है। एक पूरे भाव-सम्भार या भाव-संसार को एक में बुनता अवयवी। वैसे ही जैसे कोई महाकाव्य या कथा या एक विराट देवालय या भवन। पर अगर आप पूछें कि राग-भाव क्या है, या राग में भाव क्या-क्या हैं, तो अभिव्यक्त राग-रूप को, उसके अवयवी को और अवयवों को ही सामने रखना होगा—वे ही भाव-व्यंजना करते हैं। उनसे अलग कुछ कहा भी जाये तो राग का परोक्ष से ग्रहण करती, वर्णन-निरूपण-विवेचन करती, अभिधा ही होगी, राग-भाव की अपनी व्यंजना नहीं जो राग का हृदय है। यहाँ यह भी ध्यान में रखना चाहिये कि राग-भाव को समझने के लिए उसे किसी विशेष गुण-योजना के गुम्फ में भी बाँधकर नहीं देखा जा सकता। राग-भाव स्वरों से बनी योजना में ही बसता है—उन्हीं से व्यंजित होता है। उस अवयवी में अगर भिन्न भावों के अवयव देखने हों तो भी स्वरों के व्यूह-विशेष ही उनकी पहचान होंगे। दूसरी कोई पहचान विवेचना के आधार पर बनी होगी—यों व्यवहित और परोक्ष होगी, व्यंजना की साक्षात् अनुभूति नहीं।

यह बात राग में ही नहीं कविता में भी देखी जा सकती है। अज्ञेय जी की

एक छोटी सी पर अर्थ-गम्भीर कविता लीजिये :

निचले
हर शिखर पर
देवल :
ऊपर
निराकार
तुम
केवल...

आप पूछें कि कविता का भाव क्या तो इंगित इन्हीं कुछ शब्दों और उनके विन्यास की ओर करना होगा—भाव इन्हीं के गुम्फ से व्यंजित होता है। वैसे अपनी संवेदना की एक मीमांसा करते हुए हम अभिधा से भी कविता थाह लेने की चेष्टा करते ही हैं। पर यहाँ व्यंजना विवेचना की भाषा ले लेती है, उसी को समर्पित हो जाती है। पर विवेचना हम करते ही हैं और हमारी 'समझ' उसी के माध्यम से रूप लेती है। इस कविता की ऐसी समझ बनायें तो कहा जा सकता है कि यहाँ रूप से अरूप की ओर बढ़ती दृष्टि और श्रद्धा का प्रकाश है; या कि यहाँ भारतीय धर्म-भावना के मर्म को पकड़ती सहृदयता है; या ऐसा ही कुछ और भी कहा जा सकता है जो अपने आपमें कविता के प्रति खरा ही होगा। पर कविता का भाव नहीं होगा! वह कविता के अपने शब्द-गुम्फ में है। यही बात संगीत पर और भी साक्षात् उतरती दिखती है। हम किसी राग के—या गायकी या बाज—के बारे में कह सकते हैं कि इसमें एक स्वच्छता है, एक चैन है; या एक तीव्रता है, एक मचलन है, एक प्यास, एक हूक; या एक मांसल ऐन्द्रिकता की बात कर सकते हैं जो स्निग्ध-मदिर उँगलियों से हमें सहलाती है; या गायकी में जीवन के प्रति आस्था का सुर सुन सकते हैं या बैरागी की अनासक्त पुकार। हम अपनी संवेदना को विवेचना के रास्ते टटोलते हैं तो ऐसी बातें करते ही हैं। यहाँ गुण भी उभरते दिख सकते हैं (जैसे, चैन, तीव्रता, मचलन...)। ऐसी बातें सार्थक भी होती हैं, पर ये संगीत के भाव नहीं हैं, भाव तो उसी स्वर-योजना की व्यंजना में होता है जिसमें संगीत रूप लेता है। संगीत के भावों की थाह लेना, उन्हें टटोलना-ढूँढ़ना, उनकी सम्भावनाओं को सृजन के रास्ते सामने लाना यह काम संगीत के स्वर-लय से—उसकी अपनी प्रतीक-व्यवस्था के माध्यम से ही—हो सकता है,

वैसे ही जैसे कविता या विचार भाषा के माध्यम से ही अभिव्यक्त होते हैं।

भारत भवन, भोपाल, में दिये गये व्याख्यान के आधार पर।

अज्ञेय जी द्वारा आयोजित एक गोष्ठी में मैंने इन बातों की चर्चा भी की थी, जिसे फिर एक विस्तृत-से लेख का रूप दिया। लेख को अज्ञेय जी ने अपने सम्पादित संग्रह भारतीय कला-दृष्टि (प्रभात प्रकाशन, नयी दिल्ली, १९८५) में शामिल किया था। प्रस्तुत संग्रह में भी लेख, 'संगीत में रस : एक समस्या' के नाम से आया है।

चित्र (या मूर्ति) कला के विषय में कहा जा सकता है कि उसके कुछ रूप वही करते हैं जिसे हम 'अध्यवसाय' कह रहे हैं। रेखाओं से हम भूगोल के नक़्शे बनाते हैं—देशों, नगरों, सड़कों के मानचित्र आँकते हैं, वास्तु के, मशीनों तक के नक़्शे बनाते हैं; मूर्तियाँ (और चित्र भी) केवल प्रतिकृतियों का भी काम कर सकते हैं। ये काम वही हैं जो भाषा वर्णन-निरूपण में करती है। इन्हें चाहें तो हम अध्यवसाय की कोटि में रख सकते हैं। पर इन्हें हम कला के रूप में नहीं देखते—इन्हें हम 'अभिधा' के ही अन्तर्गत रखते हैं, व्यंजना के नहीं।

व्यंजना के इससे भी अधिक व्यापक प्रसार पर विचार के लिए देखिये इसी संग्रह का 'भावन' नाम का लेख।

अभिनव की बात—बल्कि बात का सार—यहाँ मैंने अपने शब्दों में दिया है ताकि सीधा समझ में आ जाये। पर उनके शब्द भी उद्धृत करता हूँ :

तदेतदाह—किन्तु शोभां प्रजनयेदिति। नृत्तं प्रवर्तितं प्रकृष्टमत्रुटितं वर्ण(र्त)नाविलासवलनादिदक्षिणं यद्वर्णितं कायावयानां कायस्य च विलासचेष्टावस्थानात्मकं वर्तितं तदात्मकं यन्नृत्तं तच्छोभां रञ्जनायोग्यत्वं शोभानान्तरीयकचमत्कारं प्रकर्षेण गानादिना वैलक्षण्येन जनयेदिति नृत्तं प्रवर्तितमित्यन्तेनाभिसम्बन्धः।

वर्तना, वलना आदि शरीर को सुष्ठु भाव से मोड़ने-घुमाने की भंगियों का नाम है। 'गान' शब्द का यहाँ वह अर्थ भी प्रासंगिक है जो कि अभिनव ने नाट्य के सन्दर्भ में पारिभाषिक रूप में लिया है : गान संगीत का वह रूप है जो नाट्य-प्रयोग के साथ, उसके अन्तर्गत उपरंजक के रूप में गुम्फित होता है—दूसरे शब्दों में, नाट्यांग के रूप में संगीत। पर इससे

इतना ही प्रकट होता है कि किसी स्वप्रतिष्ठ कला-बोध की मीमांसा नाटक जैसी अनुकरण-प्रधान कलाओं से भिन्न होगी, यानी रस की धारणा में नहीं समायेगी, पर उस भेद की यहाँ कोई विवेचना नहीं है। यह भी देखिये कि उस भेद को परोक्ष शब्दों में ही संकेत से उभारा गया है, स्फुट नहीं किया गया है जो कि उचित था।

यहाँ शल्य जी ने यह आपत्ति उठायी है कि यह कहना सही नहीं कि नाटकगत भाव किसी का नहीं होता, वह पात्र का होता है—पात्र का हुए बिना उसका होना ही नहीं बनता। यह सच है, फिर भी नाटक में भाव का वैसा अध्यवसाय नहीं होता जैसा बुढ़िया को हुआ—नाटक में 'वास्तव कुछ हो रहा है' का अध्यवसाय ही नहीं होता। इस सन्दर्भ में और चर्चा के लिए देखिये इसी संग्रह का 'भावन' शीर्षक लेख।

देखिये 'कला का अन्वेष्य', मूल्य-तत्त्व मीमांसा, पृ. ८९। आगे का पूरा विवेचन भी द्रष्टव्य है।

उनके राग अनेक रस के नाम से गुजराती में दिये गये व्याख्यान बड़ौदा से छपे थे। ज्योत्स्ना जी मिलन द्वारा किया गया राग अनेक रस का हिन्दी अनुवाद उन्मीलन के अंक १, वर्ष १२, १९९८ में छपा है।

आज व्याख्यान को दुबारा देखा तो लगा कि इसका प्रभाव जो सुनने वालों पर पड़ा होगा उसमें पण्डित ओंकारनाथ के व्यक्तित्त्व और उनके गायन के चमत्कार का हाथ ही बड़ा रहा होगा, अपने आपमें वहाँ रस और राग का सम्बन्ध किसी स्पष्ट युक्ति के साथ नहीं कहा गया है, एक अतिशयोक्ति और पण्डिताऊपन का निरुद्देश्य फैलाव ही ज़्यादा दिखायी देता है। पर एक बात जो आगे आती है वह संगीत-चिन्तन में पुरानी है : यह कि राग और रागिनी स्त्री और पुरुष होते हैं। तात्पर्य यह कि हर एक का अपना अलग व्यक्तित्त्व होता है। ओंकारनाथ जी कुछ रागों को गाकर यह बात दिखाते हैं और स्वरों के लगाव, निभाव और स्वरों के अन्तराल में चलने की विशेष बरत को दिखाते हुए राग के अपने रूप और स्वभाव को खड़ा करते हैं। पर फिर पुराने चिन्तन ही की तरह वे रागों को नायक-नायिकाओं के संकीर्ण ढाँचे में डाल देते हैं। इस रास्ते उनका रस से, विशेषकर शृंगार रस से सम्बन्ध बैठ जाता है—रति, शृंगार, और यों प्रेम इन्हीं के प्रति ओंकारनाथ जी का आग्रह अधिक उभरता भी है। भाषण के उत्तरार्ध के

अन्त की ओर स्वर और काकु को वे एक ही बताते हैं और यों राग का काकु से सम्बन्ध ध्वनित करते हैं। उनको जब मैंने पहले पढ़ा था तो उनकी यही बात मुझे चुभी थी और उसी को मैंने यहाँ उभारा है।

एक बात और कहूँगा। रागों को स्त्री या पुरुष के रूप में देखकर उनके व्यक्तित्त्व की बात करना एक गहरा रूपक है—पर उसे क्षीण-संकीर्ण भी किया जा सकता है, जैसा कि १३वीं-१४वीं सदी के बाद हुआ ही है, इसे राग-रागिनियों के नायिका-भेद पर आधारित चित्रों में देख सकते है। आगे चलकर जो रागभाव की धारणा बनी वह रूपक से स्वतन्त्र होकर विचार का स्वायत्त प्रत्यय बन जाती है। रागभाव की चर्चा आगे करूँगा।

उनके विचार की जिस प्रस्तुति की यहाँ बात की है, उसके लिए देखिये, भारतीय कला दृष्टि, सम्पादक सच्चिदानन्द वात्स्यायन (अज्ञेय), प्रभात प्रकाशन, दिल्ली, १९८५, परिशिष्ट २। प्रेमलता जी ने यहाँ इसी संग्रह में छपे मेरे लेख, 'संगीत और रस-सिद्धान्त : एक समस्या' पर अपनी प्रतिक्रिया जतायी है और संगीत को गुण-सिद्धान्त के आधार पर समझने की दिशा ली है।

उन्मीलन (सम्पादक : यशदेव शल्य, मुकुन्द लाठ), जनवरी २००८

स्वर और शब्द

हमारा संगीत—पक्का या 'शास्त्रीय' राग-संगीत भी—अपने आपको गाने में ही पहले देखता है। बजाने में बाद में। शास्त्रों में गीत को प्रधान कहा ही गया है, और आज भी सहृदयों में यही मान्यता गहरी है। तभी यह सवाल उठता है, संगीत में शब्द का स्थान क्या ? राग-संगीत में यह सवाल उठता ही नहीं, हमारी आज की संवेदना को सताता भी है। शिकायत रहती है कि राग-संगीत 'साहित्य' का ध्यान क्यों नहीं रखता! हमें यह लगता रहता है कि शब्द के सौन्दर्य या साहित्यिकता की बात तो छोड़िये, राग-संगीत के गायक शब्दों के सही उच्चारण की भी परवाह नहीं करते!

पर थोड़ा सोचें तो शिकायत अजीब लग सकती है। संगीत स्वरों में होता है, शब्दों में नहीं। तभी राग बजाने में उतना ही राग होता है, जितना गाने में। इस बात को हम जानते ही हैं। हमारी संवेदना से यह बात छुपी नहीं है। और हम यह भी मानते हैं कि साहित्य और संगीत अलग कलायें हैं। लेकिन फिर भी राग-संगीत से हमारी 'अच्छे' शब्द और उनकी 'सही' प्रस्तुति की अपेक्षा बनी रहती है। बात में एक अविचारित एकतरफ़ापन है जिसकी ओर हम ध्यान नहीं देते, क्योंकि कविता से हम संगीत की अपेक्षा नहीं करते; वहाँ यह माँग नहीं करते कि वह संगीत के अनुकूल हो, उसमें गेयता रहे। उलटे, कुछ तो इसको दोष ही मानेंगे! कवि कविता सुनाते भी हैं, और सुनाने में स्वर का सचेतन प्रयोग करते हैं, पर कवि से यह अपेक्षा नहीं होती कि उसका 'सुनाना' स्वरों को शुद्ध रखे,संगीत की दृष्टि से भी सार्थक हो!

यहाँ एक छोटी सी—पर उपेक्षित ही—बात कहता हुआ आगे बढ़ता हूँ।

हमारा कण्ठ ही एक ऐसा यन्त्र है जो शब्द और स्वर दोनों का सचेतन साधन है : दोनों को साथ रखते हुए उच्चार सकता है। कण्ठ के किसी भी उच्चारण में स्वर और वर्ण (वे ध्वनियाँ जिनसे शब्द बनते हैं), ये दोनों साथ रहते हैं। तभी जब हम बात करते हैं तो स्वर स्वतः उभरते हैं। बात करते हुए हम स्वर की तरफ़ ध्यान नहीं देते, शब्द ही प्रधान होता है, उनके साथ अपने आप उभरते स्वर धुँधले, अस्फुट ही रहते हैं; पर रहते तो हैं ही। और हम चाहें, चेष्टा करें, तो शब्द के साथ स्वर को उभार ही नहीं, निखार भी सकते हैं। तभी कण्ठ ऐसा एकमात्र साधन भी है जो गीत गाता है : स्वर शब्द दोनों को एक सुघढ़ मेल के साथ मिलाता हुआ दोनों का रंजक युगलभाव साधता है। गीत सम्भव ही इसलिए होता है कि कण्ठ शब्द और स्वर का सुखद समन्वय खड़ा कर दे सकता है। पर बात करते हुए जैसे स्वर गौण रहता है वैसे ही कण्ठ के लिए यह भी सम्भव है कि वह शब्द को गौण कर दे और स्वर को प्रधान। यों वह विशुद्ध संगीत का यन्त्र हो जा सकता है, जैसा कि हम राग-संगीत के लिए उसे साधते ही हैं। संगीत प्रधान हो जाये तो शब्द निरर्थक हो जा सकता है, उसकी महिमा अक्षर या वर्ण से—ध्वनि मात्र से—अधिक कुछ नहीं रहती; वह स्वर को खड़ा करने की धरती भर बन जाता है।

संगीत में हम शास्त्र की दुहाई देते नहीं थकते। संगीत का शास्त्र पुराना और बहुमुखी है। शास्त्र-परम्परा में शब्द और स्वर के सम्बन्ध पर पैठ के साथ चिन्तन हुआ है। यहाँ मैं शास्त्र की परम्परा को ध्यान में रखते हुए संगीत में शब्द के स्थान की कुछ चर्चा करूँगा।

साम-गान से शुरू करता हूँ, जहाँ से हम अपने गाने-बजाने का आरम्भ करते ही हैं, और तीन-चार हज़ार साल के विदित इतिहास में करते ही आये हैं। बाद के सभी संगीत-रूपों का बीज हम साम को मानते आये हैं। संगीत-शास्त्र की लम्बी परम्परा इसका प्रमाण है : यह परम्परा साम में संगीत के परवर्ती रूपों का बीज देखती आयी है। साम गेय संगीत था। ऋग्वेद के मन्त्रों पर गाया जाता था। ये मन्त्र आर्ष हैं, श्रुति हैं, इनकी महिमा अतिलौकिक है। तभी मन्त्रों के शब्दों को यों का यों रखने और उनके सही उच्चारण पर विशेष ध्यान दिया जाता था। इसके लिए एक पूरा सुविचारित शास्त्र विकसित हुआ था जिसने शब्दों के उच्चारण का 'शिक्षा' के नाम से एक पूरा व्यवस्थित विज्ञान खड़ा किया था, जिसका अपना लम्बा

इतिहास है : शब्दों में आयी ध्वनियाँ क्या हैं, उच्चारण की कैसी चेष्टा से, जीभ-होंठ की किस मुद्रा या स्थान से उनका उद्‌भव होता है, यह उसका विषय था (आज का फ़ोनेटिक्स-विज्ञान प्राचीन शिक्षाशास्त्र का गहरा ऋणी है)।

तो साम जब ऋग्वेद के मन्त्रों पर गाया जाता था, और जब गाये जाते शब्द की ऐसी विलक्षण 'दिव्य' महिमा हो जैसी ऋग्वेद के मन्त्रों की थी, तो अनायास अपेक्षा बनती है कि ऋग्वेद के मन्त्रों को गाते समय मन्त्र के शब्द को यथावत् बनाये रखने पर पूरा ध्यान दिया जाता होगा। पर पाते हम उलटा ही हैं। गान के रूप में साम का गायन शब्द से स्वतन्त्र था। मन्त्र के शब्दों का अपनी तरह से प्रयोग करता था, वैसे ही जैसे आज की रागदारी में ध्रुपद-ख़याल करते हैं। ध्यान देने की बात यह है कि साम भी अपने आपमें मन्त्र ही था, स्वर-रूपी 'गेय' मन्त्र। इसी से उसकी स्वायत्तता पूरी प्रकट है। ऋक्‌मन्त्र के शब्दों की तरह ही साम के स्वर अपने आपमें श्रुति थे, आर्ष थे। यहाँ तक कि उनके द्रष्टा ऋषि भी ऋक् के ऋषियों से अलग थे। रागों के नाम की तरह साम की 'श्रुत' स्वर-योजनाओं के अपने नाम थे : बृहत्, रथन्तर, पर्क्वज्। एक ही ऋक्‌मन्त्र पर भिन्न ऋषियों द्वारा दृष्ट, भिन्न स्वरों में एक से अधिक साम पाये जाते हैं!

साम स्वतन्त्र थे तो शब्दों का प्रयोग भी अपनी स्वतन्त्र गति से करते थे। साम में शब्द स्वर को अपनी जगह, अपनी रवानी देने के काम में लिये जाते थे। उनमें शब्दों की तोड़-मरोड़, खींच-तान, उच्चारण के हेर-फेर वैसे ही थे जैसे आज की रागदारी में। तराने और नोम-तोम की तरह निरर्थक वर्ण-ध्वनियों का प्रयोग भी प्रचुर था। इन्हें स्तोभ कहा जाता था। सामगान आत्मचेतन विधा थी। उस पर चिन्तन-मनन की पूरी परम्परा थी, जिसके कई ग्रन्थ उपलब्ध हैं। साम-सम्बन्धी शास्त्रों में साम के अंग-प्रत्यंग का निरूपण-विश्लेषण भी बारीक़ी से किया गया है। साम में शब्द के तोड़-मरोड़ को साम-विकार कहा गया है। कुछ विकार नाम देकर साम ग्रन्थों में गिनाये और दिखाये भी गये हैं। दूसरे अनाम विकार भी सम्भव थे। ये विकार गाने के प्रवाह में शब्दों के साथ घटित होते थे। 'साम-विकार' नाम से लग सकता है कि ये गाने की—स्वर की—विकृतियाँ हैं; गाने के दोष कहिये। पर ये विकृतियाँ गाने की नहीं हैं, बल्कि इनका होना गाने की स्वतन्त्रता का लक्षण है।

आगे मैं एक ऋक् विशेष पर गाये जाते दो-तीन सामों का प्राचीन स्वर-लिपि में लिखित उदाहरण आपके सामने रखता हूँ। इससे साम की स्वतन्त्रता और साम में शब्द का स्वर से सम्बन्ध साक्षात् आगे आयेगा। आप देखेंगे कि साम के स्वर अंकों में (और कभी 'र' अक्षर में) लिखे जाते थे—गेय शब्दों के साथ भी, और ऊपर भी। स्पष्ट ही, साम का संगीत समृद्ध, अपने गुँथाव में सूक्ष्म-जटिल था। अभिजात, उच्चांग संगीत था। उसको जो समादर प्राप्त था वह गीता के उस वाक्य से प्रकट है जहाँ कृष्ण अपनी विभूतियाँ गिनाते हुए कहते हैं : वेदानां सामवेदोस्मि (वेदों में मैं सामवेद हूँ)। साम के स्वर-सप्तक का स्वर-क्रम अवरोह के आधार पर बनता था, आज की तरह आरोह के आधार पर नहीं।

इन उदाहरणों में साम के कई विकार भी प्रकट हैं। मैं टिप्पणी में इंगित करता बढ़ूँगा।

मैं उदाहरण के लिए सामवेद के पहले ही ऋक्-मन्त्र को ले रहा हूँ। मन्त्र अग्नि को सम्बोधित है। शब्द हैं :

> अग्न आयाहि वीतये गृणानो हव्यदातये।
> नि होता सत्सि बर्हिषि

(अग्नि, आओ, आस्वादन के लिए, हम गाकर तुम्हारी स्तुति करते हैं, देवताओं के लिए हवि लो। तुम होता हो, कुश के आसन पर बैठो)

गायत्री छन्द में बद्ध इस ऋक् के द्रष्टा हैं ऋषि भारद्वाज। इसके आधार पर बने तीन अलग-अलग साम हैं जो अपने आपमें स्वतन्त्र तीन गान-रूपी मन्त्र हैं। दो साम (पहला और तीसरा) पर्क्व कहलाते हैं। दोनों के द्रष्टा हैं, ऋषि गौतम। दूसरे साम का नाम बर्हिष्य साम है। ऋषि हैं, कश्यप। अब इन तीनों सामों को गेय-लिपि में लीजिये।

१.

^{४}ओग्नाइ। ^{२र}आरयाही३^{१} वोइतो^{र}या२इ। ^{१}तोया२इ।^{१} गृ^{र}णा^{२र}नोह। व्यदा^{१}तोया२इ। ^{१}नाइ^{२र}हो^{१}तासा२३। त्सा^{१}२इ। ^{३}वा२३४ ^{५र}औ^{र}होवा। ^{३}ही२३४षी॥

२.

^{४}अ^{५}ग्न^{४र}आ^{५र}याहो^{४}वो। त^{१}याइ। गृ^{र}णा^{र}नोह व्यदाता। २३या^{२}इ।
^{१र}नि^{र}होता^{२}स^{१}त्सिवर्हा२३इ^{५}षि। २३या^{२}इ। ^{२}वर्ही३षी^{१}२^{१}३^{१}४^{१}५॥

३.

^{४}अ^{५}ग्न^{४र}आ^{५र}याहि। ^{४}वा५इत^{४}याइ। ^{१}गृ^{र}णा ^{र}नोहव्य^{२}दा१ ^{२}ता३^{२}ये।
निहो^{३}ता२३४^{५}सा। ^{१}त्सा२३४^{२}इवा३। ^{१}हा२३३४इ^{५}षोद^{५}हाइ॥

(यहाँ साम में जो विराम-चिह्न (।) आये हैं, वे साम के गान-रूप में आये विभाजनों के चिह्न हैं—गाने के फ़िकरों को बाँटते हैं, शब्द के फ़िकरों को नहीं)

साफ़ ही, इनमें से किसी भी साम में ऋक् को पहचाना नहीं जा सकता। हरेक में ऋक् के शब्दों को बिलकुल विकृत कर दिया गया है। इन्हीं विकृतियों की पहचान के लिए इन्हें अलग नाम भी दिये गये थे—विकार, विश्लेष, विकर्षण, अभ्यास, विराम, स्तोभ। गौतम-दृष्ट पहले ही साम को लीजिये। साम का पहला ही शब्द, 'अग्न' विकृत होकर 'ओग्नायि' हो गया है। इसी को 'विकार' नाम दिया गया था। आगे 'वीतये' में हम पाते हैं कि गाने में शब्द के पहले अंश, 'वीत' को विकृत ही नहीं किया गया है, विकृत कर बीच में निरर्थक कुछ डालकर तोड़ भी दिया गया है :'वोयितो'। फिर आगे इसमें 'याइ' जोड़ते हुए इसे खींच दिया गया है। यहाँ दो विकृतियाँ हैं। पहली विकृति विश्लेष है, दूसरी विकर्षण। फिर आगे 'तोयाइ' को दोहराया गया है। यह अभ्यास है। 'गृणानोह। व्यदातो',इस स्थल को देखिये। यहाँ 'हव्यदातये' के 'ह' को 'गृणानो' के साथ अलग ही फिकरे में ले लिया गया है। यति (रोक या व्यवधान) देकर उसे शब्द के शेष अंश से विच्छिन्न कर दिया गया है। यह विराम है। साम में हम 'यायि', इस निरर्थक अक्षर-समूह को भी बार-बार पाते हैं। यह स्तोभ है। ऊपर दिये गये दूसरे सामों में भी हम ऐसी विकृतियाँ अनायास पहचान सकते हैं।

साम में ही नहीं, ऐसी विकृतियाँ हम अपनी रागदारी में भी पहचान सकते

हैं। साम का उदाहरण मैंने इसलिए दिया कि बात न नयी है, न अनजानी; और न इसे दोष समझना चाहिये। संगीत के दोष स्वरों में होते हैं, शब्दों में नहीं।

पर एक बात फिर भी है। गाने के, या कण्ठ-संगीत के कहिये, ऐसे भी रूप होते ही हैं जहाँ शब्द की महिमा ही बड़ी होती है। जैसे गीत में। फ़िल्मी गीत को ही लीजिये। वहाँ साम जैसी विकृतियाँ काम नहीं करेंगी। फ़िल्म की कथा में विघ्न आ जायेगा; हम जो प्रस्तुत करना चाह रहे हैं वही विकृत हो जायेगा। यहाँ संगीत को शब्द के अनुकूल साधना आवश्यक है। स्वर को शब्द के परतन्त्र करना होगा। किसी राग में जब फ़िल्मी गीत बाँधा जाता है तो ऐसा किया ही जाता है।

यह बात नयी भी नहीं है। हमारे संगीत-चिन्तन में इसका बोध पुराना है। आज से दो हज़ार-इक्कीस सौ वर्ष पहले जब भरत ने अपना नाट्यशास्त्र लिखा तो इस बात पर गहरा विचार किया था। भरत को जिस संगीत का गहरा परिचय था, वह साम की तरह ही स्वर-प्रधान था, शब्द प्रधान नहीं। उसे गान्धर्व कहा जाता था और साम से उद्भूत माना जाता था। उसमें प्रयुक्त 'शब्द' अधिकतर निरर्थक ही होते थे—दिडले, दिडले आदि, ध्रुपद के नोम-तोम की तरह। वर्णों के ऐसे निरर्थक समूह को 'शब्द' कहना ही निरर्थक कहला सकता है, क्योंकि अर्थ बिना किसी ध्वनि-समूह को 'शब्द' नहीं कहा जा सकता। भरत गान्धर्व से पूरी तरह परिचित थे, उन्होंने अपने शास्त्र में गान्धर्व का पूरा वर्णन भी किया है। पर उनका सरोकार नाटक से था और जिस नाटक से उनका सरोकार था उसमें गीतों का बड़ा स्थान था, जैसा आज फ़िल्मों में भी है, और इस बात में फ़िल्मों पर भरत से चली आती परम्परा का स्पष्ट प्रभाव है। भरत ने गान्धर्व को आधार बना नाट्य-गीतों की परिकल्पना की। गान्धर्व को नाट्य-गीत में ढालने के लिए जो परिवर्तन अनिवार्य था उसका एक प्रधान उसूल ही यह था कि स्वर की जगह अब शब्द को प्रधान कर दिया जाये। इस बात को कहने के लिए भरत ने 'शब्द'- या उनकी भाषा में 'पद'—इस शब्द का ही बड़ा विचित्र-सा लगता प्रयोग किया है। पर बहुत सोच-समझकर, जानबूझकर किया है। शब्द को उन्होंने सार्थक ही नहीं निरर्थक भी माना है। शब्द को निरर्थक मानना विसंगत है, पर जैसा हम देख आये हैं, संगीत में—कण्ठ-संगीत में—ध्वनि या अक्षर के समूह सार्थक और निरर्थक दोनों हो सकते

हैं। भरत के लिए सभी गेय ध्वनि-समूह 'शब्द' हैं। पर सार्थक और निरर्थक का भेद भी उनके लिए महत्त्व का है। गान्धर्व के स्वर-प्रधान संगीत में और नाट्य के शब्द-प्रधान संगीत में आधारगत भेद ही यही है। इससे संगीत का रूप, उसका स्वभाव-प्रभाव ही बदल जाता है। संगीत ही और हो जाता है। इस बात के प्रति भरत जागरूक थे।

संगीत में स्वर के प्रधान या गौण होने का अनुभव हमें भी है। इस बात में हमारी गेय परम्परा पुरानी है और जीवन्त है; भरत से उसके सूत्र जुड़ते हैं। आज भी संगीत के ऐसे रूप प्रचलित हैं जिन्हें स्वर-प्रधान और शब्द-प्रधान, इन वर्गों में रखा जा सकता है। जहाँ स्वर प्रधान होता है, जैसे ध्रुपद या ख़याल में, वहाँ 'शब्द' निरर्थक हो जाता है, जैसे गान्धर्व में होता था, या विकृत हो जाता है जैसे साम में। पर हमारी संवेदना में आज शब्द प्रेम कुछ अधिक उदग्र है। हम संगीत में परम्परा का समादर करते हैं, पर परम्परा की विचारशीलता और उसमें बसते विवेक की ओर ध्यान कम देते हैं।

ऊपर मैंने नाट्य-गीत की बात की, जहाँ स्वर पर शब्द हावी हो जाता है। गीत मात्र में ऐसा होता है। भक्ति-संगीत भी गीत का ही एक प्रकार है। हमारे यहाँ अब इस संगीत की परम्परा भी कुछ-सौ वर्ष पुरानी है। इस परम्परा का बहुत सा 'पद' कहलाता साहित्य (सूर के, कबीर के, मीरा के 'पद') रचा ही गाने के लिए गया था। पुरानी पोथियों में हम पाते हैं कि पद के साथ किसी राग का नाम भी होता है, कि अमुक राग में पद गेय है। पर यहाँ अवधेय है कि राग का प्रयोग यहाँ रागदारी के लिए नहीं, शब्द को एक उपयुक्त धुन, उचित भावमयता देने के लिए होता था। इस बात का बोध भी था। विशुद्ध स्वतन्त्र आलाप-प्रधान रागदारी में और भक्ति-गेय राग के शब्द-प्रधान प्रयोग में भेद किया गया है : 'ध्रुवपद' और 'विष्णुपद'। ये संज्ञायें पुरानी हैं। 'विष्णुपद' भक्तिगेय पद थे—शब्द-प्रधान। 'ध्रुवपद' में भी सार्थक शब्दबद्ध बंदिशें होती थीं जो ध्रुपद की रागदारी के साथ गायी जाती थीं। अब भी गायी जाती हैं। कहना न होगा कि विष्णुपद में शब्द प्रधान था तो राग के आलाप को उसके अनुकूल रखना उचित समझा जाता था, जबकि ध्रुपद के बंदिश-गायन में शब्द की विकृति से कतराने की वैसी बात नहीं थी। आज भी नहीं है।

एक बात से बात पूरी करता हूँ। हमने संगीत के ऐसे रूपों की बात की

जिनमें या तो शब्द प्रधान होता है या स्वर। पर ऐसे भी रूप हो सकते हैं—और हैं भी—जिनमें दोनों को बराबर वज़न दिया जाये। दोनों प्रधान हों। ठुमरी स्पष्ट ही ऐसा एक रूप है। ग़ज़ल की भी बात की जा सकती है, पर वहाँ पलड़ा ठुमरी से ज़्यादा शब्द की ओर झुकता दिखता है। ऐसे और भी रूपों की कल्पना और निर्मिति सम्भव है। पर इससे गेय-संगीत के उन रूपों की महिमा को कम कर देना ठीक नहीं जो शब्द की उपेक्षा करते हैं। अपने वैभव में स्वतन्त्र, स्वप्रतिष्ठ संगीत इन्हीं रूपों में है। पर मुझे कभी लगता है कि आज हम ख़याल को भी ठुमरी के बाने में देखना चाहते हैं!

संगना (सम्पादक : प्रयाग शुक्ल), जनवरी-मार्च, अप्रैल-जून २०१४

एक चिट्ठी

संगीतकार संगीत के बारे में नहीं लिखते। आलोचक भी जो लिखते हैं, पाये का कम लिखते हैं। दूसरे शिल्पों के शिल्पकार भी संगीत के बारे में लिखने से कतराते ही हैं। साहित्यकारों में संवेदना का जितना विस्तार होता है, अन्य शिल्पियों में नहीं होता—साहित्यकार ही हैं जो दूसरे शिल्पों के भी सदस्य होते हैं। पर साहित्यकार भी संगीत पर लिखने से कतराते ही हैं। बहुत से तो शायद इसलिए कि वे समझते हैं कि हम संगीत 'जानते' नहीं केवल उसमें रस लेते हैं और जाने बिना उस पर लिखने के अधिकारी नहीं। संकोच अगर यही है तो मैं समझता हूँ निराधार है। लिखने का अधिकार सहृदय को ही होता है और उसका सम्बन्ध जितना रस से है उतना शास्त्र से नहीं।

आपने सहृदय होकर लिखा है और गहरायी से सोचकर लिखा है। यह अपने आप में बड़ी बात है। संवेदना और बोध की कई दिशाओं को समेट कर आपने कई बातें कही हैं जो पढ़ने वाले के विचार जगाती हैं। दो-एक पर कुछ कहना चाहता हूँ।

एक बात जो आपके कहने में बहुत उभरकर आती है वह है संगीत का किसी अर्थ में ध्रुव, अच्युत-स्वरूप होना, इतिहास की लहरों से परे किसी अतल गहरायी में अवस्थित होना। पर मुझे लगा कि यह बात आप भारत के संगीत के बारे में ही कहना चाहते हैं, संगीत मात्र के बारे में नहीं। हालाँकि आपने ऐसा कण्ठतः कहा नहीं पर लेख को पढ़ते समय मेरे मन में यह ध्वनि बनी रही कि संगीत को यों कालातीत और इतिहास के प्रवाह के बाहर रखने में आपका पक्षपात भारत के संगीत की ओर ही अधिक

था—पश्चिम के संगीत के लिए आप शायद ऐसा कहते हुए हिचकिचायेंगे।

संगीत के इस अच्युत अकाल स्वरूप के समर्थन में आपने एक बात कही है, जिस पर कुछ टिप्पणी करना चाहता हूँ। आपने कहा है—पहले ही पैराग्राफ़ में कहा है : 'समय के साथ विचार तो बदलते हैं अकसर भावनाएँ नहीं।' आशय यह कि संगीत का संसार भावनाओं का संसार है। विचारों का नहीं, इसलिए उसमें बदलाव नहीं आता।

भावनाएँ बदली हैं या नहीं इसका संकेत हम कहाँ ढूँढ़ेंगे? साहित्य में, शिल्प में, आदर्शों में भी ढूँढ़ते ही हैं, पर इन सब में विचार का एक बड़ा पक्ष होता है, बड़ा साक्षात् पक्ष होता है। इनमें बदलाव आये तो कहाँ आये, भावना में या विचार में यह बात अस्पष्ट भी रह जा सकती है। आपने इन कलाओं को संगीत से अलग किया है, जहाँ भावना विचार से अछूती ही रहती है। एक बड़े चुभते हुए मुहावरे का प्रयोग करते हुए आपने उन कलाओं को अलग कोटि में रखा है जो 'किसी बारे' में होती हैं। साहित्य, चित्र, मूर्ति-शिल्प, ऐसी ही कलाएँ हैं। पर संगीत इनसे अलग है, वह 'किसी बारे' में नहीं होता।

जो कला किसी बारे में होती है, उसमें कुछ 'कहा' भी जा सकता है, उसी में विचारों के बीज के लिए धरती होती है। पर जो संगीत की तरह किसी बारे में किसी भी तरह नहीं, उसमें विचार को जगह भी नहीं मिल सकती।

इस पर एक बात जोड़ना चाहूँगा। जो अभिव्यक्ति किसी बारे में हो उसी का अनुवाद भी हो सकता है। मूल और रूपान्तर को हम मिलाकर देख सकते हैं कि 'उसी बारे' में है, या नहीं! अगर है तो हम कह सकते हैं कि उनका एक ही 'अर्थ' है, वे पर्याय हैं। पर जो किसी बारे में हो ही नहीं, वहाँ जो रूपान्तर होगा वह 'मौलिक' रूपान्तर होगा, किसी मूल का पर्याय नहीं। संगीत में बदलाव को इसी दृष्टि से देखना चाहिये।

आपने यह भी कहा है—अच्छी बात कही है—कि संगीत 'अविवक्षित' को संवाद के घेरे में खींच लाता है—अभिव्यक्त करता है। मैं समझता हूँ कि यह अविवक्षित भावनाओं का वह संसार है जिसकी अभिव्यक्ति विवक्षा के रूप में सम्भव ही नहीं है। आपके लेख में भी इस आशय के इंगित हैं।

जो कुछ विवक्षित होता है, त्रिभूमिक होता है : एक विवक्षा का आशय

होता है, तात्पर्य; दूसरा विवक्षा का रूप या ढाँचा या निर्मित या माध्यम— इन सब में भेद है, पर यहाँ विवेक नहीं कर रहा हूँ; तीसरा वह पदार्थ होता है जिसके 'बारे में' विवक्षा होती है। पर जो अभिव्यक्ति संगीत की तरह 'अविवक्षित' का संसार हमारे सामने खड़ा करती हो उसमें यह तीसरी भूमि नहीं होती। उसमें केवल आशय और उसकी निर्मिति होती है। संगीत में आशय की भूमि भावों का संसार है। पर यहाँ भाव किसी के बारे में नहीं होता, भाव मात्र की प्रस्तुति होती है। निर्मिति के एक विशेष माध्यम से। संगीत में निर्मित का भाव से सीधा, प्रत्यक्ष सम्बन्ध होता है। आम तौर पर भाषा या भाषा-जैसी अन्य अभिव्यक्तियों में हमारे भाव किसी बारे में होते हैं। शास्त्रीय भाषा में भाव का आलम्बन होता है, पर यहाँ भाव 'निरालम्ब' हो जाता है, और इस अर्थ में स्वतन्त्र। भाव के इस स्वतन्त्र संसार को संगीत, नृत्त या वास्तु में ही अभिव्यक्त किया जा सकता है, भाषा में नहीं। संगीत, नृत्त, वास्तु तत्त्वतः 'अविवक्षित' हैं।

पर यह बात है तो इसमें संगीत के इतिहासकार के लिए एक गहरा आशय छुपा है। संगीत में निर्मिति के बदलाव को हम भाव का साक्षात् प्रमाण-मानदण्ड और कसौटी दोनों मान सकते हैं। अगर संगीत के रूप में भारी बदलाव आया है तो वह इस बात का इंगित होगा कि हमारे भाव-जगत् में भी बदलाव आया है। इतना ही नहीं, बल्कि संगीत का बदलाव भाव-जगत् के उस अंग में परिवर्तन का साक्षी होगा जहाँ भाव अपने आप में सम्पूर्ण होता है, स्वतन्त्र, निरालम्ब। संगीत ऐसा जासूस है जो भाव जगत् के स्वच्छन्द कोनों की ख़बर दे सकता है, जो दूसरी अभिव्यक्तियों की पहुँच के बाहर हैं। जहाँ भाव, निरुपाधिक, निरावरण रूप में रहते हैं। जब भाव किसी बारे में होता है तो अपने विषय में रंग जाता है, सोपाधिक हो जाता है, संगीत उसे इस उपाधि से मुक्त कर देता है।

अब प्रश्न यह है कि संगीत में बदलाव आया है या नहीं? आया है तो भाव में भी आया है। पर आया है तो उसका लेखा कैसे लिया जाये?

मैं समझता हूँ कि हमारे संगीत में जो बदलाव आया है, उस बदलाव से कम नहीं जिसे अन्य शिल्पों में हम 'भारी बदलाव' का नाम देते हैं। एक अर्थ में संगीत का बदलाव अन्य शिल्पों से अधिक मार्के का है। दूसरे शिल्पों में बदलाव का एक वह प्रकट रूप है जिसे बदलाव कहें भी तो परिणाम नहीं कह सकते : दूसरे का भेस ओढ़ लेना बदलाव तो है पर

बदलाव की छाया या बदलाव का धोखा अधिक है। दूसरे शिल्पों में, कमोबेश, यह छाया दिखती है, पश्चिम के बाने प्रकट हैं। पर संगीत में जो बदलाव है वह अपने भीतर की, अपने ही प्रवाह के स्पन्द की परिणति है।

शायद इसीलिए अकसर हम उसे बदलाव के रूप में देख नहीं पाते। जब पश्चिम का प्रभाव ही हमारे लिए बदलाव की कसौटी हो गया हो तो ऐसा होना सहज है। लेकिन एक बात और भी है। हमारी परम्परा बदलाव को जल्दी से बदलाव नहीं कहना चाहती। 'अजी, हम वही गाते हैं जो हमारे गुरु गाते थे, ऋषि-मुनि गाते थे'—गाने-बजाने वाले यही राग अलापते रहते हैं। बात में अगर सत्य है तो निरन्तरता का, प्रवाह के बने रहने का : जापान की तरह हमारे संगीत की निर्मिति का आधार नहीं बदल गया है, परम्परा का धागा अभी अटूट है।

पर थोड़ा-सा भी लेखा-जोखा लें तो पायेंगे कि बदलाव भारी हुआ है। उतना तो हुआ ही है जितना पश्चिम के 'आधुनिक' कहलाने वाले शास्त्रीय संगीत में दिखायी देता है। एक पते की बात और भी है। पश्चिम का रसिक 'आधुनिक' शास्त्रीय संगीत की ओर कम झुकता है, बाख, बेथोवेन, मोत्सार्ट जैसे क्लैसिकल संगीतकारों में ही अपनी भाव-भूमि की निर्मिति पाता है; जबकि भारत में दो पीढ़ी पुराना गाना-बजाना भी रसिक को बासी-सा लगने लगता है। हम नयों को ही सुनना चाहते हैं, पुरानों को नहीं। आप कह सकते हैं कि वास्तव में यहाँ भारत और पश्चिम में कोई फ़र्क़ नहीं। वहाँ भी लोग बेथोवेन के नये बजाने वालों को ही अधिक पसन्द करते हैं, उन्हीं को सुनना चाहते हैं, पुरानों को उतना नहीं। पर यह केवल परोसने का भेद है, भोजन या रसोई की नहीं। और यही बात हिन्दुस्तान के गाने-बजाने के बारे में भी कही जा सकती है। उन्हीं रागों को हम नयों से सुनना चाहते हैं।

पर यह बात सतही है। बात की थाह नहीं लेती। चलिये मान भी लें कि उन्हीं रागों को हम नयों से सुनना चाहते हैं तो भी राग में और बेथोवेन, मोत्सार्ट जैसों की बनायी बनी-बनायी रचना में मूलगामी भेद है। आपने भी कहा ही है कि उसी राग का दुबारा गाना उसी रचना के दुबारा निभाने से कहीं अधिक नयापन, प्रतिभा का नया उन्मेष लेकर आता है। बेथोवेन को दुबारा बजाने में बदलाव तो आता है पर वह निभाव का ही बदलाव होता है, स्वर-योजना वही रहती है। यह बदलाव उतना भी नहीं होता

जितना उसी नाटक को दुबारा दूसरी शैली में खेलने पर हो सकता है। बेथोवेन जैसों की परिनिष्ठित रचना में शैली भी परिनिष्ठित होती है, संगीत का लिखित रूप नाटक के लिखित रूप से कहीं अधिक प्रस्तुति के हर बदलाव को एक अच्युत धुरा से बाँध रखता है। तभी हम 'उसी रचना' की बात करते हैं। जो लिखित रूप में अटल है, ध्रुव, निर्विकार है; जो प्रस्तुति में केवल आविर्भूत होता है।

यों तो सच पूछिये तो यह सारी चेष्टा एक विशेष एषणा का फल है। एक आदर्श है, एक हठ है। प्रतिभा के प्रति एक विशेष दृष्टि है कि प्रतिभा किसी ध्रुव-लोक से कोई अटल सद्-रूप उतारकर लाती है जिसे यों का यों बनाये रखना हमारा धर्म है। बेथोवेन, मोत्सार्ट, बाख में यह प्रतिभा थी। उनकी रचनाओं के साथ हम खिलवाड़ नहीं कर सकते। हमारे यहाँ यह आदर्श काव्य में है, विशेष प्रकार के काव्य में—कबीर जैसों के काव्य में नहीं, पर कालिदास, भवभूति, देव, घनानन्द... जैसों के काव्य में। इन काव्यों में कवि के शब्दों को यों का यों बनाये रखने की परम्परा है। आदर्श है। पर हमारे यहाँ संगीत का स्वरलिपि से वह सम्बन्ध नहीं जो कविता का शब्द-लिपि से है। लिखित शब्द हमारे लिए कविता हो सकती है, लिखित स्वर राग नहीं होता। लिखित नाटक की स्थिति शायद दोनों के बीच की है। संगीत या नाटक प्रयोग की विधाएँ हैं, प्रस्तुति में ही रूप पाती हैं और प्रस्तुति बदलाव लाये बिना रहती है। कविता, उपन्यास, कहानी ऐसे बदलाव से अछूते रह सकते हैं। पर वहाँ भी मैं समझता हूँ एक तरह का बदलाव अनिवार्य है। शब्द को हम यूँ का यूँ रख भी लें तो भी अर्थ में बदलाव अनिवार्य है : अर्थ हमारी समझ, हमारी पकड़, हमारी टीका पर निर्भर करता है और ये बदलते ही रहते हैं। और बिना अर्थ के काव्य क्या?

फिर भी लिपि से एक धुरा तो बनी रहती है चाहे बिलकुल अटल बिन्दु जैसी न भी हो। राग की धुरा पर और ही तरह की धुरा है। वहाँ बिन्दु अपने आप में सागर की तरह है, सम्भावनाओं का एक पूरा वलय। राग की नयी प्रस्तुति में स्वर-योजना का बदलाव हो ही नहीं जाता, बल्कि यही गाने वाले की साधना, सुनने वाले की अपेक्षा रहती है। आपने भी यही बात अपनी तरह से कही है।

पर कितना ही फैलाव हो, राग की भी एक धुरा तो होती ही है, जो बिखराव

से उसको बचाती है, जिसके आधार पर हम 'उसी राग' की बात करते हैं। ये राग के नियम होते हैं, जिनको आजकल राग का व्याकरण भी कह देते हैं—और इस लक्षण में पकड़ की बात भी है। नियम के अलावा और भी चीज़ें होती हैं जो बनी रहती हैं—निभाव की परम्पराएँ, 'घराने' शैलियाँ, अंग, इनको बदलाव से बचाया जाता है।

पर इनमें बदलाव आये तो हम कह सकते हैं कि सचमुच बदलाव आया। मैं समझता हूँ कि ऐसा बदलाव आया है। अमीर खाँ जैसी शैली बिलकुल नयी शैली थी जिसने ख़याल के आलाप को नोम तोम की लकीर से हटाया, तबले के ढीये से जोड़ा और उसे अतिविलम्बित का रूप देकर ख़याल को सचमुच ही ध्रुपद से अलग पर ध्रुपद जैसा ही रुतबा दे दिया। रविशंकर ने सितार के आलाप को बीन से अलग कर उसके विस्तार को बनाये रखते हुए उसमें एक नयी रवानी ला दी—कुछ लोग इसे ध्रुपद की स्थिरता से गिराव समझते हैं, पर मुझे लगता है कि स्थिरता को रखते हुए एक नया मचलने का भाव है जो अमीर खाँ और रविशंकर दोनों में काम कर रहा है। आप चाहें तो इसे 'आधुनिक' कह सकते हैं। और भी उदाहरण दिये जा सकते हैं। पर आप कह सकते हैं कि शैली का बदलाव साधारण प्रवाह-सिद्ध कोटि का ही बदलाव है, इतना तो हमारे यहाँ के हर शिल्प में आ ही जाता है। हर पीढ़ी इतना बदलाव ले आती है। इसे काल की स्वाभाविक गति की नियति भी कह सकते हैं। इनको सचमुच बदलाव कहने से आप इनकार भी कर सकते हैं—बशर्ते कि यह न भूल जायें कि पश्चिम में कला का इतिहास बहुत कुछ ऐसे ही बदलावों की कहानी है।

पर बदलाव शैली में ही नहीं रागों में भी आया है। रागों के नियम एक प्रकार से स्वर की संगति के नियम होते हैं, कौन-सा स्वर किस स्वर के साथ जायेगा। नये राग हमेशा बनते रहे हैं। पर पहले जो नये राग बनते थे उनमें कुछ स्वर-संगति विषयक बद्धमूल धारणाएँ थीं। ये इधर ढीली पड़ गयी हैं। अब बहुत से नये राग ऐसे बनते हैं जो पुरानी धारणा की लीकों से बिलकुल हट कर हैं।

इन 'आधुनिक' रागों की कहानी वेंकटमखिन् से जुड़ती है जो दक्षिण में २१वीं सदी में हुए। इन्होंने ऐसे मेलों की कल्पना की जिनको प्राचीन बेमेल ही कहते। इन्हीं मेलों में अब नये राग बनते हैं जिनका चलन दक्षिण

में १८वीं सदी के अन्त में हुआ और उत्तर में पिछले ७-८ दशकों से ही अधिक है। इसके सिवा उत्तर के अपने नये राग हैं जहाँ पुरानी परिभाषा में, जिसे सुर का विवाद कहा जाता था, उसे ही राग का प्राण बना दिया जाता है। पहले भी विवाद को स्थान देते थे पर उसे गौण रखते थे, अलंकार की तरह लाते थे, घुमा-फिरा कर लाते थे—मैं एक ही राग में एक ही सुर के कोमल और तीव्र को साथ रखने की बात कर रहा हूँ। पर आज कोमल और तीव्र को बिना वक्र के बराबर रखने की प्रवृत्ति है; विवादियों के टकराव को राग का प्राण बना देने की प्रवृत्ति है। यह प्रवृत्ति मध्य स्वर में तो पुरानी है—कम से कम उत्तर भारत में; पर आज धैवत गन्धार, हर स्वर के साथ यह प्रवृत्ति बढ़ रही है। 'जोग' जैसा राग पहले नहीं हो सकता था।

जानता हूँ कि बात को और बढ़ाकर कहना चाहिये पर उससे केवल पारिभाषिक शब्दावली का ही बढ़ाव होगा शायद बात का उतना नहीं। आशय मेरा यही है कि परिवर्तन में कुछ प्रवृत्तियाँ हैं जिनको परिपाटी की दृष्टि से क्रान्तिकारी कहा जा सकता है। बहुत-से नये राग ऐसे हैं जो पुराने लोगों के लिए राग कहलाने लायक ही नहीं सिद्ध होते। मैं समझता हूँ कि यह मूलगामी परिवर्तन है और जिस सीमा तक संगीत-रसिक इन नये रागों में रस लेता है, वह नयी भावभूमि को भी अंगीकार करता है।

अशोक वाजपेयी की पुस्तक 'समय से बाहर' में प्रकाशित, अशोक जी को सम्बोधित, एक पत्र | प्रकाशक : वाग्देवी प्रकाशन, बीकानेर, १९९४

शब्द/बिन्दु

रज़ा साहब और अशोक जी के काम साथ देखें, तो उनमें साथ क्या, आँख यही ढूँढ़ने लगी। जीवन में,जीवन–कर्म में, दोनों का साथ गहरा है, जानता हूँ। रज़ा साहब और अशोक जी का रज़ा फ़ाउण्डेशन में गहरा साथ ही नहीं, गहरी जुगलबन्दी है जो हमारे विचार और कला के आम तौर पर उपेक्षित या निष्प्राण या पिष्टपेषी रूढ़ियों, नियमों के फन्दे में पड़े जगत् को एक नयी साँस देने का सार्थक जतन कर रही है। पर दोनों कलाकारों के शिल्प तो साफ़ ही नितान्त भिन्न हैं। चित्र और कविता, इनका स्वभाव से ही अपना–अपना अलग स्वतन्त्र–स्वायत्त लोक है, और यहाँ जिन दो शिल्पियों को साथ रखा गया है वे दोनों ही अपनी–अपनी कला का स्वप्रतिष्ठ स्वातन्त्र्य रखते हुए अपनी–अपनी तरह से स्वच्छन्द–स्वायत्त–चारी हैं। तो फिर यहाँ इन दोनों का साथ क्या बस एक देखने की सुविधा के लिए सँजोया गया साथ है?

पर मुझे लगा कि दोनों में एक भीतर का साथ भी है।

यों तो काव्य और चित्र की संगत पुरानी है : गाने में, गीत में—जैसे शब्द का स्वर से पुराना, सनातन–सा साथ रहा है, वैसे ही काव्य का—विशेषकर कथा–काव्य का—और चित्र का साथ सहज ही है; हमारे यहाँ के तो विभिन्न क़लमों में उपलब्ध चित्र अधिकतर ऐसे ही हैं। पर ऐसे किसी साथ की यहाँ इन दो स्व–कला–चेतन—और अपनी कला के स्व के प्रति जागरूक—शिल्पियों में अपेक्षा करना भी भूल होगी। दूसरे भी सविचार साधे गये साथों की बात सोची जा सकती है। आज विभिन्न कलाओं में, उन कलाओं को स्वप्रतिष्ठ रखते हुए भी, एक साथ साधने का चलन बना

है। मुझे याद है किसी गायक के रागालाप के साथ दर्शक-श्रोताओं के सामने हुसेन ने चित्र आँका था। ऐसा साथ सचमुच साथ होता है भी या नहीं, सहज ही प्रश्न उठ सकता है। पर ऐसे किसी चौंकाने वाले साथ का यहाँ इरादा नहीं नज़र आता है।

पर एक गहरा साथ फिर भी है। जिसे 'दृष्टि का साथ' कह सकते हैं। यह साथ दोनों की शिल्प-चेतना में जड़-करता साथ है। इसे मैं समझता हूँ, एक ऐसा साधर्म्य-रखता समग्र-बोध कह सकते हैं जिसमें समग्र के प्रति—मनुष्य और जगत के प्रति—एक स्वच्छ, पारदर्श प्रवृत्ति-स्निग्ध चेतना का प्रकाश है।

रज़ा के लिए यहाँ चक्र का रूपक अनायास आगे आता है। उनका बिन्दु चक्र की नाभि है जिसमें चक्र की नेमि समाहित रहती है—बिन्दु ही पूर्ण-गर्भ वृत्त के रूप में आत्मविस्तार करता है; नेमि बिन्दु के निराकार को आकार देता है, गति देता है, छन्द देता है। रज़ा की तूलिका से उभरता गोलाकृति-वृत्त ऐसे समग्र का प्रकट प्रतीक है। उनकी चतुरस्त्र आकृतियों के बारे में भी यही कह सकते हैं। चतुरस्त्र में सुषम संगति और समन्वय का बोध पुराना है : दार्शनिक जब किसी सिद्धान्त में प्रतीत होती विसंगति के भीतर बसी संगति को उभार देता है तो कहता है, सर्वं चतुरस्त्रम्। रज़ा की दूसरी भी 'चतुरस्त्र' साम्य रखती आकृतियों के बारे में यह कहा जा सकता है।

पर, कहना न होगा, रज़ा के चित्र चित्र हैं, निर्जीव ज्यामितिक संकेत मात्र नहीं। वे प्रतीक ही नहीं, चित्रकार की चित्र-चेतना में बसी विश्वदृष्टि के जीवन्त चिह्न हैं जीवन्त सचेतन प्रतीक हैं। उनकी रेखा की शिराओं में, वर्ण और तूलिका के हर छोटे-सूक्ष्म लगाव में, विषम को साथ रखते सुषम स्पन्द में, इसका प्रकाश है। अरण्य के समग्र का होना उसके एक-एक पत्ते में होता है।

अशोक जी की काव्य-चेतना में शब्द को बीज-रूप में देखा जा सकता है। शब्द उनके लिए काव्य-चेतना का लक्षण और प्रतीक है; और काव्य-चेतना उनके यहाँ सृष्टि का सार्थक बीज है : वे सब चले गये / सब कुछ को रौंदकर, ध्वस्त कर / आश्वस्त कि उन्होंने कुछ भी अक्षत नहीं छोड़ा/

तब सूखी पत्तियों के ढेर में गुम हुए कीड़े की तरह / एक शब्द आया/ और उसने अपने मुँह में थोड़ी-सी मिट्टी / और तिनका उठाकर रचने की शुरुआत की। जैसा कि 'शुरुआत' नाम की इस कविता में ध्वनित है, शब्द-चेतना यहाँ एक व्यापक समग्र विश्व-बोध में बसी है, और उसे रूप देती है। इस चेतना की नाभि में—या नाभि-बिन्दु में कहिये—जीवन के, विश्व के प्रति सत्य-सुन्दर की प्रतीति है। पहली ही कविता लीजिये : 'जो छोटी सी दुनिया / हमें मिली है/ सच है / सुन्दर है।' पर यह गहरे वैषम्य को अपनी भूमा में समेटती सुषमा है। कविता का आरम्भ ही है : 'यही जो छोटी सी दुनिया हमें मिली है / सच है सुन्दर है / और असह्य भी।' फिर आगे रज़ा जैसे तूलिका के छोटे-सूक्ष्म लगाव के अवयवों से कविता समग्र के अवयवी को साधती है : 'टुकुर-टुकुर ताकती गिलहरी में, गुदड़ी से तोता-खाया फल निकालती बुढ़िया के प्यार में।' अशोक जी का प्रवृत्ति-सिक्त संसार-वृक्ष पत्तों में जीता दिखता है। रज़ा की तरह ही अपने नख-शिख की बारीक़ियों में घर करता है।

कला चिन्तन का इतिहास और कला
एक विमर्श

भारत में कला-चिन्तन के इतिहास पर पिछले कुछ समय से काम कर रहा हूँ। कुछ लिखा भी है, ढेर सारे नोट्स बनाये हैं। सोचता भी रहा हूँ। विचार का एक ढाँचा बनाया है—या 'योजना' या 'तन्त्र' कहिये—जिसके घेरे में विषय की सामग्री को सँजोकर व्यवस्थित रूप दिया जा सके।

पहले मैंने सोचा था कि सामग्री-संचय और उसकी प्रस्तुति के लिए मैंने जो विचार या प्रत्यय व्यवस्था का वलय-सा बनाया है, उसी की यहाँ चर्चा करूँगा। पर मन में प्रश्न उठने लगे और विचार कुछ और-और दिशाओं में झाँकने लगा। एक प्रश्न विशेष उठा। यहाँ उस प्रश्न की और विचार ने जो नये क़दम से उठाये हैं, उसी की बात छेड़ूँगा, ताकि आगे विमर्श और आलोचना में बात को कुछ और आत्मप्रकाश मिले।

'कला-चिन्तन का इतिहास' जैसा विषय हो तो एक प्रश्न पहले ही उठता है : यहाँ—विषय की उपस्थापना में ही—एक उह्य निहित है कि भिन्न कलायें मिलकर एक अभिन्न क्षेत्र बनाती हैं। पर ऐसा क्या सचमुच है? अपने और औरों के अनुभव में थोड़ा भी उतरकर देखें तो जिन्हें हम कला के नाम से पुकारते हैं, उनमें अनुगत धर्म के स्थान पर आपसी भेद ही अधिक मुखर होता दिखता है। कला का ग्रहण संवेदना करती है और कहना न होगा कि अच्छे-अच्छे सहृदयों के लिए भी, ऐसों के लिए भी जिन्हें मर्मज्ञ कहा जा सके, कोई एक कला-विशेष या दो-तीन कलायें ही हृदयानुकूल होती हैं। ऐसी संवेदना कम ही दिखती है जो कला मात्र में

एक सा प्रवेश रखती हो। कलाकारों को लीजिये तो उनकी संवेदना में तो और ही घनीभूत एकांगीपन देखने में आता है। अपनी कला में कई कलाकारों की संवेदना और प्रतिभा असाधारण होती है, पर दूसरी कलाओं में उनकी रुचि तक नहीं होती, हो तो अक्सर बड़ी भदेस ही होती है, जैसे संवेदना उधर बिलकुल अन्धी हो। सहज ही प्रश्न उठता है कि कलामात्र में किसी एक ही संवेदना की बात भी की जा सकती है क्या? और नहीं तो कला-मात्र को 'कला' इस एक ही नाम से पुकारने का आधार क्या?

फिर कलाओं का भेद वैसा नहीं है जैसा कि विचार में क्षेत्र-भेद होता है। विचार के उतने ही भेद हैं जितने मनुष्य के ज्ञान और बोध के भेद हैं। बड़ा से बड़ा विचारक भी सब विद्याओं और उनके शास्त्रों में दख़ल नहीं रख सकता। पर विचारक के लिए उनमें प्रवेश का द्वार भी है जो सब पर खुलता है। किसी भी विद्या का शास्त्र हो, या उसकी विचार-व्यवस्था हो, सबमें विचार का स्वभाव एकसा होता है। इसीलिए दर्शन को सब विद्याओं का लोचन कहा जा सकता है। 'कहा जा सकता है' इसलिए कह रहा हूँ क्योंकि आजकल कई लोग नहीं कहना चाहते। पर आजकल जो कहा जा रहा है, वह त्रिकाल-व्यापी सत्य नहीं है—सर्वदेशव्यापी भी नहीं है; नैयायिक आज भी न्याय को शास्त्र मात्र से जोड़ते ही हैं और दर्शन के जो सम्प्रदाय ऐसा नहीं करना चाहते वे जानबूझकर विचार की सहज व्यापकता से किनारा करना चाहते हैं। विचार का क्षेत्र अनुभव-मात्र-व्यापी है, यह कहने के लिए युक्ति की आवश्यकता नहीं होनी चाहिये। किसी भी वृत्ति से—जैसे संवेदना से—मनुष्य जो ग्रहण करता है, उस पर विचार कर ही सकता है और विचार होगा तो विचारमात्र में एक अनुगत धर्म भी होगा, नहीं तो पकड़ में ही नहीं आयेगा।

पर विचार की व्याप्ति में जहाँ एक अभेद जैसा कुछ समाया है, वहीं उसकी दृष्टि भेद देखती चलती है। जब हम सब कलाओं को एक ही पेटे में रखने की बात करते हैं, तो ऊपर संवेदना में जिस क्षेत्र-भेद की बात मैंने की, वह उभरकर आड़े आ जाता है। पर विचार का एकत्व बना रहता है। विचार भाषा में होता है। विषय कुछ भी हो, विचार का माध्यम भाषा ही रहती है। वैज्ञानिक कह सकता है कि नहीं, मैं तो जब अपने विषय पर सोचता हूँ और प्रकृति की कोई समझ बनाता हूँ, तो विचार गणित में करता हूँ। प्रश्न उठ सकता है कि गणित भाषा के घेरे में आता है कि उसके बाहर

है? बाहर ही लगता है। गणित में विचार नहीं हो सकता, वैज्ञानिक भी अपनी बात केवल गणित के माध्यम से नहीं कह सकता, भाषा का उसे प्रयोग करना ही पड़ता है, उसी भाषा का जिसमें अन्य विचार होते हैं। गणित पर भी विचार होता है और यह विचार गणित में नहीं होता, साधारण भाषा में ही होता है और भाषा के बिना गणित की पूरी सत्ता बनती भी नहीं दिखती। कहने का तात्पर्य यह है कि विषय कितने ही भिन्न हों, विचार का माध्यम एक ही रहता है : शब्द। विचारमात्र में अगर अनुगत-धर्म है तो उसका एक बड़ा कारण शायद यही है।

पर कलाओं को देखिये। भिन्न कलाओं के माध्यम नितान्त भिन्न होते हैं। भिन्न इन्द्रिय-ग्राह्य होते हैं और कला में इन्द्रिय की पकड़ का महत्त्व भी मूलगत होता है, भाषा की पकड़ में ऐसा नहीं होता। क्या अचम्भा जो संवेदना बिचारी भिन्न कलाओं में एक-सी डुबकी नहीं लगा सकती—और संवेदना का क्षेत्र ही ऐसा है कि 'जे डूबे ते तिरे'।

जहाँ ग्राह्य विषय में ऐसा नितान्त माध्यमगत भेद हो और ग्राहक संवेदना में सहृदयतागत भेद; और यों भेद की दोहरी दीवार खड़ी हो, वहाँ एक ही क्षेत्र की बात करने में संगति क्या?

उत्तर के कई पहलू हो सकते हैं। अपने अनुभव की—अपनी संवेदना की—दुहाई दे सकता हूँ। यह भी कह सकता हूँ कि अनुभव के एक में तो अनेक होता ही है : अनुभव को ही यहाँ, कला में, भेद के रहते भी एक क्षेत्र की एकात्मता का बोध होता है। भिन्न कलायें मिलकर मानो एक ही अवयवी-सा बनाती हैं—चेतना में गहरे किसी एक ही वृत्ति को सम्बोधित करती हैं। उस एक क्षेत्र के भीतर ही अनुभव क्षेत्र—भेद करता जान पड़ता है। यहाँ चेतना की पकड़ एक बड़ा क्षेत्र-वलय बनाती हुई उसमें क्षेत्र-भेद करती दिखती है। यह चेतना या आत्मचेतना की सहज गति है, जो विषयमात्र के साथ कई स्तरों पर ऐसा करती है, कई तरह से करती है—विशेष से सामान्य की दिशा और सामान्य से विशेष की दिशा अनायास लेती चलती है। सामान्य-बोध और विशेष-बोध में निहित भेद और अभेद का परस्पर-भाव जो चेतना की पकड़ में निहित-सा जान पड़ता है वही भिन्न कलाओं में अभेद देखता है। सामान्य दृष्टि के व्यापक भेदों में भाव, कर्म और ज्ञान जैसा क्षेत्र भेद उभरता दिखता ही है। कला को—सभी कलाओं को—हम सहज ही भाव से जोड़ते हैं। यों उनमें ऐक्य देखते

हैं। आप कह सकते हैं, इसे कला–अभेद के पक्ष में युक्ति कहना ठीक नहीं। इसका आधार केवल अपोह है, कर्म और ज्ञान से व्यावृत्ति है, किसी संग्राहक अनुवृत्ति का प्रदर्शन नहीं। कलाओं का ऐक्य सचमुच आगे खड़ा हो सके इसके लिए कोई और युक्ति चाहिये; किसी विधिपरक अनुगत धर्म का ऐसा प्रदर्शन चाहिये जो उन्हें सचमुच एक में समेटता दिखे। जो अपोह मात्र न हो बल्कि सचमुच सब कलाओं को एक उह्य में पिरो सके, कोरे विचार के नहीं, अनुभव के एक सूत्र में उन्हें मनकों की तरह सँजो सके। केवल यह कह देना कि सब कलाओं का भाव–जगत से सम्बन्ध है, काफ़ी नहीं लगता। यह तो एक निरी परिशेष की सी बात लगती है : ज्ञान और कर्म से सम्बन्ध नहीं है तो भाव से ही होगा, ऐसी एक शिथिल–सी बात लगती है : विचार के अभिनिवेश को टाल देने की बात। प्रश्न वहीं का वहीं रह जाता है : जहाँ भेद इतने गहरे हों वहाँ किसी एक भाव–जगत जैसे एक ही जगत की बात करना एक प्रथा या परिपाटी से अधिक क्या हो सकता है? यह भाव–लोक कोई 'एक' लोक नहीं भानमती के एक ही पिटारे में पड़ी ढेरी जैसा भी लग सकता है। अनुभव अगर वहाँ सचमुच कोई ऐक्य देखता है तो विचार से माँग भी करता है कि उसे उभारने की कोई सार्थक दिशा ले।

ऐसी भी दिशा मैं समझता हूँ ली जा सकती है। कलाओं में भेद—माध्यम का भेद—यहाँ तक कि ग्रहण करती इन्द्रियों का भेद, इसके होते हुए भी इनमें एक और बात भी देखी जा सकती है, जहाँ उनका भेद नहीं, अभेद—या अभेद पर आधारित संवाद—कहना चाहिये, वह प्रत्यक्ष उभरता है। कलाओं में भेद की बात, जैसी मैंने ऊपर उभारी है, सच पूछिये तो वह विचार में और कला–साधना के विशेष प्रयासों में ही अधिक प्रकट होती है। वरना प्रयोग में कलायें साथ ही दिखती ही हैं। गाने में स्वरों के साथ बोलों या शब्दों का संयोग जितना सहज है, वियोग उतना सहज नहीं। मूर्तियों पर चित्रकारी या कम से कम वर्णकारी—और वास्तु के साथ चित्रकारी, ये भी अनायास उपलब्ध होते हैं। फिर नाटक को लीजिये, या फ़िल्म को। इनमें भिन्न कलायें एक योजना–विशेष और इस योजना के एक नाट्यधर्मी प्रयोजन विशेष के साथ जोड़ी जाती ही हैं। भरत ने इसको बड़े विस्तार से और विचार की पैठ के साथ उभारा है। नाट्य में भिन्न कलाओं की इस एकात्म योजना को 'वृत्ति' का नाम दिया है। 'वृत्ति' की धारणा को हम नाट्य से बाहर निकालकर व्यापक अर्थ भी दे सकते हैं

और अपने आप में स्वतन्त्र लगती कलाओं के किसी भी संयोजन को वृत्ति का नाम दे सकते हैं : जैसे स्वर के साथ शब्द का मेल। वृत्ति की उपलब्धि हमारे कला-व्यवहार में हर कहीं देखने को मिलेगी—और संख्या में भी इसके रसिक ही अधिक मिलेंगे। हममें से जो लोग किसी कला विशेष के स्वतन्त्र रूपों को 'समझ' के बाहर ठहराते हैं, ऐसे लोग भी गीत, फ़िल्म, नाट्य, नृत्य जैसी भिन्न कलाओं के संगम से बनी प्रचलित वृत्तियों में रुचि लेते दिखते हैं, वहाँ 'नहीं समझने' की बात नहीं करते। कला भेद उनके अनुभव के अभेद में सहज विलीन हो जाता है।

अब 'वृत्ति' में एक बात है, जिससे हम यहाँ, इस प्रसंग में, अपनी समझ का एक संकेत ले सकते हैं। वृत्ति 'कला संगम' होती है, भिन्न कलाओं का संगम जहाँ उन भिन्न कलाओं में एकात्मता उभरती है। नाट्य में इस एकात्मकता के स्वरूप को भरत ने रस की अभिधा दी है। 'रस' में व्यापकता के सूत्र भी हैं तभी इस संज्ञा का बाद में बड़ा अर्थ-विस्तार हुआ; नाटक तक परिमित नहीं रहा। 'रस' कला-मात्र पर व्यापक हो गया।

प्रश्न होगा : जब ऐसा कला-व्यापक एकात्म प्रत्यय सविमर्श उपलब्ध है, तो फिर मेरी तलाश क्या? इस पर आगे विचार करूँगा। मैंने जो कला-चिन्तन के इतिहास पर विचार के लिए एक प्रत्ययों की रूपरेखा बनायी थी, उसमें रस को ही सर्व-व्यापक स्थान दिया था, पर जैसा आरम्भ में ही मैंने कहा, इस पर प्रश्न जागा। 'रस' से मुझे क्या असन्तोष है, इसकी भी चर्चा करूँगा।

यहाँ 'वृत्ति' की ही बात बढ़ाता हूँ और वृत्ति के सन्दर्भ में 'रस' की बात। भरत के लिए वृत्ति उस विशेष कला-संगम का नाम था, जिससे नाट्य बनता है और नाट्य से जो प्रभाव निष्पन्न होता है, भरत के लिए उस प्रभाव-विशेष का नाम है 'रस'। उस प्रभाव ('आस्वाद', 'रस') की प्रस्तुति के लिए जो निर्मिति की जाती थी या विभिन्न कलाओं की संरचना का जो प्रयास या कृतित्त्व किया जाता था, वह भी रस को ही कसौटी बनाता था—जैसे व्यंजन का बनाना और उसका खाना, दोनों ही का निकष 'स्वाद' होता है (उपमान भरत का ही है)। पर जैसा कह आया हूँ वृत्तियाँ दूसरी भी हो सकती हैं—होती ही हैं—और उनके निकष भी दूसरे हो सकते हैं।

दूसरी वृत्तियाँ क्या हैं, उनको क्या नाम दिया जाये और किस आधार पर दिया जाये, इसकी विशेष चर्चा नहीं होती। इस चर्चा की यहाँ आवश्यकता

भी नहीं। पर वृत्ति बने तो उसकी एक माँग होती है—भिन्न कलायें वहाँ अपना भेद खोकर किसी एक अलग अवयवी को जन्म दें। यह अपेक्षा किसी भी वृत्ति के लिए स्वाभाविक है। तभी नाट्य की भिन्न कलाओं से बनी सामग्री के लिए कहा गया है (अभिनव ने कहा है) कि उसे रस में 'निमज्जितनिजस्वरम्' होना चाहिये। उसकी अलग पहचान कला-संगम से बने अवयवी में डूबकर विलीन हो जानी चाहिये—नहीं तो वृत्ति बनेगी ही नहीं।

एक प्रसंग-बाहर प्रश्न यहाँ उठ सकता है, जिसे छेड़ूँगा, उठाऊँगा नहीं। नाट्य में कला ही नहीं विचार-विमर्श भी हो सकता है, कर्म तो होता ही है; तो फिर हमारी कला क्षेत्र की खोज में क्या फिर एक और अटपटा आलाप नहीं जुड़ जाता? पर एक बात देखी जा सकती है : विचार या कर्म का निजस्वर नाट्य की वृत्ति में निमज्जित नहीं हो तो वृत्ति बिखरती ही दिखेगी।

जो भी हो, हमारी तलाश में वृत्ति की यह बात एक दृष्टान्त या उपमान जैसी ही हो सकती है—जिसमें विचार का एक अभिप्राय व्यंजित हो—उस बात की सिद्धि या उपपत्ति जैसा कुछ नहीं हो सकता। क्योंकि प्रश्न उठाये जा सकते हैं। मेरे ही मन में उठ रहे हैं : निमज्जन को यहाँ किस अर्थ में लिया जाये? अगर कला के स्वातन्त्र्य का बोध हो, तो वृत्ति में पूरा निमज्जन तो किसी कला का भी नहीं होता—विचार और कर्म की बात तो जाने दीजिये। अभिनव ने जहाँ नाट्य में अन्य कलाओं के निमज्जन की बात की है, वहाँ यह भी कहा है कि इसके लिए कला को नाट्यानुकूल बनाना पड़ता है। कोई कला जहाँ स्वप्रतिष्ठ होती है, अपनी स्वतन्त्र निर्मिति करती चलती है, वहाँ वृत्ति जैसे किसी संगम की बात ही नहीं उठती। नृत्त और संगीत के दो स्वतन्त्र स्वप्रतिष्ठ रूप ताण्डव और गान्धर्व के साथ की चर्चा करते हुए अभिनव कहते हैं कि इनका साथ जहाँ होता भी है (जैसा प्राचीन नाट्य के पूर्वरंग में) वहाँ वह ऐसा ही होता है जैसे दो स्वतन्त्र राजाओं का एक ही शत्रु से लड़ने के लिए साथ हो लेना। वहाँ वृत्ति जैसा कुछ नहीं होता।

यों हम पाते हैं कि कला और अकला के क्षेत्र-भेद का कोई वलय नहीं उभरता। क्योंकि वृत्ति भी एक नहीं अनेक होती हैं और सब वृत्तियों पर व्यापक किसी महावृत्ति की बात में कोई सार्थकता नहीं दिखती। 'वृत्ति'

की धारणा एकत्व की एक ध्वनि ही उभार सकती है, उसका आधार-प्रत्यय नहीं बन सकती और ध्वनि भी यहाँ एक क्षेत्र को मानकर, ऊह्य रखकर ही रूप लेती है क्योंकि 'वृत्ति' तो कलाओं के भेद के आधार पर ही अपना अनेकत्व बनाती लगती है।

तो, भिन्न कलाओं के अपने एक अभिन्न क्षेत्र का बोध एक सहज प्रतिभात, तर्क, उह्य से परे जागता अनायास, अविचारित बोध ही हो सकता है। विचार उसे मानकर ही चल सकता है, पहचानकर नहीं।

पर पहचानना चाहता भी है। कुछ लोग कहेंगे ऐसे पहचान की ज़रूरत ही क्या? जब बात विमर्श के घेर में स्फुट हो नहीं सकती, तो फिर इस प्रयास की ही कुछ साधना क्यों की जाये? कलाओं में अभेद का एक विचार-बाहर इंगित ऊह रखते हुए हम विचार के भीतर भेद को ही स्फुट करने का प्रयत्न करें तो आपत्ति क्या है? सार्थक प्रयत्न तो यही दिखता है।

पर विचार-बाहर क्या है, यह भी एक गुत्थी ही है और विचार की ही गुत्थी है। यह ठीक है कि विचार के लिए भेद उभारना ही सहज, प्रकृति-सिद्ध सा प्रतीत होता है। पर अभेद की ओर भी उसकी तत्त्वदृष्टि झुकती ही है। अभेद की धरती न हो तो भेद की बात भी अतर्क्य ही नहीं, अनर्गल होगी—अविच्छिन्न, निरर्थक। 'सम्बन्ध' की, 'संगति' की, धारणा रूप ही नहीं लेगी। विचार जिस मेरू पर है, भेद और अभेद उस एक मेरू के दो छोर लगते हैं। विचार-विशेष के लिए, जैसा कलाचिन्तन के लिए, प्रश्न यह उभरता है कि अपने विषय से सार्थक, अन्तरंग संगति रखते हुए भेद-अभेद का सन्तुलन कैसे करे? और यह केवल तर्क या उपपत्ति की बात नहीं होती—हो ही नहीं सकती।

२

पर यहाँ विचार पर विचार नहीं बढ़ाऊँगा, चाहे विचार के लिए यह स्वभाव-सिद्ध सी गति हो। जो विषय उठाया है उसके एक दूसरे पक्ष को लेते हुए बात को आगे निकालने की चेष्टा करता हूँ। मैंने चर्चा का आरम्भ जिस धारणा को विषय बनाकर किया था वह था 'भारत में कला चिन्तन का इतिहास।' यहाँ ऊह यही नहीं है कि भिन्न कलायें मिलकर एक अभिन्न

क्षेत्र बनाती हैं—यहाँ एक और भी बोध ऊह है जिसे ऐसा विषय उठाने के पीछे काम करती प्रेरणा कह लीजिये—या आज के सन्दर्भ में बुद्धि का एक संस्कार। विचार की जिस परम्परा में हम आज हैं, इसे इस विचार-परम्परा की रूढ़ि भी कह सकते हैं, जहाँ ऐसा विषय एक 'उचित', मनन-योग्य विषय के रूप में उभरता है। इसलिए मैंने इसे उठाया। पर यह भी है कि सोचते हम किसी परम्परा में ही हों पर सोचना परम्परा में ही नहीं, परम्परा पर भी हो सकता है। विचार की यह दूसरी मुद्रा विचार के लिए सरल है, इसे अपनायें तो परम्परा पर विचार के जागते ही प्रश्न होगा : चिन्तन का चाहे कला-चिन्तन हो, या किसी और विषय पर चिन्तन हो, उसका इतिहास से क्या सम्बन्ध ? चिन्तन के इतिहास की बात उठायी ही क्यों जा रही है ? चिन्तन से इतिहास की संगति क्या ? कला-चिन्तन का इतिहास क्या कला-चिन्तन का किसी रूप में अंग है ? या फिर विषय यहाँ इतिहास है, कला-चिन्तन यहाँ इतिहास का अंग है। इस बात में यहाँ एक उद्देश्य या अभिप्राय उभर सकता है। यह कि भारत में कला-चिन्तन का इतिहास समग्र रूप से सब कलाओं में उपलब्ध चिन्तन का कोई काल-क्रम में सजाकर रखा गया ब्योरा उपलब्ध नहीं है और हमारा प्रयत्न इसी कमी को पूरा करने का प्रयत्न है। यह ठीक भी है कि अलंकार-शास्त्र के इतिहास को छोड़कर दूसरी कलाओं के चिन्तन का इतिहास नहीं के बराबर आँका गया है और कला-चिन्तन का ऐसा इतिहास जो सभी कलाओं के चिन्तन को साथ रखते हुए किसी समग्र भाव से काल-क्रम की दृष्टि से देखे, ऐसा प्रयास तो और भी कम हुआ है। पर ऐसा इतिहास भी एक परिपाटी की ही माँग कहलायेगा, अगर इतिहास से चिन्तन की कोई अन्तरंग संगति नहीं उभरती हो। पहले प्रश्न का कोई उपयुक्त उत्तर नहीं तो इतिहास की बात यहाँ 'बनती' नहीं दिखती। मूल प्रश्न पहला ही प्रश्न है। विचार का प्रश्न वही है। और तब एक चुभती हुई बात पर यहाँ ध्यान जा सकता है। बात 'भारत में' कला-चिन्तन के इतिहास की की जा रही है। भारत में चिन्तन का इतिहास से कोई महत्त्व का सम्बन्ध कभी नहीं आँका गया। कला-चिन्तन में तो बिलकुल भी नहीं। इससे कला-चिन्तक के इतिहास से सम्बन्ध पर एक और प्रश्नचिह्न लग जाता है।

आज चिन्तन का इतिहास से गहरा सम्बन्ध आँका जाता है। क्योंकि पश्चिम मनुष्य की हर साधना में उस साधना के इतिहास-बोध को अन्तरंग

मानने लगा है। 'मनुष्य के स्वरूप में उसका इतिहास शामिल है' यह 'आधुनिक' प्रतिज्ञा है, जिससे 'भारत में कला-चिन्तन का इतिहास' जैसे विषय 'उपपन्न' होते हैं। या 'उपपन्न' शब्द ठीक संगत न लगे तो 'निस्सृत' होते हैं कह सकते हैं—इतिहास के महत्त्व-बोध से निष्पन्न होते हैं। 'उपपन्न होते हैं' कहने में भी मुझे दोष नहीं दिखता, क्योंकि प्रतिज्ञा अगर यह हो कि 'मनुष्य का अपने इतिहास से स्वरूपतः ही अविनाभाव है' तो उपपत्तितः भी इतिहास, कला-चिन्तन का अन्तरंग हो जाता है।

यहाँ बात को कुछ आगे बढ़ाता हूँ। चलिये, हम मान भी लें कि कला-चिन्तन का (और यों चिन्तन मात्र का) चिन्तन के इतिहास-बोध से कोई 'भीतर का' सम्बन्ध है—तो भी दोनों का अविनाभाव तो कहीं बनता नहीं दीखता, जैसा कि आधुनिक-बोध में समोया हुआ दिखता है। और सच पूछिये तो अविनाभाव के बिना सम्बन्ध भी 'भीतर का किस अर्थ में' यह प्रश्न ही रह जायेगा। यह ठीक है कि हम काल में कहीं होते हुए, किसी शिक्षा, किसी संस्कार से प्रेरित होकर चिन्तन करते हैं : अर्थात् किसी परम्परा में चिन्तन करते हैं—उससे अनुप्राणित होते ही हैं। पर चिन्तन उससे बँध नहीं रहता है। चिन्तन में इतिहास या परम्परा बोलती भी हो तो भूलना नहीं चाहिये कि विचार में एक निहित स्वातन्त्र्य होता है, जो उसके आत्मबोध में सदा जागता रहता है। विचार इतिहास या परम्परा पर प्रश्न उठाता है, और इन्हीं पर ही नहीं, अपने ऊपर भी प्रश्न उठाता चलता है, जिस दिशा में चल रहा हो उससे दूसरी दिशा ले सकता है। तभी इतिहास के एक ही काल में चिन्तन कई परस्पर-भिन्न दिशायें ले सकता है, और यह भेद चिन्तन के बाहर इतिहास की अन्य गतियों द्वारा नहीं समझा जा सकता।

पर कह सकते हैं कि चिन्तन की इन्हीं दिशाओं को चिन्तन का इतिहास परखता-आँकता है। यों चिन्तन के बहुमुखी वैभव का परिचय देता है इतिहास। पर इतिहास का एक और पक्ष भी है—जो विस्तार की जगह संकीर्णता की ओर मुड़ता है। इतिहास जो कुछ भी देखता है, उसे एक सन्दर्भ में कसकर देखता है। सन्दर्भों की एक शृंखला बनाता है जहाँ अगली कड़ी पिछली से निकलती चलती है। पिछली कड़ी से अगली कड़ी के निकलने को कैसे, किस अर्थ में समझा जाये, यह आज की इतिहास-विद्या के लिए एक प्रश्न है। कोई ऐसा कार्य-कारण-भाव तो

हाथ नहीं आता—न उसके हाथ आने की कोई सम्भावना दिखती है—जिससे कि अगली कड़ी को पिछली कड़ी का किसी भी अर्थ में नियत, निर्धारित कार्य कहा जा सके। ऐसा होता तो इतिहासकार भविष्यवाणी कर पाता पर भविष्यवाणी से इनकार करते हुए भी इतिहास-विद्या के गर्भ में ही एक मनोभाव है, एक प्रवृत्ति है—जिसे 'वैज्ञानिक' कहा जा सकता है। यह प्रवृत्ति स्वभाव से ही कार्य-कारण-भाव की ओर झुकती है और कार्य-कारण-भाव को एक बँधी-कसी शृंखला की तरह मानने की ओर झुकती है। भौतिक विज्ञान की पाटी पढ़ते हुए यह प्रवृत्ति इन्द्रियग्राह्य को ही ज्ञान की आधार सामग्री मानती है : उसकी दृष्टि में इन्द्रिय ही 'वस्तु' का ग्रहण करती है। फिर बुद्धि उसे कार्य-कारण में कसकर उसका 'ज्ञान' प्राप्त करती है।

विज्ञान की 'ठोस'-ग्राही प्रवृत्ति इन्द्रिय-अनुभव के परिचित जगत से चली थी, पर आज एक विचित्र लोक में जा टिकी है जो साधारण कल्पना के बिलकुल बाहर है। सिद्धान्त या अभ्युपगम (थ्योरी) के रूप में 'कल्पना'—चेतना का स्वतन्त्र निरिन्द्रिय उह्य (सत्य की ओर बढ़ती युक्ति)—विज्ञान का सदा अभिन्न अंग रही है। थ्योरी के बिना विज्ञान की कल्पना ही नहीं की जा सकती और आज यह थ्योरी इन्द्रिय-बोध के 'ठोस', 'परिचित' जगत को ही सामग्री बनाकर ऐसे ब्रह्माण्ड का प्रपंच बुन रही है जहाँ कल्पना बौखला जाती है। अनुभव के जिस व्यवहार लोक से विज्ञान चला था, उस जगत से विज्ञान के 'वस्तु'-जगत का कोई सम्बन्ध ही नहीं बनता दिखता—कोई ठोस, पकड़ में आ सकता कार्य-कारण-सम्बन्ध तो बिलकुल ही नहीं। अपने 'सत्य' का आधार इन्द्रिय-ग्राह्य व्यवहार को ही रखता है विज्ञान, दुहाई उसी की देता है। पर उसे अपने मूल तत्त्वों से उपपन्न नहीं कर सकता। अब लगने लगा है कि विज्ञान अगर यन्त्र-कौशल का द्वार न हो तो केवल 'सत्य' को जानने के लिए उसके प्रति कितनी श्रद्धा रहेगी, कहना कठिन है। विज्ञान से उभरता यन्त्र कौशल ही विज्ञान को अरबों रुपये मुहैया करवा रहा है, उसका 'सत्य' तो उलटबाँसी जैसी गुत्थियों में उलझता जा रहा है। किसी भी तत्त्व-दर्शन में जैसी गुत्थियाँ हैं, उससे भी अधिक चकरा देने वाली गुत्थियाँ हैं विज्ञान की, क्योंकि पहेली विचार की नहीं, व्यवहार की 'ठोस', 'निर्भ्रान्त' कहलाती 'वस्तु-सत्ता' की है। थ्योरी के रूप में स्वतन्त्र विचार-कल्पना का—ऊह का—सहारा लेते हुए भी

विज्ञान चेतना के स्वातन्त्र्य का बैरी है। वैज्ञानिक अपने स्वतन्त्र सचेतन अध्यवसाय से ही 'क्या है' इसका निर्णय करता है, पर चेतना को वह अपने जगत में 'अवस्तु' मानने को बाध्य है : उसके तत्त्व दर्शन में, प्रमाण-व्यापार की—सत्य-असत्य निर्णय की—कसौटी ही कार्य-कारण-भाव है और वह कार्य-कारण-भाव चेतना से नहीं जड़ से चलता है—प्रकृति से—और चेतना को प्रकृति का कार्य मानने पर बाध्य—है। प्रश्न रह ही जाता है कि वैज्ञानिक भी कार्य-कारण-बद्ध हो तो कार्य-कारण को परखेगा कैसे? उसका प्रयोगशाला में या यन्त्र बनाने में उपयोग कैसे करेगा? ऐसे प्रश्न विज्ञान नहीं उठाता। चेतना को स्वतन्त्र माने तो विज्ञान ही नहीं रहेगा।

इतिहास विद्या की प्रेरणा भी 'वैज्ञानिक' है, और जहाँ तक इतिहास-विद्या 'वैज्ञानिक' है, स्वातन्त्र्य से उसको भी बैर है। स्वातन्त्र्य इतिहास-विद्या के विचार-तन्त्र में ठीक बैठता नहीं है हालाँकि विषय मनुष्य है, भौतिक जगत नहीं। मनुष्य तो सहज ही कार्य-कारण से अनबँधी पहेली की तरह उभरता है, पर इतिहास उसे भौतिक-जगत-तुल्य कार्य-कारण से विज्ञान की तरह बाँध रखना चाहता है। स्वातन्त्र्य इतिहास में स्थान लेता भी है तो बेगाना-सा रहता है। कई इतिहासकार (जैसे मार्क्स) इतिहास में स्वातन्त्र्य की बात करते भी हैं तो उसको भी एक 'सन्दर्भ' जैसा कुछ बना देते हैं—उनके लिए सन्दर्भ-शृंखला की अन्तिम कड़ी है स्वातन्त्र्य, जहाँ पहुँचकर इतिहास का भी अन्त हो जायेगा। कुछ ऐसे भी हैं जो स्वातन्त्र्य को इतिहास के प्रवाह में भी देखते हैं। पर देखते उसे सन्दर्भ के रूप में ही हैं—मनुष्य के सहज सदा जाग्रत, अन्तरंग धर्म के रूप में नहीं। इतिहास के लिए 'सन्दर्भ' अन्तरंग नहीं, बहिरंग होता है : सामाजिक, आर्थिक, राजनैतिक प्रथायें, संस्थायें, परिस्थितियाँ, ये सन्दर्भ होती हैं। जो इतिहासकार स्वातन्त्र्य को इतिहास में प्रवहमान देखते भी हैं, उनकी दृष्टि भी स्वातन्त्र्य के लक्षण ऐसे सन्दर्भों से ही परिभाषित करती है। जैसे आज प्रजातन्त्र को 'इतिहास में स्वातन्त्र्य के विकास' के रूप में देखा जा रहा है; विगत सन्दर्भों में इसके 'बीज' भाँपे जा रहे हैं।

विचार का इतिहास आँकने में भी सन्दर्भ समाज या 'व्यवहार' ही होता है। पर विचार का इतिहासकार ऐसे सन्दर्भ से बँधा नहीं रह सकता। इस सन्दर्भ को और उसके काल-सम्बन्ध को वह छोड़ता नहीं है, क्योंकि छोड़

दे तो इतिहासकार ही नहीं रहेगा। काल की सीधी, क्रम-धर्मी रेखा में पिरोयी हुई कड़ियाँ तो इतिहास का ढाँचा ही हैं—या 'साँचा' कहिये। उससे अलग हटकर फिर आज जिसे हम 'इतिहास' कहते हैं, उसकी बात नहीं हो सकती। पर चिन्तन या विचार का इतिहासकार इस सन्दर्भ की भूमि पर एक दूसरी भूमि—विचार का 'अपना' एक सन्दर्भ—भी रचता है। यह सन्दर्भ विचार के अपने ऊहापोह से, मनन या प्रज्ञा की प्रेरणा से जागे चिन्तन के मोड़ों का होता है। यहाँ मैं जानबूझकर चिन्तन के मोड़ कह रहा हूँ, 'श्रृंखला' नहीं। 'श्रृंखला' में जो कार्य-कारण-भाव की ध्वनि है, जो कि समाजों की कालयात्रा में स्फुट-अस्फुट कुछ दिखती भी हो, वह यहाँ बिलकुल धुँधली पड़ जाती है। दृष्टि, दृष्टि-भेद, युक्तियों की अपनी स्वतन्त्र यात्रा प्रधान हो जाती है। समाज उतना नहीं उभरता जितना व्यक्ति-विचारक उभरता दिखता है। या विचार के अपने सम्प्रदाय, अपनी स्वतन्त्र धारायें, जो व्यक्तियों को केन्द्र करती हैं।

हम यहाँ कह सकते हैं कि ऐसी बात विचार के विशुद्ध क्षेत्र पर—दर्शन पर—ही पूरी उतरती है, जहाँ चिन्तन के मूलभूत से प्रश्न विचार का आधार होते हैं : क्या है? क्या हूँ? जानूँ कैसे? जानने का आधार क्या? उसका सत्य क्या? औचित्य क्या?...यहाँ लगता है कि विचार की भूमि किसी बृहत् समग्र का वहन करना चाहती है—एक सर्वव्यापक समग्र का जो काल के परे है। पर विचार के दूसरे अधिक घिरे हुए क्षेत्र भी हैं, जहाँ सन्दर्भ इतिहासनिष्ठ समाज-संस्कृति (व्यवहार) और उसके काल-क्रम का सन्दर्भ—विषय-बोध के मर्म के भीतर समाया रहता है।

प्रश्न होगा, कौन से ऐसे विषय हैं? सहज अटकल कहेगी कि विज्ञान को तो ऐसा विषय होना ही चाहिये। विज्ञान एक विशेष काल में, एक विशेष समाज में ही उभरा—कुछ लोग ज़ोर देकर कहेंगे, वहीं उभर सकता था क्योंकि कार्य-कारण की सम्भावना वहीं थी। जो भी हो, सन्दर्भ की गरिमा यहाँ प्रकट है। विश्व-इतिहास रचते हुए विज्ञान का ऐसा चित्र आँका भी जाता है, जहाँ 'आधुनिक' विज्ञान के उद्भव को एक विशेष समाज के देश-कालनिष्ठ विशेष सन्दर्भ या सन्दर्भ-श्रृंखला से किसी न किसी नियत भाव से जोड़ा जाता है। विश्व-इतिहास का ऐसा चित्र बड़ा लोक-मान्य भी है। पर है कल्पना ही : दूसरे भी उतने ही 'प्रामाणिक' चित्र गढ़े जा सकते हैं। इतिहास में 'यों नहीं यों हो सकता था', हर मोड़ पर दिखता है।

बात आस्था के संस्कार की ही है, परीक्षित कार्य–कारण बोध की नहीं। फिर यह भी देखिये कि चाहे समाज–संस्कृति के किसी सन्दर्भ विशेष में ही विज्ञान का उद्‌भव और विकास सम्भव हुआ हो, फिर भी विज्ञान का किसी समाज–विशेष से तो क्या समाज से भी कोई सम्बन्ध नहीं : सम्बन्ध है तो इतना ही कि मनुष्य और मनुष्य की आत्मचेतना के बिना हम विज्ञान की कल्पना नहीं कर सकते, और मनुष्य समाज के बिना नहीं होता। पर विज्ञान की अपनी भीतर की गतियों को लीज़िये—उसके अन्तरंग विकास की धारा को। वहाँ सामाजिक सन्दर्भ बेमानी हो जाता है। विज्ञान के शास्त्र–चिन्तन का समाज से कोई सम्बन्ध नहीं—न विषय के रूप में, न प्रमाण के रूप में। विषय उसका भूत–जगत है, जिसके आधार–तत्त्व को वह सर्वथा परिवर्तन के (किसी भी प्रकार के इतिहास के) परे ही रखकर देखता है, प्रमाण उसके अनुमान (व्याप्ति) और गणित हैं, जिनका किसी सन्दर्भ से कोई अन्तरंग कार्य–कारण सम्बन्ध विज्ञान से भी अधिक सन्देहदिग्ध है। यहाँ तक सन्देहदिग्ध है कि ऐसा कोई सम्बन्ध सचमुच दिखने लगे तो तर्क और गणित ही सन्देह के घेरे में आ जायेंगे।

स्पष्ट ही सन्दर्भ की जिन दो भूमियों की हमने बात की है, उनमें से पहली, समाज और काल सम्बन्ध से बनी भूमि, विज्ञान में गौण हो जाती है, कहने की बात मात्र रह जाती है (ऐसा न होता तो विज्ञान दूसरे समाजों में फैल ही नहीं सकता था)। विज्ञान में ज्ञान की अपनी भूमि प्रधान हो जाती है। समाज ही नहीं काल की गति भी उपाधि से अधिक कुछ नहीं रहती : जिसे हम 'काल' कहते हैं विज्ञान से उसका सम्बन्ध जैसे एक ऊपर का सा, संयोग का सा, होता है 'भीतर का' कुछ नहीं। क्योंकि विज्ञान का देशबद्ध काल कुछ अलग ही है। विज्ञान के लिए समाज तो क्या मनुष्य के होने की भी आवश्यकता अतिचार जैसी लग सकती है। अचम्भा नहीं कि साइंस–फ़िक्शन (विज्ञान से प्रभावित क़िस्से–कहानियाँ) विज्ञान की उपलब्धि को पृथ्वी (और मनुष्य) तक सीमित नहीं रखते, ब्रह्माण्ड में अन्यत्र भी इसकी कल्पना करते हैं—मनुष्य से अधिक 'विकसित' विज्ञान की कल्पना करते हैं।

इस युक्ति को हम मान भी लें, तो भी हमें लग सकता है कि विज्ञान का चाहे समाज–सन्दर्भ से अलगाव का ही सम्बन्ध हो, पर कला को समाज से विच्छिन्न करके नहीं देखा जा सकता। कला रुचि की बात है। रुचि का

सम्बन्ध संस्कार से होता है और संस्कार का मूल समाज-सन्दर्भ ही में होता है। इस सन्दर्भ के बदलने के साथ रुचि का संस्कार भी बदलता है। बात बिलकुल इतिहास की हो जाती है। पर सोचिये। कला-बोध को रुचि तक सीमित रखना अनाचार ही हो सकता है। संवेदना रुचि नहीं है। फिर भी हम कह सकते हैं कि रुचि से ऊपर की सीढ़ियाँ चढ़ें तो गति व्यक्ति पर आकर अटकती है। संवेदना का सम्बन्ध व्यक्ति से होता है। कलाकार भी व्यक्ति होता है और सहृदय भी : दोनों की कला-बोध की साधना भी व्यक्तिगत होती है। संवेदना की निर्वैयक्तिकता को—पुराने शब्दों में उसके 'साधारणी' भाव को—मानते हुए भी उसके व्यक्ति-सम्बन्ध को दूर नहीं किया जा सकता। हम कहें भी कि 'आख़िर विज्ञान का भी ऐसा व्यक्ति सम्बन्ध होता है'—'वैज्ञानिक' के बिना विज्ञान क्या? तो भी संवेदना का व्यक्ति-भाव जिस निबिड़ भाव से व्यक्तिनिष्ठ होता है, विज्ञान का वैसा नहीं होता। संवेदना व्यक्ति की जैसी अपनी सम्पत्ति होती है, ज्ञान नहीं होता—संवेदना में व्यक्तिगत बोध-भेद की एक महिमा होती है जो ज्ञान में नहीं होती। और व्यक्ति की कल्पना बिना समाज के नहीं हो सकती। हम संवेदना को रुचिमात्र से और अनात्मचेतन संस्कार मात्र से ही नहीं, व्यक्ति से भी ऊपर उठायें तो भी कला की परम्परा से नहीं हटा सकते। संवेदना और तत्प्रसूत कला, परम्पराओं में पलती है। परम्पराओं के साथ बदलती है, और यों बात को इतिहास के घेरे से नहीं निकाला जा सकता।

यों यहाँ सन्दर्भ की पहली भूमि—समाज-संस्कृति—गणित और विज्ञान के समाज-सन्दर्भ से कहीं अधिक तूल स्वत: पा लेती है। बल्कि, इसी कारण, समाज विशेष के स्वभाव (उसकी 'संस्कृति') को समझने के लिए कला को उसकी एक विशेष पहचान माना जा सकता है। माना गया भी है और इसी के चलते कला के इतिहास की आज इतनी महिमा भी है।

भूलना नहीं चाहिये कि आज हम जिसे इतिहास कहते हैं, उस विद्या का भी एक इतिहास है, एक परम्परा है। कला के इतिहास को इस परम्परा ने ही महिमा दी है, उसे संस्कृति का अभिन्न अंग, और इसी हेतु, संस्कृति की पहचान कहा है। इतिहास की इस आज की परम्परा में कितना ही अनेकान्त या बहुवचन हो, कुछ सूत्र समानधर्मा से हैं।

इतिहास मनुष्य की काल-यात्रा का होता है, मनुष्य को ही समझने के लिए आँका जाता है। इतिहास में मनुष्य को समझने के दो पक्ष हैं : सामान्य और

विशेष—मनुष्य-मात्र और समाज या समूह विशेष। इसी से विश्व-इतिहास और देश, काल, संस्था, संस्कृति, परम्परा, व्यूह, समूह...विशेष के इतिहास का भेद उभरता है : इनकी अपनी जिज्ञासायें, अपनी समस्यायें उभरती हैं, साथ ही दोनों के सम्बन्धों की ('विश्व' और 'विशेष' इतिहास के सम्बन्धों की) गुत्थियाँ भी उलझती हैं। मनुष्य—मनुष्य सामान्य—और उसके समूह विशेषों के बीच कुछ-कुछ वैसी ही भेद-अभेद की उलझनें उभरती हैं, जैसी हम ऊपर कला के क्षेत्र में देख आये हैं। संस्कृतियाँ, सभ्यतायें, सभ्यताओं के भीतर राष्ट्र, जन, जाति, संस्थायें, सम्प्रदाय, परम्परायें, ये भेद की परस्पर व्यावृत्ति से ही समझे-आँके जा सकते हैं। कुछ लोग इस भेद को विच्छेद तक के छोर पर ले जाने के हामी दिखायी देते हैं। संस्कृतियों को स्वयं-वलयित, स्वयं-सीमित, कुछ-कुछ स्वयम्भू-सा मानते हैं। पर फिर 'मनुष्य' में ही यह भेद करना होगा : और मनुष्यों के बीच बैठा यह अत्यन्त भेद कुछ-कुछ स्मृति-शास्त्रियों और मीमांसकों के वर्ण-भेद की तरह का कोटि-भेद हो जायेगा। यहाँ विचार की दृष्टि से स्पष्ट ही फिर मनुष्यत्व को सामान्य रूप से समझने की समस्या होगी। मनुष्य-मात्र में अभेद देखे बिना संस्कृति-भेद भी सार्थक रूप से बनता नहीं दीखता। धर्मशास्त्री मनुष्य-मात्र के साधारण-धर्मों की चर्चा करते हैं। इतिहासकार सभ्यता और संस्कृति के सामान्य लक्षण विचारते हैं। पर इतिहास के लिए भेद में अभेद की एक जटिल गुत्थी फिर भी रह जाती है। इतिहास की बड़ी से बड़ी इकाई सभ्यता या संस्कृति ही उभरती दिखती है, पर ये अनेक हैं, और रहे हैं, जिनमें परस्पर-भेद है, और जिनकी अलग इतिहास धारायें देखी जा सकती हैं। इनकी अलग धारायें ही नहीं, विगत सभ्यताओं में इनका अलग अन्त या अवसान भी देखा जा सकता है। मनुष्य मात्र की यों कोई एक गति नहीं उभरती दिखती। तो भी हम पूछे बिना नहीं रह सकते : क्या मनुष्य का सम्पूर्ण मानव-जाति के रूप में कोई इतिहास नहीं? कोई विश्व-इतिहास? यहाँ जो सचमुच भेदवादी होंगे, उनके लिए ऐसा इतिहास एक संग्रह ही होगा, जहाँ कुछ सादृश्य सामने आ सकते हैं, कोई इकाई नहीं।

कला-चिन्तन में भी भेदवादी के लिए भिन्न-कलायें ऐसा ही संग्रह बनाती हैं। पर एक इकाई के रूप में विश्व-इतिहास की भी कल्पना की गयी है। आज जो इतिहास की महिमा है इसका मूल आधार मनुष्य-मात्र को इतिहासमय समझना है। इस दृष्टि की अपनी समस्यायें हैं, पर विचार की

यह दिशा एक सार्थक दिशा भी है ही।

पुराणों को लीजिये। पुराणों में 'इतिहास' की दृष्टि विश्व-इतिहास की है। चाहे उसके विस्तार का आधार एक संस्कृति, एक देश-विशेष : भारतवर्ष है (जिसकी कल्पना पुराणों में एक देश और एक संस्कृति दोनों के रूप में हुई है)। पुराणों को आज इतिहास कहते संकोच होता है, क्योंकि उसमें इतिहास के आधुना-स्वीकृत प्रमाण-व्यापार की 'अज्ञ' उपेक्षा ही दिखायी देती है। 'ठोस' साक्ष्य के आधार पर काल और तत्काल-घटित तथ्य का निर्णय, फिर इन घटनाओं का—जिसमें 'तथ्य' और 'बोध' या 'चेतना' दोनों का समवाय होता है—ऐसी घटनाओं का काल-क्रम में निवेश और निदान को इस क्रम के आधार पर एक शृंखलाबद्ध चित्र खड़ा करना। यह इतिहास का प्रमाण-व्यापार है। पुराण में इसका कोई लक्षण नहीं। अनुश्रुति और मिथक का बोलबाला है।

पर एक गहरा साधर्म्य है पुराण और आज के इतिहास में। दोनों की चेष्टा मनुष्य के स्वरूप को काल के आधार पर समझने-आँकने की है। आज के 'वैज्ञानिक' इतिहास के मूल में एक पूर्वग्रह है जो आज हमारे मानस पर छाया है—'मनुष्य अपने इतिहास से अभिन्न है'। यह बोध पुराण-सदृश है। साक्ष्यों की नींव पर खड़े किये गये इतिहास पहले भी गढ़े जाते थे (चाहे भारत में कम हों), पर इतिहास की यह महिमा नहीं थी कि यह मनुष्य को ही समझने का प्रमाण है। पुराण भी मनुष्य को कालक्रम में देखते हुए—एक बहुत ही विराट कालक्रम में देखते हुए—उसका 'स्वरूप' आँकते हैं। मनुष्य को काल से अभिन्न मानते हैं : युग के बदलने के साथ मनुष्य का स्वभाव बरबस बदलता है।

आज के अपने को 'वैज्ञानिक' कहते इतिहास के मूल में भी यही दृष्टि है। हाँ, पुराण से हट कर विज्ञान की तरह वह 'ठोस' प्रमाण ढूँढ़ती है : मनुष्य के साक्ष्य-ग्राह्य व्यवहार में। पर मनुष्य को इतिहास से अभिन्न मानती दृष्टि वैज्ञानिक नहीं हो सकती, चाहे अपनी पुष्टि के लिए वह वैज्ञानिक कहलाती प्रणाली का प्रयोग करे—विज्ञान जगत को परिवर्तन से हटाकर देखता है, इतिहास की तरह परिवर्तन में नहीं। आज के इतिहास-दर्शन के मूल में एक 'तात्त्विक' अवैज्ञानिक दृष्टि भी है जो मनुष्य को इतिहास से अभिन्न करती अ-वैज्ञानिक तत्त्व-दृष्टि भी इतिहास-विधा में आज काम करती है, जिसने इतिहास को आज ऐसी अपूर्व महिमा दी है, वह दृष्टि

जहाँ विचार में आत्मचेतन होकर व्यक्त होती है, अठारहवीं–उन्नीसवीं सदी के कुछ जर्मन चिन्तकों में, वहाँ विज्ञान से अपने को अलग भी करती है। विज्ञान से इनकार तो नहीं करती, पर मनुष्य को विज्ञान के विषय, प्रकृति, से भिन्न रखती है। यों ज्ञान के दो भेद (या दो पक्षों) की बात करती है : जिसे 'जानने' और 'समझने' का भेद कह सकते हैं। या 'ज्ञान' और 'अन्तर्ज्ञान' का। यह भी कह सकते हैं कि यह भेद 'आयाम' भेद है। विज्ञान की जड़ प्रकृति में एक ही आयाम है जो उसका 'बाहरी' बहिःरूप है। 'प्रकृति के 'भीतर' की बात करना वृथा है। प्रकृति को हम परिमिति और कार्य–कारण द्वारा जान सकते हैं। उसको 'समझने' का अर्थ ही नहीं बनता। पर मनुष्य में बहिः के साथ एक अन्तः भी उभरता है : उसे हम 'समझ' सकते हैं, क्योंकि हम भी मनुष्य हैं, अपने अन्तः से साक्षात् परिचित हैं। हम प्रकृति में रहते हैं पर अपने अन्तः की प्रेरणा से प्रकृति का रूपान्तर साधते हुए अलग 'संस्कृति' बनाते हैं। इस बात में सब मनुष्य एक हैं, तभी हमारी समझ मनुष्य–व्यापी हो सकती है।

इतिहास (और उससे संश्लिष्ट समाजशास्त्र) जैसी विद्यायें मनुष्य की संस्कृति को समझने की विधायें हैं। प्रमाण का आदर्श इनमें विज्ञान ही है : मनुष्य को उसके 'बाहर' से, उसके बर्ताव–व्यवहार से समझना। 'भीतर' को भी वहीं 'बाहर' ही देखने की प्रबल प्रवृत्ति है। 'बाहर' से भीतर के कई रास्ते निकाले हैं। जो राजमार्ग सा बन गया है, उसे एक तरह का संग–निस्संग–भाव कह सकते हैं—किसी संस्कृति–सन्दर्भ का पार्टिसिपेंट ऑब्ज़र्वर होना—द्रष्टा और कर्ता–भोक्ता का मेल। आज यह पद्धति हमारी परिचित है। पर सच पूछिये तो यहाँ ऑब्ज़र्वेशन ही बड़ी चीज़ है, पार्टिसिपेशन गौण है : ऊपर ऊपर का सा है, भीतर का नहीं। प्रश्न भी उठाया जाता है कि क्या संस्कृति जैसे सन्दर्भ में भीतर के पार्टिसिपेशन बिना—संस्कृति में ढले बिना—पार्टिसिपेशन हो भी सकता है? और भी टेढ़ा और गहरा प्रश्न होगा : पार्टिसिपेशन में कर्तृत्व की क्या भूमिका होती है? कर्तृत्व के लिए धर्म का (औचित्य का) प्रश्न सहज है। यों औचित्य बोध के साथ कर्म में प्रवृत्त होना भी पार्टिसिपेशन का सहज अंग हो जाता है। पर पार्टिसिपेंट ऑब्ज़र्वर दूसरों में ऐसा दख़ल देने से कतराता है : देखता है और जहाँ तक हो नैष्कर्म्य साधता है। उसे ऑब्ज़र्वर ही कहना चाहिये, पार्टिसिपेंट नहीं कहला सकता। संगी नहीं छाया संगी ही होता है। यहाँ

प्रतिप्रश्न भी उठाया जा सकता है : मनुष्य की रहनी में (संस्कृति में) पार्टिसिपेशन और ऑब्ज़र्वेशन कहीं अलग भी होते हैं—मनुष्य क्या स्वभाव से पार्टिसिपेंट-ऑब्ज़र्वर नहीं है? और रहनी से (संस्कृति से) बाहर मनुष्य ही क्या? ऑब्ज़र्वेशन-पार्टिसिपेशन की पद्धति में एक पूर्वग्रह है कि सहज-रूप में मनुष्य ऑब्ज़र्वर नहीं होता। पर क्या मनुष्य विशुद्ध कर्ता-भोक्ता हो भी सकता है, विशुद्ध संग-भाव में तल्लीन? मनुष्य की आत्मचेतना उसे द्रष्टा और भोक्ता साथ ही बनाये रखती है। एक ही डाल पर साथ बैठी दो चिड़ियों की उपमा पुरानी है (ऋग्वेद में हैं) : एक चिड़िया खाती है, एक बस देखती है। यह मानव-चेतना की सहज स्थिति है।

कहना न होगा कि पार्टिसिपेंट-ऑब्ज़र्वेशन वाले आत्मचेतना के इस स्वभाव-द्वैत की बात नहीं कर रहे, और ही कुछ कह रहे हैं। मनुष्य के साथ किसी भी पार्टिसिपेशन में विवेक का उचित-अनुचित बोध, मनुष्य-चेतना की कर्म-प्रवृत्ति में (पार्टिसिपेशन में) सहज ही जागता है। पर पार्टिसिपेंट ऑब्ज़र्वर जिन लोगों में रहता है, उनके कर्म को ऑब्ज़र्व भर करना चाहता है, स्वयं किसी वास्तव कर्म से कतराता है। उसे पार्टिसिपेंट कहना एक उपचार भर है। वह आब्ज़र्वर ही होता है। हाँ, उसके लिए मनुष्य होना आवश्यक है। नहीं तो मनुष्य का ऑब्ज़र्वेशन नहीं कर पायेगा। यह इस पद्धति के लिए एक विडम्बना है क्योंकि वह 'वैज्ञानिक' भी होना चाहती है, जिसे देखती है उसे सर्वथा 'विषय' के रूप में देखना चाहती है। 'पर' के रूप में। इस पद्धति वाले को हम जासूस कहें तो कह भी सकते हैं : गुप्तचर भी पार्टिसिपेंट ऑब्ज़र्वर ही होता है। चाणक्य-नीति में तो उसे संन्यासी का भेस अपनाने की हिदायत भी दी गयी है : यों दूसरों में रहकर, पार्टिसिपेंट होकर भी, विशुद्ध 'नैष्कर्म्य' की वृत्ति रखते हुए वह और अच्छा आब्ज़र्वर हो सकता है।

सफ़ाई दी जा सकती है कि पार्टिसिपेंट-ऑब्ज़र्वर को अगर गुप्तचर कहा भी जाये तो भी वह ज्ञान का जासूस है, प्रभुत्व या सत्ता का नहीं। लेकिन इस पर भी सन्देह का प्रश्न किया जा सकता है, किया जाता भी है। (लेवी स्ट्राउस जैसे विख्यात समाजशास्त्री ने तो दो टूक कह भी दिया था कि विजेता ही विजित का ऑब्ज़र्वेशन-अध्ययन कर सकता है, विजित विजेता का नहीं; इसलिए पश्चिम ही दूसरी संस्कृतियों का, तीसरी दुनिया का, समाजशास्त्रीय ज्ञान साध सकता है, पश्चिम का ज्ञान दूसरे नहीं साध

सकते—उनमें इसका 'अधिकार' नहीं है।) पर यह प्रश्न मैं यहाँ नहीं उठाना चाहता, इसका प्रसंग नहीं है। यहाँ क्रिटिकल कांशसनेस की बात लीजिये और उससे जुड़े कॉम्पैरेटिव मेथड की। कहते हैं पार्टिसिपेंट-ऑब्ज़र्वर इनका प्रयोग करता है; यही बात उसे दूसरों का 'अध्येता' बनाती है। इसी कारण उसकी जिज्ञासा का फल 'ज्ञान' होता है। पर इस बात में नयी बात क्या है? कौन-सा ऐसा प्रमाण-व्यापार है जो ऊहापोह, परीक्षण और सदृश-विसदृश तुलना के बिना होता है? और क्या यह मनुष्य-मात्र-सुलभ नहीं है? मगर, हाँ, इतना ज़रूर कहा जा सकता है कि यह मनुष्य-सुलभ व्यापार, विद्या या शास्त्र का रूप लेने के लिए एक विशेष साधना चाहता है, साधना का एक नैरन्तर्य, एक परम्परा चाहता है, जैसी आज इतिहास और समाजशास्त्र की है। पर इसमें भी नयी 'अनूठी', बात क्या है? 'लौकिक' और 'परीक्षक' का भेद पुराना है। परीक्षक के साथ विद्या और शास्त्र का सम्बन्ध भी पुराना है; और फिर मनुष्य को जानने-समझने की चेष्टा भी पुरानी है। नया कुछ है तो यह दावा है कि आज के इतिहास और समाजशास्त्र जैसे 'मानव' शास्त्र, मनुष्य का पहली बार 'वैज्ञानिक' अध्ययन कर रहे, विज्ञान-तुल्य 'ठोस', 'वस्तुनिष्ठ' ज्ञान उपलब्ध कर रहे हैं।

इस दावे को मानने नहीं मानने की बात हम जाने भी दें तो भी एक बात स्पष्ट उभरती है : इतिहास और समाजशास्त्र को जब परीक्षा-बुद्धि के साथ की गयी ऑब्ज़र्वेशन और पार्टिसिपेशन की प्रणाली कहा जाता है, तो पार्टिसिपेशन के अर्थ को उसके सही अर्थ की छाया-मात्र बनाकर कहा जाता है। इतिहास में तो पार्टिसिपेशन सचमुच ही छायामात्र होता है।

इसी बात को ध्यान में रखते हुए विचार के इतिहास को प्रसंग बनाना चाहता हूँ। वहाँ भी संस्कृति-विशेष के काल-सन्दर्भ-विशेष में विचार को समझने-आँकने के लिए पार्टिसिपेंट ऑब्ज़र्वेशन के आदर्श की बात की जाती है। अभी पिछले ही दिनों एक इन्डोलॉजिस्ट घर आये थे, जो भारतीय दर्शन के इतिहास का अध्ययन करते हैं। कुशल, सूक्ष्म और उदार अध्येता जान पड़े। उनमें पश्चिम का वह पुराना अज्ञ आत्मंभर भाव नहीं था कि दर्शन पश्चिम की ही सम्पत्ति है। उलटे बोले कि उनकी दर्शन में दीक्षा ही भारतीय दर्शन के माध्यम से हुई, पश्चिम का दर्शन बाद में पढ़ा और भारतीय दर्शन के माध्यम से ही उसमें प्रवेश किया। भारतीय दर्शन

के लिए उनमें इन्डोलॉजी वाला 'परायापन' नहीं है। इस अर्थ में 'भीतर' के ही पार्टिसिपेंट विद्यार्थी हैं, 'बाहर' के ऑब्ज़र्वर नहीं। फिर भी उन्होंने पार्टिसिपेंट ऑब्ज़र्वेशन की ही बात की। कहा कि वे इसी प्रणाली को अपनाते हैं।

दर्शन के प्रसंग में क्या अर्थ हो सकता है ऐसी उक्ति का? मुझे तो एक विषम-सा तात्पर्य उभरता दिखता है, जो विचार के अभिनिवेश से किनारा करने की दिशा में ले जाता है। 'किनारा करना' इस मुहावरे का यहाँ जानबूझकर निवेश कर रहा हूँ क्योंकि बात विचार करने से तटस्थ रहकर विचार को विषय-मात्र बना देने की दिशा है। किसी संस्कृति में विचार के किसी सन्दर्भ में क्या सोचा गया था इस परीक्षा तक ही अपने को सीमित रखता है विचार का आब्ज़र्वर इतिहासकार। उस विचार में 'भागीदार' पार्टिसिपेंट नहीं बनता। उसे इतिहास में ही रखना चाहता है, आज का स्पन्द नहीं बनाना चाहता।

अब यह विडम्बना भी देखिये कि अपने अध्ययन के लिए विचार का इतिहासकार जो 'सन्दर्भ' बनाता है, वहाँ सन्दर्भ की वह भूमि ही प्रबल होती है जिसे मैं सन्दर्भ की दूसरी भूमि कह आया हूँ। विचार के इतिहास के लिए विचार की अपनी दृष्टियाँ, ऊहापोह, खण्डन-मण्डन, उक्ति-प्रत्युक्ति का गति-प्रवाह, काल-विशेष, समाज-विशेष के बन्धन से लगभग निर्बन्ध होता है।

ऐसे सन्दर्भ के किसी भी 'ऑब्ज़र्वेशन' के लिए भी विचार का भागीदार (पार्टिसिपेंट) होना अनिवार्य है। बिना विचार किये विचार को ऑब्ज़र्व नहीं किया जा सकता। यह सम्भव ही नहीं है। तो फिर यह ऑब्ज़र्वर या द्रष्टा की मुद्रा क्या? यह कौन-सी विचार-भंगी है जहाँ विचार को केवल 'देखा' जाता है? यों तो विचार करने में निहित ही है यह भंगी। विचार का एक पक्ष है, किसी विचार को समझना। इसमें एक तटस्थ मुद्रा होती ही है। पर यहीं रुक जाना, यह क्या विचार का पूरा धर्म निभाना है? ऑब्ज़र्वर यहीं रुक जाना चाहता है, जानबूझकर रुक जाना चाहता है। विचार को विचार के इतिहास तक घेर देना चाहता है। हम कह सकते हैं कि ऐसा पूरी तरह से न किया जा सकता है, न कोई कर पाता है। पर इतिहास की महिमा के साथ यह प्रवृत्ति भी आज प्रबल है। इतिहास अगर मनुष्य का ज्ञान कराता है तो उसके विचार का भी ज्ञान कराता है। इससे निष्कर्ष स्वाभाविक

है कि विचार का ज्ञान विचार के इतिहास का ही ज्ञान है और यों विचार करने की नहीं देख लेने की बात बन जाती है। फिर उसे विगत के किसी कोष्ठक में डाल देने की।

दो बातें यहाँ कहूँगा। एक तो यह कि विचार का द्रष्टा अगर विचारकर के ही देखता है (किये बिना देख ही नहीं सकता), तो विचार का परिष्कार, परिमार्जन भी देखने के व्यापार में ही अपेक्षित होता है : जो अस्फुट, अस्पष्ट है उसे स्फुट स्पष्ट करना। नहीं तो बात 'समझ' की उचित, उदार धरती ही नहीं पायेगी। विचार के अच्छे इतिहासकार ऐसा करते ही हैं।

परस्पर-विवाद करते हुए अच्छे प्रतिपक्षी भी ऐसा करते हैं। बल्कि बात को इतिहासकार से आगे भी बढ़ाते हैं। तर्क-रसिक, नव्य-नैयायिकों की परिपाटी थी कि अशक्त पूर्वपक्ष को युक्तियों से समर्थ बनायें, ताकि खण्डन में रस बढ़े और अपने दर्शन में पैठ।

इससे भी आगे बढ़ा जा सकता है। किसी भी विचार में दूसरे विचारों की सम्भावनायें होती हैं। विचारक उन्हें खोलता चल सकता है। दया जी को अक्सर ऐसा करते हमने, कइयों ने, देखा ही है। पर हम यहाँ पहुँच जायें तो बात केवल इतिहासकार की तरह विचार को समझने की नहीं रह जाती, स्वतन्त्र विचार करने की हो जाती है। यह भी साथ उभर आता है कि विचार में समझने से करने तक एक ही सीधी डोर है, विचार की एक ही आत्म-प्रक्रिया है : किसी विचार को स्पष्ट करना—जो कि उसे समझने के लिए आवश्यक है—यह काम भी विचार की सम्भावनायें देखे बिना नहीं हो सकता। सम्भावनायें देखने लगें तो विचार की स्वतन्त्र यात्रा का भी आरम्भ हो जाता है। इसके विपरीत विचार का इतिहासकार विचार की इस सहज प्रक्रिया में लगाम की माँग करता है। विचार की डोर में कहीं गाँठ डाल देना चाहता है कि अब यहाँ से आगे बढ़कर विशुद्ध विचार के क्षेत्र में नहीं उतरेंगे।

यह हुई पहली बात। दूसरी बात पर आता हूँ जो पहली से जुड़ी है। हम कह सकते हैं कि चलिये ऊपर की बात ठीक सही पर साथ में यह भी सोचना चाहिये कि इतिहास का भी कोई बँधा-बँधाया सदा के लिए सिद्ध मार्ग नहीं है। उसकी भी नयी सम्भावनायें हैं जो सामने आती भी रहती हैं—अनिवार्य नहीं कि किसी गतानुगतिक परिपाटी या रूढ़ि का पालन हो। किसी के विचार को समझने तक बँधे रहने की क्या ज़रूरत, साथ-

साथ विचार भी किया जा सकता है। इतिहासकार की भूमिका छोड़े बिना भी ऐसा किया जा सकता है, क्योंकि इसमें विचार के अपने द्रष्टा-भाव के टूटने की बात अनिवार्य नहीं है।

विचार का आत्म-द्रष्टा भाव तो विचार में ही निहित है। ऑब्ज़र्वर-पार्टिसिपेंट का भेद तो बनाना पड़ता है। इसे अपनी तरह बनाया जा सकता है। पर बनाना ज़रूरी है, क्योंकि अगर विचार में आत्मसंयम के साथ बनाये गये इस भेद को छोड़ दें तो विचार के इतिहास को झुठलाने की नौबत आयेगी। आज विचार के इतिहास ने एक अपनी जगह बनायी ही है और अगर उसके रास्ते चलना है तो कोई ऑब्ज़र्वर-दृष्टि रखनी ही होगी। इसकी भिन्न सम्भावनायें हों, पर विचार और विचार के इतिहास में अभिनिवेश का जो भेद है, वह भेद ही छोड़ दिया जाये तो इतिहास भी छोड़ना पड़ेगा।

३

कुछ ऐसा ऊहापोह मैं अपने उठाये काम को लेकर करता रहा हूँ। सोचा यही था कि कुछ इतिहास, कुछ इतिहास में आये विचार के साथ विचार, यही करता हुआ भारत में कला-चिन्तन का इतिहास आँकने का कोई पहलू निकालूँगा जिसे किसी अर्थ में 'इतिहास' कहा जा सके।

यहाँ जो पिछली चर्चा में आ चुका है, नये सिरे से, नयी तरह से लाया जा सकता है—यह कि कला-संवेदना स्वभाव से इतिहासनिष्ठ है, उसके रूप इतिहास के सन्दर्भ में ही बनते हैं इसलिए उसको इतिहास से मुक्त नहीं किया जा सकता। इस कारण कला-चिन्तन भी इतिहास का घनिष्ठ हो जाता है क्योंकि संवेदना ही उस चिन्तन का मूल है। कला-संवेदना का इतिहास से बँधा होने का एक मूल कारण है : कलाकृति। बल्कि बदलती कलाकृतियों का बहुवचन। कलाकृति विचार की तरह, सूक्ष्म, अनिन्द्रिय-गम्य, अवस्तु नहीं होती। बड़ी ठोस चीज़ होती है। इन्द्रिय-ग्राह्य होना उसका एक व्यावर्तक धर्म ही है। इन्द्रिय-ग्राह्य न हो तो कला ही नहीं होगी। कलाकृति की बात कला के साक्षात् अनुभव के बिना सार्थक नहीं हो सकती। फिर मनुष्य-निर्मित वस्तु होना भी कला का व्यावर्तक धर्म है :

यों जहाँ, जैसे, जिस उद्देश्य से, जिस सन्दर्भ में बनी, ऐसी बातों का ज्ञान कला की पहचान का अपरोक्ष अंग हो जाता है। दूसरे शब्दों में, उसका मानव-प्रसंग उसके समझने का साधन हो जाता है। साथ ही, अनिवार्यतः, परिवर्तन उसके स्वरूप में निहित हो जाता है। कला-कर्म की परिस्थितियाँ काल-क्रम में होती हैं—संस्कृति-विशेष के, परम्परा-विशेष के काल-क्रम में। तो संस्कृति की किसी भी परम्परा की तरह है कला-परम्परा, बल्कि परम्परायें, जिनके अपने उपाय-उपकरण, अपनी क्षमतायें, अपने आदर्श, उद्देश्य होते हैं। इनमें रूपान्तर घटता चलता है। साधा भी जाता है। मनुष्य के किसी भी कर्म की तरह कला-कर्म को भी कृतियों के एक सुशृंखल काल-क्रम में रखकर ही समझा जा सकता है। हमारी दृष्टि कर्मनिष्ठ व्यवस्थित शृंखला, रूपान्तर की परम्परा में देखते हुए ही कला को परख-पहचान सकती है। कलाकृति विशेष का बोध भी ऐसे ही काल-सन्दर्भ में बनता है। इससे छिटककर हम अलग हो जायें तो हमारा कला-बोध अधूरा ही नहीं, विकृत, भ्रान्त भी हो जा सकता है।

दो बातें हैं, यहाँ : (१) कलाकृति की इन्द्रिय-गम्यता और (२) निर्मिति होने के नाते उसकी इतिहासनिष्ठता। इससे दो और बातें निकलती हैं। एक तो यह कि संवेदना के लिए कलाकृति का सामने होना आवश्यक है, केवल सामने होना ही नहीं, दूसरी कलाकृतियों के साथ एक व्यवस्थित काल-शृंखला में सामने होना आवश्यक है। दूसरी यह कि कलाकृति अगर इतिहासनिष्ठ है मानव की काल-यात्रा के किसी सन्दर्भ में बसी-रची है—तो सन्दर्भ ही उसकी पहचान होता है साथ ही वह भी सन्दर्भ की पहचान हो जाती है।

कला के इतिहास लेखन की परम्परा को देखें तो कला की यह पकड़ कि वह भी सन्दर्भ की पहचान है, यह बात विशेष रूप से उभरती दिखायी देती है। कला के इतिहास को एक विशेष आग्रह और अभिप्राय देती दिखायी देती है। ऊपर कह आया हूँ कि मनुष्य को मनुष्य के इतिहास से अभिन्न देखना यह इतिहास दृष्टि का अपना आत्म-श्रेयत्व बोध है और उसके महत्त्व का बीज। पश्चिम में इस दृष्टि का आरम्भ, एक और जिज्ञासा का अन्तरंग रहा है। अपनी ही पहचान की खोज : अठारहवीं-उन्नीसवीं सदी में जब मनुष्य को इतिहास से एक करती दृष्टि का उदय हुआ, वह समय यूरोप की अपनी दिग्विजय, अपने प्रभुत्व के आत्मबोध का भी युग था।

उसकी पहली तलाश उसे अपने ही इतिहास की थी : अपने गौरव-बीज की और काल-यात्रा में उस बीज के पनपने की। शेष विश्व का इतिहास यूरोप के लिए अपनी ही विशिष्ट प्रतिभा-यात्रा के इतिहास का अनुषंगी था। अपने आपको यूरोप ने ग्रीस के जागरूक विकसित, उत्तराधिकारी के रूप में देखा। वहीं अपना प्रतिभा-बीज पाया। इसलिए ग्रीस की पहचान की ओर झुका। कर्म, ज्ञान और विवेक की दृष्टि से ग्रीस की प्रवृत्तियों, आदर्शों और विचार में यूरोप ने अपनी बुद्धि-यात्रा का आरम्भ देखा और भावना-बोध की दृष्टि से ग्रीस की कला में। कला-साधना की गम्भीरतम प्रेरणा और निदर्श के रूप में ग्रीस का साहित्य, साहित्य-चिन्तन, मूर्ति-कला और वास्तुकला, इनका महत्त्व यूरोप में पुराना था, ये 'क्लासिकल' कलायें थीं, कला साधना की मातृकायें। अठारहवीं सदी में ये आत्म-प्रत्यभिज्ञा की भी साधन हो गयीं—एक नयी इतिहास-साधना के रास्ते।

जिन कलाओं को यूरोप ने आत्मावलोकन का दर्पण बनाया उन कलाओं की कृतियाँ आज भी 'उपलब्ध' हैं, 'इन्द्रिय-गम्य' हैं। साहित्य को किस अर्थ में 'इन्द्रिय-गम्य' कहा जाये यह एक उलझन है : शब्द, अर्थ से सदा-सम्पृक्त होता है और अर्थ को इन्द्रिय-गम्य कहना निर्विचार होगा। पर साहित्य की कृति का मूल रूप में 'उपलब्ध' होने और उसके 'साक्षात्' ज्ञान की बात की जा सकती है, जो कि अनुपलब्ध या पाठ-भ्रष्ट कृति के बारे में नहीं की जा सकती।

एक बात यहाँ साफ़ नहीं है। उसे साफ़ करता हुआ आगे बढ़ना चाहता हूँ। जिन कलाओं की अभी बात की उनके माध्यम ऐसे हैं कि काल में टिक सकते हैं, 'ठोस' हैं, प्लास्टिक हैं (साहित्य भी लिपि में टिकता है और लिपि का आधार-माध्यम 'ठोस' होता है)। दूसरी कलायें, जो प्रयोग की कलायें कहलाती हैं—संगीत, नृत्त, नृत्य, नाट्य (अपने खेले गये रूप में नाटक)... ये 'टिकाऊ' नहीं होतीं। तभी इनको कला के ग्रीसधर्मी इतिहास में महत्त्व नहीं दिया गया। दिया भी नहीं जा सकता था—ये आज उपलब्ध नहीं हैं। न इनकी कोई परम्परा उपलब्ध है।

मैं समझता हूँ कि यहाँ दो अलग बातों की ओर ध्यान देना ज़रूरी है जो यूरोप में कला के इतिहास से जुड़ी हैं और इसलिए हमारे भी इस विषय के चिन्तन से जुड़ी हैं। एक तो यह कि यूरोप की 'क्लासिकल कलाओं' में प्रयोग-प्रधान कलायें आ ही नहीं सकतीं। यूरोप का आत्मबोध जिस

जड़ तक—ग्रीस तक—अपने आपको ले जाना चाहता है, यूरोप के नृत्य संगीत, (और खेले गये रूप में) नाट्य का उससे सम्बन्ध ही नहीं है। किसी परम्परा के अभाव में हो भी नहीं सकता था। विदग्ध, अभिजात (मार्गी) और स्वतन्त्र कला के रूप में नृत्य तो पश्चिम में बहुत नया है। (दो–ढाई सौ साल पुराना होगा)। यूरोप की 'देशी' (लोक) कला से उभरा जान पड़ता है : ग्रीस से इसका दूर का भी सम्बन्ध नहीं है। यूरोप के मार्गी संगीत में तो ग्रीस से सम्बन्ध का अभाव ही नहीं, उलटे सम्पूर्ण दिशा–भेद के लक्षण उभरते हैं : ग्रीस के संगीत में हमारे मार्गी संगीत की तरह स्वर–संयोजना एक रेखा में आगे बढ़ती थी (लगता है राग जैसा भी कुछ था), जबकि यूरोप के मार्गी संगीत की स्वर–योजना के मर्म में पोलीफ़ोनी प्रधान है : कई स्वरों, कई धुनों का एक साथ उद्घोष। यह मार्गी संगीत वहाँ के मार्गी नृत्य से पुराना है, हज़ार साल का इतिहास होगा उसका, पर 'क्लासिकल' का जो प्रधान, गौरवमय अर्थ, 'ग्रीस से सम्बन्ध' है, उस अर्थ में उसको 'क्लासिकल' कहना उपचार मात्र है—उसका ग्रीस से कोई सम्बन्ध नहीं।

यूरोप की संस्कृति कितना ही 'ग्रीस' 'ग्रीस' जपती हो, अपने को ग्रीस का उत्तराधिकारी कहती हो, पर ग्रीस से उसका विच्छेद ही उसके इतिहास में सिद्ध है। ग्रीक परम्परायें बाकायदा नष्ट की गयी थीं। (जैसा यूरोपवाले कहते ही हैं)। सदियों बाद दुबारा सम्बन्ध बिठाने की चेष्टा हुई थी। जिस बात को चार–पाँच सौ साल ही हुए हैं। अठारहवीं–उन्नीसवीं सदी के जिस इतिहासवादी आत्मबोध की मैंने ऊपर चर्चा की, उस विचारधारा में इतिहास का एक मूल प्रयोजन ही यही दिखाना था कि ग्रीस से अलग हो जाने के बावजूद भी यूरोप की 'आत्मा' ग्रीक है। कुछ विचारक तो यहाँ तक कहते थे कि 'आधुनिक' यूरोप की आत्मा ही वास्तव में 'ग्रीक' है, ग्रीस का विशुद्ध, परिमार्जित रूप है, ग्रीस भी इस अर्थ में ग्रीक नहीं था, आधुनिक यूरोप की सम्भावना भर था। इस सम्भावना के प्रतिफलन को दिखाना ही इतिहास का एक परम–प्रयोजन था। विचार और कला भी इसी दृष्टि से इतिहास के अंग थे।

तभी अठारहवीं सदी के इतिहासवादियों का एक प्रधान स्तम्भ था : ग्रीस का विचार और दूसरा ग्रीस की वह कला, जिसकी ठोस 'प्लास्टिक' कलाकृतियाँ उपलब्ध थीं, और जिनको यूरोप की बाद की कला ने आगे

बढ़ाया। आधुनिक यूरोप तक की उनके विकास की काल–यात्रा यूरोप के आधुनिक आत्मबोध के लिए एक महत्त्व की बात हो गयी, और कला के इतिहास ने जन्म लिया।

हम भी जब अपनी विद्या–साधना में, इतिहास–बोध में, आधुनिक होकर अपने इतिहास और अपनी पहचान की ओर मुड़े तो कला का इतिहास आत्म–बोध का एक स्तम्भ बना। पर पश्चिम ने अपने प्रयोजन से कला का जो अर्थ रखा था, वही हमने रखा : हमने भी कला के इतिहास के लिए प्लास्टिक कला को ही आधार रखा; और साहित्य को।

यहाँ 'उपलब्धि' की बात को एक और तरह से लीजिये। अनुपलब्धि के कारण ही प्रयोग–प्रधान कलाओं का कोई इतिहास जैसा इतिहास नहीं रचा जा सकता। पर कला का इतिहास अगर कला का अभिन्न अंग है तो प्रयोग की कलाओं को भी इतिहास से वंचित कैसे रखा जाये? संगीत में यूरोप की कला का मूल ग्रीस तक तो नहीं जाता, पर संगीत उसके आत्म–बोध और आत्मगौरव का एक बड़ा हिस्सा रहा है। वह ग्रीक न हो पर उसमें ग्रीक 'रीज़न' और ग्रीक 'हारमनी' (सौषम्य तत्त्व) की ग्रीक आत्मा है (इतिहासवादी कह सकता है कि ग्रीस के अपने संगीत में भी यह इतनी समर्थ नहीं थी, क्योंकि उसमें भिन्न स्वरों का एक साथ प्रयोग नहीं होता था और यही तो 'हारमनी' का सच्चा लक्ष्य होना चाहिये!)

यूरोप में आज संगीत के लिए भी उसका इतिहास–बोध आवश्यक है। इसके लिए पुराने संगीत की जस–की–तस उपलब्धि आवश्यक हो जाती है। पर इस उपलब्धि से संगीत का तत्काल विलुप्त होता माध्यम ही मानो हमें वंचित रखता है। संगीत (और नृत्त) को यों का यों रखने के लिए एक बड़ी रूढ़, हर अंग प्रत्यंग को अनुवृत्ति में कसती एक बड़ी कृच्छ–साध्य परम्परा चाहिये जो कर्मकाण्ड के बाहर अविद्यमान–सी होती है। भाषा की तरह काल के साथ रूपान्तर ही सहज सम्भाव्य होता है। पर पश्चिम में संगीत एक तरह से अनिवार्यतया लिपिबद्ध भी होता है। इसके बिना प्रस्तुत ही नहीं हो सकता; क्योंकि कई भिन्न वादक एक साथ भिन्न स्वर और भिन्न स्वर–संचार की प्रस्तुति करते हैं जो लिखे बिना सबके सामने नहीं रखी जा सकती है। ऐसे लिपिबद्ध को भाषा में लिखित पुस्तक की तरह यों का यों रखा जा सकता है—पाण्डुलिपियों में, छपी पुस्तकों में। प्रस्तुति में सूक्ष्म परिवर्तन आ सकते हैं (आते ही हैं)—जिनसे बचने के लिए

आज कुछ इतिहास-प्रेमियों ने बारीक़ उपाय भी निकाले हैं—पुराने वाद्यों को यों का यों बनाने की चेष्टा की जाती है, बजाने के पुराने तरीक़ों के विवरणों को ध्यान में रखकर उन्हें यो या यों निभाने का प्रयास किया जाता है।

कला को उपलब्धि और इतिहास दोनों से युगनद्ध माना जाये तो ऐसे प्रयास उचित ही हैं। पर भारत के विदग्ध, मार्गी या 'शास्त्रीय' संगीत या नृत्त को लीजिये। यहाँ पुरानी कलाकृतियों की उपलब्धि का प्रश्न ही नहीं उठता। हम कला में पश्चिम की तरह कला के इतिहास को महत्त्व नहीं देते, किसी भी कला में नहीं देते। फिर भी कई कलाओं में पुराने को सँजोकर रखते हैं। प्रयोग की कलाओं में ऐसा नहीं करते। संगीत, नृत्त जैसी कलाओं में आलाप (या प्रस्तुति के भीतर ही रूपान्तरण), प्रस्तुति में पिनद्ध होता है। यों की यों प्रस्तुति का प्रश्न ही नहीं उठता। वह साधी ही नहीं जाती—या किसी और अर्थ में साधी जाती है। राग को 'वही' रखना कृति को 'वही' रखने से बड़ी बात मानी जाती है, और राग का 'वही' 'यों का यों' वही नहीं होता।

हम इस बात के प्रति जागरूक हों कि कुछ कलाओं का इतिहास सम्भव ही नहीं है तो कला के इतिहास का महत्त्व ही संशय के घेरे में आ जाता है। या उसकी ओर एक नयी दृष्टि की आवश्यकता हो जाती है। फिर यह भी सोचिये कि अगर एक संस्कृति विशेष में (भारत में) कला के इतिहास का कला-बोध में महत्त्व नहीं रहा, उलटे पूरी आत्मचेतना के साथ ऐसी प्रौढ़ कलायें साधी गयीं जिन्हें अपने इन्द्रिय-गम्य रूप में स्थिर रखने का आदर्श ही नहीं था तो फिर कला के इतिहास की बात क्या एक संस्कृति विशेष के एक सन्दर्भ विशेष तक सीमित होने की सी बात नहीं हो जाती है।

प्रतिप्रश्न होगा : तो क्या कला का अपने सन्दर्भ से कोई घनिष्ठ सम्बन्ध नहीं? इन्द्रिय-गम्य तो उसे होना ही होता है और यह बिना सन्दर्भ के कैसे सम्भव है? फिर कला की निर्मिति, कला की संवेदना, यह किसी परम्परा में रहकर ही होती है, परम्परा को इतिहास-बाहर कैसे किया जा सकता है?

माना। पर मैं नहीं समझता कि कला के इन्द्रिय-गम्य और सन्दर्भ या परम्परा-निष्ठ होने की स्वीकृति उसके वैसे इतिहास की स्वीकृति है, जैसे इतिहास को आज मोल दिया जाता है : उपलब्ध कृतियों की काल में खड़ी पंगत के आधार पर आँका गया वृत्त। अगर संवेदना को प्रमाण मानकर हम

कला का इन्द्रिय-गम्य होना आवश्यक मानते हैं, तो यह भी देखिये कि संवेदना कला को इन्द्रिय-बोध तक सीमित नहीं रखती, कला की इन्द्रिय-गम्यता बोध के अनिन्द्रिय अन्तरिक्ष का संकेत होती है—और इसमें अचम्भा भी क्या? किसी भी ज्ञान के लिए इन्द्रिय-बोध आवश्यक हो पर एक संकेत ही होता है, चाहे विज्ञान हो या इतिहास या कला। विचार के विशुद्ध आयामों में तर्क, गणित, प्रत्ययों के अपने सम्बन्धों का मनन—ये इन्द्रियों से दूर होते हैं तो इनमें 'ज्ञान' की बात भी लाक्षणिक होने लगती है। पर इनके बिना भी 'ज्ञान' नहीं होता। कोई विद्या, जैसे विज्ञान, जब ज्ञान का एकान्त दावा करती है तो इन्द्रिय-बोध को तर्क के माध्यम से ही एक विशेष अर्थ में सीमित भी करती है : इन्द्रिय-बोध के एक पक्ष को—गणित-गम्य 'परिमाण' पक्ष को—'सम्यक्' इन्द्रिय-बोध के रूप में परिभाषित करती है। कहती है कि सत्य से सम्बन्ध बोध के उसी पक्ष का है। शेष कल्पना है।

इतिहास तो इन्द्रिय-बोध तक सीमित रह ही नहीं सकता। उसका सबसे बड़ा साक्ष्य है, वाङ्मय। और वाक् के इन्द्रिय-बोध की बात की जाये तो पहेलियाँ ही उभरेंगी और बात भी वाङ्मय ही होगी। इतिहास का दूसरा बड़ा साक्ष्य—या पूर्वग्रह कहना अधिक उचित होगा—वह है मनुष्य का परिचित व्यवहार-लोक। पर भूलना नहीं चाहिये कि मनुष्य के आज के व्यवहार को नींव में रखते हुए ही हम विगत के मनुष्य की बात करते हैं। वही हमें मनुष्य के रूप में मनुष्य का बोध देता है। मनुष्य क्या है (और इस 'है' में 'क्या होना चाहिये' भी अभिप्रेत है)—इसका बोध, इसकी विभिन्न दृष्टियाँ, यह इतिहास की पहली धरती है जो आज के परिचित व्यवहार पर स्थित है।

फिर यह भी देखिये कि इतिहास प्रधानतः मनुष्य के कर्म का ही इतिहास होता है। हम साक्ष्य की बात तो करते हैं पर कर्म का साक्ष्य कैसा? इन्द्रिय-बोध तक तो उसे किसी भी अर्थ में सीमित नहीं किया जा सकता। इन्द्रिय-बोध वहाँ संकेत ही हो सकता है। इस संकेत का भी इतिहासकार कोई साक्षात् नहीं करता। उसे कल्पना में ही जगाता है। विगत के अवशेषों और विशेषकर वाङ्मय के आधार पर कर्म के विवरण-वर्णन देखते हुए। स्पष्ट ही अगर इतिहासकार की मनुष्य-सुलभ कर्म-चेतना आज जागृत न हो तो कल के चित्र सम्भव ही नहीं होंगे। अपनी कर्म-चेतना में आज

जागते हुए ही इतिहासकार विगत की विभिन्न कर्मधाराओं के क्रमगत परिदृश्य बनाता है। हमने ऊपर जिन समाज-संस्कृति के सन्दर्भों की बात की इतिहासकार के लिए ये मूलत: कर्म के ही सन्दर्भ होते हैं। पर इतिहासकार आज अपने अनुभव का सन्दर्भ-ज्ञान पालते हुए ही पिछले सन्दर्भों की टोह ले पाता है, उनके भेदों को परख पाता है। एक विषम प्रश्न भी अपने आप से पूछिये : आज जबकि सी.एन.एन. जैसों की कृपा से और टी.वी. के माध्यम से कर्म का इन्द्रिय साक्षात्कार भी अधिक से अधिक सम्भव होता जा रहा है, साक्ष्य का यह बढ़ता ढेर क्या इतिहासकार को अधिक देखती आँख दे देगा? आज के उलझे हुए सन्दर्भ के सूत्रों को सहेजने में अधिक सहायता देगा? अगर पुराने साक्ष्य भी यों ही बरसते हुए मिलते तो इतिहास क्या अधिक पैठ का होता, या अधिक 'सच्चा' होता? हम शायद इतिहास रचते ही नहीं।

अब कला पर आइये, और कला के इतिहास की इस माँग पर कि कलाकृति सामने साक्षात् हो तभी इतिहास बनेगा। इस माँग को परिप्रेक्ष्य में देखिये। हम पिछली युक्ति दोहराते हुए कह सकते हैं, कला संवेदना की वस्तु है, इसलिए उसके साक्षात् के बिना वह 'उपस्थित' नहीं होती—चाहे इस उपस्थिति में अनिन्द्रिय तत्त्व भी क्यों न होते हों। हम यह भी कह सकते हैं कि कला के स्वरूप में ही एक विषम-सा लगता विचित्र विरोधाभास है : होने को कला कल्पना की वस्तु होती है पर उसका होना बड़ा ठोस होता है, प्रत्यक्ष वस्तुस्वरूप। कला की उपस्थिति बड़ी विशिष्ट होती है। उसके अवयवी का दर्शन उसके अवयवों के अंग-प्रत्यंग के साक्षात् के बिना नहीं होता।

लेकिन सोचकर देखिये : ऐसी बात क्या कर्म में नहीं होती? दूसरा हमारे साथ जो करता है उसके हम कितने सूक्ष्मदर्शी होते हैं और सचमुच जब कुछ करने सा करते हैं (चाहे नीति हो या धर्म) तो कितनी छोटी-छोटी बातों का ध्यान रखते चलते हैं? कलाकार ही की तरह कैसे, किस भाव, किस भंगी से कर रहे हैं, इसका कितना तिल-तिल ध्यान रखते हैं? कर्म में ही क्यों, विचार जो सामान्य से अति सामान्य की ओर बढ़ता है, वहाँ भी विशेष का यही समादर दिखायी देता है : किसी विचारक की विचार-प्रक्रिया में उतरकर देखिये। विशेष को ही हमसे बड़ा करने लगें तो न कर्म का इतिहास बनेगा न विचार का।

फिर भी एक बात कही जा सकती है : युक्तियाँ कुछ भी दी जायें सच यह है कि कला की उपस्थिति कृति का साक्षात् चाहती है। कर्म और विचार में हम परोक्ष रहकर भी विवरणों के माध्यम से इनके स्वरूप का 'उद्धार' कर सकते हैं। कला में ऐसा नहीं कर सकते। पर इतिहास चर्चा में ही जो परोक्ष भाव है, उससे कैसे बचेंगे ? माना कि कला का इतिहास कला की संवेदना को ऊह रखता है, पर कला के इतिहास का संवेदना से सम्बन्ध होता परोक्ष का ही है—वह कला की सामान्य प्रवृत्तियाँ ही परखना चाहता है, विशिष्ट कृतियों की जाँच नहीं उसे अभिप्रेत नहीं होती—यही करे तो समीक्षा होगी, इतिहास नहीं। कला की आलोचना से कला के इतिहास की तुलना करके देखिये। अच्छी आलोचना सचमुच कृति का साक्षात् चाहती है (उसके साक्षात् में हमें और पैठ दे भी सकती है), पर इतिहास तो कृति से हटकर ही कृतियों पर केन्द्रित होता है : कृतियों के काल-चित्र, युग-चित्र बनाता है, जहाँ कृति तो विचार के नेपथ्य में अपेक्षया रहती है। ऊह ही रहती है, सामने नहीं।

सच पूछिये तो कला का इतिहास कला-चिन्तन का ही एक प्रकार है जो अपने आपको कला का अपरोक्ष अन्तरंग बताते हुए अपनी महिमा बढ़ाना चाहता है। उसकी यह स्थापना कि कला का ठीक बोध इतिहास में निष्ठ है, यह एक मत-विशेष ही है—चाहे 'युग-बोध' जैसा कुछ गहरा संस्कार क्यों न हो गया हो। हम देख चुके हैं कि यह मत स्वयं इतिहासनिष्ठ है, संस्कृति के एक सन्दर्भ, एक अभीप्सा विशेष में प्रतिष्ठित है। इसकी स्वीकृति विवेच्य हो सकती है, अनिवार्य नहीं। इससे यह भी निकलता है कि इस मत को अपने 'आज' में तौलकर ही कोई मोल दे सकते हैं। यह भी कह आया हूँ कि हमारा विगत-बोध हमारे आज के मनुष्य-बोध में प्रतिष्ठित होता है। इस बोध में एक प्रसार होता है, एक व्यापकता होती है, जिसके बिना विगत का अवलोकन सम्भव नहीं। इसमें एक स्वातन्त्र्य भी होता है, जिसके बिना अवलोकन ही सम्भव नहीं।

यही बात संवेदना के लिए भी कही जा सकती है। हम अपनी आज की संवेदना से ही कला में उतरते हैं। आज की हो या विगत की। सन्दर्भ का ज्ञान कला के परिचय के लिए उपयोगी हो सकता है पर एक बार कलाकृति संवेदना में जाग उठे तो वह सन्दर्भ से मुक्त हो जाती है। उसका अपना स्वातन्त्र्य बन जाता है। नहीं तो कृति कलाकृति नहीं होगी, सन्दर्भ का एक

और अवयव मात्र होगा। संवेदना के लिए कला व्यंजना की वस्तु होती है, जो सदा आज की बात होती है, विगत की नहीं।

हाँ, व्यंजना का अपना स्वतन्त्र वैविध्य है, विस्तार है, स्तर है, चेतना की अन्य वृत्तियों से सम्बन्ध है। हम यह भी कह सकते हैं कि हम किसी परम्परा में ही व्यंजना की सहृदयता सीखते हैं, हमारी संवेदना की दीक्षा होती है, शिक्षा होती है। पर यह बात उसे सन्दर्भ में डाल नहीं देती है, इतिहास की वस्तु नहीं बना देती है। दूसरे सन्दर्भों के प्रति खोल देती है।

विचार की तरह ही संवेदना भी सन्दर्भ में रहती हुई भी सन्दर्भ-मुक्त होती है। यहाँ कहना न होगा कि कला पर विचार या कला-चिन्तन भी इसी कोटि में आता है। उसने क्या रूप लिये, कितना समृद्ध है, नहीं है, यह बात और है। विचार एक परम्परा में होता है, उसी परम्परा में विचारक की शिक्षा-दीक्षा होती है, वहीं से वह प्रश्न सँजोता है, युक्तियाँ लेता है, विचार की गतियों के लक्ष्य सीखता है, दृष्टि अपनाता है। पर इसके साथ ही विचार की आत्मचेतना का स्वातन्त्र्य सदा स्पष्ट रहता है। विचारक को परम्परा से विचार की सामग्री का एक सम्भार मिलता है, जिसके बिना उसका विचार समृद्धिहीन, अनगढ़-सा ही होगा, पर यह परम्परा उसे बाँधती नहीं, स्वातन्त्र्य की सामर्थ्य देती है।

यहाँ इतिहासवादी फिर बात को सन्दर्भ के रास्ते इतिहास के घेरे में डालना चाहेगा। पर यहाँ सन्दर्भ को मानने से परम्परा को ही मानने की आवश्यकता उभरती है, इतिहास को मानने की नहीं। इतिहास परम्परा का पर्याय नहीं है। उसका अपना विचारतन्त्र, परम्पराओं को सन्दर्भ में डालता हुआ, उनकी तुलना करता हुआ, परम्पराओं को काल-क्रम में पिरोता है, परम्पराओं की काल-यात्रा का एक चित्र उभारता है : अक्सर इस यात्रा को विकास या ह्रास की ओर उन्मुख देखता हुआ। इतिहास इस यात्रा का कोई प्रकट, निर्धारित लक्ष्य न भी बनाये तो भी एक तत्त्व उसके द्रष्टाभाव की जड़ में होता ही है : वह परम्परा के व्यूह से (या व्यूहों से) अपने आपको बाहर ही रखता है। विचार का इतिहासकार किसी भी विचार-परम्परा का सहयात्री नहीं होता, वह अपनी अलग परम्परा साधता है, इतिहासकारों की परम्परा, जो विचार की परम्परा से अलग होती है। विगतोन्मुख होती है, आगतोन्मुख नहीं।

मैं समझता हूँ कि जैसे इतिहास परम्पराओं को आत्मसात् करके उन्हें अपने साँचों में, अपनी दृष्टि में ढालता है, वैसे ही परम्परा भी इतिहास को अपनी

सामग्री का अंग बना सकती है। आज का इतिहास विगत का एक बहुत बड़ा पसारा खोलता है। मनुष्य की इतनी परम्परायें, यात्राओं के इतने पन्थ, सम्भावनायें, पिछले किसी काल में आज की इस फैली हुई बिसात की तरह बिछे हुए नहीं थे। कला में तो यह बात बहुत ही सुलक्ष्य है। पुरानी साधना में आज भी कई खुले हुए द्वार दिखते हैं जिनमें हम चाहें तो आज भी आगे बढ़ सकते हैं। काल में इस सम्भावनाओं का अवसान हो गया था : एक तरह का अवरोध, अन्त, सूख जाना या सुप्त हो जाना, जो हमारी सम्भावनाओं का भी होता ही रहता है। पर किसी भी समर्थ परम्परा का और परम्परा में पले व्यक्ति का धर्म है सोते को जगाना, सूखे को सींचना। परम्परा ऐसा करती ही रही है : यूरोप के पुनर्जागरण को लीजिये। ग्रीस की सुप्त परम्परा को ही जगाया था उसने। ग्रीस का इतिहास नहीं रचा था। यूरोप की तत्कालीन ईसाई इतिहास–दृष्टि तो ग्रीस को 'अन्धकार युग' में ही रखती थी।

४

अपनी बात पर आता हूँ। बहुत संक्षेप में कहने की कोशिश करूँगा।

ऊपर इतिहास पर इतने आक्षेप करने के बाद भी इनकार नहीं कर सकता कि इस दृष्टि के प्रभाव से ही 'भारत में कला–चिन्तन का इतिहास' रचने का प्रयास साधा था। यूरोप की तरह यह इतिहास–दृष्टि हमारी इतनी घनिष्ठ हो चुकी है कि इसका खण्डन भी इसका इनकार नहीं होता।

कला–मात्र के या कला समग्र के इतिहास की बात आरम्भ में ही कर चुका हूँ। कलाओं में भेद–अभेद का प्रश्न जो प्रारम्भ में उठाया, वह विचार के लिए कितना ही गुत्थिल हो, मेरे प्रयास का आरम्भ वह नहीं था। मैंने काम इसलिए उठाया था कि मुझे लगता रहा है हमने कलाओं में अपने चिन्तन के इतिहास को ठीक से देखा नहीं है। जितना देखा भी है साहित्य के क्षेत्र में ही देखा है, वह भी किसी पैने और तल–ग्राही विचार के इतिहास की तरह नहीं। संगीत, नृत्त में तो चिन्तन को किसी भी गहरायी से उभारा ही नहीं गया है, जबकि इन पर चिन्तन हमारे यहाँ बहुत पुराना है। संगीत में तो वेदों तक जाता है और आज तक चला आता है। मुझे यह भी लगता

रहा है कि साहित्य-भिन्न कलाओं के चिन्तन की उपेक्षा का एक बड़ा कारण है इन कलाओं के इतिहास ही की उपेक्षा। उपेक्षा क्यों? इसकी चर्चा कर आया हूँ। इतिहास का एक साध्य अगर आत्मबोध है तो हमें यह उपेक्षा करनी नहीं चाहिये। यूरोप की तरह हमारे यहाँ नृत्त-संगीत की परम्परा टूटी नहीं है—उलटे प्रतिभाशील रही है। यूरोप की तरह कला के इतिहास को द्वार बनाकर हम अपनी संस्कृति के उत्स या मर्म तक पहुँचना चाहें तो नृत्त-संगीत का इतिहास इतिकर्तव्यता की कोटि में आ जाता है : यूरोप में विदग्ध नृत्त चाहे अब पनपा हो, हमारा नृत्त ढाई हज़ार साल पुराना है; संगीत की व्यवस्थित, सुविचारित, स्वतन्त्र परम्परा और भी पुरानी है। परम्परा अविच्छिन्न बनी हुई है। मैंने संगीत का इतिहास साधा भी है। यह भी दिखाने के लिए कि इसमें नयापन, सर्जनशीलता बनी रही है। जिससे कि कुछ 'आधुनिक' विचारक इनकार करते हैं। संगीत के इतिहास को उभारने की चेष्टा में यह अभिज्ञता भी स्पष्ट उभरती है कि इसमें संगीत की पिछली कलाकृतियों को सामने नहीं रखा जा सकता। शास्त्र के, वाङ्मय मात्र के, विवरण और संगीत सम्बन्धी चिन्तन को ही आधार बनाया जा सकता है। फिर भी कर्म के इतिहास में जैसे कर्म को सामने रखे बिना भी विगत का सार्थक चित्र बनाया जा सकता है वैसा ही यहाँ भी सम्भव है।

मुझे लगता रहा है कि जैसे संस्कृति के किसी सन्दर्भ को समझने आँकने के लिए मनुष्य के कर्म की कई दिशाओं पर—अर्थनीति, राजनीति, समाजनीति, आदर्श, विचार, कला-व्यापार इन सब पर इनके परस्पर-भाव को देखते हुए ध्यान रखना पड़ता है, वैसे ही संगीत, नृत्त और साहित्य, शिल्प किसी एक को समझने के लिए दूसरे में उतरना आवश्यक है। इन कलाओं के आत्म-बोध में (इनके शास्त्र और चिन्तन में) भी यह परस्पर-भाव स्पष्ट है। यह आदर्श के रूप में आता है, और फिर इन कलाओं की कृतियों में साक्षात् देखा जा सकता है।

विशेषकर नाट्य का (और इसी से सम्बद्ध अभिनय-प्रधान नृत्य का) आत्मचेतन प्रभाव लगभग हर कला में स्पष्ट है। मैं नहीं समझता कि ऐसा जागरूक शास्त्र-निष्ठ-परस्पर-भाव पश्चिम के कला-संसार में आधुनिक काल के पहले उभरकर आता है। लगता है चीन में था।

भारत में कलाओं के परस्पर-भाव का एक बड़ा कारण है—नाट्य-शास्त्र।

जैसा कि आरम्भ में ही कह आया हूँ, नाट्य बनता ही 'वृत्ति' से था, कला-संगम से। पश्चिम में नाट्यशास्त्र जैसा कोई लगभग सर्व कला-व्यापी शास्त्र नहीं है। 'लगभग' इसलिए कह रहा हूँ क्योंकि शिल्प और चित्र नाट्यशास्त्र की परिधि से बाहर से हैं।

'आधुनिक' काल के पहले पश्चिम के कला-चिन्तन में अरस्तू का बड़ा प्रभाव था। अगर अठारहवीं सदी के इतिहासवादियों ने ग्रीस का गौरव उकेरते हुए प्रयोग-प्रधान कलाओं की उपेक्षा की तो इसका एक कारण अरस्तू भी हो सकते हैं। अरस्तू ने कला-मात्र के स्वरूप के बारे में एक बात कही थी जो पश्चिम में बद्धमूल रही है। अरस्तू ने कहा है कि कला अनुकरण है। कला मात्र अनुकरण है।

'आधुनिकता' का एक बड़ा दावा है कि इतिहास में पहली बार 'आधुनिक' युग ने कला में एक नयी क्रान्ति को जन्म दिया : चित्र और मूर्तिकला का मुँह अनुकरण की ओर से मोड़कर उन्हें अपने स्वतन्त्र रूप के प्रति सजग कर दिया और अननुकरण-धर्मी ऐब्स्ट्रैक्ट, नॉन फ़िगरेटिव, कला की नयी चेतना को व्यक्त करती सर्वथा नयी कला को शरीर दिया। हम भी अपने आधुनिक पुरुषार्थों को पश्चिम से ही जोड़ते हैं। कला में भी। यहाँ तक कि हम अपने आधुनिक काल के इतिहास को पश्चिम के आधुनिक इतिहास के खिल के रूप में देखते हैं—क्योंकि वहीं इसके बीज हैं। इसलिए अपना संगीत और नृत्त हमें आधुनिक नहीं दीखता। पश्चिम में इसके बीज नये आधुनिक कला में अनुकरण-विरोध को एक बड़ा जागरूक और सचेतन युग-परिवर्तन माना जाता है। कला के इतिहास में एक 'अभूतपूर्व' क्रान्ति।

मैंने पाया कि दावा सच नहीं है। भारत में बहुत ही आत्मचेतन स्तर पर—नाट्यशास्त्र के कला-विमर्श में—बात आज से सवा दो नहीं तो दो हज़ार साल पहले उभर चुकी है। अभिनवगुप्त ने अनुकरण-विमुख, अपने ही स्वतन्त्र-रूप-साधती कलाओं को स्वयंप्रतिष्ठ की संज्ञा दी।

संगीत और नृत्त इन स्वयंप्रतिष्ठ कलाओं में प्रधान थे। और पते की बात यह भी है ये नाट्य से पुरानी कलायें थीं। इस मामूली से अर्थ में 'पुरानी' नहीं थीं कि नाच-गाना तो हर संस्कृति में हमेशा ही होता है, भाषा जितना ही पुराना है। इतना ही होता तो कोई विशेष बात नहीं थी। परन्तु सच यह

है कि संगीत और नृत्त दोनों, नाट्य के पहले ही विदग्ध मार्गी रूप ले चुके थे। इनके अपने विदग्ध, व्यवस्थित, सर्वांगीण शास्त्र भी बन चुके थे जो अपनी व्यापकता और सूक्ष्म समीक्षा में अब भी पैठ के हैं, आज भी भारत में नृत्त-संगीत के शास्त्रीय आधार हैं। संगीत और नृत्त-मात्र को (कहीं का ही क्यों न हो) शास्त्र की भूमिका देने में समर्थ हैं।

संगीत और नृत्त आत्मचेतन रूप से नॉन-फ़िगरेटिव थे। नाट्य इनके बाद की कला है और भरत को यह बोध था। वे जानते थे कि नाट्य का अनुकरण-स्वभाव—जो नाट्य का प्राण है, उसी का ये पुरानी कलायें निराकरण करती हैं।

तो, भरत की नाट्य-सृष्टि को भी हम क्रान्ति कह सकते हैं। इस क्रान्ति का मुँह 'आधुनिकता' की क्रान्ति से बिलकुल उलटी तरफ़ था। स्वयंप्रतिष्ठ से अनुकरण की ओर : नॉन-फ़िगरेटिव से फ़िगरेटिव की ओर। जैसे आधुनिक कलाकारों ने फ़िगरेटिव से नॉन फ़िगरेटिव की ओर बढ़ने के रास्ते निकाले, वैसे ही भरत स्वयंप्रतिष्ठ को अनुकरणधर्मी बनाने के रास्ते निकालते हैं।

इस सिलसिले में भरत एक मूलभूत प्रश्न खड़ा करते हैं। बड़ा आधुनिक प्रश्न है, चाहे उठाने का तरीका आधुनिक न हो। नृत्त, संगीत के जिन ताण्डव और गान्धर्व रूपों का भरत नाट्य-रूपान्तर साधते हैं, उनका विस्तार से वर्णन भी करते हैं। इनके पुराने शास्त्र उपलब्ध थे, उन्हीं के आधार पर इन कलाओं का वर्णन करते हैं, उन्हीं शास्त्रों के शब्दों में और उसी प्रणाली में। आज हमें ताण्डव नृत्त का जो पुराना शास्त्र उपलब्ध है वह नाट्यशास्त्र में ही उपलब्ध है। स्वतन्त्र शास्त्र लुप्त हो गये हैं। गान्धर्व का एक स्वतन्त्र शास्त्र उपलब्ध है, दत्तिलम् (जिस पर मैंने काम किया है)।

भरत बताते नहीं कि ताण्डव और गान्धर्व के स्वतन्त्र शास्त्र भी हैं। उनकी शैली पुराणों की है और स्वकण्ठ से उनका दावा यह है कि सभी कलायें—नृत्त और संगीत भी—नाट्य में समाविष्ट ही नहीं हैं, नाट्य से उत्पन्न हुई हैं। पर भरत के ही कथनों से यह भी स्पष्ट है कि उनका दावा उनकी पौराणिक भंगी का ही अंग है। पुराने शास्त्रकारों, आचार्यों के नाम वे लेते रहते हैं। पुराणों की तरह नाट्यशास्त्र एक ऋषिमण्डली को सुनाया जाता है, जहाँ भरत शास्त्र के वक्ता हैं, लेखक नहीं। श्रोता ऋषि प्रश्न भी करते

चलते हैं जैसा पुराणों में होता है।

नाट्यशास्त्र के चौथे अध्याय में ताण्डव का लक्षण-वर्णन है। एक कहानी के साथ। कहानी यह है कि भरत ने एक नाट्य की रचना की और उसे शिव को दिखाया। शिव को नाट्य अच्छा लगा पर अधूरा भी लगा। शिव ने कहा, मैं सन्ध्या को नृत्त किया करता हूँ उस नृत्त को तुम अपने नाट्य में शामिल कर लो। शिव ने तण्डु को आदेश दिया कि तुम भरत को मेरा नृत्त सिखाओ। अध्याय में आगे फिर तण्डु कथित ताण्डव-लक्षण आता है। लक्षण से प्रकट है कि ताण्डव स्वयंप्रतिष्ठ था, नाट्य की तरह अनुकरण-प्राण नहीं, जैसा कि नाट्य को भरत अपने ग्रन्थ के आरम्भ में, पहले अध्याय में ही बता चुके थे।

यहाँ सुनने वाले ऋषि कुछ मार्मिक प्रश्न करते हैं। ऋषि कहते हैं, नृत्त का नाट्य में समावेश हो ही कैसे सकता है क्योंकि नृत्त में अर्थ ही नहीं होता (जैसा कि लोक का अनुकरण होने के कारण नाट्य में होता है) ? फिर वे पूछते हैं कि नृत्त का अपना 'अर्थ' (अपना उद्देश्य) क्या है?

पहले प्रश्न का उत्तर भरत का पूरा शास्त्र है, जहाँ वे दिखाते हैं कि नृत्त का स्वतन्त्र 'स्वर' कैसे नाट्य में 'निमज्जित' किया जा सकता है। दूसरे के उत्तर में भरत कहते हैं कि नृत्त का कोई नृत्त-बाहर अर्थ नहीं होता जैसा कि नाट्य का होता है। नृत्त 'शोभा' को जन्म देता है। प्रकट है कि 'शोभा', 'रस' से भिन्न है। यह भी संकेत स्पष्ट है कि यहाँ स्वयं प्रतिष्ठ कलाओं की अपनी अलग व्यंजना की बात हो रही है, जिसे रस में नहीं समेटा जा सकता।

अभिनव भी अपनी व्याख्या में रस और शोभा के भेद पर यथोचित ध्यान देते हैं। संक्षेप में, अभिनव की व्याख्या से उभरता है कि शोभा और रस के बीच जो भेद है उसे तत्त्व-भेद की आख्या दी जा सकती है।

जैसा कि सुविदित है, रस की निष्पत्ति के लिए मनुष्य के किसी व्यवहार सिद्ध भाव की, जैसे भय, रति, जुगुप्सा, उत्साह..., इनकी कला के माध्यम से ऐसी प्रस्तुति साधी जाती है कि भाव अपनी आठ-पहरी व्यवहार-भूमि से उठकर एक दूसरी स्वतन्त्रतर भूमि पर आ जाये। इसी में नाट्य का नाट्यत्व है (और व्यापक दृष्टि से कला का कलात्व)। इसके लिए नाट्य लोक को आधार बनाते हुए—लोक का अनुकरण करते हुए—भावों को

अपनी स्वतन्त्र योजना से प्रस्तुत करता है। इसी बात को कहने के लिए भरत का यह वाक्य है कि विभाव-अनुभाव और संचारी भावों से रस की निष्पत्ति होती है। तात्पर्य यह कि जब नाट्य की अपनी कल्पना और वृत्ति-योजना के माध्यम से मनुष्य के किसी भाव को मंच पर पात्रों, चरितों, उचित घटना-परिवेश (विभाव) और कायिक, वाचिक अभिनय के सुष्ठु कौशल द्वारा जगाया जाता है—व्यवहार के घेरे से निकालकर कल्पना द्वारा निष्पन्न किया जाता है—तो भाव व्यवहार की हलचल से बाहर आ जाता है। उसमें एक भीतर की दृष्टि, आत्मचेतन बोध का एक नया आयाम, आ जाता है। भाव भाव रहते हुए भी अपना द्रष्टा हो जाता है। सांख्य की पदावली में कहें तो उसका आवेग उद्वेग में पला, रजस्तमस् स्वभाव सत्त्व में परिणमित हो जाता है। मेरा या किसी और का भाव नहीं रहता, बस भाव हो जाता है—साधारणीकृत और अपने स्वतन्त्र स्पन्द में आस्वाद्य। यही लोक सिद्ध रति का शृंगार हो जाना है, या जुगुप्सा का बीभत्स और उत्साह का वीर 'रस' हो जाना है। नाट्य के माध्यम से लौकिक भाव लोकोत्तर हो जाता है। इस लोकोत्तरत्व में बुद्धि के विकल्पों के सदृश ही एक 'प्रत्यङ्मुखता' होती है : चेतना अपनी ओर मुड़ती है जैसे कि विचार में। अन्तर यह है कि रस आस्वाद्य होता है, क्योंकि भावन-प्राण है, वितर्क-प्राण नहीं।

रस को यों देखें तो उभर ही आता है कि किसी भी अनुकरणधर्मी कला में रस-निष्पत्ति की बात को सार्थक किया जा सकता है। भेद यही होगा कि चित्र, मूर्तिकला, साहित्य आदि में विभाव, अनुभाव, संचारी की प्रस्तुति उन कलाओं की अपनी सामग्री, अपनी सम्भावना के आधार पर होगी।

नृत्त में लोक की उपस्थिति ही नहीं होती। इस कारण विभाव-अनुभाव भी नहीं होते। अभिनव कहते हैं कि नृत्त में शरीर के अंग-विक्षेप-विलास और उसी की योजना-वर्तना के माध्यम से सीधे ही (अनन्तरीयक भाव से) एक चमत्कार का अनुभव निष्पन्न होता है। यही शोभा है।

यों शोभा तत्त्वतः रस से भिन्न है। परवर्ती रस-चिन्तन में अभिनव की बड़ी भूमिका है। पर हम पाते हैं कि उन्होंने कलाओं के भीतर स्वयंप्रतिष्ठ और अनुकरणधर्मी के भेद को परखते हुए भी अपने कला-चिन्तन में रस पर ही ज़ोर दिया। शोभा के स्वतन्त्र, रस-भिन्न तत्त्व की चर्चा को आगे

नहीं उभारा। जहाँ तक मैं अवगत हूँ, किसी और चिन्तक ने भी बात को आगे नहीं बढ़ाया है।

आगे के रस-चिन्तन में रस को एक सर्व-कला-व्यापी प्रसार देने की महती चेष्टा है पर उसकी अनुकरणधर्मिता का निराकरण नहीं किया जाता। रस को भरत के 'विभावानुभावसंचारीसंयोगात् रसनिष्पत्तिः' इस सूत्र से अलग नहीं किया जाता। शोभा पर कोई मनन ही नहीं किया जाता, जिसके भिन्न चमत्कार की बात अभिनव स्वयं कर चुके थे।

५

जैसा कि कह चुका हूँ, मैंने रस प्रत्यय को अपने कला-चिन्तन के इतिहास विचार का एक सर्वतोग्राही प्रत्यय बनाया था। पर विचार करते हुए संवेदना को समझने का मेरा अपना ऊहापोह ऊपर आ गया। इतिहास और पिछला विचार गौण हो गया।

संवेदना को समझने के लिए रस की धारणा मुझे सक्षम नहीं लगती। एक तो उसमें आस्वाद्यता की बात कुछ अधिक मुखर होकर आगे आती है। जिसमें 'भोग' की एक स्थूल-सी ध्वनि है। हम भोक्तृत्व को रजस् तमस् के स्थूल से हटाकर भोक्तृत्व के सत्त्वस्थ होने की बात करें तो भी मुझे बात कमज़ोर ही लगती है। संवेदना की बात गहरायी में भोक्तृत्व की है ही नहीं।

मुझे लगता है कि संवेदना में पैठने के लिए रस से हटकर चमत्कृति की बात की जा सकती है। हमने देखा कि शोभा की मीमांसा करते हुए अभिनव भी रस की नहीं चमत्कृति की बात करते हैं। रस के साथ भी चमत्कृति की बात की जाती है। चमत्कृति को रस और शोभा दोनों पर व्याप्त देखा जा सकता है। पण्डितराज जगन्नाथ काव्य का लक्षण करने बैठते हैं तो रस में अव्याप्ति देखते हैं। ऐसा भी काव्य साधा जाता है जहाँ रस की बात करना उचित नहीं जान पड़ता। जैसे प्रकृति-काव्य। व्यापक प्रत्यय ढूँढ़ते हुए जगन्नाथ भी चमत्कार की बात करते हैं।

एक और भी बात है। संवेदना को कला या कला-बोध तक सीमित रखना

भी उचित नहीं। उसका क्षेत्र व्यापक है। जगन्नाथ ने प्रकृति काव्य की बात की, संवेदना का क्षेत्र प्रकृति-काव्य ही नहीं प्रकृति भी है, जिसका बोध कला-बोध का सधर्मी लगता ही है।

मैंने संवेदना में भेद की बात को बढ़ाते हुए बात शुरू की थी। भेद से इनकार नहीं किया जा सकता। पर एक-क्षेत्र के व्यापकत्व बोध से भी इनकार नहीं किया जा सकता। चिन्तन में विचार यहाँ जिस अभेद की ओर बढ़ रहा है, वह भी विचार की स्वभाव-गति ही लगती है।

जो भी हो, चमत्कृति का एक विवेचन करता हूँ। इस धारणा का एक उह्य आपके सामने रखता हूँ। पकड़ के लिए विचार का बढ़ता हाथ कह सकते हैं। उह्य के साथ अपोह भी आवश्यक है। उसमें यहाँ नहीं जाऊँगा। बहुत संक्षेप में धारणा आपके सामने रखूँगा। अपोह तो आप भी करेंगे ही।

चमत्कृति को चेतना का 'उन्मेष' कह सकते हैं। एक प्रकाश का बोध। 'उन्मेष' में आँख के ऊपर की ओर खुलने का भाव है, कुछ नहीं दिखा था, उसके सहसा दिख जाने का। हमारी साधारण आत्मचेतना में एक वलय होता है, जैसे एक बाड़-सी होती है—कुछ लोग तो आत्म-चेतना के कारावास और घुटन की भी बात करते हैं। पर आत्म-चेतना का अपने परे एक क्षितिज भी होता है, जिसका संकेत हमें संवेदना के उन्मेष में मिलता है। इसे स्फोट भी कह सकते हैं, सहसा, सविस्मय उभरने के ही अर्थ में ही नहीं, एक अवयवी-बोध के अर्थ में भी। जिस प्रकाश को उन्मेष कर रहा हूँ, वह ज्ञान के अर्थ में ही प्रकाश होता है। ज्ञान की सी जागृति होती है उसमें; उसी का सा अवयवी बोध जागता है इस बोध में। एक अध्यवसाय का भाव भी होता है, कि कुछ है जो सत्य है, सार्थक है। 'मिथ्या' है, भ्रान्त है, यह बोध नहीं होता। पर यह बोध बुद्धिमूलक नहीं होता। बुद्धि की दृष्टि भी अवयवी देखती है, पर अवयवों में बाँट-बाँटकर देखती है। संवेदना के उन्मेष में अवयवी मानो निरवय ही उद्भासित होता है, इसलिए एक भूमा का सा भाव लिये होता है; अपने परे एक विराट का इंगित वहन करता है जो मानो उसी में कहीं निहित है। अचम्भा नहीं कि रस की बात कला में ही नहीं, भक्ति और अध्यात्म में भी की गयी है।

रस की ही तरह उन्मेष का स्फुरण कई रूप, कई प्रकार, और प्रकार ही नहीं कई स्तर में उभरता जान पड़ता है। समझने के लिए 'रसना-व्यापार' की धारणा को लिया जा सकता है। अभिनव ने इस व्यापार को संवेदना

के साथ जोड़ते हुए इसे कारक-व्यापार से अलग किया है। कारक-व्यापार और प्रमाण-व्यापार दोनों को ही चेतना ही के व्यापारों के रूप में देखते हुए इन्हें रसना-व्यापार से यों भिन्न देखा जा सकता है। आत्मचेतना को ग्राह्य-ग्राहक के युगल रूप में देखें। प्रमाण-व्यापार में ग्राहक, ग्राह्य को विषय के रूप में जानने के लिए उससे हटता है, द्रष्टा, परीक्षक होता है। भिन्न ग्राह्यों के सम्बन्धों को देखता है, उनके कार्य-कारण-भावों में पैठता है। कारक-व्यापार को हम इन्हीं कार्य-कारण सम्बन्धों के कर्म में उपयोग की वृत्ति कह सकते हैं। आत्मचेतन ग्राहक भिन्न ग्राह्यों के कार्य-कारण सम्बन्धों को काम में लाता है। ग्राहकता की एक भूमि से दूसरी भूमि पर पीछे हटते हुए ग्राहक-चेतना ग्राह्य और ग्राहक के भी परस्पर कार्यकारण भाव को कुछ करने का उपाय बनाती है। जैसे किसी साधना में। इन व्यापारों में ग्राह्य-ग्राहक भाव अविच्छिन्न भाव से साथ रहते हुए भी सही अर्थ में अविनाभावेन युगनद्ध नहीं होता। इनका भेद ही प्रधान रहता है, रसना-व्यापार में यह भेद मिटने की ओर बढ़ता है : शोभा ग्राह्य में होती है, रस ग्राहक में। पर चमत्कृति का उन्मेष दोनों में एक-सा होता है। इस उन्मेष में एक तन्मयता होती है। रस में तन्मयता ग्राहक की ओर उन्मुख होती है। शोभा में ग्राह्य की ओर। पर है यह तन्मयता ग्राह्य और ग्राहक के एकात्म होने का ही लक्षण।

तन्मयता को चमत्कृति का एक व्यावर्तक लक्षण कह सकते हैं। पर यह मोह नहीं, जागरूक तन्मयता होती है। बात विरोधाभास-सी लग सकती है पर चमत्कृति में तन्मयता के साथ एक स्वातन्त्र्य का बोध साथ ही जागता रहता है, क्योंकि चमत्कृति आत्मचेतना का व्यापार है, जो ग्राह्य-ग्राहक भाव से ऊपर भी जागती रहती है।

चमत्कृति को एक गहरे अर्थ में शायद आत्मचेतना का बीज भी कह सकते हैं—चेतना मात्र में जहाँ आत्मचेतना नहीं भी होती है, वहाँ भी एक प्रयोजन तो होता ही है। हम कल्पना कर सकते हैं कि आत्मचेतना चेतना में ही कभी एक स्फुरण की तरह जागी और उसने चेतना को अपने को देखने की आँख दी, ग्राह्य-ग्राहक का भेद जगाया। आत्मचेतना के साथ चेतना में प्रश्न का भी उन्मेष होता है, धर्म-बोध का भी। यह चेतना मात्र की प्रयोजनमयता में सम्भव नहीं।

सृजन का बीज है चमत्कृति। क्योंकि यह गतानुगतिकता से, रूढ़ि की

जड़ता से निकालती है। ज्ञान और कर्म में भी इसका उन्मेष, इसकी प्रतिभा होती है। प्रश्न होगा कि अगर उन्मेष को हम इतना व्यापक रूप दे दें तो उसे व्यावर्तित, अविच्छिन्न कैसे करेंगे? कर्म और ज्ञान से अलग कैसे करेंगे? फिर कला के साथ उसका सम्बन्ध क्या है? हम मान भी लें कि ज्ञान, कर्म, विचार इनमें भी उन्मेष की चमत्कृति कौंधती है तो फिर हमारी प्रवृत्ति मात्र क्या कला के क्षेत्र में नहीं आ जायेगी?

एक अर्थ में ज्ञान और कर्म में भी चमत्कृति की बात ठीक ही है और इसका बोध भी हमें होता है। हम ज्ञान और कर्म के क्षेत्रों में भी 'शैली' की बात करते हैं। प्रकाश के स्फुरण की बात करते हैं, ऐसा उन्मेष जो बँधे-बँधाये नियमों और रूढ़ियों से हमें मुक्त करता है।

कला का अपना विशेष गुण-धर्म ढूँढ़ें तो कह सकते हैं कि कला चमत्कृति के स्वरूप को, उसके अखण्ड से अवयवीभाव को ही व्यंजित करने को दिशा देती है। साकार करना चाहती है। उन्मेष की तन्मयता और स्वातन्त्र्य रखते हुए। कला स्वाच्छन्द्य साधती है। अपने माध्यम की गतानुगतिक अर्थक्रिया को चेतना की प्रयोजनमात्रता से निकालकर उन्मेष की गति और दीप्ति देती है। व्यंजना का आकाश देती है।

जानता हूँ बात प्रश्नों की झड़ी उसकाती है; उखड़ी-अधूरी डगमग-सी लगती है। पर इसे अभी यहीं छोड़ता हूँ।

उन्मीलन, जनवरी २००२ | सम्पादक : यशदेव शल्य, मुकुन्द लाठ

हमारी परम्परा और (हमारी) आधुनिकता

व्याख्यान कुमार गन्धर्व की स्मृति में है। जो मैं कहना चाहता हूँ, उसमें कुमार गन्धर्व को आधार, या यह कहिये कि 'प्रतीक' या मूर्धन्य दृष्टान्त-बीज बनाकर अपनी बात कहूँगा। कुमार गन्धर्व हिन्दुस्तानी संगीत में इधर के महत् गायक-संगीतकार ही नहीं, क्रान्तिकारी संगीतकार थे और माने भी जाते हैं—स्पष्ट ही उन्होंने परम्परा से हटकर, उसकी सीमा से, बन्धन से निकलकर, नया सार्थक सृजन किया। मेरे मन में प्रश्न यह है कि हम उन्हें 'आधुनिक' क्यों नहीं कहते? उनके साथ के, और उनसे पहले के भी, कवियों, चित्रकारों, वास्तुकारों को, स्थपतियों को हम झट आधुनिक कह देते हैं, उन्हें क्यों नहीं? उनके गाने के पूरे निभाव में—नाद के उद्‌घोष में, स्वरों के लगाव में, स्वरों के बीच तिलमिलाहट के साथ घूमती चेतना में—एक हूक है, एक पुकार है, जो जानती है कि किसी को पुकार नहीं रही, कोई उत्तर नहीं मिलेगा। भाव की ऐसी निरालम्ब, निरुद्देश्य वेदना, ऐसी स्वर-वाणी—या स्वराक्षेप कहिये—जिसमें विरह है पर जो ऐसे किसी को नहीं पाता जिसके लिए विरही हो, ऐसा भाव कविता में हो तो इसमें हम सहज ही आधुनिकता देखते हैं, पर कुमार गन्धर्व के या किसी और के गाने में दिखे तो इसे हम आधुनिक कहने से एकदम से क्यों कतरा जाते हैं। सम्भव है कुमार का जो मैंने आकलन किया उस विवेचना से आप सहमत न हों, पर मेरा, आपका—हम सबका—सहृदय मन, जो कि आज का आधुनिक सहृदय मन है, वह इतना तो मानेगा कि कुमार के और दूसरे गायक-वादकों के भी गाने-बजाने के प्रति हमारी संवेदना का वही स्तर होता है और बोध की उसी गम्भीरता में जागता है जिस बोध के साथ वह आज की आधुनिक कविता, चित्र, मूर्ति आदि के प्रति उन्मुख होता

है। अजीब नहीं क्या कि हम बाहर पश्चिम से आये घासलेटी से गाने-बजाने को भी अनायास 'आधुनिक' का नाम देते हैं, पर कुमार गन्धर्व को नहीं! वे पारम्परिक ही कहलाते हैं। थोड़ा भी सोचें तो हम अपनी आत्मवीक्षा में पायेंगे कि आधुनिक हमारे लिये पश्चिम से नत्थी है—अनिवार्य-भाव से युगनद्ध है। पश्चिम से आयी या पश्चिम से प्रभावित कलाओं के बारे में हम आधुनिक ही नहीं आधुनिक के बाद भी पश्चिम की तरह ही उत्तर-आधुनिक की और उससे भी आगे के नयेपन की बात करते हैं—यह सारा प्रयोग आधुनिक के साथ जुड़ा हुआ है। कुमार गन्धर्व को हम समझ की और आकलन की इन कोटियों में कहीं नहीं रख पाते। माजरा क्या है? ऐसा क्योंकि 'आधुनिक' जैसी धारणा का कुमार गन्धर्व जैसों से कोई मेल नहीं है, चाहे उनमें नयेपन का कितना ही गहरा स्फोट क्यों न हो। रहते वे पारम्परिक अर्थात् पुराने ही हैं—नये नहीं। पश्चिम के साथ आधुनिक का ऐसा अटूट-सा अद्वैत सम्बन्ध हमारे मन में बन गया है कि कुछ कलायें, जैसे संगीत और नृत्य, इनमें कितना ही नया हो, कितना ही सार्थक नया हो, ये हमारे लिए पारम्परिक ही बनी रहती हैं—अर्थ यह कि इनमें जो नया है वह भी अपने स्वभाव में, अपने मर्म में पुराना ही है। वह नया भी हो तो आज का 'आधुनिक' नया नहीं है। और यह तब जबकि हम यह भी जानते हैं कि हमारा गाना-बजाना, हमारा नाच इनके पुराने रूपों तक हम पहुँच नहीं सकते, नायक गोपाल या तानसेन की गायकी का कोई भी साक्षात् नहीं हो सकता। पुराने नृत्त-शास्त्रियों का क्या नाच था हम देख नहीं सकते। वे बचे नहीं हैं। आज के ऑडियो-वीडियो यन्त्रों के बिना बच सकते भी नहीं थे। आज के रूपों का पुराने रूपों से सम्बन्ध समस्या ही है—पर इतना तो तय है कि नये रूप पुराने रूपों की पुनरावृत्ति तो बिलकुल नहीं हैं। राग-संगीत तो हमारा बनता ही आलाप से है जिसमें नयापन घुट्टी में ही पड़ा रहता है। पर इनके साथ आधुनिक शब्द फिर भी नहीं जुड़ सकता!

थोड़ा भी सोचिये तो बड़ी विचित्र सी बात है, पर विडम्बना यह है कि बात हमें चौंकाती भी नहीं है। हमारे मन में आधुनिक का सम्बन्ध हमारी अपनेपन से, हमारी अपनी परम्पराओं से रहा ही नहीं है। पर सार्थक नया तो किसी पुराने से ही उभरता है। हम जानते ही हैं कि पश्चिम का आधुनिक भी वहाँ परम्परा से उद्भूत हुआ है, और उसने अपनी परम्परायें बनायी हैं, जिनमें फिर उत्तर-आधुनिक और इससे आगे के रास्ते खुले रहते हैं। हम मान भी लें कि हमारी परम्परा से भी नये का, सार्थक नये का,

जन्म हो सकता है, होता रहा है, हो रहा है, पर वह पारम्परिक ही क्यों रहता है, आधुनिक क्यों नहीं हो सकता?

साफ़ ही, 'आधुनिक' शब्द के हमारे प्रयोग में बेढब आत्म-विरोध लिये दोहरापन है। सफ़ाई दी जा सकती है। कहा जा सकता है कि बात केवल शब्द-प्रयोग की है। पर ऐसा कहना विभ्रम ही होगा। आत्म-विभ्रम। बात केवल शब्द-प्रयोग की नहीं, हमारे बोध की, हमारे मानस की, दृष्टि की बात है; हमारी अपने ओर देखती दृष्टि ही आधुनिक को अपना नहीं, बाहर का समझती है। जो हमारा है वह पारम्परिक है—अपनी गति में सार्थक और मूल्यवान हो या न हो। आधुनिक का सम्बन्ध पश्चिम से है—परिभाषया ही ऐसा है। यहाँ हमारे शब्द-प्रयोग में हमारी आत्मचेतना ही प्रकट होती है।

केवल शब्द-प्रयोग की ही बात हो तो 'आधुनिक' का एक पुराना प्रयोग देखिये, जहाँ एक बहुत पुरानी, सदियों से चली आयी परम्परा के भीतर ही नयेपन के लिए, आगे बढ़ते नये उन्मेष के लिए आधुनिक शब्द का प्रयोग किया है। एक बड़े सटीक, सार्थक प्रयोग का—जिसने मुझे बरसों पहले चौंका दिया था—उल्लेख करता हूँ। १०वीं-११वीं सदी में एक बहुत बड़े दार्शनिक हुए, मिथिला के उदयन, जो न्याय-दर्शन की उनसे भी हज़ार साल पुरानी परम्परा में रहते हुए अपना स्वतन्त्र चिन्तन करते थे। कुमार गन्धर्व की तरह ही आधुनिक थे। पर अपनी तरह से। न्याय-दर्शन में ईश्वर नहीं हैं। पर युक्ति की बड़ी महिमा है। न्याय तर्क का पर्याय ही है (कह सकते हैं कि बुद्धि को गरिम रखते हुए वह स्वभाव से ही आधुनिक है)। उदयन ने एक पूरे युक्तितन्त्र के साथ ईश्वर की सिद्धि की है। गर्व से ईश्वर को सम्बोधित करते हुए कहा भी है कि मेरे बिना कहाँ के रहते! बड़ा प्रसिद्ध श्लोक है उनका। साफ़ ही, न्याय की परम्परा में वे बड़े आधुनिक थे। यहाँ पते की बात यह है कि उन्होंने अपने को आधुनिक कहा भी है—आधुनिक शब्द का प्रयोग करते हुए ही अपने को आधुनिक कहा है। एक बात पर ध्यान दें। हमारा रहना और कुछ भी करना, चिन्तन करना, यह किसी न किसी परम्परा में ही होता है; आधुनिक शब्द के पश्चिमधर्मी प्रयोग की भी हमारे लिए अब परम्परा ही बन गयी है—बल्कि परम्परा नहीं रही, रूढ़ि हो गयी है, वह भी हमारी नहीं, बाहर की जिसे हमने ओढ़ रखा है।

पर उदयन पर आइये। उदयन ने कई ग्रन्थ लिखे हैं। एक महत् ग्रन्थ न्याय के आद्य चिन्तक गौतम के न्याय-सूत्र पर लिखी गयी टीकाओं की लम्बी

परम्परा में है। पर टीकायें विचार की भी लम्बी परम्परा को टीकित करती हैं, नये प्रश्न, नये समाधान, नये विवाद, नये खण्डन-मण्डन, इनके अभिन्न अंग होते हैं। पर-परम्परा एक के बाद एक—की धारा में आगे बढ़ती रहती है। पर मनुष्य की परम्परा होती ही राग की तरह है, राग को वही राग रखना हो तो भी उसमें नया आलाप अनिवार्य होता है, नहीं तो राग ही नहीं रहेगा। उदयन ने भी अपनी विचार-कल्पना से न्याय-दर्शन के भीतर सार्थक आलाप किया है। नया आलाप किया है। दर्शन का एक प्रमुख विषय स्वयं भाषा होती है जिसमें हम चिन्तन करते हैं। शब्द हमारी जगत-चेतना को, आत्मचेतना को रूप देता है। तभी शब्द और शब्द के अर्थ पर विचार करना विचार मात्र की एक प्रमुख दिशा है : हमारा जगद्-बोध, हमारा ज्ञान, हमारे आदर्श, हमारे सन्धान, हमारी साधना शब्द के बिना इनकी कल्पना नहीं की जा सकती। शब्द और शब्द का अर्थ, इस पर न्याय-दर्शन में गम्भीर चिन्तन हुआ है, और अब भी होता है। उदयन का इस विषय में नया विचार था—और वे अपने से पहले आये वाचस्पति को भी अपने साथ रखते हैं। दूसरे भी समानधर्मा विचारक उनके मन में थे। उदयन का विचार क्या था, उसमें यहाँ जाने की ज़रूरत नहीं। मार्के की बात यह है कि वे अपने और अपने जैसों के चिन्तन को नया और पुराने से कहीं अधिक सार्थक समझते हुए, अपने और अपने जैसों के लिए आधुनिक शब्द का प्रयोग करते हैं—'वयं आधुनिकाः'—कहते हैं। विचार के अपने नयेपन पर ज़ोर देने के लिए अपने से पुराने और बहुत माने हुए प्रसिद्ध नैयायिक जयन्त भट्ट को अमान्य करते हुए उन्हें जरन्नैयायिक—पुराना, बूढ़ा-जर्जर नैयायिक कहते हैं। जयन्त उनसे बहुत पुराने भी नहीं हैं—८वीं सदी में हुए थे। और मिथिला से बहुत दूर काश्मीर में हुए थे। इस दूरी का उल्लेख इसलिए कर रहा हूँ, क्योंकि जिसे आज 'आधुनिकता' कहा जाता है, उसका एक गुण-धर्म यह भी माना जाता है कि वह सभ्यता-संस्कृति के भीतर सार्वजनीनता का एक ऐसा वलय बनाती है जहाँ लोग अपने-अपने छोटे, घिरे, संकीर्ण समुदायों और सामुदायिक सोच और स्वार्थ से उठकर एक बृहत्तर खुलेपन में और आत्मावलोकन में हिस्सा ले सकें। पुरुषोत्तम जी अग्रवाल सार्वजनीनता के इस वलय या खुले क्षितिज को लोकवृत्त का नाम देते हैं; उन्होंने भक्तिकाल में पश्चिम के प्रभाव से अछूती ऐसी आधुनिकता देखी है। उसे कुछ विद्वानों ने पहली आधुनिकता का नाम दिया है (दूसरी वह जो पश्चिम के साथ आयी)। पर लोकवृत्त

या सार्वजनीन वलय या क्षितिज के बिना कोई सभ्यता नहीं होती। और यह वृत्त विचार का बनता है; आत्मावलोकन, आत्मसमीक्षा विचार में ही होती है। भक्तिकाल में इसी का लक्षण है : समाज और अध्यात्म दोनों क्षेत्रों में वहाँ आत्मावलोकन की प्रवृत्ति एक बृहत् आन्तर और बाह्य वलय बनाती दिखती है। पर भारत में विचार के क्षेत्र में यह वृत्त या वलय कोई नया नहीं है—विचार-विनिमय, वाद और शास्त्रार्थ की प्रवृत्ति और इसके लिए संस्कृति की संस्थाओं में लोकवृत्त जैसा स्थान पुराना है। उदयन में हम इस लोकवृत्त की विद्यमानता का एक चुभता हुआ निदर्शन पाते हैं, पर बात व्यापक, भारत-व्यापक, थी। जयन्त भट्ट, जिन्हें उदयन ने बूढ़ा नैयायिक कहा है, वे उदयन से बहुत दूर काश्मीर में हुए थे, दो-ढाई सौ साल पहले हुए थे। पर उनसे, उनके ग्रन्थों से, उदयन ही नहीं, देश भर में फैली न्याय-परम्परा परिचित थी। उदयन के कथन में इसी घनिष्ठ परिचय की ध्वनि है। पर उदयन का परिचय इस बात का भी लक्षण है कि न्याय के सम्प्रदाय और न्याय-परम्परा ही नहीं, भारत के सभी दार्शनिक सम्प्रदाय, विचार की सारी परम्परायें, चाहे वे वैदिक हों—षट्-दर्शन के समुदाय हों—या आगम-प्रधान भक्तिदर्शन या अवैदिक बौद्ध या जैन समुदाय हों, या चार्वाक हों, सभी जयन्त से परिचित थे, इस बात से सतर्क परिचित रहते थे कि दूसरे क्या सोच रहे हैं, हमारा क्या खण्डन कर रहे हैं, ताकि जागरूक, उदग्र भाव से युक्ति का युक्ति से उत्तर दिया जा सके। विचार की इस निरन्तर बहस और बढ़त में पर यूथ—यानी दूसरे सम्प्रदायों से—ही तर्क नहीं होता था, स्वयूथ के भीतर भी यह प्रवृत्ति रहती थी। स्वयूथ, परयूथ, दोनों वाद-विवाद के वृत्त में आते थे। प्रवृत्ति अभी पिछले दिनों तक बनी हुई थी। दो-एक पीढ़ी पहले के नव्य-नैयायिकों में कोई अन्यत्र जाकर दूसरे नव्य-नैयायिकों से मिलकर लौटता था तो उससे पूछा जाता था, 'नया पूर्वपक्ष क्या लेकर आये हो' अर्थात् हम जो यहाँ सोचते हैं, उसके विरुद्ध वहाँ से क्या नया तर्क लेकर आये हो, ताकि सोचने को कुछ नयी ख़ुराक मिले। उदयन अपने यूथ में आधुनिकता की—नये उन्मेष की—बात करते हैं; पर विचार की सारी परम्परा ही—या लोकवृत्त के महावलय में बैठी महापरम्परा कहिये—परस्परभाव के साथ आलाप-निर्भर थी। न्याय-परम्परा में उदयन की आधुनिकता के कुछ ही समय बाद और उस नयी-तीखी तर्कशीलता से प्रभावित होते हुए न्याय में एक उत्तर-आधुनिक का उदय हुआ। इसका केन्द्र भी मिथिला था। १३वीं सदी के गंगेश उपाध्याय इसके

बड़े आचार्य हुए हैं। पर नव्य-न्याय का प्रसार देशव्यापी था। इतना ही नहीं, नव्य-न्याय की विचार-पद्धति का ऐसा प्रभाव हुआ कि देश भर में विचार की हर दिशा में विचार की भाषा ही नव्य-नैयायिक हो गयी, चाहे वह दर्शन के अद्वैत वेदान्त जैसे दूसरे सम्प्रदाय हों (मधुसूदन सरस्वती की अद्वैत-सिद्धि को लीजिये) या मीमांसा हो या व्याकरण, या अलंकार-शास्त्र ही क्यों न हो। परम्परा अब तक जीवित है, और इसमें नयेपन का—नये आधुनिक का—बीज भी बना हुआ है। इसका मुझे कुछ अनुभव भी है। प्रो. दयाकृष्ण और प्रो. रेगे ने संवाद के नाम से पश्चिमी दर्शन के 'आधुनिक' विचारकों और भारतीय पद्धति के 'पारम्परिक' विचारकों के बीच एक लम्बे चर्चा-सत्र का आयोजन किया था। विषय का सम्बन्ध भाषा से ही था (भाषा का वस्तु-स्थिति या तथ्य से सम्बन्ध); विचार के मूल-पक्ष या आधार-सूत्र के रूप में बर्ट्रेंड रसल के विचारों को रखा गया था, जिनसे 'पारम्परिक' पण्डितों का कोई पूर्व-परिचय नहीं था। पर चर्चा के दौरान साफ़ उभर रहा था कि प्रतिभा—जो आधुनिकता का बीज होती है—वह कहाँ है? विचार के अपरिचित (अछोभ) राग में भी पुराने पण्डितों का आलाप अधिक सप्राण था, विशेषकर पण्डित बदरीनाथ शुक्ल का। इस बात को यहाँ इसलिए सामने रख रहा हूँ कि युक्ति-बुद्धि और युक्तिधर्मी विचार अगर आधुनिकता का लक्षण है तो पश्चिम में उसका एकाधिकार नहीं हो सकता; यों भी पश्चिम के आदि गुरु अरस्तू की तरह हम अगर मनुष्य का लक्षण ही युक्ति-बुद्धि से करें और उस बुद्धि को पश्चिम की तरह आधुनिकता का बीज बतायें तो युक्ति-बुद्धि को फिर पश्चिम तक सीमित करने की कोई युक्ति नहीं रह जाती, हालाँकि पश्चिम के साम्राज्य के पीछे अपने आधिपत्य के औचित्य का दावा करती यह युक्ति भी रही है। न्याय की लम्बी और आज तक युक्तिबोध में जीवन्त न्याय परम्परा का उल्लेख करते हुए यह बात भी हमें ध्यान में रखनी चाहिये। न्याय की परम्परा में हमने आधुनिक देखा, उसके आगे नव्य देखा, कोई कारण नहीं कि नव्य के भी आगे की सार्थक यात्रा न बने। और न्याय में ही क्यों, हमारे समूचे विचार में उन्मेष की—आधुनिकता की—सम्भावना सदा रही है और आज भी बनी हुई है। पश्चिम की आधुनिकता हममें विचार के माध्यम से नहीं साम्राज्य के क्रूर माध्यम से आयी है—उसने हमारी विचार-परम्परा को पूर्वपक्ष नहीं बनाया था, पर हम आधुनिक हैं तो आज ऐसा कर सकते हैं। विचार का उन्मेष सदा-नवीन, सदा-

आधुनिक होता है, किसी भी आधुनिकता के हृदय में जड़ करता है।

ऊपर हमने 'आधुनिक' शब्द के प्रयोग के दो परस्पर-भिन्न अर्थ देखे। अर्थ भेद गहरा है। कुमार गन्धर्व के बारे में मैंने जिस आधुनिकता की बात की, उसका परम्परा से नाड़ी का सम्बन्ध है। उदयन भी इसी अर्थ में अपने को आधुनिक कहते हैं। उनके आगे का नव्य भी परम्परा के भीतर से उभरता नव्य है। पर अब यह सारा कुछ 'पारम्परिक' है—अधुनातन होते हुए भी पारम्परिक है। 'आधुनिकता' के अर्थ में ही गहरा अर्थ भेद दिखता है यहाँ। एक अर्थ परम्परा-सापेक्ष है यों देश-काल सापेक्ष भी है। यह सहज अनेकान्त की, वैविध्य की भी सम्भावना रखता है—क्योंकि परम्परायें अनेक होती हैं, और हर एक में भी सम्भावनाओं का अनैक्य होता है। एक साथ कई आधुनिक हो सकते हैं, या आधुनिकता के कई रूप हो सकते हैं—क्योंकि सृजन और उन्मेष ही पुरुरूप होते हैं, स्वभाव से सम्भावनाओं का आकाश पालते हैं। 'आधुनिक' शब्द का दूसरा अर्थ आधुनिक को 'आधुनिकता' का नाम देता हुआ कुछ उसमें कुछ ऐसे निरपेक्ष गुण-धर्म में देखता है जो स्वभाव से आधुनिक होते हैं, परम्परा-सापेक्ष नहीं होते; परम्परा से उसका कोई भीतर का, मर्म का सम्बन्ध नहीं होता; हो भी तो आगन्तुक या संयोग-जन्य ही हो सकता है। आज 'आधुनिकता' को पश्चिम में रखते हुए हम आधुनिक शब्द को एक ऐसा ही स्वभाव-सिद्ध, निरपेक्ष अर्थ देते हैं।

'आधुनिक' शब्द का सीधा सा अर्थ देखिये। आधुनिक का सम्बन्ध 'अधुना' से है—'अभी' से। आधुनिक वह जो 'अभी का' हो। साम्प्रतिक या 'आज का' भी कह सकते हैं। पर 'साम्प्रतिक' या 'अभी का' या 'आज का' जैसे शब्दों में सार्थकता की वह व्यंजना नहीं है जो आधुनिक में है। 'आधुनिक' केवल वही नहीं जो अभी का या आज का है, उसमें, साफ़ ही, 'होना चाहिये' की भी ध्वनि है, 'आधुनिक' वह जो अभी, आज होना चाहिये, जो आज सार्थक है। हम स्वभाव से सार्थक के सन्धानी हैं, हमारा 'है' का बोध सदा 'होना चाहिये' के साथ जुड़ा रहता है। 'आज' में नयेपन की भी ध्वनि है, 'जो कल नहीं था', पर नया अपने आपमें सार्थक भी हो, ज़रूरी नहीं। सार्थक वह नये उन्मेष से ही हो सकता है। यह उन्मेष या सृजन हमारे लिए सिद्ध नहीं होता, सदा साध्य रहता है। दूसरे शब्दों में बात प्रतिभा की है। और अगर बात प्रतिभा की है तो सम्भावना के अनेकान्त की भी है।

उन्मेष–व्यापार नियत कार्य–कारण व्यापार नहीं है, वह स्वभाव से ही कई रूप ले सकता है, लेता है। यों आधुनिक स्वरूप से ही एक नहीं अनेक होना चाहिये, नहीं तो वह सृजन नहीं होगा, नियत कुछ होगा। इसलिए ज़रूरी नहीं कि सबका आधुनिक वही आधुनिक हो। अपना–अपना आधुनिक या नया सृजन, नया उन्मेष, अपने–अपने कल पर निर्भर करेगा। या यों कहिये कि आधुनिकता परम्परा–सापेक्ष होती है। इस बात को कहने के लिए ज़रूरी नहीं कि प्रयोग 'आधुनिक' शब्द का ही हो। नया, नव्य, नूतन, अयातयाम (जो बासी न हो), टटका बहुत से शब्द हो सकते हैं—'नवोन्मेष' शब्द से हम परिचित ही हैं, इस शब्द का प्रतिभा या सृजन के लिए प्रयोग किया जाता है, जो कि स्वरूप से ही नवत्व की ओर उन्मुख रहता है। प्रतिभा की परिभाषा ही है, नवनवोन्मेषशालिनी बुद्धि।

परम्परा की अपनी समझ, उसका आत्म–बोध, इसी नवोन्मेषमयी मनीषा को केन्द्र में रखता है। ऐसी प्रतिभा के बिना परम्परा अन्ध–परम्परा या रूढ़ि हो जाती है, उसमें अर्थवत्ता ही नहीं रहती। रूढ़ि संस्कारों की लकीर है। संस्कार मनुष्य के लिए आवश्यक होते हैं, पर मनुष्य के संस्कार शिक्षा में बसते हैं, उसमें प्रतिभा का बीज होता है, वह जागता रहे तभी परम्परा सचमुच परम्परा बनी रहती है। और तब हम अपने संस्कारों का भी अर्थ, उसकी अर्थवत्ता सदा समझना चाहते हैं। राजशेखर ने प्रतिभा को दो कोटियों में रखा है : कारयित्री और भावयित्री। दोनों ही भविष्योन्मुख होती हैं, नया उन्मेष साधती हैं। कारयित्री प्रतिभा नया गढ़ती है, नयी निर्मितियाँ साधती है। पर कारयित्री की एक धरती होती है, एक विगत होता है जो उसका आधार होता है, जिसके अपने संस्कार होते हैं, अपनी निर्मितियाँ होती हैं, अपनी समझ होती है। यही समझ भावयित्री बुद्धि है। पर इस समझ में भी उन्मेष की माँग बनी रहती है। नयी भावयित्री प्रतिभा के बिना नयी कारयित्री अधूरी रहती है, आत्मस्थ नहीं होती। भावयित्री और कारयित्री का युगल ही नये आत्मविवेक के साथ परम्परा को नया सोपान देता है। अपने पर भरोसा देता है। उदयन और कुमार गन्धर्व, दोनों में यह विवेक और भरोसा देखने को मिलता है। दोनों ने अपनी तरह से परम्परा को समझा था और उसे आगे बढ़ाया था।

पर विगत के प्रति एक और दृष्टि भी देखने को मिलती है—यह दृष्टि विगत मात्र को असार्थक ही नहीं अन्ध और अज्ञानग्रस्त—अहदे जहालत—

कह देने का उद्घोष ही नहीं करती, अपने नये अपूर्व सत्य के इलहाम को धरती देने के लिए विगत को मिटा ही देना चाहती है। सामी दृष्टियों में ऐसा हम देख ही सकते हैं। आज की पश्चिम-पली निरपेक्ष आधुनिकता में भी ऐसे अर्थ की ध्वनि है; वह पारम्परिकता में अन्धकार देखती है, और अपने से भिन्न संस्कृति की परम्पराओं को पारम्परिकता का नाम देकर उन्हें आज सार्थकता की तुला पर खोखला पाती है। तभी उसके लिए परम्परा और आधुनिक का सम्बन्ध ही विरोध का है। यही नहीं, निरपेक्ष आधुनिकता को—या इसकी जन्मभूमि को—एक देश से काल से बाँध दिया गया है। कुमार गन्धर्व को लीजिये। उन्हें आधुनिक न कहते हुए हम जिस आधुनिकता को ध्यान में रखते हैं, वहाँ शब्द को एक निरपेक्ष अर्थ ही नहीं देते, उसे पश्चिम से अनुबद्ध रखते हैं। आशय यह है कि कुछ ऐसे गुण-धर्म हैं, जैसे लोकवृत्त का होना, जो स्वरूप से ही आधुनिक होते हैं, और इनके होने का सम्बन्ध पश्चिम से है। हममें वहीं से आ सकते हैं। आधुनिकता के और भी गुण हैं, जैसे श्रद्धा की जगह युक्ति-बुद्धि का प्राधान्य, पारलौकिकता की जगह इहलौकिकता का महत्त्व आदि। पर यहाँ हमारे लिए ध्येय यह है कि ये साधारण गुण जो कहीं भी हो सकते हैं और होते ही हैं, इनका सम्बन्ध एक सभ्यता विशेष और उसके एक काल-विशेष और उस काल में रूप लेती प्रवृत्तियों और उनसे संलग्न संस्थाओं ही से स्वरूपेण युगनद्ध मान लिया गया है। अन्यत्र उसका प्रसार वहीं से हुआ है और वहीं से हो सकता है,—चाहे यह प्रसार युक्ति से नहीं हिंसा से हुआ हो। यह ठीक है कि आज कुछ लोग ऐसी आधुनिकता का प्रकाश अन्यत्र भी देखने लगे हों, जैसे भारत के भक्तिकाल में, पर इसका निदर्श पश्चिम का आधुनिक युग ही है। और इसीलिए भक्तियुग में पनपी हमारी पहली आधुनिकता भी अब पश्चिम से आयी सही-सम्यक् 'आधुनिक' आधुनिकता के आगे, पारम्परिक ही हो गयी है।

'आधुनिक' को एक देश-काल विशेष से जोड़ती हुई निरपेक्ष आधुनिकता की धारणा इतिहास-दृष्टि-विशेष की एक धारणा है। यह इतिहास-दृष्टि भी नयी ही है—पश्चिम की १८वीं-१९वीं सदी में पनपी है। यह इतिहास-दृष्टि मनुष्य को देखने-समझने की दृष्टि है, और मनुष्य को उसके इतिहास में देखती है। जैसे हमारे यहाँ की युग दृष्टि भी देखती है—सत् से कलि तक। पश्चिम में यह दृष्टि उसके साम्राज्य-विस्तार के साथ जुड़ी है, और हममें उस साम्राज्य के साथ आयी है। (अगर हमने पश्चिम पर विजय

पायी होती तो सम्भव है वहाँ कलियुग आ गया होता)। आधुनिकता के अर्थ का ही पश्चिम से अनिवार्य सम्बन्ध इस दृष्टि की देन है। तभी 'आधुनिक' में जो 'होना चाहिये' की व्यंजना है उसका भी सम्बन्ध ही हमारे लिए भी पश्चिम से हो गया है। दृष्टि हमारा संस्कार बन गयी है। बात यहाँ केवल ऊपरी चकाचौंध, या हमारे रहन-सहन और प्रवृत्तियों पर वहाँ से आते प्रभाव मात्र की नहीं है। संस्कृतियों पर एक दूसरे के प्रभाव होते ही हैं। बात और गहरी है। तात्त्विक है। मनुष्य होने के तत्त्व से सम्बन्ध रखती है। तात्त्विक प्रश्न यह है कि 'मनुष्य-मात्र को आज क्या होना चाहिये'? या दूसरे शब्दों में 'मनुष्य मात्र के आधुनिक होने का क्या अर्थ है'? इसी अर्थ में 'आधुनिक होने' का सम्बन्ध ही हम पश्चिम से जोड़ते हैं। जहाँ पश्चिम का प्रभाव हो, उसकी छाया हो, या सीधी सीधी नक़ल भी हो, वह आधुनिक है। हमारा अपना जो कुछ है, 'पारम्परिक' है। और 'पारम्परिक' के प्रति हमारे आधुनिकता-प्रबुद्ध मानस में एक अर्ध-चेतन सी विरोध-भरी दृष्टि है। हमारी बुद्धि के लिए पुराना निरर्थक है, बासी है, फेंक देने लायक है। हमारे हृदय का हठ, रूढ़ सा, अन्धा सा हठ, उसे पकड़े रहना चाहता है, हमारे अपनेपन के नाम पर ही नहीं, उसमें सार्थकता भी देखता है, सम्भावना भी देखता है। पर फिर भी आधुनिकता का बीज पश्चिम में ही देखता है। इन दो प्रतीप प्रवृत्तियों को जैसे मैंने रखा है, बात अति की लग सकती है : आत्यन्तिक जान पड़ सकती है। पर मैंने जानबूझ कर इन आत्यन्तिक प्रवृत्तियों की बात की है। ये प्रवृत्तियाँ दिखती भी हैं—एक साथ एक ही मन में दिख जाती हैं। मैं अपने ही मन में इन्हें पाता हूँ।

पर उस इतिहास-दृष्टि पर एक नज़र डालें जो आधुनिक को निरपेक्ष, और यों सार्वभौम विश्वजनीन मानकर भी उसका स्रोत पश्चिम में रखती है; पश्चिम के साम्राज्य से पहले के हमारे स्वरूप को 'पारम्परिक' का नाम देती है, और यह मानती है कि पश्चिम ने हमें साम्राज्य के साथ आधुनिकता भी दी, क्योंकि वही आधुनिकता का घर है। आज परम्परा का मोल करने वाले के मानस में भी यह दृष्टि अविचारित संस्कार बन चुकी है; तभी आधुनिकता रूढ़ हठ के साथ जो अपनी लकीर बनाती है हम उसकी फ़क़ीरी करते हैं।

बहुत संक्षेप में और बहुत सरल, मोटे रूप में इस दृष्टि की बात करता हूँ—ध्यान इस अभिप्राय पर रखते हुए कि 'आधुनिकता' मनुष्य मात्र के लिए एक नये, क्रान्त, 'युग' के रूप में पश्चिम में ही क्यों है, और वहीं से क्यों

आ सकती है। इस अभिप्राय को कुछ खोलकर दिखाना इसलिए भी उचित समझता हूँ क्योंकि बात हमारे बोध में श्रद्धा बनकर घर कर चुकी है, और यों प्रच्छन्न, अस्फुट-सी ही रहती है, आत्मचेतन युक्ति के रूप में प्रकट प्रस्तुत नहीं रहती—तभी हमें हमारे ही अजाने में भीतर से हमें प्रेरित करती है। वैसी ही भीतर-बसी युगबोध की उस दृष्टि की तरह जो आज के समय को कलियुग बताती है।

कलियुग की दृष्टि की तरह ही यह दृष्टि भी मनुष्य के (मनुष्य-मात्र के) स्वभाव-स्वरूप विषयक है। मनुष्य की चेतना ही इसका विषय है। पर यह काल को निरन्तर अग्रगामी देखती है, (चक्रवत् नहीं)—मनुष्य इसके लिए सतत् प्रगति के पथ का पथिक है। मनुष्य का स्वरूप—उसकी चेतना—इस दृष्टि में उसके व्यवहार से बनती है, पर वह अपने व्यवहार को बनाती भी है, जो समाज-संस्कृति में रूप लेता है। मनुष्य स्वभाव से ही इतिहासमय है। तभी मनुष्य के इतिहास में उसकी यात्रा की गति और प्रगति को देखा और आँका जा सकता है। मनुष्यों में कई सभ्यतायें और संस्कृतियाँ उभरी हैं, पर सब प्रगति की यात्रा में समान-भाव से अग्रसर हैं—न रही हैं। आज पश्चिम इस यात्रा का अग्रदूत है, क्योंकि प्रगति के बीज का वहीं वपन हुआ, और वहीं आज परवान चढ़ा है। यह प्रगति का बीज ही 'आधुनिकता' का भी बीज है। यह पुराने जड़-मूढ़ 'पारम्परिक' को पीछे छोड़कर आगे बढ़ता चला जाता है। पश्चिम में इसने 'पारम्परिक' को बिलकुल पीछे छोड़ दिया है, पर दूसरी संस्कृतियों में पारम्परिकता का ही राज है—वहाँ आधुनिकता का बीज था ही नहीं। आधुनिकता वहाँ पश्चिम ही लाया है—वहीं से वह आ सकती थी। यह आधुनिकता पश्चिम के साम्राज्य-विस्तार के क्रूर-नृशंस, आततायी मार्ग से आयी हो, दमन-शोषण में पली हो, पर है यह मनुष्य मात्र की यात्रा का 'नया' सार्वजनीन 'आधुनिक' युग। यह मनुष्य के बोध में एक नया अभूतपूर्व स्फोट, नयी क्रान्ति है जो मनुष्य की चेतना को ही एक नये धरातल पर उन्नीत कर देती है—तभी यह मनुष्यता के लिए ही एक नया काम्य 'युग' है। यह मनुष्य के समूचे 'होने' को, उसकी रहनी-करनी, उसके सोचने-समझने, उसके सृजन, सब कुछ को, मनुष्य के व्यवहार और उससे युगनद्ध उसकी चेतना को ही, एक नये पड़ाव पर ले आता है : उसकी राज्य-समाज-क़ानून-अर्थव्यवस्था को ही नहीं, उसके ज्ञान-भाव-कर्म, इन सभी क्षेत्रों में एक नया प्रतिमान, नये आदर्श, नये साध्य का बोध लाता है। कला, दर्शन, साहित्य,

विचार, सभी को एक नये प्रकाश में ढालता है। या यों कहिये कि मनुष्य की सभी प्रवृत्तियों में एक नया 'युगबोध' जगाता है। यही 'आधुनिकता' है।

यह 'आधुनिकता' सार्वभौम है, पर पश्चिम से फिर भी इसका नाड़ी का सम्बन्ध है। इसकी सम्भावना पश्चिम में ही थी। प्राचीन ग्रीस इस सम्भावना की जन्मस्थली है, जिसे पश्चिम अपनी संस्कृति की नींव मानता है। ग्रीस 'आधुनिकता' की आद्यभूमि इसलिए है कि वहीं रीज़न या युक्तिशील बुद्धि का उदय हुआ। रीज़न ही मनुष्य की प्रगति की सारथि है। रीज़न के प्राकट्य को मनुष्य की पहली और मूल 'आधुनिकता' भी कह सकते हैं। या आधुनिकता का अपूर्व स्फोट कहिये। इसके पहले मनुष्य आदिम मूढ़ता और ज्ञानान्धता में ही डूबा था—यही 'पारम्परिकता' का भी पर्याय है। रीज़न ने ज्ञान, कर्म, भाव, मनुष्य की सभी प्रवृत्तियों को आलोक की दिशा दी। पर यह पश्चिम में ही हुआ—अन्य संस्कृतियाँ अपने पारम्परिक घेरों में बन्द रहीं, इसलिए रीज़न की प्रभा पश्चिम तक सीमित रही। वहाँ भी इसे संघर्ष करना पड़ा : यूरोप के मध्यकाल में रीज़न का शुभ्र आलोक ईसाइयत की मलिन, युक्तिहीन श्रद्धा से ग्रस्त हो गया। रीज़न पर अन्धकार—या 'पारम्परिकता' कहिये—फिर से हावी हो गयी। पर १४वीं-१५वीं सदी में एक पुनर्जागरण आया—ग्रीस की प्रतिभा फिर से उन्मीलित हुई। उन्मीलित ही नहीं एक नये उन्मेष के साथ पल्लवित हुई। विज्ञान का आविर्भाव हुआ, जिसने मनुष्य की समूची समझ में ही रीज़न का एक अभूतपूर्व स्फुरण जगा दिया। नये ज्ञान के साथ नयी शक्ति जगा दी—यों भी ज्ञान इस दृष्टि में शक्ति का ही दूसरा नाम है। मनुष्य का जगत से और अपने आपसे सम्बन्ध का एक नया पर्व आविर्भूत हुआ—मनुष्य को लोकोत्तर के आतंक से मुक्त होकर एक नया आत्मभर प्रभुत्व मिला। घटना यूरोप में ही घटी। वहीं पनपी। पर विज्ञान यूरोप के लिए एक नयी शक्ति का स्रोत बना तो पश्चिम सारे संसार पर दिग्विजयी होने लगा। पर यह दिग्विजय विज्ञान की भी दिग्विजय थी—एक नये युग की ही दिग्विजय थी। यूरोप का प्रभुत्व मनुष्य मात्र के लिए नये युगबोध के प्रसार का साधन बना—मार्ग कितना ही अमानुष क्यों न रहा हो।

संक्षेप में यही 'आधुनिकता' की मनुष्य दृष्टि में निष्ठ इतिहास-दृष्टि है। इसका उदय यूरोप में विज्ञान और सत्ताबोध दोनों की नयी उपलब्धि के साथ हुआ। एक नये गौरव-बोध ने उसमें एक नया आत्मबोध भी जगाया, जिसने विचार में नये इतिहास-मूलक मनुष्य-बोध का रूप लिया। सत्ता

और विज्ञान के आत्मगौरव में जन्मे इस इतिहास–बोध में मनुष्य यात्रा का 'हरावल' उसका युद्धवीर अग्रणी ही यूरोप था। वह यात्रा का केन्द्र और नेता ही नहीं, उसका मसीहा भी था—जो दूसरों को चाहे–अनचाहे अपने साथ ले रहा था। इतिहास–पुरुष की कालयात्रा की नियति को पूरा कर रहा था। नये प्रकाश का तापी–प्रतापी सूर्य बनकर शेष संस्कृतियों के अन्धकार को बरबस हटा रहा था—दूसरे शब्दों में वहाँ की 'पारम्परिकता' के जंजाल को साफ़ कर रहा था।

यों 'आधुनिकता' पश्चिम से आयी, और वहीं से आ सकती थी। प्रकट ही यह 'आधुनिकता' संस्कृति सापेक्ष नहीं, निरपेक्ष 'आधुनिकता' है—इसे आधुनिकता का परमार्थ भी कह सकते हैं। पर इतिहास की विचित्र–वक्र गति ने इसे पश्चिम–सापेक्ष बनाया है—इसलिए उसकी छत्रच्छाया के बिना यह रूप नहीं ले सकती।

अपने सार में—बोध के मर्म में—यह बड़ी (पुराण–सदृश) रूपकमयी इतिहास–दृष्टि है। यह 'आधुनिक' को एक निरपेक्ष, सार्वभौम युग बताते हुए भी इसे अनिवार्यत: पश्चिम से जोड़ती है, उसे स्वरूप से ही पश्चिम–केन्द्रित बनाती है। इस दृष्टि का उदय यूरोप की गम्भीरतम विचार–परम्परा में १८वीं–१९वीं सदी में हुआ, जब यूरोप में विज्ञान ज्ञान का ही पर्याय हो गया था और यूरोप दूसरी सभ्यताओं को सहज विजेय ही नहीं, अपने आगे क्षुद्र, म्लान और हीन—'अविकसित'—समझने लगा था (जैसा कि अब भी समझता ही है—तभी विकासमान होने का अर्थ ही पश्चिम जैसा होता जाना है)। अपनी सत्ता के विस्तार के साथ पश्चिम अपने आपको विश्व भर की लोक–यात्रा में ही नहीं, चेतना की यात्रा में भी सबका नेता—आत्म–नियोजित ही नहीं, इतिहास–नियोजित, नेता मानने–कहने लगा था। यूरोप के प्रसिद्ध–प्रतिष्ठित विचारक अब यह कहने लगे कि शेष संस्कृतियाँ जब तक ज्ञान, भाव, कर्म, सबमें यूरोप की संस्कृति की स्नातक नहीं होंगी, अपनी जड़ता से मुक्त नहीं हो पायेंगी (अर्थात्—'पारम्परिक' ही रहेंगी)। इधर यूरोप दूसरी सभ्यताओं पर अधिकार जमा ही रहा था, उसका राज्य–समाज–क़ानून तन्त्र ही नहीं, उसका विचार और आदर्श–तन्त्र भी नयी शिक्षा के माध्यम से फैल रहा था। यूरोपीय संस्कृति 'आधुनिकता' का पर्याय हो गयी, और दूसरी संस्कृतियों की अपनी प्रवृत्तियाँ 'पारम्परिक' हो गयीं।

सोचने की बात यहाँ यह है कि इस इतिहास-दृष्टि में सहज ही दोष दिख सकता है : ऊपर हमने जिस न्याय परम्परा की बात की, वह रीज़न में ही पली है। फिर, इतिहास-दृष्टियाँ ही सापेक्ष होती हैं, उनमें सहज अनेकान्त होता है। आज के उत्तर-आधुनिक कहलाते बोध में तो इतिहास के वृत्तों को कल्पना की निर्मितियाँ कहा जाने लगा है। इतिहास तो मनुष्य को मनुष्य के विगत के माध्यम से समझने का एक मार्ग है। पर हमारी भावयित्री-बुद्धि मनुष्य को आँकने-समझने के दूसरे भी मार्ग ले सकती है। भिन्न सभ्यताओं में विचार की, दर्शन की परम्परायें इसकी साक्षी हैं।

यह भी सोचिये कि हम रहते परम्परा में हैं, इतिहास में नहीं। इतिहास विगत-मुखी होता है, परम्परा हमारे जीवन, हमारी रहनी के साथ भविष्य की ओर उन्मुख रहती है। हम अपनी परम्परायें साधते रहते हैं, इन परम्पराओं की जड़ें नयी भी होती हैं, पुरानी भी, पर परम्परा में प्राण-प्रतिष्ठा हमारी अपनी प्रतिभा से होती है, नहीं तो वह अन्ध ही रहती है। और प्रतिभा जिस ओर बढ़ती है, उसमें अनजान का रहस्य ही नहीं होता, सम्भावनाओं का अनैक्य भी होता है। तभी परम्परा सचमुच हमारी हो तो आधुनिक भी हमारा होगा।

एक प्रश्न से अन्त करता हूँ जो दया जी अक्सर उठाते थे। हम अपनी पुरानी चली आती परम्पराओं का क्या करें? बड़ी समृद्ध, बड़ी व्यापक, बड़ी लम्बी परम्परायें हैं; हम उन परम्पराओं को केवल इतिहास के निस्संग अध्ययन का विषय बनाकर नहीं छोड़ सकते। विशेषकर विचार के क्षेत्र में। विचार में आत्मस्थ होने की आवश्यकता, या भावयित्री प्रतिभा की आवश्यकता कहिये, हमारी किसी भी परम्परा को सार्थक दृष्टि देने के मर्म में होती है। विचार में ही सभ्यता-संस्कृति आत्मावलोकन करती है। साध्य का मनन करती है। वहीं से बात सर्वत्र, हमारी सभी प्रवृत्तियों में फैलती है। परम्पराओं को प्रतिभा देती है। हम अपनी परम्पराओं से सार्थक सप्राण सम्बन्ध कैसे जोड़ें? हम अपना नया अधुनिक कैसे बनायें? मैं समझता हूँ, यह प्रश्न हमारे समक्ष आज बड़ी गहरी कचोट के साथ जागता है।

रज़ा फ़ाउण्डेशन द्वारा स्थापित पं. कुमार गन्धर्व स्मृति-व्याख्यान के अन्तर्गत दिया गया पहला व्याख्यान।

स्वरमुद्रा : भाग-१, अंक-१ (सम्पादक : यतीन्द्र मिश्र), जनवरी-जून २०१४

कृति-विचार

निर्मल वर्मा के 'कला में सत्य की धारणा' पर

निर्मल जी के एक प्रबन्ध की चर्चा करने बैठा हूँ। प्रबन्ध उनके एक व्याख्यान-क्रम का लिखित रूप है। साहित्य अकादेमी की ग्यारहवीं संवत्सर-व्याख्यान-माला में निर्मल जी ने दो भाषण दिये थे, जिन्हें अकादेमी ने 'कॉन्सेप्ट ऑफ़ ट्रुथ इन आर्ट' के नाम से १९९६ में छाया था। पहले भाषण का शीर्षक था : 'अन्तिम पड़ाव' 'द लास्ट आउटपोस्ट' और दूसरे का 'भगवान विष्णु का मुख'—'विष्णुज़ माउथ'।

मैं जो कहने बैठा हूँ, कुछ निर्मल जी की बात पर होगा, कुछ उनकी बात के बहाने, जैसा कि चर्चा में अक्सर होता ही है।

निर्मल जी के प्रबन्ध को देखा तो पहले ही प्रश्न उठा : कला में ट्रुथ की बात क्यों उठा रहे हैं ? मैं कला के बारे में सोचता हूँ तो जो कॉन्सेप्ट सहज ही मन में आता है, 'रस' या 'सौन्दर्य' का आता है—ये 'प्रत्यय' या धारणायें कहिये, ये ही अनायास ध्यान में आती हैं। कला करती क्या है, उसका प्रयोजन क्या है ? यह प्रश्न भी सहज उभरता है। इस प्रश्न के साथ जो समस्यायें आगे आती हैं, उनमें उलझन धर्म या नैतिकता को लेकर होती है। बल्कि यों कहना चाहिये कि प्रश्न यह कचोटता है कि कला अगर रस और सौन्दर्य की ही बात है, तो फिर कला है किस काम की ? उसकी कोई उचित उपादेयता भी है क्या ? यह जिज्ञासा स्वाभाविक ही लगती है, और पुरानी है। प्रयोजन की बात तो हम हर चीज़ के बारे में उठाते हैं। कला के बारे में तो ख़ास ही उठाते हैं, क्योंकि हमारा कला का अनुभव मानो कहता है कि यह कोई वैसी चीज़ नहीं जिसे प्रयोजन वाली चीज़ कहा जाये। कला का प्रयोजन कला में ही निहित लगता है। इसके

रंजन में, आनन्द में। इनसे अलग किसी नैतिक या सामाजिक हित में नहीं। यही बात शायद बार-बार चुभ भी जाती है; इसीलिए बार-बार उठायी भी जाती रही है। रंजन, यह क्या प्रयोजन हुआ? यह तो आत्मरति है, अपने ही सुख का मोह, जो प्रयोजन कहलाने लायक प्रयोजन कभी हो ही नहीं सकता।

बात अखर जाती है। और इसलिए और भी विशेष अखर जाती है कि अन्यथा कला के गहरे अनुभवों में हमें यह भी लगता है कि यह मात्र विनोद या स्वाद की वस्तु नहीं है। इसका रंजन ऐसा इन्द्रिय-भोग नहीं है जिसे निरा 'रंजन' कहा जा सकता हैं। इसमें गहरा कुछ है जो हमारे गम्भीरतम स्वरूप से और पुरुषार्थों से सम्बद्ध है। आश्चर्य नहीं कि भरत ने नाटक को 'क्रीडनक' कहते हुए भी उसे चतुर्वेद समुद्भूत पञ्चम वेद माना। यों ज्ञान से और सदाचार से उसका सम्बन्ध जोड़ा। अगर कला निरा विनोद ही लगे तो हमारा विवेक हमें टोकने से नहीं रुकेगा कि फिर कला का मोल क्या? इसे तूल क्यों दिया जाये?

हर संस्कृति में कला के प्रति ऐसी सन्देह-दृष्टि रही है। पुरुषार्थ—मनुष्य के योग्य प्रयोजन, जिज्ञासा, साधना, यह ज्ञान में है, धर्म और कर्म के औचित्य में है। कला में इसके होने की बात कुछ खरी नहीं लगती। मनुष्य कैसे रहे, व्यक्तिगत जीवन को, समाज को किस आदर्श में ढाले, क्या व्यवस्था दे, इन बातों को जो विधि-विधान देते आये हैं, उन्होंने कला को औचित्य की चौखट के बाहर ही रखने की दृष्टि पाली है। मनु को लीजिये, या प्लेटो को। या मज़हबों को लीजिये—ईसाइयत और इस्लाम को। ये पूरे-के-पूरे मनुष्य को जिस सत्य से बाँधना चाहते हैं, वहाँ कला मिथ्या ही ठहरती है। लगभग आसुरी। जहाँ कला की गहरी स्वीकृति है भी, जैसे हिन्दू धर्म के कई रूपों में—शैवों में, वैष्णवों में—वहाँ भी कला की स्वतन्त्र पुरुषार्थ के रूप में स्वीकृति नहीं है (जैसा कि निर्मल जी का आशय झलकता है)। शैवों और वैष्णवों में कला के विशेष रूपों का ही समर्थन है। फिर इन्हें मात्र कला नहीं माना जाता, ये पूजा, अर्चा जैसे अनुष्ठानों के अंग होते हैं, या भक्ति-प्रयोज्य होते हैं।

कला के समर्थक भी रहे हैं। अक्सर वे किसी पुरुषार्थ कहला सकने वाले आदर्श के साथ नत्थी करके ही कला का समर्थन करते आये हैं। कला की स्वीकृति उपाय के रूप में सहज रही है, उपेय के रूप में नहीं। इस अर्थ

में नैतिक, सामाजिक, राजनीतिक, आदर्श इसे समर्थन देते रहे हैं। मज़हब भी समर्थन देता रहा है, क्योंकि अपनी मूल-दृष्टि से कला को हेय मानते हुए भी किसी-न-किसी रूप में कुछ कला मज़हब में स्वीकृत होती रही है, चाहे उसे ऊँची सीढ़ी पर नहीं बिठाया जाता हो। समर्थन का एक आधार अध्यात्म भी रहा है। कला आत्म-साक्षात्कार की साधना का भी माध्यम हो सकती है। हमारे यहाँ तो यह आदर्श सुविदित है। सामगान की परम्परा में बड़ा स्पष्ट उभरता है।

कला को जब कवच की—अपने बचाव की—आवश्यकता हुई है तो धर्म और अध्यात्म, इन दो आधारों का सहारा लिया गया है। एक उदाहरण देता हूँ। चित्तौड़ के प्रसिद्ध राजा राणा कुम्भ ने १५वीं सदी में संगीत पर 'संगीतराज' के नाम से एक वृहत् ग्रन्थ की रचना की। 'संगीतराज' संगीत के सभी प्रचलित और ज्ञात रूपों का लक्षण-वर्णन करता है। विशाल परिधि को समेटता है, जिसमें संगीत के 'दृष्ट' और 'अदृष्ट' दोनों तरह के रूप लक्षण के विषय हैं। 'अदृष्ट' रूप वे जो धर्म या अध्यात्म से सम्बद्ध माने जाते थे, जिनका प्रयोजन स्वर्ग या अपवर्ग (मोक्ष) से जुड़ा था। जो किसी अर्थ में दिव्य या अलौकिक थे। दृष्ट रूपों में प्रधान है राग-संगीत। इसे 'दृष्ट' इसलिए कहा जाता था क्योंकि इसका प्रयोजन था रंजन : राग का लक्षण ही है, 'रंजनात् जायते इति रागः '। यह दृष्ट प्रयोजन है : यहीं, इस लोक में मन की आँख को भा जाना, आस्वाद दे जाना। पर यह प्रयोजन दुर्बल ही लगता है, मनुष्य के अन्य 'उदात्त' प्रयोजनों का शत्रु। तभी धर्मशास्त्रों में कला को निन्दित माना गया है, इसको संस्कारित समाज के बाहर रखने की बात की गयी है। इसीलिए राणा कुम्भ 'संगीतराज' का आरम्भ ही संगीत के समर्थन से करते हैं। स्मृतिकारों का विश्वास था कि कला की प्रवृत्ति में एक स्वरूपनिष्ठ उश्रृंखलता है जो धर्म-व्यवस्था को—और मोक्ष जैसे उच्चतर पुरुषार्थ की प्रवृत्ति को—दूषित करती रहती है। हमें नैतिक उद्देश्यों से भटकाती है। उसे राज्य और समाज-व्यवस्था की लक्ष्मण रेखा के बाहर रखना ही ठीक है। कुछ ऐसे ही ऊह को मन में रखते हुए नट और गायक को नगर-द्वार के बाहर ही रखने का विधान है। राणा कुम्भ संगीत के समर्थन में उसे मोक्ष का कवच पहनाते हैं। उसके अध्यात्म-सम्बन्ध को उभारते हैं। संगीत के पक्ष में सफ़ाई यह देते हैं कि संगीत अध्यात्म का द्वार है।

'याज्ञवल्क्य स्मृति' से एक उद्धरण देते हैं जहाँ संगीत के कुछ 'अदृष्ट' रूपों को शिवलोक का उपाय कहा है। राजा कुम्भ तक आते-आते भक्ति की धारा भी पूरे देश में वेग पकड़ चुकी थी। भक्ति के अध्यात्म में संगीत की स्वीकृति और भी सहज है। और एक अर्थ में 'सामान्य' है—इस अर्थ में कि भक्ति संगीत के रूप-विशेष को ही ग्राह्य नहीं मानती। वह संगीत के रूपों में दृष्ट-अदृष्ट जैसा कोई विभाग नहीं बनाती। भाव की 'सच्चाई' चाहती है, रूप की नहीं। तभी भक्तों में कहा गया है, 'भावग्राही जनार्दन:'। 'रूपग्राही जनार्दन:' नहीं कहा है। भजन-कीर्तन किसी भी संगीत में हो सकता है। आज तो नयी टटकी फ़िल्मी धुनों पर होता ही है। याज्ञवल्क्य को यह स्वीकृत नहीं होता, उन्होंने संगीत के रूप विशेष को ही शिव-प्रिय कहा है। ऐसे ही रूप को 'अदृष्ट' माना जाता था; संगीतमात्र को नहीं। भक्तों के लिए संगीत में दृष्टादृष्ट-विवेक सार्थक नहीं; साथ ही संगीत भक्ति साधना का अभिन्न अंग भी है। मर्म की बात है भक्ति-भाव, जिसका प्रकाश भक्तों के लिए प्रधानत: शब्दों में होता है, स्वरों में नहीं। पर स्वर भी आवश्यक है। राणा कुम्भ ने संगीत के समर्थन में 'याज्ञवल्क्य स्मृति' के साथ पुराणों के इस प्रसिद्ध वाक्य का भी उद्धरण दिया जहाँ भगवान स्वयं कहते हैं, मद्‌भक्ता: यत्र गायन्ति तत्र तिष्ठामि नारद। यह समर्थन एक ओर तो याज्ञवल्क्य के समर्थन से कहीं अधिक व्यापक है, क्योंकि संगीत के रूप-विशेष तक सीमित नहीं है—संगीत का कोई भी रूप भक्ति का साधन हो सकता है। पर इस व्यापकता के साथ, संगीत की दृष्टि में इसमें एक विवेक-दुर्बलता भी है। संगीत की अपनी पहचान पर-समर्पित हो जाती है। यों, कि संगीत के भीतर का उथला-गहरा, अच्छा-बुरा, वह तारतम्य जो संगीत के रूपों में किया जाना चाहिये उसकी सम्भावना ही लुप्त हो जाती है। याज्ञवल्क्य के समर्थन में यह विवेक निहित है। वे संगीत विशेष को इसलिए चुनते हैं क्योंकि उसी संगीत में एक दिव्य शिवभाव की सम्भावना मानते हैं। यहाँ पते की बात यह भी है कि याज्ञवल्क्य संगीत के जिन रूपों का नाम लेते हैं वे संगीत के बड़े स्वयं-प्रतिष्ठ संगीतमय रूप थे, उनमें स्वर-ताल की ही बुनावट प्रधान थी, शब्द या तो थे ही नहीं, थे तो वर्ण-मात्र थे, जैसे आज ध्रुपद के आलाप में हैं। याज्ञवल्क्य उस संगीत से निष्पन्न भाव और प्रभाव की चर्चा नहीं करते, रस-चर्चा अपना काम नहीं समझते थे, पर संगीत-मात्र से उसको अलग करने में एक इंगित तो उभर ही आता है। अभिनवगुप्त ने

इस संगीत-विशेष के प्रभाव की चर्चा की है जो ध्यान देने योग्य है। वे कहते हैं : यह जो कहा जाता है कि इस संगीत से मोक्ष-रूपी फल मिलता है, उसका संकेत इस संगीत के अनुभव में ही मिल जाता है; इसकी प्रतीति में एक विशेष आनन्द की उपलब्धि होती है, जो स्वभाव से ही मोक्ष के परम आनन्द की ओर संकेत करती है; गाने वाला भी इसके गाने से चेतना की विशुद्ध गहराइयों में प्रवेश पाता है—तभी इस संगीत की भेंट शिव को दूसरी सब भेंटों से—योग से भी—अधिक प्रसन्न करती है :

> प्रतीतेपरवर्गोचितानन्दस्वभावविशेषणा-वर्जितमित्यपवर्गफलत्वं दर्शितम्। तथातिक्रान्तं धनाविनिरपेक्षमिदं देवानां याजनं यथा पुराणयोगादिम्योऽधिका प्रीतिर्गान्धिर्वाच्छंकरस्येति।...अत्यन्त संवित्प्रवेशलाभेन तु गातुः फलयोगो गान्धर्वात्।
>
> ('नाट्यशास्त्र', २९-९-१० पर)

ऊपर की बात मैंने कुछ फैलाकर इसलिए कही है कि निर्मल जी की बात को कुछ अपनी तरह से उभार सकूँ। ऊपर मैंने प्रश्न उठाया था कि निर्मल जी ने कला में ट्रुथ—या सत्य—की बात की ही क्यों, यह मेरी ठीक समझ में नहीं आया। मैं कला की बात करता तो ट्रुथ की बात नहीं उठाता। अब कहना न होगा कि इसका अर्थ यह नहीं कि कला में ट्रुथ की बात उठायी ही नहीं जा सकती, या कि कला के सन्दर्भ में यह सार्थक नहीं हो सकती। पर कला में सत्य की बात उठे तो युक्ति, तर्क विमर्श चाहती है कि 'सत्य' को किस अर्थ में लिया जा रहा है। 'ट्रुथ' के 'कॉन्सेप्ट' की बात हो तो अपेक्षा सहज है कि कॉन्सेप्ट का लक्षण किया जायेगा, दूसरे प्रत्ययों से उसे अलग किया जायेगा, जिस अर्थ में वह लिया जा रहा है, उसे ऊहापोह से प्रकट किया जायेगा। निर्मल जी ऐसा नहीं करते। वे पाठक से आशा करते हैं कि पाठक उनके आशय को भाँपे, उनके विमर्श से अधिक उसकी व्यंजना का ग्रहण करे। उचित भी है कि जिस अभिनिवेश से निर्मल जी ने बात कही है, उसी गम्भीरता से उसमें उतरने की चेष्टा की जाये। इसी चेष्टा में मैंने राणा कुम्भ और अभिनवगुप्त की बात उठायी है।

निर्मल जी के पहले भाषण 'अन्तिम पड़ाव' के अन्त को लीजिये। कला को वे अन्तिम पड़ाव के रूप में देखते हैं। काहे का अन्तिम पड़ाव? कुछ उसी तत्त्व का जो राणा कुम्भ के मन में है। निर्मल जी का शब्द 'अदृष्ट' नहीं 'दिव्य' (डिवाइन) है, पर तात्पर्य की दिशा वही है जो 'अदृष्ट' की है।

वे कहते हैं कि आज जब हमने दिव्य को अपने जगत से निर्वासित कर दिया है, उसे अपाङ्क्तेय ठहरा दिया है, तो उसका एक ही पड़ाव बच रहा है, वह है कला। और उनके कथन में कहे-अनकहे यह भी समाया हुआ है कि कला से दिव्यभाव का निर्वासन हो नहीं सकता, क्योंकि यही उसका स्वरूप है—उसका ट्रुथ है। अब यह बात कि कला का सत्य उसका दिव्यभाव है, इसे मैं उनके कथन से जिस स्फुट, दो टूक भाव से निकालकर कह रहा हूँ, उस तरह से निर्मल जी नहीं कहते, नदी की तरह घूमते हुए, भटकते हुए प्रवाह से कहते हैं। मुझे भी बात समझने के लिए विचार में कुछ भटकना पड़ा था। पता नहीं ठिकाने पर पहुँचा भी कि नहीं। निर्मल जी बतायेंगे।

पर देखिये, निर्मल जी की बात को यों उभारना अगर उसे बिलकुल ही विकृत कर देना नहीं है, तो उसका राणा कुम्भ और अभिनव के दृष्ट-अदृष्ट से भी सम्बन्ध प्रकट है। पर एक बड़ा अन्तर है। निर्मल जी के कथन में कला के दृष्ट और अदृष्ट जैसे भेद की बात नहीं की जा सकती। उनके लिए कला अपना एक स्वतन्त्र, स्वयंप्रतिष्ठ लोक बनाती है जो हमारे व्यवहार के—उपादेयता के—इस परिचित लोक से भिन्न है जिसे हम यथार्थ—या सत्य—जानते, कहते हैं। कला का यह स्वतन्त्र लोक ही अपनी-सी दिव्यता में स्वत: वासित होता है। कला के लोक का परमार्थ से क्या सम्बन्ध है ? इस प्रश्न का मैं निर्मल जी के आधार पर कोई उत्तर नहीं दे सकता। पर इतना स्पष्ट है कि उनके लिए कला का लोक किसी धार्मिक या आध्यात्मिक अर्थ में अलौकिक नहीं है, हालाँकि वह इस लोक को चुनौती देता है, उसका विरोध भी करता है। अदृष्ट कला को ईश्वर की प्राप्ति का साधन ही नहीं ईश्वर-दृष्टि भी माना गया था, पर निर्मल जी के लिए कला नितान्त मनुष्यजीवी, मनुष्य-कल्पित वस्तु है। नितान्त दृष्टवस्तु है, 'दृष्ट' अदृष्ट शब्दों को ही लें तो उसका अदृष्ट, दृष्ट में ही समाहित है। पर यह भी है कि आज जब मनुष्य की सभ्यता अदृष्ट से मुँह मोड़ चुकी है तो भी कला में अदृष्ट का संकेत है। वह लोक की ही अलौकिकता का उद्घाटन करती है। निर्मल जी के ही उदाहरण में, जैसे शिल्पी पत्थर में किसी प्रतिमा को दिखा देता है। कला की लोक-गर्भी अलौकिकता का एक प्रमाण उसकी निसर्ग नैतिकता है। यहाँ निर्मल जी 'महाभारत' के उस दृश्य को उभारते हैं जहाँ द्रौपदी कौरव-वृद्धों के सन्मुख आवाज़ उठाती है कि उसे किस न्याय से जुए के दाँव पर लगाया

गया, और कौरवों की धर्मसभा चुप रह जाती है, लज्जा से मुँह झुका लेती है। निर्मल जी के शब्दों में द्रौपदी यहाँ स्वयं 'धर्मराज' युधिष्ठिर के कर्तव्य-अकर्तव्य के संस्कारों को झकझोर देती है। जिस नैतिकता की ओर निर्मल जी का संकेत है, वह समाज में स्वीकृत शील, विधि-निषेध और व्यवहार-आचार की बात नहीं, उनका तात्पर्य मनुष्य की उस प्रज्ञा से है जो लोक में समाती नहीं, लोक के ऊपर जागती रहती है। जो देशकालपात्र, और इनसे बँधे अवस्था-परिवेश के परे है।

निर्मल जी का दूसरा व्याख्यान 'भगवान विष्णु का मुख' कला के देश-काल मुक्त होने की ही बात करता है। उनकी बात को यों रख सकते हैं : कला में एक विचित्र विरोधाभास है। एक ओर वह लोक और अनुभव के विशेष से बँधी रहती है। ऐसी विशेषजीवी होती है कि विशेष के सूक्ष्म में उतरती है। उसका अंग-अंग अनुभव के विशेष का ताना-बाना होता है। यों उसे देशकाल से बँधा होना चाहिये। पर उसका स्वभाव ही यह है कि वह सामान्य का सक्षम वहन करती है। 'साधारणीकृत' होती है।

देशकाल-निबद्ध होने का अर्थ है इतिहासबद्ध और संस्कृतिबद्ध होना। कला इनसे नहीं बँधती। पर कला के सामान्य में विशेष भी समाहित रहता है। उसमें देशकाल का स्वर इस तरह मुखर रहता है कि उसका अनुरणन देशकाल के परे सार्वदेशिक सार्वकालिक होता है। एक निगूढ़ दृष्टि से देखें तो इसे हम देशकाल के तत्काल अनुभव की भीड़ में ओझल, अव्यक्त देशकालातीत की व्यंजना कह सकते हैं। दृष्ट में अदृष्ट की आँख। पर इसमें देशकालपात्र, इतिहास और संस्कृति के अपने-अपने विशिष्ट रूप, अपनी-अपनी प्रतिमायें, ये अपना वैशिष्ट्य खोती नहीं हैं, ये अपने विशिष्ट के ही सामान्य को प्रकट करती है।

आज एक विचित्र-सी विसंगत बात फैली हुई है। एक विशेष हीन संस्कृति की बात जिसे विश्वजनीन—ग्लोबल—कहा जा रहा है। निर्मल जी की बात में इसका गहरा निषेध है। विशेष-मुक्त संस्कृति नहीं होती। आज जिसे ग्लोबल कहा जा रहा है वह संस्कृति-विशेष को ही एकमात्र संस्कृति बनने-कहलाने की चेष्टा-विशेष है। निर्मल जी के कथन में निहित है कि हर संस्कृति में विश्वजनीन तत्त्व होता है, और कला उसका एक समर्थ, सप्राण प्रतीक है।

निर्मल जी 'गीता' में अर्जुन के विश्वरूपदर्शन को यहाँ रूपक बनाते हैं।

भिन्न देशकाल में रचित कला की महत् कृतियाँ मानो विश्व रूप के भिन्न विश्वमय लोक हैं जो हमारी संवेदना को अपनी-अपनी दीप्ति का प्रकाश देते हैं। हमें देशकाल से ही नहीं, हमारी अपनी सीमित पात्रता—अपने सीमित 'आत्म'—से भी मुक्ति का सन्देश देते हैं।

प्रकट है कि निर्मल जी कला की विशेष महत् कृतियों की बात कर रहे हैं। कला की उस भूमि की जहाँ उसका सत् दिव्यभाव है, भूमा है, दूसरे शब्दों में 'अदृष्ट' है। पर कला में सत्य की बात की जाये तो दृष्टादृष्ट-विवेक की तरह कला में सत्यासत्य या सत्य-मिथ्या विवेक भी अपेक्षित है। सारी कला तो सत्य नहीं कहला सकती, कला में तारतम्य, विभाजन तो करना पड़ेगा। निर्मल जी प्रकट रूप से ऐसा कुछ नहीं करते। उनके व्याख्यान में मिथ्या कला या कलाभास (कला का आभास पर कला नहीं), ऐसी कोई कोटि बनायी नहीं गयी है। पर उभारी जा सकती है।

सूत्र रूप से कहें तो निर्मल जी के लिए कला का व्यवहार्य होना—उपादेयता की वस्तु हो जाना, यही उसका असत्य है। ऐसा दो भिन्न प्रकार से हो सकता है। एक यों कि कला अपने स्वतन्त्र, नैतिक, अभिनिवेश से विच्छिन्न होकर विनोद मात्र की वस्तु रह जाये; अपने दिव्यभाव से हट जाये। इससे कला अपने स्वयम्भू सत्त्व से च्युत हो जाती है—बरतने की वस्तु हो जाती है, अपना सार—अपना सत्य—खो देती है। आज के विज्ञापनों को देखिये। वहाँ कला का यह मिथ्या रूप विकट भाव से स्पष्ट है—कला की मनोहारिता निरी दुकानदारी है।

यहाँ एक प्रश्न उठाकर आगे बढ़ता हूँ। कला क्या 'है' और कला किस काम में ली जाती है, यह विरोध आज अक्सर उकेरा जाता है। हम मान भी लें कि हाँ विरोध है, पर क्या यह ऐसा विरोध है कि एक हो तो दूसरा हो ही नहीं सकता? पुराने कई काव्यशास्त्रियों को कोई विरोध नहीं लगता था। मम्मट ने काव्य के प्रयोजनों की चर्चा करते हुए कहा था कि काव्य से यश भी मिलता है, धन भी मिलता है, उससे लोक-स्वभाव का भी ज्ञान होता है—विज्ञ पाठक व्यवहार-चातुरी सीख सकता है—पर काव्य का परम-प्रयोजन, जो उसका स्वरूप भी है—या निर्मल जी के शब्दों में उसका सत्य कहिये—वह रस है। और रस व्यवहार्य नहीं है। क्योंकि रस हमारे स्वरूप का भी वह सत्य है जो लोकोत्तर है; व्यवहार के परे है। देखने की बात यहाँ यह है कि मम्मट, काव्य का स्वातन्त्र्य मानते हुए भी

उसके व्यवहार्य होने से उसके इस 'सत्य' का कोई विरोध नहीं देखते। आज के विज्ञान को लीजिये। विज्ञान व्यवहार्य होता ही है। अच्छे-बुरे सत्-असत् सब तरह के उपयोगों में लिया जाता है। व्यवहार्य न होता तो उस पर जितना पैसा लगाया जाता है, लगाया ही न जाता पर इससे वह क्या असत्य हो जाता है ? उसमें जो विशुद्ध ज्ञान का पुरुषार्थ है, ज्योति है, वह कालिख हो जाती है ?

निर्मल जी ने यों विज्ञान को दृष्टान्त रूप में नहीं लिया है, जैसे मैं ले रहा हूँ। पर वे ले सकते थे और फिर कह सकते थे कि कला का सत्य विज्ञान के सत्य से नितान्त भिन्न है। विज्ञान का सत्य तो है ही व्यवहार-जगत का सत्य—वह लोक का सत्य है। पुरानी पदावली में कहें तो उसे 'दृष्ट' सत्य या सत्य का 'दृष्ट' रूप कह सकते हैं जबकि कला का सत्य उसका दिव्य-अदृष्ट-भाव है। निर्मल जी की बात में इसका इंगित है। कला का असत्य, उसका विनोद मात्र में 'उपभोग' और इस उपभोग के माध्यम से विज्ञापन जैसी बनिया-वृत्ति में उपयोग—उसका यह घोर अनैतिक रूप तो है ही। पर इससे भी एक गहरा असत्य है, और वह है उसके अपने सत्य का किसी और सत्य के लिए उपयोग। यह तब होता है जब किसी कलाकृति को इतिहास-ज्ञान, या समाज-विज्ञान की सामग्री जुटाने का साधन बना लिया जाता है। यों भी कला व्यवहार्य हो जाती है। उसका अपना स्वरूप-निहित, निभृत सत्य अपने आप में साध्य नहीं रहकर साधन रह जाता है, और यों झुठला दिया जाता है। अब बात को अगर इस तरह देखा जाये तो एक विचित्र-सी विसंगति उभरती दीखती है। इतिहास और समाजविज्ञान, ये भी तो अपने आप में सत्य की ही साधना करते हैं। तो फिर यहाँ दो सत्यों का अटपटा-सा विरोध आगे आ रहा है : काव्य का सत्य इतिहास या समाज विज्ञान के सत्य से जैसे टकरा रहा है। विषम स्थिति है। समाधान क्या है ? इन दो सत्यों के द्वित्व को समझा कैसे जाये ? वैषम्य कैसे दूर हो ? पुराने आलंकारिकों ने एक भेद किया है जो यहाँ एक दिशा दे सकता है। भेद है रसना-व्यापार और प्रमाण-व्यापार का। इतिहास, समाज-विज्ञान, ये प्रमाण-व्यापार की साधनायें हैं। दूसरे शब्दों में, ये प्रक्रियायें 'ज्ञान' की प्रक्रियायें हैं जो अपनी तरह से अपने-अपने विषयों के स्वरूप का उद्घाटन करती हैं—उनके 'सत्य' को परखती-तौलती-आँकती हैं। रसना-व्यापार एक भिन्न व्यापार है, जिसका सम्बन्ध ज्ञान से

नहीं 'आस्वाद' से है। दूसरे शब्दों में 'रस' से। यहाँ चेतना अपने बाहर किसी विषय के स्वरूप की टोह में नहीं रहती, अपने ही स्वरूप की थाह लेती है, अपने आनन्द में स्थित रहती हुई अपने आपको ही देखती है। 'देखती है' इसलिए कह रहा हूँ कि द्रष्टा-भाव यहाँ भी रहता है। रसना-व्यापार निरा भोग का व्यापार नहीं है, जाग्रत, आत्म-चेतन व्यापार है। यहाँ हम अपने ही स्वभाव के अपने भाव-मय रूप के द्रष्टा होते हैं; अपने भावमय रूप में रहते हुए ही उसे देखते हैं। पर यह भाव-मय रूप 'हमारा' होता है, 'मेरा' नहीं—चेतना मात्र का, या यों कहिये कि मनुष्य की चेतना मात्र का भावमय रूप होता है। तभी 'साधारणीकरण' की बात की गयी है। तभी यह भी कहा गया है कि कला का रसना-व्यापार चेतना के 'सत्त्व' का निरहंकार व्यापार है, रजस या तमस का नहीं। यह 'मेरे'-पन की सीमित सत्ता का अनुभव नहीं, उसका निराकरण है। सत्त्व में स्थित होने के कारण इसमें बुद्धि और उसका निस्संग द्रष्टा-भाव अपनी तरह से जागता रहता है। पर साथ ही इसमें भोक्ता-भाव भी है। चेतना की अपने आनन्द-स्वरूप में स्थितता। रसना-व्यापार मूलतः चेतना के इसी आनन्द-स्वरूप का व्यापार है। यहाँ विषय आत्म ही होता है, जो विषय रूप में भासित नहीं होता। प्रमाण-व्यापार में ज्ञान-विषय जैसा है उसकी उसी रूप में अवगति—यह लक्ष्य होता है। रसना-व्यापार में विषय, आत्म में—अपने भाव-स्वरूप में उतरने का माध्यम होता है। उसमें हम तन्मय होते हैं, उसके 'ज्ञाता' नहीं होते। उसके आनन्दमय सत्त्व में रहकर उसका अनुभव करते हैं।

ऐसे विचार में आज कई सहृदयों को एक ऐसे आनन्दवाद की बू आती है जो साहित्य को आत्मरति और भोगवाद की श्रेणी में उतारकर रख देता प्रतीत होता है। रस में स्वसुखसुखित्व का आत्म-संकोच दीखता है, पर इससे भी बढ़कर उसमें परदुखसुखित्व की गर्हा झलकती है—कोई दुख पा रहा हो, दर्शक को तो 'रस' की ही अनुभूति होती है। अब, ऐसा समझना रसना-व्यापार के स्वातन्त्र्य और महत्ता दोनों के प्रति नासमझी दिखाना है। आज 'संवेदना' शब्द हमें अधिक प्रिय है। इसमें परदुखदुखित्व है। हम रसना-व्यापार नहीं कहकर उसी व्यापार को चाहें तो संवेदना-व्यापार कह सकते हैं। सहृदय-व्यापार उसे कहा भी गया है। रस-भेद से संवदेना में भेद अनिवार्य है : हम शृंगार को विशुद्ध भोग जैसी स्थिति कह

भी लें तो करुण को तो नहीं कह सकते, न बीभत्स या रौद्र या भयानक को कह सकते हैं। इनमें माधुर्य नहीं, तीख़ापन, कड़ुवाहट, कसैलापन है। पुराने लोग इन 'रसों' को किसी कृति के प्रधान रस के रूप में नहीं साधते थे—यह और बात है। हम आज साधते हैं तो इसका यह अर्थ नहीं कि आज ये रस-विचार के अविषय हो गये हैं। इसका अर्थ यही है कि रस-विचार की व्यापकता और सम्भावना को हम अपने विचार से खोल और तौल नहीं पा रहे हैं। रस एक व्यावर्तक है जो हमारी कला-चेतना और ज्ञान-चेतना के भेद को आँकता है। चेतना के द्रष्टा-भाव के एक ज्ञान-भिन्न आयाम का क्षितिज आँकता है।

हाँ, उसके मर्म में आनन्द की बात भी है। ज्ञान का विषय आस्वाद्य नहीं होता, हो तो हमें लगेगा कि कल्पना आड़े आ रही है और प्रमाण-व्यापार की भाव-निरपेक्ष आँख को भटका रही है। पर जहाँ द्रष्टा-भाव की बात है, चाहे वह ज्ञान का विषय के स्वरूप को आँकता द्रष्टा-भाव न हो, वहाँ सत्य की बात भी हो ही सकती है। निर्मल जी की बातों में कुछ ऐसे ही से सत्य की ध्वनि है। पर विवेचना नहीं है। यशदेव शल्य के चिन्तन में यह विवेचना है। शल्य जी ने कहा है कि कला का साध्य ज्ञान नहीं होता, पर सत्य होता है। द्रष्टा-भाव से किसी विषय के स्वरूप की—सत्य की अवगति यही ज्ञान होता है। कला में ऐसा नहीं होता। कला में विषयी—या आत्म—अपने ही आत्म-स्वरूप का—अपने भावमय आत्म-स्वरूप का—विषयीभाव से ही अवगाहन करता हुआ उसकी अवगति साधता है। भाव में स्थित रहकर भाव के सत्य का सन्धान करता है। यह आत्म-सन्धान अहं का सन्धान नहीं है, विषयीभाव के सामान्य का सन्धान है। पुराने शब्दों में 'साधारणकृत' है। आत्मस्थ भावस्वरूप के सत्य के साथ सम्बन्ध जोड़ते हुए शल्य जी कला को विषयी-'प्रत्यय' कहते हैं। इस आकलन में कला बोध का द्रष्टा-भाव प्रधान है, रस भाव नहीं। यों सत्य को प्रधान रखते हुए शल्य जी कला-व्यापार को रसना-व्यापार से हटाकर एक अपनी तरह के प्रमाण-व्यापार के रूप में देखते हैं।

निर्मल जी कला में सत्य की बात इसलिए करते हैं कि उसे उपभोग में न ढल जाने दें। 'व्यवहार्य' न हो जाने दें। ऊपर उठायें। इसलिए उसके दिव्यभाव की और नैतिकता की बात करते हैं। पर कला में निहित नैतिकता—या उसकी स्वतन्त्र, लोकोत्तर धर्म-प्रज्ञा कहिये—जिसे निर्मल जी कला के

दिव्यभाव में ही समोया हुआ मानते हैं, क्या यह प्रज्ञा व्यवहार में नहीं उतरनी चाहिये? या इसके भी व्यवहार्य हो जाने में मिथ्या का भय है? निर्मल जी बात उठाते नहीं हैं, पर मैं नहीं समझता कि यहाँ वे व्यवहार्यता को दोष कहेंगे। पर प्रश्न होगा कि इसमें सत्य असत्य क्यों नहीं हो जाता? अस्तु।

मम्मट में काव्य का एक प्रधान प्रयोजन है उपदेश : कान्ता-सम्मित उपदेश। काव्य अपने रस में हमें डुबाकर हमसे कहता है कि हमारा आदर्श राम जैसा कोई होना चाहिये, रावण जैसा नहीं। निर्मल जी बात को सूक्ष्म भाव से रखेंगे, 'उपदेश' की बात नहीं करेंगे, न मधुर-मसृण प्रेरणा की। किसी आदर्श-विशेष को भी सामने नहीं लायेंगे कि इसे साधना चाहिये। पर वे कलाबोध को हमारे जीवनबोध से, हमारी 'रहनी' से, बिलकुल अलग भी नहीं रख देंगे। वे ऐसा कहते नहीं पर उनकी 'कहनी' में यह भाव है।

अब यहाँ कई सवाल मन में भीड़ कर रहे हैं, जिन्हें उठाऊँगा नहीं। अपनी बात को एक और मोड़ देना चाहता हूँ। पर निर्मल जी के लिए एक प्रश्न छेड़ता चलता हूँ, क्योंकि मुझे यह प्रश्न अक्सर कोंचता रहता है। कला को इतिहास-विज्ञान या समाज-विज्ञान की सामग्री नहीं बना देना चाहिये, यह तो समझ में आया, पर कला का अपना इतिहास जिसकी प्रधान सामग्री भी कला से ही जुटायी जाती है—इसका कला से क्या सम्बन्ध है? आज इसे कला-बोध का—कला के अपने सत्य की संवेदना का—अन्तरंग-सा माना जाता है। निर्मल जी का क्या विचार है? वैसे उनके जिन व्याख्यानों की यहाँ चर्चा कर रहा हूँ, दोनों कला के इतिहास-बोध से पूरी तरह अनुप्राणित हैं।

अब इसी बात से अपनी बात को मोड़ देता हूँ। भारत का पुराना अलंकार-शास्त्री होता तो उसकी कला-चर्चा में इतिहास को कोई स्थान नहीं मिलता; मिलता भी तो गौण, बहिरंग। और हम यह भी नहीं कह सकते कि आलंकारिक चिन्तन में कला की गहरी पकड़ नहीं है। एक आशय विशेष से मैं यह बात उठा रहा हूँ और निर्मल जी को प्राश्निक बनाना चाहूँगा। निर्मल जी उन मित्रों में हैं, और उन विचारकों में हैं जो भारत की अपनी 'अस्मिता' की गहरायी से चिन्ता करते हैं—उसे परखने की, उसमें बसने की व्याकुलता पालते हैं। उनसे अपेक्षा स्वाभाविक है कि उनके विचार का सूत्र कहीं भारत की विचार-परम्परा से जुड़ता तो दिखायी दे।

विशेषकर जब विचार का विषय ऐसा हो जिसकी जड़ें हमारे यहाँ गहरी हैं। पर निर्मल जी की जड़ें पश्चिम की ओर ही झुकती दिखायी देती हैं। पश्चिम की ही विचारधारा से जुड़कर उनका अपना विचार प्रवाह पाता है। एक जगह वे रस की बात करते हैं, विश्वनाथ के 'साहित्यदर्पण' का ब्योरा देते हुए। पर दूर की सी बात लगती है, परदेसी की सी। एक यों ही सी छेड़ दी गयी बात। अगर कुछ पैठ से की गयी होती, तो यह प्रश्न उठे बिना नहीं रह सकता था कि रस का सत्य से क्या सम्बन्ध है? निर्मल जी रस का अनुमोदन-सा ही करते हैं—एक भली-भली-सी, कला की गहरायी में उतरती-सी, पुराने-धुराने लोगों की बात की तरह उसे लेते हैं। सिद्धान्त के रूप में नहीं। नहीं तो 'सत्य' से विरोध को सामने ही खड़ा देखते। उनके 'दिव्यभाव' को ही लीजिये। कैसा दिव्यभाव है? क्या वैसा ही जैसा भक्तों को अभिप्रेत था? या जैसा साम या गान्धर्व के गायकों को अभिप्रेत था, या 'ऋग्वेद' के मन्त्र-दृष्टाओं को? क्या वे कला में कोई 'आर्ष-भाव' देखते हैं? ऐसा लगता तो नहीं है। फिर उनका दिव्यभाव कैसा है? मैंने ऊपर अपना-सा विवरण दिया है। पर निर्मल जी की बात खुलती नहीं है। यह भी भूलना नहीं चाहिये कि अक्सर कला में जब दिव्यभाव का प्रकाश देखा जाता है तब उसे 'कला' की कोटि में रखने में भी दुविधा-बोध होता रहा है। ऋक्-मन्त्रों को, मीरा या कबीर के पदों को, इन्हें 'काव्य' कहने का चलन आज है, पहले नहीं था। निर्मल जी के मन में दिव्यभाव की धारणा के साथ किसी 'आर्ष' भाव का या 'आर्ष' जैसे किसी 'अलौकिक' परमार्थ भाव का सम्बन्ध नहीं उभरता दिखता है। जैसा कह आया हूँ, उनके दिव्यत्व में परमार्थ भाव का सम्बन्ध नहीं है। आर्ष-भाव की धारणा में दिव्यत्व की एक अपनी स्वतन्त्र सत्ता होती है जिससे कला सम्बन्ध बैठाती है, उससे अनुप्राणित होकर या उसकी ओर उन्मुख होकर उससे 'जुड़ती' है। यों आर्ष 'कला' वह है जो अपने से बाहर कुछ को अपने में समोती है। निर्मल जी के मन में ऐसा कोई दिव्यभाव नहीं है, चाहे वे बात को ठीक उस तरह से न रखना चाहें जैसे मैं रख रहा हूँ। उनके लिए कला का कला होना ही उसका दिव्यभाव है—कला का अपना निर्व्यवहार्य, स्वयंप्रतिष्ठ, स्वातन्त्र्य। अब यों देखें तो सच पूछिये इस 'दिव्य' का दिव्यत्व केवल बात की बात ही बन पड़ता दिखता है। कला के जो उदाहरण निर्मल जी के मन में हैं, उनसे भी किसी 'दिव्य' कहला सकने लायक अलौकिक दिव्यत्व का संकेत नहीं मिलता। पर हाँ,

निर्मल जी की बातों से एक और ध्वनि लेते हुए हम कला के 'दिव्यत्व' को 'दिव्यत्व का स्थानापन्न' कह सकते हैं : इस अर्थ में कि आज जब ईश्वर निर्वासित हो चुका है, तो उसका स्थान अगर कोई ले सकता है तो कला ही ले सकती है। ऐसी बात पश्चिम के कुछ विचार-सम्प्रदायों में उस काल से तैर रही है जब से वहाँ 'आधुनिक' का आविर्भाव माना जाता है। कुछ विचारकों के लिए कला की ऐसी दिव्य-स्थानापन्न सत्ता आधुनिक काल की उपज भी है और उसका लक्षण भी।

प्रकट है कि इस दिव्यभाव में 'दिव्यता' दिव्य की स्थानापन्न होने के कारण केवल कहने को ही दिव्य है। बल्कि आज कला में 'अदिव्य' का स्थान ही अधिक दिखता है और आधुनिक कला-सम्प्रदायों में उसी को 'उचित' और 'युगबोध के अनुकूल' माना जाता है। अभिनव या राणा कुम्भ आज की कला को 'अदृष्ट' की कोटि में नहीं रखते, 'दृष्ट' की कोटि में ही रखते हैं : रस की कोटि में—रस उनकी दृष्टि में 'दृष्ट' ही है 'अदृष्ट' नहीं। पर रस एक नहीं अनेक हैं : रस में वैविध्य भी हैं, तारतम्य भी। उसमें दिव्यत्व को अपने में समो लेने की सम्भावना का भी स्वीकार है, जैसी कि प्रत्यभिज्ञा से प्रभावित काव्य-चिन्तन में कुछ प्रच्छन्न रूप से और फिर गौड़ीय भक्ति-चिन्तकों में और प्रकट रूप से दिखता है। पर काव्य में दिव्यभाव की यह सम्भावना निर्मल जी के अभिप्रेत 'दिव्यभाव' जैसी नहीं है। अभिनव जैसे प्रत्यभिज्ञा-प्रेरित चिन्तकों के लिए रसानुभूति मात्र में एक तत्त्व है जो दिव्यत्व का एक अपरोक्ष इंगित है। उनके लिए रस की अवस्था में चेतना बाहर से हटकर अपने आप में विश्रान्त हो जाती है। साधारण अनुभूतियों में चेतना को अपने आप से बाहर कुछ पाने की उतावली रहती है। वह अपने को सापेक्ष, असम्पूर्ण, अप्रतिष्ठ—या अस्वयंप्रतिष्ठ—पाती है। कला के अनुभव में—क्षणभर के लिए ही सही—उसे अपनी पूर्णता का, अपने स्वरूप-सिद्ध शिव-भाव का अपने ही भीतर अनुभव होता है, जो उसकी सम्यक् सम्पूर्णता का इंगित है। और फिर उसकी ओर वह अध्यात्म साधना में बढ़ सकती है। भक्त के लिए रसानुभूति मात्र में ऐसा कोई इंगित नहीं। पर ईश्वर भाव-साध्य है। परम रस-स्वरूप है। कला में—विशेषकर गेय काव्य में—ईश्वर आलम्बन हो तो रसानुभूति दिव्यभाव की व्यंजक भी हो सकती है और भक्ति को प्रगाढ़तर करने की साधक भी।

निर्मल जी कला में कोई ऐसा अध्यात्म अगर देखते हैं जिसे 'कला के

बाहर' कहा जा सकता है, तो वह है कला की नैतिकता। पर इसे वे 'बाहर' नहीं समझते। कहीं वे ऐसा भी कहते जान पड़ते हैं कि कला की प्रवृत्ति मानो स्वभाव से ही नैतिक प्रज्ञा में स्थित रहती है। अर्थात् कला के अपने स्वतन्त्र, स्वयंप्रतिष्ठ स्वरूप की जड़ें नैतिकता की धरती पर जमी हैं।

यहाँ एक सकता आता है। निर्मल जी यह नहीं कह रहे कि कला को नैतिक 'होना चाहिये', जैसा कि आज शोर बुलन्द है, अब उस नैतिकता का रूप राजनीतिक, सामाजिक, आइडियोलॉजिकल, चाहे जो हो। वे कहते जान पड़ रहे हैं कि कला स्वरूप से नैतिक है। यह कुछ अटपटा-सा लगता है। मैंने चर्चा के शुरू में ही सभ्यता में व्याप्त इस बोध की व्यापकता के उदाहरण दिये कि कला नैतिक नहीं है। जिन्हें नैतिकता का प्रमाण कहा जाता रहा है, ऐसे लोगों में यह बोध और तीव्र है। निर्मल जी के पक्ष में शायद हम यह कह सकते हैं कि जो लोग 'नैतिक' कहलाते हैं, वे नैतिकता का विरोध करते हैं, उसके 'व्यवहारी' हैं, जबकि वे जिस नैतिकता की बात कर रहे हैं, वह व्यवहार से सदा अछूती रहती है; एक तरह से देखें, तो नैतिकता का 'परमार्थ' है। पर इसमें जो समस्या है, मैं पीछे उठा आया हूँ—इस परमार्थ का व्यवहार से क्या सम्बन्ध है और सम्बन्ध नहीं तो यह सार्थक कैसे है? निर्मल जी की ओर से शायद कहा जा सकता है कि कला की नैतिकता, नैतिकता की वह अमल लौ है जो व्यवहार की अनिवार्य मलिनता से नैतिक बोध को बचाये रखती है।

पर निर्मल जी भी जिसे सत्य में पली कला मान लेंगे, उस कला में कितने ऐसे दृष्टान्त हैं जो इस कसौटी पर खरे उतरेंगे, या इस कसौटी पर उतारे भी जा सकेंगे? निर्मल जी ने साहित्य की बात ही अधिक की है, और कहीं-कहीं चित्रकला की। साहित्य की कुछ विधाओं में जहाँ कोई मानव-कथा कही जाती है, ऐसे कला-प्रकारों में हम शायद एक निहित नैतिकता की बात कर सकते हैं, हालाँकि कुछ ठूँसा-ठाँसी भी करनी पड़ सकती है। पर आज की चित्रकला पर यह बात कैसे पूरी उतरेगी? चित्रों के जो 'अमूर्त' कहलाने वलो प्रकार हैं—जिन्हें निर्मल जी की ही विचार-शैली में सचमुच 'स्वयंप्रतिष्ठ', 'स्वतन्त्र' कहा जा सकता है—ऐसे अमूर्त चित्रों में भी अगर 'नैतिकता' है तो कैसी? निर्मल जी इस विमर्श की ओर बढ़े ही नहीं हैं। संगीत, नृत्त और वास्तुकला की तो बात ही छोड़िये। इनकी ओर तो उनके विचार की प्रेरणा उन्मुख ही नहीं हुई है। अपनी बात के

आरम्भ में ही वे कला की अन्तरंग बुनावट को अपने आप में सम्पूर्ण कहते हुए उसे ही कला का 'सत्य' भी कहते हैं। वहाँ वे चित्र के साथ संगीत को भी याद करते हैं और यों कि मानो उन्हें आदर्श बना रहे हों—चित्र का जो रूप उनके मन में है, अवश्य ही अमूर्त रूप है। अब अगर अमूर्त चित्र और अमूर्त संगीत में कला के सत्य का आदर्श रूप देखा जा सकता है, तो अपेक्षा होती है कि संगीत की चर्चा होगी। कला की धर्मप्रज्ञा और उसके दिव्यभाव का मर्म वहाँ और भी उज्ज्वल रूप में देखा-दिखाया जायेगा। पर निर्मल जी साहित्य के साधक हैं, साहित्य की ही बात पैठ के साथ करते हैं। कहीं अमूर्त कला का भी आदर्श उनके मन में है, उनके विचार के मर्म में तो कहीं 'सत्य' है, पर इन कलाओं की बात वे नहीं करते। करते तो कला के नैतिक सम्बन्ध का प्रश्न टेढ़ा प्रश्न बन जा सकता था।

अचम्भा भी होता है कि जहाँ बात कला के सत्य की हो, वहाँ कला के वैविध्य को, परस्पर-भेद को विचार की तुला पर रखा ही न जाये। फिर कलाओं का भेद ऐसी बात भी नहीं कि उसको किनारे रख दिया जाये और कला की यों चर्चा की जाये कि कला 'एक' है। अगर हम 'एक' कहें तो पहले अनेक को एक में समोने का द्वार बनाना चाहिये, यह भी दिखाना चाहिये कि सब द्वार किसी एक ही आँगन में जा खुलते हैं। जो भी हो, कलाओं के भेद की चेतना तो विचार में उजागर दिखनी चाहिये। भेद बड़े अन्तरंग भेद हैं, ऊपरी, सतही नहीं हैं। कला की निर्व्यवहार्यता की बात लीजिये। वाङ्मय सहज ही व्यवहार-प्रवण होता है, इसलिए साहित्य भी। पर अमूर्त कलायें—संगीत, चित्र, नृत्त—ये सहज ही व्यवहार-बाहर होते हैं। लग सकता है कि यह अमूर्तभाव का स्वभाव ही है। पर वास्तुकला को लीजिये। वह स्वभाव से ही अमूर्त है। पर यह स्वभाव में व्यवहार्य भी है। और यों भी उसके सत्य की—या रस की—या अनुभूति में जागते उसके किसी भी कलागत स्वरूप-तत्त्व की चर्चा करना कठिन है। एक कारण यही है कि वह व्यवहार्य और अमूर्त—या निर्व्यवहार्य—दोनों है, और अपने बहिरंग 'प्रकट' रूप में ही दोनों है।

एक बात का—बल्कि एक शिकायत कहिये—उल्लेख पहले कर चुका हूँ : निर्मल जी की विचार की धरती पश्चिम में है। 'शिकायत' क्यों कह रहा हूँ, यह भी कह चुका हूँ। पर शिकायत पर कोई टोक सकता है : विचार में, जहाँ कला के स्वरूप का प्रश्न हो, वहाँ संस्कृति-विशेष की

बात ही कैसे उठती है ? कला किसी संस्कृति-विशेष में सीमित नहीं, और कला क्या है, विचार का यह प्रश्न तो और भी संस्कृति-मुक्त है। क्योंकि कला तो चलिये सब संस्कृतियों में होती हुई भी संस्कृति से कहीं गहरे बँधी होती है। पर विचार तो संगीत या कविता नहीं है, वह तो स्वभाव से ही विश्वजनीन होता है। संस्कृति-मुक्त। भिन्न संस्कृतियों में उसकी भिन्न परम्परायें होती भी हों, तो उनका संस्कृति-सूत्र, उनके अन्तरंग से नहीं बहिरंग से ही जुड़ा होता है। पहले संस्कृतियों के इतिहास ही अलग थे, भाषा और देश का बन्धन परम्परा विशेष की घेर में ही विचार को बाँध रखता था। इसलिए वे संस्कृति-निष्ठ लगते थे। पर आज पुराने इतिहास के इन बन्धनों का कोई अर्थ नहीं। तभी एक सार्वदेशिक (ग्लोबल) संस्कृति का क्षितिज हमारी आँखों में है।

पर विचार की आज सार्वदेशिकता क्या है ? या प्रश्न को और भी सामान्य रूप दिया जा सकता है : विचार के संस्कृति-मुक्त होने का अर्थ क्या होता है ? कला क्या संस्कृति-मुक्त नहीं होती ? संस्कृति-विशेष में बँधकर भी—या यों कहना ठीक होगा कि बँधकर ही—संस्कृति-मुक्त होती है, किसी भी संस्कृति के सहृदय की संवेदना में जाग सकती है। निर्मल जी ने यह बात बड़े गहरे रूपक के सहारे उभारी है। विचार में कला से अन्तर क्या है ? क्या विचार भी अपनी तरह से संस्कृतिनिष्ठ नहीं होता ? उत्तर में कहा जा सकता है कि आज का विचार इसका प्रति-दृष्टान्त है : आज का विचार सार्वदेशिक है, चाहे आज की कला न भी हो। प्रश्न एक पूरा विचार चाहता है पर यहाँ सोचने की बात यह भी है कि आज की सार्वदेशिक कहलाने वाली संस्कृति विचार पर ही नहीं, कला पर भी आधिपत्य चाहती है। चित्र, वास्तु—मूर्ति शिल्प, इनमें हम सार्वदेशिकता पहले बटोरते हैं, और फिर 'अस्मिता' की बात करते हैं। जो कलायें संस्कृतिनिष्ठ हैं, जैसे नृत्त और संगीत, उन पर हमें सन्देह होता है कि सचमुच आज के युगबोध में बसी भी हैं क्या ?

पर विचार को लीजिये। कविता ही की तरह विचार की भाषा से बँधा होता है, और भाषा संस्कृति से। सार्वदेशिक भाषा का कोई अर्थ नहीं होता। आज का विचार पश्चिम की भाषा में होता है तो पश्चिम से बँधा भी है। ही। हम उसके 'अनुवाद' में चिन्तन करते हैं तो 'मूल' के बिना उसे त्रिशंकु ही पाते हैं। पश्चिम-प्रेरित कला में हम जितने सृजनशील हैं,

अपनी भाषाओं के पश्चिम-प्रेरित विचार में उतने कहाँ हो पाये हैं ? अपनी भाषा में लिखते भी हैं तो अन्तर्जल्प पश्चिम की ही पदावली में करते हैं। इसीलिए शायद आज भाषा में जो चिन्तन हो रहा है, उससे अधिक व्यापकता और गहरायी हमारे अँग्रेज़ी के चिन्तन में है। उसमें ऐसा चिन्तन भी कम नहीं जो हमारी संस्कृति में रहता हुआ संस्कृति को नये आयाम देता है।

निर्मल जी ने क्यों अँग्रेज़ी को चुना, नहीं जानता। वे हिन्दी में समर्थ और सशक्त विचार करते हैं। पर जो भी कारण रहा हो, या अनुरोध या अनुबन्ध, अँग्रेज़ी ही शायद उनको पश्चिम की ओर अनायास ले गयी है। उनके विचार के स्वर पश्चिम के हैं—क्योंकि जिन चिन्ताओं ने विचार को बढ़त दी है, वे पश्चिम की हैं—साथ ही स्वरों का लगाव भी पश्चिम का है। उन्होंने विचारकों के उद्धरण दिये हैं—उनका विचार उद्धरण के सहारे ही बढ़ता है—और अक्सर उद्धरण पश्चिम के कला-चिन्तकों के हैं। पश्चिम के विचारक ही निर्मल जी के मन-आँगन में सहज घूमते दिखते हैं। बल्कि यों कहना और ठीक होगा कि जिन आँगनों में निर्मल जी का विचार सहज अपनाव से चक्रमण करता है, यहाँ के नहीं पश्चिम के हैं। ऐसा नहीं है कि यहाँ के लोग नहीं हैं—दया जी हैं, अज्ञेय जी हैं, विश्वनाथ की बात ऊपर कर ही आया हूँ—पर विचार की रीढ़ पश्चिम की है। जिनकी बातों पर उनका अभिप्राय टिका हुआ है—कथन का सार भी और आधार भी—पश्चिम के कुछ चिन्तक हैं।

अपने पहले ही वाक्य में निर्मल जी प्रश्न उठाते हैं : क्या कोई ऐसा सत्य होता भी है जिसे काव्य का सत्य कहा जा सके ? आगे के विचार में उत्तर की किसी सीधी दिशा में नहीं बढ़ते, वक्र-गति से प्रवेश करते हैं : वाल्टर बेंजामिन नाम के कोई कला-चिन्तक हैं, उनकी बात के सहारे। दूसरे ही वाक्य में निर्मल जी कहते हैं कि महत् कलाकृतियों से हमें जो प्रतीति होती है, उसके लिए हम 'सत्य' का प्रयोग शायद ही कभी उस अर्थ में करते हैं, जिस अर्थ में 'सत्य' का प्रयोग दर्शन (फ़िलासफ़ी) या विचार (उनका शब्द है आइडियोलॉज़ी) उसमें किया जाता है। इस अर्थ-भेद की ओर और अर्थ-भ्रम के निराकरण की दिशा में बस इतना-सा इंगित करते हुए निर्मल जी बेंजामिन की एक उक्ति पर आते हैं। यह प्रश्न सिर उठाता है कि फिर सत्य की बात ही क्यों कर रहे हैं किसी और प्रत्यय

(कॉन्सेप्ट) की क्यों नहीं ? पर निर्मल जी प्रश्न नहीं उठाते। आगे जिस दिशा में बढ़ते हैं वह 'सत्य' की नहीं कुछ रस जैसी ही दिशा है।

बेंजामिन की उक्ति एक लक्षणा या व्यंजना है। उन्होंने कहीं कहा या लिखा है कि कलाकृतियों का घर एक प्रभामण्डल (ऑरा) के बीच होता है। इस कथन में यह अनकहा इंगित—व्यंजना—भी है कि यही प्रभामण्डल कला का 'सत्य' है। निर्मल जी खुलासा करते हुए कहते हैं कि यही कारण है कि कला के 'सत्य' को किसी न्याय जैसे प्रतिज्ञा-वाक्य में या स्पष्टोक्ति में नहीं बाँधा जा सकता : क्योंकि वह स्वरूप से अस्पष्ट-विकीर्ण, अनिर्धार्य (ऐमॉरफस) और अनेकान्त (ऐम्बिगुअस) होता है।

इस आरम्भ को पढ़ते हुए मुझे 'ध्वन्यालोक' के आरम्भ की याद आ गयी। आनन्दवर्धन ने एक पूर्वपक्ष उठाया है जिसका सार वही है जो ऊपर निर्मल जी ने कहा है : काव्य के अनुभव की—दूसरे शब्दों में उसके 'सत्य' की कोई स्पष्ट व्याख्या हो नहीं सकती क्योंकि वह स्वरूप से ही अनिर्धार्य है—सहृदय उसका अनुभव कर सकते हैं, अनुभव का बखान नहीं। यहाँ उस प्राचीन पूर्वपक्ष का मैंने निर्मल जी की भाषा में अनुवाद किया है : उस प्राचीन पूर्वपक्ष में 'सत्य' शब्द का प्रयोग नहीं है, 'ध्वनि' शब्द का प्रयोग है। पर इससे अन्तर नहीं पड़ता। बात वही है। फिर, जो बखान के बाहर हो, तर्क या चिन्तन की परिधि में लाया ही नहीं जा सकता हो, उसके लिए 'सत्य' या 'ध्वनि' या किसी भी शब्द का प्रयोग करें, फ़र्क़ नहीं पड़ना चाहिये ? निर्मल जी ने सत्य शब्द क्यों चुना, 'ऑरा' (प्रभामण्डल) क्यों नहीं ? 'सत्य' जैसे परिचित, और जैसा निर्मल जी स्वयं कहते हैं दर्शन और विचार में निर्धारित, शब्द में भ्रान्ति ही उपजती है। प्राचीन सहृदय ने जो शब्द चुना था, 'ध्वनि', वह 'सत्य' की तरह विचार-परम्परा में अन्यथा-निधारित नहीं था।

फिर वे कला के अनुभव की बात करते हैं। इसके लिए दो दृष्टान्त देते हैं : समाधि (ट्रान्स) और स्वप्न। अब देखिये यहाँ विचार सत्य की जगह रस की ही दिशा में और भी उभरकर जाता लगता है। यहाँ ऑरा से ट्रान्स है, वहाँ ध्वनि से रस। रस को भी समाधि जैसे अनुभव से जोड़ा ही गया है। अन्तर यह है—और बहुत बड़ा अन्तर है—कि आनन्दवर्धन ध्वनि को अव्याख्येय कहकर नहीं छोड़ देते। समर्थ मीमांसा करते हैं,तर्क से भाषा के बारे में इस गहरे 'सत्य' का उद्‌घाटन करते हैं कि भाषा में अभिधा ही

नहीं व्यंजना (ध्वनि) भी भाषा का सहज धर्म होती है। व्यंजना से रस के सम्बन्ध की भी वे युक्तिपरक व्याख्या करते हैं, सम्बन्ध के प्रकारों का विस्तार करते हैं।

ठीक आगे निर्मल जी 'रस' की दिशा में और बढ़ते हुए कहते हैं कि साहित्य में हमें जो स्वप्न या समाधि जैसी अनुभूति होती है, वही उसका 'सत्य' है। फिर वे कहते हैं कि इस अनुभूति को किसी और प्रमाण की आवश्यकता ही क्या है? यह स्वयंप्रकाश है—और स्वयंसत्य—यह माँग करना कि इसके लिए इसके बाहर के किसी और (विचार या विज्ञान जैसे) क्षेत्र का 'प्रमाण' इसके 'सत्य' को सही आधार देगा, यह विचार की भूल है।

यहाँ निर्मल जी कला के स्वयंप्रकाश, स्वयंप्रतिष्ठ रूप को और कला ही के भीतर समेट लेने के लिए रॉजर फ्राई के एक संवाद का हवाला देते हैं। कई कलाओं में निर्मिति और तत्त्व (रूप और विषय या फ़ार्म और कॉण्टेण्ट) ये कलानुभूति में उजागर रहते हैं—जैसे अक्सर चित्रों में चित्र का विषय। पर हम निर्मिति और तत्त्व जैसा अन्तर करें तो सत्य का प्रश्न दोनों के सम्बन्ध का प्रश्न हो जायेगा, कला का 'सत्य' कला के बाहर जो है उसके 'अनुरूप' होने का। वैसा ही प्रश्न उठेगा जैसा विचार का विचार-विषय के सम्बन्ध में उठता है : क्या विचार ने विषय के सत्य को पकड़ा? और विचार तब 'सत्य' या 'प्रमाण' कहलाता है जब अपने विषय के सत्य का ग्राहक हो। ऐसा हो तो कला को स्वयंप्रकाश या स्वप्रतिष्ठ किस अर्थ में कहेंगे? निर्मल जी कला के विषय को कला के बाहर ही रखते हैं, निर्मिति में ही कला का 'कलात्व' या उसका 'सत्य' देखते हैं। रॉजर फ्राई का जो उद्धरण देते हैं, उसमें यही बात आगे आती है। निर्मल जी कहते हैं कि ई.एम. फ़ॉर्स्टर ने अपने एक लेख में कहा है कि उसने चित्र-आलोचक फ्राई से पूछा कि फ्राई चित्रकला को किस आँख से देखते हैं। पूछने के साथ ही फ़ॉर्स्टर रिनेसाँ के किसी चित्रकार के किसी चित्र का बखान करने लगे, जिसमें एक योद्धा दूसरे को पीछे से छुरा भोंकता दिखाया गया है और जिसे भोंका जा रहा है 'उस बेचारे को पता ही नहीं कि उस पर क्या बीतने वाली है।' इस पर फ्राई ने जो उत्तर दिया उससे फ़ॉर्स्टर पर घड़ों पानी पड़ गया। फ्राई ने कहा 'दोस्त' तुमने चित्र की असल बात को समझा ही नहीं, चित्र युद्ध का चित्र नहीं

है, चित्र का सारा छाया और प्रकाश का सम्बन्ध है, और उसमें से उभरने वाले रूपों का।' दूसरे शब्दों में विषय-मुक्त उसका अपना स्वयंप्रतिष्ठ स्वरूप ही उसका सत्य है, और उस सत्य का अनुभव ही उसका सच्चा अनुभव है। यहाँ यह भी उभरता है कि चित्र के सत्य की पहचान और उसका सत्य अनुभव दोनों एक-दूसरे से ऐसे नत्थी हैं कि इनको अलग नहीं किया जा सकता।

हम साधारणत: किसी विषय और उसके अनुभव में अन्तर करते हैं। निर्मल जी के दोनों उद्धरणों में और उन पर उनकी अपनी टिप्पणी में यह उभरता है—पर, हाँ, ध्वनि के रूप में ही उभरता है—कि कला में अनुभव और कलाकृति जिसका कि अनुभव हो रहा है, इनमें वैसा अन्तर नहीं किया जा सकता, जैसा हम अनुभव और उसके विषय में अन्यथा करते हैं। कला का सत्य उसके 'सही' या 'सत्य' अनुभव से अभिन्न है। प्रश्न उठना चाहिये था कि यह विषय और विषयी का कैसा अनहोना सम्बन्ध है? जहाँ विषयी का स्वप्न तुल्य अनुभव विषय के 'सत्य' की पहचान है। यह कैसा विषय-विषयी-भाव बन रहा है जहाँ विषयी का बड़ा आत्मस्थ-सा, निजी-सा अनुभव विषय का 'प्रमाण' बन जाता है? यहाँ यह भी भूलना नहीं चाहिये कि कलानुभव और कलाकृति दोनों का हम स्वतन्त्र वर्णन भी करते ही हैं—जैसा कि फ्राई के वर्णन में भी स्पष्ट है। यह सम्भव न होता तो कला-विचार और कला की आलोचना भी सम्भव न होती। कला की अनुभव-भिन्न निर्मिति की बात ही नहीं की जा सकती थी। उसकी संरचना को नहीं उभारा जा सकता था।

वैसे प्रश्न यहाँ सत्य का नहीं कला के अनुभव के स्वरूप का और उसके मोल का होना चाहिये था—उसकी सार्थकता का। और कलाकृति से उसके सम्बन्ध का। सत्य की बात बखेड़ा ही लगती है। आगे का कथन जिसका सार मैं पहले उभार चुका हूँ, उसे उलझा देता है।

कौन होगा जो इस बात पर संशय करेगा कि अनुभव हो रहा है—कोई विशेष अनुभव हो रहा है? अनुभव हो रहा है, इसका क्या प्रमाण चाहिये? उसका 'होना' तो 'सत्य' ही है? प्रश्न यही होता है कि वह अनुभव क्या सत्य का अनुभव है? है तो कैसे सत्य का? जब उस अनुभव को स्वप्न और ट्रान्स जैसा कह रहे हैं तो संशय स्वाभाविक ही है। उसे सत्य कहने में दुविधा हो तो अचम्भा क्या?

एक और उद्धरण की बात उठाकर अपनी बात ख़त्म करता हूँ। जैसा कि कह चुका हूँ, आगे निर्मल जी कला के स्वयंप्रकाश की ही नहीं, उससे सम्बद्ध उसके स्वयंप्रतिष्ठ और स्वतन्त्र होने की बात बढ़ाते हैं। कहते हैं कि कला की स्वयंप्रतिष्ठा उसकी अपनी ही भीतर की बुनावट की स्वयंसम्पूर्णता है, जो बाहर कहीं नहीं झाँकती। कुछ और की अपेक्षा नहीं रखती। यही उसका स्वातन्त्र्य है। कला की बुनावट किसी माध्यम से होती है। चित्रों की रंग रेखा से। संगीत की स्वर-ताल से। साहित्य की शब्दों से।

निर्मल जी ने मलार्मे का एक उद्धरण दिया है जहाँ मलार्मे अपने मुहावरे में काव्य को शब्द की स्वतन्त्र यात्रा कहते हैं। हम कह सकते हैं कि यही स्वतन्त्र यात्रा काव्य की स्वतन्त्र बुनावट भी करती है।

एक बार चित्रकार डेगास ने मलार्मे से कहा कि मेरे मन में 'आइडिया' तो कई आते हैं, पर उन्हें काव्य में नहीं ढाल पाता हूँ। मलार्मे ने जवाब दिया कि काव्य 'आइडिया' से नहीं शब्द से बनता है। 'आइडिया' शब्द का पर्याय यहाँ मैं समझता हूँ, 'मज़मून' या 'कविता का भाव' या ऐसा कुछ होना चाहिये। 'विचार' या 'चिन्तन' मात्र से यहाँ आशय नहीं है। आइडिया का अर्थ है ऐसा विचार जिसमें कविता हो सकने की सम्भावना झलकती दिखे।

कविता शब्द से बनती है 'आइडिया' से नहीं—इस बात को हम शब्द की स्वतन्त्र यात्रा कह ही सकते हैं। बात सुनने में बड़ी भली ही नहीं बड़ी सटीक लगती है। मैंने भी इस मुहावरे का प्रयोग किया है। पर विचार कीजिये तो उलझनें आगे आती हैं। यह स्वातन्त्र्य क्या है, किसका है? साथ ही इस स्वातन्त्र्य पर विचार कीजिये तो कविता का 'स्वातन्त्र्य' भी कुछ मीमांसित होता लग सकता है।

मलार्मे में 'स्वतन्त्र' का अर्थ 'आइडिया'—मुक्त बनता है। 'माध्यम का स्वातन्त्र्य' यह अर्थ उभरता लगता है। पर एक समस्या है। कविता को तो—या कुछ कविताओं को—हम आइडिया-मुक्त कह भी दें तो क्या शब्द-प्रयुक्त सभी कलाओं को ऐसा कह सकते हैं? कहानी-उपन्यास को लीजिये, जिनके निर्मल जी स्वयं कलाकार हैं, उनके बारे में क्या ऐसा कह सकते हैं? निर्मल जी ने स्वयं जहाँ प्रेमचन्द की कहानी या 'महाभारत'

को लिया है, वहाँ बात आइडिया की ही की है—'घटना' की 'वृत्तान्त' की; मूल से उनको विलग करते हुए भी किसी अर्थ में 'मूल' मानते हुए। इसके बिना इन कृतियों की चर्चा अधूरी ही लगेगी। फिर जिस 'नैतिकता' की निर्मल जी बात करते हैं उसकी बात भी शब्द की अपनी बुनावट पर नहीं, 'आइडिया' पर ही आधारित है। प्रश्न यहाँ आइडिया के नहीं होने का नहीं, उसका माध्यम से सम्बन्ध का है। क्योंकि सोचिये, क्या आइडिया-मुक्त का चेतना-मुक्त भी अर्थ बन सकता है ? यह अर्थ तो बड़ा विचित्र, विसंगत होगा। शब्द के चेतना-मुक्त होने का अर्थ ही क्या होगा ? शब्द तो ध्वनि-मात्र नहीं है, अर्थमय होता है और अर्थ-व्यापार की चेतना मुक्ति का क्या अर्थ होगा ? डेगास अगर कहते कि चित्रकला वर्ण और रेखा की स्वतन्त्र यात्रा है तो हम किसी चेतना-मुक्त यात्रा की कल्पना कर भी सकते थे। हम चित्र-तुल्य ऐसी 'कृति' की पहचान कर सकते हैं जो बिना चेतना-सम्बन्ध बनी है। ऐसी 'कृतियाँ' प्रकृति में हर कहीं बिछी हैं। फूल को लीजिये या सान्ध्य-गगन को। इनमें हमें कला जैसा 'अनुभव' होता है। चित्र में ही नहीं, संगीत में भी हम ऐसी 'कृतियों' की पहचान कर सकते हैं। पर क्या हम इन्हें सचमुच 'कलाकृतियाँ' कह सकते हैं ? अब आप जो भी कहें, एक बात तो यहाँ साफ़ है : इनका कलाकृति या उस जैसे रूप में 'अनुभव', यह तो चेतना को ही होता है। और जैसा निर्मल जी ने इंगित किया ही है, कला के क्षेत्र में अनुभव कृति से अविच्छेद्य-सा ही होता है। अब यह सोचिये कि जैसी चेतना-मुक्त कृतियों की हम बात कर रहे हैं उनको क्या 'स्वतन्त्र' भी कह सकते हैं ? 'तत्त्व' का अर्थ है व्यवस्था, नियन्त्रण, संयम, जिनमें विवेक ऊह्य है। यह चेतना के बिना कैसे सम्भव है ? कृति के रूप में कृति की पहचान, चाहे 'कृति' मनुष्यकृत हो या प्रकृतिकृत, यह पहचान तो विवेक-गर्भ चेतना ही करती है। कला में स्वतन्त्रता की बात करनी हो तो सहृदय की इस विवेक-चेतना को हम भुला नहीं सकते। उसके बिना कलाकृति की कलाकृति के रूप में पहचान ही नहीं हो सकती। हमें कभी लगता है कि कविता अपने आप बन गयी। उस्ताद कभी कहते हैं, मैं नहीं गाता राग गाता है। पर यह कोई यादृच्छिक या आगन्तुक निर्मिति नहीं होती। अनर्गल प्रलाप, या ऑटोमेटिक राइटिंग, इनमें कविता जैसा कुछ नहीं बनता। बन भी जाये तो बनने की पहचान सहृदय का विवेक होता है, जो यादृच्छिक नहीं होता। फिर कला की स्वयंप्रतिष्ठा क्या ? होती वह चेतना-प्रतिष्ठा ही है, और विवेक से भी

उसका सम्बन्ध होता ही है। विवेक और विवेकनिष्ठ व्यवस्था स्वभावतः 'औचित्य' का अन्वेषण करती है। कला का स्वातन्त्र्य, उसका औचित्य के अन्य क्षेत्रों से अलग होना ही हो सकता है : जहाँ उसका अपना 'स्व' तन्त्र काम करता है और यों जहाँ वह 'स्वयं-प्रतिष्ठ' होती है, फिर भी कला की ऐसे भी बात करते हैं मानो उसकी स्वतन्त्रता कुछ ऐसी निर्बन्धता हो, ऐसा अनर्गल-भाव जहाँ तन्त्र हो ही नहीं। हमको लगता है कि कला का क्षेत्र मानो यों स्वतन्त्र है, जैसे अ-तन्त्र हो। कला-चिन्तन में कुछ ऐसा खुलापन होना चाहिये, जो इस विरोधाभास के प्रति सचेतन हो।

निर्मल जी के व्याख्यानों में यह चेतना है।

पूर्वग्रह : अंक १०७ (सम्पादक : मदन सोनी),
दिसम्बर १९९७-फ़रवरी १९९८

फॉउस्टियन मैन

रमेशचन्द्र जी शाह का 'उन्मीलन' में सोमराज जी गुप्त की पुस्तक, 'द वर्ड स्पीक्स टू दि फॉउस्टियन मैन', पर लेख पढ़ा। उस विषय पर कुछ कहना चाहता हूँ। कहना विशेष 'फॉउस्टियन मैन' की धारणा पर चाहता हूँ, पर रमेश जी के लेख से ही बात उभरी है, उसी पर कुछ और कहते हुए शुरू करता हूँ।

रमेश जी ने सोमराज जी के बारे में भी कुछ कहा है। उनके अध्यात्म गुरु की चर्चा की है। सोमराज जी का जैसा चिन्तन है, वैसा ही जीवन है। बड़ी बात है, वरना विचार का एक अलग-थलग जीवन ही बन जाता है, जिसका हमारे शेष जीवन से, हमारी रहनी से—होने से—सम्बन्ध शिथिल ही रहता है। इसे आजकल 'प्राइवेट' और 'पब्लिक', इन दो असम्पृक्त कोटियों में रखते हुए, उचित ही नहीं, युगानुकूल—आधुनिक—भी माना जाता है—हमारा निजी जीवन और हमारा सामाजिक व्यवहार, इनके बीच लक्ष्मण-रेखा-सी डाल देने का आज चलन है। आज का 'पब्लिक' एक विचित्र लोक है। हमारे जनता-जनार्दनी प्रजातन्त्र और तत्प्रसूत 'जनता की अदालत' की देन है, शायद भीड़ को छूट ही नहीं, अधिकार है कि हर किसी पर फ़तवा दे। परख की कसौटी आवेग और रुचि बनते हैं, कोई गहरा न्यायबोध या औचित्य-विचार नहीं। यह परम्परा फ्रेंच रेवोल्यूशन में 'भीड़ जिसे कह दे उसे गिलोटीन की बलि चढ़ा देने' से जुड़ी जान पड़ती है और यों आधुनिक 'स्वातन्त्र्य' बोध में जन्मी कुलीन, अभिजात भी कहला सकती है। भीड़ के दूत या प्रतिनिधि हमारे संवाददाता आज न्याय के संरक्षक भी हैं। अचम्भा नहीं कि आज जिस पर जनता की आँख हो

वह अपने निजी जीवन में 'पब्लिक' से आँख चुराना चाहता है।

हम जब पुराने मुहावरे में कथनी और रहनी-करनी के एकछन्द होने की बात करते हैं तो स्वीकृत आदर्श/विचार/उपदेश और व्यवहार में सामंजस्य ढूँढ़ते हैं। पर आज हम जिसको किसी का पब्लिक-जीवन कहते हैं वह व्यवहार का पर्याय नहीं है (हालाँकि होना चाहिये, क्योंकि किसी 'रैशनल'—उचित, संगत—समाज में, जैसा हम आज अपने को जताते हैं, उसमें पब्लिक और सिविक में भेद नहीं होना चाहिये, और सिविक तो व्यवहार के निकट ही है)। एक विचित्र छद्मलोक है आज का पब्लिक, जो स्वाँग की तरह रचा जाता है—हमारे देखते-देखते, जानते-समझते रचा जाता है। हम जानते भी हैं कि स्वाँग है, पाखण्ड नहीं भी तो दिखावा है, पर फिर भी रीझते हैं। यों पब्लिक, नाट्यधर्मी जगत है, उसे गढ़ने की कुशल कला है, जिसके हम रसिक भी होते हैं। उसे वास्तव में व्यवहार कहते घोर संकोच होता है। मीडिया गढ़ती है यह जगत। मीडिया वाले और उनके 'पात्र', ये दोनों मिलकर एक तीसरी दुनिया बनाते हैं जिसका व्यवहार से क्या नाता है यह एक अजीब-सा सवाल बना रहता है। नाट्य का—काव्य, कला, शिल्प मात्र का—हमारे व्यवहार से भीतर का सम्बन्ध है—विचित्र-सा दोहरा सम्बन्ध है। एक ओर हमारा व्यवहार-जगत जहाँ नाट्य का उपकरण बनता है वहीं नाट्य भी हमारे व्यवहार को रूप देता है। हमारा ज्ञान न भी सही, हमारे भाव और कर्म नाट्य के बनाये हुए रास्तों पर पाँव बढ़ाते हैं। सामाजिक आदर्शों की रूढ़ियाँ बनाने वाले, या रूढ़ियों की रखवाली करने वाले तभी नाट्य जैसी कलाओं से डरते हैं, उन पर नियन्त्रण चाहते हैं। पर यह भेद भी स्पष्ट रहता है कि नाट्य नाट्य है और व्यवहार व्यवहार। व्यवहार की धरती पर, व्यवहार की सामग्री से नाट्य खड़ा किया जाता है—पर व्यवहार अपनी जगह बना रहता है, और हमारी रहनी की वही मूल धरती है। आज एक तरह से रीत उलटी है। आज जो पब्लिक है, वहाँ नाट्य और व्यवहार का भेद टूटता ही नहीं दिखता, एक औंधे भेष में खड़ा दिखता है। व्यवहार को ही नाटक बनाने की मनोवृत्ति में बनाने और देखने वाले दोनों का चाव दिखायी देता है। बनाने वाला देखने वाले की ओर बढ़ता है तो मीठा मुखौटा पहनकर बढ़ता है और देखने वाला कलाकृति की तरह उसका आस्वाद लेता है। ऐसा न करें तो बेचारा बौखला ही जाये। खेल परस्पर-भाव का है—तभी खेल बनता है।

देखने वाले की आँख ऐनक न पहने हो तो दृष्टिदोष हो जायेगा, टोना टूट जायेगा, कुछ होता हुआ ही नहीं लगेगा। दिखावा-ढकोसला तो कब नहीं होता था, पर हमारा पब्लिक उसको एक नये शिल्प का रूप देता है—विश्वजनसम्मत शिल्प। आज कम्प्यूटर पर वर्चुअल रियालिटी की बड़ी चर्चा होती है (जिसे छाया-सत्य कह सकते हैं)—जहाँ आपका ही छायारूप—एक छद्म, छायामय 'आपा' या 'मैं' एक मनोवांछित छायालोक का निवासी हो जाता है और व्यवहार के वास्तव से कहीं अधिक समर्थ छाया-सुख का भोक्ता या रस का आस्वादक हो जाता है। आज का पब्लिक उस छाया-सत्य का ही सहयात्री जान पड़ता है। उसी रंग में रँगा हुआ। हम आज जिस जनता-जनार्दनी संस्कृति में अपने लिए और सबके लिए अधिक-से-अधिक सुख साध रहे हैं, उसका यही सहज-प्रशस्त मार्ग भी है—सबके लिए पूरा सबरंग सुख, यह रस के छायापथ पर मिले तो मिल सकता है—व्यवहार की धूसर भूमि पर नहीं, जो भोग की ही नहीं, कर्म की भी भूमि होती है। सच पूछिये तो, वर्चुअल रियालिटी यही करती है कि कर्म को वर्चुअल नाट्यधर्मी बना देती है, उसमें से वास्तव का संकल्प, ताप, पश्चात्ताप, दूसरे शब्दों में वास्तव की करनी—निकाल देती है, तभी भोग निर्विघ्न हो जाता है। भोग को न सत्य चाहिये और न ऐसे दूसरे लोग जो सचमुच हों—जिनके प्रति व्यवहार के औचित्य की बात उठे। विवेक का काँटा झेलना पड़े वहाँ सत्य और मिथ्या में भेद करने का दूभर भार सिर से उतर जाता है। रस का 'मैं' (मेरा भोगमय आत्म) वर्चुअल (नाट्यधर्मी) ही होता है, तभी रस जमता है; कर्म का 'मैं' नाट्यधर्मी नहीं हो सकता—हो तो कर्म का स्वरूप ही नहीं बनेगा। आज जिसे हम पब्लिक कहते हैं उसे होना तो कर्मलोक चाहिये, पर उसमें वर्चुअल का पसारा भरपूर है।

पर देखिये कहना कुछ चाहता था, कहने कुछ और लगा। अब फॉउस्ट पर आता हूँ। फॉउस्ट चाहे नाटक का वर्चुअल पात्र हो, पर कर्म-चिन्तन से, पुरुषार्थ-साधना से उसका गहरा सम्बन्ध है। तभी उसे मिथक कहा गया है—एक आदर्श जो 'आधुनिक मानव' की कर्मदृष्टि का प्रतीक भी है, प्रेरक भी।

रमेश जी का लेख पढ़ा तो गोएटे का 'फॉउस्ट' उठाकर पढ़ने लगा—पहले नहीं पढ़ा था। मार्लो को पढ़ा था, बरसों पहले जब अँग्रेज़ी में ऑनर्स

कर रहा था। बहुत रम नहीं पाया था उसमें, बड़ा अतिनाटकीय—मेलोड्रामैटिक-सा लगा था। दुबारा कभी देखा नहीं; अब तो कृति और भी आँखों से उतर गयी। इसकी चर्चा आगे करूँगा। गोएटे के 'फॉउस्ट' में महत् कृति के गुण हैं। उसकी भी चर्चा आगे करूँगा, कुछ अधिक विस्तार से करूँगा। पिछली बार जर्मनी गया था तो बाइमार भी गया था, गोएटे का बँगला देखा। 'फॉउस्ट' ही देखना चाहिये था—वहीं गोएटे हैं, बँगला-बगीची में तो वर्चुअल गोएटे भी नहीं हैं। अब सोचिये, हम इतिहास वाले जो पुराने अवशेष लिये इतराते फिरते हैं, वहाँ रहने वालों को कितना देख पाते हैं?

फॉउस्ट की चर्चा मैं एक प्रश्न के सन्दर्भ में करूँगा। रमेश जी का लेख पढ़ रहा था तो कई और तरह के प्रश्न मन को घेरते रहे। पर एक ज़्यादा सताता रहा। उसी के सन्दर्भ में चर्चा करूँगा। पर प्रश्न को सामने रखने से पहले उसके लिए थोड़ी जगह बनाना चाहता हूँ।

फॉउस्ट की कहानी को सामान्य रूप से मनुष्य का चिरन्तन मिथक कहा जा सकता है—शक्ति और ज्ञान की ऐसी असीम आकांक्षा जिसके सामर्थ्य से उसकी अदम्य भोग-पिपासा सदेह, इहलोक में ही पूरी हो सके। रमेश जी ने लेख का आरम्भ इसी बात से किया है। पर इतना ही होता तो फॉउस्ट दूसरे मिथकों जैसा ही होता—मनुष्य की किसी सनातन प्रवृत्ति को उभारता आख्यान। फॉउस्ट को केवल मिथक के रूप में नहीं, एक विशेष 'ऐतिहासिक' काल के मिथक के रूप में देखा जाता है। उसे 'आधुनिक' कहलाने वाले मनुष्य का मिथक कहा जाता है। आधुनिक मानव को ही फॉउस्टियन मैन का नाम दिया जाता है, मानवमात्र को नहीं। रमेश जी भी इस बात को मानकर चले हैं : लेख के शुरू में उन्होंने मिथक को चिरन्तन कहा है (उसमें चिरन्तन तत्त्व तो है ही, नहीं तो मिथक क्या?) पर (पृ. १३३ पर) लेख की दूसरी कड़ी के शुरू में वे मिथक को आधुनिक मनुष्य के साथ ही जोड़ते हैं। फॉउस्टियन मैन और आधुनिक मैन का पर्याय-सम्बन्ध इतना प्रसिद्ध है कि इसे अलग से उभारने या इसके तात्पर्य पर अलग से विचार करने की बात ही रमेश जी के मन में नहीं उठी। सोमराज जी भी आधुनिक मैन को ही 'फॉउस्टियन' के नाम से पुकारते हुए अपनी बात कहते हैं।

फॉउस्ट के आख्यान का जन्म जनश्रुति या किंवदन्ती में हुआ। कहानी को

मिथक की शक्ति मार्लो और विशेषकर गोएटे इन दो 'आधुनिक' नाटककारों ने दी है। माना जाता है कि इन्हीं की कल्पना के पारस ने कहानी के लोहे को 'आज के युग के मार्मिक मिथक' के सोने में ढाला है और इस नाते भी मिथक 'आधुनिक' है, क्योंकि मार्लो और गोएटे उन लेखकों में गिने जाते हैं, जिन्होंने आधुनिक मानस के आविर्भाव को प्रगल्भ वाणी दी है। इन्हीं की रचना में 'फॉउस्टियन' शब्द में एक गहरी व्यंजना का अर्थ-लोक उजागर पाया जाता है—इनसे पहले फॉउस्ट की कहानी में ऐसा कोई युग-साधक दम-ख़म नहीं दिखायी देता। बेताल पचीसी का शव-साधक तान्त्रिक भी फिर तो फॉउस्टियन मैन ही ठहरता दिख सकता है। मार्लो और गोएटे के फॉउस्ट को ध्यान में रखकर ही फॉउस्ट के रूप में एक नये 'युगमानव' की बात उभारी जाती है। आधुनिक युगमानव की।

मेरे मन में यही वह प्रश्न जागता है, जिसकी बात कर आया हूँ (ऐसा प्रश्न मैंने कहीं उठते देखा नहीं है, और हो सकता है कि आपको अजीब लगे, पर मैं फिर भी उसे उठाना उचित समझता हूँ, और आगे की बातों में उसके लिए और भी आँगन खोलता रहूँगा)। पर चलिये प्रश्न लीजिये। प्रश्न है : फॉउस्ट को प्रतीक बनाकर जिस युगमानव की बात की जाती है, वह व्यष्टि है या समष्टि है? युगमानव की बात तो समष्टि की बात ही होनी चाहिये। और समष्टि की ही नहीं, काल (युग) विशेष में किसी समष्टि विशेष की बात होनी चाहिये। और 'युग' और 'मानव' इस शब्द-युगल के संयुक्त तात्पर्य पर पूरी तरह से जाये तो अर्थ और व्यापक ठहरता है : काल विशेष की सम्पूर्ण मानव समष्टि। अपने यहाँ (इतिहास की पौराणिक दृष्टि में) जब कालखण्ड (युग) विशेष के गुणधर्म विशेष की बात होती है तो मानव मात्र को लक्ष्य में रखकर होती है—जो कि ठीक, युक्तिसंगत ही है। आधुनिक युगमानव की बात करते हुए भी अर्थ का सम्पूर्ण मानव समष्टि पर व्यापक होना अनायास ही मन में उठता है। और तभी ऊपर वाला प्रश्न जागता है : बात समष्टि की हो रही है या व्यष्टि की? होनी तो समष्टि की ही चाहिये—समूची मानव समष्टि की—पर समष्टि-सर्वस्व की बात तो यहाँ बनती ही नहीं दीखती। सच पूछिये तो किसी भी एक पूरी-की-पूरी समष्टि को—उसकी एक-एक व्यक्तिनिष्ठ इकाई को—किसी भी सार्वजनीन अर्थ में 'आधुनिक' कहना ही अटपटा लगता है, विशेषकर अगर ऐसे गुण की बात हो जो सार्वकालिक नहीं है।

और सोलहवीं या अठारहवीं सदी के बाद की समष्टि विशेष के हर स्त्री-पुरुष को फॉउस्टियन कहना तो और भी बेतुकी बात लग सकती है। माना कि विगत की चर्चा में इतिहासकार ऐसे प्रयोग करते हैं, पर प्रश्न तो रहता ही है कि ऐसे प्रयोग का अर्थ क्या? हम कह सकते हैं कि प्रयोग को लक्षणा में लेना चाहिये, अभिधा में नहीं। पर यहाँ लक्षणा क्या है, इतिहासकार कोई बहुत स्पष्ट नहीं करते। क्या युगमानव, समष्टि के अन्दर कोई समूह होता है, ऐसा समूह जिसे 'अगुआ' कह सकते हैं, या समष्टि का चरित्र होता है जो कम-ज़्यादा लगभग हर एक में पाया जाता है, या फिर कोई आदर्श होता है जो सभी में किसी रूप में प्रकाशित होता है? इतिहासकार इन सभी परस्पर-भिन्न अर्थों को लपेटकर एक अर्थ का धुन्ध उठाते चलते हैं, अपना तात्पर्य किसी अर्थ-विवेक के साथ प्रस्तुत नहीं करते। पर ऊपर का कोई भी अर्थ लीजिये, विसंगतियाँ फूट पड़ेंगी। जिन सभ्य-संस्कृत आत्मचेतन समष्टियों में इतिहासकार भिन्न युगचेतनाओं का सोपान देखते हैं इन समष्टियों में, गुण हों या चरित्र या आदर्श, इन सबका अनेक ही स्फुट-प्रत्यक्ष होता है, एक को तो अनुमान और ध्यान-विशेष—बुद्धि-विशेष से—ताक पर परोक्ष ही देखना पड़ता है। इसलिए, शायद समझना यों चाहिये कि किसी समष्टि के भीतर ऐसे मान्य समूह विशेष का आदर्श विशेष युगचेतना का द्योतक होता है जो आदर्श समष्टि-सर्वस्व का—या लगभग सर्वस्व को—अपनी ओर खींचता है। प्रश्न यहाँ भी उठेंगे—'लगभग' का अर्थ क्या? क्या गिनती की बात है (जैसी कि अभी अमेरिका के चुनाव में हुई थी?) या किसी और तौल की? फिर आदर्श-आस्था जैसी भीतर की बातों में सही गिनती तो आज भी सम्भव नहीं, विगत में कहाँ से हो सकती है जबकि गिनती पर आज-सी आस्था ही नहीं थी? एक और गहरी बात देखिये—दूसरों की गिनती छोड़िये, अपने आप से ही पूछिये कि आदर्श क्या है, तो क्या उत्तर पायेंगे? फिर आदर्श बदलते भी हैं। हमारे एक ही छोटे से जीवन में आदर्श के भिन्न 'युग' हो सकते हैं तो फिर एक पूरी पीढ़ी या कुछ पीढ़ियों के समूह की बात ही क्या? फिर जिस विशिष्ट अगुआ कहला सकने वाले समूह की यहाँ बात हो रही है वह आत्मचेतना में भी विशिष्ट होता है—और आत्मचेतना विवाद-वैविध्य का सहज स्थान है, यह इतिहासकार से भी छुपा नहीं। किसी भी सभ्य-संस्कृत समूह में अन्तर्भेद होता है। स्वभाव-अनैक्य। आज तो दिखता ही है, पहले के लोग भी हम जैसे ही थे। यों समष्टि विशेष में भी एक अद्वय

युगचेतना हाथ-कंगन जैसी स्पष्ट बात नहीं है—सम्पूर्ण मानव-समष्टि में तो बिलकुल भी नहीं।

पर चलिये, हम मान भी लें कि कलिकाल की तरह एक काल विशेष में सारी मानव-जाति ही एक गुण-धर्म विशेष से व्याप्त हो जाती है। तो इसका अर्थ क्या बनेगा? फॉउस्टियन मैन की धारणा अगर कलियुगी मानव की तरह सर्वतोग्राही है तो मानवमात्र पर पूरी उतरनी चाहिये। पर यहीं बात में खटका आता है। फॉउस्ट जिस अबाध सत्ता या प्रभुत्व का प्यासा है उसे मानवमात्र की ऐसी ललक—बल्कि हूक—कहा जाये कि उसके लिए मानव अपनी आत्मा शैतान को सौंप देने के लिए तैयार हो जाये, तो इसका मानवमात्र के लिए क्या अर्थ बनता है? 'मानवमात्र में अबाध सत्ता की चाह होती है' का अर्थ यही बन सकता है कि 'हर एक मानव में अबाध सत्ता की चाह होती है।' पर तब बात मानवता का चिरन्तन गुण हो जाती है (वह सामान्य—अतः कालातीत—गुण जो स्वभाव से हर मानव व्यक्ति में होता है) और यों अलग से किसी काल या युग विशेष से जुड़ती नहीं जान पड़ती। क्या 'सत्ता के लिए शैतान को आत्मा सौंप देना,' यह बात उसे आधुनिक युग विशेष से जोड़ती है? इस बात पर हम विचार करेंगे। पर 'सत्ता' से यहाँ क्या अभिप्राय? 'हर व्यक्ति सत्ता चाहता है' इसका इस सन्दर्भ में तात्पर्य यही उभरता दिखता है कि हर व्यक्ति दूसरे व्यक्तियों पर प्रभुत्व चाहता है, उन्हें अपनी इच्छा के वश रखना चाहता है। सत्ता का अर्थ शक्ति मात्र भी लिया जाये तो भी यहाँ यही अर्थ उभरता जान पड़ता है—क्योंकि सत्ता यहाँ आकांक्षाओं को पूरा करने का साधन है, और हम आकांक्षाओं की पूर्ति के लिए जिस शक्ति की चाह करते हैं वह दूसरों पर नियन्त्रण है—कोरी शक्ति की चाह का क्या अर्थ और वह भी फॉउस्टियन मैन के लिए? जिन आकांक्षाओं की पूर्ति के लिए मैं शक्ति की चाह करता हूँ, वे आकांक्षायें दूसरों के बीच, दूसरों पर ही पूरी होती हैं। जिनको हम मनुष्य की आकांक्षा कहते हैं—धन, जन, अभिजन, काम-सुख और ऐसे ही दूसरे भोग (और यही फॉउस्ट की भी आकांक्षा थी), यह मनुष्य को ही विषय बनाती है। सत्य की, विशुद्ध ज्ञान की (ऐसा ज्ञान जो निष्प्रयोजन हो, या शान्ति का साधन हो), या शान्ति की, मोक्ष की, करुणा या मैत्र की, इनकी साध इस सन्दर्भ में 'आकांक्षा' नहीं कहला सकती और न फॉउस्टियन मैन के साथ हम ऐसी आकांक्षाओं

का मेल बैठाते हैं। करने को ऐसी आकांक्षाओं की साधना में भी शक्ति की बात की जा सकती है—व्रत की, तप की, वीर्य की—और ऐसी बात की ही गयी है, पर तब 'शक्ति' शब्द का अर्थ ही अलग निकलता दिखता है। फॉउस्ट के सन्दर्भ में जिस शक्ति की बात है, वह अन्य को और अन्य की इच्छा-आकांक्षा को अपने काबू में करने की बात है, ताकि अपनी इच्छा-आकांक्षा का प्रवाह बेलगाम बह सके। अपने आपको ही हम काबू में ले आना चाहें तो फॉउस्ट क्या खाक हुए? फॉउस्ट होकर मैं सत्ता चाहूँ तो दूसरे किसी पर, या किन्हीं पर चाहूँगा, या सत्ता की प्यास और भी उत्कट हुई तो पूरे मानवसमाज पर अपनी सत्ता चाहूँगा। सत्ताकामियों के आदर्श तो रावण और हिरण्यकशिपु जैसे ही होने चाहिये। पर एक इकाई के रूप में सम्पूर्ण मानव-समष्टि में ऐसी सत्ता की प्यास? इसका अभिप्राय क्या बनता है? व्यक्ति में ऐसी प्यास हो, समझ में आता है; मैं भी अपने अन्दर इस प्यास को भाँप सकता हूँ, इसकी कल्पना तो कर ही सकता हूँ। पर मानव-समष्टि किस पर सत्ता चाहेगी? समष्टि के रूप में मानव की जड़-प्रकृति पर सत्ता या वश की बात की जा सकती है—की ही जाती है, पर माना कि प्रकृति पर वश पाने की कोई सर्वमानवीय इच्छा है भी या उसकी कल्पना भी की जाये, तो उसको फॉउस्टियन किस अर्थ में कहेंगे? और फिर उसके लिए निर्ऋति और अधर्म (ईविल) के प्रतीक शैतान को आत्मा सौंप देने का क्या अर्थ? अधर्म तो चेतन जीव और विशेषकर आत्मचेतन मनुष्य के प्रति किये गये कर्म में ही हो सकता है, जड़ के प्रति अधर्म का क्या अभिप्राय बनेगा? पर, हाँ, यह सच है कि प्रकृति पर मानव-विजय की अभीप्सा और अभियान में आज जो संकल्प और शक्ति है, वह 'आधुनिक' ज़रूर कहला सकती है, पहले तो वह अकिंचन-सी ही थी। पर उसमें कोई ऐसी फॉउस्टिन प्रवृत्ति नहीं दिखायी देती जहाँ शैतान का प्रवेश हो। उलटे, प्रकृति-विजय की जो आधुनिक कल्पनायें की गयी हैं, उन यूटोपियन मिथकों में यही स्वप्न जैसी समीहा है कि इस विजय के बाद मनुष्य के आपस के व्यवहार में सत्ता का चलन ही उठ जायेगा—मनुष्य जिन वस्तुओं के लिए दूसरों से जूझते हैं, उन पर सत्ता चाहते हैं, उनकी कोई कमी नहीं। ऐसी यूटोपिया को चरितार्थ करने के लिए कम्युनिस्ट पार्टी जैसी किसी यूटोपियन पार्टी को आत्मा बेचना ज़रूरी हो सकता है, शैतान को नहीं। अब आप ऐसी पार्टी/पार्टियों को ही शैतान कहना चाहें जो मानवमात्र पर सत्ता के बल से सत्ता को मिटा देने

का दावा करती हैं, तो बात और है। (पर यह न भूलिये कि सत्ता के माध्यम से यूटोपिया की साधना जिस मैन की है वह भी उतना ही 'आधुनिक' मैन है, जितना कि फॉउस्टिन मैन, और वह फॉउस्ट के विपरीत सत्ता पाने के नहीं, सत्ता को मिटा देने के मिथक बनाता रहा है, परिणाम जो भी हुआ हो)।

विसंगत ही लगता है कि किसी भी फॉउस्टियन अर्थ में हम सर्व मानव-समष्टि को एक इकाई के रूप में सत्ता का लोलुप ठहरायें। प्रकृति पर सत्ता की कामना अगर फॉउस्टियन नहीं हो सकती तो फिर किस पर सत्ता फॉउस्टियन होगी, और किस आकांक्षा की पूर्ति के लिए? पुराणों में असुर देवों पर राज करने के लिए सत्ता चाहते हैं—उनको नीचा दिखाकर आप ऊँचे होने का दम्भ साधते हैं, उन्हें दास बनाते हैं; पर मानव के लिए कौन प्रतिमानव है जिसे वह अधीन करना चाहे? मानव-सर्वस्व में फॉउस्टियन सत्तालोलुपता हो, यह बात बनती नहीं दिखती, तो भी चलिये बात बनाने की चेष्टा करें। समष्टियों की बात की जा सकती है। समष्टियाँ एक नहीं अनेक होती हैं और समष्टिमानव का प्रतिमानव तो रहा ही है। फॉउस्टियन मैन अगर आधुनिक है तो चलिये आधुनिक युग में ही समष्टियों की सत्ता-प्यास की बात करें—जहाँ शैतान की भी झलक है, अगर नितान्त स्वार्थमयी गृध्नुता को या नृशंस-भाव को शैतान कहें। इतिहास-चर्चा में आज जिसे 'आधुनिक' युग कहा जाता है उसका उदय और विकास पिछली चार-पाँच सदियों में यूरोप में माना जाता है। फॉउस्टियन मैन का भी तभी उदय माना जाता है। आधुनिक मैन के रूप में फॉउस्टियन मैन (कम-से-कम अपने जन्म में) आधुनिक यूरोपियन मैन है। अब लक्ष्य कीजिये कि आधुनिकता के उदय के साथ ही यूरोप में दूसरे सभी समाजों पर सत्ता पाने की ललक का भी जन्म होता है और इसके विराट आयोजन होते हैं जो सफल भी होते हैं, और यूरोप दूसरे देशों का जमकर गृध्नुता के साथ उपभोग करता है। नृशंसता भी देखी जा सकती है और यों शैतान के दोनों हाथ देखे जा सकते हैं—यूरोप के इतिहासकार भी इससे इनकार नहीं करते कि दूसरे देशों पर (समाजों, संस्कृतियों पर) उनके विजय के साधन अक्सर नृशंस हिंसा और विनाश रहे हैं, और परिणाम रहा है अन्य की सम्पदा का स्वेच्छा से परदुखकातर हुए बिना उपभोग। (सफ़ाई में यूरोप के इतिहासकार यह कहते हैं कि यूरोप की विश्वविजय से आधुनिकता का 'प्रकाश' मान ही लें तो भी गृध्नुता और नृशंसता की क्या सफ़ाई दी

जा सकती है?)। आधुनिक सत्ता-प्यास के इस लोलुप अभियान को दृष्टि में रखें तो यूरोपियन मैन समष्टि के रूप में फॉउस्टियन ठहराया जा सकता है।

पर बात अब भी अधूरी है और ऊपर के चित्र में एक दोष भी है जो आपको दिख गया होगा—यूरोप एक समष्टि नहीं है। समष्टियों का समूह है—या व्यूह कहिये (क्योंकि संस्कृति में एक है भी)। पर समष्टि की इकाई अगर सत्ता के आधार पर आँकें तो इकाई राष्ट्र होगी। भूलिये नहीं कि यूरोप के आधुनिक विचारक भी राष्ट्र और राष्ट्र-सत्ता को समष्टि की इकाई का परिनिष्ठित-निर्धारित रूप मानते हैं और इस राष्ट्र-सत्ता-निष्ठ इकाई के उभरने को भी आधुनिकता की ही 'उपलब्धि' कहते हैं। तो फिर यूरोप को एक समष्टि नहीं कहा जा सकता (और संस्कृति के परस्पर गहरे भेद भी इन राष्ट्रों के इतिहासकार और विचारक स्वयं उजागर करते ही रहते हैं)। इनकी आपस की लड़ाइयाँ भी सदियों पुरानी हैं। यों यूरोप को यूरोप के ही भीतर से देखें तो पूरे यूरोप को एक समष्टि के रूप में फॉउस्टियन कहने का अभिप्राय उखड़ता दिखता है। पर दूसरी तरफ़ यह भी है कि यूरोप ने (यूरोप के सभी अलग-अलग राष्ट्रों ने) यूरोप-भिन्न देशों पर सत्ता का जैसा खुला, निर्मम, अमानुषी प्रयोग किया है और सत्ता के माध्यम से उनका जैसा 'उपभोग' किया है वैसा आपस में नहीं किया। यह उनके कहीं गहरे में एक होने का भी चिह्न कहा जा सकता है।

यूरोप के 'आधुनिक' राष्ट्रों का इतिहास युद्ध का ही इतिहास है। ये आपस में लड़ते ही रहे हैं—और अब जब 'यूनियन' के रूप में एक होने की बात कर रहे हैं तो आधुनिकता के झण्डे पर भी मुट्ठी ढीली पड़ रही है, अपने आपको उत्तर-आधुनिक कहते हैं, या उससे भी उत्तरतर। क्या फॉउस्टियन मैन का यूरोप में अब अस्त हो रहा है, और जिनका आज तक यूरोप फॉउस्टियन उपभोग करता रहा था, उस 'तीसरी दुनिया' में ही उसकी बस्ती रह गयी है?

पर 'तीसरी दुनिया' को छोड़िये (यह लांछनामय संज्ञा भी यूरोप की ही देन है) और यूरोप पर ही लौटिये। आधुनिक यूरोप अगर समष्टियों का समूह है तो क्या यह उचित नहीं होगा कि हम पूरे यूरोप को नहीं, यूरोप की एक समष्टि-विशेष—एक राष्ट्र-विशेष—को ही फॉउस्टियन कहें? जर्मनी ध्यान में आता है। आख़िर आधुनिक जर्मनी ने ही यूरोप में सत्ता-

विस्तार के लिए दो-दो महायुद्धों का सत्ता-ताण्डव रचाया (यूरोप के कुछ दूसरे देश कहते ही थे कि जर्मनी में शैतान जाग उठा है)। फॉउस्ट की जनश्रुति का जन्मस्थान भी जर्मनी को ही माना जाता है (गोएटे के 'फॉउस्ट' का जो अँग्रेज़ी अनुवाद मैं पढ़ रहा हूँ, उसके नोट्स से भी ऐसा उभरता है—मूल 'फॉउस्ट', जिसके आधार पर कहानियाँ बनीं, जर्मन ही था) पर सोचिये, क्या हम सचमुच यह कहना चाहेंगे कि फॉउस्टियन मैन का अर्थ जर्मन मैन है ? अब, यदि यहाँ हम यह भूल भी जायें कि जब फॉउस्ट की जनश्रुति जन्मी और फैली, तब जर्मनी एक-राष्ट्र था ही नहीं, और न उस समय उसमें कोई प्रबल सत्ता-कामना थी और न दूसरे यूरोपियन राष्ट्रों की तरह उसने कोई उपनिवेश जीते। तो भी जर्मनी या किसी और यूरोपियन राष्ट्र को फॉउस्टियन ठहराकर क्या हम अपनी खोज में सार्थक कुछ पकड़ पायेंगे ? क्या कोई अलग से आधुनिक फॉउस्टियन मैन का हम सन्धान पा लेंगे—ऐसा मनुष्य जो कि 'अन्-आधुनिक' युगों में नहीं था? राष्ट्रों का—या भिन्न सत्ताधारी समष्टियों का—एक-दूसरे से युद्ध, एक-दूसरे पर आधिपत्य, दूसरे को उपनिवेश बनाना, निर्मम उपभोग, ये कोई आधुनिक प्रवृत्तियाँ तो नहीं हैं। चिरन्तन ही ठहरती हैं।

आपको लग सकता है कि बात जिधर जा रही है, दिशा ठीक नहीं है, विश्लेषण में बेकार की छीछालेदर है—भीतर के तात्पर्य की ओर न झाँककर शब्दों की सतह को ही मथने की चेष्टा है—मिथक के प्रति संवेदना का अभाव है। मिथक को यों नहीं समझा जाता : मिथक का सम्बन्ध प्रवृत्ति के सूक्ष्म स्तरों से होता है, उसको यों स्थूल बना देना उसका तिरस्कार है। पर मैंने जो कहा है उसमें व्यंग्य की अनी हो भी तो भी विमर्श के अभिनिवेश में फॉउस्टियन मैन के मिथक को ठठाकर उड़ा देने का मनोभाव बिलकुल नहीं है, न उसे छोटा या उथला या निरर्थक कर देने की विवक्षा है। मेरी समझ में अभिनिवेश की बात ही यहाँ यह है कि फॉउस्ट के मिथक को अगर हम आधुनिक कहलाने वाले युग के स्वभाव का—या उसके किसी प्रधान गुणधर्म का—द्योतक कहें, और धर्म ऐसा हो जिसकी प्रेरणा 'मनुष्य' की दुर्दम्य सत्ता-प्यास और भोगलिप्सा है, तो इस प्रवृत्ति का प्रकाश 'आधुनिक' इतिहास के सत्ता-व्यापार में ढूँढ़ना उचित ही नहीं आवश्यक है—विशेषकर उस 'मनुष्य' के इतिहास में जिस मनुष्य के बीच यह मिथक पनपा और परवान चढ़ा है और जो आधुनिकता

का जनक ही नहीं आधुनिकता का मसीहा होने का दावा करता है : यूरोप का मनुष्य।

रमेश जी ने यूरोप के आधुनिक साहित्य के नये स्वरों में इस मिथक का अनुरणन देखा है। यह ठीक है। साहित्य के नये स्वरों में ही फॉउस्ट की कहानी पर आधारित मार्लो और गोएटे के नाटक भी हैं, जिन्होंने कहानी को आधुनिकता का मानस दिया है। पर कोई भी युग साहित्य तक तो सीमित नहीं होता। युग की एक भावभूमि ही नहीं, कर्मभूमि और युद्धभूमि भी होती है—सत्ता का तो इन्हीं में स्थान है। साहित्य में तो सत्ता के काल्पनिक मिथक ही हो सकते हैं। फिर इस मिथक को जब हम ऐसा विलक्षण मिथक बतायें जिसमें आधुनिक कहलाने वाले कालखण्ड की गम्भीरतम प्रवृत्तियों की अभिव्यक्ति है—मर्मच्छवि है—और साथ ही मिथक को 'आधुनिक' कहते हुए यूरोप की धरती को ही आधुनिकता की जन्मभूमि कहें, तो क्या वहाँ के साहित्य से बाहर निकलकर, वहाँ के कर्म-व्यवहार में मिथक का उन्मेष नहीं देखना चाहिये? और कहना न होगा कि युग के—इतिहास के—कर्म-व्यवहार की भूमि व्यष्टि में नहीं, समष्टि में होती है : इतिहास समष्टि का ही आकलन करता है, व्यष्टि को देखता है तो समष्टि में रखकर ही देखता है। यों भी हमारा व्यवहार, चाहे व्यष्टि का ही व्यवहार क्यों न हो, समष्टि की धरती पर ही होता है, चाहे व्यष्टि-समष्टि के सम्बन्ध जटिल और बहु-सूत्र शबल ही क्यों न होते हों। मनुष्य की समष्टि में ही वह शिक्षा-संस्कृति-साधना पलती है जो व्यक्ति को विशिष्ट व्यक्ति बनने देती है।

पर यहाँ अवधान की बात यह है कि 'मनुष्य की समष्टि' यह किसी एक महासमुदाय का नाम है 'सम्पूर्ण मानव-समष्टि' यह संज्ञा किसी एक संश्लिष्ट समूह की नहीं है। सम्पूर्ण मानव-समष्टि परस्पर भिन्न समष्टियों का संग्रह है। पहले भी था, आज 'आधुनिक' समय में भी है। समष्टियाँ स्वरूप से ही बहुत होती हैं और उनकी भिन्नता का एक व्यावर्तक लक्षण यही है कि हर एक की अलग सत्ता होती है जो उसे दूसरे से विच्छिन्न करती है, तनाव-संघर्ष भी जगाती है, टकराव भी। हर समष्टि का अलगाव उसकी स्वतन्त्र भाव-कर्म-ज्ञान और साधना-भूमि होती है जिसके लिए स्वाधीन व्यवस्था और व्यवहार का शरीर भी चाहिये। स्वतन्त्र सत्ता के बिना यह बात नहीं बनती और इस सत्ता को दूसरी समष्टि की सत्ता से

व्यावृत्त ही नहीं रखना पड़ता, उससे संरक्षित भी रखना पड़ता है।

माना भी गया है कि किसी स्वतन्त्र संस्कृति के स्वनिष्ठ होने का एक प्रधान लक्षण उसकी स्वतन्त्र राजनीतिक सत्ता है। इसी आधार पर हमने भी एक सदी से अधिक समय तक स्वतन्त्रता की लड़ाई लड़ी थी। आजकल कुछ लोग संस्कृति का आकलन करते हुए सत्ता और उसके स्वरूप को—संस्कृति के राजधर्म को—संस्कृति से अलग देखते हैं, मानो यह कोई संस्कृति-विलग स्वयंप्रतिष्ठ या स्वयम्भू तत्त्व हो। पर मैं नहीं समझता कि मनुष्य की रहनी के किसी भी तत्त्व को संस्कृति से अलग किया जा सकता है—और राजधर्म और उसमें निहित सत्ता-व्यापार के बिना तो मनुष्य की रहनी बनती ही नहीं। मैं यह नहीं कहना चाहता कि मनुष्य की रहनी का सार ही राजनीति है और राज्यव्यवस्था ही संस्कृतिसर्वस्व है : जैसा राज वैसी संस्कृति। ऐसे मत हैं जो ऐसी बात कहते हैं, और राजनीति को समाज का प्रधान ही नहीं, आधार तत्त्व मानते हैं; दूसरे तत्त्वों को राजनीति-उद्‌भूत। मैं नहीं समझता कि राजनीति में और समाज के ज्ञान-भाव-कर्म के अन्य पुरुषार्थों में कोई ऐसा कार्य-कारण सम्बन्ध है कि जैसा राजधर्म वैसा समाज और वैसी ही उसकी संस्कृति। पर राजधर्म किसी भी समष्टि का एक बड़ा अंग होता है और शेष संस्कृति के साथ उसके सम्बन्ध में एक अंगांगी भाव होता है।

संस्कृति में राजधर्म के स्थान को यों रखना ज़्यादा ठीक होगा : मनुष्य की संस्कृति के व्यवहार-स्तर पर राजधर्म संस्कृति का एक प्रधान स्तम्भ होता है पर पुरुषार्थ के स्तर पर नहीं। संस्कृति को हम मोटे तौर पर दो भूमियों में बाँट सकते हैं : एक को मनुष्य के चिरन्तन स्वभाव और उसकी अपनी विलक्षण, पशु-भिन्न जिजीविषा की एक देश-काल-परम्परा-निष्ठ समाज-भूमि कह सकते हैं—संस्कृति की यह आचरण-भूमि समष्टिप्रधान होती है। चाहें तो इसे संस्कृति का शरीर भी कह सकते हैं। मैं समझता हूँ कि हमारे यहाँ का 'व्यवहार' या 'लोक' शब्द संस्कृति की इसी भूमि की ओर संकेत करता है। मनुष्य होगा तो उसकी अपनी रहनी की यह भूमि होगी ही। हमारे यहाँ इसी भूमि को काम, अर्थ और धर्म इस 'त्रिवर्ग' से भी आँका गया है। इसे मनुष्य की 'सिद्ध' भूमि भी कह सकते हैं—मनुष्य के रूप में मनुष्य की सहज, निसर्ग भूमि। दूसरी भूमि सूक्ष्म है, अधिक अन्तरतम है, इसको चाहें तो संस्कृति की आत्मा कह सकते हैं—यह

मनुष्य की सिद्ध नहीं, साध्य भूमि है, मनुष्य की ऊर्ध्वतर एष्णााओं का जगत, या 'एषणाओं का जगत' की जगह 'एषणाओं के जगत' कहना ज़्यादा ठीक होगा : भाव, ज्ञान, विचार, कर्म और ऐसे ही क्षेत्रों की आत्मचेतन साधना से बनते विभिन्न अर्थ-लोक। ऐसा नहीं है कि मनुष्य का व्यवहार-लोक अ्नात्मचेतन होता है, पर आत्मचेतना वहाँ संस्कार के रूप में ही अधिक रहती है, विवेक के रूप में कम। उसे 'आत्मचेतन' नहीं कहकर 'चेतन' भी कह दें तो तात्पर्य बिगड़ेगा नहीं। दया जी कुछ ऐसी बात कहते भी हैं—हालाँकि वे ऐसा अन्तर सभ्य और सभ्यता के पूर्व के समाजों में करते हैं : एक को शास्त्र के अभाव में केवल चेतन कहते हैं, दूसरे को शास्त्र और शास्त्र की परम्परा के उदय से लक्षित आत्मचेतन। अब सभ्यता-पूर्व के समाजों का हमें इतना ज्ञान नहीं कि निश्चय के साथ ऐसा कुछ कहा जा सके। आज के सभ्यता-बाहर कहलाने वाले 'आदिवासी' समाजों के आधार पर ही कुछ अनुमान लगाया जा सकता है। क्या ऐसे समाजों में शास्त्र जैसी कोई आत्मचेतन रूप से सचेत परम्परा नहीं होती जिसमें कुछ प्रमाण-व्यापार, कुछ आत्मालोचन भी होता हो और इनसे प्रेरित परिवर्तन? मैं ऐसे समाजों का विद्यार्थी नहीं हूँ, पर जो थोड़ा पढ़ा है उससे इस बात की सच्चाई पर भरोसा नहीं होता। शास्त्र और अशास्त्र के आधार पर चेतन और आत्मचेतन में भेद की बात मुझे तत्त्व-भेद या कोटि-भेद जैसी बात लगती है, किन्तु मैं मनुष्य के चेतन और आत्मचेतन स्तरों में कोई कोटि-भेद जैसा भेद नहीं देख पाता। हम अपने ही जीवन में चेतन और आत्मचेतन के स्तरों को देखें तो एक को दूसरे में घुला-सा पाते हैं। वैसे ही मैं समझता हूँ, संस्कृति के चेतन व्यवहार और आत्मचेतन के स्तरों को देखें तो एक को दूसरे में घुला-सा पाते हैं। वैसे ही मैं समझता हूँ संस्कृति के चेतन व्यवहार और आत्मचेतन साधना के लोकों में भी जहाँ तारतम्य है वहीं किसी निर्धारित विभाजन-रेखा का अभाव भी है। एक सोपानवत् क्रम का-सा भान होता है, भूमि-भेद का नहीं। यही नहीं, संस्कृति में सिद्ध और साध्य का भेद ही एक अर्थ में विभाजन-विहीन भेद है। जहाँ हमारा व्यवहार-लोक हमारे निसर्ग स्वभाव की नींव पर खड़ा 'सिद्ध' लोक जान पड़ता है वहीं यह भी दिखता है कि यह लोक भी हमारे लिए साध्य ही होता है—उसे प्रयत्न से साधते हुए बनाये रखना पड़ता है। इसे हम चाहें तो योग-क्षेम का लोक भी कह सकते हैं—और सोचकर देखिये, योग—जो नहीं है उसको जुटाना और क्षेम जो है उसका संरक्षण—

दोनों ही साध्य हैं। हर समाज इस युगल चेष्टा में निरन्तर लगा रहता है—यह उसके व्यवहार की नींव है। सभ्य हो या सभ्यता-पूर्व या सभ्यता-बाहर, मनुष्य-जीवन की बात अन्त को आत्मचेतना के स्तरों की, तारतम्य की, ही बात ठहरती जान पड़ती है। मनुष्य (सभ्य हो या सभ्यता-पूर्व), भाषाविहीन कभी नहीं होता और भाषा आत्मचेतना की ही बोध-भूमियों की बात है।

संस्कृति के सिद्ध शरीर और साध्य आत्म के सम्बन्ध को मैं समझता हूँ, देह और मन (या चित्त या अन्तःकरण) के दृष्टान्त पर उतना नहीं जितना काव्य के शरीर और उसकी आत्मा के दृष्टान्त पर समझना चाहिये। जितनी दूर तक किसी रूपक से बात समझी जा सकती है—काव्य का शरीर और उसकी आत्मा दोनों ही चेतना की धरती पर उभरते हैं जबकि देह और मन की दूरी जड़ और चेतन की सी दूरी लगती है। दोनों की सत्ता का स्वरूप ऐसा अलग जान पड़ता है कि दोनों को भिन्न कोटियों में रखती हुई एक स्पष्ट विभाजन-रेखा मानो बोध में जागती है। पर संस्कृति के शरीर और आत्मा दोनों में ही चेतना जागती दिखती है। संस्कृति का शरीर और आत्मा दोनों ही साध्य हैं—काव्य की तरह कृतियाँ हैं। तो भी दोनों में तारतम्य ही नहीं उभरता दिखता, एक आधार-आधेय-भाव भी गोचर होता है—व्यवहार की धरती पर पुरुषार्थ का क्षितिज बनता है।

हम मनुष्य के साध्य की बात करते हैं तो अर्थ-सन्धान की भूमा पर दृष्टि रखते हैं। पर जो हम वास्तव में साधते रहते हैं वह क्षितिज जैसा उदार और उदात्त कम ही होता है। अक्सर घिरा-घुटा, तुच्छ, फल्गु होता है। अपनी बात के शुरू में मैंने मीडिया के कृतित्त्व की बात की जहाँ एक वर्चुअल—या नाट्यधर्मी—'पब्लिक' जगत का निर्माण होता है। उस सन्दर्भ में भी 'व्यवहार' शब्द का प्रयोग किया था—आज के पब्लिक को नाट्यधर्मी व्यवहार का नाम दिया था। उसे ऐसी कृति कहा था जिसमें सहज को कृत्रिम बना देने का अपार और 'लोकप्रिय' शिल्प है। मीडिया-निर्मित व्यवहार-लोक मानो मनुष्य के निसर्ग व्यवहार-लोक को ही एक नट का मुकुट-सा पहना देता है। यह पब्लिक लोक मनुष्य की जिजीविषा की उन इच्छा-आकांक्षाओं-प्रवृत्तियों की नींव बनता है जो संस्कृति की व्यवहार-भूमि पर मनुष्य की स्वभाव-सिद्ध चिरन्तन प्रवृत्तियाँ हैं, जहाँ से पुरुषार्थ-यात्रा का आरम्भ होता है। मीडिया इसी को जैसे पुरुषार्थ का गन्तव्य बना

देता है। तभी इसमें कई लोग आज मीडियोक्रिटी या घासलेट का साम्राज्य देखते हैं। पर शिकायत करने वालों को भूलना नहीं चाहिये कि जैसा मानवतावादी राजधर्म हमने आज पुकार-पुकारकर स्वीकारा है वह तो इसका समर्थन ही करता है : इस राजधर्म का आदर्श मनुष्य को निरे मनुष्य होने के नाते ही ताज पहना देना है, मर्यादा-पुरुष बना देना है।

काव्य की बात की है, कुकाव्य की भी बात करना चाहता हूँ—'पब्लिक' या मीडिया-लोक के एक मूर्धन्य रूप विज्ञापन पर कुछ कहना चाहता हूँ। विज्ञापन के मीठे-चीकट, गिलगिले घासलेट की भर्त्सना की ही जाती है (हालाँकि विज्ञापन की स्वीकृति भी आज सहज है। अचम्भा नहीं कि गोएटे का फॉउस्ट भी आज टीवी पर दिखाया जाये तो विज्ञापनों की भड़कीली चमक में कहीं खोया हुआ दिखाया जायेगा और किसी 'बुद्धिजीवी' को इस पर अचम्भा नहीं होगा—आख़िर विज्ञापन ही तो प्रस्तुति को सम्भव बनाता है!)। कविता और संस्कृति का रूपक मन में रखें तो विज्ञापन के लिए घटिया कविता या 'कुकाव्य' की बात मन में आती है। विज्ञापन को कुकविता ही कह सकते हैं, कविता की कोटि से उसे हटा नहीं सकते। पण्डितराज जगन्नाथ के शब्दों में, उसमें एक 'चमत्कार' होता है जो कौशल से साधा जाता है और जो चित्त को झट अपनी ओर मोड़ता है—पण्डितराज तभी पहेली को भी काव्य की कोटि में रखते हैं, चाहे काव्य के गर्त में ही इसे क्यों न धकेलते हों। विज्ञापन में अभिधा और लक्षणा दोनों अर्थों में शरीर ही प्रधान होता है—आत्मा को भी शरीर ही में घसीट लिया जाता है : कविता का शरीर वहाँ ऐसा मोहमय इन्द्रिय-ग्रस्त शरीर होता है कि हमें शरीरमय कर देना चाहता है। फिर भी उसे अ-काव्य नहीं कह सकते। अ-काव्य हो तो हमें खींचेगा ही नहीं। हम कहें कि कविता की आत्मा वहाँ होती ही नहीं—तो क्या कहना चाहेंगे? यही न कि चेतना के ऊर्ध्वतर स्पन्द के लिए वहाँ आकाश ही नहीं है। फिर भी वहाँ स्पन्द का अभाव भी नहीं है। विज्ञापन हमारे देह-प्राण को हमारा आत्म-सर्वस्व बनाने का जादू साधता है—और हम जानबूझकर उसके वर्चुअल जगत में सास्वाद विचरते हैं। मीडिया हमें 'कान्तावत उपदेश' से फुसलाना चाहता है कि हमारा जिजीविषा का व्यवहार-लोक ही सब कुछ है, पुरुषार्थ-लोक कुछ होता ही नहीं। हमारी मानवतावादी मानव-सर्वस्व संस्कृति, हमारा जनता-जनार्दनी राजधर्म यहाँ

मीडिया के साथ ही होता है। वह जनता की अदालत क्या जो विज्ञापनों पर न पले!

यहाँ फॉउस्ट को फिर आगे लाना चाहता हूँ। मैंने ऊपर जानबूझकर सत्ता के सन्दर्भ में समष्टि की बात उठायी, जो मुझे लगता है फॉउस्टियन मैन की चर्चा में उठायी ही जानी चाहिये, पर उठायी नहीं जाती। पर फॉउस्टियन मैन को छोड़िये, फॉउस्ट को लीजिये (मैं गोएटे के फॉउस्ट को ही ज़्यादा आगे रखूँगा), तो एक बात और है जो इस सन्दर्भ में लक्षणीय है—इस बात को तो उभारा जाता ही होगा, रमेश जी ने भी अपनी तरह से उभारा है। फॉउस्ट में हम एक पुरुषार्थ का आदर्श पाते हैं। अब, व्यवहार-लोक अगर समष्टि-प्रधान है तो पुरुषार्थ-लोक व्यष्टि-प्रधान। पुरुषार्थ-साधना का आधार व्यक्ति होता है। यह बात और है कि व्यक्ति-चेतना वहाँ निर्वैयक्तिक होती है, या यों कहिये व्यक्ति-मात्र-निष्ठ होती है और यों हर व्यक्ति में सम्भव होती है। तभी वहाँ इच्छा-आकांक्षा की नहीं विवेक की और प्रमाण-व्यापार की बात साधना के केन्द्र में रहती है।

आधुनिक काल में पुरुषार्थ-साधना ने एक नया रूप पाला है—व्यक्तित्त्व-साधना का रूप। आज की व्यक्तित्त्व-साधना क्या है, फॉउस्ट के चरित्र में इसका एक प्रधान निदर्श और आदर्श दिखता है। थोड़ा हटकर देखिये तो विचित्र, विरोधी-सा आदर्श है। व्यक्ति ही पुरुषार्थ साधता है—चाहे मोक्ष ही क्यों न हो, जहाँ कि व्यक्ति ही नहीं, उसका समूचा संसार विलीन हो जाता है। दूसरे पुरुषार्थों में भी व्यक्ति नहीं जो साधा जाता है, ज्ञान, कर्म, भाव, विचार, ये और इनका औचित्य ही प्रधान होता है। तो फिर व्यक्तित्त्व-साधना क्या है ? फॉउस्ट को देखिये। दो बातें साफ़ ही दिखती हैं। एक तो साधारण मनुष्य की प्रवृत्तियाँ पालते हुए भी असाधारण होने की ललक—बल्कि साधारण मनुष्य की अवज्ञा : उसे (पुराने शब्दों में) कोरे 'प्रवाह का जीव' या 'पृथक्-जन' समझना। उसके अनात्मचेतन-से जीवन को, उसकी रहनी को, हिकारत की आँख से न भी सही, पर नितान्त तुच्छ दृष्टि से देखना। उससे अलग, लौकिक जीवन की ही एषणाओं को एक असाधारण (और यों एक अर्थ में अलौकिक) विस्तार, मनोऽभिनिवेश और दम्भ के साथ साधना। गोएटे के फॉउस्ट में व्यक्ति और उसके भोक्तृत्व को आधार बनाकर एक नूतन विशाल प्रवृत्ति-मार्ग की आराधना का संकेत है, जो साधारण भोग-मार्ग को ही पुरुषार्थ का

'लोकोत्तर पन्थ' बना देना चाहता है—साधारण प्रवाह से बाहर होना अपने आप में एक साधना-मार्ग बन जाता है। लोक-साधारण या लोकायत भोग-लालसा, जिसमें फॉउस्ट अन्यथा कोई अर्थ नहीं देखता, वही इस भोगमार्ग में जैसे एक और भूमि पर उठना चाहती है—अपनी उग्र-तीव्रता में ही 'सार्थकता' ढूँढ़ती है। गोएटे के फॉउस्ट के आरम्भ में ही एक दृश्य है जहाँ फॉउस्ट अपने विदूषक से शिष्य के साथ एक मेले में जाता है और साधारण जीवन की चाशनी में उतरता है। वहाँ एक उसे नीरस मिठास, एक चिकनी तुच्छ जिजीविषा का थोथा जीवन दिखायी देता है जिससे उसे घोर निर्वेद होता है। वह अलग धातु का बना हुआ है। साधारण से अलग उड़ान चाहता है। वह शिक्षित था, शिक्षक था, ज्ञान और विद्या का अभ्यासी था, पढ़ते-लिखते अधेड़ हो गया था, पर अब अपने आपको भीतर से जड़-जर्जर पाने लगा था। किताबों के निर्जीव अक्षर अब उसे काटने दौड़ते थे। उसके भीतर यह तीख़ा बोध जाग उठा था कि जिस सत्य के लिए इनको साधता-मथता रहा है उन काग़ज़ों के ढेर में उस सत्य की कोई कुंजी नहीं है (पोथी पढ़-पढ़ जग मुआ—यह उसकी चेतना की आर्त पुकार हो उठी थी)। पर जीवन से निर्विण्ण होकर भी वह आत्मघात में असमर्थ था—उसकी जिजीविषा में अभी जान थी। तो वह किया क्या चाहता था? क्या था उसका पुरुषार्थ? उसे किधर का इंगित देता था उसका निर्वेद?

यहाँ उसके चरित्र का दूसरा पक्ष देखिये (जो शैतान के सामने खुलता है)। हम पाते हैं कि उसे सत्य-वत्य की ऐसी कोई बुभुत्सा नहीं थी। परलोक वह मानता नहीं था। इहलोक और यहाँ की कामनायें ही उसके लिए सब कुछ थीं। पर हम यह भी पाते हैं कि उसकी आकांक्षायें बड़ी असाधारण, बड़ी लोक-विलक्षण हैं। काम ही उसका पुरुषार्थ है पर उसे वह एक अनहोनी तीव्रता के साध साधना चाहता है—भीड़ से हटकर, भीड़ के ऊपर तैरता हुआ। वह भोक्तृत्व का अनहोना, सुपरमैन, या अधिष्ठातृ देव कहिये, वैसा कुछ होना चाहता था : हम देखते हैं कि बड़ी विचित्र, बड़ी विरोधमयी है उसकी वासना। वह मानव-वासना के गहरे-से-गहरे सागर की तह और तुंग-से-तुंग शिखर की पहुँच चाहता है।

शैतान के मुँह से कहे गये गोएटे के ही शब्दों को लीजिये : मनुष्य की प्रवृत्तियों का मनुष्य-रूप में—उसकी 'लौकिक' एषणाओं के भीतर भी—

एक विराट, निःसीम अनुभव-संसार है, जो दिन और रात (तमस और प्रकाश) दोनों में पलता है। मनुष्य के अलावा किसी और का इस संसार में प्रवेश नहीं—विशुद्ध-अविनश्वर-प्रभुत्वमय-आनन्दमय, अद्वय ईश्वर का तो बिलकुल भी नहीं। ईश्वर का लोक तमस-हीन, विशुद्ध प्रकाश का लोक है और शैतान को ईश्वर ने प्रकाशहीन तमस का वासी बना दिया है (शैतान फॉउस्ट से कहता है : ही ड्वेल्स इन स्प्लेन्डर सिंगल एण्ड अटरनल / बट अस ही थ्रस्ट्स इन डार्कनेस, आउट ऑफ़ साइट डार्कनेस, आउट ऑफ़ साइट / एण्ड यू ही एन्डावर्स विथ डे एण्ड नाइट (सीन ४), (ईश्वर स्वयं नित्य अद्वय प्रकाश में रहता है पर हम आसुरी शैतानों को उसने अँधेरे में धकेल रखा है, पर तुम मनुष्यों को उसने दिन और रात दोनों का दान दिया है)। फॉउस्ट मनुष्य के अँधेरे-उजाले के समग्र का सघन, तीव्र से तीख़ा अनुभव चाहता है—इसके ऊँचे-से-ऊँचे, नीचे-से-नीचे, द्वेष-राग, पीड़ा-प्रहर्ष, आतंक-आश्वासन, इन सबके भोग में आप्तकाम होना चाहता है, उसे वह साधारण आमोद-प्रमोद नहीं चाहिये जो साधारण जन की भोग-कामना की सीमा है। (अपनी कामना फॉउस्ट शैतान को इन शब्दों में बताता है : बट दाउ हैस्ट हर्ड, टिस नॉट ऑफ़ जॉय वी आर टॉकिंग, / आइ टेक द विल्डरिंग ह्वर्ल, एंजायमेन्ट्स, कीनेस्ट पेन, / एँनैमर्ड हेट, एग्जिहलरेंड डिसडेन, / ....ऐंड ऑल ऑफ़ लाइफ फ़ॉर ऑल मैनकाइंड क्रियेटेड / शैल बी विदिन माइन इन-मोस्ट बीइंग टेस्टेड : / द हायेस्ट, लोएस्ट फॉर्म्स माइ सोल शैल बॉरो, / शैल हीप अपॉन इट्सेल्फ देयर ब्लिस ऐंड सॉरो, / ऐंड दस, माइ ओन सोल सेल्फ टु ऑल देयर सेल्व्स् एक्सपैंडेड, आइ टू, ऐट लास्ट, शैल विथ देम ऑल बी स्ट्रैंडेड!) (पर देखो, तुमसे मैं कह चुका हूँ, हम बात सुख-आस्वाद की नहीं कर रहे हैं। मैं तो इस चकरा देने वाले भँवर में कूद पड़ना चाहता हूँ—मुझे चाहिये आनन्द की तीख़ी-से-तीख़ी वेदना, अनुरागमय द्वेष, हर्ष-विह्वल तिरस्कार...जीने का वह सारा अगाध अनुभव जो सारी मनुष्य जाति को हो सकता है, वही मेरे अन्तरतम की कसौटी होगा—अनुभव का ऊँचे-से-ऊँचा शिखर और नीचे-से-नीचा अन्धलोक, सब तक मुझे अकेले की पहुँच होगी—मेरी आत्मा मनुष्य-सर्वस्व के सुख और दुख को अकेले अपने भीतर समो लेगी और मेरा आपा फैल-फैलकर सबके आपे को अपना लेगा—और फिर अन्त में मैं सबके साथ निरालम्ब, निस्सहाय हो जाऊँगा।)

कहना न होगा कि यहाँ हम एक अपूर्व-नूतन व्यक्ति-धर्मी, लोक-धर्मी, मानव-धर्मी, प्रवृत्ति-मार्ग का सशक्त शब्दों में संकेत पाते हैं। यही फॉउस्टियन मैन का आधुनिक आदर्श है। दिखता ही है कि इसकी पूर्ति किसी एक व्यक्ति के अनुभव में हो भी तो बड़ी न-कुछ-सी ही हो सकती है—मानव-व्यक्ति मानव-समग्र को कैसे समो सकता है? कल्पना में और साहित्य में जहाँ हम अपने ही नहीं दूसरों के भी द्रष्टा-भोक्ता हो सकते हैं वहीं इसकी कोई सार्थक पूर्ति हो सकती है : यूरोप के आधुनिक साहित्य की मानव-निष्ठ, पर अनुभव-गम्भीर और अनुभव-विराट समृद्धि की ओर रमेश जी ने इंगित किया है। वहाँ गोएटे का फॉउस्ट झलकता है—मानव-व्यक्तित्त्व के सब आँगन खोलता फॉउस्ट। गोएटे से पहले जो फॉउस्ट की कहानी थी (जिसके कई रूप मिलते हैं, कुछ कठपुतलियों के खेल में अब भी जर्मनी में दिखाये जाते हैं) उस कहानी में फॉउस्ट की भोगलिप्सा में ऐसी कोई जटिल-प्रगल्भ, जटिल-विलक्षण बात नहीं है जो हम गोएटे के फॉउस्ट में पाते हैं। जैसी भोगलिप्सा पुराने फॉउस्ट में है वह हमारी कहानियों के तान्त्रिकों और सिद्धों में भी मिल जायेगी—यन्त्र-मन्त्र, टोने-टोटके और भूत-प्रेत-सिद्धि के बूते जाने-पहचाने मनवांछित भोग भोगने की शक्ति। अन्तर यह है कि यहाँ शैतान की जगह भूत-प्रेत-बेताल हैं। यन्त्र-मन्त्र, टोना-टोटका फॉउस्ट की कहानियों में भी है और गोएटे में भी है। पर गोएटे की कहानी में एक भाव-गम्भीर दार्शनिक की व्याकुलता है जो उसके पहले नहीं मिलती। जिस अनुभव-लोक का फॉउस्ट डूबकर द्रष्टा-भोक्ता होना चाहता है उसकी नश्वरता, क्षणभंगुरता के प्रति वह पूरा सजग है—फिर भी उसके प्रति वह एक विचित्र निर्वेद-भरा मोह पालता है—यही उसकी 'इहलौकिक' व्यक्ति-साधना है। लगता है फॉउस्ट प्रतीत्यसमुत्पाद के भंगुर स्रोत तक जा पहुँचना चाहता है, मानो नश्वरता के स्वलक्षण-गर्भ में ही साक्षात् उतर जाना चाहता हो। वह शैतान से माँग करता है : शो मी द फ्रूट्स दैट एँयर दे आर गेदर्ड, रॉट / ऐंड ट्रीज़ दैट डेली विथ न्यू लीफ़ेज क्लोद देम, (सीन ४) (मुझे वे फल दिखाओ जिन्हें चुनो तो हाथ में आने से पहले सड़-सूख जाते हैं, और वे पेड़ जो इन फलों को नित नये पत्तों का बाना पहनाते हैं।) हम कह सकते हैं कि यह आज की, नितान्त मानव-निष्ठ, ईश्वर के शव पर बैठी, नश्वर, इहलौकिक व्यक्तित्त्व-साधना का बड़ा चुटीला रूपक है। और यह भी कह सकते हैं कि इस साधना के पीछे उस मानस की भी प्रेरणा है जिसने

अठारहवीं सदी के फॉउस्ट को गोएटे के बहाने जन्म दिया।

फॉउस्ट के मिथक को शायद इसी दृष्टि से देखते हुए फॉउस्टियन मैन की बात की जाती है—और वहाँ 'आधुनिक' व्यक्तित्त्ववाद के आदर्श का मर्म देखा जाता है। फॉउस्टियन मैन मानव-व्यक्तित्त्व का, उसकी स्वयम्भू सम्भावनाओं का आत्मनिष्ठ, आत्मचेतन, सेक्युलर साधक है और हाँ, शक नहीं कि यह एक पश्चिमजात आधुनिक आदर्श है।

यहाँ यह भी नहीं भूलना चाहिये कि फॉउस्ट के रूप में व्यक्तित्त्व-साधना का यह प्रगल्भ-जटिल आदर्श गोएटे के साथ अठारहवीं सदी में ही अवतरित होता है। उसके पहले निष्प्रभ है—अकिंचन-सा ही है। आधुनिक फॉउस्ट की कल्पना में गोएटे से पहले यह मार्लो का नाम लिया जाता है। मार्लो शेक्सपियर के समकालीन थे। उनका भी आधुनिकता के चारण-बैतालों में नाम लिया जाता है। पर मार्लो के फॉउस्ट को देखिये, मीडियोकर है—एक छिछोर-सी तस्वीर उभरती है, जिसे किसी भी आदर्श का मिथक नहीं कहा जा सकता है। फॉउस्ट दूसरे सब ज्ञान-विज्ञान को नकारता हुआ, ईश्वर को नकारता हुआ, ईसाइयत में 'निषिद्ध', 'शैतानी' अथर्वण विद्या—जादू-टोना—सीखता और साधता है। शैतान (लुसिफर) का दूत मेफिस्टोफिलिस उसके पास आता है। फॉउस्ट अपनी आत्मा के बदले हर इच्छा-पूर्ति का सौदा चाहता है जिसका चाहे विनाश करे, जिसको चाहे बनाये। सौदे पर मुहर लगती है, फॉउस्ट ख़ून से हस्ताक्षर करता है : तय होता है कि चौबीस साल तक लुसिफर फॉउस्ट की चाकरी बजायेगा, जो फॉउस्ट चाहेगा करेगा और इस समय के बाद फॉउस्ट अपना शरीर और आत्मा लुसिफर को सौंप देगा, नर्क लोक में सदा के लिए लुसिफर का दास हो जायेगा। फॉउस्ट मेफिस्टोफिलिस से नर्क के बारे में पूछता है—क्या है, कहाँ है ? मेफिस्टोफिलिस नर्क को सनातन यातना का अधोलोक बताता है, जहाँ पावन दैवी उद्धार का स्पर्श नहीं पहुँचता। फॉउस्ट कहता है, मुझे नर्क-वर्क में विश्वास नहीं—जब तक मृत्यु न हो, यह लोक है, फिर कोई लोक नहीं, कोई यातना नहीं, परलोक की बात बुढ़िया-पुराण है। मेफिस्टोफिलिस इतना ही कहता है—चलो, देख लेना। फिर कहता है, पर देखो मैं तो हूँ न, नर्क का जीव! फॉउस्ट पर असर नहीं पड़ता, कहता है कि यों ही तुम्हारे साथ टहलना, बहस करना, यही नर्क है तो, ज़िन्दाबाद! अपनी पहली इच्छा वह शैतान के आगे रखता है : मुझे एक

बीवी ला दो, जर्मनी की सबसे ख़ूबसूरत लड़की। पर मेफिस्टोफिलिस शादी–ब्याह को ढकोसला बता देता है। विवाह जैसे कर्मकाण्ड के खोखलेपन पर टिप्पणी कसने लगता है, पर फॉउस्ट की पहली ही इच्छा पूरी नहीं करता, जिसके लिए अभी–अभी आत्मा का सौदा किया था। और फॉउस्ट को ही देखिये, उसी के काम और सौन्दर्य–पिपासा को लीजिये। ब्याह! बस इतने–से के लिए आत्मा बेची थी! आगे और भी खुलता है कि शैतान की इच्छा पूरने की बात और फॉउस्ट का इच्छा–लोक दोनों ही खोखले हैं। दोनों की वृत्ति एक ढकोसला है। दोनों एक प्रहसन–सा खेलते हैं, एक फार्स, एक छिछोर तमाशा, जिसमें शैतान कुछ जादू–टोने का करतब दिखाता है और फॉउस्ट भाँड–विदूषक के रूप में छूँछे हथकण्डे साधता है। आप आत्मा बेचें तो चाह में कोई बड़ी बात, कुछ विशाल विराट तो होना चाहिये—कम–से–कम साधारण को पीछे छोड़ता हुआ अभूतपूर्व तो कुछ हो? मार्लो के फ़ॉउस्ट में हम ऐसा कुछ नहीं पाते। फॉउस्ट अगर समर्थ प्रतीक है, मिथक है—युग मिथक—तो अनायास ही आकांक्षा जागती है कि फॉउस्ट की ज्ञान और सत्ता–पिपासा में अपनी तरह का महत् कुछ होना चाहिये। किसी अनूठे असीम का न सही, किसी नये दिगन्त का संकेत तो हो—भोग का ही नया आयाम सही। उसकी सत्ता की प्यास, चलिये, त्रिलोकी जीत लेने की न सही, कम–से–कम सिकन्दर, नेपोलियन के बराबर तो हो ही। फॉउस्ट विद्वान था, पर मन्तर–टोने की तन्त्र–विद्या को ही विद्या मानने लगा था और विद्याओं से उसे अरुचि हो गयी थी। तो भी खगोल विज्ञान की जिज्ञासा जागरूक थी। मेफिस्टोफिलिस से यह ग्रह–नक्षत्रों के स्वभाव, स्थान और गति के बारे में प्रश्न पूछता रहता है। मेफिस्टोफिलिस के उत्तर तत्कालीन जानकारी के सधे–सधाये उत्तर हैं। किसी लोकोत्तर सर्वज्ञ या आप्तविद् के उत्तर नहीं हैं, जो रहस्य की बात बतायें—जैसी कि आशा जग सकती है। फॉउस्ट के मन में इन उत्तरों से सन्तोष भी आधा–सादा–सा ही होता है—ज्ञान का कोई नया चमत्कार करवट नहीं लेता। किसी भी गूढ़ प्रश्न का (संसार किसने बनाया?) इसका मेफिस्टोफिलिस के पास कोई उत्तर नहीं। वह प्रश्न को ही व्यंग्य और चतुराई से टाल जाता है। उभरता यही है कि न फॉउस्ट में कोई उत्कट ज्ञान–जिज्ञासा है, न शैतान के पास कोई देने लायक ज्ञान।

मार्लो आधुनिक काल के उस पड़ाव पर थे जब विज्ञान की नयी प्रश्न–

विकल ज्ञान–यात्रा के काल का आरम्भ हो चुका था। धर्म की पुरानी रूढ़ बेड़ियों पर चोट करती हुई बुभुत्सा की एक सर्वथा नवीन प्रतिभा युक्तिकल्पना के सहारे प्रकृति के प्रत्यक्ष में साक्षात् डूब जाना चाहती थी—नये सिद्धान्त, नये संशयों के क्षितिज खोलने लगी थी। आशा स्वाभाविक है कि मार्लो के फॉउस्ट में इस प्रतिभा की झलक होगी। पर है नहीं। हाँ, कह सकते हैं कि फॉउस्ट में धर्म के प्रति एक विद्रोह है, ईसाइयत के प्रति विद्रोह—एक 'हितकामी' फ़रिश्ता बार–बार आकर फॉउस्ट को ईसाई ईश्वर और यीशु क्रिस्ट की ओर खींचना चाहता है, अनन्त उद्धारहीन नर्क की विभीषिका से फॉउस्ट को डराता है, फॉउस्ट डिगता भी है, पछताता भी है, विशेषकर मृत्यु–काल के पास आने पर, लेकिन शैतान का पल्ला नहीं छोड़ता। पर काहे के लिए? उसका धर्म–विद्रोह डाकिनी तन्त्र जैसे ईसाइयत में निषिद्ध जादू–टोने में घिरा रह जाता है, जिसे चर्च शैतानी शै मानता था। इससे आगे नहीं बढ़ता। अब ऐसे विद्रोह में ऐसी क्या महिमा है जिसे किसी भी तरह का मिथक कहा जा सके, समझ में नहीं आता (एक प्रहसन जैसे दृश्य में फॉउस्ट मन्त्र के बल अदृश्य रूप धरता है और पोप के महल में जा घुसता है, भौंडी चुहलें करता हुआ पोप को छेड़ता–छकाता है और पोप पर दो–एक घूँसे जमा के ख़ुश हो लेता है)। फॉउस्ट के इस छिछोर विद्रोह में नये युग का कोई संकेत है भी तो उसका कोई सार्वभौम महत्त्व नहीं, धर्म के सन्दर्भ में भी नहीं। क्योंकि विद्रोह ईसाइयत और क्रिस्ट और इनके चर्च तक सीमित है। कोई और धर्म हो—जैसे हिन्दू धर्म या बौद्ध धर्म—तो जादू–टोना साधने में क्या अनहोना रूढ़ि–तोड़ धर्म–द्रोह का स्वर गूँजेगा? दूसरे धर्मों में जादू–टोने का ईश्वर–द्रोह से कोई सम्बन्ध नहीं है। हिन्दू और बौद्ध धर्म में जादू–टोने को तुच्छ सिद्धियों का साधन तो माना जाता है पर उसमें कोई आसुरी शक्ति नहीं देखी जाती। बड़े–बड़े असुर ईश्वर का सिंहासन हिलाकर ब्रह्माण्ड–विजय की साध पूरी करना चाहते हैं तो निरर्थक जादू–टोने से नहीं, तपस् के वीर्य से करते हैं। या 'असुर' चार्वाक की तरह विचार के तेज़ से करते हैं।

पुराणों के असुर जहाँ तपस् से सत्ता का प्रभुत्व साधते हैं, फॉउस्ट (और उसका आत्मप्रभु मेफिस्टोफिलिस) जादू–टोना करता है। जैसा तुच्छ साधन वैसी ही सिद्धि भी मिलती है। पर फॉउस्ट की साध भी वैसी ही बौनी–सी दिखायी देती है। आप सोचेंगे, और कुछ न सही कहीं का राजपाट तो

साधता ही होगा, शैतान को आत्मा जो बेची है। पर हम पाते क्या हैं? फॉउस्ट बाजीगर की तरह राजा के लिए सिकन्दर और उसकी प्रेयसी को सशरीर दरबार में ला खड़ा कर कृतकृत्य हो लेता है। अपने दरबारी दुश्मनों के मुँह जानवरों जैसे बना देता है और ठाकुर-सामन्तों को, रानियों को जाड़े में बेमौसम अंगूर खिलाता है, इनाम पाता है, मुराद पूरी कर लेता है। अपने इस बाजीगर-भाँड जैसे करतबों पर कुछ दिन इठला लेता है—जब तक शैतान उसे घसीटकर सदा के लिए ले नहीं जाता।

शैतान की शक्ति गोएटे में भी जादू-टोने तक ही सीमित है, पर जैसा हमने देखा, वहाँ एक नये आदर्श का दर्शन है जो उसकी कविता को महत् कर देता है।

मेरे विचार की दिशा में एक बात किसी को अटपटी लग सकती है : मैंने फॉउस्टियन मैन को समष्टि-मानव बताने का बीड़ा उठाया था और निदान को व्यष्टि पर ही आ ठहरा हूँ। गोएटे को ही अगर मैं फॉउस्ट-कथा का सच्चा आधुनिक प्रतिपादक मानता हूँ और साथ ही यह भी मानता हूँ कि गोएटे का फॉउस्ट व्यक्तित्त्व-साधना के एक नये अनूठे आदर्श का प्रतीक है तो फिर प्रकट ही बात समष्टि से हटकर व्यष्टि पर आ जाती है। ठीक है, किसी भी आदर्श की तरह व्यक्तिवाद का आदर्श भी सबके लिए (समष्टि के लिए) होता है, सर्वसामान्य आदर्श होता है, पर आदर्श का विषय व्यष्टि ही है, समष्टि नहीं। कोई राष्ट्रगत आदर्श हो, जैसे साम्राज्य सत्ता-विस्तार, तो यह समष्टि का आदर्श या एषणा हो सकती है, लेकिन व्यक्तित्त्व की साधना तो व्यष्टि को ही आधार करेगी।

इस तर्क के उत्तर में व्यष्टि-समष्टि के सम्बन्धों की विवेचना करते हुए कहा जा सकता है कि भाषा की तरह आदर्श का आधार तो समष्टि ही होती है। व्यष्टि समष्टि को ऊह्य रखता हुआ समष्टि की धरती पर ही उभरता है—समष्टि के बिना व्यष्टि क्या? आदि। पर इस बहस में मैं नहीं जाऊँगा, और फिर कह ही चुका हूँ कि फॉउस्टियन मैन को जब हम युग-मानव के रूप में देखना चाहते हैं तो बात समष्टि की ही बनती है। पर दिलचस्प बात यहाँ एक और है। गोएटे का फॉउस्ट दो भागों में है। दूसरे भाग की आमतौर पर उपेक्षा की जाती है (मैं भी करता ही, पर फॉउस्ट का जो पुराना संस्करण देख रहा था उसमें दोनों भाग एक साथ थे)। काव्य की दृष्टि से दूसरा भाग वैसा मोहक है भी नहीं। वहाँ भावना से अधिक

बुद्धि का बोलबाला है। पर काव्य जैसा भी हो, कहना न होगा कि गोएटे का फॉउस्ट उस भाग के बिना अधूरा है। संयोग की ही बात थी, लेकिन बहुत अच्छा हुआ कि मैंने उसे देखा। बड़ी ख़ुशी हुई। इस बात की कि मैं जो समष्टि-समष्टि कर रहा था, उसकी गोएटे में भी प्रतिध्वनि है। मैंने पाया कि गोएटे के दूसरे भाग का विषय समष्टि है—बल्कि समष्टि ही नहीं राजधर्म है।

गोएटे अपनी तरह का प्रवृत्तिवादी कवि ही नहीं विचारक भी था। उसका व्यक्तित्त्व-साधना का आदर्श प्रवृत्ति का ही आदर्श है, निवृत्ति का नहीं—वैसे भी 'आधुनिकता' निवृत्ति से घबड़ाती है (तभी सोमराज उसे अपनी तरह से निवृत्ति का सन्देश सुनाना चाहते हैं)। भारत में निवृत्ति-प्रवृत्ति का जैसा संघर्ष रहा है, अन्यत्र नहीं रहा है। वैदिक-पौराणिक साहित्य प्रवृत्तिवाद में पला है। उसने निवृत्तिवाद का विरोध भी किया है। पुराणों ने निवृत्तिवाद में विसंगति दिखाते हुए युक्ति दी है कि गृहस्थधर्म, जो प्रवृत्तिधर्म का आधार है, मानव मात्र के लिए अनिवार्य है, निवृत्ति की परम्परा भी उसके बिना नहीं बन सकती। पर गृहस्थधर्म से भी बढ़कर राजधर्म के बिना प्रवृत्ति अधूरी है। हम पाते भी हैं कि इतिहास-पुराण के प्रवृत्ति-विचार में राजधर्म विचार की नाभि है—जैसा कि 'महाभारत' में तो स्पष्ट ही है। राजधर्म के बिना ऐसे किसी भी प्रवृत्तिवाद की बात नहीं हो सकती जो मानव के समग्र को समेटता हो। आज के सब व्यक्तिवादी ऐसा न मानते हों, स्पष्ट है कि गोएटे मानते थे। गोएटे की समग्र को समेटती दृष्टि फॉउस्ट के दूसरे भाग में प्रतिष्ठा पाती है। गोएटे के समय एक और व्यक्तिवाद का उदय होने लगा था—राज्य-निषेधवाद का अनार्किस्ट व्यक्तिवाद। इस विचारधारा का उदय १८वीं सदी में हुआ और १९वीं सदी में यह पुष्ट-प्रखर हुई। यूरोप के विचारकों पर छा-सी गयी। यह व्यक्तिवाद राजधर्म को व्यक्ति-स्वातन्त्र्य में मूलगत व्यवधान मानता है—राष्ट्र के होने को ही सच्ची मानव-प्रवृत्ति और जिजीविषा के लिए अशिव और निवार्य समझता है। पर गोएटे को, इसके विपरीत, यह गहरा बोध था कि राजा, राज्य, राजधर्म, इनके बिना मानव-प्रवृत्ति की कल्पना नहीं की जा सकती। फॉउस्ट के (दूसरे भाग में) नाटक के अन्त से पहले हम पाते हैं कि फॉउस्ट एक भूमिपति बन गया है और रामराज्य जैसी किसी धर्म-व्यवस्था की ओर प्रवृत्त है। नाटक का अन्त तो बिलकुल कालिदास के

‘अभिज्ञान शाकुन्तलम्’ से लिया जान पड़ता है : फॉउस्ट को शैतान नहीं फ़रिश्ते ऊपर ले जाते हैं, जहाँ उसका अपनी प्रिया मार्ग्रेट से पुनर्मिलन होता है। नाटक के दूसरे भाग में बागडोर शैतान के नहीं, फॉउस्ट के हाथ में है : शैतान (मैफिस्टोफिलिस) फॉउस्ट की शिव-साधना का एक उपाय बन गया है—धर्म के औचित्य की ओर बढ़ने का एक दैव-द्वार—और उसका अनृत (ईविल) स्वभाव अक्षम, अप्रासंगिक हो गया है। फॉउस्ट की आत्मा ऋत के हाथों पड़कर अनृत से छूट गयी है।

गोएटे ने फॉउस्ट को एक जटिल-कर्बुर बहुरंग वर्णिकाभंग के साथ प्रस्तुत किया है। इसी में एक वर्ण व्यक्तिवाद का है जिसमें व्यक्तित्त्व-साधना का एक नया उत्कट मानववादी रूप उभरता है—ऐसा रूप जो ‘आधुनिक’ भी है और ‘फॉउस्टियन’ भी। पर समष्टि के लिए स्वयं गोएटे ने जगह बनायी है। गोएटे की पूरी कहानी को लीजिये तो व्यष्टि-चिन्ता से अधिक समष्टि-चिन्ता ही केन्द्र में आती दिखती है। कहानी के आरम्भ में ‘मैन’ को एकवचन में ही लिया गया लगता है, पर दूसरे भाग में बहुवचन प्रधान होने लगता है, और इसके साथ राजा, राज्य और राजधर्म की ओर गोएटे का ध्यान मानो प्रवृत्तिवादी विचार की स्वभाव-गति से चला जाता है।

एक प्रश्न यहाँ, गोएटे के दूसरे भाग को पढ़ते हुए, मन में जागता रहता है : जिस सर्वतोमुखी व्यक्तिवाद का फॉउस्ट के पहले भाग में उद्घोष है उसका दूसरे भाग के राज्य-चिन्तन से क्या सम्बन्ध है? क्या गोएटे ने किसी ऐसी व्यवस्था का प्रतिपादन किया है या कल्पना की है जो उनके व्यक्तिवाद को स्थान दे सके? मैंने जो देखा, ऐसा कुछ दिखा नहीं। पर हम ही सोचें : ऐसी कैसी व्यवस्था हो सकती है? क्या सचमुच ऐसी कोई व्यवस्था हो सकती है जो व्यक्तिमात्र के लिए इहलौकिक अनुभवों के विराट बहुवर्ण संसार का स्वच्छन्द लोभ सुलभ कर दे? जिसमें हर व्यक्ति दूसरों से बिलकुल अलग अपना निराला पर नितान्त पार्थिव और मानुषी व्यक्तित्त्व साधने में आजीवन रत रह सके। यह ठीक है कि आधुनिक व्यक्तिवाद अन्य सभी पुरुषार्थों की तरह सबके लिए साध्य है। पर इसके लिए कोई व्यवस्था हो, समझ में नहीं आता है। आधुनिक प्रजातन्त्र तो प्रजामात्र को एक ही साँचे में ढालने की व्यवस्था साधते हैं। अचम्भा नहीं कि अनार्किस्ट यह मानते थे कि राज्य-व्यवस्था के विगलन के बिना व्यक्ति-स्वातन्त्र्य सम्भव नहीं।

जो दो आधुनिक व्यवस्थायें व्यक्ति-व्यक्ति जपती रही हैं, पूँजीवाद और कम्युनिज़्म, उनमें एक तो व्यवस्था के विगलन के नाम पर व्यवस्था को आततायी की तरह और कसती रही है, उस व्यवस्था में व्यक्तित्त्व-साधना का प्रश्न ही नहीं उठता। वह व्यवस्था (राज्य को ही हथियार बनाकर) अनार्किस्टों की तरह राज्य का ही विगलन साधने चली थी, अब स्वयं विगलित हो गयी है। दूसरी का आज बोलबाला है—वहाँ इहलौकिक अनुभव का व्यक्तिनिष्ठ भोगवाद भी है (भोगवाद और हो भी क्या सकता है)। पर वहाँ अलग व्यक्ति ही कहाँ दिखायी देते हैं जिनमें फॉउस्ट का-सा विस्तार-गाम्भीर्य हो? फॉउस्ट के नकारे हुए निर्व्यक्ति, पृथग्जन, वामनों का ही पुंज दिखायी देते हैं : जिनकी चाल में वही सदियों पुरानी लोकायत भेड़चाल की भीड़ है। बल्कि सचमुच के व्यक्ति को कोई आदर नहीं—कवि, विचारक, लेखक सबको लगता भी है कि उनकी पूछ नहीं रही है—पूछ भाँडों की है, खिलंदड़ों की है। हममें से कई आज के पूँजीवाद के प्रजातन्त्र को आज की, व्यक्ति को अपूर्व महत्त्व देती, परम उपब्धि मानते हैं। पर यह तो भीड़ का ही मनुहार करना जानती है। भीड़ ही साधती है और यह भीड़ का पब्लिक स्पेस आज व्यक्ति के प्राइवेट स्पेस पर आक्रान्त है। वहाँ 'व्यक्ति' वही है जो पब्लिक में सम्मोहक छवि सँवार सके। ऐसे व्यक्ति का कोई प्राइवेट जैसा प्राइवेट—निभृत, सचमुच अलग, 'रह:'-स्पेस ही नहीं होता। पार्थिव ही सही, अनुभव के कैसे भी आकाश और पाताल साधता फॉउस्टियन मैन तो यहाँ बेघर, बेचैन ही रह सकता है।

पर प्रश्न सचमुच यह है : क्या मैन की ऐसी कोई समष्टि हो भी सकती है जिसमें हर कोई (व्यक्तित्त्व-साधक) फॉउस्टियन मैन हो? ऐसी समष्टि में मनुष्य-मनुष्य के सम्बन्धों की क्या व्यवस्था होगी? परस्पर भाव का क्या आदर्श, क्या रूप होगा? व्यक्तित्त्व-साधक तो एक-दूसरे के विपरीत ही जायेंगे, उनमें कोई गहरा, सार्थक परस्पर-भाव किस सूत्र से उभरेगा? ठीक समझ में नहीं आता।

यहाँ इस प्रसंग में एक बात बार-बार विचार में कौंधती है। हम व्यष्टि और समष्टि की बात करते हैं (मैं भी यही करता आ रहा हूँ), पर किसी भी बड़ी समष्टि को लीजिये, हर समष्टि के भीतर कई और कई तरह के छोटे समुदाय होते हैं। सच पूछिये तो इन्हीं में हमारी रहनी होती है, इन्हीं में हम

साँस लेते हैं। मनुष्य परम्परा-जीवी है और परम्परा समूह-जीवी है। समष्टि के भीतर जो अनगिनत समूह होते हैं वे ही परम्पराओं का वहन भी करते हैं, उनमें नया उन्मेष भी साधते हैं। समूहों के व्यूह को ही हम समाज या राष्ट्र कहते हैं। आज का समाज-चिन्तन और राज्य-चिन्तन ऐसा व्यक्तिवादी है कि मनुष्य को केवल व्यक्तियों के जमघट के रूप में देखना चाहता है। उसके लिए एक समाज एक छोर पर राज्य है, दूसरे छोर पर व्यक्ति। वह ऐसे समूहों की बात नहीं करना चाहता जो विद्या-सम्प्रदायों की तरह व्यष्टि और समष्टि के बीच सार्थक इकाई हो। पर समष्टि के रूप में मनुष्य पर चिन्तन करना हो तो छोटे, घनिष्ट समूहों और उनके सम्बन्धों को ध्यान में रखे बिना बात नहीं बन सकती। मनुष्यों के बीच परस्पर-भाव का प्रश्न भी मैं समझता हूँ व्यक्ति-व्यक्ति का उतना नहीं जितना किसी-न-किसी अर्थ में एक संश्लिष्ट व्यूह बनाते हुए समूह-समूह का है ('समूह' शब्द को यों देखिये : सम्+ऊह, जिनका एक-सा ऊह हो, एक-सी कल्पना, एक-से आदर्श हों)।

गोएटे पर फिर से आता हूँ। शैतान को इसलिए रूह बेचना कि बदले में मनमानी सत्ता मिले—'फॉउस्ट' के 'मिथक' का बीज है (भाग और ज्ञान तो इस सौदे में सत्ता के ही अनुषंग है)। पर गोएटे ने जब शैतान को ही शैतान नहीं रहने दिया तो मिथक फिर कहाँ? या फॉउस्ट के एक भाग को ही मिथक का बीज कहें? कहें भी तो बात में वैसा भरोसा कहाँ रहेगा! गोएटे के 'फॉउस्ट' में कहानी का मोड़ ही कुछ और हो गया है।

गोएटे ने शैतान की शैतानी को चाहे एक किनारे कर दिया हो पर हमारे लिए शैतान को भूलना ठीक नहीं। मैंने शुरू में ही सत्ता के बदले रूह बेचने वाले फॉउस्टियन मैन को समष्टि के अर्थ में लेने की ओर बात को दिशा दी थी। एक और मोड़ देता हूँ। अगन मैन की समस्या—अब चाहे फॉउस्टियन व्यक्तित्त्व-साधक मैन ही सही—अगर उसकी समस्या समष्टि से जुड़ी है—और जुड़े बिना रह नहीं सकती—तो मैन का शैतान को रूह बेच देने का क्या अर्थ होगा? हम स्वतन्त्र हैं तभी रूह बेच सकते हैं, बेचते ही आये हैं। जानबूझकर अधर्म करते आये हैं। फॉउस्ट जहाँ का मिथक है, जिस विचार-तन्त्र का मिथक है, वहाँ शैतान 'ईविल' (आसुरी चेतना) का अधिष्ठातृ 'देव' है, या प्रतीक कहिये। 'अनृत' का या निऋति और अधर्म का असुर-देव।

पर गोएटे का शैतान स्वभाव से ही असमर्थ-सा है। बुझा फीका-सा। उसे शैतान कहते संकोच होता है। गोएटे के लिए शैतान अव्यवस्था या व्यवस्थाहीनता (केओस) का प्रतीक है। पर लक्षणीय है कि गोएटे उसे स्वभाव से ही क्षीणबल भी कहते हैं। ऋत की ईश्वरीय योजना के अन्तर्गत उसकी शक्ति को तुच्छ, अनिपुण मानते हैं—उनका शैतान स्वयं कहता है कि वह ईश्वर की व्यवस्था को बस इधर-उधर से खुरच भर सकता है, इससे अधिक कुछ नहीं कर सकता। वह मनुष्य को अपने से बड़ा बताता है : दि मॉडेस्ट ट्रुथ आइ स्पीक टु दी / इफ मैन, दैट माइक्रोकॉस्मिक फूल, कैन सी / हिमसेल्फ अ होल सो फ्रीक्वेन्टली / पार्ट ऑफ़ द पार्ट ऐम आइ, वन्स ऑल इन प्राइमल नाइट, / पार्ट ऑफ़ द डार्कनेस विच ब्रॉट फोर्थ दि लाइट, द हॉटी लाइट विच नाउ डिस्प्यूट्स द स्पेस, / ऐंड क्लेम्स ऑफ़ मदर नाइट हर एन्शेन्ट प्लेस। (अपनी कमजोरी की बात तुम्हें खरी-खरी कहता हूँ। आदमी पिण्ड में ब्रह्माण्ड समोये है, पर नादान है, फिर भी कितनी बार वह अपने आपको एक पूरे अवयवी के रूप में देख लेता है। मैं तो एक अवयव का भी अवयव हूँ। कभी जब अन्ध तमस का राजा था, मैं ही सब कुछ था : उस आदिम तमस् में, जिसने प्रकाश को जन्म दिया—वह उद्दण्ड प्रकाश जो आज सारे आकाश को छेकने की ललक रखता है और तमस् की प्राचीन देवी के स्थान को छीनना चाहता है।) तो गोएटे का शैतान (मेफिस्टोफिलिस) उस अन्धकार का—निष्प्रतीक तमस् का—प्रतीक है जो सर्ग या सृष्टि के कुछ प्राचीन मिथकों में सृष्टि के पहले अवस्थित था। सर्ग सम्बन्धी कुछ ग्रीक आख्यानों में इस आदिम अन्धकार और उनके देवताओं की बात मिलती है, गोएटे ने शायद वहीं से ली है। आगे मेफिस्टोफिलिस कहता है : दि समथिंग ऑफ़ दिस क्लम्ज़ी वर्ल्ड, हैज़ येट / विथ ऑल दैट आइ हैव अन्डरटेकेन / नॉट बीन बाई मी डिस्टर्ब्ड ऑर शेकेन... देयर इज़ नथिंग स्पेशल ऑफ़ माइ ऑन टु शो। (कुछ है इस अटपटे जगत में जो वज़न रखता है। मैंने कितनी ही चेष्टा की, पर उसे टस-से-मस नहीं कर सका। यहाँ मेरा किया ऐसा कुछ भी नहीं है जिसके लिए कह सकूँ कि यह ख़ास मेरा है!)। गोएटे का शैतान संसार की व्यवस्था में जादू-टोने और अपने कूटनीतिक-कौशल से कुछ छोटे-मोटे हेर-फेर कर सकता है। व्यवस्था की धरती में एक सुरसुरी-सी जगा सकता है। कभी-कभी फॉउस्ट जैसे किसी भूले-भटके अकेले व्यक्ति की आत्मा के बदले एक छोटी-सी सीमा तक उसकी इच्छा-पूर्ति

भी कर सकता है, और कुछ नहीं। सच्ची सत्ता उसके हाथ में है ही नहीं, देगा क्या?

तो लग सकता है कि समष्टि में, जहाँ व्यवस्था (धर्म) प्रधान है, वहाँ ऋत का छन्द टूट नहीं सकता, चाहे छोटे-मोटे झटके आते रहें। शैतान इस छन्द को भंग नहीं कर सकता।

पर देखिये यहीं एक विषम विडम्बना है। हम मनुष्य के समष्टि-जीवन में एक ऐसे शैतान को जमा-बसा देखते हैं जिसका इलाज नहीं दिखता। और मनुष्य तो पहले समष्टि ही है।

समष्टियों का परस्पर-भाव से ही एक विचित्र से दोहरे, दुधारू विरोध में बसा दिखता है। हमारे पुराने चाणक्य, कामन्दक जैसे राजनीति के चिन्तकों में इस विरोध का गहरा बोध है। हमने देखा कि समष्टि को इकाई सत्ता देती है—उसका राजधर्म उसे एक शरीर करता है। पर राजधर्म की देह एक अनहोने अर्धनारीश्वर की तरह है, जिसमें मनुष्य-मनुष्य के बीच एक सहज परस्पर-भाव जितना गहरा है उतना ही एक सहजात परस्पर प्रतीप-भाव भी घुट्टी में पड़ा है। या अर्धनारीश्वर की जगह दूसरी उपमा लेना ही ठीक होगा—हम एक बेढब अर्धशैतानेश्वर शिव की कल्पना कर सकते हैं—जहाँ सुर-असुर एकशरीर हैं। किसी भी समष्टि के भीतर और बाहर के सम्बन्धों में गहरा, सामंजस्यहीन भेद होता है। समष्टि के भीतर एक परस्पर भाव—एक सम्-ऊह होने का स्वभाव—अनिवार्य है, आपस के सम्बन्धों में मैत्री, करुणा की शिला पर खड़ा न्यायबोध दुर्निवार है। यह समष्टि का अन्तर्निष्ठ धर्म-पक्ष है। राजा या राजतन्त्र इस व्यवस्था का प्रतीक है, इसका 'धारण' करता है। अनिवार्यत: धारण करता है। तभी कहा गया है कि दस्युओं के समाज या समूह में भी किसी आपसी न्याय के बिना समूह नहीं बना रह सकता। थोड़ा भी सोचकर देखिये तो साफ़ है कि दस्यु किसी बड़ी अदस्यु-व्यवस्था का ही अंग हो सकते हैं। राज्य का स्वरूप ही है कि वह अपनी प्रजा का किसी अर्थ में रक्षण-पालन करेगा। भिन्न राज्यों में तारतम्य हो सकता है—बल्कि राज्यों में इस दृष्टि से घोर भेद होता ही है (हम आततायी राज्य और रामराज्य की बात करते ही हैं), पर पालन-रक्षण और इसके साथ जुड़ी न्याय और सैन्य-व्यवस्था का अभाव नहीं हो सकता। यह व्यवस्था समष्टिमात्र का स्वयम्भू स्वभाव है—राजा या कोई भी प्रजापालक व्यक्ति तो इसका निमित्त या वाहक ही

होता है, व्यवस्था द्वारा आक्षिप्त। यह ठीक है कि वह अच्छा या बुरा भी हो सकता है और समष्टि के प्रति उसका एक अपना धर्म होता है, स्वकृत कर्म का औचित्य होता है, औचित्य साधना की व्यक्तिगत प्रतिभा भी होती है; पर व्यवस्था के अवयवी के वह एक अवयव ही होता है, व्यवस्था को व्यष्टि-रूप में उसकी ज़रूरत नहीं होती। तभी हमारे यहाँ कहानियों में आता है कि किसी देश का राजा जब निर्वंश मर गया तो मन्त्रियों और नगर के लोगों ने राजा के हाथी को खुला छोड़ दिया कि जिसे भी वह सूँड से उठाकर हौदे पर बिठा दे, वह राजा!

यों राज्य-व्यवस्था स्वरूप से ही एक परस्पर-भाव में पली धर्म-व्यवस्था होती है। अच्छी हो तो व्यष्टि-धर्मों को—व्यक्तित्त्व-साधना जैसे धर्मों को—अधिक अवकाश देती है, पर होती समष्टि-प्रधान है। और यही विडम्बना है—मनुष्य की प्रवृत्ति की नित्य-सी विडम्बना है—या विभीषिका कहिये। समष्टि-विशेष का दूसरी समष्टियों से सम्बन्ध देखिये। यहाँ दस्युवृत्ति का सहज साम्राज्य जान पड़ता है। तभी राजा का दूसरे राज्यों से धन-आहरण राजधर्म में उचित और सहज स्वीकृत था। (गोएटे के 'फॉउस्ट' में भी फॉउस्ट-समर्थित राजा की सेना द्वारा विजित सेना को लूटने का एक दृश्य है; हरेक को लूटने से रोका जाता है, ताकि लूट राजा को ही मिल सके और समूचे राज्य के काम आ सके)। आज भी एक राज्य दूसरे से धन-आहरण की ताक में रहता ही है—प्रच्छन्न भाव से ही सही। राज्यों के बीच आज भी चाणक्य आदि प्रतिपादित साम, दाम, दण्ड, भेद ये ही प्रवृत्ति के आधार हैं, अगर युद्ध तक की नौबत न आन पहुँचे। फिर मनुष्य में युद्धवृत्ति तो अटल है—उसके बिना राजधर्म सतयुग के सपने में ही सम्भव है, जहाँ राजा की आवश्यकता ही नहीं!

तो समष्टियों के बीच की जो सम्बन्ध-भूमि है वहाँ अधर्म रूपी शैतान का सनातन पैतृक घर बसा हुआ है, जहाँ से उसे हटाने की कल्पना भी दुष्कर है। 'विश्वैकनीड़ं' की भावना के स्वर-से-स्वर मिलाते हुए 'विश्वैकराज्यं' की आज कल्पना की जाती है। पर 'नीड़' यहाँ धोखा है। इस शब्द में जो परस्पर-भाव का मीठा सन्देश सुनाती भावध्वनि है, वह मोहक हो, पर है मोह ही। राज्य को नीड़ कहना धोखा है—और विश्व के एकनीड़ होने का कोई यथार्थ अर्थ नहीं बनता। अगर अर्थ यह है कि आज दूरियाँ सिमट आयी हैं, हमारे आवास एक-दूसरे के पास आ गये हैं, तो इससे, 'मिट

गये अलगाव' से, यह निष्कर्ष कैसे उभरता है ? तनाव भी उतने ही बढ़े हैं जितने हम 'पास' आ गये हैं। दूरियाँ थीं तो राष्ट्रों के बीच तनावों की इतनी भीड़ भी नहीं थी—दूरी तनाव को भी कुछ दूर रखती थी।

पर चलिये, हम 'विश्वैकनीड' का अर्थ 'विश्वैकराज्य' मान लेते हैं—जैसा कि लगता है कुछ लोग मानने लगे हैं। सारा विश्व एक ही राजतन्त्र में समा जाये तो इससे क्या बात बनेगी ? 'मार्कण्डेय पुराण' में कल्पना है कि कार्तवीर्य सहस्रार्जुन जब राजा हुए तो उन्होंने राजा के धर्म पर विचार किया। उन पर खुला कि राजा का सही काम प्रजा की अन्य राज्यों से रक्षा करना है—पालन का काम तो प्रजा आप अपना सँवार लेती है—अन्न उपजाना, उसे बाँटना, न्याय, दण्ड यह तो लोक-सुलभ है। इसके लिए अलग से राजतन्त्र की आवश्यकता नहीं। राजा का विशेष धर्म तो रक्षा ही है। सहस्रार्जुन ने फिर योगबल से ऐसी शक्ति साधी कि दूसरे सभी राज्यों को जीत लिया। विश्व भर को विश्वैकराज्य की प्रजा बना दिया। फिर आगे क्या हुआ, 'मार्कण्डेय पुराण' नहीं बताता। पर हम सहज ही कल्पना कर सकते हैं। पहला ही प्रश्न जागेगा कि सहस्रार्जुन के बाद क्या हुआ ? कब तक चला विश्वैकराज्य ? सच तो यह है कि कोई भी विश्वैकराज्य विश्व को विश्वैकसमष्टि नहीं बना सकता। मान लीजिये कि सहस्रार्जुन योगबल से चिरंजीवी भी हो जायें, राज्य एक रह जाये, तो भी क्या भिन्न समूह नहीं पनपेंगे ? इनमें तनाव भी होगा। छोटे समूह बड़ों को जन्म देंगे, समष्टियाँ बनेंगी। समष्टि का सार समूह (सम्-ऊह) ही होता है, पर हमारी चेतना में ऊह-भेद भी सहजात हैं—भिन्न आदर्श, भिन्न मार्ग, भिन्न गति, भिन्न गन्तव्य, से मनुष्य के आत्मचेतन स्वभाव से अभिन्न हैं। हमारी व्यष्टि-निष्ठ आत्मचेतना ही हमें परस्पर भिन्न क्षितिजों का इंगित देती रहती है। समष्टि में तो ऐसा और भी बड़े, संगठित रूप में होता है। किसी भी समष्टि में आदर्श के ऊह-भेद के साथ व्यवस्था के विषय में ऊह-भेद का बीज है जो मनुष्य में स्वभाव-निहित जान पड़ता है। हाँ, मनुष्य में एक सहज विश्वजनीन तत्त्व भी है—हमारी आत्मचेतना भाव, कर्म, ज्ञान, विचार, अध्यात्म, ऐसी किसी भी निरहं, निस्संग पुरुषार्थ-साधना में अपने आपको विश्वैकनीड पाती है—सबकी आत्मचेतना में घर कर सकती है। पर साथ ही वह अपने आपको बहुनीड़ भी पाती है। प्रत्येक पुरुषार्थ-नीड़ों का बहुवचन सँवारती है—तभी हम संस्कृतियों में

बँटते हैं और संस्कृतियाँ समूहों-सम्प्रदायों में। एक सीमा तक हम मान सकते हैं कि हमारा विश्वजनीन पक्ष अपने उदार अभेद में भेद को पचा सकता है, समूह-भेद के होते भी एकराज्यता बनाये रख सकता है—बड़ी और विराट सभ्यताओं में ऐसा हुआ ही है (भारत ही इसका बड़ा उदाहरण है)। पर बात एक सीमा तक ही सम्भव है और भिन्न गतियों के बीच तनाव कभी-न-कभी भिन्न सत्ता की चौखट तक पहुँचने को बाध्य लगता है।

एकराज्यता के पक्ष में हम सहस्रार्जुन के एकराज्य-बोध को और गहरायी दे सकते हैं। कह सकते हैं कि राजधर्म का काम केवल प्रजा-पालन के लिए सत्ता का ऐक्य साधना नहीं है, राजधर्म सब उचित धर्मों को प्रश्रय और प्रोत्साहन देता है, भिन्न पुरुषार्थों को घर देता है, चाहे उनमें कितना ही परस्पर-विरोध क्यों न प्रतीत होता हो : मनुष्य के गहरे-से-गहरे 'बहु' को एकसूत्रता दे—यह राजधर्म का काम है। पर कोई भी बहुवचनी राजधर्म उस विरोध का क्या करेगा जो बहुत्व का ही विरोध करे? अपने बहुत्व में रहता हुआ वह किसी बहुत्व-विरोधी पन्थ या अभियान का कैसे विरोध करेगा? और कट्टर एकधर्मियों को सचमुच आत्मसात् कर लेना सम्भव नहीं दिखायी देता। सेमेटिक मज़हबों को लीजिये, इनका समग्र-दर्शी आदर्श राजधर्म को भी अपने समग्र में समेटता है। बहु का निषेध करता है। उसके विरुद्ध दण्ड और हिंसा को उचित मानता है—इसके लिए ईश्वर की दुहाई देता है। ऐसे एकत्व-धर्मी समूह को बहुत्व-पोषी राजधर्म कैसे समोयेगा? उसके प्रति ऐसी उदार प्रवृत्ति कैसे रखेगा जिसमें उसकी आत्महानि भी न हो? वह चाहे कुछ भी रास्ता ले, ऐसे आदर्श को अपने नीड़ में तो नहीं रख पायेगा। भारत के ही इतिहास को देख लीजिये। कोई कट्टर एकधर्मी आदर्श कब सिर उठा ले कौन जानता है? इससे कोई उद्धार है तो राजधर्म में नहीं, बहुत्व की हमारी सहज-निसर्ग प्रवृत्ति में ही है। मनुष्य में बहुत्व की प्रवृत्ति गहरी है, दबा भी दी जाये तो भी उभर ही आती है। पर साथ ही बहुत्व के विरोध में भी हमारी मनीषा एक सनातन आकर्षण-बोध करती है। यहाँ जिसे मैं 'सेमेटिक' कह रहा हूँ वैसा आदर्श भेस बदल-बदलकर हमें जकड़ता ही रहता है। आधुनिकता को ही लीजिये। वह भी अपने आप में समग्र, सर्वतोभद्र (वास्तव में 'सर्वतोग्रासी'), परम 'एक' होने का दावा करती है—अपने आपको इतिहास का अन्तिम सत्य तक कह देती है। है भी सेमेटिक परम्परा की उपज। यह आधुनिकता ही

आज विश्वैकराज्य की बात करती है। पर उसके भीतर के ही बँटवारे देखिये—समष्टि-भेद और भिन्न 'आधुनिक' समष्टियों का परस्पर-संघर्ष यह क्या ऐसा ऊपर का है कि भेद अभेद में सिमट ही आयेगा? और माना, एकराज्य जैसा कुछ बन भी जायेगा, तो भी टिकेगा कब तक? दिखता ही है कि विश्वैकराज्य की आधुनिक कल्पना अपनी संस्कृति विशेष को ही विश्व पर थोपना चाहती है—चाहे बहुत्व का नाम लेती रहे। पर सवाल वही है जो सहस्रार्जुन के प्रसंग में उठा था : ऐसा कुछ हो भी जाये तो चलेगा कितने दिन? बहुत्व का सहज उन्मेष क्या सदा के लिए सिमट जायेगा?

भविष्य में जो भी हो, अब तक के हमारे इतिहास से तो विश्वैकराज्य जैसा कुछ नहीं उभरता। यही उभरता है कि समष्टि के रूप में हमारी रूह शैतान के हाथ इस तरह से जकड़ गयी है कि निकलने का रास्ता नहीं दिखता। समष्टि के रूप में हम स्वभाव से ही फॉउस्टियन हैं, एक-दूसरे के प्रति सत्ता-लोलुप। हमारे यों फॉउस्टियन होने की बात आधुनिक होने की नहीं, मनुष्य होने की है। कलि कलह का पर्याय है, हम कलिकाल में हैं और कलिकाल की धारणा को हम फॉउस्टियन रंगों में भी आँक सकते हैं (चाहे यों आँका न जाता रहा हो) : 'कलिकाल वह काल है जिसमें मनुष्य विभिन्न समष्टियों में बँटता है और इन समष्टियों में आपसी विरोध के बीज नित्य पनपते हैं।' न जाने सतयुग कभी था या नहीं, कलिकाल तो आदमी के साथ ही जन्मा जान पड़ता है। लगता नहीं कि आदमी अपने बूते पर इसकी पकड़ से छूट सकता है। आधुनिक मनीषा का एक यह भी बोध (और दावा) रहा है कि मनुष्य का जगत मनुष्य ने ही बनाया है और इसका उद्धार भी मनुष्य ही करेगा। आधुनिकता अपने आपको इसी दिशा में मसीहा मानती है। इसीलिए समूचे विश्व पर छा जाना चाहती है और बहुत कुछ छा ही गयी है—आज कई देशों में परस्पर-भाव के आदर्श और तन्त्र आधुनिक राज्य-चिन्तन की देन हैं। पर कलि कुछ पीछे हटता भी दिखता है क्या?

अब अन्त करना चाहता हूँ। पर उसके पहले सोमराज जी पर आता हूँ। सोमराज जी किस फॉउस्टियन मैन से अपनी बात कह रहे हैं? अब तक मैंने यही उभारने की कोशिश की है कि अगर फॉउस्टियन होने का नाता सत्ता और सत्ता-कामना से है तो 'फॉउस्टियन मैन' को समष्टि के अर्थ

में लिये बिना बात नहीं बनती। यहीं सोमराज जी के लिए मैं समझता हूँ, एक मूलभूत प्रश्न उठता है : ऐसे फॉउस्टियन मैन के लिए उनकी कथनी का क्या मोल हो सकता है जिसे सत्ता का उपयोग करना है और सार्थक उपयोग करना है ?

उनका उपदेश निवृत्ति मार्ग का सन्देश देता है। यह मार्ग व्यष्टि के लिए तो हो सकता है, समष्टि के लिए नहीं। पर 'फॉउस्टियन मैन' की बात समष्टि को भुलाकर नहीं की जा सकती। समष्टि के लिए तो कोई भी सार्थक उपदेश प्रवृत्ति के ही औचित्य का सन्देश हो सकता है। निवृत्ति भी समष्टि-प्रवृत्तिधर्म को ऊह्य रखकर चलती है। रमेश जी ने भी गृहस्थ धर्म की बात उठाते हुए कहा है कि प्रवृत्ति के बिना निवृत्ति नहीं रह सकती। निवृत्ति एक विशेष पुरुषार्थ है जो दूसरे पुरुषार्थों की तरह राजधर्म का प्रश्रय चाहता है। उसे प्रश्रय मिलना भी चाहिये। पर यह और बात है। गहरे उतरिये तो यह भी सच है कि मनुष्य की चेतना के लिए—आत्मचेतना के लिए—निवृत्ति के बिना प्रवृत्ति नहीं हो सकती : शल्य जी का तो सशक्त तर्क ही है कि जिसे हम जगत कहते हैं, मनुष्य के बोध का, उसकी रहनी का जगत, जो उसकी प्रवृत्ति-भूमि भी है—वही निवृत्ति के बिना नहीं बनता। हमारी आत्मचेतना में द्रष्टा को दृश्य से अलग करती, दृश्य से दूर हटती निवृत्ति की निस्संग दृष्टि न हो तो हमारे लिए जगत एक इन्द्रिय-निमग्न निर्विषय-सा पाशव अन्धकार ही होगा। सच पूछिये तो वह होगा ही नहीं।

पर निवृत्तिमार्ग की बात और है और वहाँ भी प्रवृत्ति की समस्या है : निवृत्ति में हम कैसे प्रवृत्त हों कि निवृत्ति ठीक सधे ? सोमराज जी शायद यही बताने को प्रवृत्त हुए हैं। पर समष्टि और समष्टियों की प्रवृत्ति क्या हो ? इस समस्या का निवृत्ति में क्या उत्तर हो सकता है ? व्यष्टि निवृत्त हो जायें, समष्टि की समस्या फिर भी रहती ही है, विशेषकर सत्ता के क्षेत्र में। फॉउस्टियन मैन जो सत्ता-साधक है, उसे कैसी निवृत्ति का उपदेश दिया जाये जिससे उसकी सत्ता-साधना में सार्थकता आये ? सोचता हूँ, क्या सोमराज जी ने इस पर कुछ सोचा है ? सोमराज जी ने जो निवृत्ति-मार्गी अध्यात्म का पन्थ सुझाया है, गम्भीर, उदात्त, निराडम्बर, भूमामय जान पड़ता है। पर क्या अध्यात्म में उस समष्टिगत फॉउस्टियन समस्या का सुलझाव है जिसे मैंने ऊपर तूल दिया है ? जिस फॉउस्टियन समष्टि-पुरुष

की मैंने बात की है उसे निवृत्ति का ही मोल सिखाना हो तो प्रश्न होगा : पन्थ कैसा हो जो उसको समस्या में रास्ता दिखा सके ? निवृत्ति-मार्गी विचारक के लिए सोचने की बात यही है। अब यों तो हम शंकर की तरह जगत को ही माया या किसी और अर्थ में मिथ्या या अतात्त्विक ठहरा सकते हैं। प्रवृत्ति की—और सत्ता की—समस्याओं को तुच्छ, फल्गु, कह सकते हैं। या कह सकते हैं कि यह भवसागर है, स्वरूप से ही विषम है—इससे किनारा कर लेना ही अच्छा है। कह सकते हैं कि माना, मनुष्य मात्र किनारा नहीं कर सकता, तुम तो कर सकते हो—व्यष्टि की निवृत्ति ही सही पन्थ है। पर कहना न होगा, इसमें समष्टि के लिए किसी समाधान की क़ल्पना ही नहीं। युधिष्ठिर ने युद्ध के बाद निवृत्तिमार्ग अपनाना चाहा तो उन्हें राजधर्म की महिमा बतायी गयी थी और राजधर्म का उपदेश दिया गया था।

मान लीजिये सोमराज जी भी फॉउस्टियन मैन को समुचित राजधर्म का उपदेश देते। पर राजधर्म पर क्या भरोसा किया जा सकता है ? मेरे मन में प्रश्न जागता है कि क्या राजधर्म अपने आप में साधने योग्य पुरुषार्थ बनता भी है ? राजधर्म का काम है दूसरे पुरुषार्थों को धरती देना। पर इस काम का क्या कोई अपना स्वतन्त्र क्षेत्र, अपनी स्वतन्त्र साधना—अलग-अलग सार्थक साध्य—हो भी सकता है ? प्रजा-पालन का काम दूसरे धर्मों के योगक्षेम की निगरानी का और उन्हें सहारा देने का काम है, उसकी अपनी अलग साधना क्या ? पर, हाँ, एक अलग साधना की भी कल्पना की जा सकती है : मनुष्य के व्यवहार-लोक को चेतना की ऊर्ध्वतर—या सार्थकतर कहिये—ऐसी किसी भूमि पर ले जाना। राजधर्म का ही नहीं हमारी समष्टिगत प्रवृत्ति मात्र का यही साध्य लगता है—राजधर्म तो इसका प्रतीक है, प्रतिनिधि है।

जिस सर्वसाधारण व्यवहार-लोक में मनुष्य रहता है, उसकी धरती एक ही माटी में बँधी रहती है, वह न कहीं ऊपर जाता है न नीचे। आज का व्यवहार-लोक वही है जो पहले था। देश-भेद, राज्य-भेद, संस्कृति-सभ्यता-भेद, इनके वैविध्य में भी मनुष्य की चेतना और इस चेतना से प्रेरित मनुष्य के परस्पर-सम्बन्ध, ये एक ही भूमि पर टिके रहते हैं—इस भूमि पर समष्टियों के बीच सत्ता का संघर्ष निरन्तर है। मनुष्य कई साधनायें करता है, दर्शन, कला, अध्यात्म में चेतना के शिखर छू लेता है, पर लगता

है कि मनुष्य का व्यवहार-लोक ऐसी चेतना में पलता है जो उसकी हर साधना से अछूती रहती है। हमारे सार्थकतर, ऊर्ध्वतर पुरुषार्थ-लोक व्यवहार-लोक की धरती पर ही पलते हैं पर इसे बदल नहीं पाते। क्या कोई ऐसा राजधर्म हो सकता है जो इसे बदल दे? व्यवहार को ही ऊर्ध्वतर भूमि पर ले जाये? मुझे लगता है राजधर्म का कोई पुरुषार्थ हो तो यही हो सकता है? पर बनता नहीं दिखता। यह नारा चला था कि व्यवस्था बदल दें तो मनुष्य, जो कि व्यवस्था-जीवी है, वह भी बदल जायेगा—यह नारा आज खोखला है। हाँ, हम अपनी (व्यष्टि की) चेतना बदल सकते हैं—और पुरुषार्थ की यही धरती बन पड़ती है। सोमराज जी ने तभी व्यष्टि को सम्बोधित किया है। पर व्यवहार-लोक का क्या इलाज? समष्टि की चेतना कैसे बदलेगी? दिखता तो यही है कि (समष्टिगत) फॉउस्टियन मैन अश्वत्थामा की तरह परिवर्तन के परे है, चिरजीवी है।

सन्दर्भ

१. गोएटे के 'फॉउस्ट' का एक पुराना संस्करण है—१८९० का छपा वेलर्ड टेलर का काव्यानुवाद, जिसमें फॉउस्ट के दोनों भाग हैं। अनुवाद की शैली कुछ पुरानी है, पर कविताई बुरी नहीं है : प्रकाशक, वार्ड, लॉक एण्ड कम्पनी (लन्दन, न्यूयॉर्क, मेलबर्न), दि मिनर्वा लाइब्रेरी ऑफ़ फेमस बुक्स, १८९०। 'फॉउस्ट' के जो उद्धरण मैंने दिये हैं, इसी से हैं। टेलर की टिप्पणियाँ भी बड़े काम की हैं।

उन्मीलन (सम्पादक : यशदेव शल्य, मुकुन्द लाठ), जुलाई २००१

स्वप्न, स्मृति और नदी कोजागरी
रमेशचन्द्र शाह की 'नदी भागती आयी' पर

रमेश जी की 'नदी भागती आयी' पर बहुत दिनों से कुछ लिखने की सोच रहा हूँ, पर लिखना हुआ नहीं। कुछ-कुछ बातें टूक भी रखी थीं, पर इधर कवितायें दुबारा पढ़ीं और अपने लिखे को फिर से देखा तो देखा कि जो कहना चटहता हूँ, बात बदल चुकी है। अब जो कहना चाहता हूँ, ऊपर शीर्षक में उसे समोने की दिशा ली है। पर दिशा ही है। शीर्षक यों भी सूत्र से ही होते हैं कुछ खोलकर कहने के सँकरे से द्वार। मेरा शीर्षक द्वार न होकर दीवार लग सकता है, जिस पर द्वार का झूठा छलावे-सा द्वार अँका हो। आगे उसे खोलने की चेष्टा करता हूँ।

'नदी भागती आयी' को दुबारा पढ़ने से कुछ पहले रमेश जी का एक और, बाद का, कविता-संग्रह पढ़ा : 'प्यारे मुचकुन्द' को। लगा वहाँ रमेश जी 'कबीर' की ओर बढ़ना चाह रहे हैं। 'कबीर' को अपने में उतार लेने की सी चेष्टा में हैं। उन पर कुछ मरमियों की छाप है। या 'छाया' कहना ज़्यादा ठीक होगा।

निर्गुण सहजिया 'मरमी' कवियों में एक लम्बी परम्परा रही है कि 'बानी' की जिस लौ से वे अपनी बानी को उजागर रखना चाहते थे, अपनी काव्य-चेतना के उस उत्स को ये मरमी कवि 'कबीर' नाम देते थे। कई कवियों ने तो छाप भी 'कबीर' ही की रखी है। 'कबीर' कहला सकने वाली इस मरमिया 'बानी' की जड़ अध्यात्म-साधना की एक विशेष धरती पर जमी है, जिससे हटकर वह 'बानी' निर्गुणियों की अपनी पहचान

में ही 'बानी' नहीं रह जाती। फिर भी उसकी एक अपनी भाषा है, मुहावरा है, भंगी है, जो आज हमारे लिए काव्य-रूप में भी अपनी अलग पहचान रखती है। अपने 'सहज' भाव से हमें मोह भी लेती है। 'प्यारे मुचकुन्द को' पढ़ा तो लगा कि रमेश जी कुछ अपनी तरह से कविता के इस 'कबीर' की ओर झुके हैं। अपनी कविता में वही बानी साध रहे हैं। 'आधुनिक' पर 'बानी'।[१]

पर जो मैंने अभी कहा, 'साध रहे हैं', वह बात भी कविताओं में उभरती है। और कुछ-कुछ खटकती है। मरमी सहज होता है, पर यहाँ मरमी के सहज-भाव में बहने की 'साधना' है—मेरी दृष्टि में स्तुत्य है—पर है साधना, सहज-भाव की स्वभाव-गति नहीं है।

जो 'नदी भागती आयी' में है। इस संग्रह का सहज 'कबीर' की तरह मरमी होने का आयास नहीं करता। 'कबीर' की ओर बढ़ने की उसमें कोई ललक नहीं लगती, फिर भी रमेश जी के अपने मर्म के सहज-भाव का छन्द मुझे वहाँ अधिक स्फुट लगा।

'सहज' और 'छन्द', इन शब्दों को मैंने जानबूझकर यहाँ साथ रखा है। 'सहज' के साथ 'ठेठ' का सम्बन्ध—या 'ठेठ' की ध्वनि कहिये, जुड़ी हुई सी जान पड़ सकती है। पर रमेश जी की, या आज के किसी भी अच्छे हिन्दी कवि की भाषा को ठेठ कहना तो शायद ही ठीक होगा। जिसे ठेठ कहते हैं वह कभी सहज रहा होगा। आज तो आयास-साध्य है। यों भी ठेठ के मुहावरे में आज का मर्म ठीक समाता नहीं लगता, वरना ठेठ साधने में क्या बुराई है ? आज भाषा को और तरह से, मर्म के साथ जोड़ने के एक अलग ही प्रयास से बनाना पड़ता है, प्रयोग चाहे कविता के लिए हो या विचार के लिए। इस प्रयास की यहाँ चर्चा नहीं करूँगा। पर प्रयास का कुछ भी लक्षण हो, कविता का प्रयास, विचार के प्रयास से तो भिन्न होता ही है। कविता की भाषा को विचार की भाषा से अलग करने के लिए मैंने यहाँ 'छन्द' शब्द का प्रयोग किया है। मैं समझता हूँ कि कविता-मात्र किसी-न-किसी सहज को साधती है, और सहज सधे तो छन्द आ ही जाता है। ऐसा नहीं है कि विचार में प्रवाह नहीं होता, और प्रवाह मात्र में छन्द का लक्षण देखा जा सकता है, पर छन्द विचार का व्यावर्तक नहीं है; विचार की अपनी अलग पहचान नहीं बनाता। क्योंकि विचार में सहज का नहीं विवेक का प्राधान्य होता है। विवेक भाषा को स्वच्छन्द बहने नहीं

देता; रोक-रोक लेता है। हर बात पर टोकता चलता है। कविता बहना चाहती है। ऐसा नहीं है कि निर्विवेक होती है। और हमारी किसी भी चेष्टा की तरह एक संयत-भाव उसमें भी होता ही है; एक अपनी गति से भिन्न गतियों को अलग रखने की रोक-टोक। पर यह रोक-टोक बाहर से कुछ आ न जाये, इस बात की रोक-टोक है : विचार की तरह स्वरूप में ही समायी हुई, ऊहापोह की—ऊह के साथ अपोह की—युगनद्ध रोक-टोक नहीं। इसीलिए 'छन्द' शब्द मुझे अनुकूल जान पड़ता है। छन्द संयत बहता है, पर बहना उसका प्राण है, संयति नहीं। सहज को पा लेना और छन्द में बह निकलना, ये दोनों एक ही हैं, या इन्हें हम कविता का युगनद्ध स्वभाव कह सकते हैं : सहज अन्तरंग है, छन्द उसकी अभिव्यक्ति; बहिरंग प्रकाश।

इतना तो शायद आप भी मान लेंगे कि 'छन्द' से यहाँ किसी पिंगल शास्त्र की ओर इंगित नहीं है। पर क्या इंगित है? यह बहुत स्पष्ट नहीं। बात विस्तार चाहती है, लेकिन अपने अभिप्रेत 'छन्द' के लक्षण-विचार में यहाँ नहीं उतरूँगा। क्योंकि प्रश्न और भी उठ सकते हैं। टेढ़े, चुभते हुए प्रश्न। पर छन्द के बारे में जो प्रश्न होगा वह 'सहज' पर ही आ ठहरेगा। जो कुछ मैंने कहा है वह 'सहज' पर ही टिका लगता है। छन्द और सहज के मिथुन में सहज ही अन्तरंग है।

मैंने यों तो बात रमेश जी को आगे रखते हुए उठायी है, पर सहज का प्रश्न विस्तृत है। आज की हिन्दी, जो एक ओर संस्कृत और दूसरी ओर उससे भी बढ़कर अँग्रेज़ी, इन दो किनारों के बीच अपना प्रवाह ढूँढ़ रही है, उसका सहज क्या? या भाषा मात्र का सहज क्या? भाषा संस्कृति का अंग होती है, और यों साध्य : संस्कार-साध्य, शिक्षा-साध्य, प्रयत्न-साध्य। और भाषा ही क्यों, कबीर के ही मुहावरे में मनुष्य की 'कथनी' ही नहीं, 'रहनी' और 'करनी' की भी हर चेष्टा में साध्य-भाव का समावेश होता है। मैंने भी सहज को 'साधने' की ही बात की है। और साध्य का सम्बन्ध औचित्य से होता है, जिसे सजग, सचेष्ट विवेक जगाये रखता है। वहाँ सहज का घर कहाँ? सहज को तो 'सिद्ध' होना चाहिये। प्रकृति-प्रदत्त, स्वभाव-सिद्ध, स्वयं-प्रवहमान। चेष्टा-साध्य नहीं। यों सहज एक पहेली ही है।

अब सहज की बात मैंने जब उठा ही ली है तो 'नदी भागती आयी' पर

आने से पहले उसी को कुछ समझने-समझाने की कोशिश करता हूँ। पहले ही कबीर की एक उलटबाँसी लीजिये जहाँ सहज की गुत्थी, उसके साध्य होने की पहेली ही उसका स्वरूप है :

सहज सहज सब कोई कहे, सहज न जाने कोय।

सीस काट के कर धरे, सहज कहावे सोय॥

साखी यही साख दे रही है कि सहज कबीर के लिए भी चेष्टा-साध्य ही नहीं, आयास की अति है, पर एक बात देखिये कि मिटाना यहाँ आपे को है, जो कि हमारे कुछ भी साधने में साधक होता है। दिख ही रहा है कि कबीर यहाँ जिस सहज की बात कर रहे हैं वह अध्यात्म की समाधि का सहज है। हमारे लिए प्रश्न दूसरा है : किसी कृती की कृति का सहज क्या? आपा जहाँ साधक हो उस साधना का सहज क्या? 'नदी भागती आयी' का सहज क्या? ऊपर मैंने सहज को विवेक से व्यावृत्त करने की दिशा ली थी। साथ ही कहा कि सहज निर्विवेक नहीं है। फिर उसकी पकड़ क्या, जिसे किसी कवि की कविताई से भी जोड़ा जा सके?

मैं समझता हूँ कि यहाँ 'माध्यम' की धारणा को लें तो बात में कुछ पकड़ आ सकती है। कबीर जिस सहज की बात कर रहे हैं, समाधि के उस सहज में माध्यम कुछ नहीं होता। वहाँ साधना ही माध्यम को मिटा देने की है—आपे के साथ ही आपे के हर 'साधन' को 'सून' (शून्य) कर देने की साधना है। पर हम जिस सहज की पहुँच चाहते हैं, वह बात ही आपे की, उसके साध्य की, कृति को रूप देने की, 'माध्यम' में ढालने की बात है। कबीर के सहज को हम निवृत्ति का सहज कह सकते हैं, पर हमें जिस सहज की जिज्ञासा है उसे प्रवृत्ति का सहज कहना चाहिये। अध्यात्म की समाधि में माध्यम न रहता हो, पर हमारी हर प्रवृत्ति में और प्रवृत्ति-जन्य हर कृति में तो रहता ही है चाहे ज्ञान की हो या भाव की या कर्म की। हमें कृति का सहज समझना है।

एक और बात से इनकार नहीं किया जा सकता। कृति में प्रवृत्त होते हुए हम औचित्य को नहीं भुला सकते। मैं बात यहाँ किसी उपादेयता या नैतिकता या जिसे आज सामाजिकता कहा जाता है ऐसे औचित्य की नहीं कर रहा। वह बहिरंग होता है और उसे तो भुलाया भी जा सकता है। पर कृति का एक अन्तरंग औचित्य भी होता है, वह 'बनी' या नहीं हम

इसकी परख करते हैं—बनाने वाला भी और सहृदय-आलोचक भी, दोनों इसकी परख करते हैं : उसके अवयव किसी अवयवी में गुँथ न पायें हों तो कृति और कृतिहीनता या अकृति में क्या भेद होगा? किसे अवयव कहें, किसे अवयवी, इसको लेकर सौ मतभेद हो सकते हैं, पर निरवयव, निरवयवी कृति अचिन्त्य है। जानता हूँ, कुछ लोग इस अचिन्त्य साधना में भी लगे हैं, उनकी बात यहाँ नहीं छेड़ूँगा। आगे शायद उस पर कुछ आऊँ। पते की बात यहाँ यह है कि कृति में अगर औचित्य अन्तर्निहित होता है तो कृती से कृति का सम्बन्ध विवेक का ही बनता है। जागरूक विवेक का।

फिर भी कृति के सहज की बात छलावा नहीं है। कृति का सहज हम देखते, भाँपते, अनुभव करते ही हैं। बात यहाँ यह है कि उसे कहा-समझा कैसे जाये? कबीर ने सहज की ओर जाने को उलटी गंगा बहाना कहा है। इसी विरोधाभास में हम अपनी बात भी शायद पकड़ सकते हैं। कृती और कृति का सम्बन्ध जब विवेक में रहता हुआ भी निर्विवेक में बह निकले तब रचना की उलटी गंगा बहती है। और यह कोई अनहोनी बात नहीं है। ऐसा जब होता है तो माध्यम होता हुआ भी नहीं होने के समान हो जाता है। ऐसा सूक्ष्म, झीना हो जाता है कि लगता है माध्यम रहा ही नहीं, कृति का चेतना से सीधा सम्बन्ध बैठ गया है। कृति की वृत्ति कृति में बिना किसी मध्यस्थ के उतर आयी है। बल्कि कहना यह चाहिये कि हमारा सम्बन्ध सीधा कृति में निहित चेतना से हो जाता है, कृती तो अनुमान का विषय होता है (किसी ने तो रचा होगा!)।

लेकिन यहाँ बात को एक बिलकुल और तरह से देखा जा सकता है। और कविता को शायद देखना भी यों ही चाहिये। चेतना की दृष्टि से नहीं, माध्यम की दृष्टि से। दोनों ही दृष्टियाँ कृतिबोध से ही उपजती दीखती हैं, पर कृतियों का भेद समझ और विचार को दो भिन्न दिशाओं में ले जाता है। एक दिशा अगर चेतना से चेतना की है, जहाँ लगता है माध्यम है ही नहीं, तो दूसरी दिशा माध्यम की है, जहाँ चेतना का मुख्य सम्बन्ध माध्यम से बनता है। बोध की आँख में वही जागता है। चेतना उसी में समोयी रहती है। बड़ा वही दिखता है। और वह सहज हो तो वही जैसे चेतन हो जाता है।

पहली दिशा, मैं समझता हूँ, विचार की है। दूसरी कविता जैसी रचनाओं की। उलटी गंगा की बात कविता पर और भी पूरी उतरती दीखती है :

अचेतन माध्यम का ही चेतन हो जाना! माध्यम मानो अपने ही हाथों अपना सीस काट लेता है।

पर उसका कृति से—कवि से—क्या सम्बन्ध है ? इस व्यापार को समझने के लिए कबीर का ही एक और शब्द लेता हूँ : 'सहज-समाधि'। 'समाधि' हम कबीर से न लेकर पुराने आलंकारिकों से भी ले सकते थे। शब्द चौंकाने वाला लग सकता है : समाधि तो अध्यात्म की बात है, हमारी वृत्तियाँ जहाँ निवृत्ति में अपने आप को खो देती हैं। उसका प्रवृत्ति से, और कविता जैसी रचना-प्रवृत्ति से, जो माध्यम के अचेतन को वृत्ति-चेतन कर देना चाहती है, ऐसी प्रवृत्ति से—कवि-कर्म से—सम्बन्ध क्या? पर आलंकारिकों ने 'समाधि' का प्रयोग कवि-कर्म के प्रसंग में ही किया है।

'समाधि' की ओर बढ़ें तो एक और भेद शायद काम का हो सकता है : कवि और सहृदय का भेद। भेद को कर्ता-भाव और भोक्ता-भाव का भी भेद कह सकते हैं। 'सहज' या 'समाधि' की बात भोक्ता पर जितनी पूरी उतरती लगती है, कर्ता पर उतनी नहीं। भोक्ता का स्वभाव ही तन्मय होना है, आपे को भुला देना। रस की समाधि में स्थिर हो जाना। और यों सहज हो जाना। कृति के छन्द में बह निकलना। पर कर्ता विवेक से किनारा नहीं कर सकता। फिर कवि-कर्म की समाधि कैसी? ऊपर हमने जो माध्यम और चेतना का भेद किया था उसे भी यहाँ प्रकारान्तर से लें तो बात यहीं आकर उलझती दिखती है। किसी रचना के साथ बह निकलना भोक्ता-भाव का लक्षण है, कर्ता-भाव का नहीं। कर्ता के साथ सहज या समाधि की बात संगत बैठती नहीं जान पड़ती। कर्ता के लिए तो विवेक-प्राण होना अनिवार्य-सा लगता है। ऊपर जो माध्यम का अपने हाथों सीस काटने की बात की गयी है, वह अगर समीचीन लग भी सकती है तो भोक्ता के प्रसंग में ही लग सकती है। कर्ता के जागरूक स्वभाव की बात नहीं हो सकती। कवि प्रयत्नशील होता है, सहृदय निश्चेष्ट। उसकी ग्रहणशीलता में विवेक सहज ही पिघलकर तन्मय हो जाता है। सहृदय के काव्यानुभव को इसीलिए 'रस' का नाम दिया गया है। हम चाहें तो किसी 'आधुनिक' सहृदय-मीमांसा का सहारा लेकर कहें कि सहृदय का बोध भी 'बौद्धिक', और यों विवेकशील होता है; और आधुनिक सहृदय-बोध तो और भी रस-तन्मयता से हटकर बुद्धि-प्रगल्भ होता जा रहा है। माना। पर यों भी सहृदय को निर्विवेक तो किसी भी परम्परा ने नहीं कहा है।

मीमांसा के लिए प्रश्न यह रहता है कि काव्यानुभव को चाहे जैसे भी आँकें-समझें, उसे कवि-कर्म से तो एकाकार नहीं किया जा सकता; ऐसा करने में बुद्धि को ही संकोच होगा। एक को भोक्ता और दूसरे को कर्ता कहना इसी भेद को उजागर रखने का एक रास्ता है। पर साथ ही यह भी स्पष्ट है कि कवि और सहृदय में जो अन्तर है उसे भेद की किसी तात्त्विक कोटि में रखना ठीक न होगा, कवि और सहृदय एक ही तत्त्व या व्यापार की दो कोटियाँ हैं—हालाँकि इस बात को अक्सर ऊह्य-सा मानकर अनकहा ही रखा जाता है। कवि और सहृदय को एक ही तत्त्व में न रखा जाये तो दोनों में कोई परस्पर-भाव ही कैसे बनेगा?

पुराने आलंकारिकों ने जहाँ सहृदय के अनुभव को रस कहा है, वहीं कवि-कर्मरत बोध के लिए 'समाधि' शब्द का प्रयोग किया है। ऊपर के विचार में 'रस' और 'समाधि' को हम समानधर्मा के रूप में देख आये हैं। रस-बोध को ब्रह्मानन्द सहोदर कहा गया है; समाधि के साथ उसका सम्बन्ध तो इसी से स्पष्ट है। पर बात हमारे लिए यहाँ दोनों के अन्तर की है; कवि-कर्म की 'समाधि' का रस की समाधि, जिसे हम सहृदय की भी समाधि कह सकते हैं, उससे भेद क्या? कवि-कर्म की समाधि का अर्थ भेद में ही उजागर हो सकता है।

'समाधि' का अर्थ है, समाहित होने का भाव; भीतर आ जाना या समा जाना। तन्मय हो जाना पर 'समाधि' को भाव की जगह क्रिया के अर्थ में भी लिया जा सकता है (यही आलंकारिकों ने किया है) : एकाग्र कर्म जो नेमि से नाभि की ओर 'भीतर' बढ़ता है; नाभि पर समाहित हो जाता है। जो भेद-ग्रस्त है, विच्छिन्न-विशीर्ण-विकीर्ण है, उसे समो लेना, एक में पिरो देना : यह कर्म में समाहित होना है। यों देखें तो समाधि आत्मलीन निश्चेष्ट ग्रहण के तन्मय-भाव में ही नहीं, प्रयत्नशील कर्म में भी होती दिखती ही है।

रस का ग्रहण चेतना के अपने आप में समाकर निष्क्रिय हो जाने की सी स्थिति होती है। इसीलिए रस की अवस्था में चेतना को स्वरूप-विश्रान्त कहा गया है : अपनी सारी उन्मुखताओं से हट-सिमटकर अपने ही अन्दर स्थित। समाहित। यों समाधि का लक्षण हम स्वरूप-विश्रान्ति भी कर सकते हैं। फिर प्रश्न होगा : कवि-कर्म की स्वरूप-विश्रान्ति क्या?

क्योंकि कर्म में—चाहे कवि-कर्म ही क्यों न हो—स्थिति उलटी होती है।

उन्मुखता में व्यग्र। व्यस्त-समस्त। 'समाधि' की बात—और स्वरूप-विश्रान्ति तो दूर, विश्रान्ति ही की बात—यहाँ स्थानच्युत लगती है। तब कृती के साथ कृति के सम्बन्ध को हम 'समाधि'—और उससे जुड़े 'सहज'—जैसी कोटि में कैसे रख सकते हैं?

यहाँ माध्यम की बात को फिर लीजिये। काव्य-व्यापार में कृति, उसकी निर्मिति, कवि और सहृदय के बीच होती है। माध्यम। कवि और सहृदय, दोनों का इसी से सम्बन्ध होता है। एक का कर्ता का, दूसरे का भोक्ता या गृहीता का। दोनों का एक-दूसरे से सीधा सम्बन्ध नहीं होता जैसा विचार में होता लगता है (इसीलिए कविता का अनुवाद या तो हो नहीं सकता या नयी कविता को जन्म देता है)। दोनों के बीच मध्यस्थ की तरह स्थित यह निर्मिति इसीलिए दोनों से स्वतन्त्र होती है; अपनी अलग सत्ता बनाती है। सहज की बात यों प्रधानरूप से निर्मिति के ही सहज की बात है। भोक्ता या गृहीता का इस सहज से सम्बन्ध रस की समाधि का है; जिस समाधि में उसकी चेतना स्वरूप-विश्रान्त हो जाती है। कवि और कवि-कर्म का उससे समाधि जैसा सम्बन्ध है तो क्या है?

एक लोक-सुलभ कर्म का रूपक या प्रतीक लेता हूँ। पतंग उड़ाना। सहजियों को प्रिय भी थी 'गूड़ी'। उनके 'आदिकवि' और 'आदिसन्त' कहलाने वाले नामदेव की बानी में भी 'गूड़ी' के कुछ मार्मिक पद हैं। पतंग उड़ाने में कर्म की चेष्टा में निश्चेष्ट-भाव का छन्द देखा जा सकता है। पतंग को हवा उड़ाती है, उड़ाने वाला नहीं; पर उड़ाने वाले का विवेक भी उसकी उड़ान को गति और संयति-छन्द-देता ही है। उसके साथ बह निकलता है। सहयात्री की तरह। पर बिखरकर नहीं, 'समाहित', एकाग्र होकर। विवेक को जागरूक, पर तटस्थ-सा रखते हुए। ऐसा तटस्थ जो किनारे नहीं खड़ा है, नदी के साथ बह रहा है। कविता में भी शब्दों की यात्रा कुछ ऐसी ही होती है। गवैया कहता है, मैं नहीं गाता, राग गाता है। कवि कहता है, कविता मुझ पर उतरी। पर गवैया गाता भी है ही; और कवि भी कविता को बनाता ही है। यह किया नहीं किया गया-सा कर्म है, इसको हम चाहें तो अपने स्वरूप में स्थित या विश्रान्त कह सकते हैं; पर विश्रान्ति यहाँ कर्ता के अपने स्वरूप या चेतना की ओर उन्मुख न होकर, माध्यम की ओर उन्मुख होती है।

पर पतंग उड़ाने में और कविता करने में विराट अन्तर भी है। पतंग उड़ाने

में हम किसी माध्यम की बात नहीं कर सकते; ऐसा माध्यम जो अपनी अलग अर्थ–गर्भ सत्ता रखता हो, और जिससे भोक्ता और कर्ता दोनों का कोई गम्भीर और आत्मीय सम्बन्ध बन सके। हवा ऐसा माध्यम नहीं होती, कविता होती है।

एक और धारणा लें तो शायद बात कुछ और बढ़े। निष्काम–कर्म की बात लें। आपात दृष्टि से कवि–कर्म के लिए 'निष्काम' की बात करना विसंगत लगता है—कवि का काम या कामना से क्या और कैसा सम्बन्ध है, यह बात और है। पर कवि के कर्म में निष्काम–भाव की बात अटपटी है। पर निष्काम–भाव न सही, कवि–कर्म में एक निष्कर्म, निश्चेष्ट भाव तो होता ही है। निष्काम से उसका अन्तर करें तो कह सकते हैं कि निष्काम कर्म अपने ही जैसे दूसरे चेतन 'लोगों' के प्रति होता है, उनको केन्द्र बनाते हुए; जबकि कवि–कर्म का केन्द्र अचेतन माध्यम होता है। और वह माध्यम की अपनी 'चेष्टा' का निश्चेष्ट–सा साथी बनने की साधना करता है। शब्दों की अपनी यात्रा का सहयात्री। पर कवि–कर्म जैसे कर्म में, माध्यम चेतन–गर्भ होता है। मनुष्य मात्र की चेतना का एक निर्वैयक्तिक वाहक, जिसमें कवि अपने 'आप' को तटस्थ रखता हुआ डुबा सकता है।

पर कवि–कर्म और कविता के सम्बन्ध को जैसे भी आँका जाये, काव्य–बोध का नाता कविता से होता है, कवि से नहीं। कवि समाहित हुआ था या नहीं, इसकी कसौटी भी कविता ही होती है। उसमें समाया सहज। सहज की परख सहृदय करता है, कवि नहीं; यह बात और है कि सहृदयों की पंक्ति में कवि भी एक सहृदय होता है।

मेरी इस विवेचना पर कई प्रश्न उठ सकते हैं। प्रश्न तो विचार का सहज ही है। आप यह भी कह सकते हैं कि विवेचना की यहाँ ज़रूरत क्या? मेरे मन में भी यह प्रश्न था, पर सहज की एक बार बात उठा ली तो विवेचना के प्रपंच से अपने आपको छुड़ा नहीं सका। अब यह चाहता हूँ कि अब तक जो सामान्य बात की है उसे रमेश जी के काव्य से जोड़ने का प्रयत्न करूँ। सहज की अपनी पकड़ को उसमें तौलना चाहता हूँ।

एक बात मैंने ऊपर कही नहीं है, पर सोचता हूँ बिन कहे भी उभर आयी होगी। मैंने जिस सहज की बात की है—प्रवृत्ति के सहज की—वह सहज उतना ही विविध हो सकता है, और होता ही है, जितना हमारी प्रवृत्तियाँ;

हमारी चेतना। इसमें कबीर भी आ जाते हैं—क्योंकि निवृत्ति की ओर बढ़ती हुई वृत्ति भी चेतना की ही प्रवृत्ति है—और रमेश जी भी आ ही जाते हैं। रमेश जी की कविताओं में—'नदी भागती आयी'—में भी बानी की विशेष भणिता है, काव्य-बोध की अपनी सार्थक मुद्रा। काव्य-बोध और कवि-कर्म की जिस परम्परा में उन्होंने लिखा है—हिन्दी की 'आधुनिक' कहलाने वाली धारा—उसके साथ भी उनकी भाव-भाषा, रीति-शैली का सम्बन्ध है ही। हर कृती का अपने माध्यम से ऐसा सम्बन्ध होता है। पर रमेश जी की कविता की अपनी पहचान, अपना बोध-जगत भी है। उसी को—या उसके एक सार्थक पक्ष को—व्यंजित करने के लिए मैंने शीर्षक के शब्द चुने हैं : स्वप्न, स्मृति और नदी कोजागरी। जिन कविताओं में यह बोध मुखर लगा, उन्हीं को लूँगा। जो कवितायें मैंने ली हैं, आप देखेंगे कि ऐसी भी कवितायें हैं, जिन्हें कविता के सहज पर कही कविता भी कह सकते हैं। इन कविताओं में भी स्वप्न, स्मृति, नदी, ये प्रतीक अपनी तरह से कथनी को उभारते हैं। दूसरी और भी कवितायें हैं, और अच्छी, सुघड कवितायें हैं, पर उनको यहाँ नहीं ले रहा हूँ। प्रश्न उठ सकता है कि क्या सारा संग्रह एक ही भणिता के सूत्र में नहीं बँधा है। और क्या यह संग्रह का दोष नहीं है? यह प्रश्न यहाँ नहीं उठाऊँगा। संग्रह अक्सर ही वैविध्य पालते दिखते हैं; उस वैविध्य की तह में कोई अन्त:सलिल एकता होती भी हो तो उसे यहाँ नहीं टटोलूँगा। पर मैं समझता हूँ कि मैं जिस पक्ष को ले रहा हूँ, उसमें संग्रह का एक गहरा 'अपनापन' है।

पर किसी कवि के संग्रह में वैविध्य हो न हो, कविताओं में सहज का तारतम्य तो होता है। इसी बात को दिखाते हुए 'नदी भागती आयी' में प्रवेश करता हूँ। दो कवितायें लेता हूँ। छोटी-छोटी कवितायें हैं : 'खोल दिये पट' और 'स्मरण'। इनसे काव्य चर्चा इसलिए भी शुरू कर रहा हूँ क्योंकि यहाँ से अपने शीर्षक की ओर मुड़ने का द्वार मिलता दिख रहा है।

'खोल दिये पट' में एक आपात-प्रांजल भाव है। जिसे पुराने लोग 'प्रसाद' कहते थे। पहले पाठ में अच्छी सीधी स्वच्छ गति से बहती हुई सी कविता जान पड़ती है। पर जिसे पुराने लोग चर्वण कहते थे, वैसा कुछ करें। कविता को दो-एक बार बोध में बहने दें तो अटकाव आने लगता है। छन्द में सकता-सा पड़ता है। कविता कुछ प्रतिमानों पर टिकी हुई है; कुछ बिम्ब उकेरती चलती है। ये 'अलंकार' जैसे लगते हैं : जैसे कविता के

ऊपर 'मण्डित' हों। यह दोष है। यहाँ 'अलंकार' शब्द पर कुछ कहना चाहता हूँ। ऐसे भी लोग रहे हैं जो अलंकार को कविता की आत्मा मानते थे। वे अलंकार को दोष नहीं कहेंगे। पर जो ऐसा मानता हो उसके लिए अलंकार ऊपर से, अलग से, सजाया गया 'मण्डप' नहीं हो सकता। अलंकार को आत्मा मानें तो 'अलंकार' का अर्थ होगा, 'अलम्' या पर्याप्त करना। पर्याप्ति को ऊपर से कुछ नहीं चाहिये। सच्चे अलंकारवादी के लिए कवि-कर्म में भाषा जब कविता की ओर सचमुच चल निकलती है तो जो रूप लेती है वही अलंकार है। यह ठीक है कि व्याक्रिया या विश्लेषण द्वारा हम उपमा, रूपक, उत्प्रेक्षा जैसे अलग पहचाने जा सकने वाले प्रयोग छाँट निकाल सकते हैं; इनको ऊपर से, एक पृथक्-प्रयास से किसी कथनी पर—मज़मून पर—'पहना' भी सकते हैं। पर ऐसा करें तो कविता ही अपर्याप्त-सी लगेगी; सहज भंग हो जायेगा। 'खोल दिये पट' में कुछ ऐसा लगता है। अलंकार अलग खड़े दिखते हैं; और आपस में टकराते से लगते हैं। पहली कविता को देखिये :

खोल दिये पट अन्तरिक्ष ने
हँसते हैं देवता सामने।
पीछे
शहर
खिलौने-सा
चमचमा रहा है।
बूढ़े के बचपन-सा
हौले-हौले
जाग रहा है
वाद्य-वृन्द
जंगल का।

कविता में तीन वाक्य हैं; पहली दो लाइनों को दो वाक्य समझें तो चार वाक्य हैं। पर दोनों की गति एक-सी है : वेगवती। इसलिए पहला दूसरे में अनुप्रविष्ट-सा लगता है। अचानक एक भव्य दृश्य खोलता है; उसका उज्ज्वल, दिव्य भाव पौ-सा फूट बिखरता है। आगे के वाक्यों में छन्द की गति रुक-रुककर बढ़ती है : शहर के दूर होने का, जंगल के धीरे जागने का भाव समोती। पर इस रुक-रुककर बढ़ने के साथ एक रुकावट और

सिर उठाती है, जो भाव की गति को भी रोक लेती है। ये हैं आगे आने वाले प्रतिमान। लगने लगता है कि बात कहीं जाना चाह रही है, पर अलंकार आड़े आ रहे हैं।

पहले दो प्रतिमान : अन्तरिक्ष के पट का खुलना ('अन्तरिक्ष' शब्द बड़ा उपयुक्त है यहाँ); देवताओं का हँसना। एक निर्मल उदात्त-भाव है, खुलापन, आनन्द। और भाव बिम्बों के ही सहारे खड़ा है। पर आगे चलिये। पहले-पहले पाठ में तो लगता है, भाव दृश्य के साथ और खुल रहा है। क्षितिज बढ़ रहा है। दृष्टि धीरे पीछे हटती है, वहाँ भी कान्ति है, दीप्ति है, जिसमें शहर नहा रहा है; जगमग है। खिलौने-सा चमचमा रहा है। पर चर्वण करें तो प्रश्न उठ जाता है : लेकिन खिलौने-सा क्यों? उपमान चमक तो जगाता है, पर कह क्या रहा है? आगे वन है पीछे शहर। और कविता का अभिप्राय यही जान पड़ता है कि दोनों को एक ही कान्ति में समेट ले। पर 'खिलौने' के आने से लगता है, क्या यह आपात-बोध ठीक भी है? क्या भाव सीधा नहीं, वक्र है; जानबूझकर जटिल है? क्या आगे और पीछे में साम्य नहीं वैषम्य का बोध अभिप्रेत है? शहर की झलमलाहट वन की भव्यता के आगे खिलवाड़ ही है—झूठी, बचकाना—'खिलौना'? पूरी कविता को ध्यान में रखें तो ऐसा भी नहीं लगता कि कविता की व्यंजना में सचमुच कोई भाव-विरोध या भाव-संघर्ष उभारा जा रहा है। 'खिलौना' असमंजस में तो डाल देता है, पर अपनी किसी बात को प्रकट नहीं कर पाता। साथ ही कविता में ऐसा भी नहीं लगता कि भाव को साम्य-वैषम्य के बीच त्रिशंकु रखने की ही व्यंजना है। 'खिलौने' में इसकी भी समायी नहीं। लगता यही रहता है कि कोई ध्वनि तो है, पर अचल, दिशादग्ध है। कहीं ले नहीं जाती।

आगे दो प्रतिमान और हैं जो बिखराव को बढ़ाते हैं। खुले, खिले गगन से चली भाव की यात्रा यहाँ और ठिठकती-सी लगती है। सम्भावना जैसे भटक गयी हो। 'बूढ़े के बचपन-सा / हौले हौले / जाग रहा है / वाद्य-वृन्द / जंगल का।' इन लाइनों से पहला बोध यही जागता है कि यहाँ देश के साथ काल-बोध में भी विस्तार का भाव है। द्युलोक से उतरता आलोक आगे जंगल का, पीछे शहर का आलोक बन चुका है। अब जंगल मुखर भी हो रहा है। स्वर-मुखर। अभिप्राय के एक धरातल पर लगता है, दृश्य से श्रव्य की ओर बढ़ती हुई कविता जिस भाव से चली थी उसे प्रगाढ़ कर

रही है। पर कविता की बुनावट में जड़े अलंकार दूसरे धरातल पर खड़े आड़े आ जाते हैं। किसी कथ्य को बढ़ाते नहीं, रोक लेते हैं। उलझा-सा देते हैं। वाद्य-वृन्द का बूढ़े के बचपन-सा जागना, क्या तात्पर्य बनाता है, पकड़ में नहीं आता। उपमा और रूपक, अलग से आ खड़े 'अलंकार' से लगते हैं, और आपस में जैसे टकरा रहे हों। ये न होते तो शायद भाव और प्रशस्त होता। 'बूढ़े के बचपन-सा' यह प्रतिमान अपने आप में भी अटपटा-सा लगता है। कविता के साथ बैठती हुई कोई बात कहने में असमर्थ। फिर यह उलझन जागती है कि पिछले 'खिलौने' से इसका क्या मेलजोल है? लगता है 'खिलौना' आया तो 'बचपन' को साथ लिये चला आया, फिर उलटी दिशा ली और बुढ़ापे की ओर बढ़ गया। पर बोध इसी तरह मनोविज्ञान बूझने लगे तो बात क्या बनी?

यों 'खोल दिये पट' में कवि-कर्म की 'समाधि' मुझे टूटती ही लगी। कविता का सहज बिखर-सा गया है।

अब इसके ठीक बाद की कविता 'स्मरण' को लीजिये। यह कविता भी पहले पाठ में ही भली—और प्रसादमय—जान पड़ती है। अपने प्रवाह में हमें साथ ले लेती है। चर्वण में और गहराती जाती है। इसकी भाव-यात्रा एकाग्र है, भावन में और खुलती भी जाती है, पैठती भी जाती है। पिछली कविता में दृश्य बाहर का था, यहाँ लगता बाहर का है पर है भीतर का। वहाँ कविता की गति अगर उन्मेष की है तो यहाँ निमेष की। क्योंकि बात स्मृति की है। स्मृति में निमेष स्वाभाविक है। पर यहाँ स्मृति भीतर की ओर मुड़कर भी गुहावासी नहीं होती, बाहर को उन्मुख है, क्षितिज-सा खोल देती है। भाषा का गुम्फ बड़ा सघन है। पुंजीभूत वेग के साथ बढ़ता है। पिछली कविता की तरह वाक्य-वाक्य अलग नहीं होता, एक बात जैसे दूसरी में आविग्न होकर गुँथती जाती है। कविता में की नदी ही की तरह वेग पकड़ती उस खुले, उत्तुंग छोर की ओर भागती है, जहाँ अवसान होगा : स्थिर, स्थित, 'पहाड़' हो जायेगी। कविता का एक वाक्य है पंक्तियों में छन्द के सहारे बाँटा गया है। यह बाँट मगर पिछली कविता की तरह गति में संवरण नहीं लाती, केवल उसे सोपान में ढाल देती है और ढलाव में उतरती सीढ़ियों का संवेग दे देती है; और एक नाटक की सी प्रतीति, एक घटना का दूसरी घटना में आ समाती हुई तुमुल गति जो अपने नियत अन्त को पा अचानक थम जाती है :

नींद की नदी में उगा
कलरव करता झरना एक
धँसता अपने भीतर
अपने भीतर
जहाँ
खिड़की पर
पहली-पहली बर्फ़ से
घिरा बच्चा
और
उससे भी ज़्यादा
अवाक्
एक
पहाड़।

स्मृति और नदी तो यहाँ सामने ही हैं। नदी स्मृति की ही नदी है; चेतना अन्दर को मुँह किये है, जैसे स्वप्न में। नदी का रूपक बाहर का खुलापन, बाहर का उजाला भी समोये है। 'झरने' में यह ध्वनि और मुखर है। इसलिए नदी को 'कोजागरी'—राका-पूर्णिमा की आलोक-तिमिरमयी नदी—कहें तो असमीचीन न होगा। फिर यहाँ स्वप्न का सा जादू भी है, पहली बर्फ़ का जादू, जिसमें आलोक की झाँईं कुछ-कुछ चाँदनी का बाना ओढ़ लेती है। पहाड़ जितना बड़ा जादू, जिसमें पहाड़ डूबा, स्तम्भित खड़ा है, वैसे ही जैसे कवि की स्मृति जो बचपन के एक स्तब्ध, अभिभूत क्षण को अन्तर में नित्य प्रवाह दे देती है। कविता के अन्त का अवाक् एक पहाड़, अन्त न होकर ध्वनि की यात्रा का आरम्भ हो जाता है। स्मृति में एक आकुंचन का भाव भी हो सकता है, भूतकाल में सिकुड़ रहने का भाव, पर यहाँ स्मृति बाहर प्रकृति की ओर देखती हुई विस्मय से जैसे अब भी विकच है। जैसे उसने किसी श्रुति को अपने में बसा लिया हो।

पिछली कविता की तरह इस कविता में भी नाटक की गति के साथ एक दृश्य उभरता है : एक प्रकृति-चित्र। पहली में चित्र ऋजु-सा है—प्रकृति की गोद में साक्षात् खेलता हुआ। इस कविता का ताना-बाना भिन्न सूत्रों को साथ पिरोता हुआ है, जटिल है। प्रकृति यहाँ स्मृति की आड़ में परोक्ष है। पर दोनों को साथ रखकर देखिये। प्रतिमान योजना यहाँ कविता को मलगजा नहीं करती, अलग खड़ी नहीं टोकती; उनमें 'सोचकर अलग से

डाली हुई' बात नहीं है। प्रतिमानों का परस्पर सम्बन्ध ऐसा है मानो स्वप्न के अद्‌भुत लोक में अपने आप उभरते चले आ रहे हों, एक सहज स्वत:सिद्ध, अपने ही बुने हुए विन्यास में गुँथते बह निकले हों, दृश्य में परोक्ष की छाया होते हुए भी, पिछले दृश्य से अधिक समुज्ज्वल है। प्रवाह में आरम्भ से आधे-अनहोने से विस्मय का भाव है जो अन्त में सिमटकर 'पहाड़' में खुल जाता है। भाषा की गति में भी समानधर्मा प्रवाह है। जैसे साँस के एक ही उच्छ्‌वास में सब कुछ कह दिया, फिर बात को मौन में फैला दिया।

इस कविता में एक सहज है, जैसे कविता अपने आप बुन रही हो, अपने कलेवर में एक अन्त:सलिल बोध को सँजोती हुई, जिसे मानो यह कविता ही कह सकती थी।

अगली जो कविता ले रहा हूँ, लम्बी कविता है : 'व्यास-पर्व'। संग्रह की अन्तिम कविता है। इस कविता में भी वे सूत्र उभरते दिखते हैं, जिनसे मैंने अपना शीर्षक गढ़ा है। पर यहाँ उनका ताना-बाना कुछ और है। एक अलग मोड़ लेता हुआ दिखता है। इसका मुख्य कारण मुझे यह लगता है कि यह कविता उसी मर्म पर कविता में मनन है, जिसे मैंने कविता का सहज कहा है। द्वैपायन व्यास के प्रतीक़ से झाँकता कवि, कवि-कर्म की ही रहस्य-गाथा सुनाता लगता है। या गाथा न कहकर विरोधाभास की धरती पर बैठी इस प्रतीक-घन कविता को कवि-कर्म की उलटबाँसी भी कह सकते हैं। पूरी कविता की नक़ल यहाँ नहीं दूँगा, सोलह छोटे-छोटे भागों में बँटी हुई कविता कुल मिलाकर काफ़ी लम्बी है। पर कुछ-कुछ लाइनें सामने रखता चलूँगा।

आरम्भ स्वप्न से होता है, और नदी से; और कवि नदी-पुत्र है—द्वैपायन :

> सपना है यह द्वीप
> और
> मैं भी सपना हूँ
> किसका ?
> सपना है यह नदी
> अरे तब
> क्या लगता हूँ
> इसका ?

स्वप्न की एक डोर में तीनों पिरोये हुए हैं : कवि, नदी, और नदी का द्वीप जहाँ कवि 'है', जो उसका 'घर' है, वह जहाँ 'का' है। पर यह सपना कैसा सपना है और इसका कवि, नदी और द्वीप से क्या सम्बन्ध है ? मैं समझता हूँ कि 'सपना' यहाँ वही प्रतीकमय संकेत लिये है जिसे मैंने कविता का सहज और कवि–कर्म की समाधि कहा है। कविता में यहाँ जो 'प्रश्न' कवि ने उठाये हैं, आगे की कविता को उनकी व्याख्या के रूप में देखा जा सकता है। मैं यों ही देखने की चेष्टा करूँगा। पर प्रतीक–योजना को पहले एक 'अर्थ' देता हूँ; कुछ उसी तरह जैसा उलटबाँसी में पैठने के लिए उसमें आये प्रतीकों को दिया जाता है। एक–एक प्रतीक का एक–एक पर्याय देते हुए आरम्भ करूँगा। पर दिशा अपनी लूँगा। कविता में प्रवेश के और भी मार्ग हो ही सकते हैं, पर मुझे जो द्वार खुलता दिख रहा है, उसी से प्रवेश करता हूँ। आप कह सकते हैं उलटबाँसी की तरह प्रतीकों का सीधा–सरल 'अनुवाद' करने से कविता की कविताई ही उसकी पकड़ में खो जायेगी। यह व्यंजना को अभिधा की दिशा देना होगा। पर मैं जो दिशा ले रहा हूँ व्यंजना में उतरने की ही दिशा ले रहा हूँ। यों तो कविता से भिन्न कविता की किसी भी पकड़ में कविताई नहीं आ सकती, कविताई में प्रवेश का द्वार ही मिल सकता है।

नदी प्रतिभा है, एक कुहक, एक जादू : चेतना का ऐसा स्पन्द है, जो चेतना का अपना होते हुए भी पराया है। जैसे सपना। अपने आप अपने ही तन्त्र से आता है। कवि उसी के मध्य रहता है, पर एक द्वीप की तरह अलग, उससे अछूता। नदी छलावे की तरह आती है उसे बहा ले जाती है; नदी, द्वीप और द्वीप पर का कवि, एक ही सपने में 'समाहित' हो जाते हैं। कवि का 'मैं' कवि–कर्म की समाधि में 'मैं' नहीं रह जाता। अपनी परिधि को लाँघ जाता है। कविता के दूसरे 'भाग' की पहली चार लाइनें देखिये, उनमें यही ध्वनि है, और इसीलिए एक रहस्यमय अध्यात्म का सा भाव—या अध्यात्म–सहोदर भाव कहना अधिक उपयुक्त होगा क्योंकि बात अध्यात्म की है नहीं :

> सोता भी जागता हूँ
> जागता भी सोता हूँ
> इस प्रवाह में
> कभी–कभी होता हूँ

यहाँ पहली दो लाइनों में 'या निशा सर्वभूतानां तस्यां जागर्ति' का आभास-सा है, पर आभास ही है। कविता 'संयमी' या 'योगी' की नहीं कवि की बात कर रही है। कवि के सहज को 'बानी' दे रही है, योगी के सहज को नहीं। आगे यह बात और भी खुलकर आयेगी। ऊपर स्वप्न की बात थी, उसी का 'स्वरूप' यहाँ इन लाइनों में आँका गया है। अनहोना-सा स्वप्न है, जिसे स्वप्न कहना भी ठीक नहीं। चेतना की ऐसी अवस्था है जिसे कवि-कर्म की 'समाधि' कहना ही ज़्यादा ठीक होगा। ऐसी अवस्था है जो बहती है, पर जैसे निस्पन्द : इस अवस्था में ही कवि 'कवि' होता है; गति में स्थित। पर जब कवि अपने आप में ही सीमित रहता है—जैसा कि अक्सर ही होता है—तब नदी भी नदी नहीं रहती :

> अक्सर लगता
> रेत भरी है इन लहरों में
> कहीं नहीं होता मैं
> अपने को अपने तक ही
> ढोता हूँ

हम देख रहे हैं कि यह कविता विरोधाभास की धरती पर बह रही है। विरोधाभास अक्सर कविता का प्राण होता है। भाषा जब किसी मार्मिक अनुभव को 'कहने' लग जाती है, विरोधाभास का सहारा लिये बिना नहीं कह पाती। पर विरोधाभास अगर 'अलंकार' भी बन जाये, पृथक्—प्रयास-सिद्ध, तो बात को नहीं बना पाता। कविता भाषा की अपनी यात्रा है, अनुभव का उससे बड़ा विचित्र-सा सम्बन्ध है। इस भाषा को विचार के निकष पर कसें तो गुत्थियाँ उभरती हैं। विरोध आगे आते हैं। कविता विचार नहीं करती। इसलिए उसमें विरोध नहीं विरोध का आभास ही उभरता है। भाषा की अपनी गति में जो भँवर पड़ते हैं, भाषा को रोकते नहीं, और आवेग दे देते हैं। इसीलिए ऊपर मैंने 'उलटबाँसी' शब्द का प्रयोग किया था। अब इतनी दूर आकर हम देख सकते हैं कि यह उलटबाँसी भी है तो अपनी तरह की। इसके विरोधाभास किसी निरगुनिये की उलटबाँसी के साँचे में नहीं ढले हैं। अपने आप अपनी अलग तरह से उभरते हैं।

विरोधाभास कई तरह से उभरता है। कभी बिलकुल सामने आ खड़ा होता है : 'सोता भी जागता हूँ / जागता भी सोता हूँ'। कभी आड़ में भी रहता है। आड़ में हो तो हम जहाँ हैं वहाँ से हट, बढ़कर ही दिख सकता है।

कविता के जिस दूसरे 'भाग' में हम हैं, जहाँ कवि स्वप्न के सरित-प्रवाह में बहता हुआ 'होता' है, स्वरूप-स्थित, वहाँ से मुड़कर पीछे देखें तो एक विरोधाभास अब स्पष्टतर भासित हो जाता है : 'सपना है यह नदी / अरे तब / क्या लगता हूँ / इसका?' जिस प्रवाह में कवि अपने को पाता है वही उसके लिए पराया है। उससे कवि का सम्बन्ध अनबूझ पहेली है। बात ऐसे सादेपन से बेलाग कही गयी है कि अनुभव के तीख़ेपन के साथ सचमुच उलटबाँसी-सी चुभ जाती है।

पर आगे की भी उलटबाँसी देखिये (कविता के तीसरे भाग की)। 'क्या लगता हूँ इसका?' के कुछ उत्तर अब तक की कविता में उभरे हैं : 'नदी मैं ही हूँ'; फिर भी 'नदी परायी है, मेरी कुछ नहीं लगती जब मैं नहीं होता हूँ तब आती है'; 'मुझे तिनके की तरह बहा ले जाती है, जैसे मैं कुछ नहीं हूँ'। पर अब कवि कहता है कि नदी मेरी नितान्त अपनी है, माता है; प्रेममयी, पालनकर्त्री, मेरे पास 'भागती हुई' आती है। लोरी सुनाकर उस नींद में ले जाती है जहाँ सोता-जागता उसका रूप देख पाता हूँ :

> नदी भागती आयी मेरे पास
> गोद में लेकर मुझको
> लगी सुनाने लोरी...
> देख रहा हूँ जाने कब से
> झलमल करती पीठ नदी की
> उजली-कारी-गोरी

(अन्तिम लाइन में 'कारी' की जगह 'करी' छपा है। छापे की भूल लगती है। 'करी' का यहाँ कोई अर्थ नहीं बनता दीखता)

पर 'कारी' भी क्यों? क्या मुहावरे में कब से बैठा कारी का गोरी से सम्बन्ध उसे खींच लाया है? नहीं तो यहाँ उजाले के साथ अँधेरे का क्या स्थान है? एक सम्बन्ध-सा है जो आगे जाकर खुलता है; उस पर बाद में आऊँगा। जिस वाक्य से संग्रह का नाम है, 'नदी भागती आयी' उस वाक्य के एक शब्द को लीजिये, 'भागती'। 'भागती' क्यों? 'दौड़ती' क्यों नहीं? मेरे मन में प्रश्न कई दिनों से है। उत्तर साफ़ है, लेकिन मुझ पर देर से उतरा। 'भागती' के गर्भ में भाव है; 'दौड़ती' भाव-निरपेक्ष है। हम कहीं से डरकर या कहीं को किसी डर से भागे आते हैं। दूसरा भी भाव हो सकता है—कुरेद के मारे भी हम भागे आते हैं। पर 'भागना' भाव से जुड़ा

हुआ है; 'दौड़ना' नहीं। हम यों ही दौड़ने के लिए भी दौड़ सकते हैं। 'नदी भागती आयी' में 'भागती' ही नदी में माँ की वात्सल्यमयी छवि जगाता है।

पर यह कृपाशीला माँ-सी स्नेहमयी नदी, मानुषी नहीं है। मेरे कवि-कर्म में आकर उतरती भी है तो उससे अछूती रहती है। अब तक की लाइनों में नदी का कवि-कर्म से सम्बन्ध व्यंजित ही था, स्पष्ट अभिहित नहीं। आगे की लाइनों में अभिधा में भी झलक आती है :

चाहे जितना लिखूँ, रहेगी
उतनी ही उजली
उतनी ही
कोरी

('लिखूँ' मूल में वक्र-लेख से नहीं उभारा गया है)

यह 'कारी-गोरी' नदी वास्तव में 'कोरी' ही है। इसका औज्ज्वल्य नित्य है; हमारी 'धूप-छाँह' से उसका सम्बन्ध नहीं। फिर भी यह हमारी अपनी है; हममें कवि है। पर क्या इसका सम्बन्ध कुछ विशेष व्यक्तियों से ही होता है, जिन पर यह टूट पड़े? या जो किसी और कारण से विलक्षण हों? आगे की लाइन में 'क्या लगता हूँ इसका?' का एक और उत्तर है, रूपक में बँधा है, जो नदी के और हमारे सम्बन्ध को एक ओर जहाँ गाढ़ कर देता है, दूसरी ओर हमसे उसकी दूरी को, परायेपन को, एक नये स्वर से उभारता है : 'ओ तू मनु की नदी!'। नदी मनुष्य मात्र की नदी है—बल्कि 'की' यहाँ 'रूपी' का अर्थ दे रहा है, इसलिए नदी अब 'मैं' ही नहीं मनुष्य-मात्र है। मनुष्य का जीवन-प्रवाह, उसकी परम्परा, इतिहास, दूसरे शब्दों में, स्मृति—इसके मूल में है यह नदी। नदी श्रुति है और श्रुति के स्रोत से प्रवहमान स्मृति। इसलिए मनुष्य का जीवन प्रवाह भी यह नदी है।

पर प्रतिभा की 'नदी' का सम्बन्ध जब स्मृति से जुड़ता है, और यों मनुष्य के काल से, इतिहास से, वही नदी अपने प्राण-स्रोत, 'श्रुति' से दूर भी छिटक आती है, आविल हो जाती है : 'किन्तु यहाँ तक आते-आते / तुझमें कैसी गाँठ पड़ गयी...'। यहाँ अपने स्थान से कुछ दूर आकर नदी के 'गोरी' ही नहीं 'कारी' भी होने का सम्बन्ध बैठता है। पर इतनी दूर आकर सम्बन्ध भी दूर का ही सम्बन्ध रह जाता है। सहज नहीं बनता।

कविता में यहाँ आकर मुझे यह भी लगा कि इतिहास के यों प्रवेश के साथ

कविता में भी यहाँ आकर गाँठ–सी पड़ने लगती है। दो बातें आती हैं। एक तो कविता में से उलटबाँसी निकल जाती है, कविता 'सुगम'–सी होने के साथ 'सामान्य'–सी भी हो जाती है। अब लगता है रमेश जी मनुष्य को, उसके इतिहास को देखते हुए एक आम–सा दुख जताते हैं : इतिहास मनुष्य को बहाकर आज, इस 'आधुनिक' काल में, एक विकट बीहड़ में ले आया है; अब वह प्रतिभा, वह प्रज्ञा धुँधली ही नहीं संकट में पड़ गयी, जो व्यास में, उसके युग में, सहज थी। यहाँ भी एक विरोधाभास है : मनुष्य ही नदी है, पर उसी में नदी अब नदी नहीं। यहाँ विरोधाभास विरोध–सा ही लगता है क्योंकि इस विरोध का समाधान एक इतिहास–व्याख्या का विचार चाहता है, संवेदना नहीं। कवि–कर्म का सहज झीना पड़ता लगता है; और उस पर विवेक हावी।

नदी पर यहाँ जो इतिहास की छाया आ पड़ती है, वह आगे चलकर और विवेक–सघन हो जाती है, पर उससे पहले कुछ खण्ड हैं—'भाग' पाँच, छह और सात—जिनमें पुराना कोजागरी कुहक शेष है। पर ये अब कुछ स्थान–च्युत से लगते हैं। मुझे लगा कि कविता के ये भाग और इनमें कही बात को पहले रखी जाती तो अच्छा था—छन्द को इतिहास के पचड़े में उलझाने से पहले।

पाँचवें भाग में प्रतिमानों की योजना, कविता की भाव–गति फिर वही दिशा ले लेती है, उसी मर्म का फिर नये रूपों में उद्‌घाटन करती है जो इतिहास के आने से पहले कर रही थी। यहाँ नदी स्नेहमयी नहीं है शक्ति है; एक निर्मम–सा हठात् उतरता शक्तिपात, कवि जिसके योग्य नहीं है, जिसको सह नहीं सकता, समो नहीं सकता, फिर भी जिसके आगे विवश है। असहाय है। असहाय ही नहीं, अनिच्छुक, आतंकित है :

मैं जैसे पाताल
फोड़कर मुझको
भीतर–भीतर
समा रही है
मुझमें नदी
निरन्तर

मैं सागर तो नहीं

न ही मैं
ऋषि अगस्त्य हूँ
अनजाने यह कैसी मैंने
विपदा ले ली मोल

नदी उसमें बरबस उतरती ही नहीं, उड़ाये भी ले जाती है। महाकाश में। कवि को अपने ही ऊपर अचम्भा है, अविश्वास है। उसे अपनी ही अवस्था पर हँसी भी आती है; अवस्था अपनी ही नहीं लगती। बात के कहने में विनोद का पुट है जिसे संस्कृत में नर्महास कहा जाता था, ऐसे सूक्ष्म विनोद का मीठा-सा पुट। निम्न पंक्तियों में देखिये। नर्म-विनोद, चुहल, चुलबुलाहट, रमेश जी की कविता के कई तेवरों में है, कहीं खुलकर कहीं आड़ में। यहाँ के गाम्भीर्य में जहाँ आकाश, पाताल, शक्तिपात की बात हो रही है, वहाँ उसकी 'बेबसी' कुछ और है। रमेश जी की कविता में एक बात सुलभ है : हाले दिल पे हँसी। कवि को नदी उड़ाये ले जा रही है और कवि कहता है :

महागरुड़ भी
महाकाश में
उड़ने से पहले
अपने
पंखों को
लेता तोल

कवि बेतोल, बेभाव, बेसँभाल उड़ पड़ा है। पतंग को जैसे आकाश ही खींचकर उड़ा ले गया।

कविता का अगला भाग फिर सपने की पुरानी बात पर आता है। पर यहाँ कवि उसके अनहोने, अनिर्देश्य—चाहें तो अनभिलाप्य भी कह सकते हैं—ऐसे 'स्वरूप' पर कुछ कहता है। कहता है यह अनहोनापन अध्यात्म का नहीं है। अब तक के वर्णन से कवि के अनुभव में अध्यात्म के अनुभव का धोखा हो सकता था। और अभी-अभी ही महाकाश का अध्यात्म-गर्भ रूपक आया ही था। अब कवि खुलासा करता-सा कहता है कि यह बात कुछ और ही है; जीवन के दुख-सुख के अनुभव की आँच में ढला निराला 'अनुभव' है। न लोक, न लोकोत्तर : 'नहीं नहीं...यह महाकाश भी नहीं / धरा भी नहीं / न जाने कौन लोक है।' पर इसकी

धमनी में लोक का ही स्पन्द है। यह उड़ना धरती में धँसना है। यह लोक पाताल जैसा कोई अन्धकार लोक भी नहीं है—पिछले भाग के 'पाताल' का भी यहाँ निषेध व्यंजित है; पाताल भी आख़िर अ-लोक ही है, किसी अर्थ में लोकोत्तर। पर साथ ही, 'उड़ने' और 'धँसने' में आकाश और पाताल की युगल ध्वनि भी है।

...उड़ते-उड़ते
धसक रही है पाँव-तले जो धरती, उसके
साथ-साथ
धँसना है

साथ ही 'भवसागर' के 'वेदना-बन्ध' से उलझना है : 'और गर्भ में फँसे हुओं के / साथ-साथ / फँसना है'। 'साथ-साथ' का दुहरा स्वर अनुभव के विचित्र लोक-संग-मय निस्संग भाव को और मुखर कर देता है। इस भाग के अन्त की पाँच लाइनें लोकोत्तर-पर-लोकमय, इस अनुभव की उलटबाँसी को और भी मार्मिक विरोधाभास में जगा देती हैं, जहाँ 'आर्तनाद' के साथ परम निस्संग शिव का सा 'अट्टहास' गुँथा हुआ है। 'महाकाश' के साथ अब 'महाकाल' भी आ जुड़ता है—'महाकाल' शिव के निस्संग भाव का भी अनुरणन रखता है, और सर्वग्रासी मृत्यु का भी, जो धरती का—मनुष्य-लोक का—ही निस्संग है :

अहोरात्र इस आर्तनाद में
मिला-मिला सुर
महाकाल के अट्टहास में
अपने को
कसना है

यहाँ एक प्रच्छन्न-सी उलटबाँसी और भी है; कवि को इस अनुभव में विवश रहते हुए भी आत्मवश रहना है : 'अपने को / कसना है'। यहाँ से पीछे लौटिये तो दूसरे भाग के अन्त की लाइनें सार्थक हो उठती हैं। कवि अपने आप में न-कुछ-सा है, अन्य-साधारण, बल्कि तुच्छ, जैसे एक तिनका; नदी ही उसे प्रवाह देती है, गरुड़ के पंख देती है। और अपनी लोकोत्तर उड़ान में वह लोक के मर्म में आ पैठता है। तभी लोग इस तिनके के पास कुतूहली आते हैं, सार्थकता की खोज में :

आते हैं अक्सर तटवासी
करने शान्त कुतूहल अपना
पता नहीं मैं
उनके ख़ालीपन में
क्या बोता हूँ।

अब भाग सात पर आइये। लोकोत्तर से लोक में आने के साथ महाकाल काल में उतर आता है : समय के परिचित प्रवाह में, जहाँ महाकाल भूत, भविष्य, वर्तमान में दुर्निवार भाव में बँटा है। 'नदी' और 'रेत' की धूप-छाँह का—प्रकाश और अन्धकार के सनातन विरोध का—रूपक यहाँ फिर से जैसे तैर आता है। कवि फिर द्वैपायन है, नदी के काल-प्रवाह में उभरा द्वीप।

पिछले भाग के अन्त में जहाँ—आर्तनाद के साथ ही सही—पर अट्टहास था, वहाँ अब वेदना की नित्य-सी अनी है, भूत-भविष्य के बीच खड़े इस द्वीप को एक पीर में पिरोती जोड़ती रहती है :

पीछे भी थी नदी
और
आगे भी
आगे भी है रेत
और
पीछे भी
आर-पार बिंध गया
द्वीप यह
एक सुई की नोक।
कैसा यह संजोग

मनुष्य का प्रारब्ध है यह 'संजोग'; इसलिए कवि का भी—उसकी नियति। वह प्रवाह में रहता हुआ प्रवाह से कुछ ऊपर है, नदी का द्वीप। यों प्रवाह से ऊपर रहकर उसे देखना, देखते हुए झेलना, उसकी वेदना है, घुट्टी में पड़ी पीर। पर यही उसकी प्रतिभा भी है। 'संजोग' शब्द के प्रयोग से लग सकता है कि जिस स्थिति की बात हो रही है, आगन्तुक है, नहीं भी हो सकती थी। पर 'योग'—'जोड़-से किसी और गहरे सम्बन्ध की भी ध्वनि उभरती है, जो आगन्तुक को नियत का सा भाव दे देती है। 'आगे' और

'पीछे' की दोहराहट में 'पानी' और 'रेत' के विवादी स्वरों का—अँधेरे-उजाले का—द्वन्द्व प्रखरतर हो उठता है। अगर भान हो भी कि द्वन्द्व का अखाड़ा कोई काल-विशेष है, तो यह दोहराहट प्रवाह मात्र का बोध जगाती है, सनातन प्रवाह का। काल में महाकाल की आहट देती है। इस भाग का गुम्फ भी यही ध्वनि जगाता है। एक ही साँस में कहा गया एक ही वाक्य है पूरा भाग; बुनावट में कहीं विराम-विच्छेद नहीं।

द्वीप से चली थी कविता, यहाँ फिर द्वीप पर आ जाती है। मैं समझता हूँ कि कविता को यहीं रुक जाना चाहिये था।

आगे की कविता में बोध की भूमि ही बदल जाती है। सचमुच ही काल में उतर आती है। कवि इतिहास की—वह भी मनुष्य मात्र के इतिहास की नहीं—भारत के इतिहास की बात करने लगता है। यह अचानक-सा उभरता भूमि-भेद बोध में किरकिरी-सी ला देता है। कविता के व्यास अब तक कवि थे, अब इतिहास-पुरुष हो जाते हैं। ग्यारहवें और आगे के भागों में वैदिक-जन-या पुराण के शब्दों में जिसे 'भारती सन्तति' कह सकते हैं—उसकी कथा है; सरस्वती से गंगा तक आ फैलने की कथा। परिवर्तन के बीच संस्कृति के 'सारस्वत' बीज के अक्षुण्ण बने रहने की आश्वस्ति है : 'रचता हूँ अब भी / सरस्वती को'।

प्रश्न यह नहीं कि इतिहास का जो चित्र—जो एक रूपरेखा-सी उभरती है—वह 'सही' है या नहीं। मान लें सही है, पर जो भी मानें, बात सही-ग़लत के विमर्श से अब तक अछूती थी, अब उसकी चौखट पर आ जाती है। इतिहास के ऊहापोह की दिशा ले लेती है। आपके भीतर बैठा इतिहासकार जाग उठे तो ऐसे प्रश्न उठाने लगता है, जो कविता के बाहर उठते प्रश्न हैं। बोध, युक्ति, साक्ष्य, विवेचना की धरती पर आ बैठता है। छन्द के जागते-सोते कुहक से निकलकर चौकन्ना, 'सतर्क' हो जाता है। अब तक केवल ऊह कर रहा था अब अपोह की मुद्रा में भृकुटी उठाने को तत्पर हो जाता है।

हम देख आये हैं कि इतिहास का यह बीज तीसरे भाग में ही पड़ गया था। वहाँ भी आगन्तुक-सा लग रहा था, अब आठवें भाग में अंकुरित पल्लवित होता दिखता है। अब तक 'मैं', किसी का मैं नहीं था, नदी का। उसका होना नदी का होना था—उसका अपनापन नदी का द्वीप था, जिसे नदी ने ही बनाया। अब कथा द्वीपजन्मा व्यास की, महाभारत की और भारत की

'कथा' हो जाती है। इतिहास के संघर्ष की कथा—कौरव और पाण्डव दोनों के 'पितामह' व्यास की कथा। प्रतिमान भी देखिये, नदी का नहीं जाल-बुनते मकड़े का है जो बहता नहीं उलझाता है : 'सम्बन्धों का मकड़जाल यह / उलझ गया है अन्तरिक्ष तक'। अब नदी नहीं, नदी का सन्धान है; कवि उससे निकलकर उसका इतिहास लिखने बैठ जाता है। नदी स्वयं इतिहास का रूप बन जाती है। दसवें भाग की लाइनें देखिये : 'कैसा यह उपहास नदी का / मैं लिखता इतिहास नदी का / और नदी / ख़ुद / मेरा'।

कविता के आगे के भागों में जो खटका मुझे लगा, यह समझकर नहीं लगा कि इतिहास बोध से लिखी गयी कविता कविता नहीं हो सकती। पर 'व्यास-पर्व' के छन्द में बात बैठती नहीं लगती। गति-भेद ला देती है, और उसके साथ गतिरोध। शायद एक और कविता, एक नयी कविता लिखी जा सकती थी। पर रमेश जी ऐसा करते तो उसका अपना अलग ही रूप-रंग, भाव-छन्द होता। ऐसी एक कविता है भी संग्रह में। रूपक वहाँ भी नदी का है, और बात स्मृति की। समय के इतिहास-चक्र की बात है, जो भव-चक्र की तरह निरन्तर घूमता है। राजाओं के वंश के वंश बार-बार ग्लानि को प्राप्त होते हैं; बार-बार फिर वही कथा दुहराते हैं। कविता है, 'कहा नदी ने'।

संग्रह में व्यास ही नहीं वाल्मीकि भी हैं। 'व्यास-पर्व' के कुछ पहले एक कविता है, 'वाल्मीकि की याद में'। मगर तेवर इसका 'व्यास-पर्व' से बिलकुल अलग है। पिछली कविता की तरह यह भी कविता पर कविता है। कविता पर बार-बार कविता लिखना, ऐसी परम्परा का चिह्न है जब कविता प्रगल्भ सचेतन आत्मान्वेषी हो उठती है। संस्कृत के 'नागर' कवि-पण्डितों में भी यह बात दिखायी देती है। आज के कवि में भी है। इस प्रवृत्ति के कई रंग हैं, जो रमेश जी में भी दिखते हैं। 'व्यास-पर्व' में एक रंग है; यहाँ बिलकुल दूसरा। 'खरी' 'खरी' कहने वाले विदूषक का रंग है, जो देख रहा है कि दिखावा है, कविता नहीं।

कविता की नदी यहाँ भी है। पर बड़े अन्तर के साथ। वाल्मीकि 'आदिकवि' हैं। वे पहाड़ हैं, उनकी कविता नदी है। पर यहाँ नदी रहस्यमयी गम्भीर-सलिला नदी नहीं है; खिलखिलाती नदी है, 'सफेन', कटाक्षमयी। प्रवाह व्यंग्य-विनोद का है। रमेश जी का व्यंग्य पर कचोटता हुआ नहीं, छेड़ता, गुदगुदाता हुआ होता है। यहाँ भी है। 'वाल्मीकि की याद में' का चुलबुला

तेवर पहली कुछ लाइनों के बाद झलक आता है। कविता के गुम्फ में, उसके रूप-विन्यास में ही एक विदग्ध वक्र मुद्रा है। हर कड़ी की पहली लाइन संस्कृत में है, उद्धरण की तरह और फिर हिन्दी की पंक्तियाँ उस पर 'टिप्पणी' का भेस लिये हैं। पहली ही लाइन 'कविता' पर है : 'वाल्मीकिगिरिसम्भूता...'। दूसरी कड़ी का आरम्भ वाल्मीकि के काव्य की वह चिरन्तन जिज्ञासा है, जो हर युग में हर पीढ़ी में जागती है : 'कोऽन्वस्मिन्साम्प्रतं लोके...', आज मर्यादा-पुरुष कौन है? पर आज के कवि में ऐसी कोई गहरी जिज्ञासा नहीं। आगे की टिप्पणी में भेंट हमारी राम से नहीं, नारद से होती है, जो अख़बारनवीस हैं। कविता सूख गयी है।

कविता की शाख पर
बैठे वाल्मीकि, हम भी
कविता की जड़ ही तो
खोदने में जुटे हैं

'हम' वाल्मीकि तो नहीं ही हैं, यहाँ इशारा है कि कालिदास भी नहीं रहे।

इस कविता की नदी सतह में सिमटी नदी है। स्मृति है, पर किसी श्रुति की ओर उन्मुख नहीं, श्रुति की सम्भावना को ही जैसे साँग के तमाशे में झुठलाती, उड़ाती हुई है। नदी रेत भी नहीं; नदी की रेत में नदी की सम्भावना बनी रहती है। नदी यहाँ भीड़-भरा रास्ता है, जो सतह पर ही 'होता' है; जहाँ नदी बाढ़-सी आ भी जाये तो रास्ता ही मिट जा सकता है।

पर 'वाल्मीकि की याद में' से पहले एक और कविता है जहाँ नदी अतल की ओर बहती हमारे आगे आती है। यहाँ का अतल एक विचित्र से अन्धकार का अनजान विवर है : नदी बहती हुई सहसा अन्धे कुएँ में जा गिरती है। 'व्यास-पर्व' की तरह यहाँ उलटबाँसी तो नहीं है, पर एक मायावी पाताल-लोक का आभास है। कविता का भाव यहाँ भी जटिल है, शब्दों की रहस्यमयी यात्रा प्रच्छन्न-सी चलती है। कविता का शीर्षक है, 'अब भी'। छोटी ही कविता है, जो नाटक की धरती पर आगे बढ़ती है। पर नाटक स्वप्न-सा है, छलावा है, वैसा ही जैसा कविता का भाव। नाटक है, पर आप पूछें कि क्या हुआ, तो कोई इतिवृत्त नहीं।

एक सैलानी है जो अचानक एक अजूबे से दो-चार हो जाता है; सिहर उठता है। सच पूछिये तो सैलानी कवि है, यात्रा यहाँ शब्दों की अपनी है; कवि को अपने साथ विवश खींच ले जाती है। जैसे पतंग को हवा। 'वाल्मीकि

की याद में' के कवि की तरह उसे 'विदग्ध', 'जानकार' नहीं रहने देती, जो नाप-तौलकर शब्दों का शिल्प रचता है। पर 'व्यास-पर्व' की तरह कवि यहाँ उड़ना नहीं चाहता। आतंकित हो उठता है। अनजान के डर से हिल उठता है। कविता में एक संवाद है, जो सहज-विवेक-संवाद कहा जा सकता है। यही कविता के अनहोने से नाटक का बीज है।

कविता वहाँ से शुरू होती है जहाँ 'सैलानी' को लगता है, निकला नदी किनारे सैर को था, कहाँ आ गया, आगे ये क्या है : 'देख दूर दृश्य / हो गये खड़े रोंगटे / सैलानी के'। कोई 'जानकार' विवेक की मुद्रा में बताता है कि नदी गिरकर नीचे एक और भूभाग में जा बही है; बात इतनी-सी है, चौंकने, घबराने की कोई बात नहीं, : 'वह है अलग प्रदेश / जहाँ / जा गिरी / नदी यह.../ देखो साफ़-साफ़ दोनों के / अलग धरातल'। पर झाँककर देखा तो धरातल नहीं, 'अतलान्त विवर' है। वहाँ नदी कहाँ है, क्या करती है, कुछ समझ में नहीं आता :

> दूर वहाँ...अतलान्त विवर में
> झाँका उसने
>
> अब भी झाँक रहा है
> अब भी
> सहमा-सा वह।
> समझ नहीं पाया था तब भी
> अब भी समझ नहीं पाया है
>
> बिलख रही थी नदी वहाँ
> या
> किलक रही थी!

अन्त की लाइन में शब्द नहीं विस्मय का, बल्कि बौखलाहट का निःशब्द संकेत है, जो सारी कविता का 'अर्थ' भी वहन करता है। यह वही नदी है जिसे हमने 'व्यास-पर्व' में पाया था। वहाँ कवि एक स्वप्नावस्था में नदी के साथ एकाकार था, 'अब भी' के नाटक में भी स्वप्न की सी प्रतीति है— जिसमें दुःस्वप्न की आँच है। 'स्वप्नायित' सा स्वप्न है, जिसमें देखने वाला स्वप्न में रहता हुआ दर्शक की तरह स्वप्न देखता है। इसीलिए कविता के

'नाटक' में घटना नाटक का वेग नहीं लेती, एक अवास्तव से लोक में खो जाती है; घटना ही नहीं रहती, स्मृति में नित्य हो जाती है। कवि खड़ा अपने ही विवर-प्रवेश को कुछ आतंकित-सा देखता है, अब भी देख रहा है।

ऊपर हमने भाव के त्रिशंकु की बात की थी, जहाँ भाव क्या है, इस प्रश्न का उत्तर नहीं होता; भाव होता है पर उसकी संगीत की सी स्थिति होती है। इस कविता में कुछ ऐसी ही बात है। कवि का आतंक यहाँ 'समझ' का, 'जानने' का आतंक है; अपनी अवस्था का भाव वह अन्त तक आँक नहीं पाता, सुख है या दुख। कविता का अवसान देखिये : बिलख रही थी नदी वहाँ / या / किलक रही थी /!

'व्यास-पर्व' और 'अब भी', इन दोनों कविताओं में मैं समझता हूँ उसी सहज की बात है जिससे मैंने चर्चा आरम्भ की थी। पर दोनों में कवि के साथ सहज का सम्बन्ध भिन्न है।'व्यास-पर्व' में कवि सहज का रहस्य-भागी है; नदी-जन्मा है, नदी के साथ नदी। उसके स्वरूप को, उसकी दिशा को भीतर से 'जानता' है। उसका 'आप' ओझल है। स्वभाव से ही छन्द में बह निकलता है।'अब भी' में नदी उसे हठात् बहाना चाहती है। नदी यदृच्छामयी है, आगन्तुक-सी आती है, कवि उससे आक्रान्त है, अभिभूत है, पर वह अनजान ही रहती है। कविता, सहज और विवेक दोनों के विचित्र संघर्ष की है, जो इसकी बुनावट को सघन, जटिल बनाता है। सहज कवि को हठात् बहा ले जाता है; विवेक देखता-परखता रहता है कि क्या हो रहा है; देख नहीं पाता, छिन्नमस्त-सा हो जाता है।

'नदी भागती आयी' की और भी कुछ कवितायें हैं जिन पर कुछ कहना चाहता था।'खोल दिये पट' पर मैंने टिप्पणी की, छिद्रान्वेषण किया, और वहीं से कविताओं की बात शुरू की। अब 'खोल दिये पट' के ठीक पहले छपी कविता के साथ बात की इति करना चाहता हूँ। कविता है, 'नीले आसमान से'। छोटी-सी, चुटीली-सी छवि है। सीधा-सा चित्र है, पर सपाट नहीं, तीख़ा। स्वच्छ, प्रसन्न, और 'प्रकट' होने के साथ एक ऐसा भी इंगित रखता है, कि सब कुछ सामने नहीं पीछे ओट में भी कुछ है, जो खींचता है। चोटी पर खड़ा कवि सामने के पहाड़ को देखता है। आकाश का नील वनराजि की नीला में घुलता हुआ सोपान-सा घाटी में उतर रहा है :

नीले आसमान से
उतरी
हरी
सीढ़ियाँ
घाटी में
जा पसरीं।

इस सुथरे, इकहरे से चित्र के आगे बात एकदम से वक्र हो जाती है। देश से हटकर काल की ओर बढ़ निकलती है। स्मृति के द्वार खटखटाती है। और एक तत्काल-सा लगता चित्र महाकाल की गहरायी की ओर मुड़ जाता है। बात पर यहाँ भी बड़े सादे ढंग से कही गयी है, जिससे और पैनी हो जाती है :

पूछो
तनिक वहाँ जा उनसे
कब से यहाँ
पहाड़
पालथी मारे
पड़े हुए हैं ?

प्रश्न सीढ़ियों से पूछा जा रहा है। सब कुछ अटल, अचल है; उन्हीं में एक सचल-भाव है। या सचल होने का भाव तो है—जो सीढ़ी का रूपक अनायास खींच लाता है। पर क्या झरना या फिर सोता—नदी—नहीं हो सकती थी ? शायद हो भी सकती थी पर फिर कविता भी और हो जाती। झरने में और नदी में साक्षात् सचल भाव है, सीढ़ी में परोक्ष। इसीलिए 'सीढ़ी' की ध्वनि में गहरायी के साथ एक प्रच्छन्नता की झलक है : जो प्रश्न पूछा जा रहा है, वह प्रश्न नहीं है; मौन का ही निमन्त्रण है।

इस कविता पर बात इसलिए पूरी करना चाहता हूँ कि संकेत रहे; इस बात का कि स्वप्न, स्मृति, कोजागरी नदी, मेरे शीर्षक की इस परिधि में संग्रह की सारी और सारी अच्छी कविताओं को नहीं बाँधा जा सकता। मर्म और विनोद की बात पहले कर चुका हूँ; मेरे शीर्षक को कितना भी खींचिये उसका स्थान नहीं बन सकता। मेरा कहना यहाँ इतना ही है कि संग्रह की जिन कविताओं में काव्य-बोध एक अपनी-सी गहरायी, और अनुरणन के ताने-बानों से समृद्ध जटिलता की परिधि बनाता है, उन पर मैं समझता हूँ,

मेरा शीर्षक पूरा उतरता है।

मैंने जो कहा है, जैसे कहा है, उस पर एक छोटी-सी टिप्पणी करके क़लम छोड़ता हूँ। मैंने अपने सामने एक छोटा-सा और लगने में बड़ा सादा-सा प्रश्न रखा है, जो किसी भी कलाकृति पर पहला ही प्रश्न होता है : कविता कैसी लगी, और क्यों? हम प्रश्न को किसी 'शीर्षक' में बाँधना चाहें तो 'आलोचना का आधार प्रश्न' कह सकते हैं। पर 'आलोचना' कहते ही कुछ ऐसा लगता है जैसे विचार का एक पूर्व-सिद्ध, परिचित लोक है, जिसकी कोटियाँ बनी हुई हैं, और उन्हीं में उत्तर को ढाल देना है। चलती हुई आलोचना से जितना मेरा परिचय है, कविता मुझे कैसी लगी? इस बड़े व्यक्तिगत से प्रश्न का उत्तर देने के उसमें बहुत सार्थक संकेत नहीं मिले। आइडियोलॉजी से ग्रस्त, मतों, वादों के कुछ 'सामान्य' प्रत्ययों के ठप्पे हैं, जिन्हें बिना विवेचना के, 'प्रदत्त'-सा मान लिया जाता है कि समझे-समझाये हैं, फिर इन्हें पहले कवि पर, फिर उसकी कविता पर जड़-सा दिया जाता है। यों तो आलोचना के नाम से ही लगता भी है कि बात शुद्ध बुद्धि के प्रयोग की है, इसलिए 'सामान्य की ही हो रही है।' 'कविता' को बहुवचन में, या काव्यमात्र की बात करते हुए किसी 'सामान्य' रूप में लें तो बात ठीक हो सकती है। ऐसे प्रश्न भी सार्थक प्रश्न होते ही हैं पर ऐसे प्रश्नों को काव्य-विचार के प्रश्न कहना चाहिये काव्य आलोचना का नहीं : कविता क्या होती है?—या जैसा हमारे यहाँ पूछा गया है, कविता की 'आत्मा क्या है? उसका दूसरी चीज़ों से, विशेषकर दूसरे प्रकार के लेखन से, या शब्द प्रयोग कहिये, उससे भेद क्या है? या दूसरे शब्दों में आलोचना की अपनी व्यावर्तक कोटियाँ क्या हैं? और फिर यह प्रश्न, कविता को कैसा होना चाहिये?' पर इन प्रश्नों की सार्थकता मान लेने के बाद भी—और इनका कुछ अपनी शिक्षा में ही अवगाहन कर लेने पर भी—मुझे, कविता कैसी लगी? इस प्रश्न का उत्तर ढूँढ़ने में परेशानी हुई। कविता का बोध हमारे लिए सामान्य का नहीं, विशेष का बोध होता है। सामान्य के धरातल पर दिये गये उत्तर काम के होते हों तो कविता विशेष से जुड़कर ही होते हैं। जब रमेश जी की कुछ ख़ास कविताओं को लेकर मैंने अपने आप से पूछा कि कैसी लगी, और क्यों? कुछ अच्छी लगीं तो कुछ अच्छी नहीं क्यों लगीं? तो उत्तर देने के कोई सधे हुए रास्ते नहीं दिखे। इन प्रश्नों के उत्तर के टोह में बात कुछ अपनी-सी कहनी

पड़ी। इसलिए मेरी 'कथनी' अटपटी-सी भी लग सकती है।

जिस तरह से मैंने बात को फैलाया है, पीछे मुड़कर देखता हूँ तो उसमें दो चरण उभरते दिखते हैं। बात कविता पर सामान्य कुछ कहने का अभिप्राय लेकर चली है, फिर विशेष कविताओं पर आ जाती है। इन दोनों चरणों में भाषा और विचार दोनों दृष्टि से भेद है। उसे क्या कहूँ, क्या नाम दूँ, ठीक समझ में नहीं आता। शायद यों कह सकता हूँ कि पहले पर शुद्ध विचार की छाया अधिक है, दूसरे पर संवेदना की। दोनों के बीच मैंने सेतु रखना चाहा है, कितना रख पाया हूँ, यह बात और है। कविता क्या है? इसका उत्तर एक दिशा लेता है; कविता कैसी लगी?, इसका उत्तर दूसरी। आलोचना कैसी लगी? इसका उत्तर विचार की तीसरी ही दिशा लेता है। शुद्ध बुद्धि के प्रयोग के अधिक समीप आ जाता है। पर प्रश्न आपसे ही करूँगा, अपने आप से नहीं।

इधर कुछ देरीदा की चर्चा देखी। पर यह प्रयोग नहीं देखा कि देरीदा के रास्ते किसी कविता में उतरे तो क्या नयी सीढ़ियाँ उभरती हैं। मैं देरीदा में बहुत पैठ नहीं रखता हूँ, पर देरीदा की दृष्टि को शायद यों रख सकते हैं कि कोई भी लेखन, या शब्द-प्रयोग मात्र, अनिवार्यत: भिन्न और विरोधी अर्थों को सामने रखकर चलता है। इसलिए किसी पाठ्य या कृति को कई तरह खोला जा सकता है, और ऐसी कोई निश्चित पहचान नहीं बन सकती कि कृति 'यह' है। देरीदा ने बात दर्शन को सामने रखकर कही है, जहाँ एक ही कसी हुई, निर्धार्य, अन्य-व्यावृत्त-बल्कि युक्ति-तर्क द्वारा अन्य-विरोधी-बात कहने की विपर्यय, स्वतोविरोध से बचती हुई सचेतन चेष्टा होती है। कविता में प्रकट ही अर्थ का अनेकान्त होता है, और 'ध्वनि' सदियों से स्वीकृत है। हम ध्वनि का अनैक्य मानते ही नहीं, ढूँढ़ते हैं; विरोधाभास को अलंकार कहते हैं। पर विचार में अर्थ का अनैक्य और परस्पर-विरोध और कविता में ध्वनि का अनैक्य और विरोध—या विरोधाभास—क्या एक-सी बात है? मैं नहीं समझता हूँ कि ऐसा है। देरीदा स्वयं विचारक हैं, उनके विचार पर हम उन्हीं का अस्त्र चलाते हुए प्रश्न उठा सकते हैं कि आप जो कह रहे हैं क्या वह अपने आप में निर्धार्य है या नहीं, या वह भी और विचारों की तरह अपने भीतर ही अपना विरोधी, अपना खण्डन, लिये बैठा है? पता नहीं देरीदा ने अपने आप से यह प्रश्न किया है या नहीं। लगता नहीं कि किया है। नागार्जुन कुछ उसी

मार्ग पर चले थे जिस पर देरीदा चल रहे हैं। पर उनसे कहीं आगे जाने का जीवट रखते थे। उन्होंने अपने आप से यह प्रश्न किया था। 'विग्रह व्यावर्तनी' का पहला ही प्रश्न है कि अगर सब कुछ निःस्वभाव है— अनिर्धार्य है, क्योंकि स्वतोविरोध समोये है, तो आप जो कह रहे हैं वह कहा ही कहाँ गया? देरीदा या किसी भी निःस्वभाववादी के लिए विचार और कविता, ये अलग कोटियाँ नहीं बनती दीखतीं, क्योंकि उनका व्यावर्तक क्या होगा? किसी व्यावर्तक का भी कोई निर्विरोध स्वभाव कैसे बनेगा? पर खण्डन-मण्डन करने नहीं बैठा हूँ, कहना यह चाहूँगा कि देरीदा को अपनी बात विचार के रूप में नहीं कहकर कविता में कहनी चाहिये थी, फिर उसमें विरोधाभास ही होता विरोध नहीं। देरीदा ने कविता की है या नहीं, नहीं जानता। पर जिसे 'काव्य' कहा जा सकता है—कल्पनाशील वाङ्मय—उसकी अपनी-सी आलोचना उन्होंने लिखी है। बल्कि मैं समझता हूँ वे जो कुछ लिखते हैं आलोचना के रंग पर, उसी संवेदना प्रधान भंगी में लिखते हैं। सफल भंगी है। उन्हें नागार्जुन के सम्प्रदाय में रखकर देखें तो लगता है कि वे नागार्जुनी 'आलोचक' है 'विचारक' नहीं। वे दर्शन की वैसी आलोचना करते हैं, जैसे काव्य की कर रहे हों। हालाँकि अपनी आलोचना को विचार के नाम से चलाना चाहते हैं। पर आलोचक की दृष्टि से रचना को निःस्वभाव कहना ठीक नहीं लगता। अर्थ का अनैक्य, विरोधाभास, इनकी खोजबीन, स्वभाव का निषेध नहीं है। अर्थ अनेक सही, पर यह अपेक्षा तो रहती है कि हर अर्थ अपने आप में किसी रूप में सार्थक हो; उसका कोई 'स्वभाव' हो। अगर अनैक्य है तो उसमें कोई सार्थक एकसूत्रता हो। अगर स्वभाव की बात बेमानी है, तो अर्थ की बात भी निरर्थक है। शुद्ध विचार के युक्ति-तर्क में यह सामर्थ्य है कि 'निःस्वभाव' के प्रत्यय को रूप दे सके; पर किसी कविता को—या किसी विचार विशेष को भी—निःस्वभाव कहने का यही अर्थ होगा कि कुछ बना ही नहीं। फिर उन्हें कविता या विचार भी नहीं कह सकते। अवयवी को यों अवयवों में बाँट लेना कि कई और परस्पर-भिन्न अवयव-योजनाओं की सम्भावनायें दिखने लगें, यह एक बात है, पर अगर हम अवयवी ही न मानें, तो न अवयव—योजना का कोई अर्थ होगा, न अवयव-योजना के अनैक्य का। 'अवयव' का भी कोई अर्थ न होगा।

पर मैं यहाँ आलोचना और विचार में जो अन्तर कर रहा हूँ, वह क्या है?

मैं लिख रहा था तो प्रश्न मन में उठता रहा। एक उत्तर शायद यों रखा जा सकता है (और इसका आभास दे चुका हूँ) : कविता कैसी है, इस प्रश्न का उत्तर दें तो जो बात की जाती है, जिस तरह की जाती है, उस कथनी को हम आलोचना कह सकते हैं। पर एक और सीढ़ी चढ़ के अगर हम पूछें कि आलोचना कैसी है? तो हमारी कथनी विचार की ओर बढ़ निकलेगी। आलोचना नहीं रहेगी। इसलिए कि आलोचना के पीछे जो मनन होता है, उसमें भावन और जिसे हम चर्वण कह आये हैं वैसा कुछ होता है। या संवेदना कहिये। संवेदना के कथ्य का सम्बन्ध भावन और आस्वाद से उतना ही होता है जितना बुद्धि से। वहाँ जिन शब्दों का हम प्रयोग करते हैं वे कविता की तरह ही तरल, ध्वनिमय, एक साथ ही भिन्न, विपरीत दिशाओं के, कुछ अपनी ही अनुभवोपजीवी यात्रा के यात्री होते हैं; पूरी तरह से प्रत्यय नहीं बन पाते, जो विचार का उपादान है। वे कविता न हों, कविता जैसी बोध-भूमि उनमें होती है। इसका एक कारण है कि आलोचना युक्ति-तर्क और ऊहापोह के सहारे नहीं बढ़ती, इंगितों, ध्वनियों, प्रतीकों के सहारे चलती है; इन्हें बटोरकर एक अर्थ खड़ा करने की चेष्टा करती है। पर आलोचना के प्रत्ययों पर विचार करने लगें तो वे प्रत्यय का रूप लेने लगते हैं।

पर अब देखिये आलोचना पर कुछ कहने लगा हूँ तो बात विचार के क्षेत्र में आ पहुँची है। यहीं इसका अन्त करता हूँ।

पुरोवाक्-३ (सम्पादक : पीयूष दईया), १९९७

---

१. रमेश जी ने 'प्यारे मुचकुन्द को' की कोई भूमिका नहीं लिखी है। पर अशोक वाजपेयी ने कवर पर पुस्तक की परिचिति देते हुए इन कविताओं के प्रसंग में 'पारम्परिक स्मृतियों' की बात की है। जिस परम्परा की ओर यहाँ संकेत है, मैं समझता हूँ, 'कबीर' की परम्परा है। संकेत और स्पष्ट हो सकता था पर उसकी ज़रूरत भी नहीं। कविताओं का रूप-रंग ही इस बात का संकेत है। पर ढूँढ़ें तो कुछ कण्ठतः किया गया संकेत भी मिल जाता है। एक का उल्लेख करता हूँ। 'जन-कवि की आत्म-स्वीकृति' कविता के अन्त में हारा हुआ जन-कवि कहता है : 'टूटा तो बहुत बार / जुड़ पाया नहीं कभी / मरमी-सा बोलकर'। रमेश जी 'जन-कवि' तो शायद ही होना चाहते हैं, पर 'मरमी-सा बोल' पाना, और कविताई के साथ यों जुड़ जाना, यह तो उनके ही मर्म की बात है। और साफ़ ही, जिस 'सच्चे' जन-कवि की ओर रमेश जी का इंगित है, वह कबीर है। हिन्दी का सबसे बड़ा जन-कवि। सबसे बड़ा 'मरमी के बोल' कहने वाला।

कथा सनातन : एक चर्चा

कथा सनातन को कथा कहा जाये या कथा के बहाने कुछ सदा-बने-रहते, और आज भी 'ज्वलन्त', सवालों पर चर्चा, इस सवाल से पुस्तक की चर्चा की पहल की जा सकती है। पर नहीं करूँगा। सवाल वर्गीकरण का है और वर्गीकरण का यह सवाल एक और भी आधारगत सवाल को मन में रखता है : उपन्यास कहा किसे जाये, उपन्यास का लक्षण क्या ? यह सवाल नहीं उठाऊँगा। पर इतना कहूँगा। जिस पुस्तक के बारे में यह असमंजस हो कि उसे कहा क्या जाये, वह पंगत से बाहर खड़ी हमें चुनौती देती है, जिज्ञासा जगाती है। ऐसी पुस्तक के बारे में पहला सवाल उसकी सार्थकता और संवेदन-क्षमता का होना चाहिये, उसे रखा किस वर्ग में जाये, यह अवान्तर बात है।

रमेश जी स्वयं अपनी भूमिका में अपनी कथा को उपन्यास ही कहते हैं। पर बात की पहल इस सनातन सवाल से करते हैं कि जीवन का अर्थ क्या है ? आगे ही जीवन के अर्थबोध को कथा से जोड़ते हैं, पर बात आत्मकथा की करते हैं, ऐसी 'कथा' जिसे 'कथा' के वर्ग में रखना एक अलग सवाल उठा सकता है। पर जीवन के अर्थ का हमारे आत्मा से तो अन्तरतम का सम्बन्ध है ही और कथा, आत्मकथा हो या उपन्यास, इसी सम्बन्ध के सूत्रों से बुनी जाती है। रमेश जी ने अपनी तरह से एक नयी बुनावट की है कथा सनातन में। अक्सर कथा में जीवन के अर्थ का प्रश्न नेपथ्य में रहता है। परोक्ष रहता है। रमेश जी ने इसको साक्षात् साथ रखते हुए सप्तपदी की है।

कथा को सनातन की कथा भी कहा जा सकता है। 'सनातन' कथा के

प्रधान चरित्र का नाम है, और नाम में लेखक ने जानबूझकर एक मिथक की व्यंजना समोयी है, जिसे कथा में भीतर तक पिरोया है। सनातन ब्रह्मा का मानस–पुत्र था। तीन पुत्र और थे। शेष चरित्रों के नाम उन पर हैं। ब्रह्मा के मानस–पुत्रों ने सृष्टि में भाग लेने से इनकार कर दिया था। ब्रह्मा की अवज्ञा कर जीवन के अर्थ की तलाश में संसार से मुँह मोड़कर निकल गये थे। रमेश जी के चरित्र भी संसार–सेवा–मुक्त हैं। रिटायर्ड हैं। जीवन के अर्थ–सन्धान की ओर उन्मुख हैं। कथा में मनुष्य का यह सनातन सन्धान कथा के इन चार 'मानस–पुत्र' चरित्रों का संवाद बनकर उभरता है। पर यह संवाद संवाद मात्र नहीं है, कथा को प्रस्तुत करने का एक निमित्त है। कथा को बाना देता है। इस बाने में कथा विचार ही नहीं, भाव, कर्म, जीवन के परिचित अभिनिवेश, चिन्तायें, सभी को अपनी तरह से अपने कलेवर में समोती है। रमेश जी की कथा मिथक नहीं है, कथा ही है, पर मिथक की व्यंजना को गहरे समोती है। यों भी कथा मिथक से कतरा नहीं सकती। मिथक तो कथा होता ही है, कथा भी अपनी तरह का मिथक ही होती है। आज के 'उपन्यास' को जिस मानस ने जन्म दिया है, वह मिथक से कतराना ही नहीं चाहता, अपने आपको मिथक से बहुत दूर रखना चाहता है। मिथक का बहिष्कार अपना कर्तव्य मानता है। पर कोई भी कथा हो, कथा में मिथक–भाव सहज होता है। कथा और मिथक, दोनों आख्यान गढ़ते हैं। मिथक हमारे जीने–होने का अर्थ क्या, इसके प्रतीक बनाता है। कथा भी वही करती है : मनुष्यभाव का—मनुष्य होने का—अर्थ क्या, इसके प्रतीक–रूप आख्यान गढ़ती है। कथा के आख्यान देवाख्यान नहीं होते पर देवाख्यान की तरह ही कल्पना की कालातीत बुनावट होते हैं। मिथक की तरह ही कथा सार्वभौम, सार्वकालिक होती है। तभी हम उसके लिए सहज ही 'कालजयी' जैसे शब्दों का प्रयोग करते हैं। आज का मानववादी मानस मनुष्य को काल की सन्तान मानता हुआ, उसे काल के अनतिक्रम्य वृत्त में बाँध रखता हुआ भी उसे स्वयम्भू, स्वप्रमाण मानता है। यों उसे काल के बाहर ही रखता है। उपन्यास इसी मानस के आत्मिक हैं।

स्वप्न को भी हम यथार्थ से बाहर रखते हैं। उसे मिथ्या का निदर्श समझा ही जाता है। स्वप्न जैसा मिथ्यात्त्व तो हम मिथक में भी नहीं पाते। मिथक को हम कथा की तरह कल्पना–प्रसूत समझते हैं, पर कथा ही की तरह उस

कल्पना की सर्वमान्यता भी स्वीकार करते हैं। स्वप्न को इस अर्थ में कल्पना-प्रसूत कहना अटपटा ही होगा। किसकी कल्पना? फिर स्वप्न होता भी सर्वमान्य नहीं, नितान्त व्यक्तिगत है। लेकिन उसका 'सत्य' अपने आप में कम नहीं होता। स्वप्न हमसे अभिन्न होता है, उसे हमारे होने के यथार्थ से हटाया नहीं जा सकता। हम अधिकतर उसकी उपेक्षा करते हैं और उसे 'यथार्थ' के बाहर ही रखना चाहते हैं, पर उसे अपनी गहनतम चेतना से अलग नहीं कर सकते। इसलिए हम उसे कितना ही मिथ्या या 'वास्तव' यथार्थ के लिए नगण्य, कह लें, तो भी उसे निरर्थक तो कभी नहीं कह सकते। वह पहेली ही रहता है पर उसमें अर्थ की व्यंजना का अनुभव भी सहज है। मिथक की तरह ही उसे प्रतीक-रूप में देखते हुए उसके कई तरह से अर्थ किये ही गये हैं : और किये जा सकते हैं। फ्रॉयड जैसे विचारक ने तो उसमें मनुष्य भाव की मूल प्रवृत्ति का कामबीज देखा है जो हमारी सुलझी-सयानी, संयमित-सी-लगती, नैतिक, विचार करती चेतना के पीछे रहता। हमें 'वास्तव' में (यथार्थ में) चलाता है, ब्रह्मा के ऊपर आये मिथक को ध्यान में रखें तो फ्रॉयड की बात को उस मैथुनी-सृष्टि के बीज के रूप में देख सकते हैं, जिससे उसके मानस-पुत्रों ने मुँह मोड़ लिया था।

जो भी हो, स्वप्न की व्यंजना बहुसम्भावनामयी है। उपन्यासकार के लिए सार्थक सामग्री है। उपन्यासकार स्वप्न की अर्थ-व्यंजना को अपनी तरह सहेजते ही हैं। रमेश जी ने मिथक और स्वप्न, दोनों का प्रयोग अपनी कथा को फलक, भित्ति : या फ्रेम : देने के लिए किया है। मिथक का प्रयोग पूरी कथा में घुला है । यहाँ तक कि कथा को दो प्रतियोगी मिथकों की नाभि से निकले, उसके चारों ओर घूमते अरों के रूप में देखा-समझा जा सकता है।

स्वप्न से कथा का आरम्भ और अन्त होता है। सनातन की नींद टूटती है, वह अचानक मिल्टन की पैराडाइज लॉस्ट की एक पंक्ति की याद के साथ जाग उठता है । ऑफ़ मैन्स फ़र्स्ट डिस्ओबीडियंस। पंक्ति क्यों याद आयी उसकी समझ में नहीं आता, पर एक सनातन मिथक की याद है यहाँ : मनुष्य में पाप का उदय, सृष्टिकर्ता की आज्ञा का उल्लंघन और संसार के यातना-कूप में पतन। मिथक कथा में आगे सनातन और उसके मित्रों के चिन्तन-मनन में जागता रहता है। बाइबल का मिथक मनुष्यभाव का सशक्त प्रतीक-चित्र है। आज भी यह मिथक सेमेटिक धर्मों के अनगिन

अनुयायियों के आत्मबोध का सत्य है, चाहे सनातन को कवि-कल्पना के रूप में ही क्यों न याद आया हो।

मिथक के साथ सनातन की कथा भी जुड़ी है। सनातन को सपना अपने पिता का आया था, मिल्टन तो यों ही साथ लग लिये थे। कथाकार का उद्देश्य सनातन को एक ऐसे चरित्र के रूप में उभारना है जो पाश्चात्यमुखी आधुनिक मनीषा में पला है पर जिसके मननशील मन में भारत की पुरानी प्रज्ञा और अध्यात्मदृष्टि एक जीवन्त प्रेरणास्रोत की तरह जागती है। सनातन की कहानी इसी प्रज्ञा की ओर लौटने की कहानी है। उसने आधुनिक विचार-परम्परा को पूरा आत्मसात् किया है, पर अपनी परम्परा की प्रज्ञा उसे गहरे खींचती है। पिता की ओर लौटा ले आती है, जिस पिता की अवज्ञा कर वह घर से निकल गया था। सनातन से हमारा परिचय उसकी बचपन की स्मृतियों के माध्यम से होता है। पिता का जीवन, उसकी जीवन-दृष्टि, रामायण, महाभारत, पुराण, सन्तों, साधुओं के सत्संग से पूरी तरह अनुप्राणित थी। जिज्ञासु और प्रश्न-समाकुल सनातन का बचपन अपने निस्स्व पर सरल, सच्चरित्र, धर्मप्राण पिता को सत्य और ज्ञान का आदर्श मानते हुए बीता था (यहाँ रमेश जी की आत्मकथा की छाया देखी जा सकती है, पर छाया ही है, कथा का अपना चरित्र है)। उसका मानस पिता की प्रिय मिथक-जैसी कहानियों में परवान चढ़ा था : रामायण, महाभारत, हितोपदेश। सनातन इन कहानियों के 'अयथार्थ' पर—आदमी जैसे जानवर, देव, दानव—पर उँगली उठाता, सवाल करता। पिता कथा के मर्म में बसे सत्य की ओर इंगित करते। आगे सनातन का पिता से, उनके ग़रीब, 'असफल', जीवन से मोहभंग हो जाता है। घर छोड़ वह अपने अलग जीवन की नींव डालता है। पर बचपन में जागा सत्य-प्रेम, आदर्श-प्रेम बना रहता है। वह मशहूर पर्यावरणविद्— इकलॉजिस्ट—हो जाता है। इस विषय पर विश्व-प्रसिद्ध पुस्तक लिखता है। आज उसकी चेतना 'शिक्षित', 'प्रबुद्ध', आधुनिक मनीषा की प्रसूति है। पर अब वह सत्तर का है। उसका मानस, उसकी मनीषा, पिता की प्रज्ञा की ओर लौटती है। उसका स्वप्न इस बात का प्रतीक है। उसका अपने पिता के पहाड़-बसे गाँव-देश लौट आना इस बात का और भी प्रकट संकेत है। अब बुढ़ापा भी सताता है—हड्डियों में बस गया है। मृत्यु आगे खड़ी दिखती है। लेकिन उसकी जिजीविषा में एक नयी प्रौढ़ स्फूर्ति है जो विचार-चेतना

की जागरूकता का रूप लेती है। हितोपदेश की यह पंक्ति अब भी मन में गूँजती है, 'अजरामरवत्प्राज्ञो विद्यामर्थं च चिन्तयेत्' और 'अर्थ' में अब उसके लिए धन और सत्ता का नहीं सार्थकता का, पुरुषार्थ का, इंगित है।

हम कथा की चौखट लाँघते हैं तो सनातन को आत्मविमर्श करता पाते हैं। रमेश जी ने इस विमर्श को सनातन के अपने आपसे युक्ति-प्रत्युक्ति करते आत्मजल्प का रोचक रूप दिया है। पिता के स्वप्न से याद आता है, पिता की अवज्ञा की थी। मिल्टन की मैन्स फ़र्स्ट डिस्ओबीडियंस, इस पंक्ति में भी पिता की अवज्ञा की स्मृति है—परमपिता ईश्वर की अवज्ञा! इस अवज्ञा का अर्थ क्या है ? बात यहाँ मनुष्य क्या, उसके होने का अर्थ क्या, इस सवाल पर आ टिकती है। मनुष्य होने का अर्थ दृष्टियों में रूप लेता है, दृष्टियाँ विचार को और विचार के साथ जीवन को, संस्कृतियों को, रूप देती हैं : मनुष्य क्या है, उसे क्या करना चाहिये, बुद्धि और प्रज्ञा से इसका सन्धान करती हैं। भारत में हम आज अपने मानस को, अपनी चेतना को ही, दो संस्कृतियों के बीच झूलता पाते हैं। यह दोलन, हमारे चरित और चरित्र, सब पर हावी है। विशेषकर विचार के स्तर पर। हमारा शिक्षित, 'प्रबुद्ध' होना ही पश्चिम-पाठी होना है। पर हमारा संस्कृति-द्वैध विचार-चेतना की आत्म-अवगति में कई पक्ष, कई रूप लेता दिखता है। इसमें नये उन्मेष की शक्ति भी है। रमेश जी की कृति में हम इसी 'प्रबुद्ध' चेतना के आत्म-विचार का एक जीवन्त रूपक पाते हैं। इस रूपक को दो मिथकों के बीच आन्दोलित सेतु भी कह सकते हैं।

मिथक सांस्कृतिक दृष्टियों की जड़ में बसते हैं। संस्कृति की अवचेतना में विचार-बुद्धि से नीचे उतरकर बुद्धि के संस्कार बन जाते हैं। पर विचार में उनकी प्रेरणा जागती रहती है। सेमेटिक सृष्टि-मिथक ऐसा ही प्रभावशाली मिथक है। मिल्टन की पंक्ति सनातन के विचार को उधर ले जाती है। वहीं से उसके (लम्बे से) आत्मविमर्श का आरम्भ होता है। विचार में अनायास यह जागता है कि मिल्टन के मिथक में निहित विश्वदृष्टि विचार को ही समूल नकारती दृष्टि है। बेढब है। पर मिल्टन और उसके ईसाई धर्म के लिए यह सत्य है, आख्यान मात्र नहीं। दिव्य-श्रुति है, विचार और संशय से परे विशुद्ध श्रद्धा का विषय है। मनुष्य क्या है, उसे क्या करना चाहिये, इसका आप्त आदेश देती है। मिथक का ईश्वर मनुष्य में जिज्ञासा तो जगाता है, पर स्वतन्त्र जिज्ञासा के फल, ज्ञान और विवेक की ओर बढ़ने

से उसे रोक देता है, न मानने पर संसार की कारा में डाल देता है। वह मनुष्य को विचार-चेतना देकर भी विचार को उसके लिए त्याज्य ठहरा देता है! मनुष्य को अपनी बेजुगत मनमानी तानाशाही आज्ञा का दास बनाता है। साफ़ ही, इस दृष्टि में स्वतन्त्र विचार और विवेक को बिलकुल नकार दिया गया है। पर श्रेयबोध किसी की हुक्म की बात नहीं हो सकती। संकल्प-स्वातन्त्र्य के बिना श्रेयबोध का कोई अर्थ ही नहीं।

हम जानते ही हैं कि यूरोप में सैकड़ों वर्षों तक ईसाई चर्च इस दृष्टि से जुड़े सत्य पर एकाधिपत्य जताता हुआ अपने को ईश्वर का स्थानीय, ईश्वर-नियुक्त, ठहराता रहा है, स्वतन्त्र विचार को सूली पर चढ़ाता रहा है। यूरोप में इस दृष्टि को अलग रखकर ही स्वतन्त्र विचार का उदय हुआ और आधुनिकता जागी। पर दृष्टि के अनैक्य—और उसके साथ संस्कृति के अनैक्य—का स्वीकार करने से आधुनिकता भी संकोच करती है। वह भी अपनी एकमात्र सत्यता का अपना सा मिथक खड़ा करती है, एक इतिहास-दृष्टि विशेष को सत्य की एकमात्र दृष्टि के रूप में निर्धारित करती है पर कोई भी इतिहास-दृष्टि मिथक की तरह ही कल्पना-चित्र बनाती है और ऐसा चित्र एक नहीं हो सकता, उसमें स्वभाव से अनेकान्त होता है। हमारे यहाँ दृष्टियों का अनेकान्त स्वीकृत है तो मिथकों का भी अनेकान्त व्यापक रहा है।

जीवन के अर्थ को अगर एक प्रश्न के रूप में देखा जाये तो प्रश्न होगा : 'मैं क्या हूँ'। ये व्यापकतर प्रश्न : 'हम (मनुष्य) क्या हैं? हमें क्या करना चाहिये, हमारा श्रेय क्या है, हमारा साध्य क्या हो, हमारा समाज, हमारी रहनी कैसी हो?' इसी प्रश्न के अनुषंगी हैं। सनातन का आत्मविमर्श इसी प्रश्न की ओर बढ़ता है। दूसरे, बचपन में सुने पौराणिक मिथकों की ओर ध्यान जाता है। ऐसी भी दृष्टियाँ हैं, विशेषकर भारत में, जो आत्मचेतना को मनुष्य होने के अर्थ-सन्धान का सारथि बनाती हैं। इसके भी मिथक हैं। नर-नारायण का मिथक ऐसा ही मिथक है। मिथक सनातन को प्रिय है। नारायण नर में ही वास करते ईश्वर हैं, नर के सखा हैं। दोनों में गम्भीर तादात्म्य है। आत्मचेतना में उभरते अवर और ऊर्ध्व की तरह।

कथा में आगे दूसरे 'मानस-पुत्र' सामने आते हैं। पहले सनत्कुमार जो संस्कृत का शिक्षक है, पर अच्छा कवि है, उसका अपनापन उसकी कविता में है। विचारों में वह सनातन का प्रशंसक, मुरीद जैसा है। वह कथा में सनातन के 'गुरुत्व' को और स्थापित करता है। फिर हमारा परिचय सनक

से होता है। सनातन के इस मित्र को विचार और दृष्टि में सनातन के विपरीत, उसके प्रतिपक्षी के रूप में रखा गया है। सनक सम्पन्न है, पर स्वभाव से सात्त्विक, उदार, सहृदय। सनातन की तरह पर्वत-वासी है। वहीं आ गया है जहाँ पिता रहते थे, बचपन बीता था। पिता की अट्टालिका में रहता है। एक युवाओं में सक्रिय एन.जी.ओ. चलाता है। विज्ञान के छात्रों के लिए एक वृत्ति स्थापित की है। पुरानी मैत्री की प्रीति उसमें बनी हुई है। कभी हार्डकोर कम्यूनिस्ट हुआ करता था। पुरानी कट्टरता अब नहीं रही है, पर परम्परा के प्रति 'विचारहीनता और पिछड़ेपन' का बोध है। इस अर्थ में उसे 'प्रबुद्धों' की 'आधुनिकता' का प्रतिभू कह सकते हैं। सनंदन धर्म के कर्मकाण्ड मे विश्वास रखता, पुराने विचारों का आदमी है।

चारों सोचने-समझने वाले हैं। इनके बीच विचार का एक रोचक संवाद बनता है, बहसें जमती हैं। बातचीत में युक्ति-प्रत्युक्ति के साथ चुहल, विनोद की छेड़ भी चलती है। खण्डन-मण्डन के भीतर भी एक संवेदनशील परस्पर-भाव बना रहता है। चारों दोस्तों को अपना-अपना चरित्र, अपना व्यक्तिभाव भी इनकी बातों में कथा का अंग बनकर उभरता है। ये दोस्त एक-दूसरे को सुनाते ही नहीं, सुनते भी हैं। तभी परस्परता इनमें परिवर्तन भी लाती है। विचार में ही नहीं, चेतना में।

बहस का मूल मुद्दा, मनुष्य क्या, मनुष्य होने का अर्थ क्या, यह बनता है। यही मूल मुद्दा है ही। इसीमें शिक्षा का प्रश्न जुड़ा है। इस प्रसंग में श्रद्धा और बुद्धि में क्या वरणीय है, यह सवाल उठता है। श्रद्धा के प्रतीक पुराणों की बात उठती है। मनुष्य का एक व्यापकतर परिप्रेक्ष्य सामने आता है। मनुष्य में बुद्धि ही नहीं, भावना और श्रद्धा भी हैं, जिनके लिए पुराण जैसी रचनाओं का, उनकी मनीषा का महत्त्व है। यहाँ धर्म की बात स्वभावतः उठती है। संगठित सेमेटिक धर्मों का, मज़हबों का, इतिहास बड़ा नृशंस रहा है, बुद्धि-प्रज्ञा, विज्ञान से उसका घोर विभीषिकामय द्वेष रहा है, आज क्या मनुष्य को धर्म से ऊपर नहीं उठ जाना चाहिये? पर धर्म में मनुष्य की गम्भीरतम प्रेरणाओं का भी बीज है, धर्म के बिना भी मनुष्य की कल्पना नहीं की जा सकती, मनुष्य के अपने ही स्वरूप-सन्धान का—अध्यात्म का—घर भी धर्म ही रहा है। आज के कुछ शक्तिशाली मतवाद धर्म-विरोधी हैं, धर्म को त्याज्य कहते हैं, तो क्या धर्म सचमुच त्याज्य हो जाता है? पर फिर कैसा हो निष्कलुष धर्म?

ये आज के कचोटते हुए प्रश्न हैं, हमारे मन में, हमारी बहसों में, जागते हैं। कथाकार के लिए बात उत्तर की नहीं, ऐसे प्रश्नों को प्राण देने की है। रमेश जी ने इन्हें कथा का प्रवाह दिया है। ऐसे व्यक्ति-चरित्रों के बीच संवाद की धरती दी है जिन्हें हम पहचान सकते हैं, अपने अनुभव से जोड़ सकते हैं।

सनत कवि है। उसके साथ बात साहित्य पर आती है। सनातन पर रमेश जी की छाया है, तो सनत के पीछे भी वे ही हैं। सनत की कविता रमेश जी की कविता है। पहाड़ों के परिदृश्य पर एक कविता सामने रखता है। उस पर चर्चा रोचक है : बात यह उठती है कि कल्पना कैसे अनुभव का रूपान्तरण करती हुई उसे कविता बनाती है। रमेश जी की कथा भी यही करती है।

पर कथा की नाभि पर एक दूसरी कविता है। जिसे मिल्टन का आधुनिक प्रतियोगी भी कह सकते हैं। सनत मित्रों को अपनी एक लम्बी, एक पूरे अध्याय को नापती कविता सुनाता है। उद्देश्य मिल्टन के मिथक के बर-अक्स ब्रह्मा और उसके मानस-पुत्रों के आख्यान को सामने रखना है। कविता का आरम्भिक कथ्य मानस-पुत्रों द्वारा ब्रह्मा को सम्बोधित है, पर ये 'मानस-पुत्र' आज के इक्कीसवीं सदी के चार मित्र हैं—आधुनिक मानस के पुत्र। आज की मनुष्यता के प्रतीक। 'मैन्स फ़र्स्ट डिस्ओबीडियंस' की जगह 'मैन्स फ़र्स्ट क्वेश्चनिंग' ले लेती है।

मिथक का मर्म भारतीय है। ब्रह्मा विधाता तो हैं, पर परम सत्ता नहीं हैं, उनसे भी ऊपर अकथ अनिर्वाच्य कोई है, जो उन्हें चलाता है। ब्रह्मा को सृष्टि में सहायक चाहिये। वे अपने ही मानस की सृष्टि मनुष्य से, अपने मानस-पुत्रों से—सहाय चाहते हैं। पुत्र उनकी सृष्टि पर ही प्रश्न करते हैं, उनके चलाये नहीं चलना चाहते, उनके 'बँधुआ मजूर' नहीं होना चाहते। उन्हें सत्य की खोज करनी है। ब्रह्मा (उनके 'सत्याग्रह' पर) ख़ुश भी होते हैं, (आज्ञाभंग पर) लाल-पीले भी। चारों को निकल जाने का हुक्म देते हैं। इसे बेलगाम तानाशाही कहते हुए मानस-पुत्र उबल पड़ते हैं। निकल जाते हैं। 'चरैवेति' की धुन गाते हुए प्रश्नाकुल मन लिये उत्तर की ओर चल पड़ते हैं। मेरु पर्वत के तले दक्षिणामूर्ति मिलते हैं, जो चिरयुवा हैं, पर चिरवृद्ध ऋषियों के गुरु हैं, ऋषियों से घिरे बैठे हैं। मौन। उनका मौन ही उनका उपदेश है : ऋषियों के सभी प्रश्नों का अनकहा उत्तर। यहीं सनत की नया-मिथक बनाती कविता का अन्त होता है। मिथक देवता का नहीं

मनुष्य का है। इसका अन्त प्रश्न पर होता है, बाइबल के सृष्टि–मिथक की तरह किसी प्रश्न–ध्वंसी उत्तर पर नहीं।

पर प्रश्न के साथ उत्तर न सही, एक परम उत्तरदाता देवता, दक्षिणामूर्ति, तो फिर भी है ही, चाहे मौन हो। इसमें प्रश्न–चेतना का निराकरण स्पष्ट है। किसी प्रश्न–को–तर्जनी–दिखाते दिव्य, आर्ष, उत्तर की ओर अनचाहा संकेत है। सनक की बात ठीक नहीं लगती। बिगड़ खड़ा होता है। कहता है, कविता का अन्त भटक गया है; कविता प्रश्न की है, उस पर किसी प्रश्नातीत उत्तर की छाया क्यों?

पर एक उत्तर–सूत्र का इंगित कविता के आरम्भ में ही है : 'दत्त, दम्यत, दयाध्वम' : दान दो, (इच्छा पर) दमन करो, करुण (अहिंसक) हो। यह मन्त्र या महावाक्य, ब्रह्मा का अपनी प्रजा को उपदेश है। टी. एस. एलियट ने अपनी एक प्रसिद्ध कविता में इसका प्रयोग किया है। एलियट को आधुनिकता का प्रतिनिधि बनाते हुए हमारा कवि इस आदेश को आधुनिक कविता की प्रज्ञा का मर्म ठहराता है।

दक्षिणामूर्ति का मौन अपने ही भीतर की ज्योति की ओर मुड़ने का संकेत है : उत्तर कहीं बाहर से नहीं मिल सकता। सनन्दन भी यही इशारा करता है। हम देखते हैं कि वह कर्मकाण्डी मात्र नहीं, धर्म की गहरी प्रज्ञा से अनुप्राणित है, चाहे अन्य मित्रों की तरह सदा–क्षुब्ध 'बुद्धिजीवी' न हो। वह शान्त है, अविचलित है। भीतर जागती प्रज्ञा के बल पर ही उसने दारुण पुत्र–शोक झेला है।

कथा का अन्त सनातन के एक सपने से होता है। वह आकाश में उछली गेंद है जो नीचे उतरना भूल गयी है। सपने में वह पिता की उँगली थामे उड़ रहा है, गा रहा है। सपना उस परिवर्तन का प्रतीक और लक्षण है, जो सनातन में एक नयी शान्ति, एक नये निर्बन्ध स्वाच्छन्द बोध की खिलखिलाहट लाया है। जिस आत्मोपलब्धि की यात्रा के लिए वह पहाड़ पर लौटा था, यहाँ कथा के अन्त में, उसका पथ प्रशस्त होता है।

साक्षात्कार (सम्पादक : प्रो. त्रिभुवननाथ शुक्ल), मार्च २०१४

रमेशचन्द्र शाह के उपन्यास 'कथा सनातन' पर समीक्षा–लेख।

‘देना ही पाना है’
अज्ञेय की कविता के एक विशेष भाव-वलय पर छोटी-सी टिप्पणी

‘देना ही पाना है’
अज्ञेय की कविता के एक विशेष भाव-वलय पर छोटी-सी टिप्पणी

इधर पिछले दिनों मैं अज्ञेय की ‘सदानीरा’ को अक्सर उठाकर देखता रहा हूँ। अज्ञेय की प्रौढ़-परिपक्व कविता के एक व्यापक, विराट पक्ष ने मुझे चमत्कृत, अभिभूत किया है। बड़े सादा-सपाट शब्दों में—या मुहावरे में—उन कविताओं के बोध को—मैं इसे उन्मेष ही कहना चाहूँगा—यों रख सकते हैं : ‘देना ही पाना है’। हम अपने स्व के समर्पण से ही—अपने सीमित व्यक्तिभाव से ऊपर उठकर ही—अपने स्वरूप को, अपने स्वरूप और अपने अनुभव के सत्य को, उसके चिरन्तन वैभव को पा सकते हैं।

अज्ञेय अपने कवि-कर्म के अनुभव में ही इस अपने से परे के इंगित को उर्वर पाते हैं। उनके संग्रह, ‘पहले मैं सन्नाटा बुनता हूँ’, की इसी शीर्षक की कविता को लीजिये (कहना न होगा, संग्रह का नाम इसी कविता से है)।

कवि कविता करता नहीं है, उसे अपने में उतरने, होने देता है। उसके लिए आसन बिछाता है, जैसे यज्ञ में देवता के लिए बर्हिष्—हालाँकि यज्ञ का बिम्ब इस कविता में नहीं, अन्यत्र है। दो पर्वों में कविता के उतरने की बात करता है कवि। ‘सन्नाटा बुनना’, इसी की तैयारी है, आसन बिछाना है—अपने स्वगत कोलाहल को शान्त कर देना :

> पहले मैं एक सन्नाटा बुनता हूँ।
> उसी के स्वर-तार चुनता हूँ।
> ताना—ताना मजबूत चाहिये : कहाँ से मिलेगा?
> पर कोई है जो उसे बदल देगा,

जो उसे रसों में बोरकर रंजित करेगा, तभी तो वह खिलेगा।

यों कवि की आत्म-प्रस्तुति ही आत्मसमर्पण की, आत्मोत्तरण की है। यह उत्तरण उस आयाम में है जो कवि की व्यक्ति-सीमाओं से ही नहीं, उसकी अशाश्वत, मर्त्य सीमा से भी परे, कालातीत है—

मैं एक गाढ़े का तार उठाता हूँ :
मैं तो मरण से बँधा हूँ; पर किसी के—और इसी तार के सहारे
काल से पार पाता हूँ।

पर यह 'तार' कवि का अपना तन्तु है भी तो कालातीत से उसे जोड़ता प्रतिभा-सूत्र है—

फिर बाना : पर रंग क्या मेरे पसन्द के हैं?
अभिप्राय भी क्या मेरे छन्द के हैं?
पाता हूँ कि मेरा मन ही तो गिर्री है, डोरा है;
इधर से उधर, उधर से इधर; हाथ मेरा काम करता है
नक़्शा किसी और का उभरता है।

सृजन की प्रज्ञा में यहाँ बोध का औपनिषद दिगन्त स्फुट है। कवि को इसका आत्मबोध है। रवीन्द्रनाथ ठाकुर में भी आत्मबोध के साथ यह बोध उभरता दिखता है। कवि का स्व—उसका व्यक्तिगत आपा—अपने को कवि-कर्म व्यापार के बाहर ही पाता है—

यों बुन जाता है जाल सन्नाटे का
और मुझमें कुछ है कि उससे घिर जाता हूँ।
सच मानिये, मैं नहीं वह
क्योंकि मैं जब पहचानता हूँ तब
अपने को उस जाल के बाहर पाता हूँ।

कविकर्म के दूसरे पर्व में कवि का अपनापन उभरता है, पर निर्वैयक्तिक ही रहता है—

फिर कुछ बँधता है जो मैं न हूँ पर मेरा है,
वही कल्पक है।
जिसका कहा भीतर कहीं सुनता हूँ :
'तो तू क्या कवि है? क्यों और शब्द जोड़ना चाहता है?
कविता तो यह रखी है'

वह 'कल्पक' जो कवि में रूप लेता है, वही कविता है—यह ध्वनि स्पष्ट है। पर कल्पक क्या? वह तैयार कविता नहीं उसका प्रत्यय है—उसकी सम्भावनामयी कल्पना। पर कवि में रूप लेती यह सम्भावना अब कवि की अपनी भी है, उसकी घनिष्ठ है—हाँ तो। वही मेरी सखी है, मेरी सगी है।

पर इसे कविता में रूप देने का काम फिर एक अपने से परे का उन्मेष चाहता है—

> जिसके लिए फिर
> दूसरा सन्नाटा बुनता हूँ।

अज्ञेय की प्रौढ़ कविता में सृजन के औपनिषद बोध का इस कविता में ही अनन्य प्रकाश नहीं है। 'अरी ओ करुणा प्रभामय' की एक कविता है, 'चिड़िया ने ही कहा'। इसकी पंक्तियाँ देखिये—

> खो गयी थी क्षण भर को स्तब्ध-चकित-सी वाणी,
> शब्द गये थे बिखर, फटी छीमी से जैसे
> फटकर खो जाते हैं बीज
> अनयना रवहीना धरती में
> होने को अंकुरित अजाने—
> तब—जाने कब—
> चिड़िया ने ही कहा कि 'चिड़िया'।
> चिड़िया ने ही देखा वह चिड़िया थी।
> चिड़िया
> चिड़िया नहीं रही तब से :
> मैं भी नहीं रहा मैं।
> कवि हूँ।
> कहना सब सुनना है, स्वर केवल सन्नाटा।

यहाँ बोध का रूपान्तरण (मैं भी नहीं रहा मैं) स्वोत्तरण ही है—कवि का कविरूपेण स्वोत्तरण, जैसा कि अन्तिम लाइन में प्रकट है—कहना सब सुनना है, स्वर केवल सन्नाटा। यह वही सन्नाटा है जो पिछली कविता में कविता के साथ उतरा था। कविता श्रुति है, यह वैदिक बोध यहाँ और भी तीव्र है—कहना सब सुनना है।

पर इसी दौर की एक और कविता लीजिये—'चक्रान्त शिला-२' (आँगन के पार द्वार)—यहाँ कवि का समूचा अनुभव, समूचा बोध ही अपने से बाहर निकल प्रकृति में लीन होता, विराट हो जाता है—

वन में एक झरना बहता है
एक नर-कोकिल गाता है
वृक्षों में एक मर्मर
कोपलों को सिहराता है,
एक अदृश्य क्रम नीचे ही नीचे
झरे पत्तों को पचाता है।
अंकुर उगाता है।
मैं सोते के साथ बहता हूँ,
पक्षी के साथ गाता हूँ,
वृक्षों के कोपलों के साथ थरथराता हूँ,
और उसी अदृश्य क्रम में भीतर ही भीतर
झरे पत्तों के साथ गलता और जीर्ण होता रहता हूँ
नये प्राण पाता हूँ।

सन्नाटा यहाँ भी है—पर वन का है, जहाँ कवि लीन है। यों सन्नाटा और उसका स्वोत्तरण दोहरा है—कवि का ही नहीं जगती के छन्द का है और इसी रूप में कवि में जागता है—

पर सबसे अधिक मैं
वन के सन्नाटे के साथ मौन हूँ—
क्योंकि वही मुझे बतलाता है कि मैं कौन हूँ,
जोड़ता है मुझको विराट से
जो मौन, अपरिवर्त है, अपौरुषेय है
जो सबको समोता है।

यहाँ 'विराट' के विशेषणों की ओर ध्यान दें—विराट मौन ही नहीं अपरिवर्त है, अपौरुषेय है। ब्रह्म-सदृश है यह विराट। पर उसे अपौरुषेय कहने का एक काव्यगत अभिप्राय भी है जो कविता को श्रुतिवत् लोकोत्तर का प्रतीक बना देता है। कविता की अन्तिम लाइनें हैं—

मौन का ही सूत्र
किसी अर्थ को मिटाये बिना

सारे शब्द क्रमागत
सुमिरनी में पिरोता है।

कहना न होगा, 'सुमिरनी' में लोकोत्तर अपौरुषेय भाव की ध्वनि मुखर है। स्व से रिक्त या शून्य पात्र—जिसने अपना सीमित आपा दे दिया है, समर्पित कर दिया है, वही विराट से पूरित हो सकता है। 'असाध्य वीणा' में इस भाव का स्पन्द स्फुट ही नहीं, सचमुच व्यापक है। गाती वीणा को चुप कर केश कम्बली कहते हैं—

'श्रेय नहीं कुछ मेरा :
मैं तो डूब गया था स्वयं शून्य में—
वीणा के माध्यम से अपने को मैंने
सब कुछ को सौंप दिया था—
सुना आपने वह मेरा नहीं,
न वीणा का था :
वह तो सब कुछ की तथता थी
महाशून्य
वह महामौन
अविभाज्य, अनाप्त, अद्रवित, अप्रमेय
जो शब्दहीन
सब में गाता है'

यहाँ चक्रान्त शिला-२' से साम्य लक्षणीय है—पिछली कविता में भी 'तथता का मौन ही शब्दों की सुमिरनी में अपने को पिरोता' है। मौन के विशेषण भी यहाँ ऊपर की कविता के ही पर्याय हैं।

आत्मसर्पण के जिस भाव की हमने बात की वह दूसरी भी अभिव्यक्तियाँ लेता दिखता है। 'इन्द्र धनु रौंदे हुए ये' की एक छोटी सी कविता है, बार-बार अथ से—

आँखें देखेंगी तो आकृति अन्धकार में सोयी।
कान सुनेंगे लय निःस्वन में खोयी।
याद करेगा मन तो स्तम्भित चिन्तन का पल
आत्मा पकड़ेगी तो निराकार का आँचल।

बार-बार अथ से ही यह पूरा होगा जीवन

सब कुछ देकर ही तो कह पाऊँगा : ओ धन!
ओ धन, ओ मेरे धन

जिस काव्य-बोध और दृष्टि की यहाँ बात कर रहा हूँ उसकी यह प्रारम्भिक कविता है। पर 'अपने को देकर रीता कर देने का भाव और उसी से पूर्ति का बोध' यहाँ अभ्रान्त है—'बार-बार अथ से ही पूरा होगा जीवन / सब कुछ देकर ही तो कह पाऊँगा : ओ धन!' पहली कड़ी में अपने को रीता कर देने का ही भाव है—जो बाद की कविताओं में और आत्मस्फुट है। यह देना यज्ञ-भावना के साथ अपने से परे के प्रति (आत्मनिविष्ट देवता के प्रति) आत्मसमर्पण है—इसी में आत्मोपलब्धि है। 'चक्रान्त शिला-२१' की कुछ पंक्तियाँ लीजिये—

पर मैंने जो दिया, जो पाया,
जो पिया, जो गिराया,
जो ढाला, जो छलकाया,
जो नितारा, जो छाना,
जो उतारा, जो चढ़ाया,
जो जोड़ा, जो तोड़ा, जो छोड़ा—
सबका जो कुछ हिसाब रहा, मैंने देखा
कि उसी यज्ञ-ज्वाला में गिर गया

आगे कवि इसी यज्ञ-भाव के कारण अपने को खरा पाता है—'जानता हूँ कि मैं भी तो ठीकरा हूँ। / और मुझे कहने को क्या हो / जब अपने तईं खरा हूँ'। पर चक्रान्त शिला की एक और कविता लीजिये (८) जहाँ यज्ञ का नाम नहीं पर उसी भाव-वलय का विस्तार है। कह सकते हैं यहाँ किसी ऊर्ध्व के आवेश का भाव है, पर भाव अब तक की कविताओं के ही क्रम में है—

जितनी स्फीति इयत्ता मेरी झलकाती है
उतना ही मैं प्रेत हूँ।
जितना रूपाकार-सारमय दीख रहा हूँ
रेत हूँ
फोड़-फोड़कर जितने को तेरी प्रतिमा
मेरे अनजाने अनपहचाने
अपने ही मनमाने
अंकुर उपजाती है—

बस उतना मैं खेत हूँ।

अन्त में यात्री (कितनी नावों में कितनी बार) की अन्तिम कुछ पंक्तियाँ लेता हूँ—

पग-पग पर तीर्थ है,
मन्दिर भी बहुतेरे हैं;
तू जितनी करे परिकम्मा, जितने लगा फेरे
मन्दिर से, तीर्थ से, यात्रा से,
हर पग से, हर साँस से
कुछ मिलेगा, अवश्य मिलेगा,
पर उतना ही जितने का तू है अपने भीतर से दानी!

ऐसी कविताओं की ऋजुता में एक खरेपन का अधिकार है जो संवेदना को सीधे, अव्यवहित व्याप्त कर लेता है। व्यंजना यहाँ निरावरण अभिधा में ही निहित है।

यहीं क़लम रोक लेना चाहता था पर इसी दौर की एक लम्बी कविता 'ओ मेरी निस्संग ममेतर' पर दुबारा ध्यान गया तो मैंने पाया कि इस कविता में ऊपर की कविताओं में उभरते भाव का एक पूरक पक्ष है जो मननीय है। ऊपर के भाव को अगर व्यक्ति-चेतना की बोध के विराट या भूमा में व्याप्ति की आख्या दे सकते हैं तो ओ मेरी निस्संग ममेतर की बोध-भूमि को भूमा का व्यक्तिबोध में उतरना, व्यक्ति के मम के साथ संहत, घनिष्ठ हो जाना कह सकते हैं। यह भी औपनिषद बोध का ही एक रूप है—यहाँ इस बोध की रहस्यात्मकता ऐसे विरोधों में व्यक्त होती है जो किसी अगाध लोकोत्तर अंगी अनुभव के अंग हुए बिना समझे ही नहीं जा सकते। विरोधों का सिलसिला कविता के साथ ही शुरू हो जाता है—

तुम जो मेरी हो, मुझमें हो,
सघनतम निविड में
मैं ही हो जो अनन्य
तुम्हें मैं दूर बाहर से, प्रान्तर से,
देशावर से कालेतर से
तल से, अतल से, धरा से, सागर से,
अन्तरिक्ष से,
निर्व्यास तेजस् के निर्गभीर शून्य आकर से

मैं, समाहित, अन्त:पूत,
मन्त्राहूत कर तुम्हें
ओ निस्संग ममेतर
ओ अभिन्न प्यार,
ओ धनी,
आज फिर एक बार
तुमको बुलाता हूँ—
और जो मैं हूँ, जो जाना-पहचाना,
जिया-अपनाया है, मेरा है,
धन है, संचय है, उसकी एक-एक कली को
न्योछावर लुटाता हूँ।

यहाँ व्याप्ति के व्यक्ति-चेतना में संहत हो जाने का भाव स्पष्ट है। अयमात्मा ब्रह्म की तरह है यह व्याप्ति—मुझमें होते हुए भी, मैं ही होते हुए भी मुझसे—मेरे सीमित स्व से परे है, स्व का समर्पण ही उसे मुझसे अभिन्न करता है। मैं होते हुए भी वह ममेतर है, निस्संग ममेतर है—पर इसी रूप में प्यार है, मुझसे अभिन्न है। प्रश्न हो सकता है कि इस प्रेमस्वरूप निस्संग ममेतर को स्त्रीलिंग में क्यों रखा गया है ? एक समाधान तो उसके प्रेमस्वरूप होने में ही देखा जा सकता है, पर आगे हम पाते हैं कि इस प्रेम में रति की निविड घनिष्ठता भी है—

मैंने तुम्हें छुआ है
मेरी मुट्ठियों में भरी हुई तुम
मेरी उँगलियों बीच छनकर बही हो—
कण प्रतिकण आप्त, स्पृष्ट, भुक्त।
मैंने तुम्हें चूमा है
और हर चुम्बन की तप्त, लाल, अयस्कठोर छाप
मेरा हर रक्तकण धारे है।

रति का यह परस्परभाव इतना उत्कट है कि परस्पराशी है—

ओ मेरी सहधर्मा,
छू दे यह मेरा कर : आहुति दे दूँ—
ओ मेरी अतृप्त, दु:शम्य धधक, मेरी होता,
ओ मेरी हविष्यान्न,

आ तू, मुझे खा
जैसे मैंने तुझे खाया है
प्रसादवत्।
हम परस्पराशी हैं क्यों कि परस्परपोषी हैं,
परस्परजीवी हैं।

पर रति का यह उद्दाम भाव अध्यात्म अनुभव की तीव्रता की ही व्यंजना है—इस अनुभव में मर्त्य मैं का अमर्त्य-रूप ममेतर मैं को दे दिये जाने में, मिटकर तिरोहित हो जाने में है—तभी वह अपने सत्य स्वरूप में अवतरित होता है। ऊपर की लाइनों से कुछ पहले की पंक्तियाँ हैं—

मैंने छुआ है, और मैं छुआ गया हूँ;
मैंने चूमा है, और मैं चूमा गया हूँ;
मैं विजेता हूँ, मुझे जीत लिया गया है;
मैं हूँ, और मैं दे दिया गया हूँ;
मैं जिया हूँ, और मेरे भीतर से जी लिया गया है;
मैं मिटा हूँ, मैं पराभूत हूँ, मैं तिरोहित हूँ,
मैं अवतरित हुआ हूँ, मैं आत्मसात् हूँ,
अमर्त्य, कालजित् हूँ।

पिछली कविताओं में जिस व्याप्ति की अभिव्यक्ति है, वही यहाँ अनी की तरह संहत-समाहित होकर व्यक्ति-चेतना में घर करती है। इसका प्रकाश हम ऊपर देख चुके हैं, पर कविता में सर्वत्र छायी है। इस व्याप्ति में कवि का स्व का भी समोया हुआ है—

भटकी हवायें जो गाती हैं,
रात की सिहरती पत्तियों से
अमनी झरती वारि-बूँदें
जिसे टेरती हैं,
फूलों की पीली पियालियाँ
जिनकी ही मुस्कान छलकाती हैं,
ओट मिट्टी की, असंख्य रसातुरा शिरायें
जिस मात्र को हेरती हैं;
वसन्त जो लाता है,
निदाघ तपाता है,

वर्षा जिसे धोती है, शरद सँजोता है,
अगहन पकाता और फागुन लहराता
और चैत काट, बाँध, रौंद, भरकर ले जाता है—
नैसर्गिक चंक्रमण सारा—
पर दूर क्यों,
मैं ही जो साँस लेता हूँ
जो हवा पीता हूँ—
उसमें हर बार, हर बार
अविराम, अक्लान्त, अनप्यायित
तुम्हें जीता हूँ

'अनप्यायित' का अर्थ यहाँ 'सीधा-सीधा, अव्यवहित' लेना चाहिये। कवि का अपने अद्वय ममेतर से सम्बन्ध आप्यायन का ही है : और ओ आस्वाद्य मेरी! / ले गयी है प्रत्यभिज्ञा मुझे उस उत्स तक / जिसकी पीयूषवर्षी, अनवद्य, अद्वितीय धार / मुझे आप्यायित करती है। /

पर वह इतर वास्तव में इतर नहीं है, व्यक्ति-चेतना से युगनद्ध है—मम और ममेतर दोनों एक ही विराट सत्ता के युगल-भाव हैं—

ओ मेरी सह-तितीर्षु,
हमीं तो सागर हैं
जिसके हम किनारे हैं क्योंकि जिसे हमने
पार कर लिया है।

ओ मेरी सहयायिनि,
हमीं वह निर्मल तल-दर्शी वापी हैं
जिसे हम ओक-भर पीते हैं—

अन्त में दो बिम्बों के सहारे कवि अपना आपा उस आत्मनिहित आत्मस्वरूप इतर में खो देना चाहता है, अपने को और अपनी सीमाओं को उसमें लीन कर देना चाहता है—

ओ मेरे पुण्य-प्रभव,
मेरे आलोक-स्नात, पद्मपत्रस्थ जल-बिन्दु,
मेरी आँखों के तारे
ओ ध्रुव, ओ चंचल,

ओ तपोजात,
मेरे कोटि कोटि लहरों से मँजे एकमात्र मोती
ओ विश्व-प्रतिम,
अब तू इस कृती सीप को अपने में समेट ले,
यह परिदृश्य सोख ले।
स्वाति बूँद! चातक को तू आत्मलीन कर ले!
ओ वरिष्ठ! ओ वरदे! वर ले!

सर्व-व्यापक 'विश्व-प्रतिम' के व्यक्ति-चेतना में सम्पुटीकृत हो जाने की व्यंजना यहाँ चिरन्तन पर सक्षम बिम्बों में उजागर है। कवि अपने में ही समायी इस व्याप्ति के साथ सम्पूर्ण अद्वय चाहता है। आत्म और इतर के आपात भेद को सचमुच मिटा देना चाहता है। कविता में व्याप्त द्वन्द्व और विरोध का पसारा भी इस अद्वय के अथाह में लुप्त हो जाता है। सारे विरोध का विवादित्व यों भी कविता के उत्तुंग बोध के अवयवी में समन्वित हो गया था—वैसे ही जैसे राग के अवयवी में विवादी स्वरों का विवाद परस्पर-संवाद में उभर आता है।

इस कविता को दूसरी कविताओं के साथ पढ़ते हुए मेरे मन में उपनिषद् की वह परिचित पदावली तैर गयी जहाँ अध्यात्म के अनुभव का द्विपक्षी ऐक्य, सर्वं खल्विदं ब्रह्म और अयमात्मा ब्रह्म इन दो महावाक्यों में उभारा गया है। नहीं जानता कि कवि के मन में भी ये वाक्य थे। उसकी आवश्यकता भी नहीं। उसका अनुभव अपना है और उसकी अपनी समर्थ अनुभव-सघन पदावली में व्यक्त है। पर यहाँ भी एक ही अध्यात्म-सहोदर अनुभव के जो दो पक्ष उभरते दीखते हैं, उन्हें, उनके ऐक्य को समझने के लिए मेरे मन में उपनिषद के वाक्य अनायास तैर आये।

पूर्वग्रह : १३१-१३२ (अतिथि सम्पादक : रमेशचन्द्र शाह),
अक्टूबर २०१०-मार्च २०११

‘राम की शक्ति-पूजा’ निराला पर एक समीक्षा-दृष्टि

निराला से मेरा परिचय थोड़ा ही रहा है। सब की तरह उनका नाम बहुत सुना, पर उनको पढ़ा बहुत कम। बहुत साल हुए याद है ‘बिल्लेसुर बकरिहा’ पढ़ी थी—पर भूल सी ही गयी थी। दो-एक कवितायें—जुही की कली, वह तोड़ती पत्थर—ये भी पढ़ी थीं, पर इसने और पढ़ने को मन आकृष्ट नहीं किया। मैं रीतिकाल की ब्रजभाषा-कविता का पाठक रहा हूँ; लगा था ‘जुही की कली’ पुराने नायिका-भाव एक नया, पर टटका, रूप लेकर आयी है। रूपक नया है, पर बात वही है, कविता का शृंगार-रस वही पुराना है, वैसा ही खुला, उद्दाम—कली और पवन नायक-नायिका के ही नाम-भेद हैं। एक बात खटकी थी, या यों कहिये कि ठीक समझ में नहीं आयी थी कि नायिका मुग्धा है या विरहिणी ? कविता में तो मुग्धा के रूप में ही उभरती जान पड़ती है, पर एक समास जैसे प्रयोग से उसका विरहिणी होना भी अभिप्रेत जान पड़ सकता है—‘विरह-विधुर-प्रिया-संग छोड़/ किसी दूर देश में था पवन।’ यहाँ ‘विरह-विधुर’ के बाद कॉमा—अर्ध-विराम—अपेक्षित है, पर आया हाइफ़न है जो समास का संकेत देता जान पड़ता है और प्रिया को ही विरह-विधुर कहता जान पड़ सकता है—जबकि विरही पवन है, उसकी प्रिया कली तो ‘सुहाग-भरी-स्नेह-स्वप्न-मग्न है’। पर मैंने पाया कि निराला हाइफ़न के प्रयोग में बड़े मुक्त थे और पाठक को उनके हाइफ़न प्रयोग का कोई नियत अर्थ मन में नहीं बाँध लेना चाहिये—उदार कल्पना के साथ ही अर्थ करना चाहिये

('सुहाग-भरी-स्नेह-स्वप्न-मग्न' यहाँ भी देखिये समास नहीं बनता, सुहाग-भरी के बाद कॉमा अपेक्षित है)।

हम आज ब्रजभाषा के संस्कार से पूरे मुक्त हैं, ब्रज के बाहर उस भाषा को समझा ही नहीं जाता। पर अपने समय के बहुत से दूसरे कवियों की तरह निराला ब्रजभाषा की कविता के रसिक भी थे और अभ्यासी भी। पर खड़ी बोली को ही बढ़ाना चाहते थे। उसमें नवीन कविता करना चाहते थे। 'जुही की कली' में भाषा नयी है; उसका निबाह—तुकों से मुक्त छन्द का सधा-संयत शब्द-प्रवाह—यह भी नया है, इन्हीं में कविता की सफलता है। कविता उनके संग्रह 'परिमल' में आयी है। इधर मैंने 'परिमल' की भूमिका देखी। वहाँ निराला ने कविता को मुक्त छन्द की कविता कहा है और इसे अतुकान्त कविता से अलग करना चाहा है। वे कहते हैं कि अतुकान्त कविता में तुक तो नहीं होता पर पंक्तियों में गण-शृंखला, मात्रा या अक्षरों का साम्य होता है, पर मुक्त छन्द किसी भी नियम-बन्धन से मुक्त है। इस कविता में खड़ी बोली के इस अपने नये छन्द ने और नयी बिम्ब-योजना में पुरानी रीति-भाव के नये अवतार ने चमक जगायी थी। पर नयेपन का कोई गहरा उन्मेष नहीं जगाया था।

इधर उन पर कुछ कहने का न्योता मिला तो भोपाल आने के लोभ से निराला को कुछ गहरायी से पढ़ा। पंकज जी ने सुझाया कि उनकी 'राम की शक्ति-पूजा' देखूँ। यह कविता उनकी महत् रचना मानी ही जाती है। निराला प्रयोगशील थे—जैसा हमने ऊपर भी देखा—'राम की शक्ति-पूजा' में उनके प्रयोग का विलक्षण उन्मेष देखा जाता है। उस कविता पर कुछ विस्तार से कहना चाहूँगा। ऐसा नहीं है कि इसके पहले मैंने इस कविता को नहीं देखा था—पर उसमें प्रवेश नहीं किया था। स्पष्ट ही उसमें प्रवेश अनायास नहीं हो सकता, चेष्टा-साध्य है। यह मान भी लें कि उसका प्रवाह एकदम से मन को खींच सकता है, पर उसका अर्थ-बोध आरम्भ से ही आयास की माँग करता है—और कहना न होगा कि अर्थ-बोध के बिना काव्य-बोध नहीं बनता।

कविता का आरम्भ ही देखिये। १८ लम्बी लाइनों की पहली ही कड़ी—या भाग या अंश कहिये—वह एक ही लम्बा वाक्य है, समासों से भरा जैसा संस्कृत में गौड़ी-रीति की कविता में होता है। स्वाभाविक ही है कि ऐसी कविता में अक्सर अर्थ करने में कठिनाई होती है। पर इसका अर्थ

यह नहीं कि अर्थ करने का आयास फल-प्रसू नहीं होता। पर निराला में कई जगह अर्थ बनता ही नहीं दिखता—मुझसे तो नहीं बना। शब्दों के अर्थ से अपरिचय उलझाव नहीं होता, इसके लिए कोष है—वैसे निराला के शब्द क्लिष्ट-अपरिचित भी नहीं। पर अर्थ-बोध के बाद भी अगर अन्वय ही नहीं बनता हो तो भाषा दुरूह ही नहीं, अबोध-सी हो जाती है—उसकी समास-बहुल दुंदुभि-सी ध्वनि-चमत्कार फिर भाषा नहीं लगता, जैसा अक्सर डिंगल काव्य में होता है। काव्य में ऐसे चमत्कार को जगह दें भी तो ऊँची जगह नहीं दे सकते।

सम्भव था कि निराला जी ने—या उनके किसी सुधी सहृदय ने—कविता पर टीका लिखी होती। पर जहाँ तक मैं जानता हूँ, ऐसा हुआ नहीं है। पर अब भी हो सकता है। कई लोग हो सकता है, टीका की आवश्यकता को ही दोष मानते हों—इसे कविता की कविताई को ही परोक्ष कर देने की चेष्टा समझते हों; या छायावाद की किसी कविता पर टीका लिखा जाना अचिन्तनीय मानते हों। पर टीका—चाहे किसी भी कविता पर हो—कोई बुरी बात नहीं है। फिर अपने यहाँ तो इसकी लम्बी परम्परा भी है। और टीकायें भी कविताओं की तरह उथली-गहरी हो सकती हैं। अच्छी टीका वह होगी जो केवल अर्थ मात्र न करे या अलंकारों की गिनती भर न गिना दे, जैसी कि अक्सर संस्कृत में मिलती हैं, बल्कि संवेदना के रास्ते कविता का मर्म, उसकी एक सार्थक पकड़ सामने रखे।

पर मान लीजिये कि मैं ही 'राम की शक्ति-पूजा' की ऐसी टीका करता तो मुझे अर्थोद्घाटन और मर्मोद्घाटन दोनों ही कामों में दुस्तर विघ्नों का सामना करना पड़ता। अपनी कठिनाई आपके सामने रखता हूँ।

कविता एक कहानी कहती है। उसका मर्म उस कहानी में ही है—और उसके कहने में। कविता को कथा-काव्य भी कह सकते हैं। कथा कवि की अपनी उद्भावना है—राम-कथा के भीतर ही युद्धकाण्ड में घटती एक उपकथा कवि ने रची है जो न वाल्मीकि में है, न तुलसीदास में। कथा बहुत लम्बी नहीं है—पर उसे कहती भाषा के भीतर से हो के उस तक पहुँचने में मुझे कुछ जूझना पड़ा। प्रसंग युद्ध के बीच उस दिन का है जब युद्ध का अन्त दूर नहीं—लम्बा युद्ध हो चुका है, लक्ष्मण ने मेघनाद का वध कर दिया है (यह बात कविता के शुरू में नहीं, काफ़ी आगे जाकर कही जाती है, क्यों, समझ में नहीं आता—हैं वही सुमित्रानन्दन मेघनाद-जित-

रण; अर्थात् कुम्भकर्ण भी नहीं रहा है)। जिस दिन के युद्ध से कथा का आरम्भ होता है उस दिन पलड़ा रावण के पक्ष में जाता है। कवि कहता है कि रावण के प्रहार से हनुमान को छोड़कर राम के सभी सेनापति मूर्च्छित हो गये (फिर कविता के बिलकुल आरम्भ में ही उस दिन के समर को 'अपराजेय' क्यों कहा गया है यह समझ में नहीं आया—रवि हुआ अस्त : ज्योति के पत्र पर लिखा अमर / रह गया राम–रावण का अपराजेय समर / आज का ...)। छह प्रहर के इस पराजित से युद्ध के बाद शाम को विषण्ण राम और राम के खिन्न योद्धा एक पर्वत–शिखर पर राम को घेरकर बैठ जाते हैं कि अब समाधान क्या ? उनके लौटने के वर्णन में उनकी हताशा का भाव और इसके विपरीत राक्षसों का उद्धत उल्लास की अभिव्यक्ति में कविता का नाद, लय और शब्द–गाम्भीर्य के सामर्थ्य का अनुभव किया जा सकता है :

लौटे युग–दल। राक्षस–पदतल पृथ्वी टलमल,
विंध महोल्लास से बार–बार आकाश विकल।
वानर–वाहिनी खिन्न, लख निज–पति–चरण–चिह्न
चल रही शिविर की ओर स्थविर–दल ज्यों विभिन्न;
प्रशमित है वातावरण नमित–मुख सान्ध्य कमल
लक्ष्मण चिन्ता–पल, पीछे वानर–वीर सकल;
रघुनायक आगे अवनी पर नवनीत–चरण,
श्लथ धनु–गुण है, कटिबन्ध स्रस्त–तूणीर–धरण
दृढ़ जटा–मुकुट हो विपर्यस्त प्रति लट से खुल
फैला पृष्ठ पर, बाहुओं पर, वक्ष पर, विपुल
उतरा ज्यों दुर्गम पर्वत पर नैशान्धकार,
चमकतीं दूर तारायें ज्यों हों कहीं पार।

यहाँ दो–एक प्रयोग खटक सकते हैं : 'लक्ष्मण चिन्ता–पल' में 'पल' का क्या आशय ? 'कटिबन्ध स्रस्त–तूणीर–धरण' में लगता है अभिप्रेत अन्वय यह है, 'तूणीर–धरण कटिबन्ध स्रस्त'; कहना यह चाह रहे हैं कि 'कटिबन्ध, जिसने तूणीर का धारण किया हुआ था, वह स्रस्त हो रहा था', पर यह अर्थ व्यायाम से ही निकलता है, प्रयुक्त–क्रम से नहीं जहाँ 'स्रस्त–तूणीर–धरण' इस समास का 'कटिबन्ध' से कोई अर्थमय अन्वय बनता नहीं दीखता; 'स्रस्त' के बाद अगर हाइफ़न की जगह कॉमा होता तो ज़्यादा

अच्छा रहता। पर हाइफ़न के ऐसे अनबनते समास बनाते प्रयोग कविता में कई जगह आड़े आते हैं। अन्तिम से पहली लाइन में 'दुर्गम' का औचित्य भी ठीक समझ में नहीं आता—लगता है बस छन्द-पूर्ति के लिए है। अन्तिम लाइन में क्या व्यंजित है, अन्धकार में ही रह जाता है; और 'तारे' की जगह 'तारायें' यह विचित्र प्रयोग भी छन्द-रक्षा के लिए किया गया लगता है।

पर कहानी पर आता हूँ। कहानी धीरे—या कहिये, धीर-उदात्त भाव से—आगे बढ़ती है। एक पूरी कड़ी वानरों की चर्या और उनके राम को घेरकर बैठने का वर्णन करती है।

रात हुई। अमानिशा थी। राम को घोर संशय हिला रहा था। मन में यह भीषण भय था कि कहीं 'जग-जीवन में' रावण की—असुर-शक्ति की—विजय न हो जाये? राम का दिव्य मन जो अनगिनत लाखों वर्षों में—'अयुत-लक्ष में' आज तक दुराक्रान्त रहा वह अगले दिन के युद्ध की बात सोचकर घबरा रहा था ('असमर्थ मानता मन उद्यत हो हार-हार')। तब उनके मन में सीता की छवि जागी जब जनक के उपवन में सीता से प्रथम 'लतान्तराल' मिलन हुआ था—नयनों का—नयनों से गोपन-प्रिय सम्भाषण,-/ पलकों का नव पलकों पर प्रथमोत्थान-पतन,-...। यहाँ हाइफ़न और उनके साथ ही कॉमा क्या संकेत दे रहे हैं इस बात को छोड़ते हुए आगे बढ़ता हूँ। कवि कहते हैं कि सीता से मिलकर ही राम को पहले-पहल अपने सौन्दर्य का (छवि का) ज्ञान हुआ पर हमारे मन में यह विचार आये बिना नहीं रह सकता कि राम की कैसी छवि आँकना चाह रहे हैं निराला जी? अगर उनको बिलकुल लौकिक मनुष्य ही बना देना चाह रहे हैं तो यह कहने का क्या आशय कि लाख-लाख वर्षों में उनके मन की यह कातर स्थिति नहीं हुई? ऐसा तो मनुष्य नहीं कह सकता! हम कुछ ही आगे देखेंगे कि निराला ने राम को ईश्वर ही नहीं सच्चिदानन्द तक कहा है।

पर यहाँ कहानी में आगे चलने से पहले तीन पंक्तियाँ और उद्धृत करना चाहता हूँ, पहली पंक्ति उन पंक्तियों के बाद आती है जिन्हें अभी उद्धृत किया। दूसरी उससे अगली है :

> काँपते हुए किसलय,-झरते पराग-समुदय,-
> गाते खग-नव-जीवन-परिचय-तरु मलय-वलय,-

ज्योति:प्रपात स्वर्गीय,-ज्ञात छवि प्रथम स्वीय

सीता से प्रथम मिलन जहाँ हुआ उस उपवन का वर्णन है यहाँ। अन्तिम पंक्ति में कवि कहते हैं कि उस उपवन में सीता को देखकर राम पर ऐसा अलौकिक ज्योति:प्रपात हुआ कि उनको पहली बार अपनी छवि का ज्ञान हुआ। इससे पहले की लाइन में पक्षियों के गान में भी किसी नये जीवन-बोध की ओर संकेत है। पर लाइन का शब्द-क्रम देखिये। क्या कह रही है कुछ समझ में नहीं आता—कोई अर्थ-सम्बन्ध बनता नहीं दिखता।

पर सीता की स्मृति के साथ ही राम का हृदय उत्साह से भर जाता है, शौर्य जाग उठता है—'हर धनुर्भंग को पुनर्वार उठा ज्यों हस्त'। विश्व-विजय की भावना मन में घर करती है—'फिर विश्व-विजय-भावना हृदय में आयी भर'। इस कविता के सन्दर्भ में 'विश्व-विजय-भावना' का तात्पर्य समझ में नहीं आया—राम क्या दुनिया को जीतने निकले थे? पर इस भावना के बावजूद राम विवश ही रह जाते हैं। वे अपने दिव्यास्त्रों को याद करते हैं पर वे 'फड़का पर नभ में उड़े सकल'। रावण की प्रचण्ड मूर्ति ने नभ को घेरा और साथ ही 'ज्योतिर्मय अस्त्र सकल बुझ-बुझकर हुए हीन'। रावण अट्टहास कर उठा और राम के नेत्रों से दो मोती जैसे आँसू ढुलककर गिरे। हनुमान पद्मासन में राम के चरणों पर ध्यान लगाये बैठे थे। यहाँ राम को सत्य, सच्चिदानन्द रूप कहा गया है, उनके चरण-युगल 'युग अस्ति-नास्ति के एक-रूप, गुण-गण-अनिन्द्य' हैं। हनुमान उनके सत्य, सच्चिदानन्द स्वरूप, को पाकर जो परम विश्राम का पद है, फिर उससे विभक्त हो जाते हैं और राम-नाम के अजपा जप में लीन हो जाते हैं—'पा सत्य, सच्चिदानन्दरूप, विश्राम-धाम, / जपते सभक्ति अजपा विभक्त हो राम-नाम।' तभी वे देखते हैं कि राम के चरणों पर दो आँसू आ टपके। राम के परमेश्वर का अवतार होने का ही यहाँ इंगित है। पर उनके इस सच्चिदानन्द स्वरूप से कथा बिलकुल विरोधी दिशा लेती है और इस विरोध का कोई सेतु, कोई समाधान कहीं नहीं उभरता दिखता। उनके इस परम-रूप से कथा का कोई सरोकार बनता ही नहीं।

जो भी हो, राम-चरणों पर राम के आँसू देखकर हनुमान तिलमिला उठते हैं। उनके परम-वीर्य-सम्पन्न, भक्त-मन में जैसे ही यह विचार आता है कि 'ये अश्रु राम के'—तो समूचा सागर उद्वेलित हो उठता है, उसमें प्रलय का उफान आ जाता है। वायु का वेग जलराशि का मंथन करता हुआ

आकाश पहुँच जाता है। एकादश रुद्र देवों को क्षुब्ध कर देता है। कवि इन रुद्र–देवों को राम के इष्ट–देव बताता है। इन देवों के दूसरी ओर शिव की शक्ति थी जो रावण–पूजित थी।

राम और रावण के बीच यह इष्ट–भेद अचानक ला खड़ा कर देता है कवि, बिना किसी और इंगित या भूमिका के। जिन्हें सच्चिदानन्द कहा, उनके इष्ट रुद्र क्यों, शक्ति क्यों नहीं? बात समझ में नहीं आती। सच पूछें तो उनको इष्ट की आवश्यकता ही क्यों? लगता है निराला राम–कथा को अपनी तरह लिखना चाहते थे। पर फिर इस छोटी सी उपपुराण जैसी उपकथा से बात बन ही नहीं सकती, पूरी कथा नयी होनी चाहिये। आगे की कहानी बड़ी विचित्र, बड़ी अनबूझ–सी दिशा लेती है, कहानी और भी पुराण–रूप हो जाती है, पर इस रूप में भी उसकी संगति या सार्थकता समझ में नहीं आती।

हनुमान अब सारे आकाश को ही ग्रस लेने की ठान लेते हैं और आकाश की ओर अटल बढ़ चलते हैं। यह देखकर शिव चंचल हो जाते हैं और देवी से अपना तेज़ संवरण करने को कहते हैं—हालाँकि देवी को कुछ करते दिखाया ही नहीं जाता। शिव देवी के आगे एकादश रुद्रों और हनुमान की प्रशंसा करते हैं। हनुमान को 'अर्चना राम की मूर्तिमान अक्षय शरीर' कहते हैं और एकादश रुद्रों को राम के 'सर्वोत्तम', तथा 'लीला–सहचर' बताते हैं। शिव देवी से यहाँ तक कहते हैं कि इन रुद्रों पर 'प्रहार / करने से पर होगी देवि, तुम्हारी विषम हार'। पर देवी ने प्रहार किया हो या करना चाहा हो, इसका कथा में कोई उल्लेख नहीं। हाँ, आगे की कथा से यह अनुमान बनता है कि शिव की बातों का देवी पर क़तई असर नहीं हुआ।

शिव चुप हो जाते हैं। हनुमान विस्मय से भर जाते हैं। तभी सहसा हनुमान की माता अंजना का उदय होता है। वे हनुमान से कहती हैं कि जब तुमने सूर्य को निगल लिया था तब तुम बच्चे थे, पर आज फिर वही भाव तुम्हें व्यग्र कर रहा है। लज्जा की बात है, इसे छोड़ो। तुम्हारी माँ ऐसी बातें कब तक सहती रहेगी—'यह लज्जा की है बात कि माँ रहती सह सह'। वे कहती हैं कि यह महाकाश शिव का वासस्थान है, जिस शिव को राम पूजते हैं, तुम इसे ग्रस डालने का अनर्थ क्यों करना चाह रहे हो। पूछती हैं, क्या राम ने ऐसा करने को कहा है?

हनुमान नम्र हो जाते हैं। आकाश से उतरकर राम के चरणों पर आ जाते

हैं। पर राम को दुखी देख अब विभीषण अपना विषाद राम के आगे प्रकट करते हैं। और कहते हैं कि सब कुछ तो वही है, वे ही योद्धा हैं, वही उनका शौर्य है, फिर तुममें यह विपरीत भाव क्यों?—'कैसे असमय हुआ यह भाव–प्रहर'। 'प्रहर' क्यों? पर छिद्रान्वेषण छोड़िये। विभीषण राम को यहाँ तक उलाहना देते हैं कि 'आया जब मिलन–समय, / तुम खींच रहे हो हाथ जानकी से निर्दय'।

राम उदासीन से सुनते हैं, उन पर कोई असर नहीं होता। फिर कहते हैं कि हम जीत नहीं सकते क्योंकि अब यह केवल 'नर–वानर का राक्षस से रण' नहीं रहा है, कुछ और विराट बात हो गयी है क्योंकि रावण से आमन्त्रण पाकर स्वयं महाशक्ति उसकी ओर से उतर आयी हैं। फिर सच्चिदानन्द, अवतार–पुरुष राम यह महापीड़ा जताते हैं—'अन्याय जिधर, हैं उधर शक्ति!'। वे कुछ नहीं कर सकते। उनकी आँखें छलछला आती हैं। राम कहते हैं कि यह विषम दैवी विधान उनकी समझ में नहीं आ रहा है कि देवी ने क्यों अधर्मरत रावण अपनाया और मुझे पराया समझा। कहते हैं कि मेरे तेज़ पुञ्ज बाण जिनमें 'पतन–घातक–संस्कृति' ही नहीं, सूक्ष्म शुद्धि–बोध का विवेक भी है, वे श्रीहत हो गये हैं; और कि मैंने देखा है महाशक्ति रावण को अपनी गोद में लेकर उसे संवृत करती हैं; उनकी आँखों की वह्नि से मेरे हाथ बँध जाते हैं, मैं धनुष नहीं खींच पाता।

पाठक यहाँ पहुँचकर कुछ सकते में आ जा सकता है। देवी की शक्ति से राम का धनुष चलाने में ही अशक्त हो जाना, यह बात कहानी में पहले ही क्यों नहीं आयी जब युद्ध हो रहा था? अस्तु।

अब जाम्बवान समाधान सुझाते हैं। सीधा सा समाधान है। जाम्बवान राम से कहते हैं कि तुम भी 'यह शक्ति करो धारण'। धारण का उपाय यह है कि शक्ति की पूजा की जाये उसी कोटि की जैसी रावण करता है—'आराधन का दृढ़ आराधन से दो उत्तर'। राम स्वीकार करते हैं। तय यह होता है कि जब तक आराधना पूरी नहीं होगी राम युद्ध से अलग अर्चना में रत रहेंगे, लक्ष्मण आदि युद्ध सँभालेंगे। राम दशभुजा के रूप में देवी की स्तुति करते हैं। अपने आपको देवी के सिंह का प्रतीक ठहराते हैं—इसका वे कोई इंगित भी पाते हैं ('समझा इंगित / मैं सिंह इसी भाव से करूँगा अभिनन्दित।') इंगित क्या है कवि नहीं बताता, न यह बताता है कि इस प्रतीत का संकेत क्या। कवि ने प्रतीक रचा है तो इसकी व्यंजना भी

खोलनी चाहिये थी। पर वह ऐसा नहीं करता। पर प्रतीक की बात को एक रूपक बाँधकर बढ़ाता है। राम के मुँह से कहलाता है :

> 'देखो, बन्धुवर सामने स्थित जो यह भूधर
> शोभित शत-हरित-गुल्म-तृण से श्यामल सुन्दर,
> पार्वती कल्पना हैं इसकी, मकरन्द-बिन्दु;
> गरजता चरण-प्रान्त पर सिंह वह, नहीं सिन्धु;
> दशदिक-समस्त हैं हस्त, और देखो ऊपर,
> अम्बर में हुए दिगम्बर अर्चित शशि-शेखर;
> लख महाभाव-मंगल पदतल धँस रहा गर्व—
> मानव के मन का असुर मन्द, हो रहा खर्व।'

यहाँ प्रतीक एक विराट रूपक तो बन जाता है, पर उसका आशय नहीं खुलता। कई जगह इन पंक्तियों का अर्थ भी उलझन में डालता है। प्रश्न भी मन में रह जाते हैं—शिव अम्बर में दिगम्बर क्यों हुए? वे 'अर्चित' हैं पर अर्चना कौन कर रहा है? फिर 'महाभाव-मंगल' क्या है? चलिये मंगलमय महाभाव सही, पर उसे देखकर किसके पदतल का गर्व धँस रहा है? शिव तो नहीं हो सकते, मानव के मन का असुर ही होना चाहिये। पर फिर दशभुजा महाशक्ति 'अधर्म-रत' महासुर रावण का पक्ष क्यों ले रही हैं? लगता है कवि यहाँ शक्ति को शिव से अलग करता हुआ उसे स्वतन्त्र और धर्म-अधर्म-निरपेक्ष बनाना चाह रहा है, वे शिवत्व-विरोधी भी हो सकती हैं—तभी राम को खेद है कि शक्ति उनके शिव-संकल्प की उपेक्षा कर रावण का साथ दे रही हैं। जो भी उनकी साधना-उपासना करता है शक्ति उसके साथ हो जाती हैं, शिव-अशिव की परवाह नहीं करतीं। पर फिर शक्ति का ऐसा वर्णन क्योंकि उन्हें देखकर मानव-मन का गर्व दूर हो जाता है? कवि की धरणा गड्डमड्ड ही रह जाती है। वे क्या चाहते हैं समझ में नहीं आता। राम के पारम्परिक अवतार-रूप को ही अगर पदतल के नीचे खर्व कर देना था तो कहानी ही और होनी चाहिये थी। पर ऐसा भी वे नहीं चाहते। राम सच्चिदानन्द हैं उनके लिए।

आगे की कथा देखिये। उसमें पौराणिकपन और बढ़ जाता है। राम हनुमान को देवी-गृह भेजते हैं और पूजा के लिए एक सौ आठ कमल मँगाते हैं। युद्ध से मन को समेटकर समाहित हो पूजा में लीन हो जाते हैं। औपचारिक पूजा के बाद दशभुजा के नाम का जप करते हैं। दिन बीतते चले जाते हैं।

आराधना गहरी होती चली जाती है। आठवें दिन राम का ध्यान ब्रह्मा-विष्णु-महेश के स्तर को पार कर जाता है। देवताओं को स्तब्ध करते हुए वे ब्रह्माण्ड की विजय कर लेते हैं। यहाँ केनोपनिषद के ब्रह्म की याद आ सकती है, पर देवी स्वतन्त्र हैं, राम अब भी देवी का हृदय पूरी तरह नहीं जीत पाते। देवी उनसे छल करती हैं। उनके पास एक ही पूजा-कमल बचा था, देवी उसे चुपके से रात को छिपकर उठा ले जाती हैं। राम पहले हताश हो जाते हैं, अपनी दशा पर आँसू बहाते हैं, पर फिर अपनी दो आँखों में से एक कमल-नयन पूजा में चढ़ाने को उद्यत होते हैं। तभी देवी का उदय हो जाता है। बंगाल में दुर्गा-पूजा के लिए कल्पित प्रतिमा के हू-ब-हू रूप में देवी राम को दर्शन देती हैं :

> देखा राम ने—सामने श्री दुर्गा, भास्वर
> वाम पद असुर-स्कन्ध पर, रहा दक्षिण हरि पर;
> ज्योतिर्मय रूप, हस्त दश विविध-अस्त्र-सज्जित,
> मन्द स्मित मुख, लख हुई विश्व की श्री लज्जित,
> हैं दक्षिण में लक्ष्मी, सरस्वती वाम भाग,
> दक्षिण गणेश, कार्तिक बाँयें रण-रंग राग,
> मस्तक पर शंकर।

राम को विजय का वर देकर शक्ति राम के मुँह में समा जाती हैं :

> 'होगी जय, होगी जय, हे पुरुषोत्तम नवीन!'
> कह महाशक्ति राम के वदन में हुईं लीन।

यहीं कविता और उसकी कहानी का अन्त होता है। पाठक को लगता रहता है कि निराला नया कुछ कहना-करना चाह रहे हैं। ऊपर राम को 'पुरुषोत्तम नवीन' कहने में भी यही तात्पर्य झलकता है। राम क्या नये युग में नये मानव के प्रतीक हैं? पर ऐसा उनका स्वरूप सामने नहीं आता—मर्मत: वे निराला के प्रिय तुलसी के राम ही बने रहते हैं। जिस शक्ति की वे पूजा करते हैं, वे भी नयी कुछ नहीं उभरतीं। सप्तशती की असुर-मर्दिनी दुर्गा ही ठहरती हैं। अन्त में यहाँ तक लग सकता है कि यह कहानी दुर्गा-सप्तशती या किसी देवी-पुराण का अंग हो सकती है।

ऊपर स्पष्ट है कि कविता कहानी का वाहन है। पर कहानी जिस भाषा में कही गयी है उसका काव्यगत औचित्य पूरा समझ में नहीं आता। नाद और

लय का एक प्रभाव बनता है—यह तो ठीक है, पर भाषा का प्रयोग जगह-जगह पर ऐसा गठीला है कि कहानी तक पहुँचने में अनावश्यक कसरत करनी पड़ती है—कह चुका हूँ कि ऐसा प्रयास अपने आपमें दोष नहीं, पर कहानी इससे समृद्ध होती नहीं दिखती। उलटे, जैसा हम देख चुके हैं, कहीं-कहीं तो अन्वय ही नहीं बन पाता। उदाहरण मैं नहीं बढ़ाऊँगा, पर बढ़ाये जा सकते हैं। कहानी यहाँ कविता की प्राण है। उसे इस अर्थ में नया कह सकते हैं कि न तुलसी में है, न वाल्मीकि में। पर है वह पौराणिक ही, उसी रंग में रँगी हुई। उसकी आत्मा नया होना चाहती है, पर हो नहीं पाती। उसे रामायण की कथा को ऊह रखते हुए एक नयी उपकथा ही कह सकते हैं। या रामायण में जोड़ा गया एक नया देवाख्यान या मिथक कह सकते हैं। पर रामायण से यह विसंगत भी है। इसकी अजीब सी स्थिति है—रामायण से अलग होना चाहती है, पर उसके बिना बनती ही नहीं। हमारी परम्परा में रामायण जैसी कहानियों के साथ नये आख्यान सदियों से जुड़ते चले आये हैं। एक नयी दृष्टि, नयी श्रद्धा ऐसा करती रही है। पर यहाँ नयी दृष्टि क्या यह समझ में नहीं आता। देवी-माहात्म्य जैसा ही उभरता दिखता है—जिसका रामायण से समंजस नहीं बैठता।

भावन का प्रकाश, संवेदना की युक्ति

पहली बात जिससे मैं चमत्कृत हुआ था और अब कविताओं को पढ़ते-पढ़ते जो बात मन में और स्फुरित होकर जाग रही है—उस बात को पहले कहता हूँ। भाषा के लिए कहते हैं कि भाषा की पहली या मुख्य शक्ति—उसका मूल संकेत—अभिधा है। व्यंजना अभिधा की धरती पर बनती है, अभिधा के बिना रूप ही नहीं ले सकती। अभिधा प्रधान, व्यंजना गौण—यह सूत्र हमारे भाषा-चिन्तन के ताने-बाने में रचा हुआ है। पर अपने आगे-आगे की कई कविताओं से लगता है कि व्यंजना ही भाषा की पहली शक्ति है—वह अभिधा का सहारा नहीं लेती, वही भाषा को रूप देती है, अभिधा उसी में से निष्कासित होकर बनती है। व्यंजना ही सहज है। ज्योत्स्ना मिलन की भाषा में, अभिधा उसके पीछे चलती है।

अभिधा का मूल हमारा आठ पहर का दैनन्दिन व्यवहार है। शब्द का कोई सीधा, सबकी पहचान में आ सकने वाला अर्थ न हो तो वह शब्द ही कैसे बनेगा? सम्प्रेषण कैसे करेगा? इसके बिना शब्द अपने से परे कुछ ध्वनित भी कैसे करेगा? यही अभिधा को शब्द का मुख्य अर्थ कहने का मूल है। एक स्थिर, परिचित, व्यवस्थित लोकव्यवहार के जगत् को मानकर चलती है अभिधा, जहाँ जो कुछ है, जो कुछ होता है, एक पहचान की परिधि और योजना के घेर के भीतर होता है। व्यंजना ही इसे घेर से बाहर ले जाती है, तभी उससे परिचित होना पड़ता है, उसे कवि-कौशल से साधना पड़ता है। वह सहज होती नहीं है, उसे प्रयोग की विशेष चेष्टा से सहज करना पड़ता है।

पर ज्योत्स्ना मिलन की भाषा में व्यंजना सहज है, अप्रयत्न-साध्य। बल्कि

लगता है कि भाषा का व्यवहार ही जैसे व्यंजना हो। मानो भाषा बनी ही रोज़मर्रा के लिए नहीं, सहृदयता के लिए है। आपके मामूली कहने में भी यह बात साफ़ है : *कुछ नहीं था/ यहाँ/ अभी कुछ देर पहले/ अभी अभी/ खड़ी थी/ जंगल से पीठ टिकाये/ जंगल के हरे को सुनती हुई–/ जैसे जंगल उसका हो।*

कविता–संग्रह की संवेदना में जो चेतना सामने आती है, बड़ी स्वच्छ, प्रसन्न है, एक नीरज (रजहीन) खुलापन है उसमें, भाव की एक निर्मल पारदर्शिता है, एक आँख है जिसे कविता दिखती है, बड़े तटस्थ भाव से दिखती है, जैसे यह लिखता हुआ हाथ मुझे दिख रहा है। तभी यहाँ विषाद में भी 'प्रसाद' की अनाविल आँख जागती है, जैसे 'जाने से पहले' में। मृत्यु का गहरा वियोग प्रकट करती है कविता पर मृत्यु यहाँ एक विराट की यात्रा भी है : *ऊपर कब जायेंगे/ वे पूछ रहे थे/ सबसे ऊपर की मंज़िल पर थे हम/ जैसे दुनिया से बाहर हों।*

इस पहली कड़ी की अन्तिम लाइन देखिये, 'जैसे दुनिया से बाहर हों' बड़ी आसानी से, बड़ी सीधी अभिधा से कही गयी यह बात यात्रा को पहले से ही एक अन्तरिक्ष दे देती है, मृत्यु–चेतना को चेतना के अपने 'चरैवेति' में समो लेती है। आगे देखिये : *खिड़की के बाहर था/ समुद्र की तरह पूरे आसमान को थामे/ इकलौता एक पीपल।*

कविता के बीच खड़ा यह विशाल, आँखों को घेर लेता पीपल (जैसे समुद्र) आकाश को थामे है, यह पूरी कविता को एक भूमा दे देता है, उसे भीतर की अनन्तमुखी यात्रा बना देता है—जिसके लिए पाँव नहीं चाहिये। बीमार को ऊपर लाया गया था, ऊपर (बरसाती के छोटे से कमरे में), वे चल नहीं सकते। पर अब यात्रा चेतना की अपनी है, देह की नहीं : *सीढ़ियाँ चढ़कर नहीं आये थे वे ऊपर/ हो सकता है/ चढ़ना–उतरना भूल चुके हों/ अब तक/ उनके पैर पहले ही पता चल गया होगा/ पैरों को/ कि ऊपर जाने के लिए उनका चलना ज़रूरी नहीं।*

एक साधारण घटना के विवरण—बड़े तथ्यात्मक से बेलाग विवरण—की तरह कही गयी है बात। तभी व्यंजना में अनकहा विस्तार है जो कहे ही जाने का है, अलग नहीं। मैंने उसे अलग से उभारा है, तभी मेरा कहा व्यंजना की 'बात' है, व्यंजना नहीं जिसमें कविता अनायास साँस लेती है।

हम इसे भाव की पारदर्शिता भी कह सकते हैं जो यहाँ भाव-दृष्टि के ही निश्छल विस्फार में बसी है। पर एक और कविता देखिये जो अपने देखने की ही पारदर्शिता के साथ अप्रयास आँख खोलती दिखती है। शीर्षक है, 'इससे पहले'। यहाँ बात ही दृष्टि की है—या 'दर्शन' की कहिये। दृश्य दृश्य तभी होता है जब दृश्य को देखती दृष्टि अपने आपको भी देख पाती है (यों उसमें एक पारदर्शिता आती है)। ऐसे देखने में दृष्टि भी दृश्य हो जाती है—पर दृष्टि दृष्टि का रूप ही तब लेती है जब अपने को देख सके। दर्शन में इस 'दृक्-दृश्य-व्यापार' का विमर्श मिलता है : इसके स्वरूप पर ही नहीं इससे उभरते चेतना के गूढ़ रहस्य पर भी मनन-चिन्तन उभरता है। दृष्टि का ही दृश्य बनकर सामने आना है भी रहस्य का संकेत—उपनिषद् में कहा है, 'ज्ञातारं अरे केन विजानीयात्' (देखने वाली आँख को किससे देखोगे?) ज्यों ही हम देखेंगे वह दृश्य हो जायेगी, दृष्टि नहीं रहेगी। पर हमारे देखने का इसी व्यापार में आरम्भ है।

'इससे पहले' कविता में दृक्-दृश्य की चेतना बड़ी सरल, शान्त उपलब्धि के साथ खुलती-चलती आगे आती है—एक विस्मय का भी बोध है उपलब्धि में, पर उदग्र कुछ नहीं, अलग से कुछ नहीं, विस्मय मानो उपलब्धि के अनायास से उद्घाटन में ही निमज्जित है, जैसा यह बोध भी इसकी चेतना जागने से पहले रहता है : *इससे पहले/ किसी दृश्य की तरह/ नहीं देखा कभी/ अपने शहर को/ नहीं गई कभी/ उस तरह/ शहर से बाहर/ इससे पहले।*

कविता की इस पहली कड़ी में शहर पहली बार 'दृश्य' की तरह आँखों के आगे आता है। पर बात मामूली नहीं, देखने के सतह के ही बदल जाने की है। आगे की लाइनें देखिये : *कुछ दूर तक गयी/ उसी सतह पर/ यह भी नहीं था उस तरह/ शहर से बाहर जाना। — दृश्य में किसी दूसरे और अधिक सुन्दर शहर की तरह/ था अपना शहर/ अपने होने को/ शहर में/ दृश्य की तरह देखती हुई/ दृश्य में शामिल थी वह।*

दृश्य को दृश्य की तरह देखना, चेतना के आत्मचेतन हो जाने का बीज है, चेतना अपनी ओर मुड़कर अपने को देखती है। तभी देखने की सतह बदल जाती है और चेतना अपने को देखते हुए अपने बाहर देखती है। यही कविता का विस्मय भी है जो एक अनाडम्बर 'तथ्य' की तरह आगे आता है : *अपने होने को/ शहर में/ दृश्य की तरह देखती हुई/ दृश्य में शामिल*

थी वह। दृष्टि अब अपनी स्वतन्त्र सतह पर तटस्थ खड़ी होकर शहर को दृश्य बना लेती है, तभी दृश्य का रूप भी खुलता है जो प्रच्छन्नप्राय था : *दृश्य में/ किसी दूसरे/ और अधिक सुन्दर शहर की तरह/ था अपना शहर।*

साफ़ ही, यहाँ कविता दृक्-दृश्य-भाव के विमर्श-विचार में नहीं है (होती तो दर्शन ही होता)। कविता दृक्-दृश्य-भाव के हठात् से जागे अनुभव में है : उसके भावन में है, उसके उह्य में नहीं जो कि युक्ति का मार्ग लेता है। एक आप बीती है कविता में, एक संवेदना में जाग उठा उजास, विवेचना का तर्क नहीं।

यह नहीं कि तर्क या युक्ति होती नहीं कविता में। होती है, पर उसकी दिशा, उसका आशय और होता है। कह सकते हैं कि युक्ति यहाँ रूप या आकृति में ही युक्ति होती है, क्योंकि विचार का अंग नहीं होती, भावन का ही अंग होती है। 'सामने अगर' कविता की पहली ही पंक्तियों की शुद्ध तर्कमयी 'युक्ति' देखिये : *सामने अगर/ जामुन है/ तो पीठ पीछे घर का होना तय है।*

यह युक्ति ही नहीं, निगमन है, निर्भान्त तर्क की व्याप्ति के साथ 'उपपन्न' की गयी बात है : एक बात जहाँ दूसरी को अटल भाव से आपादित कर रही है—सामने अगर जामुन है तो पीठ पीछे घर का होना तय है। पर कहना न होगा, यह 'युक्ति' विचार का अंग नहीं है, किसी उह्य को निस्संशय उपपन्न नहीं करना चाह रही। यहाँ जिस 'व्याप्ति' का बोध है, 'जामुन' के साथ 'घर' का, वह संवेदना की, भावन की व्याप्ति है, विचार की नहीं। पर इसीलिए इस युक्ति को 'अयुक्त' कहना, इसे हेत्वाभास की कोटि में रख देना, कविता या भावन से ही नहीं, भाषा और उसमें व्याप्त सहज व्यंजना से भी किनारा करना होगा। युक्ति भाषा का एक सहज कथन रूप है, पर भाषा ऊहापोह तर्क-विचार तक सीमित नहीं। उसके कथन-रूप भावन की दिशा लें तो कहते ही कुछ और हैं चाहे रूप तर्क का लगे। और जैसा कि इन तीन पंक्तियों में दिखता है, ऐसा भी नहीं है कि बात पहले अभिधा की (यहाँ तर्क-रूप, अभिधा की) होती है और पीछे व्यंजना की। व्यंजना की ओर भाषा उतने ही निसर्ग अधिकार के साथ बढ़ती है, जितने अधिकार से अभिधा और अभिधा को मानकर चलते ऊहापोह और तर्क-विचार की ओर। भाषा से स्वभाव में ही दोनों पन्थ निहित हैं, जैसे कि चेतना में ही निहित हैं।

ज्योत्स्ना जी की विशेषता यह है कि उनकी कविता बड़े अपृथक कौशल से दिखा देती है कि भाषा में व्यंजना सहज है। इसलिए यहाँ अगर काव्य-शास्त्र की बोली अपनाते हुए कहा जाय कि 'यह युक्ति का व्यंजनात्मक प्रयोग है', तो बात, मैं समझता हूँ, भ्रान्त ही होगी। ऐसा कहने में यह व्यंजित है कि युक्ति का 'घर', उसका स्वधाम तो अभिधा और अभिधा की धरती पर खड़ा ऊहापोह है, व्यंजना जहाँ बाहर से 'आहृत' होती है, और भाषा को 'वक्र' कर देती है—प्रयोग सीधा नहीं रहता टेढ़ा हो जाता है। इसलिए कविता की 'युक्ति' को युक्ति नहीं कहना चाहिये, वह युक्ति का आभास ही होती है। पर 'सामने अगर' से हमने जिस युक्ति को उद्धृत किया है, उसके साथ 'आभास' जैसे विशेषण का प्रयोग या उसे युक्ति का वक्र प्रयोग कह देना नासमझी ही लगेगी—क्योंकि बात यहाँ तर्क की है ही नहीं, भावन का अपना प्रकाश है, और अपनी तरह की अटल, निर्भान्त 'व्याप्ति' के साथ। या यों कहिये कि संवेदना की अपनी युक्ति, अपना उह्य है यहाँ। हाँ, इसे यों सरल अनुभूति से कह देना जैसा कि यहाँ कविता में कहा गया है, यह उतना 'सरल' नहीं। संवेदना और अभिव्यक्ति का विरल युगपत्-भाव ही इसे सम्भव करता है। कविता में व्यंजना के प्रति शिल्प-बोध और शिल्प के लिए साधा जाता उपाय-कौशल तो आमतौर पर आड़े ही आ जाता है।

कविता की युक्ति पर एक बार फिर से आइये। यहाँ घर का होना पेड़ से तय है—घर से पेड़ का होना नहीं। पेड़ व्यापक है, घर व्याप्त। चेतना में आगे पेड़ है, पीछे घर। पर व्यापक पेड़ है, जामुन नहीं। पेड़ का घर से अविनाभाव है (पेड़ बिना घर क्या!) जामुन से नहीं—दूसरा भी पेड़ हो सकता है। यानी बोध में, या संवेदना में, पेड़ और घर का नियत सहचार है—पेड़ के बिना घर नहीं, या, और खोलकर कहें तो पेड़ के बिना घर घर नहीं (घर का आभास ही है), पर यह बात है तो पेड़ दूसरा हो ही सकता है। हाँ, पेड़ दूसरा होगा तो शोभा, श्री, वैभव ये भी दूसरे होंगे। पिछली तीन पंक्तियों के आगे की कविता देखिये : *जामुन न होकर/ वह आम, गूलर, नीम या आकाशनीम भी हो सकता था/ होता अगर आम/ जाड़ा उतरते बौरा उठता/ अपनी डगाल से दूर जाकर/ नीचे को लटकती/ टपकने को तैयार कैरियाँ/ बीच गर्मियों में।*

आगे बढ़ने से पहले 'आम' के साथ 'अगर' के प्रयोग को लीजिये। उसी

तरह का है जैसा तर्क में होता है अगर 'आम' होता तो 'ऐसा' होता। यहाँ भी एक उपपत्ति है जो आम के स्वभाव को नियत मानकर चलती है : अगर आम है तो (तय है) कि जाड़े के बाद बौरायेगा। उपपत्ति को यों रखा जा सकता है : (अगर) सब आम बौराते हैं/यह आम है/(तो) यह भी बौरायेगा।

यहाँ बात को नियत, 'उपपन्न' करने के लिए 'अगर' आवश्यक है। नहीं तो पहली प्रतिज्ञा ही नहीं बनेगी क्योंकि आमों का बौराना अपने आप में निश्चित नहीं होता। 'अगर' साथ न हो तो आगे की बात बिखर जायेगी। 'अगर' ही बात को उपपत्ति या निगमन के क्षेत्र में लाता है। पर 'अगर' करता क्या है? वह बात को 'वास्तव' से हटाकर कल्पना या उत्प्रेक्षा के जगत् में ले जाता है, वहीं तर्क 'विशुद्ध' रूप लेता है, निर्भ्रान्त 'उपपत्ति' का ढाँचा अपनाता है। पर वहाँ यह भी प्रकट होता है कि कल्पना के और भी मार्ग हैं, जिनकी अपनी सार्थकता है, अपने 'निश्चित', 'प्रामाणिक', 'निष्कर्ष' हैं। कविता इन्हीं मार्गों में है। ऐसा नहीं है कि तर्क अकल्पना है—संशय-का-अवकाश-नहीं छोड़ता 'सत्य' है—और कविता कल्पना है, 'मिथ्या' है। यह नहीं है कि तर्क में यथेच्छ या स्वैर कुछ नहीं होता, सब 'नियत', 'अनिवार्य' होता है, जबकि कविता अनर्गल मनमानी होती है। सच तो यह है कि तर्क और कविता कल्पना के ही अलग मार्ग हैं। कविता अनर्गल प्रलाप नहीं करती, भावना की अपनी संगति, अपनी प्रामाणिकता होती है वहाँ। हाँ, तर्क जैसी नहीं होती। पर संवेदना भी संगतभाव से ही कुछ देखती हुई चलती हैं, यादृच्छिक नहीं होती। उसकी अपनी आँख होती है, अपनी बुनावट होती है, बिखराव का वहाँ भी प्रवेश नहीं है।

वास्तव-बोध को हम तर्क-सापेक्ष मानते हैं, वास्तव-बोध तर्कसंगत न हो तो वास्तव का बोध नहीं होगा, यह हम स्वीकारते हैं। पर कविता में—और यहाँ इस कविता में—उभरता यह है कि हमारा वास्तव-बोध उतना ही संवेदना-सापेक्ष भी होता है, अगर अधिक नहीं। तर्क और संवेदना, हैं दोनों कल्पना के ही मार्ग, पर इनके बिना हम किसी 'वास्तव' की भी कल्पना नहीं कर सकते। फिर हमारा वास्तव नियत कुछ नहीं होता, हम उसके अन्यथा होने की कल्पना ही नहीं करते, उसे अन्यथा करते भी रहते हैं : यों बिना कल्पना के तर्क ही नहीं, कर्म भी सम्भव नहीं। संवेदना या भावना में कल्पना वास्तव के बिम्ब बनाती दिखती है जो वास्तव को एक

संवेदित या 'भुक्तअनुभूत' प्रतीक का रूप देते हैं। ऐसा प्रतीक जिसके बिना वास्तव अकल्पनीय होता है।

स्त्री के प्रति ज्योत्स्ना मिलन की संवेदना अपार और अपूर्व है। बड़ी गहरायी है उसमें, पर एक स्वच्छ झील की सी गहरायी है : शान्त, अविक्षुब्ध। स्त्री का अपनी सत्ता में ही गौण, पराधीन होना, इसका अथाह विषाद है, पर विद्वेष-विद्रोह का आक्रोश नहीं जो अपनी जुगुप्सा में अक्सर पुरुष को (उसके अन्याय को) ही सामने रखता है, स्त्री को भूल जाता है। यहाँ एक निर्मल, सजग आत्मीयता स्त्री के प्रति है जो दैनन्दिन आठ-पहर के बोध में उजागर होती कई रूप लेती है; अपनी 'साधारणता' में स्त्री-दशा के अन्याय को, कारुण्य को गहरा देती है। स्वर का स्थिर मन्द्र-संयत भाव शोचनीयता को अतल परिप्रेक्ष्य देता है।

एक ही कविता को ले रहा हूँ। जिस कविता को ले रहा हूँ, वहाँ नर्म-विनोद की एक हल्की सह-छाया भी है, जो परिस्थिति की आपात हास्यास्पदता में है। पर यही भाव स्त्री की परायत्त, असहायता को और असहनीय बना देता है। कविता का शीर्षक है, 'साईकिल, सवाल और स्त्री'। पहली कड़ी ही—बड़ी सीधी और उतनी ही तीख़ी—भंगी के साथ स्त्री का निरादृत, उपेक्षित रूप उभार देती है : स्त्री को साईकिल पर बैठने का अभ्यास नहीं, डगमग, बेढंगी-बेतुकी सी बैठी है। पर पुरुष-सवार इस बात से बिलकुल बेपरवाह है। एक रोज़मर्रा का विवरण है जो बिम्ब का ही नहीं, अपनी पूरी छवि में एक गहरे प्रतीक का रूप लेता उभरता है कविता में : *हवा में पैर उछाले/ बैठी स्त्री के/ वहाँ होने का पता/ ज़रूरी नहीं कि/ साईकिल सवार को हो (ही)।*

'ही' का यहाँ कोष्ठक में होना अपनी व्यंजना में साईकिल सवार की स्त्री-बोध-हीनता को और निर्मम बना देता है। व्यंजना सूक्ष्म है, पर बात सीधी, स्थूल, प्रत्यक्ष है।

स्त्री की सभ्य-शिक्षा-से-सूनी, भोली, आत्मविस्मृत बेसँभाल की दशा उसे बेढंगा बनाती है तो उसकी विवशता को ही निरावरण करती है : *हवा में पैर उछाले/ (ऐसे) बैठी थी स्त्री/ जैसे हवा उसे उड़ा रही हो।* अगला बिम्ब उसके अवहेलित-उपेक्षित 'होने' में उसके 'न होने' की व्यथा को अगाध कर देता है : *झड़ते-झड़ते/ ठहर गये पत्ते सी/ थमी थी स्त्री/ अपने*

आप/ साईकिल की पिछली सीट पर।

'थमना' यहाँ स्पष्ट ही स्त्री की सम्भावना का ही ठिठककर गतिहीन हो जाने की व्यंजना भी रखता है। साईकिल के पीछे 'बैठी' नहीं 'रख दी' गयी स्त्री की लाचार, निस्सार, गतिहीनता का यह बिम्ब स्त्री-मात्र को समेट लेता लगता है। कविता की अन्तिम कड़ी में स्त्री की यह जड़-सी आत्महीनता एक झकझोर देते निस्तल की ओर बढ़ जाती है—पर बड़ी सहज गति के साथ। झड़े पत्ते का बिम्ब विस्तार पाता दिखता है और स्त्री की 'स्थिति' का ही प्रतीक बन जाता है : *उसके थमने की ही तरह/ कभी भी शुरू हो सकती थी/ (झड़ते-झड़ते) उसके/ उड़ने की/ या उड़ते-उड़ते झड़ने की प्रक्रिया।*

संग्रह की और भी कविताएँ पाठक को निमन्त्रण देती हैं, पर उन्हें यहाँ पाठक के ही मनन पर छोड़ता हूँ।

जनसत्ता, रविवार, १६ अप्रैल २००६

शल्य जी का काव्य-विमर्श

काव्य-विमर्श शल्य जी के साहित्य-विषयक निबन्धों का संग्रह है। उनके विमर्श के यहाँ दो भिन्न पर एक-दूसरे के पूरक पक्ष देखे जा सकते हैं। विषय-सूची ही लेखों को दो भागों में बाँटती है। दूसरे भाग या वर्ग को 'समीक्षाएँ' कहा गया है। पहले वर्ग का कोई अलग शीर्षक या अभिधान नहीं है, पर इसे 'विचार', 'दर्शन', 'अन्वीक्षा' की श्रेणी में रखा जा सकता है। इसे साहित्य या काव्य के स्वरूप और अर्थ का अवलोकन-अवगाहन भी कहा जा सकता है। पर ध्यातव्य है कि शल्य जी के साहित्य या काव्य सम्बन्धी आधारगत विचार कला के पूरे क्षेत्र में व्यापक हैं।

लेकिन शल्य जी की 'समीक्षाएँ' साहित्य को ही विषय बनाती हैं, अन्य कलाओं को नहीं। उनकी संवेदना में—और यों उनकी आलोचक दृष्टि में—साहित्य ही अधिक उभरकर जागता है। पर शल्य जी के विचार में थोड़ा उतरकर देखें तो उनका गहनतम अभिनिवेश दर्शन और तत्त्व-चिन्तन के प्रति है। फिर भी उन्होंने बड़ी परख—प्राश्निक सहृदयता—के साथ साहित्य पर भी बहुत लिखा है। उनकी पहली पुस्तक ही पन्त के काव्य पर थी।'काव्य-विमर्श' में उनकी अपेक्षया साम्प्रतिक समालोचनाओं का संग्रह है। एक बात शल्य जी की समीक्षाओं में पाठक को पहले ही गोचर हो सकती है : शल्य जी की समीक्षाओं में उनकी संवेदना ही आगे आती है, उनका दर्शन या (तत्त्व) चिन्तन नहीं। वह परोक्ष, नेपथ्य में ही रहता है; आगे आता भी है तो संवेदना के भीतर से ही उभरता हुआ आता है। इसका एक बड़ा कारण यह है कि उनकी संवेदना कृति के विशेष पर ही निविष्ट रहती है जो कि आज की 'सरोकार'-भरी आलोचना में कम

ही देखने को मिलता है। उनकी काव्य की (साहित्य की) पकड़ किसी वाद या वाद-गर्भ-आदर्श (आइडियोलॉजी) या विचार-तन्त्र के पटल पर साहित्य को नहीं देखती-आँकती; संवेदना, उनके यहाँ, कृति की ओर उन्मुख रहती है, कृतियों का भावन करते हुए उनके कृतित्व को उभारती दिखती है। किसी कवि का मूल्यांकन भी उसकी कृतियों में उतरते हुए करती है। कृति प्रधान है उनकी समीक्षा में, जैसा कि साहित्य (और कला) समीक्षाओं में होना चाहिये, पर अक्सर समीक्षकों के दूसरे (वैचारिक) सरोकारों में कृति गौण हो जाती है, खो जाती है।

शल्य जी के विचार से परिचय हो तो शल्य जी के इस कृतिनिष्ठ अभिनिवेश का समर्थन उनके साहित्य (और कला) के स्वरूप सम्बन्धी चिन्तन में भी देख सकते हैं। वे कला के अपने साध्य को विचार और दर्शन से पृथक् देखते हैं और कला-सृजन की उपलब्धि का संकेत कला-कृति में ही मानते हैं। कहा जा सकता है कि उनके साहित्य-विषयक दर्शन या तत्त्व चिन्तन की प्रेरणा उनकी संवेदना को ही आधार बनाती है, पर दोनों अपनी-अपनी जगह अलग और स्वतन्त्र भी रहते हैं। उनका विचार संवेदना को ऊह्य रखता हुआ भी व्यापकतर दार्शनिक दृष्टि और युक्ति में घर करता है।

संवेदना की समीक्षा में रूप लेती अभिव्यक्ति तत्त्व-विचार और दर्शन की सिद्धान्त-उन्मुख अन्वीक्षा से भिन्न होती है। यह नहीं कि उसमें विचार या मौलिकता का अभाव होता है, पर विचार ही यहाँ भावन की दिशा लेता है। इसलिए अपनी-सी भाषा भी अलग चाहता है। यह भाषा उसी तरह समीक्षक के लिए साध्य होती है, या कहिये कि सृजन का विषय होती है, जितनी दार्शनिक के लिए दर्शन की भाषा होती है। रूढ़ि या गतानुगतिकता का दोनों में ही स्थान नहीं (जैसा काव्य में भी नहीं है)। दर्शन से विमुख-सी हिन्दी में दर्शन करते हुए शल्य जी (और उनके पाठकों के लिए) दर्शन की भाषा का सिद्ध नहीं साध्य होना तो और भी साक्षात् सी बात है। शल्य जी कहते भी हैं कि उन्हें अपने विचार के साथ-साथ ही अपने विचार की भाषा भी गढ़नी पड़ी है। दूसरे स्वतन्त्र विचारक भी यही करते हैं। स्वतन्त्र समीक्षक भी यही करता है। अचम्भा नहीं कि जैसी कृति-निष्ठ समीक्षा शल्य जी करते हैं उसके लिए उन्हें गढ़ी-गढ़ाई भाषा नहीं मिली है, भाषा का सन्धान करना पड़ा है—उनकी समीक्षाओं से यह बात उभरती भी है।

तभी उनकी एक व्यक्तिगत शैली दीखती है वहाँ। शैली का संवेदना से सम्बन्ध सहज है। सहृदयता कविता ही की तरह निजस्व होती है। यह नहीं कि उसमें सामान्यता नहीं होती (इसके बिना तो वह कुछ कहेगी ही नहीं), पर उसकी सामान्यता में कविता ही की तरह भावन का प्रकाश होता है, जो दर्शन से कहीं अधिक, और कहीं प्रकट रूप से व्यंजना की ओर मुड़ता है। तभी शैली की ओर भी मुड़ता है।

पर शल्य जी की विलक्षणता उनके कला के तत्त्व या स्वरूप विषयक विमर्श में ही है। यहाँ उनकी दृष्टि को सचमुच अपूर्व कहा जा सकता है। शल्य जी की बात उनकी अपनी है, उन्हीं की उद्‌भावना है, उस पर प्रभाव है तो उन्हीं के अपने व्यापकतर दर्शन का। किसी चले आते, उपलब्ध और यों पारम्परिक (पश्चिमी या भारतीय) दर्शन से अस्पृष्ट ही उभरता है। रस चिन्तन की वे बात करते हैं, पर उसे पूर्व पक्ष बनाते हैं—उससे 'प्रभावित' बिलकुल नहीं कहे जा सकते; बल्कि उसे वे साहित्य (और कला) के मर्म और तत्त्व को समझने के लिए अपर्याप्त ही नहीं अयुक्त समझते हैं।

फिर भी यह कहा जा सकता है कि शल्य जी के विचार का आरम्भ उसी प्रश्न से है जिससे हमारी काव्य-विमर्श परम्परा चली है : काव्य की 'आत्मा' क्या है? अर्थात् काव्य का स्वरूप—उसका तत्त्व, उसका मर्म—क्या है? उसका व्यावर्तक या अवच्छेदक लक्षण क्या है? जो उसे अभिव्यक्ति के दूसरे क्षेत्रों से अलग करता है। यह सीधा-सीधा दार्शनिक प्रश्न है, संवेदना का प्रश्न नहीं जो पूछती-देखती-जाँचती है कि इस कृति में कविता क्या है?

'काव्य की आत्मा क्या है?' इसका हमारे यहाँ प्रसिद्धतम—और गम्भीरतम—उत्तर है 'रस'। बाद के चिन्तकों में यह भी दिखता है कि नाट्य से चलकर काव्य तक फैलता हुआ रस कला-मात्र की 'आत्मा' का रूप ले लेता है। आज भी इस बोध की जड़ें गहरी हैं, चाहे अक्सर यह विचार का संस्कार मात्र हो। संगीत में, नृत्य-नृत्त में, चित्र में—शायद वास्तु को छोड़कर सभी शिष्ट, उदात्त कलाओं में—रस को तत्-तत् कला-कर्म का स्वरूप और मर्म-प्रयोजन या उपेय मानते हैं हम। शल्य जी का चिन्तन अपनी तत्त्व-दृष्टि में साहित्य को ही नहीं, कला मात्र को सँजोता है, हालाँकि उनकी संवेदना की सूक्ष्मता साहित्य की ओर ही अधिक प्रवण है।

रस चिन्तन में मनन का एक गाम्भीर्य है; युक्तिनिष्ठ तटस्थता के साथ विचार की व्यापकता, सामान्यता और समग्रता है जो उसे सचमुच दर्शन की कोटि में रखती है। पश्चिम में ऐसी विचारनिष्ठता के साथ कला के प्रति अभिनिवेश नया है—१८वीं, १९वीं सदी के बाद का ही है, उसके पहले कला पर चिन्तन छिटपुट है; 'सौन्दर्य' (ब्यूटी) पर चिन्तन है, पर अवधेय अपने आप में कला नहीं है। पश्चिम में कला पर चिन्तन जब उभरता भी है तो एक बड़ा आग्रह कला को सभ्यता और सभ्यता के इतिहास के सन्दर्भ में देखने का उभरता है। कला का इतिहास कला की समझ का, एक आवश्यक-सा अंग बन जाता है। कला के विभिन्न सरोकारों, प्रयोजनों, समाजनैतिक, राजनैतिक वादों, प्रवृत्तियों से उसके सम्बन्धों की बात तूल पकड़ती दिखती है। मनुष्य की रहनी में कला का स्थान, उसका औचित्य, उसका उपयोग—ये प्रश्न बड़े हो जाते हैं। मार्क्सवाद के साथ तो क्रान्ति के दूसरे हथियारों में कला भी एक हथियार हो जाती है, जैसा कि शल्य जी ने पुस्तक के पहले ही लेख में कहा भी है। 'कला कला के लिए' के नाम पर इसका विरोध भी होता है। (इन प्रवृत्तियों से हम परिचित हैं, हमारे यहाँ भी कला-विचार में ये बातें पश्चिम की छाया की तरह उभरी हैं)। पर इस सारे विचार में ('कला कला के लिए' की धारणा में भी) कला क्या है ? कला का स्वरूप क्या है ? यह आधार प्रश्न धूमिल ही हो जाता है। ऐसा नहीं है कि प्रश्न उभरता नहीं, पर कला विचार की दूसरी चिन्ताओं में उसका स्वर डूबा-सा रहता है। पश्चिम में—और उसके पीछे चलते हमारे आज के चिन्तन में—इस प्रश्न का वह महत्त्व नहीं, जैसा हमारे यहाँ रहा है। (हमारे पारम्परिक कहलाते चिन्तन में आज भी ऊह्य है)। शल्य जी के लिए यह प्रश्न कला-विषयक केन्द्रीय प्रश्न है। उस पर उन्होंने जो चिन्तन किया है, और साहित्य (एवं कला) के जिस लक्षण—या सिद्धान्त—पर वे पहुँचे हैं, मैं यहाँ अपने इस लेख में, उसी के उद्‌घाटन में अधिक व्यस्त रहूँगा। इसलिए भी कि काव्य-विमर्श के उनके सारे ऐसे लेख, जिन्हें अन्वीक्षापरक कहा जा सकता है, प्राय: उन सबमें उनका काव्य-तत्त्व विषयक चिन्तन ऊह्य है। काव्य-विमर्श की भूमिका में वे स्वयं भी यह बात स्वीकारते हैं।

जैसा कह चुका हूँ, शल्य जी के कला-चिन्तन में उतरना हो तो उसका सही सन्दर्भ उनका अपना ही व्यापकतर तत्त्व चिन्तन है। शल्य जी की

अपनी स्वतन्त्र तत्त्व-दृष्टि पश्चिम या पूर्व की दर्शन परम्परा से स्वतन्त्र है। वे अपने आप को वेदान्ती मानते हैं, परम-तत्त्व की अद्वयता भी स्वीकारते हैं। पर उनका वेदान्त दर्शन भारतीय दर्शन के किसी भी अद्वैती वेदान्त-सम्प्रदाय-दर्शन से बिलकुल अलग है। उनके सम्पूर्ण चिन्तन को—और उसी के भीतर से उभरते—उनके कला चिन्तन को 'आधुनिक भारतीय' कहना उपयुक्त लगता है। पर उनके दर्शन की चर्चा कम होती है—और हमारे ही चिन्तन की आधुनिक अभिव्यक्ति के रूप में तो और भी कम। (शायद इसलिए भी कि हम ऐसी आधुनिकता से घबराते हैं जो नितान्त हमारी अपनी हो।)

पर शल्य जी का कला-चिन्तन आज हमारी साहित्य और कला चर्चाओं में प्रासंगिक है। इसलिए भी कि रस-सिद्धान्त से असन्तोष व्यापक है। इसका एक गहरा कारण यह कहा जा सकता है कि रस-सिद्धान्त में कला के प्रति जो दृष्टि और अभिनिवेश है, उसमें एक उथलापन दिखता है। वह अपर्याप्त ही नहीं, हेय, अनुचित लगता है आज। रस-विचार में कितनी ही सूझ हो, वह कला को देखता 'आस्वाद' के रूप में है। कला वहाँ 'रंजन', 'विनोद' की वस्तु ठहरती है, चाहे यह रंजन निरा 'भोग' नहीं हो, चेतना की इन्द्रिय से ऊपर उठती सूक्ष्मतर भूमि पर होता हो—या पुराने ही शब्दों में, 'सात्त्विक' हो। पर है यह भोग-व्यापार ही। रस-दृष्टि में कला का सम्बन्ध 'रसना-व्यापार' से भी बैठाया जाता है, जिसे कार्य-कारण से भिन्न एक सहृदयता-निष्ठ स्वतन्त्र व्यापार कहा गया है; पर यों भी बात, आख़िर को, भोक्तृत्व की ही रहती है, चेतना की किसी गहनतर, गम्भीरतर तलाश से नहीं जुड़ती। पर सार्थक, महत् कला में ऐसी ही तलाश आज हम ढूँढ़ते-पाते हैं। तभी कला की महिमा आज उसके 'रस' में नहीं, उसके 'सत्य' में है। यही एक बड़ा कारण है कि कला का आज 'यथार्थ' में निष्ठित मानी जाने वाली विचारधाराओं, वादों और इनसे संश्लिष्ट सामाजिक-राजनैतिक आदर्शों के साथ घनिष्ठ सम्बन्ध है; यह कला को विचार जैसा ही 'सत्य' का सरोकार देता है, उसे 'सच्चे' आत्मबोध और जगत्-बोध में निष्ठित करना चाहता है। कला के प्रति 'प्रबुद्ध' मनोभाव आज सत्यनिष्ठ नहीं तो कम से कम सत्य-सन्ध दृष्टि का है, 'आस्वाद' अप्रासंगिक है या 'निचली', हेय, केवल मनोरंजन करती कला का लक्षण है।

पर 'सत्य' जैसे शब्द का एक बड़प्पन के आशय से प्रयोग कर देना ही उसे कला-विचार का युक्त, समंजस प्रत्यय नहीं बना देता। इसके लिए दार्शनिक विमर्श और सूझ की अपेक्षा है जो चिन्तन की अपनी प्रतिभा, अपनी मीमांसा चाहती है। शल्य जी का कला-चिन्तन इसी दृष्टि से विशेष अनुध्येय है।

वे भी कला-कृति का लक्ष्य, उसकी 'निष्पत्ति', 'रस' में नहीं 'सत्य' में देखते हैं। पर उनकी दृष्टि एक आकांक्षा या आग्रह मात्र नहीं—जैसा कि आज के लेखन में छलक कर उभरता है—बल्कि वे अपनी दृष्टि को युक्ति का आधार देते हैं; विमर्श के साथ दर्शन की पदावली में अपनी बात को रूप देते हैं। ऐसा विमर्श दर्शन का अपना सन्दर्भ और अन्तरिक्ष चाहता है। (काव्य-विमर्श में संगृहीत) छोटे, छिटपुट और प्रसंग-भेद से लिखे गये लेखों में मूल विचार को मानकर ही भिन्न दिशाओं में आगे बढ़ा जा सकता है। तभी पुस्तक के 'प्राक्कथन' में पाठक का ध्यान शल्य जी ने अपनी *मूल्यतत्त्व-मीमांसा* और *चिद्विमर्श,* इन पुस्तकों की ओर दिलाया है, जहाँ उनके काव्य (और कला) विषयक सिद्धान्त का व्यवस्थित प्रतिपादन हुआ है। उन्हीं के शब्दों में, यह प्रतिपादन उनके 'प्रस्तुत पुस्तक में संकलित निबन्धों की पृष्ठभूमि बनाता है'।

तो काव्य-विमर्श में उनके विमर्श को और पैठ के साथ समझने के लिए उनके कला-सम्बन्धी दर्शन का साथ ही उनकी समग्र तत्त्व दृष्टि का कुछ खुलासा आवश्यक कहा जा सकता है। मैं यहाँ अपनी तरह से यही काम करूँगा। उनके बृहत्तर दर्शन का जितना परिचय आवश्यक समझूँगा दूँगा, पर अवधान उनके कला-दर्शन पर ही रखूँगा। विस्तार के लिए तो यों भी शल्य जी को ही पढ़ना उचित होगा। उनका पूरा चिन्तन अपने आप में अवधेय है।

यह सोचना सहज है कि सत्य का सन्धान ज्ञान करता है, भावना नहीं, भावना तो उस सन्धान में विघ्न ही खड़ा कर सकती है। साहित्य और कला का सम्बन्ध जब भावना से ही है तो वहाँ सत्य की बात कैसी? वहाँ तो 'रस' या सौन्दर्य जैसी ही धारणाएँ उपयुक्त हैं, जिनका सत्य से कोई सम्बन्ध नहीं। बात को कुछ और व्यापक बनाते हुए यों कह सकते हैं कि होने को ज्ञान होता तो विषयी को है (विषयी के बिना विषय नहीं होता) पर ज्ञान विषय के विषयी से स्वतन्त्र स्वरूप का—विषय के अपने वस्तुत्व

का—सन्धान करता है। यही सत्य का सन्धान है, जिसमें ज्ञान विषय के स्वरूप का प्रत्यय के रूप में ग्रहण-धारण करता है। यही सत्य का ग्रहण-धारण होता है—तभी कहते हैं कि प्रत्यय का वस्तु के अनुकूल होना 'सत्य' है। पर सत्य का सन्धान, या ज्ञान की विषय-उन्मुख-वृत्ति यह होती तो विषयी में ही है, चाहे यह विषय को विषयी से स्वतन्त्र रखना चाहती हो। यह वृत्ति अपने ज्ञान-व्यापार में विषयी का हस्तक्षेप नहीं चाहती—विषयी को अलग रख देना, हटाना ही चाहती है; विशुद्ध, अनन्य भाव से विषय की द्रष्टा हो जाना चाहती है ज्ञान-वृत्ति। पर विषयी से स्वतन्त्र होने उसे हटाने या अलग रख देने का क्या अर्थ? विषयी के बिना ज्ञान—या किसी भी वृत्ति—के होने का प्रश्न ही क्या? विषयी से विमुक्त होने का अर्थ ज्ञान-वृत्ति की तटस्थता, अनाविल द्रष्टता और विषय-केन्द्रिकता (या वस्तु-तन्त्रता) ही हो सकता है, विषयी को ही हटा देना, या उससे अलग हो जाना नहीं। विषयिता आड़े आती है ज्ञान में। पर विषयिता का यहाँ अर्थ क्या, जिससे ज्ञान की सत्य-सन्ध वस्तु-तन्त्रता छुटकारा चाहती है? यह विषयिता हमारी भावनाएँ हैं, जिनमें सुख-दुःख, राग-द्वेष, इच्छाएँ-आकांक्षाएँ...सब शामिल हैं। विषयिता का परिसर और भी बड़ा है। इसमें हमारी शारीरिक अनुभूतियाँ, चेष्टाएँ भी आ जाती हैं, और हमारी रुचियाँ, हमारे अभिमत, हमारे विचारगत आग्रह, पक्षपात, संस्कार, ये भी आते हैं, और साथ ही हमारी कर्म की प्रवृत्तियाँ, अभीप्साएँ, संकल्प, प्रयत्न, इन्हें भी गिनाया जा सकता है, हमारे विचार का अनुभव भी इसी परिसर में आता है : यों हमारा सारा भुक्त-अनुभूत जगत् इसमें समाता है। कह सकते हैं कि हमारा मनुष्य-भाव ही हमारी विषयिता है। पर विशेषकर हमारा भोक्तृत्व, भावयित्रित्व, कर्तृत्व ये हमारी विषयिता को रूप देते हैं। इसलिए ज्ञान या विचार भी, जहाँ तक वह अनुभूति का, और भोग, भावना या कर्म का अंग होता है, वह भी विषयिता का अंग होता ही है।

ज्ञान एक सन्धान है। उसे 'सन्धान' की एक वृत्ति भी कहा जा सकता है—एक ऐसी अन्वेषणा जो वस्तु का वस्तु के ही रूप में अध्यवसाय करना चाहती है। यही सत्य की भी खोज है। यों ज्ञान निश्चेष्ट, निष्क्रिय वृत्ति नहीं है। एक दर्पण नहीं है ज्ञान जिस पर वस्तु अपना प्रतिबिम्ब डाल देती है। ज्ञान का अपना कृतित्व होता है, अपनी दृष्टि, अपनी परीक्षा होती है—विषयिता से अपने को दूर रखना ज्ञान का अपना प्रयत्न है—तभी ज्ञान का

सम्बन्ध प्रमाणों से है जो ज्ञान के माध्यम बनते हैं, ज्ञान का सन्धान उनका सचेष्ट, सविचार विनियोग करता है। ज्ञान हमारी जिज्ञासा का फल है, जो प्रश्न करती है, भ्रान्ति या मिथ्यात्व का निवारण करती चलती है। ज्ञान के सत्य-सन्धान में विषयी-भाव का निवारण इसलिए होता है कि यह ज्ञान की सत्य-दृष्टि को भ्रान्त कर देता है, मोहित कर मिथ्या की ओर ले जाता है।

पर अगर ज्ञान के लिए सत्य एक सन्धान है तो सत्य अर्थ भी है। विषय या वस्तु के सत्य का अन्वेषण वस्तु के अर्थ की ओर ही उन्मुख होता है। चेतना के सन्धान अर्थ के ही सन्धान होते हैं। यह सन्धान इच्छा, वासना, कई स्तरों पर हो सकता है। सत्य का सन्धान स्पष्ट ही एक ऊर्ध्वतर सन्धान है। ज्ञान की वृत्ति एक अर्थ-खोजती वृत्ति ही है जो वस्तु के स्वतन्त्र वस्तुत्व का अर्थ खोजती है—यही ज्ञान का प्रयोजन है : वस्तु के सत्य को पा लेना। ज्ञान में हम सत्य का ग्रहण प्राप्तव्य, साध्य अर्थ के रूप में ही करते हैं। ज्ञान का पुरुषार्थ है सत्य।

मैं शल्य जी के चिन्तन को ध्यान में रखते हुए ही 'सत्य' को 'अर्थ' से एक कर रहा हूँ। 'सत्य' का 'अर्थ' होना इस बात से भी प्रकट है कि ज्ञान की विभिन्न दृष्टियों में भेद गहरा होता है। दर्शन के क्षेत्र में यह स्पष्ट ही देखा जा सकता है। दर्शन की दृष्टियों का सन्धान सत्य ही होता है, तब भी जब कोई दर्शन सत्य के होने का ही निषेध करे। 'सत्य नहीं है, या उसका होना सर्वथा संदिग्ध है', यह अध्यवसाय ज्ञान का ही अध्यवसाय है। ज्ञान के विषय या 'वस्तु' का सत्य। वस्तु-सत्य का सन्धान ही ज्ञान की परस्पर-भिन्न दृष्टियों को जन्म देता है। वस्तु क्या है? इस ज्ञान के प्रश्न से चलते हुए ही भिन्न दृष्टियाँ—बड़ी तटस्थ, प्रमाणनिष्ठ ज्ञान-वृत्ति के साथ—बहुत भिन्न निष्कर्षों पर पहुँचती हैं। कुछ आत्यन्तिक दृष्टियाँ तो विषय मात्र को ही भ्रान्ति या कल्पना या अज्ञान कह देती हैं, उनके लिए 'वस्तुत्व' का सत्य यह जान लेने में है कि 'वस्तुत्व' ही कल्पना है—वस्तु स्वलक्षण है, ज्ञान वस्तु तक नहीं पहुँच सकता; पर मनुष्य की विषय-कल्पना में एक योजना है, सर्व-साधारण वस्तु का वही उपक्षेप करती है। दृष्टियों के विस्तार में जाना यहाँ अनावश्यक है। पर स्पष्ट ही ये दृष्टियाँ सत्य की ही दृष्टियाँ हैं जो चेतना की विषय-उन्मुख वृत्ति से वस्तु के 'यथार्थ' को यथार्थेन ढूँढ़ती हैं। दृष्टि-भेद से सत्य का स्वरूप भिन्न

उभरता है, पर वह रहता चेतना के लिए एक विषयी को हटाता अन्वेषण है। विज्ञान भी इन्हीं दृष्टियों में एक दृष्टि है, चाहे आज उसे ही सत्य की ऐकान्तिक दृष्टि और 'ज्ञान' का एकमात्र प्रतिमान मानने का आग्रह क्यों न हो।

आम तौर पर सत्य का प्रश्न हम इन्द्रिय-बोध के स्तर पर उठाते हैं, तभी प्रत्यक्ष को और प्रत्यक्ष पर आधारित प्रमाण को हम वस्तु के लिए आधारगत प्रमाण मानते हैं। प्रत्यक्ष के माध्यम से ग्रहण-धारण (यह ज्ञान) प्रत्ययों में होता है जो सामान्य होते हैं। ऐसा न हो तो ग्रहण-धारण ही सम्भव न हो—दूसरे शब्दों में, ज्ञान ही सम्भव न हो। और न अनुमान सम्भव हो, जिसके बिना ज्ञान की बात नहीं की जा सकती। अनुमान की और तर्क की व्याप्ति प्रत्ययों के बीच की व्याप्ति होती है। विचार मात्र प्रत्ययों में होता है; तभी विचार के बिना ज्ञान नहीं होता। प्रत्यय अकेला नहीं होता, अन्य प्रत्ययों द्वारा व्याप्त या व्यावृत्त होता है; व्याप्ति, व्यावृत्ति विचार करता है; यों ज्ञान का प्रत्यय से सम्बन्ध विचार को सहज आभासित करता है। विचार का गहरा सम्बन्ध दृष्टि से है : ज्ञान की विभिन्न दृष्टियाँ विचार की ही दृष्टियाँ हैं। पर यहाँ विचार की अपनी गति में जाना प्रसंगान्तर हो जायेगा, फिर भी यह मन में रखना चाहिये कि ज्ञान की वस्तु, उसका सत्य अगर जिज्ञासा और प्रमाण-व्यापार की अपेक्षा रखता है तो विचार के बिना सत्य की बात वृथा है।

स्पष्ट ही विचार का सम्बन्ध केवल इन्द्रियगत विषयों में ही नहीं होता, उसके और भी विषय हैं। राजनीतिक-सामाजिक वाद, आदर्श, सत्य-सम्बन्धी विवाद, मत, विचारधाराएँ, उनकी प्रासंगिकता, युग का स्वरूप युग-बोध...ये सभी विचार के विषय हैं। विचार और ज्ञान को एक ही कह देना—उनको पर्याय ठहरा देना तो ठीक नहीं होगा, विचार में एक चरिष्णु खुलापन होता है, जबकि ज्ञान एक सत्य-निश्चय या प्रमाण-गर्भ अध्यवसाय के आश्वास पर स्थिर हो जाना चाहता है। तो भी ज्ञान विचार के बिना नहीं होता। विचार का सन्धान भी ज्ञान ही की तरह अपने विषय का सत्य ही होता; विचार अपने विषय के तत् या स्वरूप के ही अवगाहन-उद्घाटन की ओर उन्मुख होता है। यों विचार ज्ञान से व्यापक होता हुआ भी ज्ञानमुखी होता है। सत्य का सिद्धान्त बनाता है।

यहाँ ध्यान में रखने की बात यह है कि ज्ञान हो या विचार, ये जिसका ग्रहण

करते हैं वह उनका 'विषय' होता है और इस ग्रहण में उनके लिए विषयी को—भावनाओं, आग्रहों आदि को—निश्चेष्ट रखना अभिप्रेत होता है।

स्पष्ट ही ज्ञान या विचार के विषयों का प्रसार विराट् है। हमारी भावनाएँ, सुख-दु:ख, शरीर और इन्द्रिय की अनुभूतियाँ, आवेग, व्यग्रताएँ, इच्छाएँ, अभीप्साएँ, आशाएँ, आकांक्षाएँ, चिन्ताएँ, कर्म की आन्तर और बाह्य प्रवृत्तियाँ : संकल्प, विवेक, प्रयत्न, आचरण, शील, व्यवहार—दूसरे शब्दों में, हमारा भोक्तृत्व, भावयित्रित्व, कर्तृत्व, ये भी विचार और ज्ञान के क्षेत्र हैं। पर ये क्षेत्र प्रवृत्ति के भी क्षेत्र हैं, इसलिए ये स्वरूप-ज्ञान के ही नहीं साध्यता-विधान के भी क्षेत्र हैं। मनोचिकित्सा-विज्ञान और नाट्यशास्त्र अपनी-अपनी तरह से भावों के वर्णन-लक्षण का ही विधान का भी विषय बनाते हैं। पुरानी शब्दावली में मनोविज्ञान अगर 'लक्षण'-शास्त्र है तो मनोचिकित्सा शास्त्र 'शासन'-शास्त्र है। मनुष्य-भाव से सम्बन्ध रखने वाले सारे क्षेत्रों में लक्षण और शासन के भेद के साथ इनका युगपद-भाव देखा जा सकता है; चूँकि मनुष्य-भाव स्वरूप से ही साध्य है, इसलिए इस क्षेत्र के चिन्तन में लक्षण और शासन का सहभाव स्वाभाविक भी है। पाकशास्त्र और गन्धशास्त्र, इन्द्रियों के भोक्तृत्व को विषय बनाते ये शास्त्र, अपने विषय का वर्णन-लक्षण भी करते हैं, सुस्वाद भोजन और सुगन्ध द्रव्य बनाने की विधि भी बताते हैं। हमारी आन्तर प्रवृत्तियाँ—संकल्प, इच्छा, प्रयत्न...ये मनोविज्ञान के लक्षण और सिद्धान्त का विषय होकर मनोचिकित्सा के साधन भी होते हैं। ये प्रवृत्तियाँ मात्र अध्यात्म-शास्त्र का भी विषय हो सकती हैं, जैसा हम योगशास्त्रों में, भक्ति-ग्रन्थों में और अभिधम्म-परम्परा में पाते हैं।

यहाँ ज्ञान की दृष्टि से शासन या विधान पर एक आपत्ति की जा सकती है। कहा जा सकता है कि लक्षण और शासन दोनों को ज्ञान की कोटि में रखना ठीक नहीं। ज्ञान का काम विधान नहीं है, लक्षण ही है—जैसा कि विज्ञान करता है। विज्ञान के नाम पर आज मनुष्य-विषयक ज्ञान को भी शासन या विधान की प्रवृत्ति से अलग किया जाता है। पर एक तो शासन के लिए भी लक्षण आवश्यक होता है, दूसरे विशुद्ध लक्षण-ग्रन्थ भी शासन सम्बन्ध से रीते नहीं रखे जा सकते, उनका शासन के लिए महत्त्व स्पष्ट होता है : जैसा शरीर विज्ञान का शरीर चिकित्सा से, या मनोविज्ञान का मनोचिकित्सा से, या समाज-विज्ञान का समाज-विधान से—यों भी

मनुष्य में सिद्ध और साध्य का कोई आत्यन्तिक भेद करना कठिन है।

हमारे लिए यहाँ लक्षणीय यह है कि लक्षण हो या शासन, दोनों विषय-वृत्तिक होते हैं, अध्यवसाय प्रधान होते हैं। साहित्य और कलाओं से दोनों का भेद एक-सा है। पुराने साहित्य चिन्तकों ने साहित्य को दोनों से समान भाव से अलग किया है।

स्पष्ट ही, साहित्य और दूसरी कलाओं का सम्बन्ध भी हमारे मनुष्य-भाव से है—हमारे भोक्तृत्व-भावयित्रित्व-कर्तृत्व से। पर साहित्य-कला—'ये क्या हैं', 'इनका लक्षण क्या है', 'विधान क्या है', यह अध्यवसाय नहीं करते। साहित्य में हम मानो इन्हीं में होते हैं—इनमें तन्मय होते हैं, इनसे अपने को तादात्म्य पाते हैं : दूसरे शब्दों में, इनके विषयी होते हैं। पर कैसे विषयी ? स्पष्ट ही वैसे तो नहीं जैसे साधारण अनुभव, भाव, व्यवहार में। कला में चेतना इन अवस्थाओं-प्रवृत्तियों में रहती हुई भी, इनमें तन्मय होती हुई भी, इनसे एक तटस्थता रखती है, इनके प्रति एक द्रष्टा-भाव बनाये रखती है—वैसी ही दूरी जैसी ज्ञान में विषयी की विषय से होती है। यहाँ शल्य जी के शब्दों को लिया जा सकता है : हम विषयिता में रहते हुए ही यहाँ विषयिता का भावन करते हैं। यहाँ ज्ञान की बात नहीं की जा सकती, क्योंकि विषयी यहाँ विषय नहीं होता। पर सत्य की बात की जा सकती है, विषयी विषयिता में रहता हुआ भी उसका प्रेक्षक भी होता है। विषयिता के ही स्वरूप का—सत्य का, अर्थ का—सन्धान होता है कला में, पर विषयिता की ही दृष्टि से, विषय की दृष्टि से नहीं।

यहाँ एक बात (मानो कोष्ठक में) कहते हुए आगे बढ़ाना चाहता हूँ। कला को विषयिता के अर्थ या सत्य का सन्धान कहा जाये तो उसे 'ज्ञान' न कहने का आधार यही तार्किक प्रत्यय बनता है कि ज्ञान का ज्ञेय से सम्बन्ध विषयी-विषय सम्बन्ध होता है, विषयी-विषयी सम्बन्ध नहीं। अन्यथा सत्य या अर्थ-सन्धान की दृष्टि से साहित्य और कला को भी ज्ञान कह दिया जाय, तो मार्मिक दोष नहीं होगा। काव्य-विमर्श के लेख 'काव्य-तत्त्व' में यह बात स्पष्ट व्यंजित भी है। इस लेख में बात ज्ञान की है। कवि को ज्ञाता के रूप में देखा गया है : ऐसा विलक्षण ज्ञाता जो मनुष्य की मनुष्यता के अर्थों को, उनके वस्तुत्व को, अनुभूति के भीतर से जानता है। पर यह 'जानना' यहाँ 'होने का भी पर्याय है : वस्तु को वस्तु होकर जानना। अभिप्राय में एक विस्तार है, भेद नहीं।

कोई भी जानना सामान्यता की अपेक्षा रखता है। सत्य सामान्य के रूप में ही प्रकट होता है, ज्ञान हो या कला। ज्ञान या कला ये तटस्थ दृष्टि की ही अपेक्षा नहीं रखते, ज्ञान के बोध-मात्र-साधारण (सर्व-साधारण) होने की भी अपेक्षा रखते हैं। तभी ज्ञान प्रत्ययों में होता है जो स्वरूप से सामान्य होते हैं। तो कला में भी प्रत्यय होने चाहिये। वहाँ प्रत्यय की बात की नहीं जाती—पर शल्य जी ज़ोर देकर इस बात को सामने रखते हैं। प्रत्यय को साधारणतः भाषा से ही जोड़ा जाता है। उसे भाषा से बाहर नहीं देखा जाता। पर 'बोध की सामान्यता का धारण' अगर प्रत्यय का धर्म है तो यह कलाकृति में भी होता ही है—ऐसी कलाकृतियों में भी जहाँ शब्द माध्यम नहीं होता; या केवल शब्द माध्यम नहीं होता, जैसा कि नाट्य में। अभिनय बोध की साधारणता का धारण करता ही है।

नाट्य और साहित्य को कला-मीमांसा का आधार रखते हुए रसशास्त्रियों ने यहाँ 'साधारणीकरण' की बात की है। साधारणीकरण की धारणा में उतरने के लिए अभिनव का एक उदाहरण यहाँ उपादेय हो सकता है। भय को लीजिये। अभिनव पूछते हैं : नाट्य में प्रस्तुत भय किसका भय होता है? यह न नाट्य-लेखक का होता है, न अभिनेता का, न दर्शक का (दर्शक को वास्तव में भय हो तो उसका व्यवहार ही और होगा)। भय यहाँ साधारणीकृत होता है। तभी भय के रूप में नहीं, भयानक-रस के रूप में अनुभूत होता है। यहाँ कई प्रश्न उठ सकते हैं। एक जो पहले ही उठता है, यह कि फिर रसानुभूति अभिनेता और लेखक को क्यों नहीं होती? पर इस प्रश्न को जाने भी दें तो भी साधारणीकरण का यहाँ 'सामान्य हो जाना' या 'प्रत्यय हो जाना' जैसा अर्थ बनता नहीं लगता। धारणा में कलानुभूति को भाव की आम, दैनन्दिन या रोज़मर्रा, 'लौकिक', अनुभूति से अलग दिखाने का आशय ही प्रधान है। तभी साधारणीकृत भय रस बनकर 'आस्वाद्य' हो जाता है। ऐसे भय के लिए लालायित हुआ जा सकता है। हम पाते भी हैं कि आज दर्शकों-पाठकों का भयानक रस के प्रति लोभ उद्दीप्त है। भय के गल्प, भय की फ़िल्में, ये बड़ी मात्रा में रचे जा रहे हैं। पर कला में किसी भी गहरायी की, अर्थ की, सत्य की बात कहने वाले ऐसे ही आस्वाद के प्रति अपनी विमुखता भी दिखाते हैं आज। भय का बोध मनुष्य की चेतना में गहन, व्यापक और बहुमुखी है, मनुष्य के होने की जड़ में ही नहीं होने का आतंक समो देता है; भय के सत्य को अनुभव

की ही आँख में जगा देने की चेष्टा आस्वाद की बात नहीं हो सकती। शल्य जी की दृष्टि में कवि अनुभव का प्रेक्षक होता है, आस्वाद का प्रेषक नहीं।

काव्य-विमर्श के बाद लिखे गये अपने एक लेख में शल्य जी अभिनव के ही शब्दों में साधारणीकरण का लक्षण सामने रखते हुए उसकी आलोचना करते हैं। उनकी बात अवधेय है; इसलिए भी कि इससे उनकी अपनी स्वतन्त्र दृष्टि और युक्ति की दिशा स्पष्टतर होती है। जिस लेख की बात कर रहा हूँ उसका शीर्षक है—'काव्य विषयक सौन्दर्य और साधारणीकरण की अवधारणाओं की समीक्षा'।

अभिनवगुप्त नाट्य या साहित्य में भावों का दैनन्दिन या 'लौकिक' मेरे-तेरे उसके भाव के रूप में ग्राह्य न होकर 'निर्विघ्न-प्रतीति'-ग्राह्य हो जाने को साधारणीकरण कहते हैं; यही बात भाव की रोज़मर्रा, हमें आक्रान्त करती, व्यग्र-व्यस्त करती, 'व्यावहारिक अनुभूति को रसानुभूति में बदल देती है। जैसा कि शल्य जी ने उद्धृत किया है, अभिनव कहते हैं—'भावों का लौकिक तादात्म्य से विच्छिन्न : मेरे, तेरे या उसके भावों के रूप में ग्राह्य नहीं होकर : निर्विघ्न प्रतीति ग्राह्य होना (यही साधारणीकरण) है, इसी से भय भयानक रस हो जाता है—तत एव भीतोऽहं भीतोऽयं, शत्रुर्वयस्योमध्यस्थो वा इत्यादि दुखसुखादिकृत बुद्ध्यन्तरोदय नियमवत्तया विघ्नबहुलेभ्यो निर्विघ्न प्रतीति ग्राह्यं...भयानको रसः। पर शल्य जी पूछते हैं—भावों का लौकिक तादात्म्य क्या होता है? लोक-जीवन या लोक-व्यवहार में भावों का होना, यही आशय हो सकता है। पर लोक-व्यवहार में हमारा भाव-बोध कैसा होता है? वह क्या साधारणीकृत नहीं होता? मैं कहता हूँ 'मैं दुखी हूँ' या 'अमुक दुखी है'। ये कथन ही दिखाते हैं कि हम भाव में सर्वथा भावमय (भाव से तादात्म्य) नहीं होते, भाव को देखते भी हैं, उसे शब्दों में कहते हैं। शब्द का वाच्य भाव नहीं होता, भाव का प्रत्यय होता है। ऐसे प्रत्ययों के बिना मनुष्य का व्यवहार सम्भव नहीं। यों लौकिक व्यवहार में भी हम प्रत्ययों के माध्यम से भावों से विच्छिन्न (अतादात्म्य) होकर ही उनका धारण करते हैं। हमारा लौकिक व्यवहार आत्मचेतन व्यवहार होता है और आत्मचेतना का आत्म अपना ही प्रेक्षक भी होता है, अपनी चिद्वृत्तियों को प्रत्ययों के माध्यम से देखता है। उनका साधारणीकरण करता चलता है। इसके बिना उसका देखना ही नहीं बनता।

साहित्य में (और कला में) अन्तर यह है कि आत्मचेतना का अपने को देखना यहाँ अपने को विषय बनाकर देखना नहीं होता—चेतना का विषयिता में रहते हुए ही अपने को (अपनी विषयिता) को देखना होता है। प्रत्यय यहाँ भी होते हैं—हमारा देखना प्रत्ययों में ही होता है—पर ये विषय-प्रत्ययों से भिन्न होते हैं। ये अनुभूति को अनुभूत रखते हुए अवलोक्य बनाते हैं। तभी यहाँ व्यंजना की बात होती है, अभिधा की नहीं। अभिधा होती ही विषय-दृष्टि से देखी गयी, कही गयी बात है, जबकि व्यंजना को संवेदना की दृष्टि से देखना-कहना कह सकते हैं, और संवेदना है ही विषयिता में रहते हुए विषयिता का भावन। पर यों देखें तो यह भी दिखता है कि अभिधा और व्यंजना दोनों का लक्ष्य सत्य होता है।

शल्य जी की यह दृष्टि उनकी अपनी है, अभिनव है। इसे किसी गहरायी से और किसी व्यापकतर पटल पर देखने के लिए शल्य जी के आत्मचेतना सम्बन्धी चिन्तन में कुछ उतरना होगा। शल्य जी कहते हैं कि सत्य की बात उठती ही आत्मचेतना के साथ है, क्योंकि चेतना अब अपने से तटस्थ होकर अपने को विषय बना पाती है। तभी ज्ञान की बात उठती है। तटस्थता के बिना ज्ञान नहीं होता। शल्य जी अपने लेखन में इस बात पर ज़ोर देते रहे हैं कि आत्मचेतना मनुष्य का विशेष और अपूर्व गुणधर्म है—पशु में आत्मचेतना नहीं होती—सम्भावना रूप ही होती है—तभी वहाँ सत्य की या सत्य के सन्धान की और यों ज्ञान की बात अर्थ नहीं रखती। पर मनुष्य में आत्मचेतना के साथ चेतना अपने से हटकर अपनी ही ओर देखती है—प्रत्यङ्मुख होती है। 'मैं हूँ' कह सकती है आत्मचेतना। पर इस चेतना में यह भी प्रकट उभरता है। कि आत्म की प्रत्यङ्मुखता एक अन्तरिक्ष उभारती है। सोपानवत् होती है प्रत्यङ्मुखता, जिस सोपान का कोई अन्त नहीं होता—चेतना अपने ही पीछे, और पीछे, हटती, अपने को देखती चली जा सकती है। 'मैं हूँ' कहने में निहित है कि 'मैं जानता हूँ कि मैं हूँ' (या 'मैं देख रहा हूँ कि मैं हूँ')। इसके आगे की सीढ़ियाँ (या और प्रत्यङ्मुख होना) स्वतः स्पष्ट है—'मैं जानता हूँ कि मैं जानता हूँ...कि मैं हूँ'। चेतना का यों अपने ही से प्रत्यक् हो पाना ही हमारे सभी देखने की—या ज्ञान की—तटस्थ दृष्टि का बीज है। विषय-उन्मुख-वृत्ति चेतना में सहज है, पशु में भी होती है। आत्मचेतना अपनी विषय वृत्ति को वृत्ति से अलग होकर 'देख' पाती है। तभी विषय क्या है? यह प्रश्न उठता

है; 'है भी क्या?' यह सत्य का और ज्ञान के प्रमाण का प्रश्न भी तभी सम्भव होता।

आत्मचेतना के द्रष्टा-भाव में एक सामान्यता होती है। वह भाषा के माध्यम से प्रत्ययों में अपने विषय का ग्रहण करता है : तभी 'मैं' के रूप में मेरा अपना ग्रहण मुझे ही एक सर्वनाम बना देता है। मैं यह जानते हुए 'मैं हूँ' कहता हूँ कि आप भी अपने आपको 'मैं' ही कहते हैं—सभी मनुष्य अपने आपको 'मैं' कह सकते हैं। मैं आपकी (या किसी की भी) कहानी लिखने बैठूँ तो कहानी का पात्र अपने को 'मैं' ही कहेगा। यों 'मैं' सामान्य है। तभी उसे कहा जा सकता है, वह ज्ञान का विषय बन सकता है। ज्ञान 'ज्ञान' होता तभी है जब सामान्य हो, अन्यथा ज्ञान की बात ही नहीं होगी, एक अँधेरा ही होगा। 'मेरा दुख', 'मेरा दर्द' को लीजिये। यहाँ दुख या दर्द विषय होते हैं तभी अवलोक्य होते हैं, तभी सामान्य प्रत्यय भी होते हैं, मेरे लिए भी और अन्य के लिए भी। 'दुख का अर्थ क्या?' या उसका 'सत्य' क्या? ऐसे प्रश्न का भी विषय बन जाता है अब दुख। तात्पर्य यह नहीं कि पशु को पीड़ा नहीं होती, पर उसके लिए पीड़ा का न कोई नाम है न अर्थ। पीड़ा उसके लिए प्रश्न नहीं, एक अव्यक्त, अनहोनी, अव्याकृत सी स्थिति है। यहाँ हम यह भी देख सकते हैं कि चेतना का तटस्थ भाव उसका स्वातन्त्र्य भी है। हमारी प्रश्न वृत्ति का सम्बन्ध स्पष्ट ही चेतना की उस भूमि से है जहाँ चेतना सामान्य होकर अहं के विशेष से मुक्त होती है। तभी अपनी स्वायत्त सामान्यता में ज्ञान-चेतना का रूप ले पाती है; पर तब वह अपने विषय के अर्थ का, सत्य का अन्वेषण करती है। यह चेतना का अपना व्यापार है; ज्ञान, विज्ञान, विचार, दर्शन, अध्यात्म...चेतना इनके अर्थ-लोकों का सृजन करती है, जिनमें सन्धान सत्य के साक्षात्कार का होता है। यह चेतना का स्वतन्त्र व्यापार है। शल्य जी की दृष्टि में यहाँ चेतना का अपना तत्त्व प्रकट हो आता है। चेतना को यहाँ हम अपने ही स्वरूप का साक्षात्कार और सृजन करते देखते हैं। ऊपर मैंने कहा था कि शल्य जी अद्वैती हैं। पर उनका आत्माद्वैत पुराने अद्वैत से अलग है। आत्मचेतना के सृजन-व्यापार को प्रतीक बनाते हुए वे आत्मा को एक निरन्तर आत्म साक्षात्कार और आत्म सृजन की प्रक्रिया के रूप में देखते हैं जहाँ आत्मा का आत्म साक्षात्कार और सृजन एक ही गति के दो पक्ष हैं। आत्मा अपने से ही हटकर—और यों अपने से व्यवहित होकर—अपने

को पाना चाहता है तो सृष्टि-व्यापार रूप लेता है। आत्मा शल्य जी के लिए कोई नित्य ध्रुव वस्तु नहीं है, एक अन्तहीन व्यापार है, स्वातन्त्र्य का व्यापार, सृजन-प्रवृत्त। यों आत्मा अवस्तु है, पर उसका होना मनुष्य की आत्मचेतना के प्रत्यङ्मुख व्यापार में प्रतिफलित देखा जा सकता है। आत्मचेतना पर मनन के द्वार से ही शल्य जी अपने तत्त्व-चिन्तन पर पहुँचते हैं।

विज्ञान, दर्शन...की तरह साहित्य या कला भी अर्थ-लोक का सृजन करते हैं—सृजन यहाँ भी साक्षात्कार ही है। साहित्य-कला के सृजन में यह देखना भी अपेक्षया स्फुट है कि साक्षात्कार और सृजन युगपत् होते हैं—और उस एक ही व्यापार में कृति का रूप लेते हैं, जो कि अर्थ का वहन करती है : अर्थ की व्यंजक होती है। तभी यहाँ अर्थ-ग्रहण को भी साक्षात्कार के रूप में देखा जा सकता है—व्यंजना का ग्रहण भी साक्षात्कार की—प्रतिभा की—अपेक्षा रखता है। अर्थ का ग्रहण अर्थ के सृजन की तरह ही सम्भावनामय होता है। तभी वहाँ प्रतिभा की बात सार्थक है। सहृदय की भी प्रतिभा होती है जो अर्थ की सम्भावनाओं का सृजन करती है। कृति अर्थ का वहन करती हुई अर्थ की सम्भावनाओं का भी वहन करती है—अपनी अभिव्यक्ति में भी और ग्रहण में भी—नयी कृतियों की सम्भावना के रूप में भी। सम्भावना अव्यक्त, अरूप होती है, उसका साक्षात्कार उसका सृजन होता है।

कृति को कृति की सामान्यता में और अर्थ-वाहकता में देखें तो उसे प्रत्यय के रूप में देखने का औचित्य भी उभरता है। पर जिज्ञासा हो सकती है—कला-कृति—जैसे संगीत, चित्र, नृत्य, वास्तु की कृतियाँ—अगर प्रत्यय हैं तो प्रत्यय की समझ यहाँ भिन्न है। शल्य जी प्रत्यय की धारणा को एक अलग व्यापकता देते हुए लेते हैं। प्रत्यय उनके लिए चेतना का अर्थ-रूप उन्मेष है। उसका शब्द में होना अनिवार्य नहीं, जैसा अक्सर समझा जाता है। न यह आवश्यक है कि वह आन्तर (बुद्धिगत) ही हो, उसका बाह्य (इन्द्रियगम्य) रूप सम्भव न हो। कलाकृतियों में यह बात स्फुट है। अगर हम यों देखने को तैयार हों तो (आन्तर-बाह्य के) द्वैत दर्शन से हटकर चित् और सत् को सम्पुटित रखते हुए तत्त्व-चिन्तन की उस सन्धान-यात्रा पर निकल सकते हैं जिसके शल्य जी यात्री हैं। पर इस बात पर आगे फिर आऊँगा।

अर्थ को सत्य से जोड़ने में एक गहरी दुविधा यह होती है कि सत्य का प्रतिमान हम 'ठोस', इन्द्रिय-गम्य विषय को रखना चाहते हैं। ऐसा विषय ही हमारे लिए 'वस्तु' होता है। और वह बस होता है। उसका अपना कोई अर्थ नहीं होता। हमारा प्रयोजन, हमारी उपादेयताएँ उसको अर्थ देती हैं—वह 'सत्' मात्र होता है; चित् (या चेतना) से परे। चेतना उसके सत् को यथातथ जान ले, तो यह ज्ञान सत्य होता है, अन्यथा भ्रान्त, मिथ्या या अलीक। 'तथ्य' और 'मूल्य' का भेद ऐसी ही चित् और सत् में आत्यन्तिक भेद करती दृष्टि को आधार बनाता है। इस दृष्टि में ज्ञान और कल्पना में भी आत्यन्तिक भेद है। कल्पना का सत्य से सम्बन्ध शत्रुत्व का है, कल्पना को हटाकर ही ज्ञान में सत्य प्रकाशित होता है। अर्थ का सम्बन्ध इस दृष्टि में कल्पना से होता है; इसलिए 'तथ्य' अगर सत्य है तो 'मूल्य' कल्पना—चाहे बात कला की हो या कर्म की या दर्शन या अध्यात्म...की।

पर ज्ञान को कल्पना से दूर करने का क्या अर्थ? कल्पना के बिना कोई सन्धान नहीं होता। विज्ञान जो सत्य का प्रहरी और एकाधिकारी माना जाता है, वह भी कल्पना के बिना सम्भव नहीं। कल्पना विचार-विमर्श मात्र की नित्य-सहचरी है। यों ज्ञान की भी सहचरी है। पर इस बात को मानते हुए भी कुछ ऐसी आपत्ति की जाती है : हाँ, विज्ञान कल्पना को काम में लेता है—कल्पना सम्भावनाएँ खोलती है, सत्य के सम्भव रूप आगे लाती है—पर विज्ञान की प्रमाण-पद्धति सम्भावनाओं के अनेक को एक में कस देती है, दृढ़ नियत कर देती है; तभी हम वहाँ सत्य को 'तथ्य' के रूप में देख सकते हैं; सत्य का अभ्रान्त सत्यरूपेण कल्पन-शून्य ज्ञान पा सकते हैं।

आज विज्ञान की सब सम्भावनाओं को एक-में-अपचित कर देने की ज्ञान-शक्ति पर संशय बढ़ रहा है। विज्ञानों का परम प्रमाण भौतिक विज्ञान अब सम्भावना-जीवी ही लगता है। पर सत्य का यह आदर्श कि वह सम्भावना-जीवी हो जाय, यह बोध को अखरता है। इसलिए हम अर्थ को कल्पना से जोड़ते हुए उसे सत्य से नितान्त अन्य कोटि में रखना चाहते हैं—

पर एक तो यह सोचिये कि अगर सत्य-सन्धान के लिए कल्पना अनिवार्य है और कल्पना स्वभाव से सम्भावनामयी है तो सत्य भी स्वभाव से सम्भावनामय क्यों नहीं हो सकता? सत्य को भ्रान्ति या मिथ्या से हटाया जाता है, इसी के लिए प्रमाण काम में लिए जाते हैं, पर क्या ज़रूरी है कि सत्य को भी सम्भावना के अनेक से हटाया जाय? इसके पीछे यही आग्रह

हो सकता है कि सत्य सामने रखी मेज़ या क़लम जैसा कोई 'तथ्य' है—ठोस, नि:संशय सत्य, अन्य-सम्भावना-विहीन, जिससे कोई घोर पागल ही इनकार कर सकता है।

पर सत्य का यह ठोस आदर्श विज्ञान को भी स्वीकृत नहीं—विज्ञान मेज़, क़लम में भौतिकता देखता है और भौतिकता के सत्य की बात करता है। भौतिक क्या है? भौतिकता क्या है? यह प्रश्न विज्ञान के लिए सदा सम्भावना का ही प्रश्न बना रहता है, और, कहना न होगा, सम्भावना एक नहीं होती। अगर मैं पूछूँ कि प्रेम क्या है? तो क्या यह सत्य का प्रश्न नहीं है? उत्तर होगा प्रेम एक मूल्य है, तथ्य नहीं, इसलिए उसके विषय में सत्य का प्रश्न अप्रश्न है। पर इस कोटि-भेद का आग्रह मैं क्यों रखूँ? हम प्रेम में सत्य की बात करते ही हैं और सार्थक भाव से करते हैं—सच्चे और झूठे प्रेम में, गहरे और उथले प्रेम में, अन्तर करते हैं। यहाँ बात सत्य की क्यों नहीं? हम यह भी पाते हैं कि प्रेम का सच्चापन अपनी तरह की प्रामाणिकता भी चाहता है—क्योंकि वह भ्रान्त-मिथ्या भी हो सकता है। पर सच्चा प्रेम एक नहीं अनेक रूप लेता है; उसकी अनेकरूपता उसको झूठा नहीं कर देती। समृद्ध करती है। अगर सत्य का प्रतिमान हम मेज़, कुर्सी को नहीं रखें तो अनायास देख सकते हैं कि प्रेम अर्थ भी है, सत्य भी। उसे अर्थ तो हम मानने को तैयार होते हैं पर सत्य मानने को नहीं, क्योंकि वह इन्द्रियगम्य तथ्य नहीं। पर सत्य पर यह बन्धन क्यों? अगर प्रामाणिकता भ्रान्ति और मिथ्या को हटाने की चेष्टा है और प्रामाणिकता सत्य का लक्षण है तो प्रेम अलीक कल्पना नहीं सत्य की कोटि में आता है। ऐसा सत्य जो हम अर्थ के रूप में साधते हैं। जो सम्भावनामय है—कई रूप ही नहीं लेता, चेतना के भिन्न स्तरों पर रूप लेता है : भक्ति में उसकी भूमि और हो जा सकती है। कला में—विशेषकर साहित्य में—ये रूप कृति बनकर सामने आते हैं। कवि (उपन्यासकार, कथाकार...) की कल्पना में प्रेम की सम्भावनामयता एक अलग विस्तार पाती है। कवि कथाकार के लिए प्रेम का सत्य-सन्धान प्रेमी जैसा नहीं होता; वह प्रेम साधता नहीं, पर फिर भी प्रेम का साक्षात्कार करता है। प्रेम का साधक भी हो सकता है वह, पर कवि के रूप में प्रेम के रूपों को देखना, उसकी सम्भावनाओं को भाँपना-आँकना, उसके सत्य-मिथ्या को पहचानना, यह उसका साध्य होता है। वह मनुष्य-भाव में प्रेम को अनुभूति के भीतर से

देखता है, उसे (कला के) प्रत्ययों में रूप देता है : ये प्रत्यय चित्र हो सकते हैं, जैसे कांगड़ा क़लम के मार्मिक राधा और कृष्ण के चित्र, ये कविता के रूप ले सकते हैं, जैसे मीरा के पद। पर प्रेम का अर्थ व्यापक है, मनुष्य-भाव में उसका होना भी भिन्नार्थक, जटिल, बहुमुखी है : बड़ी अलग प्रतिमाएँ उभरती हैं प्रेम की। शल्य जी अज्ञेय की पंक्तियाँ उद्धृत करते हैं—*क्रौंच बैठा हो कभी वल्मीक पर/ तो मत समझ/ वह अनुष्टुप बाँचता है संगिनी के स्मरण के/ जान ले, वह दीमकों की टोह में है। कविजनोचित न हो चाहे, वही सच्चा साक्ष्य है/ एक दिन तू सोहनी से पूछ लेना।* (काव्य-विमर्श, पृ. १९, 'काव्य सर्जन')। यहाँ प्रेम का निषेध व्यक्त है; इस गहरी खिन्नता के साथ कि प्रेम होता नहीं, एक कहानी है, मिथक है। सोहनी को इस बात का 'साक्षी' बनाने की बात में गहरा व्यंग्य है, पर यह व्यंजना भी कि प्रेमी के प्रेम को ठुकराया गया है, उसके लिए प्रेम एक धोखा बनकर सामने आया है। हमारे भावलोक में यह भी प्रेम का अर्थ है ही। शल्य जी अज्ञेय की इन पंक्तियों में वैचारिकता देखते हैं, यह दिखाने के लिए कि वैचारिकता भी भावन का अंग हो सकती है—किसी विषय पर विचार हम विषयिता से अलग होकर ही कर सकते हैं, पर विचार करना तो विषयिता में ही घर करता है। इस रूप में विचार कविता का अंग होता है, जैसा अज्ञेय की कविता में है, जहाँ कथन की गति साफ़ ही विचार का रूप लेती दिखती है। उपन्यास में प्रेम हमारी अनुभूति के भाव और विचार में ही नहीं, कर्म में भी रूप लेता है। (रस-विचार की एक बड़ी कमी यह भी है कि वहाँ काव्य में विचार और कर्म के लिए स्थान नहीं)। महान उपन्यासकार प्रेम के गुत्थिल, अद्‌भुत पर बुद्धि-को-मूक-कर-देते प्रसार को हमारे मनुष्य-भाव की सार्थक प्रतिमा के रूप में आँकता है, जैसे दोस्तोवस्की ने *ब्रदर्स कारमाज़ोव* में किया है। काव्य-विमर्श के लेख 'काव्य तत्त्व-१' में शल्य जी कहते हैं कि मनुष्य-भाव के सत्य में, उसके हृदय में, उसकी गहरी-उथली, ऊँची-नीची अनुभूतियों में कवि की ही सहृदयता का प्रवेश है, अन्यथा ज्ञान और अध्यात्म तो इनसे ऊपर उठकर ही सत्य की बात करते हैं : 'उपनिषद् और बुद्ध राग-द्वेष और मानापमान से ऊपर उठने में ही जीवन की सिद्धि देखते हैं, किन्तु काव्य और कलाएँ इन्हीं के अन्तस्तल में प्रवेश कर अर्थों के अपार पारावार का साक्षात्कार करती हैं। ...ऋजु मार्ग को छोड़कर बीहड़ अरण्य में विचरने का जोख़िम उठाना यही कवि, कलाकार का भाग्य है।

वेश्याओं और वारवनिताओं, चोरों और बटमारों, वीरों और कायरों, रामों और रावणों सब की अन्त:कथा को उनके घट में पैठकर जानना : उनका आत्मकथाकार होना : सबके सुख-दुख, जय-पराजय में साँझा होना, यह कवि-कलाकार का धर्म है...।' और इससे भी आगे बढ़कर 'होने' मात्र को भीतर से जानना-कहना यह कवि के ही बोध का स्पन्द है—'जीव मात्र और जड़ मात्र के भी अन्तर्मन में पैठकर उनके हृत्स्पन्दन में परिस्पन्दित होना और साथ ही उससे उबरकर उसके सत्य का साक्षात्कार करना, कलाकार की कला इसी में अपनी चरितार्थता पाती है।' (पृ. ३०-३१)

ऐसी बातों को मानकर भी और कलाकार के कर्म को सृजन-कर्म कहते हुए भी उसे कल्पना की ही कोटि में रखा जाता है, कला के उद्देश्य को सत्य से अलग ही रखना उचित माना जाता है। हम चर्चा कर चुके हैं कि कल्पना को सत्य के सन्धान से असम्पृक्त नहीं रखा जा सकता। यों कवि-कर्म को कल्पना कह देना उसे सत्य से विविक्त नहीं कर देता। पर कल्पना को कुछ और भी चाहिये जो सत्य की पकड़ दे। शल्य जी यहीं साक्षात्कार की बात करते हैं (जो ऊपर के उद्धरण में भी है)। हम देख चुके हैं कि वे साक्षात्कार और सृजन को एक ही वृत्ति के दो पक्ष मानते हैं। यह भी कि यह बात उनके तत्त्व-दर्शन में ही निहित है—सृष्टि-तत्त्व ही उनके लिए चित्-सत् के आत्म-साक्षात्कार और आत्म-सृजन का युगपत् व्यापार है। इसी का बिम्ब या प्रतीक हम आत्मचेतना में पाते हैं। आत्मचेतना में आत्म का अपना ही विषय हो पाना : आत्म की प्रत्यङ्मुखता का अगाध विस्तार : और आत्म के इस द्वैध के बीच खुलता अर्थ-लोकों का वैभव, यह शल्य जी के लिए आत्म के परमार्थ तत्त्व का इंगित, उसका प्रतीक बनता है। कुछ ऐसा ही इंगित उपनिषद् के ऋषि ने भी पाया था जब उसने कहा—आत्मा वा इदमेक अग्र आसीत्, नान्यत् किचन मिषत्। स ऐक्षत लोकान्नु सृजा इति। (शल्य जी *मूल्य-तत्त्वमीमांसा* के दूसरे अध्याय 'सृजन और सत्य : मूल्य की तत्त्व मीमांसा' में इन पंक्तियों को आरम्भ में ही उद्धृत करते हैं, और अपने विचार में इनको साथ रखते हैं)। उपनिषद् की पंक्तियों में प्रकट है कि आत्मा का देखना उसका अपने ही को देखना है—और कुछ तो था ही नहीं। इस आत्म-ईक्षण के साथ ही लोक-सिसृक्षा का भी उदय होता है।—स ऐक्षत लोकान्नु सृजा इति। आत्म साक्षात्कार ही यहाँ आत्म-सृजन और जगत्-सृजन का बीज है। उपनिषद् में बात को

एक विगत की घटना के रूप में कहा गया है, पर घटना तात्त्विक है, काल के परे है, काल तो लोक या जगत् के सृजन के साथ ही सृष्ट हो सकता है। शल्य जी के लिए भी सृजन का तत्त्व काल के परे है, नहीं तो काल सृजन से पूर्व हो जायेगा—उसका सृजन कैसे हुआ ? यह प्रश्न खटकेगा। और इसलिए आत्म भी स्व-सृष्ट ही हो सकता है (जैसा कि उपनिषत् में अन्यत्र और स्पष्ट कहा गया है)। लोक-सृजन यहाँ आत्म-सृजन का ही अंग है। यों आत्म चित् होने के साथ ही सत् भी है। यह आत्म-सृजन आत्म-साक्षात्कार का समवर्ती है, दोनों एक ही व्यापार से उद्‌भिन्न होते हैं। आत्मचेतना में हम इस व्यापार की छाया, उसका प्रतिफलन, देख सकते हैं। कला में—और कर्म में—यह और भी प्रकट है। पर इस व्यापार को दृष्टि-सृष्टि वाद से नहीं मिला देना चाहिये। दोनों में आधारगत भेद है। दृष्टि-सृष्टि व्यापार के लिए जगत् सत् नहीं है, (मिथ्या) कल्पना है। दृष्टि-सृष्टि वाद कहता है कि वस्तु का होना उसके देखने से—उसकी प्रज्ञप्ति से, उसके बोध में भासित होने से—अलग अपने आप में कुछ नहीं है : अर्थात् (मिथ्या) कल्पना ही है। मैं मेज़ को देख रहा हूँ तो मेज़ एक प्रज्ञप्ति है, उससे बाहर मेज़ कुछ नहीं। दृष्ट मेज़ का सभी देखने वालों को दिखना, उसका सर्वबोध गत होना, उसका जगत्-वासनागत होना कहा जा सकता है, जो वासना चित्त मात्र में होती है, सर्व-गत ग्राह्य-ग्राहक भाव में रूप लेती है। वसुबन्धु ऐसा ही कहते हैं। बर्कले मेज़ की प्रज्ञप्ति के सर्वगत होने का कारण ईश्वर की प्रज्ञप्ति में देखते हैं, जो सब मेज़ प्रज्ञप्तियों में प्रकाशित होती है। पर यहाँ भी जगत् प्रज्ञप्ति ही है, यों मिथ्या कल्पना है, अपने आप में सत्य नहीं, चाहे प्रज्ञप्ति का आधार लोकोत्तर हो। बौद्धों की वासना भी लोकोत्तर ही है।

इसके विपरीत शल्य जी के आत्म-साक्षात्कार और सृजन के सिद्धान्त में वस्तु सत् होती है, अगर वह चित् का अर्थमय आत्मप्रकाश है। अर्थ चित्-सत् है जो आत्म के स्वसाक्षात्कार के साथ विसृष्ट होता है, और यह निरन्तर व्यापार है। तभी सृजन अपूर्ण होता है, काल की दृष्टि से ही नहीं, स्वरूप से अपूर्व होता है। 'अपूर्व' शब्द काल को पूर्व-कल्पित करता है, पर अपूर्वता का तत्त्व काल से परे है (तत्त्व की दृष्टि से 'अपूर्वता' का प्रयोग लाक्षणिक ही हो सकता है, तत्त्व के स्वरूप को विचार में ग्रहण करती एक व्यंजना)। हमारी कृतियों में अपूर्वता रूप लेती है तो काल में

रूप लेती है, और तब अपूर्वता काल की द्योतक भी होती है। पर यहाँ यह भी लक्षणीय है कि अपूर्वता को (सृजन को ही) हम कार्य-कारण भाव से उन्मुक्त मानते हैं—अपूर्व पहले हो चुके से नियत-नियन्त्रित नहीं होता : 'कार्य' या 'परिणाम' नहीं होता, तभी अपूर्व होता है और सृजन होता है; जहाँ तक वह कार्य या परिणाम हो, 'सृजन' नहीं होगा।

कला-सृजन में एक अपूर्वता की अपेक्षा ही नहीं होती, उसका अनुभव भी होता है। तभी हम वहाँ सृजन की बात करते हैं। साथ ही अपूर्वता में एक खरेपन की भी माँग होती है—एक प्रामाणिकता चाहते हैं हम वहाँ, केवल एक नयेपन का थोथा चमत्कार नहीं, या चले-आते की उपाय-कुशल हेराफेरी नहीं। पर अगर अपूर्व प्रामाणिक सृजन हो, तो उसे 'सत्य' कहने में द्विधा क्या ? : चेतना ने प्रतिभा की आँख से कुछ अपूर्व देखा, जिसे उस देखने में ही रूप दिया। यही अपूर्व कृति का बीज है। कलाकार का अनुभव कहता ही है कि प्रतिभा जितनी निर्मल, उज्ज्वल होती है, कृति-प्रतिभा भी उतनी ही सहज-अनायास सृष्ट होती है। प्रतिभा तो साक्षात्कार का दूसरा नाम है ही।

साक्षात्कार और सृजन के इस सत्य को हम कर्म में भी देख सकते हैं जैसे गाँधी जी की कर्म-प्रतिभा में : उन्होंने अहिंसा में कर्म के सत्य का साक्षात्कार करते हुए उसे अपने महत् कृतित्व में प्रातिभ रूप दिया। कर्म की एक अपूर्व सम्भावना को अपनी करनी में सार्थक किया।

पर हम इस बात को ध्यान में रखते हुए इससे भी गहरे उतर सकते हैं—हम मनुष्य की कर्म-सम्भावना में ही सृजन के तत्त्व का साक्षात्कार कर सकते हैं। मनुष्य में आत्मचेतना के साथ औचित्य-बोध जन्म लेता है, जो जिजीविषा की जीव-प्रवृत्ति को ही क्रिया मात्र से कर्म बना देता है। तभी मनुष्य हिंसा में असत्य देख पाता है। यह सृजन ही है; यह प्रकृति के कार्य-कारण में या चले-आते, नियत परिणाम-प्रवाह में नहीं समाता। चेतना के भीतर से उभरते आत्म-सृजन का स्फोट है यह। यों जीव-प्रकृति में हम चेतना का जो क्रम-विकास देख सकते हैं, उसे सृष्टि की सृजन प्रक्रिया का काल में उभरता रूप कह सकते हैं—शल्य जी ऐसा ही कहते प्रतीत होते हैं।

पर साहित्य को ऐसे सृजन से कैसे जोड़ा जा सकता है ? साहित्य का सत्य

तो घटित का ही पुनर्घटन होता है। हमारे जीवन का ही बिम्ब बनाता है साहित्य, तभी सत्य की कोटि में उतरता है। साहित्य में सत्य की कुछ ऐसी ही स्वीकृति प्रचलित है। यहाँ काव्य-विमर्श से एक उक्ति लेता हूँ जो चौंका सकती है—''प्रेमचन्द ने तत्कालीन ग्राम-जीवन की जिस दुख-दशा का साक्षात्कार किया था उसका स्वयं में अपना कोई रूप नहीं था। प्रेमचन्द उस साक्षात्कार को उपन्यास के रूप में अभिव्यक्त करने में प्रवृत्त हुए और उस अभिव्यक्ति ने 'गोदान' उपन्यास का रूप लिया, यह उस साक्षात्कार के लिए आगन्तुक बात थी।'' ('काव्य सर्जन', पृ. २०) उक्ति एकदम से अग्राह्य लग सकती है (हालाँकि शल्य जी के चिन्तन से समंजस है)। हम यों समझने के आदी हैं कि प्रेमचन्द या दूसरे सत्यदर्शी कवि-कथाकार प्रस्तुत यथार्थ को ही देखते-आँकते हैं। पर यह भी सोचिये : किसी परिस्थिति का अपना रूप' जो उसके किसी भी साक्षात्कार से विहीन हो, वह क्या होगा? 'परिस्थिति', 'उसका रूप'—ये प्रत्यय हैं जो ज्ञातृत्व के हैं, उससे स्वतन्त्र 'बाहर किसी कुछ' के नहीं। ज्ञातृत्व से स्वतन्त्र, बाहर कुछ हो भी तो वह अव्याकृत, अभिन्न-अखण्ड, रूप-विहीन कुछ होगा। उसका सत्य, उस साक्षात्कार में ही होगा जो अव्यक्त को व्यक्त करेगा, परिस्थिति को परिस्थिति रूपेण उसका साक्षात्कार ही रूप दे सकता है। उसका सत्य उसके साक्षात्कार में ही होगा, सत्य की प्रामाणिकता भी साक्षात्कारी चेतना ही ढूँढ़ेगी। मनुष्य-भाव की परिस्थितियों में तो यह बात और भी सत्य है : स्त्री के प्रति समता-बोध के सत्य को ही लीजिये। यह परिस्थिति के साक्षात्कार का ही फल है—यह साक्षात्कार पहले था ही नहीं या धुँधला था। प्रेमचन्द का साक्षात्कार भी कुछ ऐसा था—चेतना में मनुष्य-भाव के एक सत्य का उदय था जिसे उन्होंने संवेदना की आँख से देखा-आँका। शल्य जी की दृष्टि में उनका देख पाना—साक्षात्कार—ही प्रधान है, उसका 'गोदान' में रूप लेना नहीं। साक्षात्कार के दूसरे भी रूप लेने की सम्भावना थी। हम सोच ही सकते हैं कि किसी दूसरे चित्त में वह साक्षात्कार अभिव्यक्ति की दूसरी सम्भावना, दूसरे रूप जगाता। पर 'सम्भावना' को यहाँ समाविष्ट करने का अर्थ यह भी है कि साक्षात्कार का स्वरूप ही प्रेमचन्द के साक्षात्कार से कुछ और होता और बिलकुल भिन्न अभिव्यक्ति लेता जो अपने आप में सत्य होती। मनुष्य-भाव का साक्षात्कार तो प्रकट ही बहुविध, बहुवर्ण होता है, और इससे साक्षात्कार-भेद मिथ्या नहीं हो जाते। पर प्रकृति को ही लें जो अभिन्न

मानी जाती है। कवि अगर प्रकृति में ऐसे स्फुरण का साक्षात् करता है जो विज्ञान-सम्मत नहीं, तो इससे वह असत्य नहीं हो जाता। प्रकट यही होता है कि जिसे हम प्रकृति कहते हैं, उसके 'सत्य' की सम्भावना सीमित नहीं है, पर, हाँ, वह साक्षात्कार की माँग करती है। यहाँ एक और उदाहरण लीजिये जो बात को आगे बढ़ाने में भी काम आयेगा। संगीत में राग और उसकी अभिव्यक्ति को लीजिये। वही राग स्वभाव-स्वरूप से ही साक्षात्कार की अनेक सम्भावनाओं को धारण करता है। उसके अनैक्य में उसके सत्य की—स्वरूप की—हानि नहीं, समृद्धि ही होती है—हम गायक-वादक की प्रतिभा को (उसके साक्षात्कार को) 'प्रामाणिक' ही तब मानते हैं जब वह राग में नयी स्वरूप-सम्भावना देख सके।

शल्य जी के चिन्तन-सूत्रों में बात को रखें तो राग को प्रत्यय कह सकते हैं। राग का साक्षात्कार और उसकी स्वर में अभिव्यक्ति, ये दो भिन्न अन्तः-बाह्य व्यापार नहीं हैं, चेतना के एक ही अर्थोन्मेष के दो पक्ष हैं। यहाँ हम यह भी देख सकते हैं कि राग-प्रत्यय एक ही राग के भिन्न साक्षात्कारों तक सीमित नहीं, अनेक रागों की सम्भावना पर व्याप्त है। राग के दो लक्षण उभरते दिखते हैं, यहाँ : उसकी सामान्यता (राग मेरा, आपका, या उसका नहीं होता, साधारणीकृत होता है) दूसरे, उसकी अर्थमयता (सत्यमयता) जो सम्भावनाओं का असीम संसार लिये होती है। यही प्रत्यय के लक्षण हैं। राग के उदाहरण में यह भी उभर आता है कि प्रत्यय का शब्द में होना आवश्यक नहीं। रागत्व—यह शब्द-विकल्प राग-प्रत्यय के लिए एक नाम है। राग-प्रत्यय स्वर में ही रूप लेता है। ऐसी ही बात 'घट' के साथ भी है (जिसका दृष्टान्त शल्य जी अक्सर लेते हैं)। घड़ा राग जैसा ही 'प्रत्यय' है, एक रूपमय प्रत्यय (हालाँकि वह कला की अनुपादेयता की नहीं हमारी उपादेयता की अभिव्यक्ति है)। घड़ा अपनी अभिव्यक्ति में गतानुगतिक रूढ़ि का अंग हो जा सकता है (राग के साथ भी हम यह कल्पना कर सकते हैं) पर घटत्व—या घट—प्रत्यय के चेतना में उन्मेष के बिना हम घड़े की कल्पना नहीं कर सकते। पर घट-प्रत्यय राग-प्रत्यय की तरह ही सम्भावनामय है : वह भिन्न उपादानों में—मिट्टी, चाँदी, सोना—और भिन्न रूपों में अभिव्यक्ति ले सकता है। उसकी अभिव्यक्ति, अभिव्यक्ति की सम्भावनाएँ, घट को घट ही रखती हैं, ये उसके घटत्व का ही प्रकाश हैं। अगर घट 'बाहर' की कोई नियत प्रदत्त,

सीमित, वस्तु होता तो उसमें अभिव्यक्ति की सम्भावनाएँ भी नहीं होतीं।

हमने ऊपर की चर्चा में व्यक्तित्व और चरित्र में भेद किया था। व्यक्ति सीमित होता है (हालाँकि जिसे हम बाह्य जगत् कहते हैं, उसमें वह भी नहीं होता)। पर व्यक्ति व्यक्तित्व का रूप लेकर काव्य-कथा-उपन्यास का चरित्र हो जा सकता है। और तब उसकी सम्भावनाएँ भी खुलती हैं। कथा-जगत् में ऐसे कई चरित्र हैं जिनका एकाधिक रूप में साक्षात्कार किया गया है : राम को ही लीजिये जो वाल्मीकि, भवभूति और तुलसी में भिन्न हैं—यह राम-चरित्र के राम-प्रत्यय (रामत्व) हो पाने से ही सम्भव हुआ है। शल्य जी कहते हैं : 'राम का यथार्थ्य रामत्व-प्रत्यय होने के कारण ही विभिन्न रामायणों की रचना सम्भव हो सकी, असंख्य नाटक, नृत्य, गीत, चित्र और मूर्तियाँ रची जा सकीं जो उस प्रत्यय को केवल अंशतः ही व्यक्त करती हैं और उससे केवल अंशतः ही सम्यक् होती हैं। वह प्रत्यय अपनी महिमा में अनवगाह्य और अपरिमेय ही बना रहता है।' ('काव्य का यथार्थ', पृ. ६१-६२)। यहाँ यह भी जोड़ा जा सकता है कि वाल्मीकि, भवभूति और तुलसीदास (एवं रामचरित के अन्य रचयिताओं में) जो भेद है, उसका सम्बन्ध उनके उस चरित के (रामत्व के) साक्षात्कार-भेद से है। राग से तुलना यहाँ और सार्थक हो जाती है : गायक-वादक की अपनी राग दृष्टि—उसके साक्षात्कार की गहरायी या उसका उथलापन—ये उसी राग की बहुत भिन्न—शान्त-सौम्य, वक्र-चंचल, मृदु, पेशल, उद्विग्न, स्थिर...मूर्तियाँ निर्मित कर सकती है।

एक बात जो यहाँ उभर आयी होगी वह यह कि शल्य जी की साहित्य (और कला) दृष्टि कृति को बोध की नाभि में रखती है : कृतियाँ ही कला का अपना प्रत्यय-लोक बनाती हैं। रस-विचार बहुत जल्दी कृति से हटकर सहृदय-अनुभूत रस पर आ जाता है। कृति का रस की दृष्टि से विश्लेषण पात्र विशेष को केन्द्र करते स्थायी भाव और उसको उभारते-गहराते संचारी भावों, अनुभावों एवं अन्य उद्दीपनों पर निर्भर करता है। पर किसी भी महत् बहु-सूत्र-गुम्फित कथा-कृति को समझने के लिए भावन-विवेचन की यह सामग्री क्षीण ही नहीं, दरिद्र है। एक प्रसिद्ध उदाहरण लीजिये : अभिनवगुप्त ने और उनसे पहले आनन्दवर्धन ने 'महाभारत' को शान्त रस का महाकाव्य कहा है। इसे बड़ी बात कहा जाता है, क्योंकि इससे पहले किसी ने 'महाभारत' को काव्य के रूप में ही नहीं देखा,

इतिहास-पुराण ही कहते-समझते रहे। पर 'महाभारत' को शान्त रस का काव्य कह देने से बात हमें उस कृति के भीतर कितना उतारती है? हम रस-विवेचन की सामग्री स्थायी, संचारी आदि को भी साथ ले लें तो भी कैसी पैठ बनेगी? शल्य जी यह प्रश्न विस्तार से उठाते हैं। कहते हैं : 'अभिनवगुप्त ने 'महाभारत' को शान्त रस का महाकाव्य कहा है, किन्तु किन अनुभावों और संचारी भावों के आधार पर ऐसा कहा जा सकता है? कौन से संचारी भाव हैं जो उसमें नहीं हैं? किसी एक प्रसंग को ही लें, जैसे द्रौपदी का चीर-हरण। यहाँ विभाव क्या हैं? द्रौपदी के चीर-हरण का दृश्य या प्रसंग? किन्तु वह अपनी पूरी पृष्ठभूमि से अलग कैसे किया जा सकता है? और वह पृष्ठभूमि क्या है? उस पृष्ठभूमि का मुख्य घटक द्यूत क्रीड़ा है या कि भीष्म, द्रोण आदि की विवश उपस्थिति, या कि दुःशासन द्वारा द्रौपदी को निर्वस्त्र करने का प्रयत्न? या कि वह भयानक सड़ाँध जिसे महाभारतकार सारे सामाजिक पतन में से उठती दिखा रहा है? वह पृष्ठभूमि इतनी जटिल है कि वह प्रत्येक पाठक या दर्शक के मानसिक स्तर के अनुसार ही कल्पित होगी और वह भी अत्यन्त अनिश्चित रूप से। फिर इसमें स्थायी भाव कौन-सा है? इसमें किस रस की निष्पत्ति अभिप्रेत है? उसका अनुमान संचारी भावों से करेंगे या कि संचारी भावों का अनुमान रस से करेंगे? फिर, वहाँ क्या भाव ही प्रसंगोपात्त हैं, विचार नहीं? वहाँ सारा प्रसंग तो कर्मों के औचित्य-अनौचित्य का ही है, भाव तो उस औचित्य-अनौचित्य के निर्णय का ही आश्रयी होगा, वहाँ स्वयं से भाव का स्वरूप क्या बनेगा? ये सब प्रश्न रस-विचार को काव्य के स्वरूप को समझने के लिए अनुपयुक्त दिखाते हैं।'' ('काव्य-तत्त्व', पृ. ३२-३३)। 'महाभारत' के बारे में जो बात यहाँ शल्य जी बहुत खोदकर, बड़ी सर्वांगीण प्राश्निकता के साथ कह रहे हैं, वही बात किसी भी महत् उपन्यास के लिए कही जा सकती है। अच्छा, गहरा उपन्यास मनुष्य भाव को ही उपलक्ष्य बनाता है, उसे समझने के लिए मनुष्य भाव को ही समझने योग्य विमर्श वैभव चाहिये—ज्ञान, कर्म, भाव, विचार, अध्यात्म, ये सारे क्षेत्र समझने के लिए सामग्री दे सकते हैं। हाँ, उपन्यास का अपना उपन्यासरूपेण भावन यह विषयिता में रहकर विषयिता का ग्रहण होता है : उपन्यास का विषय-प्रत्यय नहीं होकर विषयिता-प्रत्यय का रूप लेना ही उसे काव्य बनाता है। पर वहाँ विचार की तरह भावन भी प्रत्ययकेन्द्रित ही रहता है।

अभिनवगुप्त या आनन्दवर्धन के पक्ष में कहा जा सकता है कि उन्होंने 'महाभारत' को शान्त रस का महाकाव्य कहा तो एक समग्र दृष्टि और चेतना से कहा, कथा के अंग-प्रत्यंगों से ऊपर उठकर। यहाँ वे स्थायी, संचारी आदि की चिन्ता नहीं कर रहे थे। रस की धारणा को ही उदार-उदात्त अर्थ में ले रहे थे, जो भरत के रस-सूत्र को अप्रासंगिक बना देती है। महाभारत या दूसरी कोई सार्थक कृति चेतना को अपनी आठ-पहरी, व्यवहार-क्लिष्ट, क्षुब्ध-उद्विग्न भूमि से उठाकर उसे संवित् या चित् की स्वतन्त्र, लोकोत्तर भूमि का 'आस्वाद' देती है। कृति यहाँ रस के लिए निमित्त मात्र होती है, पर अनिवार्य निमित्त-रस तभी तक रहता है जब तक कृति चेतना का विषय रहती है। तभी रस को ब्रह्मानन्द सहोदर कहा है (ब्रह्मानन्द निर्विषय होता है, रस सविषय)। पर रस का किसी भी तरह ब्रह्म से मेल न ही रस की उदात्तता का, उसके चेतना के अपने स्वरूप के, सत्य के द्वार बन सकने का द्योतक है—महत् कला के महत्त्व का व्याख्यान है। शल्य जी की दृष्टि में भी ब्रह्म भाव की साधना या आत्म का अपने द्वैधी भाव के व्यवधान को मिटाते हुए अपनी उपलब्धि की ओर बढ़ना, यह उसके सत्य-सन्धान का परम लक्ष्य है। तो, उनसे पूछा जा सकता है कि वे कला के प्रति ऐसी दृष्टि के ऐसे प्रतिपक्षी क्यों हैं जो कृति को तो गौण करती है पर उसे संवित् साधना का निमित्त भी बनाती है? रस के प्रति अभिनवगुप्त जैसी गम्भीर दृष्टि उसे केवल 'आस्वाद्य' या 'भोग्य' की कोटि से उठाकर चेतना के अपने सत्य के अनुभूत इंगित के रूप में देखती है।

पर एक बात है। कला में कृति को प्रधान करना, या कृति-ग्राहिका चेतना को प्रधान करना, यह दोनों समझ में आते हैं—इनमें एक युगनद्ध अभिन्न भाव भी है, जिसे रस-चिन्तक और शल्य जी अपनी-अपनी तरह से परखते हैं। लेकिन लेखक को (कृतिकार को) प्रधान कर देना, उसकी आपबीती में, उसी चरित-चरित्र में, कृति की पकड़, उसका मर्म, उसकी आत्मा को ढूँढ़ना, इसकी युक्ति कम समझ में आती है, हालाँकि आज दृष्टि की यह दिशा आम है, निर्विचार स्वीकृत-सी है। फिर तो 'रामायण', 'महाभारत' को ही नहीं, 'अभिज्ञान शाकुन्तलम्' को भी हम समझ नहीं सकते! कला के समाज-सन्दर्भ का, युग-सन्दर्भ का महत्त्व, उसका इतिहास, उसका वाद ये बड़े हो जायें तो कला छोटी हो जाती है। पर साहित्यकारों

की मण्डलियों में भी समझ की दिशा इधर ही झुकी दिखती है आज।

पर कलाओं के बीच भेद भी कृतियों को ही आधार बनाता है—भिन्न कला-कृतियों के माध्यम ही सर्वथा भिन्न होते हैं। भिन्न सहृदयता की माँग करते हैं। कृति को हम प्रत्यय के रूप में देखें तो भेद और गहराता दिख सकता है। एक अर्थ में एक ही भाषा में विचारित विषयों के परस्पर भेद से भी बड़ा दिख सकता है। कुछ भाषा-भेद जैसा ही भेद जान पड़ सकता है, जहाँ भाषा को जाने बिना उसके अर्थ में प्रवेश सम्भव नहीं। या भेद को उससे भी बड़ा कह सकते हैं। भिन्न भाषाओं में अनुवाद सम्भव होता है, संगीत, चित्र, भास्कर, वास्तु...इनमें अनुवाद की बात ही कोटि-व्यामोह जैसी है—ये 'अनुवाद्य' की कोटि में ही नहीं आते। एक आशय विशेष के साथ कलाओं को भी 'भाषा' की संज्ञा दे दी जाती है—क्योंकि ये भी भाषा की तरह सार्वभौम प्रतीक-संस्थान हैं। पर भेद बहुत हैं जिन्हें भुलाया नहीं जा सकता। एक बड़ा भेद जिसकी ओर अभिनवगुप्त ने ध्यान दिलाया है वह भाषा के 'वागर्थ' स्वरूप से सम्बन्ध रखता है। भाषा वाच्य-वाचक भाव से बनती है : ध्वनि (या लिपि) रूप शब्द वाचक होता है, अर्थ वाच्य। वाच्य सामान्य भी होता है : तभी हम भाषा में ही प्रत्ययों की बात करने के आदी हैं। पर नृत्त और संगीत के प्रतीकों में—चाहे इन्हें प्रत्ययधर्मी रूप-योजना ही कह लीजिये—इनमें वाच्य-वाचक भाव की बात ही कोटि-व्यामोह है। दूसरी कुछ कलाओं में—जैसे चित्र और मूर्तिकला में, अभिनय में एक—और बात देखी जा सकती है जो वाच्य-वाचक भाव के कुछ समीप-सी है। इसे अनुकृति-अनुकार्य भाव कह सकते हैं। चित्र, मूर्ति, अभिनय ये अपने से बाहर किसी अनुकार्य को अपने में समो सकते हैं, उसका ऐसा प्रत्यक्षवत् बिम्ब बना सकते हैं जो भाषा नहीं कर सकती, क्योंकि कला के ये रूप स्वरूप से ही इन्द्रिय-ग्राह्य होते हैं, इनका अर्थ उसी ग्राह्यता को द्वार बनाता है (अभिनय तो इसके बिना बनता ही नहीं दिखता); पर अनुकार्य-विशेष को सामने रखते हुए भी चित्र, मूर्ति, अभिनय में भाषा जैसी ही एक सामान्यता होती है, एक प्रतीक-रूपता। लेकिन संगीत और नृत्त (अभिनय-शून्य नृत्य) और वास्तु, इनमें न वाच्य-वाचक भाव होता है, न अनुकृति-अनुकार्य भाव। अभिनवगुप्त ने इन कलाओं को स्वयंप्रतिष्ठ कहा है—ये अपनी ही सार्थक प्रतीकमय (प्रत्ययमय) रूप-रचना करती हैं। भाषा को छोड़कर सभी

कलाएँ स्वयंप्रतिष्ठ हो जाने में समर्थ हैं (अभिनय अपने आप में सम्पूर्ण कला इसलिए नहीं है कि अभिनय स्वप्रतिष्ठ नहीं हो सकता)। दूसरी कलाओं में—चित्र में, मूर्ति में—आज स्वयंप्रतिष्ठा की ललक विशेष है (अभिनव ने इनके स्वयंप्रतिष्ठ होने की बात नहीं की है, पर इसलिए भी कि उन्होंने इनकी चर्चा ही कला-सन्दर्भ से बाहर की है; पर यह भी है कि उनके समय इनके स्वयंप्रतिष्ठ रूप नहीं थे)। पर इसकी सम्भावना आज स्वतः स्पष्ट है।

कलाओं में इन भेदों के रहते अचम्भा नहीं कि एक का सहृदय अक्सर दूसरी के प्रति उदासीन दिखता है, या छिछली-सी रुचि रखता है, आँख नहीं रखता। शल्य जी की अपनी संवेदना भी यों तो सब कलाओं को समोती है, उनमें उतरती भी है, पर सहृदयता का अंग-प्रत्यंग को परखता विवेक साहित्य में ही घर करता है। पर उनके कला-लक्षण में एक सर्वतोग्राहिता है जो सब कलाओं पर व्याप्त है। उनका कला-लक्षण कला-भेद से ऊपर उठता सामान्य लक्षण है।

पर यहाँ एक और बात की ओर संकेत करना चाहता हूँ जो शल्य जी ने इस तरह नहीं उभारी है। लक्षण जहाँ उन्होंने सुचिन्तित लक्षण-निष्ठा के साथ किया है वहाँ लक्षण के तीन रूप सामने रखे हैं। 'मूल्य-तत्त्व-मीमांसा' के 'कला का अन्वेषण' शीर्षक अध्याय में (जिसकी ओर उन्होंने 'काव्य-विमर्श' की भूमिका में इंगित किया है) शल्य जी अध्याय के पहले ही वाक्य में कला का यों लक्षण करते हैं, ''कला को भावना का आत्म-निरूपण अथवा आत्मचेतन भावना का अर्थ-विजृंभण, अथवा विषयिता का विषयिता-प्रत्यय, विषयिता-सामान्य के रूप में अवगमन कहा जा सकता है।''

यहाँ लक्षण के तीन विकल्प हैं। अन्तिम लक्षण—जिस पर हम विचार करते आये हैं—उनकी बात के पूरे सार को समोता है; उनके अन्यत्र लेखन में भी यही बार-बार कुछ शब्द-भेद के साथ उभरकर आता है। ऊपर की चर्चा के बाद हम देख सकते हैं कि 'भावना का आत्म-निरूपण', या 'आत्मचेतन भावना का अर्थ विजृंभण' कहने में भी आशय या अभिप्राय वही है। भावना का आत्म-निरूपण भावना के आत्मचेतन होने पर ही हो सकता है, यह निरूपण भावना के अपने साक्षात्कार की अपेक्षा रखता है, जो सृजन के अर्थ-विजृंभण का बीज है। निरूपण या अर्थ-विजृंभण

सामान्य अर्थवाही, अर्थोन्मेषी प्रत्ययों में होता है, इसलिए 'विषयिता का विषयिता प्रत्यय के रूप में अवगमन' ही होता है।

पर हम ऊपर देख चुके हैं कि विषयिता भावना से व्यापकतर प्रत्यय है— विषयिता भावना को ही नहीं, हमारे दैहिक भोक्तृत्व को भी समोती है, कर्म और विचार के अनुभूत पक्ष को भी समोती है। यों पहले दो लक्षण अधूरे लग सकते हैं। पर संगीत और नृत्त को—या चित्र, मूर्ति के स्वयंप्रतिष्ठ रूपों को लीजिये, और इन्हें ही नहीं, काव्य की कई अभिव्यक्तियों को लीजिये (जैसे शल्य जी के ही दृष्टान्त में मीरा के पदों को), वहाँ विषयिता भावना-प्रधान ही नहीं, भावना-वलयित ही दिखायी देती है— मानो भावनासार भावनासर्वस्व हो। वहाँ पहले दो लक्षण ही अधिक उपयुक्त ठहरते दीखते हैं। यों लक्षणों में आशयैक्य के साथ कला-भेद-बोध भी आगे आता देखा जा सकता है। कविता से—या कविता की गीतात्मक अभिव्यक्तियों से—भी कहीं निबिड़ भाव से संगीत में भावना मानो स्वर-लय के माध्यम से अपना ही आत्म-विमर्श करती उभरती है। यही बात नृत्त में, स्वयंप्रतिष्ठ चित्र और मूर्ति में भी उभरकर आती है। यहाँ भावना अपने दैनन्दिन रूपों से भी अलग, नितान्त भिन्न परिचय भी रखती जान पड़ती है। स्वरों, रेखाओं-वर्णों, अंगहारों में निरूपित भावों को वे नाम नहीं दिये जा सकते जो हम व्यवहार में भावों को नाम देते हैं, और जो मनोविज्ञान और नाट्यशास्त्र में स्वीकृत हैं : भय, रति, स्नेह, जुगुप्सा, क्रोध, हास...। स्वयंप्रतिष्ठ कला के भावों को इन कोटियों में नहीं रखा जा सकता। संगीत को लीजिये। संगीत भावना का ही विभिन्न स्तरों पर भावन-साक्षात्कार-सर्जन करता है, पर भावना ही व्यवहार की कोटियों में विभक्त होती है। अपनी विशुद्ध, व्यवहार से प्राक् या व्यवहार से प्रत्यक् गतियों, रूपों, लय-छन्दों का आत्म-विमर्श, आत्म-निरूपण, विजृंभण करती है। भय, रति, क्रोध अपनी लौकिक अभिव्यक्ति में भिन्न हैं, पर इनकी अवस्थाओं में एक सामान्य भाव-धरातल भी होता है। संगीत इसे पकड़ता है, तभी नाटक में वही स्वर-योजना भय, रति, क्रोध के रूपों का समान रूप से साथ देती है। जिसे मैं यहाँ 'सामान्य भाव-धरातल' कह रहा हूँ, उसे पुराने आलंकारिकों के शब्दों में गुणों का नाम दिया जा सकता है। उनके नामों को हम लें, न लें, इतना तो देख ही सकते हैं कि ओज, दीप्ति, कान्ति, द्रव, दैन्य, काठिन्य, औदात्य, माधुर्य...ये ऐसे गुण हैं जो भिन्न

परिचित भावों में सामान्य हो सकते हैं—क्रोध, उत्साह, रति...इन सबकी अवस्था-विशेष का भाव-धरातल बनाते हैं। द्रव-गुण करुण, रति, भय सबमें समान रूप से हो सकता है। संगीत गुण को रूप देता जान पड़ता है। नाटक में, फ़िल्म में संगीत के ऐसे कई उदाहरण मिल जायेंगे। कुछ नृत्त के लिए भी यही कह सकते हैं। पर संगीत और नृत्त दोनों अन्य कलाओं का साथ ही नहीं देते, अपने रूप भी साधते हैं, जैसे राग में, अंगहारों के व्यूह में, और तब ये सचमुच अपनी तरह से भावना का आत्म-निरूपण और अर्थ-विजृंभण ही करते हैं। चित्र के स्वयंप्रतिष्ठ रूप भी अपनी तरह से यही करते हैं। वहाँ भाव या भाव-विद्धता संगीत या नृत्त की तरह स्फुट-प्रस्तुत नहीं होती, रूप ही बोध के सम्मुखीन होता है; यह रूप ही भाव होता है : भाव क्या है, यह बताने के लिए रूप को ही टटोलना पड़ता है, वही भाव-प्रत्यय होता है। वास्तु में यह बात और भी प्रकट है। संगीत, नृत्त में भी बात यही होती है, पर उनके रूप जैसे भाव को साक्षात् समोये रहते हैं।

बात यहीं पूरी करता हूँ। लेख 'काव्य-विमर्श' पर उतना नहीं है, जितना 'काव्य-विमर्श' की मेरी अपनी भूमिका जैसा है। पर इसे मैं अनुपयुक्त नहीं समझता—कह ही चुका हूँ कि 'काव्य-विमर्श' चिन्तन की एक पृष्ठभूमि चाहता है जो शल्य जी के समूचे चिन्तन का एक परिप्रेक्ष्य दे। यहाँ मेरी यही चेष्टा रही है। वैसे भी 'काव्य-विमर्श' के कुछ प्रमुख लेखों पर मैंने जो टिप्पणी की है, वे पुस्तक में समाविष्ट हैं। दूसरे लेखों पर भी लिखने की वैसी दिशा ले सकता था, पर वह भी शल्य जी के चिन्तन को ऊह्य रखती है, जिस ऊह्य को यहाँ उभारने का प्रयास है।

चिन्तन-सृजन (सम्पादक : डॉ. बी.बी. कुमार), अप्रैल-जून २००६